L'ORDRE
DES
TRINITAIRES
POUR
LE RACHAT DES CAPTIFS

PAR

Paul DESLANDRES

ARCHIVISTE PALÉOGRAPHE
Attaché à la Bibliothèque de l'Arsenal.

TOME SECOND

PIÈCES JUSTIFICATIVES

TOULOUSE	PARIS
ÉDOUARD PRIVAT	PLON, NOURRIT ET Cie
LIBRAIRE-ÉDITEUR	ÉDITEURS
14, Rue des Arts, 14.	8, Rue Garancière, 8.

1903

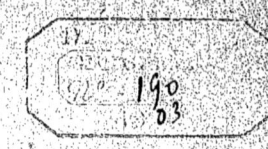

L'ORDRE
DES TRINITAIRES

POUR LE RACHAT DES CAPTIFS

L'ORDRE
DES
TRINITAIRES
POUR
LE RACHAT DES CAPTIFS

PAR

Paul DESLANDRES

ARCHIVISTE PALÉOGRAPHE
Attaché à la Bibliothèque de l'Arsenal.

TOME SECOND

PIÈCES JUSTIFICATIVES

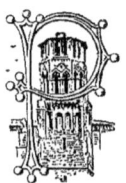

TOULOUSE	PARIS
ÉDOUARD PRIVAT	PLON, NOURRIT ET Cie
LIBRAIRE-ÉDITEUR	ÉDITEURS
14, Rue des Arts, 14.	8, Rue Garancière, 8.

1903

AVERTISSEMENT

On s'étonnera peut-être de voir un seul volume suivi de pièces justificatives presque aussi étendues que le texte lui-même. L'auteur a donné un grand développement à sa documentation en raison de l'intérêt que certaines questions pouvaient offrir, non seulement pour l'ordre des Trinitaires, mais pour la plupart des communautés religieuses. Les points de discipline et de droit canonique, quelque fugitive qu'en soit la mention, sont relevés dans la table générale. Quand une pièce était par trop longue, à partir du seizième siècle surtout, elle a été allégée de ses formules inutiles.

PIÈCES JUSTIFICATIVES

N° 1.

1178. — Le comte de Provence Raymond Bérenger accorde des exemptions de droits d'usage et de péage à Pons, prieur du monastère de la Trinité (Bibliothèque d'Arles, manuscrit 159, fol. 1).

Ego Raimondus Berengarius, gracia Dei comes Provincie, pro redempcione anime mee atque parentum meorum, dono et concedo Deo et Monasterio Sancte Trinitatis, et tibi Poncio, qui es prior predicti loci, et fratribus predicte domus presentibus et futuris in perpetuum ut nunquam detis leddam vel piscarium vel justidiam (?) vel aliquod usaticum in terra mea, vel in aqua, de aliqua re que pertinet ad vos, vel ad predictam domum, preter usaticum salis; sed volo quod semper predicta domus, quam scio esse dedicatam in honore Dei et sancte Trinitatis, et res ejus in toto meo districtu, in aqua et in terra, sint immunes ab omni fece sordidorum munerum. Facta fuit hec carta anno Incarnationis Domini MCLXXVIII in castello Lunelli.   B. Calcadellus scripsit.

Cette pièce ne se rapporte nullement aux Trinitaires; je ne l'ai donnée ici que parce que le P. Porchier voulait voir dans le couvent cité dans cet acte l'origine de celui des Trinitaires d'Arles. Voici ce qu'en dit l'érudit abbé Bonnemant :

« Le monastère dont il est ici question dans cette charte, que j'ai copiée sur l'original, scellé du sceau dudit comte, en cire blanche, et conservé dans les Archives du couvent des R. P. Mathurins de cette ville d'Arles, sac coté n° 2, était situé en Camargue, dans le fief de Boimeau : on voit par une sentence arbitrale du x des calendes de may 1220, rendue entre le chapitre de Saint-Trophime et les prieurs et chanoines de Frigolet, que ledit prieuré de la Sainte-Trinité était alors dépendant de celui de Saint-Michel de Frigolet; il fut dans la suite uni à la manse capitulaire de Notre-Dame-des-Dons d'Avignon, par bulle du pape Innocent VIII, donnée le vi novembre MCCCCLXXXVIII » (Bonnemant, prêtre; 1er juin 1766).

C'est donc une des tentatives d'accaparement faites par les Trinitaires pour faire croire à leur antiquité.

N° 2.

1203, novembre. — Michel de Moriez, archevêque d'Arles, permet à Jean de Matha, fondateur des Trinitaires, d'avoir à Arles une église et un cimetière, moyennant la remise au chapitre de la moitié des oblations et du payement du mortelage[1].

Cum actus hominum vetustas deleat, eorumque mentes paulatim subintret oblivio, condecens est ut negotia memorie commendanda scripturarum custodiae committantur, quatinus earum assertio veritatem rei gestae futuris temporibus attestetur, et nulla inter posteros inde possit calumnia suboriri. Pateat igitur universis tam presentibus quam futuris, ad quorum notitiam presentia scripta pervenerint, quod anno ab Incarnatione Domini MCCIII°, mense Novembri, nos Michael per Dei gratiam Arelatensis archiepiscopus et universum capitulum ejusdem ecclesiae, piis petentium desideriis volentes debita provisione adesse, attendentes etiam et considerantes piam devotionem et laudabile propositum tuum, dilecte in Christo frater Johannes, institutor et minister[2] ordinis Sanctae Trinitatis Redemptionis Captivorum, spontanea voluntate nostra et pietatis intuitu ad hoc inducti, concedimus et indulgemus, per nos et per successores nostros, nunc primo tibi et fratribus tuis ejusdem ordinis et successoribus vestris in perpetuum, ut illa domus vestri ordinis, quae incepta[3] est inter

---

1. Copie Chartularium Provincie (B. N., nouv. acq. lat. 1367), p. 148. J'avais déjà copié cet acte lorsque je l'ai trouvé imprimé dans Bonaventure Baron (p. 36). Je le donne néanmoins, vu son intérêt.
2. Tel est le seul titre que saint Jean de Matha ait porté.
3. Jean de Rieux, en 1345, fait aussi connaître l'emprise de l'église.

civitatem Arelatensem et burgum, libere habeat ecclesiam et cimiterium, retentis tamen et observatis fideliter nobis et successoribus nostris archiepiscopis et canonicis in perpetuum iis quae in hoc instrumento inferius continentur.

Imprimis vobis ecclesiam concedimus, hanc libertatem eidem ecclesie concedentes ut parochiani nostri, tam civitatis quam burgi, liberum habeant accessum ad illam ecclesiam, cum vigiliis et oblationibus, nisi malitiose, in contemptum suae parochiae sanctae, se vellent ab illa, penitus jus parochiale frangendo, subtrahere[1]. Vos vero et successores vestri, pro ecclesia et pro libertate vobis concessa, tenemini reddere archiepiscopis et canonicis, pro annuo canone singulis annis, markam argenti in festivitate Sancti Lucae.

Et concedimus etiam ut dicti parochiani libere possint ibi eligere sepulturam, sine contradictione archiepiscopi et canonicorum atque presbyterorum, retenta tamen archiepiscopo et canonicis, pro canonica portione, tertia parte quomodolibet ibi ratione vel occasione sepulturae provenientium, tam mobilium vel se moventium quam immobilium, exceptis iis quae vobis pervenerint ab illis qui non fuerint de nostro archiepiscopatu vel a fratribus illius domus in ea manentibus, crucem[2] vel habitum ejusdem domus deferentibus, aut a pauperibus qui in hospitali domus illius infirmabuntur et morientur. Capellanus qui prefatae ecclesiae, antequam capellaniam regendam accipiat, si fuerit etiam[3] frater ejusdem domus, debet a fratribus dictae domus archiepiscopo praesentari, eique ratione spiritualium obedientiam promittere, et ab eo capellaniae investituram accipere.

Sane baptismum[4], poenitentias dare, matrimonia copulare, visitationes infirmorum sacerdotales, aut unctiones facere seu alia sacramenta parochianis nostris ministrare nullatenus praesumetis. Fratribus vero vestris, habitum vel crucem deferentibus, et pauperibus in eodem hospitali infirmantibus, sacramenta, utpote poenitentiam, Eucharistiam et sepulturam libere poteritis ministrare.

Medietas autem omnium decimarum, possessionem tam novalium

---

1. La question des deux paroisses a rarement été mieux posée qu'ici.
2. La croix *pattée* était la caractéristique des Trinitaires.
3. Ailleurs on exigeait au contraire que le chapelain fût religieux de la maison.
4. Le ministre de Lisieux baptisait tous les enfants nés dans l'hôpital.

quam antiquarum, quae ad praefatam domum quocumque modo vel titulo devenerint, archiepiscopo et canonicis fideliter debet reddi, excepto horto[1] unico mensae domus illius libere assignato.

Notandum vero quod singuli ministri quibus pro tempore administratio domus pretaxatae a fratribus[2] illius domus fuerit concessa, jurare teneantur in manu archiepiscopi haec omnia praedicta et subsequentia se firmiter observaturos.

Sciendum est quod praedicti, tam ministri domus quam capellanus ad synodum sedis Arelatensis venire teneantur, et excommunicatos atque interdictos ejusdem sedis tam ab ecclesia quam a sepultura firmiter evitare.

Archiepiscopus quoque vel canonici, occasione oblationum, vigiliarum vel sepulturae seu aliarum rerum, in praedicta domo vel ecclesia nullas facere debent exactiones, sed his esse debent contenti quae superius continentur.

Si vero, quod absit, supradictae domus fratres, contra praenotatam concessionem ullo in tempore prorumpentes, memoratam domum vel ecclesiam ad alteram quamcumque religionem praesumpserint devolvere vel transferre, ad memoratos archiepiscopum et canonicos libere et absolute praetaxata ecclesia et cimiterium in integrum devolvantur, et ab iis pleno jure deinceps possideantur.

Haec omnia praedicta et subsequentia[3] praenominatus frater Johannes, frater Bonifacius, frater Osbertus, frater Matheus et frater Vitalis[4] se fideliter observaturos pro se et pro successoribus suis juraverunt, promittentes similiter sub eodem juramento pro se et successoribus suis se nunquam in aliquo contra praenotatum tenorem hujus instrumenti venturos, et ad habendam perpetuam firmitatem supra praedictis, jam dictus frater Johannes omnium quae hic instituta cernuntur confirmationem a Romana ecclesia se impetraturum promisit[5].

Huic concessioni interfuit G. praepositus, B. sacrista, Johannes praecentor, Sanctius[6] prior Berre, Bremondus Conte, Privatus cano-

1. Le jardin potager, sans doute.
2. On sait qu'au début le ministre était élu par les Frères.
3. Il est à remarquer que rien ne « suit ».
4. Deux de ces noms ont une consonnance toute méridionale.
5. Je ne connais pas de bulle spéciale pour le couvent d'Arles.
6. Je corrige ici légèrement le texte.

nicus, magister Bertrandus, Durandus canonicus, R. Bonaudus, Rainaldus de Rivofrigido, Raymundus Dayol, Pontius Radot, Michael de Rivis.

Hujus rei sunt testes Guilelmus Porcelletus[1], P. de Verumna, Guilelmus de Aquaria, Rostagnus de Bedejum, Bernardus Ferreol, Bernardinus, Petrus de Toro[2], Gaufridus Arlatanus, Bonifacius.

Ut autem omnia quae superius continentur inviolabiliter observentur et perpetuo inconcussa permaneant, rogatu supradicti Johannis hoc instrumentum inscribi et per alphabetum dividi praecipimus, ipsumque bulla nostra[3] fecimus roborari et sigillo capituli Arelatensis atque sigillo supradictae domus Sanctae Trinitatis.

N° 3.

1213, 10 mai (acte faux). — Lettre de saint Jean de Matha à Pierre Nolasque, où il lui donne des conseils sur la vie religieuse et la rédemption des captifs.

Cette lettre est un des plus extravagants produits de l'imagination trinitaire. Saint Jean de Matha directeur spirituel de saint Pierre Nolasque, quel honneur pour les Trinitaires! Cela se rattache à une prétention qu'ils émirent au sujet de la dépendance où l'ordre de la Merci aurait été primitivement vis-à-vis d'eux. On voit une autre pièce de ce genre dans le chapitre que Jean de Saint-Félix, auteur du *Triumphus misericordiae*, a consacré aux Pères de la Merci (p. 53). Il est fâcheux que Janvier, l'historien de Meaux, ne dise pas d'où il a tiré cette élucubration. J'en ai suivi scrupuleusement le texte, tellement altéré qu'il devient parfois incompréhensible. Il convient de rappeler que saint Jean de Matha mourut le 17 décembre 1213 à Rome, où il aurait séjourné pendant plusieurs années, d'après la tradition.

Quoniam, sicut quorumdam relatione didicimus, jam vilescit tibi mundus[4] et omnia vana specie (?) ejus credimus quia propitia tibi

---

1. C'est le nom d'une grande famille méridionale, dont quelques membres furent bienfaiteurs des Trinitaires.
2. Le Thor, petit village de Vaucluse qui a une charmante église.
3. C'est, en effet, à la description du sceau de l'archevêque d'Arles que l'acte figure dans le Catalogue de M. Blancard.
4. Il venait donc de quitter le monde.

divinitas inchoavit in pectore tuo templum suum et locum habitationis sue, unde bonorum omnium largitori, a quo fit haec de vetustate in novitatem laudanda mutatio, gratias exsolvimus et bonis principiis foelicem proventum et bonum exitum conferri ab eodem omnium bonorum largitore postulamus. Tu igitur, carissime Nolasce[1], adjuvante divina clementia, sollicite cave ne immundi spiritus in te evertant domum quam reliquit (*sic*) intret vacantem, et foris ornatam inveniat; contra spirituales itaque nequitias pugnaturus, si securus vis pugnare, castris Christi militum ordinate pugnantium te insere; et tu qui in Redemptionem Captionum sub titulo Beatissime Virginis de Mercede *nostram* Regulam et formam es assecutus et apud Iberos fundatorem te fecisti[2], fortitudinem tuam demonstraresne (?) si singulari certamine contra exercitatos inexercitatus pugnare contendis, innumera (?) adversariorum tuorum multitudine comprimeris. Postquam vero, Spiritu concilii et fortitudine armatus, calliditates antiqui hostis evitare consueveris, jam exercitatior in spirituali certamine poteris solus, si ita contingat, contra quoslibet hostes certamen inire, quorum impetus didiceris sustinere in acie (?) unde dominus noster Jesus Christus discipulos nondum Spiritu Sancto confirmatos et adhuc spiritualis certaminis inexpertes admonuit, dicens : « Vos autem, sedete in civitate, quo ad usque induamini virtute ex alto. » Possim fraternitati tue, o frater Nolasce, hunc in modum multa scribere[3], sed qua torquet te lapis[4] hoc pre ceteris obsecro ut qui jam de tuo[5] Deo in membris, sive scilicet captivis, certa a Saracenis [*deux mots illisibles*] offerre sacrificium principaliter de te[6] offerre studeas holocaustum. Vale.

Apud Cervum Frigidum in tractu Meldensi sexta Idus Maii 1213[7]

---

1. Trop « moderne ».
2. C'est ici que gît la malice. La règle de la Merci serait la même que celle des Trinitaires.
3. Ce n'est pas difficile évidemment.
4. Gallicisme : où le bât te blesse.
5. Avec ton argent (selon la tradition).
6. Saint Jean de Matha aurait alors suggéré à Pierre Nolasque l'idée du quatrième vœu.
7. La date est raturée. Rochard (*Antiquités de Meaux*, t. I, p. 287) donne la date de 1228. Saint Jean de Matha était mort alors depuis quinze ans.

humillimus suus frater Joannes de Matha, totius ordinis Sanctae Trinitatis minister humilis (!) et generalis'.

N° 4.

1223, avril. — Gautier, seigneur de Lens (Hainaut), donne aux Trinitaires l'hôpital de ce lieu (Tiré d'un *vidimus* fait le 3 janvier 1354 par l'abbé de Saint-Vaast d'Arras. — Cartulaire de Lens, Archives de l'État à Mons, précédemment aux Archives du royaume à Bruxelles, p. 5).

Universis Christi fidelibus quos presentes litteras videre contigerit, Walterus Dominus de Lens et ejusdem ville universitas hominum; diligo veritatem quoniam lubricos actus hominum offuscare solet contentionis mater oblivio nisi scripto commendentur, — dignum duximus tam futuris quam presentibus per inspectionem presentium intimare quod nos, ad ampliandum Dei cultum, et ad succurrendum pauperum inopie, domum hospitalis de Lens et res universas ad eandem pertinentes fratribus ordinis Sancte Trinitatis et Captivorum in remedium animarum nostrarum contulimus perpetuo possidendas. Ut autem predicta robur immobile obtineant, ego Walterus Dominus de Lens, dignum duxi, cum meis hominibus², appensione mei sigilli presentes litteras roborare. Actum anno Domini m° cc° xx° tertio, mense Aprili.

1. JANVIER, *Histoire de Meaux*, t. II, pp. 253-254 (Bibliothèque de Meaux, manuscrit 72). Le titre est : « *Ex antiquo manuscripto in pergameno* ». *Epistola Joannis de Matha totius ordinis Sanctae Trinitatis Majori Ministro* (sic) *et generali cum fratribus apud Cervum Frigidum in tractu Meldensi humillimi Ministri, Petro Nolasco apud Iberos, ordinis Nostre Domine de Mercede fundatori dignissimo.*
2. Même présence des *hommes* dans la « franchise » de 1287 et jusqu'à 1701, où ils sont appelés *les féodaux* de Hainaut (Même Cartulaire, *passim*).

N° 5.

1225, avril. — Permission accordée par Ancoux, abbé de Saint-Martin-de-Ruricourt[1], à Raoul Arondel, bailli du comte de Champagne, de fonder une chapelle à La Villeneuve pour être desservie par les religieux de la Trinité, et concession par ledit abbé des menues dîmes et autres droits y énoncés (Copie Arch. Nat., K.179, n° 41).

Ego Anculphus, Dei patientia Abbas Sancti Martini Ruricurtensis, notum facio tam presentibus quam futuris quod concessi Radulpho Arondelli, domini comitis Campanie ballivo et heredibus ipsius, potestatem edificandi unam capellam, juxta mansionem suam, apud Novam Villam, talibus religiosis qui dicuntur de Asinis, jure perpetuo possidendam. Concessi etiam ipsis religiosis totum jus parochiale predicte domus, prefate capellanie, tam in oblationibus quam in sepultura quam in minuta decima, quam in omnibus rebus aliis ad jus parochiale pertinentibus, ita quod ejus fratres religiosi et omnes alii in domo dicta decedentes, et etiam in loco religioso, ibi poterunt sepeliri. Sed si corpora de parochia de Brou[2] illuc sepelienda deferantur, oblationes recepte occasione sepulture illorum cederent in jus presbiteri de Brou : ad dictas autem oblationes recipiendas dicti fratres vocare presbiterum de Brou tenebuntur ; nec dicti fratres recipiant oblationes parochianorum de Brou. Magister etiam dicte capellanie tenetur facere fidelitatem presbitero de Brou quod in nullo minuet jus ecclesie de Brou, salvis his prestatutis. In recompensationem istius libertatis quam fecit ecclesia de Brou prefate capellanie, prenominatus Radulphus pro se et heredibus suis assignavit ecclesie de Brou viginti solidos pruviniensium super alas suas Latiniacenses, crastino Pasche singulis annis presbitero de Brou persolvendos. In cujus rei testimonium, presentes litteras fieri volui, sigilli mei munimine roboratas. Actum anno Domini M°CC°XXV°, mense Aprili[3].

---

1. Saint-Martin-de-Ruricourt ou des Bois, au diocèse de Beauvais.
2. C'est à l'article *Brou* que l'abbé Lebeuf parle de ce couvent.
3. On a vu combien l'analyse du conseiller maître Le Monié d'Aubigny, reproduite en tête, était incomplète ; c'est une vraie convention entre le nouveau couvent et l'église ancienne.

N° 6.

1229, mars (n. st.). — Guillaume d'Auvergne, évêque de Paris, fait connaître la transaction intervenue entre l'abbé de Sainte-Geneviève et les Trinitaires de l'hôpital de Saint-Mathurin au sujet d'un cens de 4 deniers sur une maison sise près cet hôpital, de 7 deniers sur la maison de Masceline, de 9 deniers sur une terre entre Vanves et Paris, de 2 sous 6 deniers sur 2 arpents de vigne à *Mons Ceuri;* les Trinitaires ont de plus donné 20 sous de surcens aux religieux de Sainte-Geneviève (Bibl. Sainte-Geneviève, ms. 356, p. 108).

Guillelmus, permissione divina Parisiensis ecclesie minister indignus [1], universis Christi fidelibus presentes litteras inspecturis salutem in Domino. Noverit universitas vestra quod, cum controversia [2] esset inter religiosos viros abbatem et conventum Sancte Genovefe Parisiensis de Monte ex una parte, et fratres ordinis Sancte Trinitatis et Captivorum de hospitali Sancti Maturini Parisiensis, ex altera, super veterem domum hospitalem cum antiquo porprisio, sub annuo censu capitali quatuor denariorum reddendorum in majori festo Sancte Genovefe post Natale [3], et domum que fuit Masceline, contiguam prefato hospitali, sub annuo capitali censu septem denariorum, in eodem festo reddendorum, et terram sitam inter Vanvas et Parisius, scilicet duo arpenta, sub annuo censu capitali novem denariorum in festo Sancti Remigii reddendorum, et duo arpenta vinearum sita apud Montemceuri [4] sub annuo capitali censu duorum solidorum et sex denariorum in festo Sancti Remigii reddendorum; tandem inter se taliter composuerunt, quod dicti fratres ordinis Sancte Trinitatis et Captivorum Sancti Maturini Parisiensis, tam ipsi quam eorum successores, vel qui predicta possidebunt, teneant et possideant predicta omnia imperpetuum ad censum predictum sine coactione ven-

---

1. L'abbé de Sainte-Geneviève, Herbert, concéda en son nom ces privilèges en février 1229 (Arch. Nat., S 4241, n° 10). Les deux textes sont presque identiques, à quelques interversions près.
2. Il n'y a pas eu procès : c'est une simple formalité.
3. Le 3 janvier.
4. Montcevrin (table de M. Bournon); Monsivry (Cartulaire de Notre-Dame de Paris), près Vanves.

ditionis. Et insuper, tam ipsi[1] quam eorum successores, vel qui predicta possidebunt reddant dictis abbati et conventui singulis annis viginti solidos Parisiensium pro augmentatione census, duobus terminis persolvendos, scilicet in festo Sancti Remigii decem et in Pascha alios decem solidos. Quod si negligentes in solutione fuerint, ipsi fratres secundum consuetudinem aliorum censualium ipsorum abbatis et conventus emendabunt. Retinuerunt autem sibi totum jus et dominium abbas et conventus, sicut habent in aliis censivis suis. Nos vero, omnia predicta rata habentes, predictis abbati et conventui super premissis has presentes litteras nostras concessimus, sigilli nostri munimine roboratas. Actum anno Domini millesimo ducentesimo vicesimo octavo, mense Martio.

N° 7.

1229, 17 avril. — *Statutum Communitatis Arelatis circa donationes factas Religiosis et eorum possessiones* (Bibliothèque d'Arles, ms. 159, p. 323).

Anno domini mccxxix die Martis xv kal. Madii nos Rollandus Georgius Arelatis Potestas, consensu et voluntate Emendatorum Statutorum Arelatis et approbatione generali totius Parlamenti coadunati hic coram nobis per trompas et preconem atque campanas in Curia Domini Archiepiscopi Arelatensis, pro bono communitatis Arelatensis, tale decretum sive statutum, ut infra legitur, facimus et firmamus; videlicet quod nullus civis Arelatis audeat donare inter vivos et in sua ultima voluntate, quoquo relicti vel hereditatis titulo, relinquere domos vel terras vel vineas, aut alias possessiones aut possessionum donationes sitas in Arelate et ejus tenemento alicui domui Religiose; et si contra factum fuerit, donatio vel relictum non valeat ipso jure. Item statuimus quod in possessionibus quas domus Religiose emerunt in Arelate vel ejus tenemento, commune habeat omne obedimentum in cizis, taliatis et aliis que haberet si civis vel

---

1. S 4241, n° 10, Herbert ajoute : « Ipsi vero, non immemores gratie et favoris sibi a nobis impensi, concesserunt... »

laycus eas teneret, et ab his statutis excipimus domum Archiepiscopalem et domum canonicorum Arelatis, et non aliam; et ita cuilibet precipimus observare, et inde jubemus fieri publica instrumenta. Interfuerunt Pontius Bastonus et Bertrandus de Monte Olivo et multi alii testes. Ego Guillelmus Sepolle notarius potestatis Arelatis interfui et hoc scripsi.

N° 8.

1232, avril. — Gautier, ministre des Trinitaires de Lérines, fait savoir qu'Arnould Longue-Aveine a cédé à ce couvent l'alleu qu'il y possédait, ainsi que le fief qu'il tenait de Libert de Châtres et la terre qui lui venait de l'abbaye de Gembloux, dont il réserve les fruits à sa femme Oda, sa vie durant (Archives du royaume à Bruxelles. Cartulaire des Trinitaires de Lérines, fol. 2 v°).

Ego Walterus, minister humilis domus Sancte Trinitatis de Lerines, omnibus presentem paginam respecturis (*sic*) in Domino salutem. Noverint omnes, tam presentes quam futuri, quod Arnuldus, dictus Longa Avena, domini Henrici de Lovanio bajulus, et Oda, uxor sua, totam terram suam, tam feodum quam hereditatem, quod in territorio de Lerines possidebant, ecclesie Sancte Trinitatis ejusdem loci, pro animabus antecessorum suorum et pro aniversario eorumdem, de cetero ibidem celebrando, in elemosinam contulerunt. Dictum feodum, quod de domino Liberto milite de Chastre tenebant, in manus ipsius L. (*sic*) retulerunt, et dicta ecclesia ab ipso L. hereditarie pro quatuor denariis lovaniensibus annuatim ipsum feodum, jam factam hereditatem, recepit. Dictam vero hereditatem, quam de Sancto Petro Gemblacensi tenebant, super altare Sancti Salvatoris superius dicte ecclesie portaverunt, hac tamen conditione prehabita quod, quamdiu ipsa Oda viveret, quatuor modios filigenis lovaniensis mensure ab ipsa ecclesia annuatim reciperet, et de ipsa segete nulli, nisi eidem Ode responderetur. Preterea, si supradictus Arnuldus eam superviveret, dicta seges ad ipsum reverteretur, et, post decessum ipsius Arnuldi, sepedicta ecclesia a solutione hujus segetis penitus absolveretur. Hec omnia acta sunt sub testimonio fratris

Godefridi et fratris Remacli, fratrum ejusdem loci, Henrici et Remboldi sacerdotum, Egidii militis¹ et Petronille, uxoris sue. Ut autem predicta robur obtineant, presentem Kartulam sigilli nostri munimine roboravimus. Actum anno Domini millesimo ducentesimo tricesimo secundo, mense Aprili.

N° 9.

1233-1234, février. — Guillaume d'Auvergne fait connaître la transaction intervenue entre les Trinitaires du Bourget et le curé de Drancy (Arch. Nat., S 4253, n° 17).

Guillelmus, divina permissione Ecclesie Pariensis minister indignus, omnibus presentes litteras inspecturis, eternam in Domino salutem. Notum facimus quod, cum inter Nicholaum, personam² ecclesie de Darenciaco ex una parte, et religiosos viros ministrum et fratres domus Sancte Trinitatis de Ponte Regine ex altera, super domo, ecclesia, cymiterio³ et toto porprisio dictorum fratrum de Ponte Regine, que idem Nicholaus sita esse dicebat infra fines parochie de Darentiaco, necnon et jure parochiali ejusdem domus et super uno arpento terre arabilis sito juxta cheminum Silvanectensem, quem idem Nicholaus asserebat dictos fratres tenere a presbitero de Darenciaco ad duos denarios censuales compellens⁴, nomine presbiteri de Darenciaco, eosdem fratres ad ponendum dictam terram extra manum suam, esset coram nobis diutius altercatum, tandem, eodem Nicholao personaliter, et fratre Petro de Paris, ministro dicto domus, procuratore fratrum ejusdem domus de Ponte Regine, habente mandatum ad imponendum in nostra presentia constitutis, recognoverint se ad invicem composuisse, mediantibus bonis et discretis viris super premissis, ut inferius contineatur, — quod totumpor prisium dictorum fratrum erit exemptum a jure parrochiali pro fratribus et servienti-

---

1. Le fondateur du couvent.
2. Le curé primitif, qui fait desservir l'église par le *presbiter*.
3. Il n'est point question de cimetière dans la transaction qui suit.
4. *Voulant* forcer.

bus eorum et hospitibus ad dictum domum confluentibus, nisi forte mansionarii[1] fuerint, victum dictorum fratrum non percipientes, vel nisi masuras in terra dictorum habuerint qui ad omnia jura parochialia presbytero parochiali de Darenciaco integre tenebuntur. Item predictus minister et fratres habebunt, si voluerint, fontes in suo monasterio, solummodo ad aquam benedictam in vigiliis Pasche et Pentecostes, tantummodo faciendum (?), ita quod nullum parochianum de Darenciaco poterunt baptizare, et generaliter nulla jura parochialia, sacramenta ecclesiastica vel sacramentalia aliquibus parochianis de Darenciaco exhibere poterunt, nisi de licentia parochialis presbyteri de Darenciaco speciali. In recompensatione vero predictorum habebit imperpetuum presbyterium de Darenciaco a supradictis ministro et fratribus illum arpentum terre arabilis, ad quem alienandum idem Nicolaus, nomine ecclesie sue, dictos fratres compellebat, et circiter unum arpentum situm apud Darenciacum, qui fuit, ut dicitur, Girardi dicti Decani Sancti Dionisii, ad decem denarios census solummodo domino fundi annuatim persolvendos, et dimidium arpentum vince que fuit, ut dicitur, Petri de Noris armigeri, situm supra vineam presbiteri de Noris a presbitero de Darenciaco absque redevantia aliqua, excepto censu predicto, cum omni jure et justicia que predicti fratres in illa habebant, possidenda et tenenda. Premissa vero omnia et singula tenentur dicti minister et fratres servare, adimplere et garantizare sicut superius sunt expressa, et super eis indempne presbiterium conservare, renuntiantes quantum ad hoc omni privilegio non solum impetrato, sed etiam impetrando. Nos vero predictam compositionem ratam habentes, approbantes, et insuper confirmantes, in ipsius confirmationis perpetuam firmitatem presentes sigillo nostro fecimus communiri. Actum anno Domini millesimo ducentesimo tricesimo tertio mense Februarii.

1. Les couvents, et surtout les hôpitaux, étaient souvent de véritables auberges.

N° 10.

1234, 20 décembre. — Fulco, procureur de la maison des Trinitaires de Limoux, promet au prieur du monastère de Prouille de ne porter aucun préjudice à l'église paroissiale de Limoux, si Pierre, archevêque de Narbonne, leur permet de bâtir une chapelle dans les limites de ladite église (Analyse de Doat, XCVIII, f. 73 et 74. — Extrait des Archives de Prouille).

Universis Christi fidelibus presentibus et futuris, frater Fulco, ordinis Sancte Trinitatis, procurator domus de Limos[1], diocesis Narbonensis, salutem et pacem Christi Jesu, nunc et semper. Noverint universi et singuli quod nos frater Fulco, procurator domus Sancte Trinitatis de Limos, de consensu et voluntate fratris Nicholai[2], ministri nostri ordinis, et fratris Ogeri, provincialis vicarii majoris ministri in partibus istis, et annuente Domino, de voluntate et consensu fratris Romei, prioris fratrum Predicatorum in Provincia, et fratris R. prioris de Pruliano[3], oratorium apud Limos construere disponentes si consensus venerabilis Patris Petri archiepiscopi Narbonensis affuerit[4], promittimus pure et libere jamdictis prioribus, et omnibus post eos locum suum tenentibus, matricem Ecclesiam parochialem de Limos in omni jure suo spirituali et temporali, adquisito vel adquirendo, sicut plenius potest intelligi, illaesum servare penitus et indempnem, ita videlicet quod nullus in praeffato oratorio vel circa sepeliatur praeter fratres nostros, quibus solum dicti Priores concesserunt de gratia sepulturam et cetera sacramenta; quibus exceptis, nullis aliis eidem conferant Ecclesiastica Sacramenta, ne consecretur locus vel altare, nisi portabile, et duae campanae tantum infra tectum collocentur tantummodo et non supra, et ut percipiant ecclesiastica sacramenta omnes inhabitantes domum nostram, praeter fratres, a matrice ecclesia, et ut divina audiant, similiter praeter fra-

1. Influence provençale sur cet acte latin : *Limos* et non *Limosio*, à moins que ce ne soit une faute de copiste.
2. *Nicholaus « Gallus »*, sixième grand ministre.
3. Ce couvent mixte, berceau des Frères Prêcheurs, a été étudié par le P. Balme et par M. Jean Guiraud.
4. Pierre Ameilh (1226-1245). Ce consentement ne devait pas être douteux.

tres, in precipuis festivitatibus annuatim, videlicet Nathali Domini, Pascha, Penthecoste, Assumptione beate Marie, in festo Omnium Sanctorum et ipsius matricis Ecclesiae[1], venientes ad matricem Ecclesiam antedictam — et quod domini archiepiscopi et officialium ejus et capituli servabimus interdicta et sententias, ut debebimus — et omnes oblationes[2] que venerint ad altare vel ad manum sacerdotis, reddemus eas integras bona fide matri Ecclesiae, exceptis pannis et possessionibus (?) et aliis ornamentis[3]. Sed et promittimus, de dictorum ministrorum nostrorum consensu, quod omnes fratres qui poterimus veniamus ad matricem Ecclesiam ad missam et ad utrasque Vesperas in festo Santi Martini.

Ad majorem autem rei certitudinem nos frater Fulco presenti carte sigillum nostrum apposuimus et sigillum fratris Nicholai, ministri nostri[4], et fratris Ogeri provincialis vicarii feci poni.

Ego quoque frater R. Prior de Pruliano, sub predictis conditionibus preffatum oratorium fieri consentiens, cum voluntate predicti fratris R. antedicti, prioris nostri provincialis, presentem sigillo nostro consignavi cartulam, quam proximo die frater Romeus prior noster sigilli sui munimine consignavit et roboravit. Datum apud Carcassonam anno Domini millesimo ducentesimo tricesimo quarto, in Vigiliis Sancti Thome Apostoli.

N° 11.

1287, décembre. — Béatrice, abbesse du Secours Notre-Dame, mande au duc de Brabant qu'elle a vendu aux Trinitaires de Lérines quatre bonniers sis à Tourinnes-les-Ourdons (Cartulaire de Lérines, pièce n° IX).

Dilectissimo domino et illustri H(enrico), dei gratia Brabantie duci, et dilectis in Christo suis balivis, ceteris quoque universis pre-

---

1. La Saint-Martin.
2. Cette condition léonine est à peu près unique.
3. Cette énumération est quelque peu incohérente.
4. Le consentement des supérieurs de l'ordre est toujours mentionné (voir la transaction du Fay).

sens scriptum visuris, soror Beatrix, dei nutu dicta abbatissa totusque conventus de sucursu Beate Marie, Cisterciensis ordinis, salutem in authore veritatis. Nobilitati vestre, domine dux, et prudentie balivorum vestrorum, universorum quoque videntium devotioni presentium [tenore] notum facimus quod nos allodium et sceanceam quam habebamus ad presens, et de quibus eramus in possessione, apud Tournines les Odons et apud Niel¹ in Brabantia, ex parte sororis Elizabeth, nostre sanctimonialis², filie legitime Thome, militis de Niel, prout sunt in terris, censu, redditibus et ancillis, communi consensu, consilio prudentum domui de Lerines, ordinis Sancte Trinitatis et Captivorum, legitima vendidimus, bonuarium ad mensuram de Tournines pro decem libris lovanensium³, de qua terra speramus esse quatuor bonuaria, jornarium minus; si plus terre ad mensuram inveniatur, plus argenti dabitur, si minus, minus reddetur. Insuper census, redditus, servi et ancille pro uno bonuario computantur⁴. Quapropter fratrem Willelmum, presentium latorem, coram vobis, Domine dux, et ubicumque necesse fuerit, inde ad supradicta recognoscenda et etiam ad gerpienda⁵ transmittimus, quicquid inde fecerit ratum et gratum habentes. Datum anno gratie M°CC°XXX° septimo, mense decembri.

N° 12.

1237-38, mars. — Robert, comte d'Artois, reçoit Robert Cosset, bourgeois d'Arras, pour homme demi-lige, à cause d'un manse situé entre l'écluse d'Athies et la ville de Feuchies (Archives du Pas-de-Calais, Trinitaires d'Arras).

Robertus, frater Domini Regis Francie, comes Atrebatensis, universis presentes litteras inspecturis salutem. Notum facimus quod

1. Nil.
2. Cette religieuse avait donc porté au couvent où elle entrait une partie de l'héritage de son père.
3. Même Cartulaire, pièce n° XVIII, il est dit qu'un bonnier de terre vaut 15 livres de Louvain (1259).
4. C'est pour rien !
5. Pour faire la *reconnaissance* et le *déguerpissement* (c'est-à-dire l'abandon).

nos Robertum Cosset¹, civem Atrebatensem, recipimus in hominem nostrum ad dimidiam ligeitatem de prato, manso et fossatis que sita sunt inter sclusam de Atheiis et villam de Feuchi et de tabula una sita ad cambium Atrebati : que omnia idem Robertus tenuit in feodum a clare memorie Rege Ludovico, genitore nostro. Quod ut perpetue stabilitatis robur obtineat, presentem paginam sigilli nostri munimine confirmavimus, salvo jure alieno. Actum apud Hysdin, anno Domini millesimo ducentesimo tricesimo septimo, mense Martio.

N° 13.

1238. — Henri, comte de Bar, confère aux Trinitaires la cure de Lamarche, qu'il possède, et les recommande à l'évêque de Toul (Copies : Arch. Nat., S 4269, n° 15; Archives de Meurthe-et-Moselle, B 712, pièce n° 3).

Reverendo Patri ac Domino R[ogerio²], Dei gratia Tullensi Episcopo, Henricus³, comes Barri, salutem et debitam reverentiam. Sciatis, Domine, quod ego ecclesiam de Marchia, cujus collatio ad me pertinet, contuli fratribus Sancte Trinitatis, et alia eis ibidem beneficia assignavi, unde dictos fratres vobis ad dictam ecclesiam presento, rogans vos quatinus eisdem fratribus benigni et favorabiles existatis, recipientes eos et investientes, et quicquid super tali negotio necesse fuerit, eisdem faciatis diligenter. Actum anno gratie millesimo ducentesimo trigesimo octavo.

1. Cet acte est la préface des donations de Feuchy faites aux Trinitaires d'Arras. Robert Cosset en 1257 se dit *Robertus, de Attrebato*.
2. Roger de Marcey, évêque de Toul, de 1231 à 1252.
3. Henri, comte de Bar depuis 1214, fut tué à Gaza en 1239 (*Art de vérifier les dates*, XIII, 84). Avant de partir pour la croisade, il se recommandait aux prières et aux soins de l'ordre rédempteur.

N° 14.

1239, avril. — Henri, comte de Bar, partant pour la croisade, confère aux Trinitaires le patronage de l'église de Lamarche avec ses dépendances et leur permet de faire librement des acquisitions, tant gratuites qu'onéreuses, pendant cinq ans, dans l'étendue de ses terres (Copies : Arch. nat., S 4269, n° 14; coll. sur le Cartulaire conservé à Nancy, B 712, f° 7).

Ego Hanricus, comes Barri, universis presentes litteras inspecturis notum facio quod ego, pro remedio anime mee et antecessorum meorum, contuli et concessi fratribus ordinis Sancte Trinitatis et captivorum in puram et perpettuam elemosinam jus patronatus ecclesie de Marchia, et quidquid juris in eadem ecclesia cum ejusdem pertinentiis omnibus habebam,... et medietatem feni de prato meo quod dicitur Brueil, et usuarium in nemoribus communibus, perpetuo possidendum ; et locum similiter pro domibus et edificiis suis disponendis inter Vogiam et viam de Morimonte. Concessi etiam dictis fratribus quod quicquid eis ex fidelium devotione in elemosinam collatum fuerit, et quicquid in terra mea acquirere potuerunt, usque ad finem quinque annorum instantium, possint licite et sine contradictione aliqua pacifice retinere; et sciendum quod dicti fratres tenentur singulis diebus in capella mea infra castellum de Marchia sita per aliquem fratrum suorum divina facere celebrari. Quod ut firmum ac stabile habeatur, presentes litteras sigilli mei munimine roboravi. Actum anno gratie millesimo ducentesimo tricesimo nono, mense Aprili.

N° 15.

1241, avril. — Robert, évêque de Liège, à la demande des religieux Trinitaires de Lérines, confirme la sauvegarde donnée par son prédécesseur Hugues à la chapelle qu'avait autrefois Gilles de Lérines et que les Trinitaires possèdent maintenant (Cartulaire cité fol. 4).

Robertus Dei gratia Leodiensis episcopus omnibus ad quos presentes littere pervenerint eternam in Domino salutem. Noverit universitas vestra quod nos litteras bone memorie venerabilis patris domini Hugonis quondam Leodiensis episcopi, predecessoris nostri, vidimus in hec verba.

« Hugo dei gratia Leodiensis episcopus, omnibus ad quos littere iste pervenerint cognoscere veritatem. Significavit nobis Egidius miles de Lerines quod in libero allodio suo capellam haberet, ad quam tam ipse quam sui predecessores redditus assignarunt. Quoniam vero signatus erat et ad partes transmarinas in terre sancte subsidium profecturus, timens ne in posterum, aliquorum faciente malitia, suis redditibus dicta capella, eo sublato de medio, defraudaretur, humiliter nobis supplicavit quatinus ipsam capellam cum suis redditibus auctoritate (sic) nostre munimine dignaremur confirmare. Significavit etiam nobis dictus miles quod in ipso libero allodio homines haberet, quos libere tenuit absque talliis et exactionibus et pravis servitiis et malis occasionibus, nihil ab eis accipiens nisi hec que de jure mero, et justis rationibus et justicie debent equitate, unde illorum libertati in posterum volens providere, nobis supplicavit ut eos tam liberos sub nostra protectione susciperemus et suam eis libertatem auctoritate nostra, ne a quoquam subjicerentur servituti, confirmaremus. Nos itaque piam ipsius petitionem attendentes, paterna pietate ipsius precibus annuendo, capellam ipsamque in dicto allodio est apud Lerines cum suis redditibus, salvo jure nostro confirmamus, nec non et predictos homines in sua libertate, quam hactenus eo vivente dignoscuntur habuisse, ex parte Dei omnipotentis et nostra auctoritate, districtius inhibentes ne quis hanc nostram confirmationem attemptet aliquatenus infirmare, alioquin indignationem omnipotentis Dei et nostram se noverit incursurum et, nisi resipicerit, anathematis vinculo innodandum. » (Sans date.)

Nos autem ad piam precum fratrum ordinis Sancte Trinitatis et Captivorum, nunc ibidem Deo servientium, instantiam, confirmationem a prefato predecessore nostro factam approbantes, predicta omnia sigilli nostri appensione auctoritate presentium communimus. Datum anno ab incarnatione Domini millesimo ducentesimo quadragesimo primo, mense Aprilis.

N° 16.

1241, 25 septembre. — Robert, évêque de Liège, prend sous sa protection le couvent des Trinitaires de Lérines (Cartulaire de Lérines, fol. 6 v°).

Robertus, Dei gratia Leodiensis episcopus, dilectis filiis ministro et fratribus de Lerines, ordinis Sancte Trinitatis et Captivorum, salutem in Domino. Cum nos, omnes et singulos, ut in charitate maneamus edoceat apostolus, illos specialius apostoli recommendatione dignos esse decernimus qui, majori diligentia doctrinam tenentes apostoli, speciali voto se et sua charitatis operibus dedicarunt. Eapropter, dilecti in Christo filii, vestris petitionibus annuentes, quicquid ex donatione Godefridi, domini de Perweis[1], habetis apud Torembais Sancti Trudonis[2], in hiis que tenebat ibidem ab eo Egidius, miles de Lerines, in feodum, sicut illud juste et rationabiliter possidetis, vobis et domui vestre, quantum in nobis est, confirmamus, et illud sub Beati Lamberti martiris et nostra protectione suscipimus. Si quis autem contra hanc nostre confirmationis paginam aliquid ausu temerario presumpserit attemptare, indignationem omnipotentis Dei sancteque ejus genitricis Marie, et Sancti Lamberti martiris et omnium sanctorum se noverit incursurum. Datum anno Domini millesimo ducentesimo quadragesimo primo, mense Septembri, feria quarta post festum Beati Mathei apostoli.

N° 17.

1243, 24 juillet. — Le pape Innocent IV confirme aux Trinitaires de Lamarche le patronage de la cure de cette ville, sauf le droit de l'évêque (Archives départementales de Meurthe-et-Moselle, B 712, n° 4. Berger, Registres d'Innocent IV, n° 39).

Innocencius episcopus, servus servorum Dei dilectis filiis ministro et fratribus ordinis Sancte Trinitatis et Captivorum de Mar-

1. Perwez.
2. Thorembais Saint-Trond.

chia, Tullensis diocesis, salutem et apostolicam benedictionem. Dignum est ut hiis quos ad gratiam aliis impendendam promptiores esse percipimus et nos gratiose oportunis temporibus existamus, presertim cum id tanto deceat a nobis fieri quo super hoc facultatem plenariam sumus a Deo consecuti. Hinc est quod cum receptioni pauperum et hospitum[1], quorum ad vos concurrere multitudo dicitur, intenta vestra caritas habeatur, nos, ut opus pietatis hujusmodi a vobis possit facilius supportari, vestris devotis precibus inclinati, presentium vobis auctoritate concedimus ut ecclesiam vacantem de Marchia, Tullensis diocesis, in qua jus patronatus, *ut asseritis*, obtinetis, dictorum pauperum et hospitum possitis usibus libere deputare *ac in ea per fratres vestros perpetuo* deservire per quos episcopalia et alia ipsius ecclesia onera supportentur, diocesani episcopi in omnibus jure salvo. Nulli ergo... noverit incursurum. Datum Anagnie vIII. Kalendas Augusti, pontificatus nostri anno primo.

N° 18.

1243, novembre. — Servais, chevalier, abandonne aux Trinitaires de Lérines la moitié du patronage de l'église de Saint-Lambert (Cartulaire de Lérines, fol. 4).

Universis presentes litteras inspecturis ego Servatius, miles de Sancto Lamberto, notum facio quod ego, in presentia magistri Henrici vice-archidiaconi et domini Johannis, decani Gemblacensis concilii, et plurimorum investitorum[2] ejusdem, medietatem[3] patronatus ecclesie Sancti Lamberti, quam ego diutissime, sicut progenitores mei possederunt, quiete possedi, spontanee, nude et sincere, ob devotionem, sicut etiam olim feceram, ecclesie de Lerines in elemosinam contuli, ubi novella plantatio observantie regularis ordinis Sancte Trinitatis et Captivorum ita pullulat, quod rami ejusdem flo-

1. Lamarche avait donc un hôpital.
2. Des *curés*.
3. L'autre moitié appartenait aux religieuses du Val-Saint-Georges. Voir une pièce de 1296.

rida castitate dealbati et fructu karitatis profuture referti late per patriam[1] suavissimum mittunt odorem. Ut autem predicta collatio modo firmiori ligetur et evidentius conservetur, presenti pagine sigillum superius dicti decani, quia sigillum non habeo[2], apponi postulavi cum appensionibus sigillorum investitorum Gemblacensis concilii, videlicet magistri Evrardi, investiti de Saint Geri, Domini Henrici, investiti de Chastre, et domini Johannis, investiti de Sarto[3], qui dicte collationi presentes affuerunt cum multis aliis... Datum et actum anno Domini millesimo ducentesimo quadragesimo tertio, mense Novembri.

N° 19.

1245, août. — Roger, évêque de Toul, mande au doyen de chrétienté de Vittel de mettre Mathieu, Trinitaire, en possession de la cure de Lamarche (Même recueil, n° 5, fol. 2 v°).

R[ogerius], Dei gratia Tullensis episcopus decano christianitatis de Vitel salutem in Domino. Cum dominus papa ecclesiam de Marchia cum appendentiis suis contulerit fratribus Sancte Trinitatis ejusdem loci, nos, hujusmodi collationem ratam habentes, fratri Matheo, ejusdem ordinis, latori presentium, curam ipsius ecclesie cum appendentiis, salvo jure domini Petri vicarii hujus ecclesie et vicarii de Villeta, contulimus vobis mandando quatinus eundem fratrem Matheum ad dictam ecclesiam cum appendentiis suis, prout est moris, conducatis. Datum anno Domini M° CC° XL° quinto mense Augusti.

1. Par tout le pays.
2. Autre exemple, pièce n° XIV du même Cartulaire.
3. Sart-lès-Walhain.

N° 20.

1248, 28 février. — Extrait d'une grande bulle d'Innocent IV confirmant et énumérant les couvents des Trinitaires (Arch. nat., L 947. Original).

Cette bulle semble très bien tenue au courant pour les couvents de France, mais très mal pour les couvents d'Espagne. Ne serait-ce pas une preuve que, un demi-siècle après la fondation de l'ordre, la France était déjà le vrai centre des Trinitaires? Il n'est pas question de couvents trinitaires de Flandre (comme Audregnies, Arras, Hondschoote), qui existaient certainement. C'est donc loin d'être une énumération complète.

... In primis locum in quo prefata domus[1] sita est[2]..., ecclesiam de Planellis[3]... in diocesi Tullensi domum de Marchia[4] et ecclesiam Sancte Marie loci ejusdem, domos de Villeta[5] et de Asinis[6] cum ecclesia, et capellas ab eadem ecclesia dependentes... in diocesi Lingonensi domum que dicitur Gloria Dei[7]... et duas partes decimarum vini quas habetis in parochia de Gicis[8],... in diocesi Parisiensi de Ponte Regine[9] et de Honore Dei[10] domos... in civitate Parisiensi domum Sancti Maturini[11] et grangiam de Marisiis subtus montem Martyrum[12]; in diocesi Cathalaunensi, de Vidua[13], de Vitriaco[14] et de Fonte Regali[15] domos, in civitate Cathalaunensi[16] domum Sancte Trinita-

1. Cerfroid.
2. Je supprime naturellement *cum pertinentiis suis*.
3. Planels, dont la situation est inconnue, déjà cité dans les bulles du 16 mai 1198, du 3 février 1199, des 18-21 juin 1209.
4. Lamarche (Vosges).
5. La Villette aux Anes, puis aux Aulnes, près Mitry (Seine-et-Marne).
6. On lirait aussi bien *Asinis, Aquis, Agris, Alnis*. C'est probablement *Villeta de Asinis* pris pour deux noms différents.
7. La Gloire-Dieu, commune de Courteron, près Bar-sur-Seine (Aube), fondée avant 1216 (*Dict. de l'Aube*).
8. Gyé sur Seine.
9. Le Bourget, près Paris, fondé vers 1203.
10. L'Honneur-Dieu, près Chelles (1225). Voir la liste alphabétique.
11. C'est le célèbre couvent qui donna à l'ordre son nom populaire.
12. Ce sont les possessions des Porcherons et du Roule, qui formeront la célèbre Ferme.
13. La Veuve, près Châlons (1234).
14. Vitry-en-Perthois (1231 ou 1240).
15. Soudé Notre-Dame (1217).
16. Fondée en 1200 (Barbat, I, 61) ou en 1225.

tis,... in civitate Meldensi¹ domum Sancte Trinitatis... in diocesi Meldensi domum que dicitur Fons Jesu²,... in civitate Tholosana, domum³ S. Trinitatis,... in diocesi Magalonensi, domum Montis Pessulani⁴,... in civitate Arelatensi, domum S. Trinitatis⁵,... in diocesi Nemausensi, apud villam Sancti Egidii, hospitale S. Jacobi⁶,... in civitate Massiliensi domum Porte Gallice⁷ et hospitale S. Martini,... in civitate Illerdensi, hospitale quod dicitur Petri Molinarii,... in diocesi Illerdensi, domum de Vingania⁸... et possessionem quas habetis apud Itonam⁹,... in diocesi Glasguensi domum de Faleford¹⁰ cum piscariis,... in diocesi S. Andree domum S. Edwardi de Brewine¹¹,... in diocesi Pictaviensi domum Sancte Caterine de Deserto¹².

N° 21.

1248, mai. — Le recteur de l'église de Rodes approuve la donation faite aux Trinitaires, par le comte de Vianden, de l'hôpital de cette ville (Archives du grand-duché de Luxembourg, Trinitaires de Vianden, pièce n° 1).

Universis presentes litteras inspecturis. Magister Dyon (?) et rector ecclesie de Rodes salutem in Domino sempiternam. Universitati vestre significo quod ego obtentu divine pietatis, de proborum et reli-

1. Hôtel-Dieu conféré en 1244.
2. Silvelle, canton de Crécy (Seine-et-Marne).
3. Fondée avant 1237.
4. Montpellier (1217).
5. Arles (1203).
6. Saint-Gilles; ce couvent existait le 10 juillet 1203.
7. Fondée le 21 mars 1202 par Hugues de Baux et confirmée en 1203 par l'évêque Rainier. Cette *Porta Gallica* était alors appelée la Porte-Gaule ou Porte-de-France.
8. C'est écrit absolument *Vingania*. Le couvent d'Avingavia aurait été cédé en 1236 à Constance d'Aragon pour fonder des religieuses trinitaires.
9. C'est la donation de Pierre de Belvis ou Belluys, marquis d'Aytona.
10. Failfourd (Ecosse).
11. Egalement en Ecosse; aussi appelée domus *Brechinensis*.
12. La Perrine a été disputée entre les diocèses de Coutances et de Bayeux, mais n'a aucun rapport avec le diocèse de Poitiers.

giosorum consilio, volo et concedo quod fratres ordinis Sancti Trinitatis et captivorum hospitale eis a nobilibus comite et comitissa Viennensibus in elemosinam colatum recipiant et inhabitent et in eo divina officia celebrent, salvo tamen jure parociali ecclesie, prout postulat ordo juris. Actum et datum Viennae presentibus dictis comite et comitissa; H. majore preposito Coloniensi et Ph. eorum liberis, J. decano Sancti Symeonis Treverensis, A. de Bassendorf canonico Virdunensi et multis aliis. Anno Domini M⁰CC⁰XL⁰ octavo mense Maio.

N° 22.

1248, juin. — Robert de Cressonsacq, évêque de Beauvais, donne aux Trinitaires la Maison-Dieu de Clermont à condition que l'hospitalité continuera à y être observée (Archives départementales de l'Oise, H, Trinitaires de Clermont, 10ᵉ liasse; original scellé).

Robertus permissione divina Belvacensis episcopus universis presentes litteras inspecturis salutem in vero salutari. Attendentes religionem, bonam famam et conversationem fratrum ordinis Sancte Trinitatis et Captivorum, eisdem fratribus dedimus et concessimus domum Dei de Claromonte ut eam teneant in perpetuum et possedeant cum omnibus pertinenciis ejus, ita tamen quod in dicta domo hospitalitatem more solito praedicti fratres teneantur observare et manutenere. Istam autem donationem nobilis vir Alphonsus comes Bolonie et nobilis mulier Matildis, uxor ejus, in quorum dominio dicta domus sita est, coram nobis voluerunt, concesserunt et acceptaverunt. In cujus rei testimonium et munimen praesentes litteras sigilli nostri munimine fecimus roborari. Datum anno Domini M⁰CC⁰XL⁰ octavo mense Junio.

N° 23.

1250. — Thibaud[1], comte de Bar, dont le père, Henri, a conféré aux Trinitaires la cure de Lamarche et la chapelle de La Villette, prie l'évêque de Toul, Roger, de maintenir les Trinitaires dans cette possession (Cartulaire de Lamarche, pièce n° 4).

Reverendo patri ac domino R[ogerio], Dei gratia Tullensi episcopo, Th[eobaldus] comes Barri Ducis, sibi devotus in omnibus, salutem et filialem amorem. Paternitati vestre significamus, vos inde rogantes, quod H[enricus] comes Barri Ducis, pater noster, bone memorie et sane, fratribus ordinis Trinitatis et Captivorum domus de Marchia, ecclesiam ejusdem ville cum capella de Villeta in puram et perpetuam elemosinam contulit et concessit, quam predicti fratres, post hujusmodi collationem usque nunc pacifice et quiete tenuerunt, — et similiter dictus pater, predecessor fratrum predictorum, hanc tenuit viginti annis et amplius, sicut in litteris domini Odonis, quondam Tullensis episcopi, constat et apparet. — Unde, cum nos acta patris nostri teneamur deffendere et observare, et maxime hujusmodi collationes et vos similiter teneamini nos in hoc adjuvare, Paternitatem vestram rogamus, eo affectu quo possumus ampliori, quatinus predictos fratres, amore nostro mediante et juris ordine observato, in possessione eorum teneatis et a disturbatoribus deffendatis, tantum inde facientes ut vobis in hoc et aliis ad grates et augmentum de cetero teneamur. Datum anno Domini M° CC° quinquagesimo.

1. Thibaut II (1240-1294).

N° 24.

1251, 11 juin. — Simon, vicaire général de l'ordre, fait connaître à Marguerite, comtesse de Flandre, que le chapitre général, ayant appris la mort de son fils Guillaume[1], a ordonné la célébration de deux messes par chaque prêtre de l'ordre pour le repos de l'âme de celui-ci. Il lui confère en outre l'association spirituelle. (Archives du Nord, Chambre des Comptes de Lille, B 73, pièce 1044 de l'inventaire Godefroy : acte en mauvais état).

Illustri Domine et in Christo Karissime Margarete, Flandrie et Hainonie comitisse, frater S(imon) minister Sancti Maturini Parisiensis, majoris ministri vicarius, ceterique ministri et fratres ordinis S. Trinitatis et Captiorum apud Cervum frigidum in generali capitulo congregati... Excellencie vestre litteris per nostrum karissimum et vestrum devotum fratrem J. ministrum de Hundeschote nobis in capitulo humiliter presentatis, et eisdem cum debita reverencia receptis, ac earum tenore legali coram nobis lacrimabiliter recitato, pias vestras potestates prono compassionis affectu merito liberaliter admittentes... vestris desideriis secundum litterarum seriem devote duximus annuendum. Noverit igitur vestra mansueta nobilitas quod nos, ut moris est, in nostro capitulo pro anima pie memorie domini G. filii vestri illustris comitis Flandrie, absolutione cum orationum suffragiis sollempniter celebrata, de totius capituli assensu, benigne statuendum duximus ut singuli nostri ordinis ministri, cum ad propria redierint, cum suis fratribus previa absolutione... exequias debitas cum missa sollempni celebrent pro anima comitis memorati. Statuimus insuper ut totius nostri ordinis fratres presbiteri singulas missas pro eodem celebrent, sicut pro parte fratrum nostrorum fieri consuevit. Verum quia excellencie vestre nobilitas, filiali solatio nuperrime destituta, nostrarum orationum, licet humilium, suffragiis consolari humiliter postulavit, nos piis vestris precibus benignum impartientes assensum, decrevimus humiliter et devote ut singuli totius nostri ordinis fratres presbiteri, vestram devotionem in suis orationibus divine clemencie recomendantes, pro vobis specia-

1. Il avait été foulé sous les pieds des chevaux au tournoi de Trazegnies.

liter celebrent duas missas, unam videlicet de Spiritu Sancto, et
aliam in honorem Virginis Gloriose, ut spiritus ille qui mestos con-
solatur et reficit, et debiles virtute corroborat, meritis et intercessione sanctissime filii Dei genitricis Marie, anime vestre desolate gratiam sue consolationis infundat... Insuper et vobis et predicti Comitis,
bone memorie, anime omnium bonorum que fiunt et fient in ordine
nostro plenariam participationem duximus concedendam... Diu valeat... vestra dominacio in dominationibus Christi, qui nobis et
ordini vices repondet congruas... Datum ibidem anno Domini millesimo ducentesimo quinquagesimo primo.

N° 25.

1254, novembre. — Accord entre le procureur des Mathurins de Paris et un clerc, nommé Philippot, qui quitte le service de l'hôpital de Fontenay-lès-Louvres (Arch. Nat., S 4255A, n° 30).

Omnibus presentes litteras inspecturis, officialis curie Parisiensis salutem in Domino. Notum facimus quod in nostra presentia constitutus Philippotus de Fonteneto juxta Luparas, clericus, ex una parte, et frater Rogerus[1], procurator, ut dicebat, ministri et fratrum dicti S. Mathurini Parisiensis, ordinis Sancte Trinitatis et Captivorum, ex altera, asseruerunt quod olim idem Philippotus promiserat se bene et fideliter in dicta domo dictis ministro et fratribus servire, et ipsi minister et fratres, quamdiu ipsis ministro et fratribus et etiam eidem Philippoto placeret, in victualibus et necessariis providerent. Prefatus autem Philippotus coram nobis, spontaneus, non coactus, de consilio parentum et amicorum suorum, ut asseruit, et sibi videns expedire, ut dicebat, nullum votum subire, asseruit sibi non placere in servitio ipsius domus plus morari, petens a dicto procuratore licentiam coram nobis, quittans penitus et expresse dictos ministrum et fratres et domum ipsorum predictam et eciam Domum Dei de Fontaneto predicto quam tenent, ut dicitur, minister et fra-

1. Roger devint, en 1259, ministre des Mathurins de Paris.

tres predicti, ab omni obligatione, si que intervenerint, inter ipsos ministrum et fratres et eumdem Philippotum. Quittavit etiam idem Philippotus eidem domui Sancte Trinitatis et remisit in recompensationem victualium et necessariorum que in dicta domo perceperat, ut dicebat, si quod de bonis[1] ipsius clerici mobilibus vel immobilibus conversum fuerit in utilitatem domus supradicte et etiam distractum vel venditum per ministrum et fratres predictos, asserens se plus in dicta domo percepisse quam distraxerint vel habuerint minister et fratres predicti. Et promisit idem Philippotus, fide in manu nostra prestita corporali, quod contra dictam quittationem per se vel per alium non veniet in futurum, et quod ratione cujuscumque obligationis inter ipsum et dictos ministrum et fratres in retroactis temporibus inde nihil ab ipsis seu eorum domo predicta in posterum exiget nec ipsos in aliquo molestabit, ipsos super hiis in perpetuum absolvendo.

Prefatus vero frater Rogerus, coram nobis, de consensu ministri et fratrum predictorum, ut dicebat, eidem Philippoto dedit licentiam exeundi dictam domum, et faciendi voluntatem suam prout sibi viderit expedire. Preterea idem prefatus Rogerus, volens, ut asserebat, de assensu dictorum ministri et fratrum, eidem Philippoto gratiam facere specialem, remisit et quittavit eidem, nomine eorumdem ministri et fratrum, in perpetuum, quoddam arpentum terre arabilis... item unum quarterium terre site, ut dicitur, in via que dicitur Sancti Dionysii; item dimidium et unum quarterium terre... que terre fuerunt, ut dicitur, ipsius Philippoti. Et promisit dictus procurator quod consimilem quittationem eidem Philippoto fieri faciet a dictis ministro et fratribur in pleno capitulo congregatis, quando ab ipso clerico super hoc fuerit requisitus. Quod autem audivimus, hoc testamur, salvo jure alieno, et pro hoc non intendimus quod si dictus clericus aliquo voto fuerit astrictus vel adhuc exsistat, quod per ea, que contenta sunt superius, liberetur.. Datum anno Domini millesimo ducentesimo quinquagesimo quarto, mense Novembri.

1. Ce Philippot devait être un intendant ou même un associé. On voit par ce qui suit que chaque contractant reprend sa mise.

N° 26.

1255, 18 août. — Nicolas, grand-ministre, fait savoir que Baudouin de Bailleul, maréchal de Flandre, et Marie, sa seconde femme, ont fondé un couvent de Trinitaires à Convorde, près Estaires, cette dernière y ayant elle-même institué un cinquième prêtre (Archives du Nord, Trinitaires de Douai, 1er carton).

Universis presentes litteras inspecturis frater Nicholaus, major minister totius ordinis Sancte Trinitatis et Captivorum, salutem in Domino. Noverit universitas vestra quod nos promissionem factam nobis et viro domino B[alduino] de Ball[olio], militi, Flandrie marescalio, a fratre J. ministro de Convorde existente, ratam et firmam habere volumus et per litteras nostras confirmamus. Que promissio talis fuit quod in domo de Convorde quatuor deberent esse fratres sacerdotes, quorum unus esset minister, qui in perpetuum ibidem in suis ordinibus viverent (?), suo creatori pro ipsius B[alduini], predecessorum, successorum ejusdem ac uxorum suarum Helye et Marie, ac omnium benefactorum suorum animabus fideliter deprecantes. Adicimus etiam quod quintus sacerdos ibi debeat esse, quem uxor predicti nobilis, Maria nomine, instituit, dans centum et viginti libras predicte domui de Convorde pro redditibus comparandis ad sustentationem suam, qui pro anima ejus missam cotidie de requiem celebrabit. In cujus testimonium presentes litteras sigilli nostri munimine roboramus. Datum anno Domini millesimo ducentesimo quinquagesimo quinto, feria quarta post Assumptionem beate Virginis Marie, mensis Augusti.

N° 27.

1256, août. — Convention entre les Trinitaires d'Estaires et l'abbé de Chocques, patron de la cure de ce lieu, sous les auspices du doyen de Saint-Pierre de Lille, au sujet de la quarte funéraire et des dîmes (Archives départementales du Nord, Trinitaires de Douai, 1er carton).

Universis presentes litteras inspecturis Magister Gillebertus de Anchel, decanus ecclesie beati Petri Insulensis, Willelmus de Ebreduno, canonicus ecclesie Atrebatensis et Johannes, rector ecclesie S. Martini de Bergis, salutem in Domino. Noverit universitas vestra quod, cum controversia mota esset inter viros religiosos abbatem et conventum de Chokes[1], personam[2] ecclesie parochialis de Estaires, et presbyterum curatum ejusdem ecclesie, eorum concanonicum ex una parte, — et ministrum et fratres ordinis S. Trinitatis et Captivorum in parochia de Estaires apud Convorde[3] commorantes, super jure parochiali quod predicti abbas et conventus petunt sibi salvum fore in capella seu ecclesia, quam habebant vel habere intendebant dicti minister et fratres, infra fines dicte parochie quacunque parte locorum; — tandem post multas super iis habitas altercationes inter partes, in nos predicte partes, super premissis omnibus et ad premissa pertinentibus, de auctoritate et consensu Reverendi Patris Domini episcopi Morinensis[4], loci dyocesiani, compromiserunt sub pena centum librarum parisiensium reddendarum parti dictum[5] nostrum prelatum arbitrando seu ordinando observanti, a parte que ab eodem resiliret. Quibus actis, nos suscepto in nos onere dicti arbitrii, partibus coram nobis convocatis, auditis partium voluntatibus et de hiis diligenter perquisitis, considerata utriusque partis utilitate et omnibus hiis que in premisso negotio vidimus expedire, nos super premissis dictum nostrum protulimus in hunc modum. — In omnibus oblationibus que fient quocumque modo in capella de Convorde fratrum Trinitatis, seu aliqua parte locorum que habent et habebunt dicti fratres infra fines parochie de Estaires, habebunt dicti fratres medietatem, presbyter vero parochialis de Estaires, aliam medietatem, excepto quod in oblationibus que fient apud fratres ad fabricam vel ad ornamenta vel ad pictantias pro sustentatione fratrum nihil habebit presbyter parochialis, sed totum erit fratrum. — De candelis autem que ponentur circa corpora defunctorum in ecclesia fratrum, dum obsequia corporis fient, ibi habebit presbyter parochialis quartam[6] partem tantum si corpora

1. Chocques, arrondissement et canton de Béthune.
2. Patron.
3. Ce nom reste parfois invariable.
4. Evêque de Thérouanne.
5. *Dictum* est un substantif : notre sentence.
6. La quarte funéraire.

sint parochianorum de Estaires, dum modo primitus fuerint dicta corpora ad ecclesiam parochialem de Estaires delata, et ibi missa pro eis fuerit celebrata; similiter, de oblationibus que fient apud fratres in secunda missa de dictis corporibus, habebit presbyter parochialis quartam partem tantum; si autem unica missa pro dictis corporibus defunctorum fuerit celebrata, et hoc apud dictos fratres, tunc dictus presbyter parochialis habebit medietatem candelarum circa corpora defunctorum positarum in ecclesia dictorum fratrum, fratres autem aliam medietatem : — similiter et oblationum tam de corporibus parochianorum ecclesie de Estaires quam de aliis; sed si corpora defunctorum sint aliorum quam parochianorum de Estaires, nichil habebit presbyter parochialis de candelis que dum exequie apud dictos fratres celebrabuntur, circa corpus defuncti ponentur, sed erunt fratrum predictorum. — De pannis autem syricis que in ecclesia fratrum super corpora predicta erunt dum exequie fient apud fratres, si corpora defunctorum sint parochianorum de Estaires, habebit presbyter parochialis quartam partem, fratres autem tres partes, si autem sint aliunde parochiani nichil habebit presbyter parochialis, sed erunt fratrum.

Item pro recompensatione decimarum managii de Convorde de dictis fratribus a domino Balduino cum pomeriis et ortis que continentur infra clausuram fossati, que continent circiter quatuor rascerias terra et aque, et pro recompensatione decime nutrimentorum, animalium que habebunt dicti fratres infra dictam clausuram fossati, reddent dicti fratres annuatim in perpetuum presbytero parochiali d'Estaires tredecim solidos novorum, scilicet in festo Beati Joannis Baptistae dictorum tredecim solidorum medietatem, et aliam medietatem in Nativitate Domini. — Item de legatis rerum mobilium que fient dictis fratribus a parochianis de Estaires ratione sepulture habebit presbyter parochialis de Estaires quartam partem et dicti fratres residuum, — de legatis autem immobilibus nihil habebit presbyter parochialis; de legatis autem factis ab aliis quam a parochianis de Estaires nichil habebit presbyter parochialis. De legatis vero factis a parochianis dicte ecclesie aliter quam ratione sepulture similiter nichil habebit presbyter parochialis. — Item familia[1] fra-

1. Les domestiques.

trum predictorum manens in parochia de Estaires et etiam omnes commorantes cum dictis fratribus in dicta parochia in habitu seculari erunt de cura presbyteri parochialis de Estaires. — Item infirmi *commorantes in hospitali* dictorum fratrum, sito infra fines dicte parochie, erunt de cura presbyteri parochialis de Estaires, si ante ingressum hospitalis erant de cura presbyteri parochialis, alioquin erunt de cura fratrum predictorum. — Item in novis[1] missis celebrandis a fratribus dicte domus, habebit presbyter parochialis dicte ecclesie in candelis que offerentur in missa et de pecunia usuali patrie[2] ad valorem unius Parisiensis, vel unam medietatem et fratres predicti aliam medietatem, de aliis autem plus valentibus uno denario parisiensi que offerentur ibidem nichil habebit presbyter antedictus... Actum et datum anno Dominice incarnationis millesimo ducentesimo quinquagesimo sexto, mense Augusti.

N° 28.

1257, juillet (vidimus de 1267). — Guy, comte de Saint-Pol, confirme les donations d'un manse et d'une table de change faites par Robert d'Arras, chevalier, au couvent et à l'hôpital des Trinitaires d'Arras (Archives départementales du Pas-de-Calais, série H).

Robertus, comes Attrebatensis, universis presentes litteras inspecturis salutem. Notum facimus universis presentibus pariter et futuris nos litteras nobilis viri Guidonis, comitis Sancti Pauli et excellentissime domine Mathildis, matris nostre carissime, vidisse et inspexisse in hec verba.

Ego Guido comes Sancti Pauli, dominus Attrebatensis et ego Mathildis comitissa Attrebatensis, notum facimus tam presentibus quam futuris quod nos litteras Roberti de Attrebato, militis, hominis quondam dimidii ligii nostri, et Agnetis, ejus uxoris, vidimus in hec verba.

1. Les premières messes.
2. La monnaie ayant cours dans le pays.

Universis presentes litteras inspecturis, Robertus de Attrebato, miles, Balduini quondam castellani Attrebatensis frater, et Agnes, uxor dicti Roberti, salutem in Domino. Noverint universi quod nos, intuitu pietatis, ob remedium animarum nostrarum et etiam predecessorum nostrorum, in perpetuam et puram elemosinam contulimus ministro et fratribus domus ordinis Sancte Trinitatis et Captivorum Attrebatensis quendam mansum nostrum quem habebamus, situm inter Aties et Feuchi, cum omnibus appendiciis dicti mansi, que omnia acquisivimus, constante matrimonio inter nos. Contulimus etiam eidem ministro et fratribus quandam mensam nummulariam[1] nostram, quam habebamus in cambio Attrebatensi, quicquid juris in omnibus premissis habebamus et habere poteramus, quacumque ratione, eisdem conferentes, ita tamen quod, quamdiu vixerimus, nobis retinemus in premissis usum fructum salva dictis ministro et fratribus proprietate omnium premissorum : que omnia premissa in feodum tenebamus de comite Attrebatensi pro triginta solidis de relevio, et ob hoc ego Robertus, de consensu dicte Agnetis, uxoris mee, predictam collationem coram domina... comitissa Attrebatensis et domino comite Sancti Pauli, ejus marito, Attrebatensi domino, a quibus premissa tenebantur in feodum innovavi. Cui dicti comes et comitissa benigne consenserunt, eandem collationem laudentes (sic) et etiam approbantes. Debent autem dicti minister et fratres in hospitali suo, cum illud fieri contingegerit (sic), unam instaurare capellam, in qua pro animabus nostris et predecessorum nostrorum debent facere divina celebrari. Ita etiam quod si dictum hospitale in vita nostra factum non fuerit, nichilominus ipsi pro animabus nostris debent divina facere celebrare in ecclesia sua, donec dictum hospitale ita factum et paratum fuerit quod in eo possint divina commode celebrari... Actum anno Domini millesimo ducentesimo quinquagesimo septimo mense Julio.

Que omnia in dicta carta contenta rata et grata habemus... et nos mansum et mensam nummulariam predictam que de nobis tenebantur in feodum, racione comitatus Attrebatensis, ad triginta solidos de relevio, de nostro feodo subtraximus et ab omni jure feodi libera et absque servitio et exactione quacumque dictis ministro et fratri-

1. Table de change.

bus concessimus perpetuo possidenda in francum allodium. Et in recompensatione et escambium premissorum que de feodo nostro subtraximus, ut dictum est, recepimus quendam ligium hominem, videlicet Renerum de Atrio, manentem apud Hendecourt in castellania Bapalmensi, qui ante dictum escambium et recompensationem homo ligius erat Egidii de Hendecourt, quondam filii Ade de Hendecourt, militis, quod homagium ad nos deventum est per premissa, a comitibus Attrebatensibus qui pro tempore erunt perpetuo tenendum et habendum... Datum anno Domini millesimo quinquagesimo septimo, mense Julio...

Nos autem ea que pro cultu divino ampliando et servorum Dei victu cotidiano statuta sunt, servare et inconvulsa manere volentes, omnia et singula ab ipsis comite et domine matre nostra, ut supradictum est, approbata, laudamus... — Datum Parisius anno Domini millesimo ducentesimo sexagesimo septimo, mense Martio.

N° 29.

1257, novembre. — Jean le Blas, écolâtre de Saint-Amé de Douai, donne aux Trinitaires un manse à Lambres et dix-neuf rasières, stipulant qu'en cas de départ de ces religieux, la donation passera aux hospitaliers de Saint-Samson (Archives du Nord, Trinitaires de Douai, 1er carton; original scellé [1]).

Universis presentes litteras inspecturis, Johannes dictus Li Blas, scolasticus ecclesie S. Amati Duacensis, salutem in Domino sempiternam. Noverint universi quod nos, pro remedio anime nostre, patris mei et matris mee, fratrum, sororum, propinquorum et benefactorum meorum, contulimus in eleemosyna viris religiosis ministro ac fratribus ordinis S. Trinitatis et captivorum, in Duaco commorantibus, totum mansum prope Duacum situm extra portam dictam Atrebatensem, in territorio de Lambris, cum appendiciis ejusdem, necnon et decem et novem rasserias nostre terre arabilis vel

1. Déjà publié par M. l'abbé Dancoisne (pièce justificative n° 15 de ses *Trinitaires de Douai.*)

circiter, prope dictum mansum sitas, quarum decem per legem villa Duacensis, et relique per legem de Lambris habent judicari, — ab eisdem ministro et fratribus quamdiu in villa Duacensi vel in territorio ejusdem mansionem habuerint, ibidem residentes secundum quod in aliis locis, juxta consuetudinem ordinis, sunt residentes, libere ac pacifice possidendas. Ita tamen quod si forte lapsu temporis prefatos ministrum ac fratres ex villa Duacensi recedere contigerit, ita quod ibidem domicilium et mansionem non habuerint, et etiam ibidem secundum quod in aliis locis, juxta consuetudinem ordinis, residere consueverunt, residentes non fuerint, nichil habebunt de terra et manso predictis, nec aliquid juris reclamare poterunt in eisdem. Immo ex tunc prefatos terram et mansum cum suis appendiciis preceptori et fratribus domus hospitalis Sancti Sansonis Duacensis in elemosinam conferimus, ad opus domus sue supradicte... In cujus rei testimonium et munimen, nos Johannes scolasticus predictus, Th. decanus, Magister Nicholaus de Sancto Albino cantor, Nicholaus de Duaco, Johannes dictus Pikette, canonici Sancti Amati predicti, coram quibus acta fuerant premissa, presentibus litteris sigilla nostra duximus apponenda. Datum et actum anno Domini millesimo ducentesimo quinquagesimo septimo, mense Novembri.

N° 3o.

1258, 26 août. — Mathilde de Marly confie au grand-ministre des Trinitaires et à l'abbé de Saint-Victor l'hôpital de Châteaufort, auquel elle a donné ses conquêts (Arch. Nat., Cartulaire, LL 1544, fol. 71 v°. — Mention : Le Grand, Statuts des Maisons-Dieu. *Revue des questions historiques*, juillet 1896).

Omnibus presentes litteras inspecturis nobilis mulier Matildis, domina de Marliaco, relicta defuncti Bouchardi de Marliaco, militis, salutem in Domino. Noveritis nos constituisse et posuisse viros religiosos abbatem Sancti Victoris Parisiensis qui pro tempore fuerit, et majorem ministrum ordinis Sancte Trinitatis et Captivorum procuratores et tutores Domus Dei de Castro Forti site juxta forum dicti castri. Quam domum, ob remedium anime nostre et antecessorum nostrorum fundavimus, et ad ejusdem fundacionem dedimus omnes conquestus nostros presentes et futuros cum medietate quinti tocius hereditatis nostre ; in qua domo predicti procuratores et tutores habeant potestatem plenariam ponendi personas utiles, pauperibus devote et humiliter servientes, et amovendi inutiles, prout secundum Deum et animarum nostrarum et pauperum utilitatem viderint expedire. In cujus rei testimonium presentibus litteris sigillum nostrum duximus apponendum. Datum anno Domini millesimo ducentesimo quinquagesimo octavo, mense Augusto, die Lune post festum beati Bartholomei Apostoli.

N° 31.

1258, septembre. — Nicolas de Soisy et sa femme Marie ont promis aux Mathurins dix livres, après leur décès, sur les quarante qu'ils ont reçues du roi. Louis IX confirme cette promesse (Arch. Nat., S 4277, n° 4).

Ludovicus Dei gratia Francorum Rex. Notum facimus universis tam presentibus quam futuris quod, cum olim Nycholao de Soisiaco servienti nostro, obtentu grati servicii quod nobis impendit, dedissemus sibi et heredibus suis quadraginta libras Parisiensium annui redditus in prepositura nostra Parisiensi percipienda, et eas hactenus statutis terminis percepisset, tandem idem Nycholaus et Maria uxor ejus, in nostra presentia constituti, volentes animarum suarum providere saluti, pietatis intuitu et pro animarum suarum remedio, de predictis quadraginta libris annui redditus decem libras in puram et perpetuam elemosinam dederunt et concesserunt expresse domui et fratribus Sancti Maturini Parisiensis, ordinis S. Trinitatis et Captivorum, post decessum suum percipiendas, medietatem videlicet ad Ascensionem Domini, et aliam medietatem ad festum Omnium Sanctorum, annuatim, in prepositura predicta[1]. Nos autem donacionem

1. Obituaire des Mathurins de Paris, dans le tome Ier du Grand Recueil, p. 686, on trouve : « Nicolas de Soisy (24 avril) qui a donné dix livres de revenu sur le Châtelet. » Voir, dans la suite, une pièce de 1549 sur le même

istam, ad ipsorum Nycholai et Marie uxoris ejusdem requisicionem, volumus et concedimus, et eam auctoritate regia confirmamus. Quod ut ratum et stabile permaneat in futurum, presentes litteras sigilli nostri fecimus impressione muniri. Actum Parisius anno Domini millesimo ducentesimo quinquagesimo octavo, mense Septembri.

N° 32.

1259, mai. — Jeanne, dame de Lambres, confirme la donation faite aux Trinitaires de Douai par Jehan Li Blas, écolâtre de Saint-Amé (Archives départementales du Nord, Trinitaires de Douai, 1er carton).

Jou Jehane dame de Lambres, sires de ce meisme liu, à tous chiaus ki ces letres verront e oront fac à savoir ke Jehans li Blas fius[1] Watier Pilate trespassé, jadis bourgois de Douay, a douné pour Dieu e en almosne iretaulement et perpetuelment à tenir et à aboir as frères del ordene del Trinité del mason de Douay un sien manoir ki siet de hors le Porte de Douay kun apele d'Arras avec neuf mencaudées de terre u la entour pau plus pau moins, ki sient el teroir de Lambres, del quel manoir et de le quele terre il se desuesti aves les frères devant dis *e en issi sollempnelment*, si com il est coustume e usance ou liu. Après toutes ces choses, iou Jehane devant dite ai reciut les frères devant dis et mis en tenure e possession del manoir e de le terre devant dis, à tel solempnité com il ia *furt* (?) es ces meisme estat, condition et manière et à tel kierke e tel (?) trois eschaances dites et autres choses, les queles e ens lesqueles les avoit eues et tenues Jehans li Blas devant noumés. Et pour chou ke ce soit ferre (sic) chose et estable, j'ai chou presente letre sivelée et confremée (sic) de men propre sain, et ce fu fait devant eschevins Mahieu des quatre mius, Alart Agniel, Gillon Cousant Dieu, Willaume de le cuevrin, en l'an de l'incarnation nostre Signeur mil deus cens cinquante noef ans el mois de may.

sujet. Cette pièce, toute spéciale qu'elle est aux Mathurins, est intéressante parce qu'on peut deviner que le roi inspire les largesses de ses familiers.
1. L'abbé Dancoisne (ouvr. cité) a transcrit *sive* (sic).

N° 33.

1260, 28 mars. — Alexandre IV confirme les donations de Jean Li Blas (Archives des Trinitaires de Douai. 1er carton. Original scellé). — Publié par l'abbé Dancoisne, *op. cit.*, pièce XIV.

Alexander episcopus servus servorum Dei dilectis filiis ministro et fratribus domus S. Trinitatis et captivorum Duacensis, Atrebatensis diocesis, salutem et apostolicam benedictionem. Cum a nobis... perducatur effectum. Exhibita siquidem nobis vestra petitio continebat quod dilectus filius Johannes dictus li Blas, scolasticus ecclesie Sancti Amati Duacensis, quendam mansum in territorio de Lambres ac decem et novem raserias terre, juxta ipsum extra portam Atrebatensem sitas, ad eundem Johannem ratione persone sue pertinentes, vobis liberalitate pia et provida duxit in perpetua elemosina conferendos. Nos itaque, vestris supplicationibus inclinati, quod super hoc ab eodem Johanne provide factum est ratum et firmum habentes, id auctoritate apostolica confirmamus et presentis scripti patrocinio communimus... Datum Anagnie x kal. aprilis, pontificatus nostri anno sexto.

N° 34.

1261 (n. st.), 18 avril. — Sauvegarde de Thibaut V au couvent de Cerfroid (Bibl. Nat., Collection de Champagne, t. V, p. 7; inventorié 260 : armoire de Cerfroid).

Theobaldus Dei gratia Rex Navarrae, Campaniae et Briae Comes Palatinus, Baillivio (*sic*) de Castro Theoderico et prepositis de Castro Theoderico et de Ulcio[1] salutem et dilectionem. Cum nos donacionem domus sanctissimae Trinitatis de Cervo Frigido, Meldensis diocesis, et fratres ibidem commorantes et Domino famulantes et res

---

1. Oulchy-le-Château, chef-lieu de canton de l'arrondissement de Soissons.

ipsorum tanquam nostras custodire volumus, vobis mandamus et volumus (?) quod supradictam domum et fratres ibidem commorantes, et res eorum, tanquam nostras proprias, custodiendo vel defendendo, habeatis specialiter commendatas, non permittentes in dictam domum aut res ipsorum fratrum inferri indebite gravamen, molestiam aut jacturam, injungentes vobis ut illud idem faciatis quotiescumque ab ipsis fueritis super hoc requisiti, nullo alio mandato super hoc expectato. Datum per nos apud Trecas die lunae proximo post Ramos Palmarum anno Domini millesimo ducentesimo sexagesimo.

N° 35.

1262 (v. st.), janvier (*vidimus* 1264, v. st., mars). — « Chartre de le masure de Warti qui est au frerez de le Trinité et de xxv s. de seurchens que il ont sur le maison qui fu Robert le Barbier » (Bibl. Nat., ms. franç. 4663, fol. 97 v°; copie).

Loys, par le grace de Dieu, roy des Frans, nous faisons chose congnute à tous tant presens comme à venir que nous avons veu les lettrez de maistre Renaut de Warti, cantre de l'églize de beneurée Marie de Senliz[1] en ches parolez :

A tous chez presentez lettrez à veoir, maistrez Renaus de Warti, cantrez de l'églize de la beneurée Marie de Senliz, salut en nostre Seigneur. Aient tout congnut que je pour le remède de m'ame ay donné et otroïé de maintenant, en pure et perdurauble, irrévocable aumosne, aus frères de le meson Dieu de Clermont[2], de l'ordre de Sainte-Trinité et des quetis[3], tout men manoir que je avoie en le cauchié[4] de Warti, contenans deux masurez, quarte partie mains d'une masure, si comme elle se comporte, devant et derrière, en lonc et en lé[5]. Adechertez[6] li dis frere, ramemblablez[7] dou benefice rechut, ont

1. Notre-Dame de Senlis (Oise).
2. Clermont-en-Beauvaisis, chef-lieu d'arrondissement de l'Oise.
3. Captifs.
4. La chaussée.
5. En large.
6. Adverbe explétif, marque d'affirmation.
7. Se souvenant de.

otroié à moi que quant longuement¹ je aura vescu, il celebreront une fois en l'an solempnelment en leur eglize messe de beneurée Vierge Marie et sera faite oroison espécial, chest assavoir : *Deus, qui caritatis* pour moy en le dite messe, et seront donné ou dit jour dez biens de le dite maison siz soulz au freres de le dite maison pour pitanche. Adechertez li dit frère, après men déchet², feront men obit sollempnelment en leur église, par senglez³ ans emperpétuité et, au jour de men obit, pitanche de sis soulz parisis sera donnée par senglez ans au frerez de le dite maison. Adechertez, li frere de le devant dite maison, pour le rémunération de le dite donnoison agreauble, le quelle je ai fet a eus, ont otroié à moy pencion⁴ de sept livrez parisis par an, quant longuement je auray vescu, à paier au terme estables, si comme ez lettrez des dis frerez seur che faitez et à moi bailliez plus plainement est contenu. Adechertez li devant dit frère remenront⁵ du tout en tout quittez et frans aprez men dechest de le solution de le dite pencion. Adechertez que cheste donation dou devant dit manoir faite au dis frerez permaint⁶ ferme et indeboutée emperpétuité, je ay enforchié ches presentez lettrez dou garnissement de men seel. Donné en l'an de nostre seigneur mil CC LXII ou mois de Jenvier.

Nous adechertes volons et otroions le devant dite donnoison, si comme desseure est contenu, et conferrons del actorité roial, otroians à icheus frerez que il tiegnent les premissez⁷ otroiez a eus en aumosne en main morte emperpétuité, retenue à nous le justiche, le quelle nous avons ès chosez devant ditez, et sauf le droit estrange⁸ en toutez chosez. Et non mie⁹ fors pour le salut de nostre ame, et en seur que touche pour le remède dez amez dou Roy Loyz nostre père, de noble recordacion, de le Royne Blanche, nostre mère, et de nos autrez antecesseurs, délaissons et quittons à ycheus à perpétuité dis

---

1. Aussi longtemps que je vivrai.
2. Décès.
3. *Per singulos annos.*
4. Renaud de Warti est donc un « donné ».
5. Demeureront.
6. Demeure : *permaneat.*
7. Les choses susdites.
8. *Salvo jure alieno.*
9. Redondance équivalent à : *uniquement.*

minez et demie d'avene de rente par an, les quellez, si comme il est afermé, nous aviens et preniens seur le manoir devant dit. Après che, comme Raoulz don cloz et Ameline, jadis fame de Garnier de Thoisy (?) aient donné enperpétuelle aumosne à ycheus frerez xxv solz parisis à prenre d'icheus sur les cheuciens, dès ore en aprez seur le meson de Robert de Clermont, barbier, assize à Clermont, nous, en quant il est en nous, volons et otroions le dite donacion, et que li dit frere tiegnent lez xxv solz devant dis en morte main, retenue ensement à nouz le justiche[1], que nous avons ilucc, sauf ez autrez choses notre droit et adechertes, en tous le droit estrange. Que che permaint ferme et estauble à venir, nous avons fet garnir chez presentez lettrez de le impression de notre seel. Fait à Senlis en l'an de nostre seigneur mil cc lxiii ou mois de Mars.

N° 36.

1263, mai. — Renaud, évêque de Paris, Robert, abbé de Saint-Victor, Thibaud, abbé de Sainte-Geneviève, modifient la règle des Trinitaires d'après la commission que leur en a donnée le pape Urbain IV le 11 décembre 1262 (Bibl. Mazarine, ms. 1765, fol. 1, copie de Gaguin. Autre copie : Bibl. Nationale, lat. 9753, fol. 4. — Imprimé dans Baron, pp. 231-236).

Reginaldus, permissione divina Parisiensis ecclesie episcopus[2], et Robertus, eadem permissione Sancti Victoris Parisiensis abbas humilis, et Theobaldus, eadem permissione Sancte Genovefe Parisiensis abbas humilis, universis presentes litteras inspecturis salutem in Domino. Noveritis nos recepisse litteras Sanctissimi Patris Domini Urbani pape quarti, tenor quarum talis est :

Urbanus episcopus, servus servorum Dei, venerabili fratri episcopo, et dilectis filiis, abbatibus Sancti Victoris et Sancte Genovefe Parisiensis, salutem et apostolicam benedictionem. Cum, sicut dilecti

---

1. Le roi n'oubliait jamais de se retenir la justice.
2. Baron : *minister indignus*.

filii, minister et fratres ordinis S. Trinitatis et captivorum, nobis exponere curaverunt, ex occasione observationis statutorum et regule ipsius ordinis, plerumque fratribus dubitationes oriantur, ea quo, fratribus habentibus conscientias scrupulosas sepius circa executionem divinorum et procurationes utilitatum temporalium, ordini dampnosa ingeritur difficultas, nobis humiliter supplicarunt ut super hoc ipsis providere paterna providentia curaremus. Volentes igitur, in hac parte, ipsis salutari remedio subvenire, discretioni vestre per apostolica scripta mandamus quatinus, facientes vobis predicta statuta et regulam exhiberi, ac diligenter examinantes, eadem corrigatis, et statuatis circa ipsa prout, secundum Deum, et ipsorum saluti et utilitati ordinis videritis expedire. Si vero aliquid difficile vel arduum emerserit, ad Sedem apostolicam referatis. Quod si non omnes hiis exequendis poteritis interesse, tu frater episcope, cum altero illorum ea nichilominus exequeris. Datum apud Urbem Veterem, iii idus Decembris, pontificatus nostri anno secundo.

Nos igitur, juxta mandatum predictum, fratres cum regula sua nostro fecimus conspectui presentari et regulam ipsam diligenter inspeximus, et eam correximus et emendavimus, corrigendo et statuendo ea que nobis, secundum Deum, corrigenda et statuenda videbantur, prout in inferioribus diligens lector poterit intueri.

In nomine Sancte et individue Trinitatis. Fratres domus[1] Sancte Trinitatis sub obedientia prelati domus sue, qui minister vocabitur, in castitate et sine proprio vivant.

Missio fratrum[2]. — Qui fratres extra domos sue professionis mitti non valeant, nisi pro scandalis manifesta penitentia indigentibus, et pro allevatione domorum suarum et pro nova domo aedificanda, et in hoc casu solo provideatur illis[3] tanquam illius domus professis.

Redemptio. — Omnes res, undecumque veniant[4], in tres partes dividant aequales, et in quantum duae partes sufficiunt, exsequantur

1. Variantes du ms. 9753 : [*ordinis*].
2. Ces indications sont à la marge dans la copie de Gaguin.
3. Eis.
4. [*Licite*].

ex illis opera misericordie, cum sui ipsorum et eis famulantium moderata sustentatione. Tertia vero pars reservetur ad redemptionem captivorum qui sunt incarcerati pro fide Christi a paganis, vel dato pretio rationabili pro redemptione ipsorum, vel[1] pro redemptione paganorum captivorum, ut postea rationabili commutatione et bona fide redimatur Christianus pro pagano, secundum merita et statum personarum.

Quomodo data dividantur. — Cum vero pecunia data fuerit, vel aliquid aliud, licet specialiter et proprie datur in[2] certum usum, semper de consensu illius qui dederit, si presens fuerit, tertia pars separetur, nisi donator per se ipsum vel per procuratorem idoneum, Fratrem vel alium, id in usus Domus expendat. Si vero donator absens fuerit, ita quod commode non possit ejus assensus haberi, vel alias de ejus voluntate constare[3], ut in hoc casu via melior et tutior teneatur, rei date tertia pars separetur, exceptis terris, pratis, nemoribus, vineis, nutrituris, aedificiis et hujusmodi. Fructus enim inde exeuntes, deductis expensis, secundum rationabiles aestimationes Ministri et Fratrum, in tres partes dividantur aequales, sed quae paucas vel nullas recipiunt expensas, omnes dividantur. Cum vero panni et calciamenta, vel[4] minuta hujusmodi, quibus necesse sit uti, quae vendi vel conservari non expedit, data fuerint, vel a se ipsis habuerint, non dividantur, nisi ministro domus et fratribus visum fuerit[5] expedire, de quibus singulis Dominicis diebus, si fieri potest, in capitulo deliberetur. Si tamen praedicta, ut panni, terrae, nutriturae, seu minuta venderentur, pretium inde proveniens in tres partes, ut supra, dividatur. De nemoribus autem[6], foenis pratorum, straminibus agriculturarum et fructibus arborum, hortorum et pecorum[7], *et aliarum rerum*[8], ad usus necessarios, liceat Fratribus accipere. Si quid vero de predictis vendi contigerit, vel de fructibus

1. Et.
2. *Ad* (Baron).
3. [*Non possit*].
4. Et.
5. *Viderit.*
6. *Aut.*
7. *Pecorum et hortorum.*
8. Ces trois mots supprimés.

arborum potus fieri, tertia pars reddatur Captivis, ad[1] formam superius annotatam.

Si Domus Dei vel quecumque alia a quovis licite sub quocumque nomine Fratribus conferantur, donatoribus exponatur qualiter de bonis suis tres debeant facere portiones; et, si donator voluerit res dividi, dividantur; et si non, non dividantur. Quae autem usque modo Fratribus collata sunt, secundum quod de voluntate donatorum ea receperunt, liceat eis de ipsis disponere, et voluntatem donatorum pro posse suo adimplere.

Fructus vero collectos de bonis postea acquisitis, deductis expensis, secundum quod de aliis supradictum est, dividere tenebuntur.

De oblatis ecclesie. — De illis que in ecclesia offeruntur vel alio modo apportantur, ut vestimenta, panni serici, oblationes et hujusmodi, ipsi ecclesie in suis necessariis ut libris, cera, oleo et aliis ejusdem ornamentis provideatur; quod autem supererit, dividatur.

Reparatio ruinarum. — Si domus, terre, possessiones vel alia unde redditus proveniunt, vel conservandis fructibus[2] sunt necessaria, calamitate aliqua vel causa destruantur, liceat fratribus de communibus bonis predicta in statum debitum reformare, et hoc de consensu ministri majoris vel ejus vicarii, seu visitatorum illius provincie.

Omnes ecclesie istius ordinis, quas fratres sibi edificaverint, intitulentur in nomine Sancte Trinitatis et sint plani operis.

Fratres possint esse in una cohabitatione, tam clerici quam laici, quot ministro et fratribus uniuscujusque domus visum fuerit expedire : quorum unus procurator sit, qui non procurator, sed minister, ut dictum est, nominetur, ut frater N., minister domus ordinis Sancte Trinitatis, cui fratres repromittere ac impendere obedientiam teneantur.

Omnibus fratribus suis, sicut sibimet, juxta posse domus, prout unicuique opus fuerit, minister fideliter administret.

Vestimenta. — Vestimenta[3] sint lanea et alba : et liceat eis ha-

---

1. *Secundum* (Baron).
2. Ms. 9758 : *pro conservandis fructibus communibus.*
3. *Fratrum* (Baron).

bere pelliceas, prout uniuscujusque exposcit necessitas, et brachas, quas jacentes non deponant.

Lecti. — Jaceant in laneis, ita quod plumea fulcra, vel culcitras in domibus propriis, id est in quibus ad manendum fuerint deputati, nisi in egritudine laborantes et¹ de foris venientes, et hoc extra dormitorium, minime habeant.

In aliis vero domibus sui ordinis et alibi ubicumque, sive in itinere, sive in peregrinatione fuerint, poterunt jacere fratres in talibus lectis, quales eis fuerint preparati : ita tamen quod tunicas non deponant.

Cervical vero cum coffino² ad sustentationem capitis permittantur habere.

Cappa; Crux. — In cappis et capuciis fratrum imponantur signa, videlicet crux in pectore, cujus brachium quod vadit in longum sit de panno rubeo, illud [autem³] quod vadit in transversum sit cerulei coloris.

Calcei. — Calciamenta habeant clausa et ordinata, ita tamen quod genua non excedant, nisi sint equitantes.

Equi. — Liceat fratribus equos ascendere, et equitaturas tales habere quales poterunt, et sibi viderint expedire, dum nimis notabiles non existant.

Vinum. — Vinum sumendum a fratribus taliter temperetur, ut sobrie sumi valeat.

Jejunium. — Jejunent a propinquiori dominica festo beati Martini hyemalis usque ad Nativitatem Domini, et a Quinquagesima usque ad Pascha, insuper et aliis temporibus anni, omni sexta feria, nisi festivitas novem lectionum intervenerit, vel Octave, ita tamen quod a quinquagesima usque ad Pascha in cibo quadragesimali jejunent. Jejunent etiam⁴ et alia jejunia que consuevit ecclesia celebrare.

1. *Vel* (Baron), *aut* (ms.).
2. *Cocino* (Baron).
3. Ajouté dans le manuscrit et dans Baron.
4. Ces deux mots supprimés dans le manuscrit et dans Baron.

Dispensatio. — Potest tamen quandoque minister jejunium cum discretione relaxare, propter etatem, vel viam, vel aliam justam causam vel etiam, facultate inspecta, augmentare.

Carnes. — Carnibus datis ab hiis qui foris sunt, vel sumptis de propriis nutrituris, vel etiam emptis, vesci liceat, tantum in dominicis diebus a Pascha usque ad Dominicam propinquiorem festo Beati Martini hyemalis, et a Natali usque ad Septuagesimam, et in Nativitate Domini, et in Epiphania Domini et in Ascensioni Domini, et in Assumptione et in Purificatione beate Marie, et in festivitate Omnium Sanctorum, et in minutionibus et in infirmitatibus.

Dispensatio. — Possunt tamen ministri cum fratribus suis de carnibus edendis extra refectorium, et in via, ex justa et rationabili causa dispensare.

Sagimen. — Liceat fratribus sagimine vesci ; liceat etiam nutrituras emere et nutrire.

Viatores. — Cum vero in itinere, sive in peregrinatione fuerint, si quid eis datum fuerit, inde vivant, et residuum in tres partes dividant.

Si fuerint tamen in via profecti ad redimendum captivos, quicquid eis datum fuerit, totum debent ponere in redemptionem captivorum, preter expensas. In civitatibus et in villis sive in castellis, in quibus proprias domos habuerint, nichil omnino extra domos illas (nisi forte in domibus religiosis), etiam si a quovis rogentur, et cum archiepiscopis et episcopis et regibus, si invitati fuerint, comedant vel bibant, nisi forte aquam in domibus honestis, nec pernoctare presumant extra hujusmodi domos, nisi forte fuerint aliquorum magnatum vel prelatorum officiis deputati.

Taberne. — Nunquam in tabernis vel hujusmodi locis inhonestis habitent, comedant vel bibant; qui autem hoc presumpserit, juxta arbitrium ministri, majori vel minori vindicte subjaceat.

Caritas. — Talis sit caritas inter fratres clericos et laicos, ut eodem victu, vestitu, dormitorio, refectorio et eadem mensa utantur.

Infirmi. — Infirmi seorsum dormiant et comedant; ad quorum curam habendam conversus aliquis, laicus sive clericus, deputetur, qui ea que necessaria fuerint inquirat et ministret, sicut fuerit ministrandum.

Moneantur tamen infirmi ut lauta sive nimium sumptuosa cibaria non requirant, commoda potius et salubri moderatione contenti.

Hospites. — Cura hospitum et pauperum, et omnium euntium et redeuntium uni de discretioribus et benignioribus fratribus injungatur, qui audiat eos et, ut expedire viderit, caritatis solatium administret.

Requirat tamen ab illis quos crediderit admittendos si hiis que fratribus apponuntur velint esse contenti. Ad lauta quidem sive nimium sumptuosa cibaria non oportet quemquam admitti. Quecumque tamen prestanda sunt, cum hilaritate prestentur, et nulli maledictum pro maledicto reddatur.

Si quis tamen, et maxime religiosus, ad hospitandum advenerit, benigne suscipiatur et caritative juxta posse domus illi subministretur.

Avenam tamen vel aliquid aliud, loco avene, hospitibus dare non teneantur, si fuerint in civitate, *vel in villa vel opido*[1], ubi venalis inveniatur, nisi forte religiosi sint hospites vel tales qui ad manum non habeant et emere non possint.

Si autem hospites venalem non invenerint, et in domo in qua suscepti fuerint inveniatur, congruenter eis prebeatur.

Nullus frater clericus aut laicus sine proprio officio sit, si fieri potest, si quis vero laborare noluerit et potuerit, juxta arbitrium ministri canonice puniatur, cum apostolus dicat: *qui non laborat, non manducet.*

Silentium semper observent in choro, nisi frater alicujus fratris forte confessionem in dicto loco audiat. Pauca etiam verba in choro[2] sub silencio et sine strepitu propter aliquam justam causam loqui poterunt.

In refectorio et dormitorio silentium observabunt, nisi necessitas aliqua vel justa causa[3] eos ad loquendum compellat; in quo casu paucis verbis et sulmissa voce loquantur. Extra vero predicta loca

---

1. *In civitate vel loco* (Baron); *in civitate vel alibi* (ms. 9753).
2. Ces deux mots supprimés dans Baron.
3. Ces trois mots supprimés dans Baron.

liceat eis loqui temporibus aptis, remissa voce, humiliter et honeste.

Ubique sermo eorum sit honestus et sine scandalo. Similiter et omnis eorum status, gestus, vita, actio et omnia alia in eis honesta inveniantur.

Capitulum, si fieri potest, singulis dominicis diebus in singulis domibus minister cum fratribus suis teneat, et de negotiis domus et domui sue, sive fratribus, datis, ut ad redemptionem captivorum tertia pars deputetur, fratres ministro et minister fratribus rationem fideliter reddant.

Similiter singulis dominicis diebus, si fieri potest, exhortatio fiat et quid credere aut agere debeant simpliciter moneantur. De omnibus rebus et clamoribus fratres in capitulo judicentur.

Contra accusatores. — Nullus frater fratrem suum in publico accuset, nisi bene possit probare. Qui autem hoc fecerit, penam subeat quam reus subiret si convinci potuisset, nisi minister cum eo ex causa dispensare voluerit. Si quis scandalum, vel aliquid hujusmodi fecerit, vel (quod absit!) si se invicem percusserint, juxta arbitrium ministri majori vel minori vindicte subjaceat (*sic*).

Correctio fraterna. — Si quis frater in fratrem peccaverit[1], scilicet contra fratrem, id est eo solo sciente qui injuriam passus est, sustineat patienter, licet sit innocens, et cum quieverit commotio animorum, benigne ac fraterne commoneat et corripiat eum usque ter, inter se et ipsum solum, penitentiam agere de commisso et a similibus in posterum abstinere. Quod si non audierit, dicat ministro, et ille corripiat eum secreto secumdum quod viderit saluti ejus expedire.

Scandalum. — Qui vero scandalum movit, si per se emendare noluerit, totum ante pedes scandalizati, veniam petens, se extendat, et si semel non sufficit, usque ter illud idem faciat.

Pena. — Si vero hoc in publicum venerit, quecumque secutura fuerit penitentia, hec sit illi prior, scilicet ante pedes ministri, petendo veniam totius corporis extensio, et postea secundum ejus arbitrium emendetur.

---

1. Cet article vient directement de *la règle de Saint-Augustin*.

Capitulum generale. — Generale capitulum semel in anno celebretur, quod fieri debet dominica quarta post Pascha; in quo capitulo quolibet anno correctores majoris ministri eligantur, qui, una cum majore ministro vel ejus vicario, corrigendi et diffiniendi omnia que corrigenda et diffinienda sunt in generali capitulo, tempore ipsius capituli, et etiam visitatores constituendi in diversis provinciis et locum futuri capituli assignandi habeant potestatem[1].

Nullus vero simplex frater ad generale capitulum accedat, nisi vocatus a majore ministro, vel missus a suo proprio ministro, vel aliquam justam causam coram ministro suo pretenderit : quam si in capitulo generali non fuerit prosequutus, ad arbitrium majoris ministri et correctorum canonice puniatur.

Si pro necessitate domus debitum fuerit aliquod contrahendum, prius in capitulo fratribus proponatur, et cum eorum consilio fiat et assensu, ut sic etiam suspitiones et murmura evitentur.

Si quis de substantia domus violentiam fecerit, et ad judicem oportuerit referre, non ante hoc fiat quam caritative ille a fratribus moneatur.

Electio ministri per commune consilium fratrum clericorum fiat, nec eligatur secundum dignitatem generis, sed secundum vite meritum et sapientie doctrinam. Ipse vero qui eligitur[2] sacerdos vel clericus ordinibus aptus et professus, minister vero, sive major, sive minor, sacerdos sit.

Electio majoris. — Major vero minister, postquam electus fuerit, secundum formam in regula annotatam, ipsius ordinis curam plene habeat et libere gerat, prout hactenus exstitit observatum et consuetum, fratrumque omnium congregationum confessiones audire et absolvere ab omni transgressione regule sua possit auctoritate.

Minor vero minister omnium fratrum domus sue audiat confessiones, dummodo verecundia repetiti excessus occasionem minime prebeat tardius prelatis suis vel minus pure quam deceat confitendi.

Sollicite vero minister provideat ut precepta regule sicut ceteri fratres per omnia teneat.

1. Ainsi, le chapitre ne serait pas fixé obligatoirement à Cerfroid !
2. Il y a *eligitur* dans la bulle originale de 1267 (Arch. Nat., L 261, n° 103). Gaguin a corrigé *eligit* dans le manuscrit de la Bibliothèque Mazarine.

Depositio ministri. — Postquam vero electus fuerit, si ex culpa deponi meruerit, per majorem ministrum convocatis tribus vel quatuor ministris minoribus, si commode infra tres dietas a loco valeant inveniri (et si commode haberi non possint, assumptis secum tribus vel quatuor fratribus ejusdem ordinis), viris religiosis et honestis, de quorum consilio et assensu deponatur, et alius qui dignus sit loco ejus subrogetur.

Per vicarium. — Si vero, pro remotione terrarum, vel alia causa rationabili, major minister hoc facere non potuerit, vices suas ministris minoribus magis religiosis committat.

Si vero duo vel tres, pro locorum distantia, haberi commode non possint, per aliquem ministrum, virum religiosum et honestum, cum tribus vel quatuor fratribus religiosis hoc fiat, et quod illi fecerint, auctoritate majoris ministri ratum habeatur.

Depositio majoris. — Major vero minister, si pro excessibus suis corrigendus vel deponendus fuerit, per quatuor vel quinque ministros ejusdem ordinis magis religiosos hoc fiat, qui tamen auctoritate generalis capituli ad hoc eligi debent.

Receptio noviciorum. — Si quis hujus ordinis frater esse voluerit, primo per annum in habitu fratrum cum expensis suis preter victum, omnibus suis retentis, in ordine pro Deo deserviat, et post annum, si bonum et conveniens ministro domus et fratribus videatur et illi[1], recipiatur; nichil tamen pro receptione sua exigatur. Si quid tamen gratis dederit, recipiatur, dum tamen tale sit de quo non videatur ecclesie periculum imminere[2].

Si vero de cujusquam moribus visum fuerit dubitandum, prolixior de eo probatio habeatur.

Si ante professionem aliquis se intemperanter habuerit et, impatiens discipline, ad arbitrium ministri non emendaverit mores suos, tribuatur ei modeste licentia cum omnibus que attulit recedendi.

In ordine vero aliquis non recipiatur antequam annum vicesimum videatur complevisse. Professio vero post annum in arbitrio ministri relinquatur.

1. Baron met : *ille* recipiatur.
2. C'est-à-dire qui pourrait jeter la communauté dans un procès.

Pignora non accipiant, nisi decimas, cum licentia sui episcopi, de manu laici.

Juramenta. — Juramenta non faciant, nisi magna necessitate, cum licencia sui ministri, vel jussi ab episcopo suo, vel ab aliquo vices apostolicas gerente, et hoc pro honesta et justa causa.

Si quod vicium in re que venditur notum fuerit, indicetur emptori.

Infirmi in hospitali. — Ipsa die qua infirmus venerit vel asportatus fuerit, de peccatis suis confiteatur ministro vel ei cui minister injunxerit, et communicet, et omnia alia sacramenta ecclesiastica percipere valeat ab eodem.

Absolutio in cymiterio. — Omni secunda feria, preterquam in octabis Pasche et Penthecostes, et Nativitatis Domini, et Circumcisionis et Epiphanie Domini, preterquam in festivitatibus novem Lectionum et in octabis Sanctorum, et aliarum festivitatum, finita missa pro fidelibus, fiat absolutio fidelium defunctorum in cymiterio.

Oratio in hospitali. — Singulis quoque noctibus, ad minus in hospitali, coram pauperibus pro statu et pace Sancte Romane ecclesie et totius christianitatis, et pro benefactoribus et pro his pro quibus generalis ecclesia consuevit orare, communis fiat oratio.

Horarum modus. — In regularibus horis morem beati Victoris observent, exceptis fratribus servitiis principum et prelatorum deputatis, et fratribus itinerantibus, exceptis etiam pausationibus et prolixitatibus et vigiliis que, occasione laboris vel paucitatis servientium, poterunt eis remitti de consilio piorum et religiosorum virorum, ad hoc in suo generali capitulo de suis ministris vel fratribus specialiter electorum. Propter paucitatem etenim suam, tantas pausationes psallendo facere non tenebuntur nec ita tempestive surgere.

Corone modus. — In rasura similiter ordinem Sancti Victoris sequantur clerici, laici vero barbas non radant, sed eas ad modum Templariorum vel conversorum Cystertiensium crescere permittant.

Datum anno domini mº ccº lxº tertio mensi Maio. ... Praemissa autem declaramus et corrigimus, retenta nobis potestate declarandi, amovendi, addendi, ordinandi et disponendi quotiescumque opus fuerit. (*Suivent les statuts anonymes du manuscrit 9753.*)

... Hanc regulam confirmavit Clemens papa quartus, pontificatus sui anno tertio, septimo idus Decembris[1].

Robertus Gaguinus, major minister.

Nº 37.

1263 environ. — Statuts anonymes (Bibl. Nat., ms. lat. 9753, fol. 7 rº : « Statuimus in primis quod omnes sani et incolumes ad matutinas communiter surgant »...).

7 vº ..... VII. Item precipimus ut divinum officium[2] tam in die quam in nocte, pro possibilitate servientium, tam in hymnis quam in Kyrie eleison, Sanctus et Agnus et aliis consimilibus, prout Ordinarius, et alii libri more Beati Victoris confecti ostendunt, et per omnia integre observentur, et omnia circa altaria et in ecclesia munda sint et honesta et honeste servata.

VIII. Item precipimus quod si quis fratrum extra domum vel januam exierit absque licentia sui superioris vel in villam ierit, non recipiatur cum redierit, donec per totam unam diem ad januam permanserit ut fugittivus, misericordiam suam repetendo. Si vero receptus, per tot dies, in capitulo, per quot moram fecerit extra domum, locum novicii teneat. Si autem habitum suum mutaverit, ad arbitrium ministri subjaceat gravi culpe.

IX. Item precipimus quod nullus alterius professionis in ordinem recipiatur absque nostra licentia speciali — item ne aliquis novicius mittatur ad ordines infra annum. — Item precipimus quod omnes illi

1. 7 décembre 1267.
2. Les six premiers statuts ne traitent que de l'office divin.

qui missis solempnibus deserviunt superlicia vel rocheta induant ob reverentiam Sacramenti.

X. Item precipimus quod, si quis in proprietate obierit vel aliquid celaverit, vel in deposito habuerit ut socius, inde per pedes ad campos trahatur, et cum canibus extra cimiterium sepeliatur.

XI. Item precipimus quod omnes illi qui bona temporalia recipiunt porcionem captivonum, quanta sit, in capitulo fratribus denuncient et per duos fratres ad hoc specialiter deputatos, vel per unum cum ministro in truncum captivorum fideliter deponatur; minister unam clavem et frater aliam custodiant, ita quod a nullo extrahatur nisi de licentia nostra [1] vel vicarii nostri vel visitatorum illius provincie, bonum pignus pro eadem apponendo.

XII. Item precipimus et inhibemus ne quis minister sive procurator possessionem aliquam, simpliciter vel ad vitam, alicui dare vel vendere presumat absque nostra licentia speciali; litteras autem inde confectas vel conficiendas penitus irritamus.

XIII. Item inhibemus ut nulli ministro absque nostra licentia speciali vel vicarii nostri generalis fas sit resignare. Resignantem vero per triennium in antea nullus in ministrum presumat eligere. Quod si ab aliquibus fuerit attemptatum, ipsam electionem inanem esse et frustratoriam judicamus.

XIV. Preterea statuimus ut nulli ministro sive procuratori nostri ordinis citra Alpes vel montes residenti ad curiam Romanam vel in Terram Sanctam [2] ire liceat absque licentia et litteris majoris ministri vel ejus vicarii generalis. Quod si fecerit, ipsum ex tunc ab omni aministratione et procuratione privatum, indignumque et insufficientem esse judicamus. Et si hoc aliquis atemptare presumpserit, ubicumque inventus fuerit, per ordinem pro fure et fugitivo habeatur. Tales autem, ubicumque inventi fuerint, precipimus retineri.

Insuper, si aliqui fratres nostri ordinis, absque licentia suorum prelatorum, cum habitu nostro vagantes per villas et tabernas et loca hujusmodi inhonesta inventi fuerint, precipimus ut ministri et pro-

1. Ces mots prouvent que ces statuts sont l'œuvre d'un grand-ministre.
2. Il est probable que ce statut est antérieur à la perte de Saint-Jean-d'Acre (1291).

curatores, seu etiam fratres simplices, qui tales invenerint, ipsos indilate retineant vel, si necesse fuerit, retinere faciant per brachium ecclesie vel etiam laïcale, ne diu gregem Domini tales lupi inficere valeant sub pelle ovina.

XV. Item ordinamus et precipimus quatinus provinciales istius regni et Imperii[1] diffinitores anni elapsi[2] sexta feria ante generale capitulum, infra horam tertiam, ad locum[3] futuri generalis capituli personaliter studeant interesse, una cum majore ministro vel ejus vicario generali de negociis et statu ordinis tractaturi.

XVI. Item statuimus quod si aliquis fratribus nostri ordinis aliquid temporale, ex devotione vel amore aut alia aliqua causa, conferre voluerit, vel etiam jam contulerit[4], nullus fratrum absque licentia sui superioris illud audeat retinere, nec in usus proprios sua voluntate convertere, sed eidem, prout postulaverit necessitas, observato tamen moderamine religionis et voto, per suum prelatum vel superiorem provideatur oportune.

XVII. Item statuimus ut, si ministris sive procuratoribus nostri ordinis major minister vel ejus vicarius generalis litteras suas patentes vel clausas transmiserint, incontinenti legant, et quod in eis contentum fuerit, sicut decet, adimplere studeant indilate. Credunt enim aliqui per simplicitatem suam, alii vero fraude vulpina, se inobedientes non esse si litteras predictas clausas non aperuerint vel patentes non legerint; quod falsum est et etiam falcissimum (*sic*), cum scriptum sit in jure quod nemini patrocinantur fraus et dolus, sed pocius sibi caveant de summo inspectore, qui suo solo intuitu secreta cordium contemplatur.

XVIII. Preterea statuimus ut fratres missos ad loca certa moraturos[5], sub pena amministrationis amittende nullus secum audeat retinere, neque fratrem fugitivum, sub pena consimili, nisi a domo

---

1. L'*Empire* peut signifier la *Germanie* inférieure, la Flandre.
2. Les définiteurs n'étaient en fonctions que pour un chapitre général, annuel.
3. Le lieu du chapitre n'est point fixé, pas plus que dans la règle.
4. Ce statut a donc un effet rétroactif (Cf. le statut II).
5. Les frères *exilés* par le chapitre général ou « *diffiniti* ».

sua exierit, presumat recipere, sed ubi deliquit, peniteat, et de suo delicto erubescat[1].

XIX. Item statuimus ut nullus minister aut procurator aut simplex frater aliquid, undecumque veniat, extra domum propriam thesaurizare (8 v°) vel reponere presumat. Quod si fecerit, illum ex tunc excommunicamus et judicio condempnamus.

Item inhibemus ut nullus frater nostri ordinis ad talos, aleas vel scatos aut alios ludos inhonestos ludere presumat. Ludentem vero ab usu carnium[2] per quadraginta dies continuos precipimus abstinere.

XX. Item statuimus et precipimus quod nullus simplex frater equum habeat appropriatum in domo sua vel extra, nisi officiarius fuerit, capellanus vel elemosinarius alicujus magnatis principis sive etiam episcopi[3] vel archiepiscopi, et hoc de licentia sui ministri.

XXI. Item precipimus ne quis minister, procurator, sive simplex frater habeat leporarios, faucones, sive ancipitres vel hujusmodi aves, vel canes nobiles, cum canones hoc prohibeant beneficiatis clericis secularibus et maxime religiosis.

XXII. Item precipimus ne quis frater simplex equitet cum equis[4] duobus, videlicet cum palefredo et summario, sed unus ei sufficiat, nisi sit alicujus principis vel magnatis officio deputatus.

XXIII. Item precipimus, ne quis frater, nisi procurator sit, aut minister, vel viator, bursam habeat. — Item precipimus ne quis corrigiam clavatam et deornatam habeat nec cutellum acutum et defensorem.

XXIV. Item excommunicamus et excommunicatos declaramus omnes illos qui a debita correctione ordinis presumpserint appellare.

Item precipimus quod in qualibet domo nostri ordinis, in capitulo sive in refectorio, mane vel sero, qualibet septimana, una vice coram fratribus hec predicte constitutiones legantur et eciam promulgentur.

1. S'il est exilé, il ne fait pas pénitence *là où* il a péché, mais *parce* qu'il a péché.
2. Ce statut ne peut être que postérieur à la règle mitigée.
3. Je n'en connais qu'un seul exemple : Gautier, Trinitaire, chapelain de l'évêque de Marseille (1247), Arch. Nat., LL 1544, fol. 24.
4. Cette constitution est postérieure à la bulle du 6 mars 1256.

XXV. Item statuimus et volumus quod si quis minister electus ad visitandum se transferat aliquo modo ad ministrandum in alia domo, quod non obstante mutatione, officium visitationis[1] sibi injunctum exerceat, cum non ratione locorum, sed personarum eligantur visitatores.

XXVI. Item statuimus et inviolabiliter precipimus ut quilibet frater scandalizatus de vicio incontinencie seu convictus in furto vel proprietate vel falsitate vel in aliquo alio notabili vel criminoso vicio, a modo voce in capitulo et perhibitione testimonii et accusatione alicujus fratris et aliis secretis ordinis omnino careat, donec cum ipso a generali capitulo fuerit dispensatum, licet ad aliam penitenciam secundum fore factum teneatur.

XXVII. Item statuimus quod familiares ordinis nostri induantur tunicis et supertunicalibus clausis et scapularibus de camelino de latitudine panni et ponatur signum « Thau » ad modum nostri habitus.

XXVIII. Item statuimus et precipimus quod fratres ad certa loca missi per diffinitionem capituli generalis non redeant ad propria loca donec a generali capitulo fuerint revocati. Statuimus etiam quod ministri et procuratores qui non veniunt ad capitulum generale nec mittunt sufficientem excusationem super hoc, eorum administrationem suspendimus.

Item de fratribus emissis ad certa loca moraturis usque ad revocationem capituli generalis, statuimus quod nullus revertatur ad capitulum nec ad domos, nec ministri in quorum domibus moram fecerint ullo modo concedant eis licenciam recedendi. Si autem hoc fecerint ministri, per totum tempus capituli generalis cotidie vapulent[2] in capitulo et ad terram comedant per totum tempus capituli, et fratres tanquam fugitivi pena fugitivorum, ubicumque inventi fuerint, puniantur. — Statuimus quod omnes habeant vestes, videlicet ordinatas tunicas et alia vestimenta secundum regulam.

XXIX. Item statuimus quod nullus minister aut procurator ques-

---

1. Le visiteur devait avoir plus de pouvoir que le ministre particulier.
2. Cette pénalité est vraiment extraordinaire.

tam aliquam impetrare presumat infra dyocesim in qua domum habeamus nostri ordinis ; alias antiquas constitutiones approbamus[1].

XXX. Item statuimus quod nullus de cetero in nostro ordine recipiatur, qui non sit de legittimo thoro procreatus, sub pena administrationis amittende.

XXXI. Item statuimus taxatores in qualibet provincia ad taxandum omnia bona domorum provinciarum, ut inde tercia pars captivorum fidelius separetur et securius, et precipimus omnibus ministris et fratribus dictarum provinciarum quatinus singulis annis taxatoribus ibi missis bona domorum suarum fideliter significent, ut inde tercia pars possit extrahi securius.

XXXII. Item statuimus quod fratres missi extra domos suas[2] ad alias domos moraturi provideantur a suis ministris in vestibus et calciamentis usque ad valorem triginta solidorum turonensium.

N° 38.

1265, 18 septembre — Clément IV mande à son légat d'indemniser les religieux de Saint-Corneille de Compiègne, prétendant à la juridiction sur l'Hôtel-Dieu donné à l'ordre des Trinitaires par Louis IX. (Arch. Nat., J 234, n° 6).

Clemens episcopus servus servorum Dei dilecto filio S[imoni], tituli Sancte Cecilie presbytero cardinali apostolice sedis legato, salutem et apostolicam benedictionem Carissimus in Christo filius noster... Francie rex illustris intentus circa opera pietatis, sicut qui terrena cum celestibus et transitoria cum eternis felici cupit commercio commutare, Domum Dei de Compendio in redditibus et edificiis, in quibus erat tenuis, dilatavit et habens in desideriis quod in ipsa bonorum

---

1. Il y avait donc des constitutions plus anciennes, sans doute celles de saint Jean de Matha.
2. C'est la troisième fois qu'il en est question ; voir les articles 18 et 28. La prescription qui se rencontrera le plus souvent dans la suite, c'est l'assistance au chapitre général.

largitor omnium devotis glorificetur laudibus, sibique in pauperibus et languentibus fideliter serviatur, per suas a nobis litteras suppliciter postulavit ut tibi, quod domum eandem de fratribus ordinis S. Trinitatis et Captivorum ordinare debeas, scribere curaremus. Cum autem dilecti filii abbas et conventus monasterii S. Cornelii Compendiensis ordinariam dicantur jurisdictionem in loco habere predicto, nos volentes ita ejusdem regis favorabile votum in hac parte impleri, sicut idem velle se asserit, quod dictum monasterium servetur indempne, discretioni tue per apostolica scripta mandamus quatinus eosdem abbatem et conventum quod, recepta recompensatione congrua, ipsius Regis petitionibus condescendant, ordinari eam juxta Regis affectum libere permittendo, ex parte nostra moneas attentius et inducas et si tuis monitis, quod non credimus, non paruerint, tu ejusdem monasterii, indempnitati per Regem eundem provideri ad plenum faciens, in hac parte, Regis in aliis impleas desiderium, defectum consensus predictorum abbatis et conventus de nostre supplens plenitudine potestatis, contradictores per censuram ecclesiasticam, appellatione postposita, componendo. Datum Perusii XIII kalendas Octobris, Pontificatus nostri anno primo.

N° 39.

1260, 21 avril. — Les Trinitaires, réunis en chapitre général à Cerfroid, accordent à Thibaut V, leur bienfaiteur, trois messes quotidiennes dans l'église de Cerfroid (Bibl. Nat., manuscrit latin 5993 A, fol. 416 r°-417 v°; belle copie).

Illustrissimo Domino suo Theobaldo, Dei gratia regi Navarre, Campanie et Brie comiti Palatino, frater Alardus major minister totius ordinis Sancte Trinitatis et capitulum[1] ceterique ministri et fratres ejusdem ordinis in generali capitulo apud Cervum Frigidum congregati salutem et orationes in Domino salutares. Quamvis vestra regalis dignitas erga ordinem nostrum multoticiens (sic) manus sue

1. Lire *et captivorum*.

liberalitatis extenderit, et innumerabilia bona per diversa ordinis
nostri loca fecerit, incomparabiliter tamen modo habundantius manus vestre regalis munificentie ecclesiam nostram de Cervofrigido,
que totius ordinis nostri capud est, principium et origo, gloriosissime decoravit, duo gloriosa sanctorum corpora[1] ad decorem domus
Dei sollempniter, ut decet sanctos, mittendo ibidem, ac etiam temporali subsidio eandem donando ecclesiam, et tres capellanos inhibi
prepetuo instituendo et fratrum numerum, qui modicus satis erat pre
temporalium bonorum inopia, usque ad vicenarium numerum augmentando. Quare vestram dignitatem regiam, immo vos in persona
propria, non tantum tutorem et zelatorem ordinis, sed potius fundatorem nostri ordinis debemus[2] de cetero merito nominare. Votis igitur vestris tanquam fundatoris nostri preclari benivolo concurrentes
affectu, secundum quod continetur in carta vestra nobis transmissa
et publico instrumento atque conditionibus positis in eodem, singulis diebus tres missas in ecclesia nostra de Cervofrigido pro vobis
et vestris perpetuo concedimus celebrandas, ita tamen quod, quamdiu
vitam duxeritis temporalem, dictarum trium missarum una erit de
Sancta Trinitate, altera de Sancto Spiritu et alia de Virgine Gloriosa.
Postquam vero onus corporis vestri terra susceperit, et pulvis fuerit conversus in pulverem caroque vestra in suam redacta originem, predicte tres misse, pro vobis vestrisque et cunctis fidelibus
defunctis, celebrabuntur perpetuo in nostra ecclesia antedicta, pro
quibus dicte ecclesie assignare competentes census annuos[2] decrevistis; verum quia tot et tantis bonis pre nimia paupertate et
humani generis fragilitate minime sufficimus respondere, nos servi
Sanctissime Trinitatis aliud refugium non habemus quam quod
ipsum adeamus qui est rex regum et dominus dominantium, et pro
vobis vestrisque genitoribus et aliis amicis vestris inclitis preces fundamus sedulas, ut in extremo examine, pro bonis multiplicibus
ordini nostro a vobis factis, apud retributorem omnium vobis digna
sit retributio meritorum. Unde preter predicta singulis fratribus
sacerdotibus ordinis nostri tres missas, unam de Sancto Spiritu, aliam
de Beata Virgine et tertiam pro Defunctis, injunximus celebrandas

---

1. On ne sait pas quels étaient ces corps saints.
2. Manuscrit : *dolemus*.

annis singulis, quousque Dominus de Terre Sancte partibus vos duxerit revocandum : fratribus in minoribus ordinibus constitutis septem psalteria, laicis vero quatuor Pater Noster cum totidem Ave Maria scilicet, in omnibus aliis bonis que fiunt in ordine nostro, et de cetero, dante Domino, fient, vos suscipimus et tam in vita quam in morte plenariam concedimus participationem, supplicantes humiliter ut nos ordoque noster simus, sicut hactenus fuimus, vestre dominationi recommendati. In predictorum omnium testimonium et munimen presentes litteras sigillo nostri generalis capituli fecimus roborari. Datum ibidem anno Domini M° CC° LX° IX° dominica quarta post Pascha. Valeat vestra dominatio per tempora longiora.

N° 40.

1269, 28 décembre. — Thealdus, archidiacre de Liège, qui a chez Louis IX un dépôt de 24 marcs d'or, permet que s'il ne se rend pas à la croisade la somme soit employée au rachat des captifs pour moitié (Arch. Nat., J 456, 28^{1e}).

Universis presentes litteras inspecturis Thealdus[1] archidiaconus Leodiensis salutem in Domino. Noveritis quod de viginti quatuor marchis auri in palleola[2], quas excellentissimo principi domino Ludovico, Dei gratia Francie regi illustrissimo, in deposito tradidi, quas michi vel certo nuncio meo reddere tenetur ultra mare, ego volo et concedo quod, si ego morte preventus fuero aut eam aliquo impeditus, quod non possim in generali passagio transfretare, quod idem Dominus rex et legatus sedis apostolice medietatem dictarum viginti quatuor marcharum expendant ipsi, vel dictus dominus rex, si viderint posse comode fieri in redemptionem captivorum; aliam vero medietatem et si quid residuum fuerit quod expensum non fuerit in captivis redimendis, distribuant ipsi vel dominus rex peregrinis, secundum quod eidem domino regi et legato predicto, vel do-

1. Il devint pape sous le nom de Grégoire X.
2. Paillettes d'or, vieux fr. paillole.

mino regi videbitur bonum esse. In cujus rei testimonium presentes litteras prebui sigilli mei munimine sigillatas. Actum Parisius anno domini millesimo ducentesimo sexagesimo nono in festo Sanctorum Innocentum.

N° 41.

1269-1270, 21 février. — « Thibaut, roi de Navarre, donne à perpétuité à frère Jean, Trinitaire, son chapelain, et, après lui, aux autres religieux de l'ordre de la Trinité du couvent de Villeneuve-aux-Anes 20 livres de rente, à la charge par eux de dire tous les ans à son intention une messe du Saint-Esprit, et après son décès un *annuel* à perpétuité » (Arch. Nat., copie K 192, n. 303).

Nos Theobaldus Dei gratia Rex Navarre, Campanie et Brie comes palatinus, notum facimus universis presentes litteras inspecturis quod dum nos dilecto Capellano nostro, fratri Johanni[1], de ordine Sancte Trinitatis et Captivorum, contulissemus et concessissemus viginti Libras turonensium, quolibet anno, quamdiu viveret, percipiendas et habendas ab eodem in bursa nostra, Nos, attendentes longum et fidele servitium quod nobis impendit idem frater Johannes hactenus et impendet circa nos in futurum, volentesque eidem et domui sue de Honore Dei prope Calam, ordinis Sancte Trinitatis predicte, Parisiensis diocesis, ac fratribus ejusdem domus, obtentu ipsius fratris Johannis, facere gratiam ampliorem, supradicte domui et fratribus ejusdem, ob remedium anime nostre et animarum antecessorum nostrorum, dedimus et concessimus, damus et concedimus predictas viginti libras annui redditus ex nunc imperpetuum percipiendas et habendas ab ipso fratre Johanne et fratribus ejusdem domus, aut eorum nuntio vel mandato, in nostro redditu quem nobis debet communia de Meldis, annis singulis, in festo Nativitatis Domini vel in crastino ejusdem festi. Ita videlicet quod fratres com-

---

1. En juin 1271, Henri, frère de Thibaut, confirme la donation et la porte à 30 livres, en faveur de Jean, resté son chapelain (*Ibid.*, n. 304). Nous apprenons par l'Obituaire des Mathurins que ce ministre de Chelles s'appelait Jean Boileau et qu'après la mort du grand-ministre Alard il devint lui-même grand-ministre de l'ordre [1273-1291] (*Recueil des Obituaires de France*, p. 686).

morantes in domo superius nominata pro nobis, quamdiu vixerimus, missam unam de Sancto Spiritu vel de Trinitate, de beata Maria vel de Cruce, et post decessum nostrum, pro anima nostra et animabus antecessorum nostrorum, de defunctis quolibet die ex nunc imperpetuum in suo facient monasterio celebrari; mandantes ex nunc, per presentes litteras, et precipientes majori, quicumque pro tempore fuerit, et communie ville predicte ut supradicto fratri Johanni vel fratribus dicte domus aut eorum certo nuntio vel mandato ex nunc imperpetuum reddant et solvant indilate, quolibet anno, in festo Nativitatis Domini, vel in crastino ejusdem festi, viginti libras annuas superius nominatas de dicto redditu nostro communie supradicte, absque alicujus nostri seu nostrorum alterius expectatione mandati. Et si contingeret quod major et comunia predicti predictas viginti libras annuas predicto fratri Johanni vel fratribus dicte domus aut eorum certo nuntio vel mandato quolibet anno non solverint termino supradicto, volumus et concedimus quod sepedicti major et communia supradictis fratribus, pro qualibet die qua solutio dictarum viginti librarum differretur, duos solidos turonensium pro expensis ipsorum solvere et reddere teneantur, majorem et communiam, quantum in nobis est, ad hoc specialiter obligando; insuper volumus et concedimus quod sepedictus frater Johannes et fratres domus sue predictas viginti libras annui redditus predictas teneant, habeant et possideant ex nunc imposterum in manu mortua pacifice et quiete. In cujus rei testimonium et munimen perpetuum, presentibus litteris nostrum facimus apponi sigillum. Data per nos Parisius, anno Domini millesimo ducentesimo sexagesimo nono, mense Februario, die Veneris ante festum Cathedre Sancti Petri.

Symon de Latigniaco.

« Scellé avec un reply d'un sceau de cire rouge en las de soie rouge. »

N° 42.

1270, 2 juillet. — Ce qu'est l'hôpital de Marseille (Bibl. Nat., collection Mortreuil, nouv. acq. lat., 1315, p. 424).

... Hoc excepto quod omnes predicte oblationes sint sine datione alicujus partis, ipsius ministri et dictorum fratrum; et pro medietate dictarum oblationum dabunt dictus minister et fratres ecclesie beate Marie sedis Massilie quinquaginta¹ solidos in festo Beate Marie medii Augusti annis singulis.

Item declaramus et dicimus et precipimus ut peregrinos et advenas, undecumque sint, decedentes in villa superiori civitatis Massilie, que episcopalis dicitur, et in dominio ipsius ecclesie Beate Marie sedis Massilie, ad sepulturam admittere possint dicti minister et fratres, postquam in eorum domo vel cimiterio elegerint sepeliri, salvis conditionibus supradictis.

De his vero qui in hospitali dicte domus morientur nichil percipiat ecclesia beate Marie, qui ibidem ut pauperes declinaverint.

Hospitale autem esse intelligimus illam domum in qua sunt lecti parati et ordinati ad recipiendum pauperes, et non domos alias fundatas² infra ambitum dicte domus S. Trinitatis.

Illorum autem qui non ut pauperes infra ambitum dicte domus declinaverint peregrini, possint audire confessiones et eisdem sacramenta ecclesiastica ministrare.

Que omnia approbata et confirmata et precepta per ipsum dominum episcopum³ partibus inviolabiliter observari, dicte pactes scilicet dictus dominus et dominus Guillelmus Bonivisi prepositus... pro se ac capitulo supradicto, et predictus frater Nicholaus minister... presente ibidem fratre Alardo, ministro totius ordinis... emologaverunt, approbaverunt et expresse rata habuerunt⁴...

N° 43.

1273, 23 février. — Pancarte de Grégoire X pour permettre aux Trinitaires de Lérinnes de rentrer dans leurs biens usurpés ou aliénés (Cartulaire, pièce n° XX).

Gregorius episcopus servus servorum Dei dilecto filio priori Sancti Michaelis juxta muros Atrebatenses salutem et apostolicam benedic-

---

1. Ces 50 sous figuraient encore en 1860 dans le tableau des charges de la maison (Mortreuil, nouv. acq. lat., 1315, p. 436).
2. Il semble que les Trinitaires avaient de vraies auberges.
3. Raymond de Nîmes.
4. Le texte donné par Baron à la p. 51 des *Annales* est très mauvais.

tionem. Ad audientiam nostram pervenit quod tam dilecti filii Minister et fratres domus de Lerines ordinis S. Trinitatis et Captivorum, Leodiensis diocesis, quam predecessores eorum decimas, terras, villas, possessiones, vineas, molendina, nemora, redditus, jura, jurisdictiones et quedam alia bona ipsius domus, datis super hoc litteris, interpositis juramentis, factis renuntiationibus et penis adjectis, in ejusdem domus lesionem enormem, nonnullis clericis et laicis, aliquibus eorum ad vitam, quibusdam vero ad non modicum tempus et aliis perpetuo ad firmam vel sub censu annuo concesserunt, quorum aliqui litteras confirmationis in forma communi super hiis a sede apostolica impetrasse dicuntur. Nos igitur, volentes super hoc de opportuno remedio providere, discretioni tue per apostolice scripta mandamus quatinus ea que de bonis prefate domus per concessiones hujusmodi alienata inveneris illicite vel distracta, non obstantibus litteris, penis, juramentis, renuntiationibus et confirmationibus supradictis, ad jus et proprietatem predicte domus studeas legitime revocare, contradictores vero per censuram ecclesiasticam, appellatione postposita, compescendo. Testes autem qui fuerint nominati, si se gratia, odio vel timore subtraxerint, censura simili, appellatione cessante, compellas veritatis testimonium perhibere. Datum Lugduni VII kl. Martii, Pontificatus nostri anno secundo.

N° 44.

1273, 10 mai. — Jean Boileau, nouvellement élu grand ministre, délègue Vincent, ministre de Marseille, comme provincial et gardien de l'ordre pour les provinces de Viennois, Albigeois et pays de Toulouse (Ms. de la Bibliothèque de Marseille, n° 1216, non paginé, avant la p. 525).

Frater Joannes[1] major minister totius ordinis SS^{mae} Trinitatis et Captivorum, diffinitoresque capituli generalis Universis Ministris, procuratoribus, et fratribus simplicibus ejusdem ordinis, Viennensis[2], Albigensis provinciae et Tolosae constitutis, salutem in Do-

---

1. Il venait de succéder à Alard, mort le 18 avril 1272.
2. Il n'y avait guère de couvents trinitaires dans ce diocèse.

mino. Universitati vestrae significamus quod nos virum religiosum et honestum fratrem Vincentium, ministrum domus nostri ordinis de Massilia, in omnibus territoriis praenominatis provincialem constituimus et ordinis nostri custodem, dantes eidem Vincentio plenariam potestatem ac speciale mandatum agendi, deffendendi, disponendi, transigendi et ordinandi de rebus et personis ordinis in territorio constitutis, visitandi quotienscumque et quandocumque voluerit ac corrigendi eosdem tam in capitibus quam in membris, ministros et procuratores deponendi, si necesse sit, et alios subrogandi et constituendi, fratres simplices emittendi et revocandi, et omnia alia faciendi quaecumque nos faceremus et facere possemus si presentes essemus, ratum et firmum habentes quidquid in predictis omnibus duxerit faciendum seu etiam ordinandum, secundum Regulam propriam et nostri ordinis disciplinam. Precipimus itaque universis vobis ac singulis quatinus predicto Provinciali obediatis in virtute sanctae obedientiae[1]. In cujus rei testimonium presentibus litteris sigillum nostrum duximus apponendum, anno Domini millesimo ducentesimo septuagesimo tertio, in capitulo nostro generali, die Mercurii post Dominicam in qua cantatur canticum Domini.

N° 45.

1287, mai. — Privilège de la *francise* de la maison de Lens (Archives de l'Etat à Mons, Cartulaire de Lens, p. 9).

A tout ceaus ki ces presentes lettres veront et oront Jehans sires de Lens en Braibant salut en nostre Signeur : je fait savoir à tous ke jou pour Dieu et pour le remission de mes pechiés ai affranhit le lieu de le Trinitet de Lens, tout ensi comme il est contenut et cum li lius s'estent dedens les quattres bonnes (*sic*), ke jou i ai mises et assises, et quitte et ai quittet toute le jurisdiction ke jou i avoi et que jou i pooi avoir et toute le justice haute et basse ke jou devant i avoi u pooi avoir si ke je n'i ai riens retenut; et tout çou jou ai fait

1. Vincent obtint l'année suivante la fondation du couvent de Narbonne.

par devant mes hommes et en leur présence ki à çou faire et pour çou i furent apielet (sic)... Et pour çou ke che soit ferme cose et estaule, jou en ai au menistre et as frères de le Trinitet de Lens données ces lettres presentes saielées pendans de me saiel, lesquelles furent données en l'an del incarnation nostre Signeur Jésu Christ mil CC quatre vins et siet ens el moy de may.

N° 46.

1287, 31 mai. — Convention entre Vincent, provincial de Languedoc, et les consuls de Cordes (Tarn) au sujet de l'administration de l'hôpital de cette ville (Bibl. de Marseille, ms. 1216, p. 485).

In nomine Domini nostri Jesu Christi, anno ab incarnatione ejusdem millesimo ducentesimo octuagesimo septimo, videlicet pridie kalendas junii, regnante Philippo rege Francorum. Noverint universi presentes pariter et futuri quod frater Vincentius, minister domus SS. Trinitatis Tolosae Provincialisque Minister, de consilio et voluntate fratris Bernardi de Altarippa, ministri domus hospitalis SS. Trinitatis de Corduis Albiensis, prope ecclesiam B. Mariae, et frater Petrus Lemovicensis ejusdem ordinis... recognoverunt et concesserunt Bertrando Salvy, Bernardo Panati, magistro Hugo de Rupe et Ademario Joannis consulibus dicti castri de Corduis praesentibus pro se et domino Bernardo de Sancto Amantio milite et Arnaldo de Salis domicello conconsulibus suis... quod ipsi... a consulibus de Corduis... dictum hospitale... ex causa donationis receperunt... et recipiunt ad receptandum ibi pauperes et serviendum Deo prout dictis fratribus Deus et dominus ministrabit, cum modis, formis, pactionibus, conventionibus et retentionibus infrascriptis.

1° In primis promiserunt praedicti ministri et frater Petrus Lemovicensis, et nomine quo supra, consulibus antedictis recipientibus, et nomine pro supra, quod instituatur aliquis probus homo dicti castri per consules dicti castri qui sunt et erunt in futurum, et eisdem consulibus liceat et licitum sit, in novitate sui consulatus, instituere unum probum hominem, qui una cum ministro domus hospitalis SS. Trinitatis de Corduis qui est vel erit, vel cum illo qui curam dicti hospitalis habebit pro ordine predicto, curam et custodiam habeant una cum dicto ministro pannorum qui legabuntur seu relinquentur servicio pauperum dicti hospitalis de Corduis, et quod ille probus homo mutetur in quolibet anno ad voluntatem consulum predictorum qui nunc sunt vel erunt pro tempore, et quod removendi et instituendi dictum probum hominem ipsi consules pro voluntate sua habeant potestatem, ut panni qui nunc sunt et provenient servicio pauperum in antedicto hospitali, sive per legatum, sive alio modo, melius conserventur, et quod non possint alienari vel alias defraudari; si vero contingat pro utilitate dicti hospitalis vendere pannos aliquos ejusdem hospitalis, quod illi vendantur per predictum ministrum dicte domus hospitalis de Corduis, seu custodem, et per dictum probum hominem concorditer, habita tamen licentia et obtenta consulum predictorum, et aliter non vendantur nec vendi possint, et quod pecunia quae haberetur ex pannis in operibus dicti hospitalis aut ecclesiae ejusdem, aut in possessionibus quae dicto hospitali remaneant, aut in aliis rebus utilibus dicto hospitali expendantur, et habita licentia et obtenta a consulibus antedictis.

2º Item, praedicti ministri et frater Petrus Lemovicensis pro se, et nomine quo supra, firma stipulatione interposita, promiserunt consulibus antedictis, recipientibus pro se et nomine quo supra, quod ipsi nec aliqui fratres ordinis supradicti dictum hospitale seu possessiones dicti hospitalis immobiles non possint alienare, nec vendere nec alias distrahere nec pignori obligare nec transferre, quovis alienationis titulo, in quamcumque vel quascumque personas, nisi hoc facerent de voluntate expressa consulum predictorum, aut illorum qui erunt pro tempore consules dicti castri...

3º Praeterea praedicti fratres... voluerunt et consenserunt... quod si contingat aliquod corpus seu corpora deffunctorum dicti castri seu tenementi ejusdem apportari ad ecclesiam dicti ordinis quae fundabitur apud Corduas, et ibi fiat ministerium in honorem corporis seu corporum praedictorum, vel non fiat etiam ibi ministerium, quod in lecto seu pannis, candelis seu cereis vel aliis quibuscumque, non possint dicti fratres seu quicumque alius dicti ordinis seu hospitalis jus aliquod vindicare seu aliquo modo retinere, nisi per heredes dicti deffuncti seu deffunctorum aut alterius qui jus habeat conferendi, daretur ecclesie et domui predictis; et quod amici deffuncti seu deffunctorum possint recedere cum rebus predictis, sine contradictione quacumque et secum libere portare; et si forte aliqui panni seu lecti reddantur ad hospitale predictum, et remaneant eidem hospitali predicto servicio pauperum, corpore seu corporibus traditis ecclesiasticae sepulturae; et si aliquis aut aliqui dicti castri seu tenementi ejusdem forte in coemeterio dicti hospitalis sive ecclesiae ipsius hospitalis elegerint sepulturam, et ibi sepelirentur, quod propter hoc minister seu fratres hospitalis predicti lectum seu lectos, pannum seu pannos nec aliquid aliud pro sepultura, pro terragio, aut alio quovis modo, nisi illud quod deffunctus seu deffuncti legassent seu reliquissent fratribus memoratis, petere non possent et quod in dicto casu voluntas deffuncti seu deffunctorum predictorum teneretur et conservaretur.

4° Preterea predicti fratres... promiserunt... quod minister sive fratres dicte domus seu hospitalis de Corduis, qui est et erit in futurum, ad requisitionem consulum seu mandatum, recipient et recipere tenebuntur in dicto hospitali pauperes, viduas et orphanos[1], sine quacumque contradictione, et dabunt et dare tenebuntur de elemosinis dicte domus seu hospitalis, secundum quod dicte domus seu hospitalis competent facultates.

5° Item dicti fratres,..... quod ipsi, pro debitis sive pro legatis sive pro quibuscumque aliis rebus dictum hospitale et dictos fratres tangentibus, non trahent seu convenient seu aliquo modo vexabunt quamcumque personam seu quascumque personas dicti castri de Corduis seu tenementi ejusdem coram quibuscumque personis, nisi tantummodo coram curia consulum predictorum, aut judicis qui ad cognoscendum et judicandum per dominum regem aut senescallum suum apud Corduas fuerit institutus.

6° Item predicti fratres voluerunt et consenserunt... quod si in aliqua parte castri aut suburbio ejusdem castri fiat ecclesia dicti ordinis seu hospitalis, quod, facta et constructa dicta ecclesia per fratres ordinis memorati, juxta dictam ecclesiam fiat et fundetur hospitale predictum, et mutetur de loco in quo nunc est per ipsos fratres ad requisitionem consulum predictorum qui nunc sunt aut erunt; et

---

1. A Bar-sur-Seine, on voulut en vain contraindre les Trinitaires à recevoir les enfants trouvés (Archives Nationales, L 948, pp. 172-173).

fundato, constructo ipso hospitali, quod hospitale quod nunc est, sive locus in quo est dictum hospitale, vacuus remaneat ad augmentum coemeterii quod est juxta ecclesiam beate Marie de Corduis, prout dicti consules ordinabunt et voluerint ordinare.

7° Preterea predicti fratres... promiserunt quod ministri qui instituentur et erunt pro tempore in dicto hospitali de Corduis sive domo, aut alii quicumque ordinis antedicti in futurum, in sua institutione, antequam ad administrationem dicti hospitalis seu domus se immiscuerint, dictis consulibus qui sunt et erunt pro tempore, tanquam patronis dicti hospitalis seu domus, promittant et promittere teneantur servare, tenere et complere premissa omnia et singula inviolabiliter, bona fide... Nos frater Vincentius et nos frater Bernardus de Altarippa, minister dicte domus de Corduis... promittimus quod Generalis Minister Ordinis Sancte Trinitatis premissa omnia laudabit, approbabit et ratificabit, ac etiam confirmabit, et administrationis suae sigillum quo utitur huic praesenti instrumento apponere procurabit... Acta fuerunt huic apud Corduas Albiensis in ecclesia Beati Michaelis anno et die quibus supra, etc.

N° 47.

1289, 10 mai. — Jean Boileau, grand-ministre de l'ordre, fait savoir qu'Amand, ministre de Fontainebleau, a payé à Etienne Marron, banquier de Rome, tant pour lui que pour Jacques de La Tour, 860 livres que l'ordre lui devait (Archives Nationales, S 4269, n° 10).

Universis presentes litteras inspecturis frater Johannes, major minister totius ordinis Sancte Trinitatis et Captivorum, salutem in Domino. Noverit universitas vestra quod de trescentis (sic) libris turonensium parvorum, de somma septingentarum librarum turonensium, de taxatione olim facta, quas trecentas libras frater Amandus, minister de Fonte Bliaudi, nostri ordinis, recepit ac persolvit Marrono Stephano Marronis Romano, et quas trescentas libras idem Marronus habuit et recepit nomine Jacopi de Turre et sociorum suorum, mercatorum Romanorum, et quas tradidit et solvit nomine nostro et ordinis predicti in una parte, et de sexaginta libris turonensium solvendis dictis Jacopo et Leonardo in alia parte, nos major minister pro nobis et ministris nostri ordinis et pro ordine predicto, dictem fratrum Amandum quitamus et quitum vocamus penitus et expresse et contra quitationem hujusmodi per nos vel per alium non veniemus in futurum. Ad majorem autem quatelam (*sic*) premissorum, presentibus litteris sigillum nostrum duximus apponendum. Datum die Martis post dominicam [de] Cantate anno Domini millesimo ducentesimo octogesimo nono.

N° 48.

1294-1295, 18 mars. — Guy, comte de Flandre, permet aux Trinitaires d'Hondschoote de garder sans payer d'amende des terres qu'ils ont acquises à son insu (Archives communales d'Hondschoote, GG 70).

Nous Guys, cuens de Flandres et marchis de Namur, faisons scavoir à tous ke comme gent (?) tans a, fust par toutz nostre tierre de Flendres fais generalement uns commandemens et une deffense de par tres noble et tres haute dame, jadis nostre chiere dame et mère, Margherite de bonne memore, contesse jadis de Flandres et de Haynau, et de par nous ke nulle abbeye, maison de religion, priestre, clerc, gens non nobles et autres deffensables a la loy acqsiscent en nos tierres de Flandres fiés, rentes, tierres, hyretages et autres samblans[1] acques ki meuvent de nous : et contre la deffense et commandement devan dit, li ministre et li frere de l'ordene de la Trinité..... manant à Hondescote, aiant acquis en nos tierres de Flandres devant dittes tierres, censives et rentes de nous mouvans..... tous gisans et proches de Hondescote, de Killem, de Respoede[2], de Saint Nicolay à Furnes....., et de OEdemkerke[3], sans le congièt de nostre très chière dame et mere et le nostre, et sans notre assent, ensi comme il appert par enqueste faite sans che ke faire leur loi soit, nous conistons[4] ke

1. Semblables.
2. Rexpoëde.
3. Adinkerque.
4. Reconnaissons.

li dis ministres et frères, pour eus et pour leur maison, ont assez fait envers nous et nos agrée pleinement, et les quittons a tousjours de l'amende ke nous leur demandiens et demander pouriens des finanches ke faire devrent per l'ocquoison[1] des dis acques k'il ont fait juskes au jour de huy, et gréons et otroions kil tiegnent les dits acqués as us et as coutumes du pays, sauves à nous toutes nos autres droictures. Et par le tesmoing de celes lettres scelées de nostre sael, données en l'an de grace mil deux cents quatre vins quatorze le vendredi après mi mois de March.

N° 49.

1294-1295, mars. — Philippe le Bel approuve la donation aux Mathurins par sa mère, la reine Marie, de 10 livres sur les 60 qu'elle voulait consacrer à la fondation de trois messes pour l'âme de Philippe le Hardi (Arch. nat., S 4277, n° 4).

...Item vidimus[2] quasdam alias litteras sigillo carissime matris nostre Marie, Francorum regine, sigillatas, quarum tenor talis est :

Universis presentes litteras inspecturis, Maria, Dei gratia, regina Francorum, salutem in Domino sempiternam. Notum facimus quod, cum carissimus dominus noster Philippus, Dei gratia Francorum rex, nobis dederit et concesserit ad fundandas tres capellanias, ob inclite, recordationis carissimi domini nostri ac progenitoris sui Philippi, quondam Francorum regis, sueque et nostre et amicorum suorum et nostrorum salutem et remedium animarum, quod possimus sexaginta libras Parisiensium annui redditus, de dotalicii nostri redditibus et proventibus, in quibuscumque ecclesiis voluerimus in perpetuum assignare, nos oculos mentis nostre ad Christi pauperes et devotos fratres ministrum ac fratres domus Sancti Maturini Parisiensis, ordinis Sancte Trinitatis et Captivorum Parisius commorantes, de quorum meritis et suffragiis aput Deum[3] confidimus, spe-

1. Occasion.
2. J'ai jugé inutile de donner la première permission de Philippe le Bel à sa mère, l'acte de la reine Marie le répétant entièrement en style indirect.
3. Marie figure dans l'Obituaire des Mathurins. On voit qu'elle ne leur donne que le sixième de ce que son fils lui accorde.

cialiter dirigentes, ad sustentationem dictorum fratrum de supradictis sexaginta libris decem libras Parisiensium damus, concedimus et assignamus, ex nunc in perpetuum, libere et pacifice possidendas ac percipiendas Parisius aput Templum..... Predicti vero fratres tenebuntur ex nunc pro predicti domini nostri bone memorie Philippi, Francorum regis, et omnium amicorum nostrorum defunctorum animabus, quolibet die in perpetuum bona fide missam facere celebrari; insuper pro domino Rege Philippo, nobis et amicis nostris qui adhuc hujus mundi pressuris opprimimur (!), missam de Sancto Spiritu quolibet die, bona fide, quamdiu vixerimus, celebrabunt. Post decessum vero nostrum, missam de Defunctis quolibet die dicere tenentur in perpetuum ob nostrarum remedium animarum. Quod ut ratum, firmum et stabile permaneat in futurum, sigillum nostrum presentibus litteris duximus apponendum. Datum Parisius anno Domini millesimo ducentesimo nonagesimo quarto, die Sabbati post festum beati Mathie Apostoli.

Nos igitur, ex habundanti ad majorem securitatem dictorum Religiosorum, ad requisitionem carissime matris nostre Regine Francorum Marie predicte, nostrum in predictis omnibus impartientes assensum, donationem et concessionem predictas, et omnia singula supradicta, prout in superioribus exprimuntur, concedimus, volumus, approbamus et tenore presentium confirmamus; volentes quod dicti religiosi redditum decem librarum Parisiensium antedictum sub forma predicta percipiant et habeant Parisius aput Templum, absque coactione vendendi vel extra manum suam ponendi, dantes thesaurario domus Templi Parisius qui pro tempore fuerit, presentibus in mandatis, ut dictis Religiosis predictum annuum redditum decem librarum Parisiensium persolvat, sicut superius est expressum, nullo alio a nobis vel nostris successoribus mandato super hoc expectato, salvo tamen in aliis jure nostro et jure in omnibus alieno. Quod ut ratum sit et stabile permaneat in futurum, presentes litteras sigillo nostro fecimus communiri. Actum aput Parisius anno Domini millesimo ducentesimo nonagesimo quarto, mense Martio.

N° 5o.

1295, 14 décembre. — Pierre de Béziers, damoiseau, est associé par les consuls de Cordes à Robert, ministre de l'hôpital (Archives des Trinitaires de Cordes conservées à la préfecture d'Albi).

Noverint universi presentes pariter et futuri quod anno Domini M° CC° XC° quinto, XIX° kalendas Januarii, regnante domino Philippo Francorum rege, frater Rotbertus, constitutus ordinis S. Trinitatis, gubernator ospitalis de Cordua qui est prope ecclesiam Beate Virginis Marie per fratrem Poncium, ministrum ospitalis Toloze S. Trinitatis, tenensque locum ministri majoris provincialis[1], lecto dicto fratri Roberto ministro instrumento confecto inter consules de Cordua, pro se et dicta universitate, et fratre Vincencio tunc ministro domus Toloze S. Trinitatis et quibusdam fratribus, lectisque [et] intellectis modis ac conditionibus in dicto instrumento contentis, quod instrumentum est scriptum et signatum et in ea continetur (?) per manum magistri Bernardi de Bossaco notarii de Cordua, — dictus frater Rotbertus promisit pro firma stipulatione Guilhelmo Radulphi ac Geraldo d'Alanis et Seguino Garini et magistro Azemario de Brandone, consulibus de Cordua,..... quod ipse tenebit et servabit bona fide dictum instrumentum et in eo contenta, et in contrarium non venire in toto nec in parte. Et ibidem dicti consules dixerunt quod ipsi tradebant et acomodabant et in sua commenda ponebant omnes pannos et omnia superlectilia et omnia que continebantur vel que erant in predicto ospitali ut in quodam eventario inde confecto per manum magistri Bernardi de Torverio, publici notarii Cordue plenius continentur vel videntur contineri : et predicto fratri damus[2] (sic) et concedimus Petrum de Biterris domicellum, de Cordua, ut socium et aministratorem dictarum causarum dicti ospitali pertinencium. Et de omnibus et de qualibet (sic) predictus frater promisit omnia predicta custodire fideliter et etiam ordinare. Actum

1. La phrase est à peine compréhensible; le texte entier est d'ailleurs émaillé d'incorrections que je n'ai pu toutes corriger.
2. On ne comprend pas ce passage au style direct.

Corduc in domum (*sic*) consulatus, anno et die ut supra, in presentia et testimonio Arnaldi Bermondi Pelicier, Arnaldi Deserat, Gualhardi Roqua, Petri de Naiac et mei Ramondi Cavellani publici Corduc notarii qui ad instanciam predictorum hec omnia et singula scripsi et meo signo signavi.

N° 51.

1296, 30 décembre. — Règlement du patronage de l'église Saint-Lambert de Tourinnes-les-Ourdons, entre les Cisterciennes de Saint-Georges de Namur et les Trinitaires de Lérinnes (Cartulaire de Lérinnes, n° XXVI).

Universis presentes litteras visuris Soror Margareta dicta abbatissa vallis Sancti Georgii Martiris Namurcensis, totusque loci ejusdem conventus, Cysterciensis ordinis, ac frater Henricus, humilis minister de Lerines, ceterique fratres ejusdem loci, ordinis Sancte Trinitatis et Captivorum aeternam in Domino salutem cum notitia veritatis. Noveritis universi et singuli quod cum jus patronatus ecclesie Sancti Lamberti juxta Tournines les Ordons, seu jus ad illam praesentandi ad nos tanquam ad veros patronos, seu qui sumus et fuimus ab antiquo in vera et pacifica possessione ad illam presentandi, ad nos communiter pro equalibus portionibus pertineat et pertinere dignoscatur, et, occasione juris ad illam presentandi, inter nos aliquibus temporibus retroactis, propter varietatem animorum, fuerit orta discordia seu materia questionis suscitata : Nos ad tollendam omnem controversandi materiam in hoc convenimus, unanimi consensu utriusque partis accedente, super hoc utilitate ecclesiarum nostrarum predictarum prepensata, quod una pars ad illam ecclesiam quandocumque et quotiescumque vacaverit *in solido*[1], et alia post modum secundo, loco primo vacaturam, modo simili per vicissitudinem in futurum debeat presentare personam ydoneam, prout unicuique parti suo loco visum fuerit expedire, ita quod in posterum inter nos vicissitudine ad ipsam ecclesiam praesentandi concurrente, qualibet pars suo loco in solidum ad eandem, altera parte minime requisita, debeat presen-

1. *A elle seule*, sans prévenir l'autre.

tare, ita tamen quod nos soror abbatissa predicta et conventus Vallis
Sancti Georgii predictus ad illam quamprimum dictam ecclesiam per
mortem seu liberam resignationem fratris Gerardi de Rupeforta,
ordinis Sancti Trinitatis et captivorum, nunc ipsius ecclesie rectoris, qui ad collationem seu presentationem ministri de Lerines et
fratrum ejusdem loci dictam ecclesiam obtinuit, vacare contigerit, ut
ad id (*sic*) optulerit se facultas, presentare tenebimur et in solido,
altera parte minime super hoc requisita. In cujus rei testimonium nos
abbatissa et conventus predicti, et nos minister et fratres de Lerines
sigilla nostra presentibus litteris duximus apponenda. Datum anno
Domini m°cc° nonagesimo sexto dominica post Nativitatem Domini.

N° 52.

1303, juin. — Philippe le Bel confirme la sentence rendue par l'archidiacre
de Bruges entre les Trinitaires de Compiègne et les religieux de Saint-
Corneille : les Trinitaires quittent l'Hôtel-Dieu Saint-Nicolas-du-Pont,
conservant les 30 muids de blé sur les moulins de Verberie (Arch. Nat.,
S 4262, n° 10).

Philippus Dei gratia Francorum rex. Notum facimus universis
tam presentibus quam futuris quod, cum inter religiosos viros abbatem et conventum monasterii Sancti Cornelii Compendiensis ex una
parte, ac majorem ministrum et fratres ordinis Sanctae Trinitatis et
Captivorum, necnon ministrum et fratres dicti ordinis S. T. commorantes in hospitali Sancti Nicolai ad Pontem Compendiensem ex
altera, — orta esset et diutius agitata, tam in Curia nostra[1] quam in
foro ecclesiastico materia questionis, — super eo videlicet quod dicti
abbas et conventus, nomine suo et ecclesie sue predicte, petebant dictos fratres ordinis S. T. a dicto hospitali, cujus curam et dispositionem
dicti abbas et conventus ad se pertinere, et eosdem fratres S. T. illud
temeritate propria occupasse[2] et diutius occupatum tenuisse et

---

1. Au Parlement ; voir en effet : *Olim*, I, 903 (LV).
2. C'était traiter bien irrévérencieusement la donation de saint Louis, confirmée par *plusieurs* bulles du pape.

adhuc tenere dicebant, penitus amoveri, et quedam sibi fieri ac etiam declarari, — dictis ministris et fratribus Sancte Trinitatis se opponentibus ad premissa et dicentibus ea fieri non debere. Tandem dicte partes, dicte questioni seu controversi efinem debitum cupientes imponi, in nostra presentia constituti, voluntarie, unanimiter consenserunt et expresse promiserunt super premissis omnibus et singulis et aliis articulis quibuscumque, ceterisque jam ortis et pendentibus inter ipsos de alto et basso stare, dicto, pronunciationi, sententie et ordinationi quam vel quas dicere, pronunciare, sententiare vel ordinare per nos seu quemlibet alium duceremus; demum vero partibus antedictis, per procuratores sufficienter instructos, comparentibus coram dilecto et fideli nostro magistro Stephano de Suisiaco archidiacono Brugensi in ecclesia Tornacensi, quem ad premissa facienda, ordinanda et diffinienda specialiter duximus deputandum, idem archidiaconus, deliberatione prehabita diligenti, dictum, pronunciationem, sententiam seu ordinacionem suam protulit, pronunciavit et ordinavit, de auctoritate, beneplacito et mandato nostro, inter partes hujusmodi super premissis in hunc modum : Videlicet quod major minister et fratres ordinis predicti Sancte Trinitatis et captivorum, ac precipue fratres ejusdem ordinis qui dictum hospitale Sancti Nicolai ad Pontem Compendiensem occuparunt et occupatum diutius tenuerunt[1], de dicto hospitali exibunt, sine spe perpetue reversionis ad locum predictum, quos ex nunc de dicto hospitali prorsus amovens et amovendos decernens, ita quod quivis frater predicti ordinis S. T. nullam a modo moram seu mansionem contrahet seu contrahere poterit in hospitali predicto.

Verumptamen, ut dicti minister et fratres ordinis S. T. et captivorum predicti debitam recompensationem habeant de premissis, memoratus Brugensis archidiaconus pronunciavit, diffinivit et ordinavit quod idem major minister et fratres, pro se et fratribus ordinis supradicti qui hospitale predictum hactenus occuparunt, triginta modios molture, ad mensuram Parisiensem, super molendina nostra de Verberia, quos sancte memorie beatus Ludovicus avus noster, quondam Francorum rex, eidem hospitali dederat[2], in perpetuum pacifice perci-

---

1. Trente-sept ans en tout (1266-1308).
2. Au mois de juillet 1260,

pient et habebunt; ita tamen quod iidem minister et fratres Sancte Trinitatis supradictos triginta modios moulture tenebunt et habebunt sub modis et conditionibus quibus hospitale predictam moulturam hujusmodi per donationem beati Ludovici predictam habuerat, tenuerat et tenebat. De quibus triginta modiis et fratribus tunc in dicto hospitali Sancti Nicolai commorantibus, ipsis prorsus amotis de hospitali predicto, major minister predicti ordinis Sancte Trinitatis et captivorum disponere et ordinare poterit prout sibi visum fuerit expedire[1].

Pronunciationem vero et ordinationem predictas dictus archidiaconus a dictis partibus teneri, compleri et firmiter observari precepit, et dictus major minister et procuratores partium ipsarum presentes eas statim emologarunt (sic), approbarunt, et premissis omnibus et singulis, prout pronunciata, diffinita et ordinata fuerunt, pro se et dictis partibus consenserunt expresse.

Nos vero dictam pronunciationem, sententiam et ordinationem predictas, et omnia premissa et singula, prout de auctoritate, beneplacito et mandato nostro per ipsum archidiaconum facta sunt, volumus, laudamus, et tenore presentium approbamus, ea valere perpetuo decernentes, ac in suo robore permanere, salvo tamen in aliis jure nostro et quolibet alieno. Quod ut firmum et stabile perseveret, presentibus litteris nostrum fecimus apponi sigillum. Actum Parisius anno Domini m° ccc° tertio, mense Junii.

N° 53.

1303, août. — Philippe le Bel confirme les privilèges et donations de saint Louis à l'Hôtel-Dieu de Compiègne (juillet 1260) [et en particulier les 30 muids de blé qu'au mois de juin précédent il a laissés aux Trinitaires, qui ont quitté cet hôpital] (Arch. Nat., S 4262, n° 8).

Philippus Dei gratia Francorum rex, notum facimus universis tam presentibus quam futuris nos infrascriptas vidisse littoras teno-

1. Il les partagea entre les couvents de Verberie, de Cerfroid et de Paris.

rem qui sequitur continentes : In nomine Sancte et individue Trinitatis, amen. Ludovicus Dei gratia Francorum rex, notum facimus universis tam presentibus quam futuris quod, cum ad illius summi regis honorem qui pro nobis in terris pauper fieri voluit ut ejus inopitam ditaremus, Domum Dei et pauperum Compendii, tenuem in redditibus et edificiis dilatantes........ volentes insuper domum ipsam, dilatatam edificiis et personis, possessionibus etiam ac redditibus ampliare... donamus predicte domui et pauperibus, super molendina nostra de Verberia, triginta modios molture ad mensuram Parisiensem, ita quod dicta domus possit habere servientem aliquem in dictis molendinis, si voluerit, qui custodiet molturam et habeat unam clavem arche predictorum molendinorum..... Actum apud Credulum[1] anno Incarnationis dominice M⁰ CC⁰ LX⁰ mense Julio, regni vero nostri tricesimo quarto..... Nos autem transcriptum litterarum hujusmodi fieri fecimus, nostro et cujuslibet alterius jure salvo. In cujus rei testimonium presentibus litteris nostrum fecimus apponi sigillum. Actum apud Vicenas anno Domini millesimo trecentesimo tertio, mense Augusto.

N° 54.

1303, septembre. — Philippe le Bel confirme l'échange de la Maison-Dieu de Bar-sur-Seine contre des possessions espagnoles, conclu entre les religieux de Roncevaux et les Trinitaires (Arch. Nat., L 948, pp. 164 à 168, copie fautive; autre copie dans S 4269ª, n° 21).

Philippus, Dei gratia Francorum Rex, notum facimus universis tam presentibus quam futuris quod coram nobis constitutus frater Johannes Marchi presbiter, procurator prioris pauperum hospitalis Roscidevallis et conventus ejusdem loci, prout in litteris procuratoriis inde confectis, sigillis ipsorum, ut prima facie apparebat, sigillatis, quarum tenor in alio instrumento(?) plenius continetur, recognovit, nomine procuratoris ipsorum et pro ipsis, dicti hospitalis utilitate

1. Creil.

pensata, se tradidisse, concessisse et ex causa permutationis perpetuo quittavisse fratri Petro, majori ministro totius ordinis Sancte et individue Trinitatis et Redemptionis Captivorum, pro se et toto ordine suo, domos et possessiones quas dicti prior et conventus habebant, tenebant et possidebant, pacifice[1], ut dicebat, in villa de Barro super Secanam..... fratrem Jacobum dictum Carolum, procuratorem dicti fratris Petri, nomine procuratoris ipsius et pro toto ordine suo, induxit in possessionem domorum et possessionem predictorum[2] cum suis juribus et pertinentiis universis, per traditionem presentium litterarum, nihil eisdem priori et conventui et hospitali de cetero retinens in predictis — mediantibus domibus et possessionibus quas dictus minister habebat, tenebat, et in earum possessione erat in loco qui dicitur Crevas in diocesi Calaguritanensi[3], habens potestatem et speciale mandatum de faciendo permutationem presentem... Qui frater Jacobus, coram nobis propter hoc constitutus, nomine procuratoris dicti Ministri, et pro ipso, recognovit se, propter utilitatem dicti Ministri et totius sui ordinis predicti, permutationem fecisse predictam..... pro predictis domibus et possessionibus, et suis juribus et pertinentiis suis, in villa de Barro predicto, eidem ministro, ejus successoribus et ordini, perpetuo remansuris; renuntiantes..... et juri dicenti generalem renuntiationem non valere. Nos[4] autem, de fide dignorum testimonio, attendentes permutationem hujusmodi utrique parti fore utilem, eandem permutationem et alia omnia suprascripta rata habemus et grata, volumus, approbamus, et ad requisitionem dictorum procuratorum, ex certa scientia, tenore presentium, auctoritate regia confirmamus, salvo in aliis jure nostro et in omnibus alieno. — Et nos Johanna[5], Dei gratia Francorum et Navarre regina, Campanie et Brie comitissa palatina, de cujus hereditate praemissa movere noscuntur, predictis omnibus et

---

1. Voir à la fin de cette pièce.
2. Peut-être *in possessionem domorum predictarum*.
3. Calahorra.
4. Philippe le Bel, devant qui cette transaction est passée.
5. Cette intervention est significative. L'échange ne s'expliquerait guère, si la possession de l'Hôtel-Dieu de Bar-sur-Seine, fondé en 1210 par Milon et Elissende, avait été aussi *pacifique* pour les religieux de Roncevaux. J'ai lu quelque part que, ne pouvant s'entendre avec Jeanne de Navarre, ils cédèrent l'hôpital à des religieux mieux en cour.

singulis nostrum impartimur assensum. Ad majorem virtutem premissorum et cautelam, et ut hec premissa rata et stabilia perseverent, nos rex et regina predicte permutationi nostrum fecimus apponi sigillum. Actum Belvaci, anno Domini millesimo trecentesimo tertio, mense Septembri.

N° 55.

Cerfroid, 1304, 26 avril. — Pierre, grand-ministre, et le chapitre général donnent aux Mathurins de Paris, pour divers services rendus à l'ordre, six muids de blé sur les trente que l'ordre perçoit sur les moulins royaux de Verberie (Arch. Nat., S 4262, n° 25).

Petrus, major minister, correctores et diffinitores generalis capituli electi et fratres... congregati apud Cervum Frigidum, salutem. Noverit universitas vestra quod nos, deliberato consilio, pensataque utilitate dicti ordinis, nolentes vitium ingratitudinis incurrere apud ministrum et fratres domus S. Maturini Parisiensis, nostri ordinis, vota nostra dirigentes, propter multa grata servitia dicto ordini impensa per ministrum et fratres antedicte domus, qui in trecentis libris bonorum Parisiensium pro necessitatibus evidentibus et inevitabilibus[1] dicto ordini misericorditer subvenerunt. Eapropter, eidem ministro et fratribus dicte domus, tam presentibus quam futuris, concessimus et assignavimus, et domui predicte in futurum... annuatim in Paschate Domini sex modios bladi ad mensuram de Parisiis super molendino et in molendino domini Regis de Verberia, in quo percipimus annuatim et percipere perpetuo debemus triginta modios bladi ad mensuram Parisiensem annue et perpetue pensionis, ex quadam compositione inita per excellentissimum dominum Philippum, Dei gratia Francorum regem illustrem, inter nostrum ordinem ex una parte, et abbatem et conventum monasterii Sancti Cornelii Compendiensis. Quos quidem sex modios bladi volumus et concedimus perpetuo dictam domum, ministrum et fratres Parisiensis ejusdem domus habituros et percepturos annuatim

1. Sans doute le procès de l'Hôtel-Dieu de Compiègne.

in perpetuum per se et successores suos in recompensationem predictorum, eo modo et forma et in valore contento in litteris regiis et de compositione predicta confectis, nobis salvis residuis viginti quatuor modiis remanentibus de totali summa pensionis predicte dictorum triginta modiorum[1]... In quorum testimonium sigillorum (!) majoris ministri et capituli generalis presentes litteras voluimus et fecimus sigillari. Datum et actum in nostro generali capitulo quarta dominica post Pascha anno millesimo trecentesimo quarto.

N° 56.

1305, novembre. — Philippe IV accorde au grand-ministre annuellement, à la Purification et à l'Ascension, 100 livres tournois pour les couvents de Verberie et de Cerfroid, afin d'y faire bâtir des chapelles (Archives de l'Oise, Trinitaires de Verberie, copie collationnée).

Philippus, Dei gratia Francorum rex, notum facimus universis tam praesentibus quam futuris quod nos, de voluntate, requisitione ac consensu generalis Ministri totius ordinis Sanctae Trinitatis et Captivorum, diligenti etiam super hoc deliberatione habita, volumus et concedimus quod ipse minister dictique ordinis fratres centum libras turonensium, quas in receptoria nostra de Tolosa annuatim percipere consueverunt, ad opus et ob causam cappellaniarum *et domus* loci dicti de Arsague in Gasconia, in quo loco foelicis recordationis carissimus et consanguineus et fidelis noster R... quondam comes Atrebatensis, illo concedente qui dat salutem Regibus, de nostris hostibus triumphavit, construendarum et fundandarum, quas quidem cappellanias et domum asserunt dicti fratres, et nos similiter sic ab aliis intelleximus, in loco praedicto propter loci et habitantium perversitatem, non posse commode construi et fundari, nec dicti ordinis fratres ibidem habere congruam mansionem, super omnibus fructibus, proventibus et exitibus nostris quibuscumque

---

1. Suivent des renonciations en faveur de Jean de Douai, ministre du couvent de Paris. — Dix des vingt-quatre muids restants furent donnés à Cerfroid en 1306. Verberie garda sans doute le reste.

praepositurae de Ponte Sanctae Maxentiae et villae communitatis seu communiae de Pompoing ballivine Silvanectensis, ad nos in ipsis praepositura et villa, communitate seu communia quomodolibet pertinentibus, anno quolibet in perpetuum percipiant et habeant in duobus terminis, videlicet in festo Purificationis Beatae Mariae Virginis et in festo Ascensionis Domini, convertendas ad usum et utilitatem et usus domorum dicti ordinis de Cerfroy et de Verberia, videlicet medietatem dictarum centum librarum pro qualibet dictarum domorum, ita tamen quod cappellas et cappellanias ejusdem valoris, status et conditionis in dictis locis construi faciant et fieri, quae et prout ordinatae fuerant construi et fieri in loco de Arsague praedicto et secundum dictam ordinationem, eas faciant perpetuo deservire — in quo dicta receptoria Tolosana a praestatione dictarum centum librarum perpetuo quitta, libera sit et immunis, dantes ballivo nostro Silvanectensi ac receptoribus nostris fructuum, exituum, proventuum, productorum qui pro tempore fuerint, tenore presentium, in mandatis ut annis singulis in perpetuum dictis fratribus, modo quo dictum est, dictas centum libras turonensium reddant et solvant sine alterius expectatione mandati. Quod ut firmum permaneat in futurum, presentibus litteris nostris fecimus apponi sigillum. Actum Creciaci, mense novembri anno domini millesimo trecentesimo quinto. (*Scellé sur un lac de parchemin de cire verte.*)

N° 57.

1309, dimanche 6 juillet. — Thierry, doyen de Vittel, fait connaître l'accord intervenu entre Jean, trinitaire, curé de Lamarche, et Parise de Vosges, veuve, condamnée à payer une demi-aumône à elle réclamée par le curé en raison du décès de sa fille (Cartulaire de Lamarche, pièce n° 39).

Nous Thierris doien de la chrestienté de Vitel, curés de Sereicourt[1], et Jaquet eschevins de la ditte chrestientez, curés de Dompierre

1. Serécourt, canton de Lamarche.

faisons savoir à tous cum descors fu entre frère Jehan curé de Lamarche d'une part, Parise dite de Vosge femme Colin que fut[1], sors
ce que le dit curé quéroit avoir de la dicte Parise, pour l'aumosne
d'une soie fille morte sans mariage que estoit en eaige de marier, demie
aumosne par le droit et usaige du concile[2] de Vitel; et la dicte Parise
vouloit finer et estre quicte de la dicte aumosne parmy trois solz de
tornois petis, pour ce qu'elle disoit que li dicte fille estoit en sa mainburnie et que enfes en mainburnie, combien qu'il ait d'eaige et il
ne soit mariés, par la costume et par usaige de la Marche ne doit
au curé que trois solz (*mot illisible*); et li dis curé maintenoit au
contraire et disoit que il et sin davantier, curés de la Marche, avoient
eu et levés (*sic*) paisiblement, pour cause desdis enffans mors en
mainburnie sans mariage aigés de marier, demie aumosne ou le
rachet en deniers plus de trois solz par plusieurs fois et aucune fois
moiens (*sic*) de trois solz; assavoir est que nous à la requeste de Jehan
dit Legeret, prévost de la Marche, du dit curé et de ladicte Parise,
avons dessendu à la Marche et enquis de la dicte costume et deu dit
usaige de la Marche, par plusieurs tesmoings que le dit curé et la
dicte Parise nous ont amenés tant que il leur pleust, et sors l'enqueste nous avons eu conseil en nostre concile à Vitel, à Toul et
autre part, et par le conseil que nous en avons raporter (*sic*), que
li dis curé de la Marche a bien prover (*sic*) sentencie; par quoy ly
dicte Parise est tenue de finer au dit curé de demie aumosne. Et cest
rapport avons nous faict ou chastel de la Marche en la présence dou
dit curé, de la dicte Parise, du dit prévost, des anciens et de la com-
munité des prodomes de la Marche. Ce fut fait et donné dessoubz
nos scelz en tesmoingnaige de vérité l'an de grâce mil trois cens et
neuf, le diemenge après huictaine de la nativité Saint Jehan-Baptiste.

1. C'est-à-dire *veuve de Colin*.
2. Agglomération de plusieurs paroisses, *canton*.

N° 58.

1311, 12 avril. — Clément V mande à l'abbé du Neufmonstier, près Huy, de faire rentrer les Trinitaires de Vianden dans leurs biens aliénés (Archives du grand duché de Luxembourg, Trinitaires de Vianden, liasse 1re, pièce n° 10).

Clemens episcopus servus servorum Dei. Dilecto filio... Abbati Monasterii Novi prope Hoyum, Leodiensis diocesis, salutem et apostolicam benedictionem. Dilectorum filiorum... ministri et fratrum domus de Vienna, ordinis Sanctae Trinitatis et Captivorum, Treverensis diocesis, precibus inclinati, presentium tibi auctoritate mandamus quatinus ea que de bonis ipsius domus alienata inveneris illicite, vel distracta, ad jus et proprietatem ejusdem domus legitime revocare procures, contradictores per censuram ecclesiasticam, appellatione postposita, compescendo, testes autem qui fuerint nominati, si se gratia, odio, vel timore subtraxerint, censura simili, appellatione cessante, compellas veritati testimonium perhibere. Datum Avinione ii idus aprilis, pontificatus nostri anno sexto.

N° 59.

1315, 10 avril. — Le roi de Sicile, Robert, ordonne à son trésorier du comté de Provence de faire délivrer par le roi de Bougie les marchands marseillais captifs (Archives communales de Marseille, série G).

Robertus Dei gratia rex Jerusalem, Siciliae, ducatus Apulie, principatus Capue, Provincie, ac Forcalquerii ac Pedemontis comes, senescallo, majori judici et tesaurarius (*sic*) comitatus eorumdem Provincie et Forcalquerii vel eorum locumtenentibus, fidelibus suis, gratiam suam et bonam voluntatem. Perducto nuper ad noticiam nostram quod Carolus Aculffi et quidam alii mercatores de Massilia capti dudum cum uno vassello eorum in terra regis Bogie et ducti ad regem eumdem, de mandato ipsius regis, captivi detinentur, et deinde supplicato nobis, pro parte captivorum ipsorum, ut provideremus de ligno competenti et ambassiatore ituro Tunicium et Bogiam pro tractanda liberatione eorum, ad expensas nostre curie, juxta conventiones et pacta inita inter clare memorie dominum avum nostrum[1] ex una parte et cives Massilia ex altera, et eis hucusque servatas benignius dignaremur. Nos supplicationi hujusmodi annuentes, et volentes dictis nostris fidelibus non deesse, fidelitati vestre precipimus quatenus, attenta forma conventionum hujusmodi cum prefatis Massiliensibus initarum, et ex eis usque nunc, ut predicitur, servatarum, de dicto ligno et ambassiatore competenti ituro ad partes predictas, pro causa premissa, ad expensas dicte nostre curie opportunas, prout ad illas ex ipsarum forma conventionum tenentur, ad requisitionem consanguineorum seu amicorum dictorum captivorum providere curetis. Quas quidem expensas fieri et solvi faciatis per clavarium dicte civitatis, de fiscali pecunia exeunte vel futura per manus suas et exinde recipi debitam apodexam[2], mandato quocunque contrario non obstante. Data Neapoli in camera nostra, anno Domini millesimo trecentesimo quintodecimo, die decimo Aprilis terciedecime indictionis, regnorum nostrorum anno sexto[3].

N° 60.

1319, 6 mai. — Statuts faits au chapitre général [Extraits] (Bibl. Nat., ms. lat. 9753, f° 9 r°).

Constitutiones factae apud Cervumfrigidum in capitulo generali anno domini m° ccc° decimo nono, quarta dominica post Pascha, per dominum fratrem Bertaudum, majorem ministrum totius ordinis Sancti Trinitatis et Captivorum et per fratres Johannem, Robertum, Nicholaum et Egidium ministros de Fontebliaudi, Parisiensi, de

1. Charles d'Anjou.
2. Décharge valable.
3. Autre lettre, le 18 juillet 1316 : les marchands ont été dépouillés de tout ; plutôt que d'envoyer un ambassadeur, la cour du Roi les indemnisera parce qu'on n'enverra pas de vaisseaux avant le printemps.

Perrina et Barro electi (*sic*) a toto generali capitulo correctores et diffinitores in hiis que emergunt seu emergere possunt, in toto capitulo generali, auctoritate nobis a sede apostolica concessa, sicut in nostra regula bullata plenius continetur, statuimus et statuta decrevimus que sequuntur...

I. Inhibemus ministris et procuratoribus ne fratres per patrias vagantes absque litteris ministrorum suorum recipiant in domibus suis, nec aliquid administrent, nisi sint ita cogniti quod ordini scandalum perpetrare non intendant.

. . . .

IV. Item statuimus ne quis frater nostri ordinis ad talos ludat. Si quis deprehensus fuerit ludens, quod absit, per mensem ter in septimana ad terram cum pane et aqua concedat absque misericordia, et per totum annum voce capituli careat et locum novicii teneat sine aliqua dispensatione.

. . . .

VIII. Item statuimus ne aliquis de ordine [ad] secundam professionem admittatur, nisi fiat assensu majoris ministri.

IX. Item statuimus quod, si aliqui conspiratores in ordine inventi fuerint, licet sint excommunicati ipso jure, volumus quod tales de cetero vocem non habeant in capitulo, nec admittantur in testimonium nisi per generale capitulum cum eis fuerit dispensatum.

Item statuimus quod fratres venientes ad generale capitulum ad domum Cervi Frigidi usque ad Sabbatem dicti capituli generalis non accedant.

. . . .

XII. Item ..... quod si aliquis fratrum nostri ordinis diffamaverit ministrum suum erga seculares seu erga quoscumque alios, si super hoc convictus fuerit, privetur testimonio et per annum voce capituli.

. . . .

XIV. Item statuimus quod nullus clericus in ordine nostro recipiatur, nisi sit de legitimo thoro procreatus, et nisi aptus sit propter membrorum mutilationem vel aliquid defectum corporeum ad sacros ordines recipiendos, sub pena depositionis ministrorum.

. . . .

XVI. Item inhibemus ne aliquis frater, in ordine nostro professus, ad aliam religionem se transferens et eam tanquam arciorem eligens et ibi professus, ulterius in ordine nostro absque dispensatione summi pontificis ullatenus recipiatur.

XVII. Item statuimus et precipimus quod ministri fratrum diffinitorum eisdem provideant de expensis et suis provisionibus, ne occasionem habeant ad loca sue professionis redeundi ante tempus, quod nisi fecerint ministri, licitum sit fratribus in suis domibus remanere.

. . . .

XIX. Item statuimus et ordinamus quod fratres diffiniti ad generale capitulum, nisi vocati, nullo modo accedant sub pena carceris, si autem petitiones aliquas facere voluerint, ministris in quorum obedientia erunt, tradant et ministri quid de eisdem in generali capitulo ordinatum fuerit reportabunt.

. . . . , ...

XXI. Item statuimus et ordinamus ut quicumque ministrorum provinciarum Francie, Normannie et Picardie et Campanie ad generale capitulum se absentaverit, in subsequenti capitulo generali, in presentia domini majoris ministri et correctorum, totiusque generalis capitulo die dominica culpam suam coram omnibus confiteatur et emendet, sigillumque sue administrationis in manu domini majoris ministri reddat, qui cum concilio correctorum de statu ipsius ordinabit, injungendo ei pro tanto delicto penitentiam salutarem, et hoc nisi legittime se excusaverit per fratrem procuratorem ydoneum, qui pro dicta procuratione ostendat procuratorium speciale.

XXII. Item statuimus quod in qualibet domo nostri ordinis, quolibet mense, una vice coram fratribus hec predicte constitutiones legantur et etiam promulgentur.

. . . . , ...

XXIV. Item statuimus et ordinamus quod omnes et singuli ministri quatuor provinciarum, scilicet Francie, Campanie, Normanie et Picardie taxationem tercie partis, tam pro anno presenti quam pro arreragiis temporis preteriti, infra[1] instans capitulum generale receptori super hoc instituto persolvant, et hoc sub pena subspensionis (*sic*) a regimine temporali dumtaxat; illos autem ministros de

---

1. Le texte porte *instra* (sic).

quibus habemus litteras obligatorias seu pignora nolumus incurrere dictam penam.

XXV. Item volumus penam de non comparentibus ad capitulum alias constitutam in suo robore permanere, modo et forma in constitutione super hoc alias facta contentis.

XXVI. Insuper monemus omnes et singulos ministros qui alio anno et anno presenti ad capitulum non interfuerunt, quatinus infra festum Sancte Crucis proxime venturum, satisfaciant de somma pecunie que pro pena in predicta constitutione est inflicta, et hoc sub pena extr(ema) quam contrafacientes volumus incurrere ipso facto, nisi causam pretenderint efficacem, ad quam allegandam citamus ipsos et eorum quemlibet ad diem lune post festum beati Remigii proxime venturum.

N° 61.

1320, 22 mai. — Le bailli de Bassigny maintient les Trinitaires de Lamarche dans le droit d'avoir une bergerie, à condition cependant de clore la maison où ils logeront leur bétail (Cartulaire de Lamarche, pièce n° 40).

Je Gerars dit Moines, bailli de Bassigney et chastellains de Conflans, fais cognoissans à tous ceulx qui veront et oront ces presentes letres que, comme descors fut entre le procureur de la Marche et le ministre de ce meisme lieu, pour luy et pour son église, sur ce que li dis procureur maintenoit que li dis ministre ne sui compaignon ne povoient ne debvoient avoir bargerie de brebis, de vaches, de pors ne de chievre, que ce ne fut en prejudice de la ville et en amarissance de leur commune pasture, les dis religieux maintenans au contraire, raporté fut par moi Gérard bailli dessusdit, par le conseil et en la présence de monseigneur Waulthier sieur de Beffroymont... en mes assises de la Marche tenues le lendemain de la saint Thiebaud l'an de mil trois cens et vints que li dessus dit religieux povoient et debvoient avoir tropelz de brebis, de pors et de vaiches de leur norrisson, sens amassement, et useroient paisiblement en la dicte pasture et la bergerie des chievres... sans prejudice de la ville. Item averont li dis religieux nous suffisants à griller maison, darier leur maison qui tiennent des chanoines de la Mothe, pour meetre gesir les bestes et garder les chariers, et demourra li curtes que li dis religieux ont fait en la voie de la maladière, lequel ils ont receu des chanoines de la Mothe, et y demourra aussi la closure que il y ont fait, pourtant que d'une part et d'autre sont clous ly curtes. En tesmoing de laquelle chose, et pour ce que ferme soit et estable, je Gérard dis, Moines, baillis de Bassigney et chastellains de Conflans dessus nommés a mis mon scel en ces presentes lettres que furent faites l'an et le jour dessusdicts.

N° 62.

1322, 22 décembre. — Rétrocession du couvent du Bourget, donné à Nicolas, de Fréauville, cardinal de Saint-Eusèbe, par le ministre général des Trinitaires (Arch. Nat., S 4258 A, n° 45).

Religioso et honorabili viro... magistro (sic) generali ordinis[1] S. Trinitatis et Redemptionis captivorum et omnibus quorum interest, frater Nicolaus miseratione divina tituli Sancti Eusebii presbyter cardinalis, salutem in Domino. Cum olim predecessor vester[2] per suas patentes litteras domum vestram de Bourgeel, Parisiensis diocesis, nobis ad vitam nostram, tenendam et possidendam concesserit graciose, atque ipsam cum omnibus juribus et pertinentiis suis ex tunc usque ad haec tempora pacifice possederimus et tenuerimus ex concessione praedicta, — nos futuris periculis atque dampnis quae post decessum nostrum ei dono possent evenire, domui predicte de Bourgeel cum omnibus juribus et pertinentiis suis [renunciamus?] restituentes vos ad possessiones ipsius : nichilominus per presentes cassamus etiam et irritamus, anullamus et dimittimus ex tunc omnes pensionem nobis debitam vel debendam deinceps ex domo praedicta, eidemque renunciamus ex certa scientia, tacite et expresse, et, quatenus in nobis est et possumus, ab ea, ejusque pos-

1. Bertaud.
2. Probablement Pierre, dit de Cuisy. Je n'ai point trouvé cet acte.

sessione seu detentione amovemus pro nobis et nostro nomine quemlibet detentorem. In cujus rei testimonium presentes litteras fieri fecimus, nostrique sigilli impressione muniri. Datum Avinione die Mercurii vicesima secunda mensis Decembris anno Nativitatis Domini millesimo trecentesimo vicesimo secundo.

(Sceau décrit par Douet d'Arcq, *Catalogue des sceaux des Archives Nationales*, tome II, p. 237.)

N° 63.

1324, 6 août. — Alain, évêque de Saint-Malo, fait savoir que Olivier et Geoffroy de Montfort, écuyers, ont donné un hôpital situé à Dinard à Robert Boulanger, ministre de Saint-Mathurin de Paris; le prieur-curé sera institué par l'évêque [Extraits] (Arch. Nat., carton L 947, copie).

... Dicti armigeri, pro salute et remedio animarum suarum et parentum ac propinquorum suorum, capellam et domos quas ipsi armigeri fecerunt edificari apud Boscum Es Guillemois prope Dinard, ante Macloviensem civitatem, una cum viginti quinque[1] lectis furnitis de culcitris plumeis, et culcitris punctis, et linteaminibus, videlicet quattuor pro quolibet lecto; quolibet linteamine de quattuor alnis cum dimidia..... Et adhuc dant et concedunt ministro predicto et aliis fratribus dicte domus S. Maturini et eorum successoribus sub isto modo, videlicet quod dictus minister et ille successor ipsius, qui erit pro tempore presidens regimini et officio ministeriorum (?) dicte domus Sancti Maturini predicti, duos fratres predicte domus et ordinis sacerdotes, ponere et instituere tenentur et tenebuntur in dicto loco, qui ibidem residentiam continuam facere et in dicta capella semel in die Missam unam ad minus celebrare tenebuntur, et plus, si commode potuerint, pro salute et remedio animarum predictorum Oliverii et Gaufridi, parentum et amicorum suorum; et qui inibi hospitalitatem facere et tenere tenebuntur pauperibus utriusque sexus transeuntibus et peregrinis, ac predicta dividere et divisa convertere

1. C'est le nombre de lits le plus élevé qu'ait eus un hôpital trinitaire.

in tres partes, videlicet in unam pro sustentatione dictorum fratrum, et aliam pro hospitalitate, terciam pro redemptione captivorum, secundum quod in ipsorum religiosorum regula continetur[1].....
..... Bis autem in anno dicti lecti debent renovari de palea ad spissitudinem[2] unius pedis cum dimidio, et de quinquennio in quinquennium de linteaminibus et culcitris, si opus fuerit..... Item actum est et ordinatum inter dictos ministrum et armigeros quod fratres dicti ordinis qui in dicta domo et hospitali immittentur et instituentur in priores nobis et nostris successoribus, Macloviensibus episcopis, in perpetuum a ministro dicti ordinis presentabuntur[3], et per nos et successores nostros instituentur in eisdem, et curam et administrationem in spiritualibus, et ratione pauperum et peregrinorum ad dictum hospitale confluentium, de premissis a nobis et successoribus nostris recipiant antedictis..... — Item actum est inter eosdem ministrum et armigeros quod priores dicti hospitalis, qui erunt pro tempore, ministro dicti ordinis qui erit pro tempore, tenebuntur de administrationibus suis compotum, et administrationum legitime reddere rationem, secundum quod in aliis domibus et hospitalibus dicti ordinis in aliis locis et diocesibus hactenus extitit observatum : ita tamen quod si prior fuerit negligens in reddendo compotum, et ratione hujusmodi, et minister in recipiendo, vel aliqui injuste in premissis agerent, seu in premissis reperirentur fuisse culpabiles, et in negligentia vel in defectu, nos et successores nostri predicti qui pro tempore fuerint, ab ipsis, super hoc primitus juratis, compotum audiamus vel audiri faciamus, ipsos in utilitatem dicte domus reducendo, et ea que emendanda vel corrigenda fuerint corrigendo vel eciam emendando. Porro priores dicti hospitalis et eorum consocii in dicto hospitali qui erunt pro tempore, nobis et successoribus nostris immediate suberunt et subesse debebunt in spiritualibus omnino, secundum quod religiosi non exempti[4] vel non privilegiati, secundum jura, suae diocesis episcopis subesse tenentur et debent, ita

---

1. La seconde règle permettait cependant aux Trinitaires recevant une Maison-Dieu de faire du tiers des captifs l'usage qui plairait au donateur.
2. Épaisseur.
3. J'en donne plus loin un exemple pour le seizième siècle (pièce de 1546).
4. L'*exemption* de l'ordre des Trinitaires ne s'étendait donc pas aux hôpitaux.

tamen quod ab obediencia sui ministri non recedant. Preterea, si fratres dicti ordinis, qui ibidem debent institui, aliquo casu dictum locum dimittant, vel noluerint aut non potuerint remanere, in dictorum armigerorum et cujuslibet eorumdem disposicione remanebit idem locus, et, post mortem eorum, ad heredes ipsorum dicti loci transibit disposicio, cum consilio tamen Macloviensis episcopi qui erit pro tempore, ita tamen quod idem locus et bona eidem annexa Deo dedicata ad prophanos usus nullatenus reducantur.....

N° 64.

1324, 5 novembre. — Jean, grand-ministre, ratifie la transaction qui précède
(Arch. Nat., L 917, liasse Dinard).

Universis Christi fidelibus presentes litteras inspecturis et audituris, frater Johannes[1], generalis minister ordinis Sancte Trinitatis et Captivorum, ac conventus monasterii et domus Sancti Maturini Parisiensis, dicti ordinis, salutem in Domino sempiternam. Noverint universi quod nos, considerata et attenta utilitate monasterii et ordinis nostri predicti, habito super hoc peritorum consilio et diligenti tractatu, ordinationes et concordationes factas inter religiosum virum fratrem Robertum Pistoris, ministrum domus nostre predicte de Sancto Maturino Parisiensi[2], ordinis predicti, ex parte una, et nobiles viros Oliverium et Gaufridum de Monteforti, armigeros Macloviensis diocesis, ex altera, de quibus ordinationibus et concordationibus fit mentio in litteris quibus presens littera est annexa, et omnia et singula in eisdem contenta laudamus, approbamus, ratificamus ac etiam confirmamus, nostrum in hiis prebentes consensum, promittentes bona fide eisdem premissis parere, prout nobis erit possibile, nosque minister generalis predictus super premissis, de dictorum fratrum nostrorum consilio, nostrum interponimus decre-

---

1. On ne connaît point le nom de famille de ce grand-ministre.
2. Robert Boulanger mourut en 1333, après avoir été vingt ans durant ministre des Mathurins de Paris.

tum. In cujus rei testimonium et munimen, hiis litteris presentibus sigilla nostra duximus apponenda. Datum anno Domini M°CCC° vicesimo quarto, die Lune post festum Sanctorum Omnium.

N° 65.

1330, 6 mai. — Union de la maison du Bourget au couvent des Mathurins de Paris. Ci-jointe une procuration du grand-ministre Jean [1] (Arch. Nat., S 4253a, n° 60).

Universis presentes litteras inspecturis pateat evidenter quod, anno Domini millesimo trecentesimo tricesimo, dominica quarta post Sanctum Pascha, Nos frater Johannes, minister domus de Fontebliaudi, ordinis Sancte Trinitatis et captivorum, commissarius in hac parte, una cum religiosis et honestis viris ministris domorum nostri ordinis de Lenz[2], de Gloria Dei[3], de Roboreto[4] cum illa clausula, et quilibet in solidum reverendi in Christo patris ac domini fratris Johannis, majoris ministri totius ordinis antedicti, una cum religiosis et honestis viris fratribus Richardo, Guilelmo, Milone et Johanne de Stampis, Duaco, Marchia et Mauritania[5] ministris, electis et nominatis a toto capitulo generali pro correctoribus et diffinitoribus, virtute cujusdam commissionis nobis una cum ceteris prenominatis facte a dicto domino ministro majore, cujus tenor inferius extitit infrascriptus, tradidimus, concessimus, et tenore presentium litterarum perpetuo, sine spe revocandi, tradimus et concedimus Religiosis et honestis viris ministro et conventui domus Sancti Maturini Parisiensis, dicti ordinis, qui nunc sunt et pro tempore fuerint, videlicet domum de Ponte Regine juxta Bourgellum, cum omnibus suis red-

---

1. Ce couvent avait été rétrocédé en 1322 par le cardinal de Saint-Eusèbe. (*Au dos :* « Lettres par lesquelz appert la ferme du Bourget avoir esté baillée aux Mathurins pour la nourriture de 4 escolliers des 4 provinces ».)
2. Lens en Hainaut.
3. Près Bar-sur-Seine, diocèse de Langres.
4. Rouvray, près Forges.
5. Mortagne.

ditibus, emolumentis, fructibus, terris, vineis, pratis et aliis pertinentiis universis. Ita tamen quod dicti religiosi Parisienses, qui nunc sunt aut pro tempore fuerint, administrare tenebuntur victus necessarios pro ore dumtaxat, una cum culcitra et coissino[1], quatuor scolaribus[2] quatuor nationum[3], videlicet Francie, Campanie, Normannie et Picardie, quamdiu predicte naciones voluerint et ordinaverint predictos quatuor scolares in Parisiensi Studio[4] interesse. Dicteque naciones tenebuntur predictis scolaribus cetera sibi necessaria ministrare vel ipsimet scolares, si unde habeant, absque eo quod dicti religiosi Parisienses in aliquo sibi ministrare teneantur. Tenebuntur etiam dicte naciones annuatim solvere fratri Guillelmo Festuci, converso in ordine fratrum Predicatorum, quamdiu vixerit, octo libras Parisiensium, quas antea in dicta domo percipere consuevit[5]. Dicti etiam Religiosi Parisienses tenentur in futurum unum fratrem in predicta domo de Ponte Regine constituere, ipsumque in omnibus sustentare quae ad victum suum et vestitum necessaria dinoscuntur, qui possit et debeat ibidem cotidie celebrare et habitare competenter. Ita tamen quod ibidem, occasione seu causa ipsius vel pro facultate ejusdem domus, nulla hospitalitas seu receptio transientium (sic) ibidem per dictos religiosos habeatur seu aliquomodo compellantur in premissis. — Tenebuntur etiam dicti Religiosi Parisienses ad provisionem et visitationem majoris ministri, et ad hoc atque (?) dicta domus de Bourgello pro tertia parte obligatur, salvo tamen quod dicti Religiosi Parisienses, pro tempore presenti vel futuro, non tenebuntur aliquod edificium in predicta domo construere seu edificare, nec ruinosas domos reparare in aliquo, nisi eas quae dicte domui fuerint necessarias (!) et eas (sic) videbitur expedire. Quatuor etiam scolares predicti, predicti ordinis fratres in ecclesia Sancti Maturini predicta ad missas videlicet ad majorem, ad missam de prima, ad eam quae fit in aurora, sicut et ceteri ebdomadarii, revoluto tempore quo secundum numerum fratrum presbytero-

---

1. Les aliments et le coucher.
2. Il était d'usage, quand on « réduisait » un couvent, de faire bénéficier les écoliers d'une partie de la somme ainsi rendue disponible.
3. « Les 4 Provinces » de l'ordre.
4. L'Université de Paris. Cela semble bien prouver que les Mathurins n'avaient pas de collège particulier.
5. Il était sans doute au service du cardinal de Saint-Eusèbe.

rum et ebdomadariorum tenebuntur. Ad Missas autem et ad Matutinas, et alii non sacerdotes ad officia in dictis missis et Matutinis congruentia, secundum statum corumdem, et haec solum diebus dominicis, solempnitatibus beate Marie Virginis, festis Apostolorum et aliis totis (sic) dupplicatis tenebuntur interesse, nisi impediti fuerint impedimento legitimo et excusabili, scilicet in lecturis et sermonibus, super quo, nisi pateat evidenter, tenebuntur dicto ministro seu priori dicte domus certificare competenter, necnon et ad funera et ad processiones accedere, ubi totus conventus accederet ad easdem, funusque vel processio notabilis appareret ; verum si dicti scolares in aliquibus delinquerent, ipsis in dicta domo Sancti Maturini manentibus minister seu prior dicte domus eosdem corrigere teneatur.

Tenor vero dicte commissionis sequitur in hec verba :

« Universis presentes litteras inspecturis frater Joannes, major minister totius ordinis Sancte Trinitatis et captivorum, salutem in salutis actore. Quam pluribus nostris et ordinis nostri negotiis, ac certis ex causis justis, in nostro instanti capitulo generali, quod imminet in proximo tenendum in domo Cervi Frigidi nostri ordinis, et incipiet instanti die Sabbati, personaliter interesse non valemus, quod tamen grave gerimus et molestum[1], nos quia per presentiam corporalem nequimus, per alium seu alios ad haec idoneos cupientes implere, de discretione et fidelitate religiosorum ac honestorum virorum ministrorum domorum nostri ordinis de Lenz, de Gloria Dei, de Fonte Bliaudi, et de Roboreto plenius confidentes, eosdem ministros et eorum quemlibet in solidum facimus et constituimus nostros procuratores, nuncios et commissarios speciales et generales in nostro generali capitulo predicto et eodem durante; dantes eisdem et cuilibet eorum in solidum, generalem, plenam et liberam potestatem et speciale mandatum essendi in nostro dicto capitulo et eodem durante dumtaxat, vice et loco nostri ac pro nobis, necnon in nostro predicto capitulo et eodem durante, hac vice, audiendi causas et negotia ac de causis et negotiis cognoscendi, inquirendi ac excessus, crimina et deffectus quorumcumque dictorum subditorum nostrorum et nostri ordinis, in quantum ad nos spectat, corrigendi, puniendi, statuendi,

---

1. Texte altéré.

precipiendi, diffiniendi, suspendendi, excommunicandi, absolvendi, penitentias injungendi, capiendi et incarcerandi malefactores et rebelles, et eos liberandi, declarandi, ordinandi, deponendi et omnia ac singula faciendi quae ad nostrum spectant officium et quae in nostro dicto capitulo generali faceremus et facere possemus quomodolibet per nos vel cum alio seu aliis... Postquam vero dictum capitulum fuerit finitum, dicti procuratores seu commissarii nullam ex tunc habeant a nobis super haec potestatem, nec ea quomodolibet uti possint, hiis tamen quae in dicto capitulo vice et loco nostri fecerint in suo robore duraturis, ratum et gratum plenius habentes et habituri quicquid per eos seu eorum alterum, in dicto capitulo dumtaxat, loco nostri, factum gestumve fuerit seu etiam ordinatum. Volumus autem quod alii procuratores nostri, videlicet frater Guillelmus de Boneboz, prior domus Sancti Maturini et frater Nicolaus de Henaut et alii per hoc minime revocentur — mandantes et precipientes omnibus et singulis ministris et fratribus totius nostri ordinis, et specialiter ad dictum capitulum generale confluentibus, in virtute sancte obedientie, et sub pena suspensionis et excommunicationis [quam] in contra facientes, monitione premissa, ferimus (?) nisi facient quod mandamus, ut ipsi et quilibet eorum in omnibus et singulis supradictis, dictis commissariis nostris et cuilibet eorum in solidum obediant, pareant et intendant sicut nobis, durante predicto capitulo generali. In cujus rei testimonium, sigillum nostrum presentibus litteris duximus apponendum. Datum anno Domini millesimo trecentesimo tricesimo, die mercurii post festum sanctorum Apostolorum Philippi et Jacobi[1]. »

Nos autem, commissarii, diffinitores et correctores predicti, ad omnia premissa fideliter conservanda, inviolabiliter tenenda, et integraliter adimplenda perpetuo firma et rata habituri, una cum auctoritate totius capituli generalis, nostrum prebemus assensum pariter et consensum. In cujus rei testimonium presentes litteras per notarium publicum infrascriptum fieri fecimus et appensione sigilli capituli nostri generalis muniri, una cum signo et subscriptione ejusdem, anno et die predictis, indictione terciadecima pontificatus sanctissimi in Christo patris et Domini nostri Domini Johannis divina provi-

1. 2 mai 1330.

dentia papae vicesimi secundi anno quarto decimo. (*Suit l'attestation du notaire Guillaume Feuillette.*)

N° 66.

1312, 1ᵉʳ décembre. — Henri, comte de Bar, amortit par avance 15 livrées de terre données par plusieurs chevaliers pour l'entretien d'une chapelle en l'église du château de Lamarche qui sera desservie par les Trinitaires (Cartulaire de Lamarche, f° 19 v°).

Nous Hanris, cuens de Bar, faisons savoir et cognissant à tous comme nostre bien amé messires Liébaus de Beffroymont, messires Hanris de Vyenne, messires Eudes de Vauldrei, messires Jehan de Vauldrei, messires Jehan Dalbans[1]..., et tout ly autres compaignons, escuier de leur compaignie qui estoient en nostre warnison de Lamarche, ou temps que nous aviens guerre au duc de Lorraine, pour le remède de leurs ames et des ames de leurs prédécesseurs, aient fondée ung autel et une chapelle en l'église[2] de nostre chastel de Lamarche en l'oneur de Nostre Dame Saincte Marie et de Monsigneur Saint George, jusques à la value de xv livrées de terre chascun an, pour dire deux messes chascune sepmaine au dit autel, pour le salut de leurs ames et de leurs prédécesseurs, à desservir le dit autel par l'un des frères de la maison de la Saincte Trinité de Lamarche ou par autre prestre que plaira ausdits frères; assavoir est que, pour le remède de nostre ame et des ames de nos prédécesseurs, et pour ce que nous soions parçonniers des biens et du divin service qui sera fais en la dicte chappelle, nous, pour nous et pour nos hoirs, avons donée et donons licence et outroi au ministre et aux frères de la dicte maison de la Saincte Trinite de la Marche de aquester, tenir et posséder terre assise jusques à la somme des dictes xv livres de terre par achat, par don d'aumosne ou par autre manière, en nostre terre, en nos fiez ou riere fiez, ou sur autres gens de posteiz[3], sans perdre

---

1. Suivent sept autres noms.
2. Desservie par les Trinitaires.
3. Gens de « poesté ».

homme que nous ayens; lequel achat des dites xv livres de terre, dès maintenant, nous loons, gréons et ratiffions, et par ces présentes lettres confirmons et amortissons comme vrai souverains de cui li chose muet, saulve notre garde que nous y retenons, pour nous et pour nos hoirs. En tesmoing de laquelle chose nous avons fait seeler ces presentes de nostre grand seel, que furent faictes et données l'an de grace nostre seigneur courant par mil trois cens quarante et deux, le diemenche après la feste saint Andreu apostre.

N° 67.

1344, novembre. — Amortissement de Philippe de Valois aux religieux de Cerfroid, sur la demande de Jean de Chatillon[1] (Arch. Nat., JJ 75, n° 240).

Philippe etc. Savoir faisons à touz presenz et avenir que notre amé et féal chevalier le Sire de Chasteillon nous a humblement supplié que, comme pour sa bonne dévotion et de ses prédécesseurs, il et si prédécesseurs et aucuns autres aient donné à l'eglise, menistre et frères de Cerfroy emprès Gandeluz, de l'ordre de Sainte-Trinité, jusques à la somme de vint et nuef livrées de terre assises à Gandeluz et à Brumez et ou terroier d'icelles villes, en la haute justice et seigneurie de notre dit chevalier, et par lui amorties en tant comme à lui touche. Et pour ce que ses chières compaignes et fames que il a eues à espouses ou temps passé, et aucuns de ses enfans y ont esté enterrez, et il meismes y pense à gésir et avoir sa sépulture, il nous ait supplié et requis humblement que les dites vint et nuef livrées de terre nous voussissions de notre grace amortir au lieu, menistre et frères dessus diz. Nous adecertes, oye la dite supplication et requeste, consideranz l'affection, le bon et loable propos de notre dit chevalier, et l'accroissement du divin service que nous désirons en ensivant la bonne volenté et affection que noz prédécesseurs ont

---

1. « Amortisatio xxix libratarum terre Religiosis de Cerfroy, ordinis Ste Trinitatis, per dominum de Castellione datarum. »

eu et que nous avons en l'onneur de Dieu et de sa Saincté
Eglise, avons volu et ottroié, voulons et ottroyons de grâce espécial et de notre auctorité royal par la teneur de ces lettres que le menistre et les frères de la dite Eglise de Cerfroy qui ores sont, et seront
pour le temps à venir, aient, tiegnent et possessent perpétuelement,
sanz fié et justice, les dites vint et nuef livrées de rente perpétuel,
paisiblement, à touz jours sans estre contrains de les vendre ou mettre hors de leurs mains ou de paier en finance à nous ou à noz successeurs ou temps à venir, et en eslargissant notre dite grace avons
donné aus diz religieux la finance en laquele il pouroient estre tenuz
à nous pour cause de notre présente grace et ottroy. Et que ce soit
ferme et estable chose à touz jours, nous avons fait mettre notre seel
en ces lettres, sauf en autres choses notre droit ou en toutes l'autrui.
Donné à Lisy[1] l'an de grace mil ccc xliii au mois de novembre.

Par le Roy. Verber(y). *Sine financia quia remittitur supra*
(Justic?).

N° 68.

1348-1349, 4 avril. — Le droit d'asile des Trinitaires de Bar-sur-Seine (Arch.
Nat., L 948, p. 169, « extrait d'un manuscrit appartenant à M. Bouchotte,
avocat du Roy »).

A tous cels qui ces lettres verront, Erars « de Ligno » chevalier
du Roy, bailly de Troyes et de Meaux, salut. Pierre Quinart, sergent
du Roy nostre syre, avait prins origine[2] (*sic*) à Bar-sur-Aube, qui fut
exécuté pour ses démérites; et fut proposé par devant nous, en les
présentes assizes par nous tenues à Bar-sur-Seyne, par le Ministre et
les Frères de la Maison-Dieu du dit Bar-sur-Seyne, [que comme] il eût
été prins devant leur église, [au mépris] de leur franchise, dont
ils étaient en bonne possession et saisine, nous [la] leur deussions
restablir ou faire rétablir par signe; finalement nous alasme sur le

1. Lizy-sur-Ourcq (Seine-et-Marne). — Cet acte est signalé dans Matton,
Dictionnaire topographique du département de l'Aisne, p. 41.
2. Ces mots sont incompréhensibles. Il faut sans doute comprendre que le
sergent avait arrêté un homme originaire de Bar-sur-Aube.

lieu; par information suffisante par nous faitte, appelé à ce Pierre de la Sale, procureur du Roy nostre Syre, et oy sur ce diligemment la vérité, trouvasmes que le diz originaire avait été prins droit sur le degré faisant le dernier pas des degrés de leur église, qui sont au porche de la ditte église; et pour ce, nous leur feymes faire en notre présence le dict rétablissement par le dit sergent et, ainsy[1] présent le dit procureur, pour joyr de leur dite franchise selon en la manière qu'ils pouvaient faire par avant. Donné soubz notre scell l'an mil trois cent quarante et huit, le samedy avant le dimanche que l'on chante *Judica me*[2].

N° 69.

1353, 19 avril. — Thomas Loquet ratifie les acquisitions faites par les Trinitaires de la Villette, près Mitry (Arch. Nat., S 4256, n° 3, copie).

Universis presentes litteras inspecturis Frater Thomas major minister totius ordinis S. Trinitatis et Captivorum salutem in Domino sempiternam. Noverint universi quod nos, visis ac diligenter inspectis litteris dilectorum nostrorum ministri et fratrum domus de Villeta juxta Mitriacum, ordinis antedicti, sigillo prefate domus roboratis, quibus hee presentes nostre sunt annexe, et super omnibus et singulis contentis in litteris et eas tangentibus, penitus habito diligenti consilio, cum magna diligentia et diligenti deliberatione, necnon utilitate et commodo predictorum ministri et fratrum cogitatis et inspectis, cambiationes seu permutationes et omnia et singula contenta, prout plenius exprimuntur in litteris ministri et fratrum de Villeta predictorum, ad supplicationes eorumdem volumus, concedimus ac etiam approbamus et tenore presentium auctoritate nostra confirmamus. Datum sub sigillo nostro, anno Domini millesimo trecentesimo quinquagesimo tertio, die Veneris post Jubilate[3].

1. Lire : *aussy*.
2. Dimanche de la Passion.
3. C'est-à-dire l'avant-veille du quatrième dimanche après Pâques, jour du chapitre général.

N° 70.

Fondé en 1354. — Obituaire des Trinitaires d'Avignon (Bibl. d'Avignon, ms. 2592 [1]).

(*5 janvier.*) Anno Domini м° ccccº L.° nono et die quinta hujus mensis [Januarii] obiit frater Petrus Bernardi. Orate Deum pro eo.

(*26 janvier.*) vii. Kalendas [Februarii] Obiit soror Agnetis que multa bona fecit anno Domini millesimo ccccº xxx et supradicto die. Orate pro ea.

(*Au 16 février.*) [Nos tenemur hodie celebrare unam missam de Sancto Spiritu pro Anthonina, nostre domus Avinionensis sorore, quamdiu vixerit (et post decessum suum fiet de Requiem) quae contulit nostrae ecclesiae triginta florenos pro reparacione domus et alia bona.

(*28 février.*) Anniversarium Guillelmi Servinne (?) canonici Sancti Desiderii qui dedit nobis ymaginem beate Marie de alabastro cum duobus angelis, pallium ad ponendum desuper cortinas magni altaris, tres pulcras tabulas depictas et quatuor parvos coffinos de serico, mappam pro magno altari et unum pannum aureatum ad ponendum ante dictam ymaginem...

(*2 mars.*) Anniversarium fratris Clementis, primi ministri hujus ecclesie in qua fecit multa bona.

(*Id.*) Nos tenemur celebrare perpetuo duas missas de Sanctissima Trinitate pro reverendo patre domino Hugone[2] Tutellensi sacrosancte Romane ecclesie presbytero cardinali et pro domino Raymondo Ays, litterarum apostolicarum scriptore, videlicet prima die lune mensis Martii ac etiam die Martis sequentis, quamdiu vixerint in humanis; et post decessum eorumdem debent dici de Requiem; pro quibus dictus dominus Raymundus assignavit nobis quatuor florenos super furnum quem tenet Bertrandus Hauberiosis (?) patis-

---

1. Je dois la collation de cette pièce à mon confrère M. Sustrac.
2. Hugues Roger, évêque de Tulle, frère de Clément VI, cardinal en 1342, mort en 1363.

terius et post decessum predicti domini Raymondi, hospitale Sancte Marthe tenetur nobis dictos quatuor florenos in bonis redditibus assignare, quia domus dicti domini Raymundi et fructus predicti debent sibi remanere.

(*14 mars.*) Obiit domina Johanna uxor domini Johannis de Cassagna anno Domini M° CCCC° LIII° et die XIII mensis Februarii.

(*30 mars.*) Anniversarium venerabilis religiosi fratris Mathei Massi Tornelli qui obiit trigesima die hujus mensis Marcii, fratris ordinis nostri, qui fecit fieri ymaginem Crucifixi in memoriam sue professionis et recordationis, suis expensis, pro obedientia sui ministri,... atque alia bona dimisit ecclesie et domo, cujus anima in pace requiescat. Amen. Anno domini M° CCCC° XII° die qua supra.

(*1er avril.*) Anno domini M° CCCC° XXX° septimo et die prima mensis Aprilis obiit discretus vir Petrus... qui dedit nobis octo grossos sensuales (*sic*) et multa alia bona, de quo tenemur omni anno pro anima sua celebrare unam missam pro anima sua (*sic*).

(*6 avril.*) Tenemur facere unum anniversarium in ecclesia nostra pro animabus defunctarum, scilicet pro anima nobilis domine Johanne quondam uxoris nobilis ac potentis viri domini Bernardi Rascassi et pro anima nobilis viri Rostanni Cabalerii, ratione et causa duarum vinearum scituatarum (*sic*) in territorio ville de Morenis, que fuerunt nobis date per nobilem ac potentem dominam Alziasiam et ejus filium, die quo supra anno Domini M° CCCC° XVII°.

(*16 mai.*) Obiit frater Johannes Caudati[1] bone memorie, cujus anima in pace requiescat, minister hujus ecclesie et hospitalis, qui multa bona fecit et [obiit] anno Domini millesimo quadringentesimo undecimo.

(*9 juin.*) v. Id Junii obiit domina Alziasia Raschassy, filia potentissimi viri domini Bernardi Rascassi militis et alias legum docto (*sic*) qui fundavit istam ecclesiam et hospitale.

(*20 juin.*) Anno 1588 et 20 hujus mensis in civitate Avenione obiit Reverendus pater frater Guilhermus Paz minister domus nostre Avenionensis et vicarius provincialis ; atrocissimo pestis morbo obiit

---

1. Il était chapelain du pape.

pro cujus anima celebrabitur anniversarium perpetuum propter centum florenos ab eo relictos.

(*29 juin.*) Obitus Johannis Neri argentarii qui dedit nobis vestimenta sacerdotalia cum calice argenteo valens (*sic*) trigenta sex florenos.

(*4 juillet.*) Anniversarium fratris Johannis Callocli ministri hujus domus.

(*15 juillet.*) Anno Domini M° CCCC° xxx° octavo et quindecima die mensis Julii obiit Pere Bagordi qui fecit nobis multa bona et pro qua (*sic*) anima sua tenemur semper horare.

(*18 juillet* [sic].) Anno Domini millesimo quadringentesimo tricesimo sexto et die decima septima Julii dominus Alexander de Bosco, presbiter canonicus S. Agricoli Avenionensis, fundavit in presenti ecclesia Sancte Trinitatis unam missam perpetuam de omnibus Sanctis, dicendam qualibet die Mercurii submissa voce et in octabis festi omnium Sanctorum alta voce cum orationibus dicte misse omnium Sanctorum; secunda vero beati Johannis Evangelistae, tercia *Pietate tua quaesumus*, Domine, etc., et ante dictam missam vel post, dicendum officium misse Beate Marie Virginis et postea ipsum ac animam domini cardinalis Prenestini quondam magistri, parentumque suorum absolvere, duosque Psalmos De Profundis clamare cum orationibus : *Deus qui inter apostolos, Deus venie largitor,* et *Fidelium Deus omnium*, etc., cum aqua benedicta. Et ipsum agregavimus in orationibus ac aliis beneficiis nostris, ut constat ex instrumento quod Hubertus de Brusserie notarius scripsit.

(*Id.*) Anno Domini M° CCCC° LVI° obiit domina Ludovica fundatrix nostra, filia deffuncti domini Ludovici de Pietragrossa et uxor quondam domini Bernardi Rascasii militis et legum doctoris, fundatoris nostri.

(*23 juillet.*) Memoria Bartholomei Savaci Vincentii et Mathae uxoris ejus.

(16 août.) *Memoria S. Rochi confessoris non episcopi* (*novem lectiones*) *cujus corpus in Arelate requiescit.*

(*22 août.*) Anno domini M° CCCC° LXXXVIII° tenemur celebrare obitum parentum Thome et Johannis Botini, loci de Podioalto, diocesis Avinionensis et tenemur eis insinuare ante diem istum.

(*27 août.*) Fiat anniversarium pro anima fratris Jacobi Argensii, parentum, benefactorumque suorum et servientium ; [cujus] anima requiescat in pace. Amen. Et habuimus ab eo centum florenos ; qui obiit anno millesimo quingentesimo sexagesimo sexto et vicesima septima hujus mensis Agusti. [*Et a esté fect une chape et chasuble à diacre [et] sous-diaque* (sic.)]

(*30 août.*) Obiit nobilis vir et potens dominus Johannes Henrici Almannus legum doctor de Lauzodia, curie romane, pro cujus anima tenemur omnibus oris (*sic*) orare, maxime in hac die suum solempnem obitum seu servitium celebrare [1].

(*14 septembre.*) Anno Domini millesimo trecentesimo sexagesimo quarto obiit nobilis et potens vir dominus Bernardus Rascassi miles et legum doctor de Avinione, fundator istius ecclesie ac hospitalis contigui, p. c. a., etc. (*Voir la mention précédente.*)

(*21 septembre.*) Ab hac die fuit dedicata ecclesia nostra Sancte Trinitatis Avinionis per venerabilem virum cardinalem et dominum N. (*sic*) institutum per papam illis diebus existentem in civitate, qui in dotam et donum jocale dedit, zonam beate Marthe, in futuram rei memoriam illius benedictionis atque dedicationis ipsius ecclesie et diei solempnitatis, cum indulgentiis per eundem concessis anno Domini millesimo trecentesimo vicesimo (*traces de grattage* [2]) et die vicesima prima mensis Septembris. Item fuerunt tria altaria benedicta et consecrata, videlicet altare majus cum altare domine nostre et altare Sancte Marthe de voluntate et mandato ejusdem fundatoris, cujus anima in pace requiescat, anno et die quo supra.

Nos Scipio Rain (?), vicarius illustrissimi et Reverendissimi domini Francisci Marie Tharusii, S. R. E. presbyteri cardinalis, Avenionensis archiepiscopi [3], actus visitationis in hospitali majori Avenionensi exercens, vidimus zonam predescriptam recenter custoditam (?) in qua retinentur reliquie argenti (?) sub novem capsulis recondite.

---

1. Le commencement de l'article est en face du 4 des calendes.
2. Si, au lieu de 1320, il faut lire 1370, le pape est Grégoire XI. Les Trinitaires ne furent installés à Avignon qu'en 1354.
3. François-Marie Tarugi (1593-1597).

In quorum fidem me subscripsi et per infrascriptum signari mandavi. Datum Avenioni in die Sanctissime Trinitatis, die Veneris vicesima octava Aprilis, anno Domini millesimo quingentesimo nonagesimo septimo.   Scipio Rain vic* (*signature illisible*).

(*4 octobre.*) Obiit dominus Johannes de Ficocuria canonicus Tullensis, qui dedit unam albam cum amictu.

(*11 octobre.*) Anno domini millesimo quadringentesimo octuagesimo octavo tali die obiit Johannes Pillet dictus Christureberie; fundavit unam missam parvam de mortuis singulis diebus Mercurii totius anni pro ejus anima ac patris et matris sue et omnibus benefactoribus suis; pro qua missa, pro pensione dedit centum coronatos.

(*20 octobre.*) Fiat anniversarium pro anima Francessiae parentum suorum cujus anima requiescat in pace. Amen. Habuimus ab eo 60 solidos anno millesimo quingentesimo sexagesimo quarto.

(*3 novembre.*) Obit (*sic*) Johannis Marrachi et Thomacie ejus uxoris, de Sancto Laudo, diocesis Constantiensis[1], in Normannia.

(*14 novembre.*) Obitus domini Radulphi de Noay quondam curati de Ardolio[2], Remensis diocesis, qui dedit nobis centum florenos, de quibus habuimus cimeterium situm ante ecclesiam istam et sex eminatas vinee sitas in loco dicto *au Rypaus*.

(*7 décembre.*) Obiit hodie Jana Fabro que dedit unum florenum pro una magna missa tali die dicenda sub censu unius (*illisible*).

(*En face du 16 décembre.*) In Christi nomine amen; anno a Nativitate Domini millesimo trecentesimo sexagesimo nono et die decima sexta mensis Decembris, nobilis Bartholomeus de Vananhan serviens armorum domini nostri pape, donavit amore Dei capellano Beate Marie de bono viagio et ecclesie Sancte Trinitatis unam farinatam annone octo eminarum ad mensuram Venayssini, et de bladis de Thoro[3], Cavallicensis diocesis, solvendos annis singulis in festo Beati Michaelis sub obligatione omnium bonorum, et specialiter bonorum suorum de Thoro et ejus territorii et perpetuis temporibus, et

---

1. Saint-Lô, diocèse de Coutances.
2. Ardeuil, arr. de Vouziers (Ardennes).
3. Le Thor, près l'Isle-sur-Sorgue (Vaucluse), diocèse de Cavaillon.

ita juravit tenens ad Sancta Dei Evangelia cum omni renunciatione juris pariterque cautele, et fieri voluit publica instrumenta per magistrum Adam de Sabulonet[is] notarium publicum ac me Nicolaum Cor notarium Avinionensem : de quibus Religiosus vir frater Johannes Calhoe[1] minister dicte ecclesie peciit instrumentum per nos dictos notarios fieri. Actum in dicta ecclesia presentibus Raynaldo Verynte (?) clerico Bisuntine diocesis et Johanne de Sancto Michaele, Belvacensis diocesis fusterio.

(30 décembre.) Anno Domini M° CCCC° XXXV° et tricesima mensis Dessembris obiit frater Remundus Boerii qui fuit minister hujus ecclesie et multa bona fecit. Orate Deum pro eo.

N° 71.

1359, 25 août. — *Locatio Ecclesie, domus et orti S. Trinitatis Arelatis, facta Clarissis de Arelate* (Bibliothèque d'Arles, ms. 159, p. 192).

Anno MCCCLIX et die XXV Augusti Frater Adam de Niceyo, minister domus Sancte Trinitatis Arelatis, locavit sorori Catherine Peguelerie abbatisse monasterii Sancte Clare Arelati, presenti et stipulanti pro se et conventu dicti monasterii, videlicet usum et habitationem ecclesie, hospitiorum et orti sancte Trinitatis Arelatis, a proximo festo Sancti Michaelis usque ad sequens festum Pasche Domini, pretio x florenorum auri solutorum in presentia mei notarii et testium, et si plus valet, etc. (*sic*), investivit, etc. (*sic*), acto quod si dicte abbatissa et conventus indigerent predictis locatis ultra festum Pasche, quod ea possint tenere usque ad sequens festum Sancti Michaelis pretio aliorum x florenorum, esto quod non starent ibi post festum Pasche nisi per unam diem; acto etiam quod si citra proximum festum Pasche vellent predicta locata dimittere, quod nichil eis restituatur de dictis x florenis solutis. Et dicta domina abbatissa promisit per stipula-

---

1. Le même est appelé plus haut *Joannes Calloeli* et cité pièce 75 comme ministre de Marseille.

tionem dicto ministro dimittere ei predicta, lapsis dictis terminis vel interim quamprimum fuerit eis provisum de habitatione.

Actum in domo mei notarii testibus presentibus Domino Raimundo Gantelmi milite, R. Carbonelli.

[Note de Bonnemant : « Coppié sur l'original *prout jacet* dans le protocole de M. Pons Rodelli, notaire d'Arles, de ladite année.]

N° 72.

1359-1360, 12 mars. — Michel de Drancy, prêtre et chapelain de l'église de Paris[1], fonde, chez les Mathurins, un religieux dont la pension sera payée sur les revenus de sa terre de Mérobert, et qui sera choisi par ses exécuteurs testamentaires, de préférence parmi les membres de sa famille (Arch. Nat., S 4263, n° 23).

... Item ministro[2] et conventui fratrum S. Trinitatis commorantium in domo Sancti Maturini Parisiensis, in magno vico S. Jacobi, legavit, cessit et dimisit totam terram suam seu hereditates, domos et omnia jura ad easdem spectantia, existentes in villa et parochia de Manso Roberti[3], Carnotensis diocesis, juxta Challotum[4], ad augmentationem unius fratris sui ordinis, ultra numerum consuetum in suo conventu, de novo usque in perpetuum instituendi, et vestiendi de vestibus sue relligionis; qui frater noviter instituendus, et sui successores teneantur celebrare in hebdomada missam de Defunctis pro animabus nostris, testatoris, patris, matris ejusdem et defunctorum magistrorum Joannis de Forgetis et Odoardi de Barris... et aliorum benefactorum dicti testatoris. Cujus fratris ibidem primo vestiendi dictus testator reservavit et retinuit dictis suis executoribus insimul nominationem et presentationem et voluit ipsum de sua progenie fore, et nominari et presentari, si idoneus ex eadem possit inveniri, et si non possit talis reperiri de dicta progenie, voluit alium idoneum presentari, quem ad hoc predicti sui executores duxerint eligendum...

1. Ce personnage figure dans l'Obituaire des Mathurins au 15 mars.
2. Nicolas Grimont, un des exécuteurs testamentaires, et plus tard seul chargé de désigner le bénéficiaire.
3. Mérobert, canton de Dourdan (Seine-et-Oise).
4. Chalo Saint-Mard, arr. d'Etampes.

N° 73.

1360, 7 novembre. — Les dépenses du ministre des Trinitaires de Marseille en 1360 (Bibl. Nat., coll. Mortreuil, nouv. acq. lat., 1315, p. 436).

Anno Domini millesimo trecentesimo sexagesimo, die septima mensis Novembris, existens et constitutus in presentia venerabilis et circumspecti viri domini Petri de Astanova, baccalarii in decretis, officialis Massilie, frater Giraudus, minister Sancte Trinitatis de Massilia, obtulit et presentavit eidem domino officiali cedulam infrascriptam :

Sequuntur recepte domus Sancte Trinitatis Massilie. Et primo recepit in Massilia quatuor eminas annone.

Item in peccunia censuum xxxii libras v sol. viii denarios regalium et male solutas.

Item recepit in Castro Novo supra Marticum[1] xiii eminas annone ad mensuram Aquensem, et non valent nisi xii ad mensuram Massilie, et costat pro portu emina unum album[2].

Sequuntur onera que opportet sustinere : in dicto Castro Novo, hospitalitatem et tenere hospitale munitum linteaminibus, mathalaciis et aliis pluribus rebus.

Item oportet solvere dicto ministro Sancte Trinitatis, et tradere singulis annis ecclesie Beate Marie Majoris Massilie L solidos[3].

Item oportet predicto ministro tradere et solvere singulis annis xxx solidos ad provisionem majoris ministri[4].

Item oportet dictum ministrum ire ad capitulum provinciale, singulis annis; opportet sibi expendere pro eundo, redeundo et stando tres vel quatuor florenos.

Item oportet quod teneat clericum, et sibi et clerico providere in vestitu et aliis necessariis.

Item quod locum desolatum invenit et nulla utensilia, nec muni-

1. Châteauneuf, près Martigues.
2. Un blanc, petite monnaie.
3. Voir pièce 42.
4. Cette contribution annuelle levée sur tous les ministres est au dix-septième siècle de 3 livres.

menta, pannos nec alia reperiit ad suum usum, ymo domos diruptas oportet reedificare. Supplicat benignitati vestre quod supra hiis dignemini misericorditer providere.

Et dictus dominus officialis excusationes hujusmodi, in quantum in eo fuit, admisit, et ordinavit quod pro termino Pasche et termino Omnium Sanctorum solvat unum florenum, salva et retenta voluntate dominorum nostrorum de Camera Apostolica[1].

N° 74.

1364, 23 novembre. — Renvoi à une autre session d'un procès intenté par les Trinitaires de Châlons-sur-Marne aux exécuteurs testamentaires de Pierre Espaulard, à cause d'un legs fait à ces religieux par la mère dudit Pierre et reconnu par celui-ci, mais que la mort l'a empêché de délivrer (Arch. Nat., registre X1s 21, f° 88 v°).

Cum Religiosi, minister et fratres domus seu ecclesie Sancte Trinitatis apud Cathalanum, in hac parte actores, virtute certarum litterarum nostrarum, in nostra parlamenti curia adjornari fecissent Guidonem de Chatena, presbyterum, et Jacobum de Gradu, tanquam executores testamenti seu ultime voluntatis defuncti Petri Espaulardi, ac Mariam Lamale tam suo quam intencionis dicti defuncti, et ejusdem Marie filii, nomine, heredisque dicti defuncti, ut dicebatur, quatenus quemlibet tangere poterat, deffensores; proposuissentque contra dictos defensores quod defuncta mater dicti Petri in suo testamento legaverat eisdem Religionis triginta libratas terre seu redditus annui et perpetui, ac trescentos (*sic*) denarios auri ad scutum de cuneo inclite recordationis Regis Philippi[2], avi nostri, pro admortizatione dictarum triginta libratarum annui et perpetui redditus; et hec omnia solvere et liberare aut fieri procurare tenebatur dictus Petrus, dum vivebat, ex disposicione testamenti seu ultime voluntatis sue matris predicte, eaque facere et complere eidem matri sue promiserat; verum quia, morte preventus, hoc non fecerat, dictos suos exe-

1. Ce petit document est extrêmement curieux. Il est à peu près unique.
2. Philippe VI de Valois.

cutores de hiis integraliter faciendis et complendis in suo testamento seu in sua ultima voluntate oneraverat, qui hec facere et adimplere sibi promiserant : — dicto tamen Petro mortuo, prefati executores, presertim dictus Jacobus qui de execucione dicti Petri se specialiter intromiserat et intromittebat, quique bona et hereditagia dicti defuncti ac fructus et emolumenta eorumdem per annum et amplius detinuerat et levaverat et expletaverat, predictum legatum eisdem Religiosis liberare et assidere, seu assideri et admortizari facere et procurare recusarunt..... Dictis deffensoribus proponentibus ex adverso et dicentibus quod prefati Religiosi suam petitionem seu demandam minus aperte formaverant, ac ipsam contra formam adjornamenti predicti variare et ulterius cumulare nitebantur, nam, suam demandam judicialiter faciendo et proponendo, de quadam provisione seu disposicione facta extra testamentum matris dicti defuncti Petri, contendebant; querimonia vero ipsorum de quodam legato sibi, ut asserebant, facto et relicto in testamento dicti defuncti Petri[1] mencionem faciebat ..... prefatis Religiosis replicando proponentibus et dicentibus quod licet, petitionem suam judicialiter faciendo, de disposicione vel legato defuncte matris dicti Petri mencionem fecissent, hoc fuerat ad majorem declaracionem facti sui; sicque adjornamento vel expleto predictis nocere aut ea viciare non poterat vel debebat. Esto etiam quod in testamento dicti defuncti Petri nulla haberetur mencio de legato de quo in predicta querimonia et ejus expleto cavebatur, hoc non nocebat, cum dicti Petri disposicio supra dictis triginta libris, annui et perpetui redditus, assidendis et admortizandis, ut premittitur, posset per testes probari, et se probaturos offerebant, si opus esset; quod sufficiebat et valebat, presertim in patria consuetudinis[2], de qua dicte partes existebant..... Tandem, attentis omnibus que curiam nostram movere poterant et debebant, per arrestum ejusdem curie dictum fuit quod dicti Religiosi non erant admittendi per modum per quem veniebant et procedebant, concessitque et concedit dicta curia eisdem defensoribus congedium per ipsos petitum contra dictos Religiosos, ac eosdem Religiosos in dictorum defensorum expensas con-

1. Cette distinction paraît bien subtile. Pourtant la cour va l'admettre.
2. Pays de *droit coutumier*.

dempnat, earumdem expensarum taxacione eidem curie reservata; conceditque dicta curia eisdem Religiosis unum adjornamentum contra defensores predictos ad dies comitatus Campanie nostri presentis Parlamenti, vel alibi et quando eisdem Religiosis videbitur expedire, et quod talem peticionem vel demandam contra dictos defensores facere et intentare valeant, qualem[1] sibi videbitur.....

Pronunciatum xxiii[a] die Novembris anno sexagesimo quarto (*sic*).

Bucy.

N° 75.

1364, 27 novembre. — Affermage par le ministre des Trinitaires de Marseille du produit des dons et quêtes faits à la maison (Bibl. Nat., nouv. acq. lat., 1315, p. 438).

Anno nativitatis Domini millesimo trecentesimo sexagesimo quarto, die vicesima septima mensis Novembris. Notum sit cunctis (etc.)[2] quod Religiosus vir frater Johannes Calloe, minister domus ordinis Sancte Trinitatis et Redemptionis captivorum civitatis Massilie, arrendavit et ad firmam Jacobum (*sic*) Lilii de Tholosa, et Johanni de Falguario, habitatori dicte civitatis Tholose, presentibus et arrendantibus et recipientibus, omnes vota, promissiones, jam factas et faciendas, questas et alia quecumque eroganda dicte domui et pauperibus captivis et eorum redemptioni, videlicet ea que evenire poterunt durante tempore infrascripto, tam in provincia Provincie quam alibi et quibuscumque locis, cujuscumque conditionis erunt, hinc ad festum Nativitatis Sancti Johannis Baptiste, et a dicto festo ad unum annum continuum et complendum computandum, precio xxv florenorum de Florentia, solvendorum per terminos et solutiones infrascriptas; videlicet quatuor florenos in festo Sancti Ilarii[1] instanti de proximo, et alios quatuor florenos in synodo Pasche proxime celebrando, et alios in festo Nativitatis S. Joannis Baptiste instanti et tunc

---

1. Si la cour a accordé le *congedium* aux défenseurs, par suite de l'*irrégularité* de la plainte des religieux, on ne comprend pas comment elle les laisse libres ensuite de la rédiger comme ils le voudront.
2. *Sic.*, dans la copie.

proxime sequenti, III florenos in synodo Sancti Luce¹, et alios quatuor in alio festo Sancti Ilarii², et alios et ultimos quinque in sinodo festi Pasche tunc proxime venienti..... Et dicti arrendatores, bona fide et sine omni dolo et fraude, presens arrendamentum in se gratis recipientes, promiserunt et convenerunt eidem domino ministro dare, solvere et expedire dictos XVI florenos per terminos et solutiones predictas..... Et dominus Johannes Olerii ..... officialis Massilie, sedens pro tribunali, ... injunxit eisdem arrendantibus ..... ut solvant per solutiones predictas, alioquin si in jure non solverint ..... ex nunc prout ex tunc excommunicationis sententiam promulgavit.....

N° 76.

1367, 23 décembre. — Procès gagné contre le procureur du roi par les Mathurins de l'Hôtel-Dieu de Meaux au sujet du droit de pêche dans les fossés de cette ville (Arch. Nat., X¹ᵃ et 21, f° 329 v°).

Cum Religiosi minister et fratres magne domus Dei Meldensis nuper nobis conquesti fuissent super eo quod, licet dicta eorum domus per predecessores nostros reges Francie³ fundata et ordinata fuisset, essentque dicti religiosi ac eorum domus predicta in nostris salva et speciali gardia, tuicione et protectione, haberentque dicti religiosi quoddam viridarium, ortum, seu jardinum vocatum gallice « la Folie », ad dictam domum ab antiquo tempore spectantem et pertinentem, situm extra dictam villam Meldensem, contiguum fortaliciis dicte ville, in quo loco erant et ab antiquo fuerant fossata aqua plena pro fortificatione dicte ville Meldensis; in quibus quidem fossatis per longitudinem dicti jardini dicti Religiosi ad causam dicte domus piscarias facere ac piscarias habere pacifice consueverant, soli et insolidum, videntibus et scientibus gentibus et officia-

1. 18 octobre.
2. 13 ou 14 janvier.
3. En fait, l'Hôtel-Dieu de Meaux avait été fondé par les comtes de Champagne; mais, aux yeux des religieux, cet argument qu'ils sont de fondation royale intéressera le roi et l'engagera à punir un subordonné trop zélé.

riis nostris..... Et quia tempore guerrarum nostrarum dicta fossata reparata et ampliata, seu eslargata, ac certa alia nova fossata, prope alia fossata predicta, facta et ordinata in terra et jardino dicte domus fuerant, dictus ortus seu jardinus dictorum Religiosorum quasi inutilis eisdem Religiosis effectus fuerat; quia tamen dicti Religiosi dictis eorum possessione, et saisina, ac jure suo predicto utendo, nuper in dictis fossatis per certos piscatores, per ipsos religiosos deputatos, piscari fecerant, procurator noster in bailivia Meldensi dictos piscatores, propter hoc, coram locumtenente bailivi nostri Meldensis in causam traxerat, eisdem imponendo quod dicta piscaria ad nos et non ac dictos Religiosos pertinebat, eo quia dicta piscaria erat in aqua pro fortalicio[1] ordinata...

Et licet dicti Religiosi dictum procuratorem nostrum de jure ac possessione et saisina suis predictis debite informassent, ut verissime credebant, ne propter hoc in processu contra dictum procuratorem nostrum tenerentur, attamen dictus procurator noster eisdem Religiosis dixerat quod hereditagium seu domanium nostrum per informaciones non deducebatur, seu agitabatur; quin ymmo ipsos Religiosos propter hoc in processu tenere nitebatur, in eorum grande dampnum et prejudicium, ut dicebant; et ob hoc dicti Religiosi a nobis certas litteras obtinuissent, de premissis mentionem pleniorem facientes, dicto baillivo nostro Meldensi directas, per quas eidem mandaveramus, committentes quatinus de et super premissis se diligenter et debite informaret, nisi jam esset super hoc debite informatus, dictamque informacionem jam factam vel faciendam, sub suo sigillo fideliter clausam, dicte nostre curie Parlamenti ad dies comitatus Campanie[2] Parlamenti nostri novissime preteriti remitteret..... Quarum quidem litterarum nostrarum virtute, locumtenens dicti baillivi dictam informacionem quam substitutus dicti procuratoris nostri in dicta baillivia, de precepto dicti locumtenentis, fecerat dicte curie nostre, ad dictos dies comitatus Campanie dicti nostri novissime preteriti Parlamenti, remisit.

Dictis igitur litteris nostris, relacione et informacione per dictam

---

1. Cette idée de revendiquer comme propriété du roi les fortifications servant à la défense nationale est fort curieuse.
2. C'est-à-dire les jours où le Parlement jugeait les causes du comté de Champagne.

curiam nostram visis et diligenter examinatis..., dicta curia nostra per arrestum admovit (*sic*) et admovet, ad dictorum Religiosorum et dicte eorum domus utilitatem, quodcumque impedimentum per dictum procuratorem nostrum eisdem Religiosis in dicta eorum piscaria appositum, videlicet in quodam fossato existente inter quosdam veteres et antiquos muros civitatis Meldensis, prout se comportat et habet a quodam conductu in dictis veteribus muris existente usque ad quamdam turrim sita in cuvo[1] (*sic*) seu angulo dictorum murorum a parte pratorum de Chagia et jardini de Folia ad dictos conquerentes pertinentis. In cujus, etc.

Pronunciatum xxiii^a die decembris anno lxvii°.

Bucy.

N° 77.

1368, 23 décembre. — Le Parlement ordonne que l'enquête du procès pendant à la Prévôté de Paris entre les Trinitaires de Cerfroid et l'évêque de Meaux, au sujet d'un muid de blé annuel à percevoir sur la grange de l'évêque, à Vareddes, soit terminée au lendemain de la Trinité de 1369 (Arch. Nat., X 1a 21, f° 472).

Cum Religiosi, prior et conventus ecclesie de Cervofrigido, ordinis Sancte Trinitatis, in nostra Parlamenti curia contra dilectum et fidelem episcopum Meldensem[2], consiliarium nostrum, plures rationes et facta proposuissent, ac etiam plures requestas fecissent, ad finem quod, per arrestum dicte curie nostre, dicti Religiosi, suo et eorum ecclesie nomine, manutenerentur et conservarentur in possessione et saisina capiendi, percipiendi et habendi in et super quadam grangia, vocata grangia Episcopi Meldensis, sita in villa de Varedis[3] in curte et hospicio dicti Episcopi,..... unum modium bladi ybernagii, annui et perpetui redditus, anno quolibet inter festa Nativitatis et Purificacionis beate Marie Virginis..... et ad reddendum et solvendum arreragia dicti modii bladi pro annis lxiiii° et lxv° cis-

1. Peut-être voulait-on écrire « *cuneo* ».
2. Jean Royer (1352-1368).
3. Vareddes, au nord-est de Meaux

dem Religiosis debita, ac omnia arreragia que a principio hujus litis evenerant..... dictus episcopus condempnaretur et compelleretur..... per capcionem, vendicionem et explectacionem temporalitatis sue et alio meliori modo quo fieri posset, ac eciam in eorumdem Religiosorum expensas condempnaretur..... Ex parte vero dicti episcopi fuerunt plures raciones, facta et requeste in contrarium proposite et facte, ad finem quod dicti Religiosi tenerentur exhibere dicto episcopo primum adjornamentum, virtute cujus dicti Religiosi fecerunt dictum episcopum coram preposito nostro Parisiensi[1] primitus evocari..... insuper dictum episcopum manuteneri et defendi in possessione et saisina libertatis vel franchisie non solvendi dictum redditum, ac tenendi grangiam suam de Varedis, ac pertinentias et appendentias ejusdem quittas, liberas et immunes de dicto redditu, et specialiter in possessione et saisina dictum redditum, non solvendi super dicta grangia..... alibi quam super undecim arpentis terre que quondam fuerunt acquisita per defunctum Petrum, quondam episcopum Meldensem[2] a Symone de Ogero, milite, et ejus uxore, et si causam habendi dictum redditum haberent dicti Religiosi, quod ipsi tantummodo habere debebant quatuor sextaria bladi pro anniversario dicti defuncti episcopi et octo sextaria ad faciendum panem pro generali capitulo ordinis Sancte Trinitatis, quod fieri et celebrari consueverat anno quolibet in dicta ecclesia de Cervo Frigido in diocesi Meldensi et non alibi; et si dictum capitulum alibi quam in dicta diocesi contingeret celebrari, vel quod nullo modo celebraretur[3], quod de dicto blado seu grano quittus remaneret dictus episcopus, ac esset in possessione renuendi et contradicendi solvere dictum redditum, et de hoc quittus esset penitus et immunis, maxime causa et modo supradictis, et si dicti Religiosi de dicto redditu alibi usi (?) fuerint, quod propter jus prescriptionis vel possessionis in prejudicium dicti Episcopi habere non possent, maxime largius quam in dicto eorum titulo continebatur, impedimentumque et perturbaciones per dictos religiosos, circa hoc, dicto Episcopo apposite amo-

1. Hugues Aubriot.
2. Pierre de Cuisy, évêque de 1240 à 1260; la donation est de mai 1252.
3. L'évêque semble bien faire entendre que le chapitre général ne s'est pas célébré tous les ans à Cerfroid, mais il ne cite point d'année précise. La donation de Thibaud V, le 1er avril 1269-1270, a une restriction de ce genre en cas de non-accomplissement des conditions par les Trinitaires.

verentur ad commodum dicti Episcopi, et ad cessandum et desistendum ab ipsis, et in expensis hujus cause iidem religiosi condempnarentur et compellerentur, et quod dictis religiosis non fieret recredentia vel provisio aliqualis, sed dicto Episcopo fieri deberet, requirendo copiam dicti tituli dictorum religiosorum per dictam curiam nostram dicti Episcopi expensis fieri, et sibi tradi, valituram ut originale, ut de ipsis idem Episcopus se juvare valeret contra dictos religiosos, dum et quociens sibi expedire videretur..... Tandem, auditis dictis partibus..... per arrestum dicte curie nostre dictum fuit quod dicti religiosi non tenebantur nec tenentur exhibere dicto Episcopo primum adjornamentum predictum, virtute cujus presens causa fuerat coram dicto preposito Parisiensi primitus introducta..... et quia dicte partes erant et sunt in factis contrarie..... facient facta sua in casu simplicis saisine, ut est dictum, racione unius modii bladi ybernagii et arreragiorum; super quibus factis inquiretur veritas infra crastinum instantis festi Sancte Trinitatis, et procedent dicte partes, nostro presenti Parlamento sedente et non sedente; quem quidem diem seu terminum dicta curia nostra dictis partibus pro dicta sua inquesta facienda prefixit et prefigit... Per idemque arrestum dictum fuit quod requeste facte per dictum episcopum et religiosos videlicet quod dicto episcopo fieret et traderetur copia dicti tituli, et dictis religiosis fieret provisio, eisdem episcopo et religiosis non fient de presenti, omnibus expensis, dampnis et interesse in diffinitiva reservatis.

Pronunciatum die xxiii^a decembris anno lxviii°.

Bucy. Collatio facta est.

N° 78.

1368, 5-24 avril. — Charles V fait connaître l'accord intervenu entre les Trinitaires de Cerfroid et l'évêque de Meaux au sujet du muid de blé légué au chapitre général par l'évêque Pierre (Arch. Nat., X ^{1c} 20, n° 71).

Concordia inter religiosos, priorem et conventum de Cerfroyio (!), ordinis Sancte Trinitatis ex una parte, et episcopum Meldensem ex altera.

Karolus, etc., universis, etc. Notum facimus quod, de licentia curie nostre, inter partes infrascriptas, seu earum procuratores, tractatum, concordatum et pacificatum extitit, prout in quadam cedula ab eisdem partibus, seu ipsorum procuratoribus infrascriptis, dicte curie nostre unanimiter et concorditer tradita, continentur : ejus cedule tenor sequitur in haec verba :

Sur le descort meu long tems et en la cour de Parlement entre religieuse et honeste personne le prieur et couvent de Cerfroy, de l'ordre de la Sainte-Trinité, demandeurs d'une part, et Révérend père en Dieu monseigneur l'évêque de Meaux d'autre, pour raison d'un muy de blé de rente que lesdits Religieux se disoient avoir, prendre et percevoir chacun an, au terme de la fête de la Chandeleur, et en la granche du dit Révérend père, assise en la ville de Varedes... Acordé est, pour bien de paix et toute matière de plaid eschiver, s'il plaît à la cour, entre les dites parties, que doresnavant les dits religieux, par eux ou leurs gens, auront, prendront en et sur la dite granche, et les appartenances et appendances des terres d'icelle, par les mains d'iceli monseigneur l'évêque ou de ceux qui pour lui seront, et gouverneront au dit lieu, le dit muy de blé de rente, annuellement et perpétuellement, au terme et par la fourme et manière et sur les choses cy-dessus éclaircies et devisées, paisiblement, sans aucun empêchement ou contredit; et quant est des arrérages du temps passé et des despenz faits en la cause et procès, les parties en demeurent quittes l'une envers l'autre, et sont en acort d'issir de cour et d'estre condampnez par arrest à tenir et accomplir les choses dessus dites et chacune d'icelles. Fait le 5ᵉ jour d'avril l'an mil trois cent soixante et neuf, en la chapelle du dit révérend père, à Meaux.

Ad quod quidem accordium, ac omnia et singula in suprascripta cedula contenta, tenenda, complenda, exsolvenda, ac firmiter et inviolabiliter observanda, dicta curia nostra partes predictas et earum quamlibet, ad requestam et de consensu magistrorum Nicolai de Lespoisse religiosorum, et Johannis de Lapiove, episcopi, predictorum procuratorum, per arrestum condempnavit et condempnat, et ea ut arrestum ejusdem curie teneri, compleri, exsolvi ac executioni demandari voluit et precepit, etc. In cujus, etc. Datum Parisius in Parlamento nostro, die vicesima quarta Aprilis, anno Domini millesimo trecentesimo sexagesimo nono, et regni nostri sexto.

N° 79.

1369, 7 mai. — Lettre de non-préjudice de Roque de Hangest, chevalier, aux ministre et religieux de la Trinité de Lamarche pour la garde qu'ils ont mise en la forteresse de cette ville contre les ennemis du duc de Bar (Cartulaire de Lamarche, pièce n° 41).

A tous ceux qui ces présentes lettres verront et orront, Roque de Hangest, chevalier, mon redoubté seigneur, messire le duc de Bar, marquis du Pont, salut. Saichent tous que, come il m'ait apparu par certaines lettres ouvertes, scellée du scel Girard de Serocourt, jaidis baillis de Bassigney, que il ne torneroit ne doit torner en préjudice au ministre et aux religieux de la Sainte-Trinité de Lamarche ce qu'ilz ont mys une gayte pour aidier à gaitier et garder par nuyt la fourteresse de Lamarche pour le grant doubte que on a eu des enemis de mon dit seigneur, de laquelle chose le dis ministre et religieux estoient reffusans, et n'y vouloient plus mectre aucune wayte pour aidier à waitier la fourteresse pour ce qu'il ne leur feust en préjudice, en temps à advenir : assavoir est que à ma prière, le dit ministre et religieux se déportent encore en tel estat, et mectent la dite waite tant comme il leur plaira, pour les grans doubtes et guerres que sont au pays, parmie ce qu'il ne leur seroit point en conséquence ne en préjudice ou temps à avenir, ainsi comme par les lettres dou dit Girard, bailli, est contenu. En tesmoing de verité, j'ay mis mon scel duquel je use en ces letres, que furent faittes le septième jour du mois de may l'an mil trois cens soixante et neuf.

N° 80.

1369, 14 juin. — Pierre, grand-ministre, accorde à Olivier Brexel, fondateur de l'hôpital de Dinan, quatre messes par semaine et l'association spirituelle (Arch. Nat., S 4269, n° 6; copie).

Universis presentes litteras inspecturis frater Petrus[1] major minister totius ordinis S. Trinitatis et redemptionis captivorum salutem

1. Pierre de Bourry, grand-ministre de 1357 à 1373.

in Domino. Sacrae scripturae dogmata nos hortantur ut illis spiritualia partiamur a quibus temporalia messuimus. Hinc est quod nos, attendentes sincere devotionis affectum quem vir prudens et honestus Olliverius Brexel et Stephana ejus uxor, burgenses de Dynano, Macloviensis diocesis, erga nos et ordinem nostrum predictum habuerunt et habent, nobis et eidem ordini conferendo quandam domum seu hospitale in villa de dicto Dynanno ab ipsis conjugibus ad laudem et honorem gloriosissimae Trinitatis de novo constructum et fundatum, ac redditibus annuis et perpetuis dotatum, voluimus et ordinavimus auctoritate presentium litterarum quod de cetero in ecclesia seu cappella domus seu hospitalis predicti, ministri et fratres per nos ibidem instituendi et eorum successores, qualibet ebdomada, quatuor Missas in perpetuum celebrent et celebrare teneantur, pro remedio et salute animarum predictorum Olliverii et Stephane, conjugum fundatorum domus seu hospitalis predicti, parentumque et amicorum ac benefactorum eorumdem. Insuper ordinamus quod minister et fratres predicti de cetero in hospitali predicto manuteneant et sustineant, ac manutenere et sustinere teneantur in perpetuum, sumptibus et expensis suis seu dictae domus, in statu bono et condecenti, viginti[1] lectos cum suis supellectilibus ad usus pauperum ad dictum hospitale advenientium a dictis fundatoribus ibidem positos et deputatos, dictamque domum et ipsos ministrum et fratres et eorum successores super dictis quatuor missis celebrandis et lectis sustinendis, ut prefertur, oneramus et obligamus, tenore presentium litterarum, promittentes nos canonice cohercere ministrum et fratres prelibatos ad premissa debite adimplenda, quotienscumque, quod absit, fuerint negligentes aut remissi. Praeterea omnium bonorum que per Dei gratiam fiunt in toto ordine nostro predicto et de cetero fiant, tam in missis et horis diurnis et nocturnis quam in Vigiliis, jejuniis, orationibus et eleemosinis, ceterisque operibus charitatis ac redemptionis captivorum participationem plenariam, in vita pariter et in morte, fundatoribus predictis intuitu devotionis eorumdem, duximus concedendum. In quorum testimonium sigillum nostrum presentibus litteris est appen-

---

1. Ce nombre de vingt lits est assez élevé : un statut de 1429 n'exige que six lits dans chaque hôpital; il y en avait vingt-cinq à Dinard (pièce 63).

sum. Datum Parisius die Jovis post festum beati Barnabe apostoli anno Domini millesimo trecentesimo sexagesimo nono.

N° 81.

1369-1370, 4 mars. — Accord entre l'ordre des Trinitaires et la maison des Mathurins de Paris, au sujet de la donation du Bourget (Arch. Nat., S 4253A, n° 59).

Universis presentes litteras inspecturis pateat evidenter quod nos Fratres Johannes domus Meldensis, et Ricardus domus Fontis Bliaudi, ordinis Sancte Trinitatis et Redemptionis Captivorum ministri, a venerabili in Christo fratre Petro, majore ministro totius ordinis antedicti, ac correctoribus et diffinitoribus, ceterisque provincialibus et ministris, ac fratribus ejusdem ordinis apud Cervum Frigidum in generali capitulo ultimo celebrato congregatis, commissarii ad infrascripta specialiter deputati, prout ex litteris[1] dicti Capituli generalis ipsiusque sigillo sigillatis plane constat...

Cupientes exequi mandatum nobis factum, materiam questionis et jurgii rescindendo que dubitabantur et quocunque modo moveri sperabantur inter prefatos majorem ministrum, correctores et diffinitores ac eundem ordinem nostrum ex una parte, — et ministrum ac conventum domus Sancti Maturini Parisiensis ex altera, ratione et occasione domus de Burgello, Parisiensis diocesis, olim ad opus quatuor scolarium dicti ordinis Parisius studentium, dicte domui Sancti Maturini tradite in perpetuum et unite cum ceteris omnibus, prout hoc in litteris super traditione hujusmodi confectis latius continetur, quibus hec presentes sunt infixe, et omnium aliarum rerum, quacumque ex causa et occasione, inter ipsos tunc ortum habebant aut poterant habere quovismodo, in capitulo dicte domus Sancti Maturini Parisiensis personaliter constituti una cum venerabilibus et religiosis viris, fratribus videlicet Nicolao ministro et Gaufrido

---

1. Par ces lettres du 29 avril 1369, les deux personnages désignés étaient chargés de s'entendre avec les Mathurins de Paris, qui voulaient renoncer au don de la maison du Bourget.

priore, Thoma Grente, Guillelmo Falcone, Ricardo Bertrandi, Roberto Bailleul, Johanne Françoys presbiteris, Stephano Barduini diacono, Guichardo Hamelin acolito, fratribus professis dicte domus Sancti Maturini, totoque conventu dicte domus Sancti Maturini ad sonum campane, ut moris est, hora capitulari propterea congregatis et capitulantibus[1] ac capitulum tenentibus, prehabita super tractatu infrascripto deliberatione matura inter ipsos ministrum[2] et conventum dicte domus Sancti Maturini Parisiensis, pro bono pacis, et concordia inter dictum ordinem nostrum, et ipsos ministrum et conventum Parisiensem habendarum, et ut de cetero hec de quibus dissentio inter ipsos oriri presumebatur, et de quibus fuit facta mentio in capitulo generali predicto cessaret in futurum, ex potestate et mandato nobis datis, ut prefertur, unanimi consensu dictorum ministri et conventus Sancti Maturini super hoc primitus concurrente, concordavimus et tractavimus, de et super dicta domo de Burgello, aliquas conditiones et onera, in litteris traditionis hujusmodi contenta, moderando pro sublevatione et exoneratione predictorum conventus et domus Parisiensis, modo et forma cujusdam cedule in capitulo generali ordinate et nobis tradite per hunc modum. Videlicet quod minister et conventus dicte domus Sancti Maturini non poterunt de cetero cogi per dominum majorem ministrum seu dictum ordinem ad transmittendum unum fratrem in domum de Burgello predictam facturum ibidem residentiam personalem.

Item non poterunt cogi nisi ad tres missas[3], per unum fratrem seu presbyterum secularem, in dicta domo de Burgello, qualibet ebdomada celebrandas.

Item quod quatuor scolares in dicta domo Sancti Maturini moraturi erunt presbyteri et celebrare tenebuntur missas suas, prout in litteris super traditione dicte domus de Burgello olim confectis continetur.

Item quod quilibet quatuor scolarium predictorum tenebitur celebrare, qualibet ebdomada, in ecclesia dicte domus Sancti Maturini unam missam, pro remedio et salute animarum fundatorum et benefactorum dicte domus de Burgello.

1. On dit en français, de même : les religieux *capitulants*.
2. Nicolas Grimont.
3. Trois messes par semaine, au lieu d'une par jour.

Item quod quelibet provincia pro scolari suo tenebitur annuatim dictis ministro et conventui solvere et tradere quinquaginta solidos Parisiensium per quemlibet scolarem deferendos.

Item quod dicti quatuor scolares, a dictis provinciis ordinati, in studio Parisiensi et dicta domo Sancti Maturini manebunt, quousque aliquem sciencie gradum valuerint adipisci, nec poterunt a dicto studio revocari, nisi per capitulum generale, seu propter scandalum et nihilitatem eorum, ceteris autem omnibus in littteris dicte traditionis domus predicte de Burgello, quibus hec presentes sunt annexe, in suo robore perpetuo duraturis. Verum si quicumque alius, cujuscumque dignitatis, status seu conditionis existeret, vellet prefatum ministrum et conventum Sancti Maturini compellere ad prestandum seu faciendum, ratione dicte domus de Burgello, aut eidem domui aliquid de novo imponere, aut alia ab antiquo ultra premissa renovare, Nos commissarii supradicti, nomine, potestate et auctoritate quibus supra, promittimus bona fide sepedictos ministrum et conventum defendere contra omnes, causamque seu causas, si qua seu que contra dictum ministrum et conventum moveantur in futurum occasione premissorum, sustinere et deducere ad expensas, custus et mesias prefatorum majoris ministri et ordinis, et dictos ministrum et conventum Sancti Maturini observare indempnes, promittimusque, nomine et auctoritate quibus supra, facere et procurare prefatos Petrum majorem ministrum, correctores et diffinitores et alios provinciales, qui in primo capitulo¹ dicti ordinis generali intererunt, premissa et eorum singula ratificare rataque habere atque grata. Que omnia et singula predicta sic moderata, ordinata et tractata, nomine et auctoritate quibus supra, promittimus bona fide tenere et inviolabiliter observare, et contra non venire in futurum, sub obligatione et ypotheca bonorum dicti ordinis mobilium et immobilium, presentium et futurum. In quorum testimonium presentes litteras per notarium infrascriptum fieri et publicari, nostrorumque sigillorum appensionibus facimus communiri. Actum et datum Parisius in dicto capitulo domus Sancti Maturini, anno domini M⁰ CCC⁰ LXX⁰ secundum usum curie Romane, et LXIX⁰ secundum usum ecclesie

---

1. La transaction ne fut ratifiée qu'au chapitre général de 1380. Il ne faut pourtant pas en conclure qu'il n'y eut pas de chapitre général intermédiaire.

Gallicane, die quarta mensis Martii, indictione octava, pontificatus sanctissimi patris et domini nostri domini Urbani, divina providentia pape quinti, anno octavo, presentibus ad hec religiosis viris fratribus Petro de Perona, de Claromonte, Johanne Caudati[1], Cervifrigidi, Roberto de Burreyo[2], de Barro super Secanam, Michaele de Profundo, de Handescota domorum presbyteriis[3] dicti ordinis, Unfredo Oudardi et Ricardo de Hogua clericis Constanciensis et Baiocensis diocesis, testibus ad premissa vocatis specialiter et rogatis.

N° 82.

1376, 6 mai. — Sibilia *de Nigro* reçoit l'habit trinitaire et entre dans le couvent de cet ordre à Arles (Bibliothèque d'Arles, ms. 159, p. 196).

Anno 1376, die 6 Madii, notario Jacobo Bertrandi, Sibilia de Nigro habitatrix Arelatis ob devotionem quam habet Religioni Sancte Trinitatis, dedit donatione inter vivos domui Sancte Trinitatis Arelatis et fratri Johanni de Pernoto, ministro dicte domus, videlicet personam suam et omnia bona sua; et prefatus Minister eamdem Sibiliam de habitu Religionis Sancte Trinitatis induit et vestivit, involvendo ipsam quodam matulo[4] (*sic*) cruce Sancte Trinitatis bipartita, videlicet panni rubei et lividi munito, constitutionibus dicte Religionis prefate Sibilie per eumdem fratrem Johannem declaratis, quibus peractis dicta Sibilia declaravit se dictum habitum accepisse animo et intentione ulterius ab ipsa Religione et ipsa domo Sancte Trinitatis non exeundi et predictam donationem gratis et sponte factum confirmavit.

1. Il fut plus tard ministre d'Avignon (Voir pièces 70 et 75).
2. Robert de Bourry fut bientôt promu par son oncle Pierre à la ministrerie de Troyes, après la déposition de son prédécesseur, Jean Garcelle (Cartulaire de Troyes, H, n° 1555, p. 692).
3. Ce sont les *ministres* de ces quatre couvents.
4. Sans doute *mantello*.

N° 83.

1380, 22 avril. — Ratification de la donation du Bourget par le chapitre général (Arch. Nat., S 4253A, n° 58).

Universis presentes litteras inspecturis, Frater Johannes[1] major minister totius ordinis Sancte Trinitatis et Redemptionis captivorum, fratresque Michael, sacre theologie professor, Stephanus, Egidius, et Laurentius ministri domorum de Meldis, Cathalano, Atrebato et de Trecis correctores et diffinitores capituli generalis totius ejusdem ordinis salutem et pacem in Domino sempiternam. Noveritis quod, cum ex parte dilectorum nostrorum ministri et fratrum domus Sancti Maturini Parisiensis, nostri antedicti ordinis, nobis extiterit instanter supplicatum quatinus moderationem seu concordiam per venerabiles, discretos et religiosos et honestos viros Johannem de Marchia[2] et Richardum Guernonis, domorum dicti ordinis Meldensis et de Fonte Bliaudi, Senonensis diocesis, tunc temporis ministros, quoad hoc per nostrum generale capitulum ab olim (?) ordinando commissarios deputatos, videlicet super discordia inter ipsos ministrum et fratres Sancti Maturini ex una parte, ac nostros predecessores ex altera, ratione et occasione domus de Burgello, Parisiensis diocesis, ex tunc orta et diu agitata, facta secundum modum et formam ac tenorem contentos in instrumento publico seu litteris quibus presentes nostre annectuntur, comprobare et confirmare dignaremur Nos vero, super hoc matura deliberatione habita, pro bono pacis, unitatis et concordie, omnia et singula per dictos commissarios juxta formam et tenorem in quadam cedula[3] eisdem commissariis super hoc tradita dumtaxat contentos, agitata, moderata et concordata — (cujus quidem cedule tenor et forma in ipsis litteris et instrumento inseruntur), — in quantum possumus, volumus, laudamus, approbamus, ratificamus et tenore presencium confirmamus, ad alia vero in dictis litteris et in dicto instrumento quibus haec nostre presentes,

---

1. Jean de la Marche (1378-1391).
2. Il était en 1370 ministre de Meaux.
3. Les trois documents (S 4253A, n°ˢ 58, 59, 60) sont attachés ensemble et tous trois reproduits dans une bulle (S 4253, n° 3) mieux écrite.

ut premittitur, sunt annexe, contenta in dicta cedula non expresse, nos nunc astringentes. In quorum omnium fidem et testimonium premissorum, has nostras litteras per notarium publicum infrascriptum scribi et publicari mandavimus, nostrique sigilli et contrasigilli una cum ejusdem notarii signo et subscriptione appensione muniri. Datum et actum in domo nostra capitali de Cervofrigido, anno Domini millesimo trecentesimo octuagesimo, indictione tertia, dominica quarta post Pasca, quae fuit vicesima secunda dies mensis Aprilis, pontificatus sanctissimi in Christo patris et domini, nostri domini Clementis divina providentia pape septimi anno secundo, presentibus ibidem venerabili et religioso viro magistro Richardo Guernonis antedicto, sacre theologie professore, et discretis viris domino Matheo Servientis presbytero, et Fulcone de Cathalano, notariis publicis, ac Alberico de Montefalconis, testibus ad premissa vocatis specialiter et rogatis. (*Suit l'attestation du notaire.*)

N° 84.

1392-1393, 31 mars. — Extrait du testament de Henri de Rive en faveur de l'église de l'Honneur-Dieu (copie Arch. Nat., K 179, n° 48, pp. 5 et 6).

Item elegit sepulturam et voluit corpus suum humari et tradi Ecclesiastice sepulture in Ecclesia domus de Honore Dei in Villa nova Asinorum, ordinis Sancte Trinitatis, pro qua sepultura et humatione in ibi habenda legavit dicte Ecclesie duo arpenta terre, prout se comportant, sita super fontem dicte Ville Nove Asinorum, contigua ex una parte Magistro Guillelmo Parduel, que duo arpenta tenebat et possidebat dictus testator, tenenda et possidenda per rectorem dicte ecclesie et ejus successores in perpetuum.

Item legavit ministro dicti loci duos francos.

Item voluit et ordinavit dictus testator fieri unum annuale ob remedium anime sue isto modo : scilicet mediam partem in dicta Ecclesia ubi elegit sepulturam suam et aliam mediam partem in Ecclesia Beati Baudilii de Brou, pro quo annuali fiendo legavit viginti sex francos de quibus, sicut supra dictum est, fient due portiones quelibet de tredecim francis, quarum una erit pro ecclesia ubi dictus testator elegit sepulturam suam, et alia pro illo qui cantabit in Ecclesia de Brou medium annuale...

N° 85.

1398, 4 juillet. — « Permission accordée par le seigneur de Pomponne aux Religieux de la Trinité de la Villeneuve-aux-Asnes de faire un conduit pour faire passer les eaux et vuidanges » (Arch. Nat., copie K 179, n° 49, et S 4254, n° 25).

Sachent tuit que nous Guillaume Cassinet, Escuyer seigneur de Pomponne et de la Villeneuve-aux-Asnes confessons avoir donné et octroyé, et par ces présentes donnons et octroyons à frère Liénart, menistre de la maison et église de l'Honneur-Dieu lez la dite Villeneuve-aux-Asnes, de l'ordre de la Sainte-Trinité, et aux successeurs d'icelle maison et église, pour Dieu et en ausmone [pure?], et pour l'accroissement et augmentation d'icelle maison, pooir, congié et licence de faire et avoir un conduit dessus les fossés à poisson, dès environ le Poncelet jusques aux murs du jardin et vigne du dit Menistre, venant du fossé de dessus sa dite vigne et jardin par où l'yaue et vuidange du vivier de Brou cueurt en traversant ou biaisant du dit fossé jusques aux murs de la dite vigne et jardin, et y faire par conduit tourner et aller l'yaue du dit fossé en icelles fosses, toutes et quantes fois que il plaira au dit menistre et aussi de effondrer le fossé qui fait vuidenge des dites fosses pour icelluy vuider et nettoyer, toutes fois que mestier en sera, sans ce que nous, nos hoirs, ou ayans cause de la dite seigneurie le puissions doresenavant contredire ne empescher, ainçois, le permettons en bonne foy avoir et tenir à tous jours ferme et aggréable. En tesmoing de ce, nous avons scellé ces présentes de notre propre scel, l'an de grace mil trois cens quatre-vingt et dix-huit, le quatrième jour du mois de juillet.

N° 86.

1401, 9 novembre. — Charles VI intervient en faveur des Trinitaires de l'Hôtel-Dieu de Meaux pour les faire dispenser d'un payement de droits sur leurs vignes (Arch. Nat., copie K 192, n° 30).

Charles par la grâce de Dieu Roy de France au Bailly de Meaux ou à son lieutenant salut. Nos bien amés les Relligieux ministres frères et suers de la grand Maison-Dieu de Meaulx de l'ordre de Sainte-Trinité et Rédemption des Captifs nous ont fait exposer en complaignant que, comme ilz soient fondez de pures aumosnes, tant pour la sustentation d'eux qui jour et nuit font continuellement le service divin à heures déterminées, comme pour les pauvres et malades qui chacun jour sont receus, alimentés et servis en ladite Maison-Dieu, et les sept œuvres de Miséricordes faites et accomplies, et aient été et soient les dits complaignants tenus et réputés pour mandians, et pour ce ne payent et ne ayent accoutumé payer aucuns dixieme ou trentiesme, et ne soient[1] à aucune tauxation de dixième ne autre à cause de leurs revenues ne autrement, mesmement que leurs dites revenues qui sont pour la plus grand partie en labourages de bleds et de vins, et communément de très grandes mises et petite revenue, sont divisés par les points de leur règle en trois parties, c'est assavoir la première partie pour la Redemption des Chrestiens chetifs et prins par les Payens et ennemis et mécréans de la foy Nostre Seigneur Jésus-Christ[2], la seconde partie en hospitalité et alimentation des pauvres et malades, et la tierce partie pour la sustentation des frères et suers faisans en la dite maison Dieu le service divin, en estant au service des pauvres et malades, en accomplissant toutes les œuvres à ce (?) pitiables et charitables, et pour ce feu nostre très cher seigneur et Père, par ses lettres données l'an mil trois cent soixante et trois, comme lieutenant lors de feu notre ayeul le roi Jehan, auxquelx Dieu perdoint, pour consideration des choses dessus

---

1. [Astreints].
2. La seconde règle avait autorisé les Trinitaires hospitaliers à ne faire aucun prélèvement du tiers des captifs (art. 4). Il y avait pourtant des hôpitaux comme Dinard, où le tiers se déduisait.

dites, et que pour occasion de leur guerre, les maisons des diz complaignans, ou la plus grant partie d'icelles avoient et ont été arses, et avoient encore souffert et soutenu plusieurs autres pertes et dommages pour le fait des dites guerres, eust icelluy nostre très cher seigneur et Père octroyé aus dits complaignans qu'ilz feussent tenuz quittes et paisibles de guet et gardes des portes, et de dixième de la dite ville de Meaulx, et aussi de deux sols pour livre et six sols pour queue de vin pour le fait d'icelle ville, sanz ce qu'ils fussent dès ores en avant contraints[1] pour raison de ce..., néantmoins à une taille que les habitans ou autres de la dite ville de Meaulx pour la fermeté[2] d'icelle ont imposé sur la dite ville, dont les lays payent les deux tiers, et le clergié l'autre tiers, icelluy clergié a imposé les diz complaignans à la somme de vingt-deux francs ou environ ; pour laquelle somme le procureur ou autres de la dite ville de Meaulx ont arresté ou fait arrester, en plaines vendanges derrenièrement passées, les vignes des dits complaignans, dont ilz ont eu et soutenu plusieurs dommages et interests (*sic*) et se sont efforcés et efforcent de icelle somme faire payer par les dits complaignans, et avec ce le dit procureur ou autres de la dite ville de Meaulx se sont efforciés et efforcent de faire payer par les dits complaignans pour le fait d'icelle ville deux sols et demy tournois pour chacune queue de leurs vins ordenés pour le vivre d'eulx et des povres et malades de la dite Maison-Dieu... Pourquoy nous, considéré ce que dit est, te mandons et expressément enjoignons que, eue considération aux lettres de feu notre dit Seigneur et père, desquelles il te est apparu ou apperrera, et aux autres choses dessus dites, fais tenir les dits Comptes (*sic*) quittes et paisibles de la dite somme de vingt-deux francs, et de deux sols et demi pour queue ou la dite somme d'iceux vingt-deux francs modére ou fais modérer, et sur les dits deux sols et demi pour queue, leur pourvois ainsi comme verras qu'il sera à faire, de bonne raison et équité, tellement qu'ilz n'aient cause de plus en retourner par devers nous, car ainsi le voulons-nous estre fait, et aux dits suppliants l'avons octroyé et octroyons de grace espécial par ces présentes, pour considération des choses devant dites, non obstant lettres quelzconques

---

1. Le texte porte : *contenant*.
2. Pour la *défense*.

subreptices, empêtrées ou à empêtrer à ce contraires[1]. Donné à Paris le neuvième jour de Novembre de l'an de grace mil quatre cent et un, et de notre règne le vingt-deuxième.

Par le Roy à la Relation du conseil : LAMY.

N° 87.

1403, 20 décembre. — Donation aux Trinitaires de Vianden du droit de patronage de l'église de Nosbaum par Simon, comte de Spanheim et de Vianden (Trinitaires de Vianden, liasse 1, pièce n° 73).

Symon, comes in Spanheim et in Vyenna, et Elysabeth de Spanheim, Bavarie ducissa et domina Grymbergensis, vidua, salutem cum noticia veritatis. Noverint universi ad quos presentes littere pervenerint quod nos, divine pietatis intuitu, pro remedio nostrarum, necnon pie memorie Marie quondam comitisse in Spanheim et in Vienna, et parentum ac predecessorum nostrorum animarum, in elemosinam, pure, propter Deum dedimus et contulimus viris religiosis ministro et fratribus domus hospitalis in Vienna, ordinis Sancte Trinitatis et Redemptionis Captivorum, jus patronatus ecclesie in Nossbaum, Treverensis diocesis, quod ad nos pertinere dinoscitur pleno jure, ipsamque ecclesiam cum omnibus suis redditibus, attinentiis et pertinentiis universis pacifice perpetuo tenendam et possidendam ad communes usus ejusdem hospitalis et ipsorum fratrum ibidem commorantium sustentationem. Et ut hec nostra donacio a nobis in posterum et a nostris successoribus irrevocabiliter et inviolabiliter ad inperpetuum observetur, presentes litteras sigillorum nostrorum munimine duximus roborandas. Datum anno Domini millesimo quadringentesimo tertio in vigilia beati Thomae Apostoli.

1. Le 30 octobre 1404, Charles VI déclare les Trinitaires de l'Hôtel-Dieu en sa sauvegarde spéciale (Arch. Nat., K 192, n° 31).

N° 88.

1406, 17 mai. — Le chapitre de Clermont décharge Regnault, grand-ministre des Trinitaires et ministre de Clermont, par intérim, de l'obligation de porter personnellement une châsse à la procession annuelle, et l'admet à recevoir le vin du chapitre, comme tout chanoine, tant qu'il gouvernera la maison-Dieu (Archives de l'Oise, Trinitaires de Clermont, 14e liasse).

A tous ceulx qui ces présentes lettres verront ou orront Prévost et châppitre de l'église collégial Notre Dame ou chastel de Clermont, salut. Comme certain descors feust mehus et espéré à mouvoir entre Religieux et honnestes personnes frère Regnault, grant menistre de l'ordre de la Sainte Trinité, comme aiant le *gouvernement et tenant en sa main* la maison Saint Andrieu de Clermont, de l'ordre d'icelle Trinité, *en deffaulte de* menistre[1] au dit lieu, et les Religieux demourans en la dite Maison dudit Saint Andrieu d'une part, et nous, à cause de notre dite Eglise d'autre part, sur ce que nous disons et maintenons que le menistre de la dite maison de Saint Andrieu estoit chacun an tenus, au jour de l'Ascencion, porter chacun an (*sic*) à la proucession que l'en fait au dit Clermont contre[2] le curé de Saint Samson qui est l'Eglise paroissial d'icelle ville, la fiertre d'icelle Eglise et que en tant que icelle maison de Saint-Andrieu le dit grant Menistre avoit en commande et en sa main, représentoit la personne du Menistre dudit lieu, parquoy ad ce faire devoit estre tenus, et pour ce qu'il estoit refusant du faire (*sic*) nous voullans complaindre d'eulx, et les dis grant Menistre et Religieux d'icelle Maison disans au contraire et qu'il devoit souffrir envoier l'un des Religieux de la dite Maison pour ce faire, lequel devoit avoir la distribution du vin au cellier dudit Châppitre comme l'un des chanoines, lequel vin nous avons été contredisans de baillier, et posé que le Menistre d'icelle Maison n'estoit tenus du faire, toute fois il qui estoit grand Menistre et souverain de toute l'ordre, et non simple Menistre d'icelle Maison, n'estoit tenus du faire (!) et se vouloient complaindre de nous du refus d'avoir baillié ledit vin. Et sacent tous

---
1. Voilà l'explication de ce cumul.
2. A côté du.

que, pour nourir paix et amour ensemble, avons esté d'acort en la manière qui ensuit, c'est assavoir que, tant comme la dite Maison sera en la main du grant Menistre de tout le dit ordre, le Religieux, procureur et gouverneur de la dite maison de Saint Andrieu de Clermont sera tenus de porter la dite fiertre chacun an contre le dit curé, et aura le dit vin comme l'un des chanoines de notre église, se il demeure en notre dite église à la grant Messe tant que l'Evangille soit dite et souffira que le procureur, Religieux et gouverneur de la dite Maison la porte, et ou cas que en la dite Maison de Saint Andrieu aura propre Menistre Régent gouvernant la dite Maison autre que le grant Menistre d'icelle ordre, il sera tenu, et en personne, de porter ladite fiertre contre le dit curé, se il n'a léal essone[1] et aura le dit vin, comme l'un des dis chanoines, et faisant demeure en notre dite Eglise jusques après l'Evangille dite, et en cas que le dit Menistre auroit léal essone, se excusera par lettres ou autrement dehument, ouquel cas l'un des Religieux de la dite maison sera tenus de ce faire comme le dit Menistre et aura le dit vin. En tesmoing de ce nous avons scellé ces lettres du scel aux causes de notre dite Eglise. Ce fut fait l'an mil quatre cent et six le dix septième jour du mois de may.

N° 89.

Conflit pour la nomination du ministre de l'hôpital de Cordes en 1408.

I. — 1408, 27 août. — Le ministre de Toulouse pourvoit le ministre de Castres, Durand d'Estève, de l'administration de l'hôpital de Cordes (Registre de notaires, fonds Favarel, n° 119, f°s 166 v°-167. Préfecture d'Albi).

... Ibidem ac eodem stante supradictus frater Bernardus Fabrassi, virtute potestatis sibi super hoc atribute[2], de qua constat in proxime precedenti instrumento procuratorio, provisit de ministro dicte domus Sancte Trinitatis de Corduis Albigensis et hospitalis ejusdem

1. Excuse.
2. Il était procureur de Bernard Charroce, ministre de Toulouse.

de fratre Durando dels Steves presbitero et ipsum in ministrum dicte domus elegit et instituit, tanquam suo arbitio ydoneum ac ipsum posuit in possessione et saisina, accipiendo eundem per manum; et intus dictam domum inducendo, et tradendo claves, volens quod de dictis domo et hospitali et usufructu corumdem et de redditibus, obventibus, bonis presignis (?) donis et elemosinis ac aliis juribus et actionibus que de presenti sunt et in posterum erunt deinceps se gaudeat et sibi tanquam vero ministro respondeatur. Qui quidem frater Durandus dels Steves presbiter gratis acceptavit possessionem dicte domus et hospitalis ejusdem et administrationem eorumdem, institutionem ministralem [domus] Sancte Trinitatis et hospitalis ejusdem, et jurando ad Sancta Dei Evangelia corporaliter a se tacta, promisit administrationem dicte domus et hospitalis ejusdem fideliter exercere et cum pervigili [cura] dictam domum et hospitalem et eorum bona custodire, posse.... et commodo que procurare et inutilia evitare et alias circa administrationem eorumdem fideliter se habere... inde [rogavit] fieri instrumentum per me Guillermum Ruppès notarium publicum presentem et personaliter assistentem supradicto Bernardo, Johanne de Corduis et supradictis testibus die, anno et rege regnante proxime dictis.

II. — 1408, 5 octobre. — De son côté, le provincial choisit Hugues Mandagon pour ministre de Cordes.

Universis et singulis presentes litteras visuris, lecturis et audituris frater Johannes Caudati, in decretis licentiatus, minister domus ordinis Sancte Trinitatis Avenionensis ac provincialis Provincie [et] Tolosae, salutem in Domino et reverentiam cum honore. Ad nostram nuper notitiam noveritis pervenisse quod domus et hospitalis Corduensis, dicti ordinis, Albiensis dioecesis, cujus collatio primo loco ad ministrum Tolose, ejusdem ordinis, dicitur pertinere per mortem fratris Izarni Bartolomei, ejusdem ministri, tanto tempore vacaverit, videlicet ultra sex mensium spatium quod eorumdem collatio ad nos tanquam superiorem immediatum, secundum statutum concilii generalis, dignoscitur devoluta, idcirco [dilecti] nostri Religiosi et honorabilis viri fratris Hugonis Mandagonis, domus nostrae ordinis Limousi expresse professi et presbiteri, vitam laudabilem et conversationem honestam attendentes, ipsorum Domus et hospitalis

Corduensis regimen et administrationem spiritualem et temporalem duximus committendam. In cujus rei testimonium sigillum dictae nostrae domus Avenionensis, quo in nostro provincialatus utimur officio, presentibus litteris duximus imponendum. Datum et actum in praefata domo nostro Avenionensi anno Domini m° cccc° viii°, die quinta Mensis Octobris.

III. — 1408, 10 novembre. — Roger d'Espagne, sénéchal de Toulouse, fait savoir que les lettres du provincial seront exécutées à la demande des parties (Archives communales de Cordes, conservées à la préfecture d'Albi, GG 97. Autre copie des actes III et IV, manuscrit FA 12 ou 1216 de la Bibliothèque de Marseille, avant la deuxième page 485).

Rogerius de Hispania, miles, dominus de Monte Hispano[1], cambellanus Domini nostri Regis, ejusque senescallus Tolosanus et Albiensis, universis presentes litteras inspecturis salutem. Cum et de super contentis in quibusdam litteris fratris Hugonis Caudati, in decretis licentiati, ministri domus ordinis S. Trinitatis Avenionensis et provincialis Provinciae Tolosae, quibus presentes alligantur, mota fuerit in nostra curia oppositionis causa inter dominum Durandum de Stephanis presbiterum opponentem, ex parte una, et dominum Hugonem Mandagonis in illis nominatum oppositum, ex altere, dictusque opponens... gratis consenserit coram altero de notariis ordinariis curie nostre civilis, quod dictae litterae exsequerentur (sic) et exequtioni mandarentur. Quocirca notum facimus quod nos non intendimus, attento consensu prestito per dictum de Stephanis opponentem, impedire quominus dictae litterae, quatenus de jure fieri debet, exequantur et exequtioni mandentur. In quorum fidem et testimonium presentes litteras fieri fecimus et a tergo sigillo authentico dictae nostrae senescalliae corroborari die decima Novembris anno Domini m° cccc° viii°.

IV. — 1408, 16 novembre. — Hugues de Mandago, ministre, prend Durand d'Estève comme procureur pour les quêtes (Même registre, f° 170).

Anno et rege regnante proxime dictis, dieque decima sexta mensis Novembris, Religiosus vir frater Hugo de Mandago, minister domus Sancte Trinitatis de Corduis, gratis recognovit se apud Tholosam in

1. Montespan, arr. de Saint-Gaudens.

domo Sancte Trinitatis, presente ministro Tholosae et quibusdam fratribus dicte domus Sancte Trinitatis Tholosae, publice et solempne ad sonum campane, induisse vestes dicte domus et ordinis Sancte Trinitatis domino Durando dels Stèves presbitero et ipsum recepisse in fratrem domus predicti ordinis Sancte Trinitatis de Cordua unde adhuc existeret (?) coram notario et testibus infrascriptis, dictusque frater Hugo minister recepit dictum fratrem Durandum in fratrem et sodalem dicte domus et hospitalis Sancte Trinitatis de Corduis et promisit eidem communicare bona dicte domus et hospitalis, ad sustentationem sue vite quam ducet in humanis.

Anno, die et rege regnante proxime dicti Religiosus vir frater Hugo Mandago, presbiter, minister domus et hospitalis S. Trinitatis Castri de Corduis Albigensis constituit procuratorem suum fratrem Durandum dels Steves, sodalem suum, ad faciendum questas et recipiendum elemosinas et legata que fient et jam sunt legata per quasdam personas, per diocesem Ruthenensis, domui et hospitali S. Trinitatis de Corduis, rem ratam habere promittens, eundem relevans obligare bona et omni juri renunciare, etc... Actum et testes qui supra (*sic*).

N° 90.

1410, 4 novembre. — Lettres patentes du roi Louis II portant mandement au vignier de faire payer à Vivaud Boniface, capitaine d'une galère au service du roi, 150 ducats par lui fournis pour le rachat de deux Marseillais (Copie Bibl. Nat., coll. Mortreuil, n. acq. lat. 1824, p. 334).

Ludovicus secundus, dei gratia rex Jerusalem et Sicilie, ducatus Apulie et principatus (*sic*) Capue, dux Andegavie, comitatuumque Provincie et Forcalquerii, Cenomanie ac Pedemontis comes, Vicario civitatis nostre Massilie et judici pallacii dicte civitatis presentibus seu successive futuris fidelibus nostris, gratiam et bonam voluntatem. Habuit expositio facta nobis per dilectum nostrum Vivaldum Bonifacii de eadem civitate, patronum unius galee ad nostra servitia navigantis, quod Jacobus Rodelli et Bernardus Indi, de civitate prefata, tenentur eidem exponenti, ex causa redemptionis ipsorum noviter facta in Liburno per dictum exponentem, in summa centum quinquaginta ducatorum quos dictus exponens pro eisdem asserit se solvisse. Et quia prefati Jacobus et Bernardus videntur hoc diffugere, idcirco harum serie vobis precipimus et mandamus quatenus, sumpta informatione veridica de predictis, vocatis qui fuerint evocandi, sumarie et de plano ministretis et faciatis fieri plene celeris et expedite justicie complementum, non obstantibus quibuscumque literis in contrarium factis, quas per inadvertentiam dicimus emanasse. Datum Romae apud Sanctum Petrum per nobilem et egregium virum Johannem de Genonardis de Luca, legum doctorem, magistrum rationalem comitatuum ipsorum, mandatoque nostro locumtenentem majoris judicis comitatuum eorumdem, consiliarium et fidelem nostrum dilectum. Anno domini millesimo quadringentesimo decimo, die quarto novembris, quarta indictione, regnorum nostrorum anno vicesimo septimo.

<small>Au dos se trouve la mention : 1410 *die veneris VII mensis Decembris hora vesperarum* qui est probablement la date de la réception. Sceau (*secretum*) de cire rouge attaché avec une queue de parchemin (Note de M. Mortreuil).</small>

N° 91.

<small>1429, 24 avril. — Fragment des statuts de 1429 recopiés [et augmentés] par ordre de Jean de Burgos, ministre de Séville (Bibl. Mazarine, ms. 1766, f° 37 v°).</small>

CHAPITRE 51 : *De euntibus ad captivos redimendos.* — Item statuimus et ordinamus quod cum provinciales nostri ad reddimendos captivos accesserint vel quicumque alius loco illorum, de diocessi alicujus monasterii nichil recipere pressumant absque consilio et favore ministri cujus dominio[1] diocesis illa subicitur et hoc in eundo et reddeundo custodiri firmiter volumus; in regressu autem liceat eis tantum expensas moderatas assumere; reliqua vero predicte domui integre et perfecte restituantur.

1. District de quête.

Chapitre 52 : *De simonia [fugienda]*. — Item ne aliqua spes simonie vel alterius nequisimi lucri videatur occasionem habere sicut alias repertum fuit, estatuimus (*sic*) et ordinamus quod captivi tali persone tradantur que laudem et honorem ordinis sciat conservare, et cui (*sic*) libere monasterio serviat, certo cum illis tempore, nullo precio vel pacto interposito; quod si quis fecerit vel si accusatus de de tali crimine convictus fuerit, uterque illorum a quibus talis actus progressionem habuit deponatur ab officio et benefficio; et remaneant inhabiles voceque capituli carentes usque fuerit cum eis per capitulum dispensatum.

Chapitre 53 : *De visitatione captivorum*. — Item statuimus quod quodlibet monasterium, secundum quod solvit et laborat, in predicta redemptione de visitacione captivorum gaudeat, secundum majus et minus, ut retributio sit condigna labori.

N° 92.

1429, 21 septembre. — Formule pour instituer le procureur de la quête des captifs (Notes brèves d'Antoine Chapati; Arch. des notaires de Tarascon).

Anno et indictione quibus supra, et die vicesima prima mensis Septembris, noverint universi, etc. quod frater Johannes Hanrici prior et minister domus Sancte Trinitatis Tharasconis, revocando omnes alios procuratores per ipsum acthenus constitutos, de novo fecit, constituit et creavit et solum ordinavit suum verum, certum, legitimum et indubitatum procuratorem, actorem, factorem et negociorum suorum gestorem ac nuncium specialem et generalem, ita tamen, etc., videlicet Johannem de Monte Cassino, clericum et familiarem dicte domus, absentem tanquam presentem, etc., expresse ad exhigenda et petenda omnia sua debita, credita, res et jura que sibi debentur et in futurum debebuntur per quascumque personas, etc., et etiam omnia legata facta per quascumque personas pauperibus captivis, etc., et de receptis quitandis — ad faciendum questare pro dictis captivis in diocesi Aquensi, Forojuliensi, Dignensi, Ambrunensi, Vapincensi, Aptensi, Aurasiensi, Cavalicensi et Carpentoractensi[1] et generaliter in omnibus locis in quibus ipse habet potestatem ibidem predicandi indulgentias, etc., et faciendum reddere compota aliis procuratoribus, et ad hoc ipsos compellendi, etc., si que debeantur recipi et demum pro premissis comparendi in quacumque curia, etc., et demum omnia alia faciendi ; promisit habere ratum relevans, etc., obligavit et bona sua, etc., renuncians, etc. Actum Tharascone in domo mei notarii, presentibus Olivario Odierne, Petro Constantini Barberi habitatoribus Tharasconis et domino Berengario Delici presbitero diocesis Regensis[2], testibus, etc.

N° 93.

1432. — Les distractions de Jean de Troyes, général de l'ordre des Trinitaires (Bibl. Nat., ms. lat. 7443, f°ˢ 183 et suiv.).

Super controversia mota inter venerabiles et discretos viros magistros Rolandum Scriptoris, magistrum in artibus et medicina, et Laurentium Muste, magistrum in artibus et bachalarium in theologia, pro conjunctionibus et oppositionibus solis et lune, electionibus certarum dierum et noctium pro fleubotomiis et laxativis anni 1432, Magister Johannes de Trecis, magister in theologia, magnus minister ordinis Sancte Trinitatis et Redemptionis Captivorum et dominus Simon de Boesmare, prior Sancti Johannis de Bellomonte Rogeri, ad hoc commissi et deputati per dominum Rectorem et deputatos Universitates Parisiensis dicunt illa que sibi videntur prout sequitur, salvo meliori judicio.....

[F° 184.] Presuppositis principiis astrologie, inter que principia unum est quod est verbum ad^m ? Ptolemei in suo Centiloquio. Luna quidem est priora (sic) corpori nostro propter similitudinem quam habet ad humores corporis nostri. Idcirco in electionibus tem-

---

1. Fréjus, Digne, Embrun, Gap, Apt, Orange, Cavaillon, Carpentras.
2. Riez.

porum pro fleubotomia vel medicinis laxativis est ipsa luna adoptanda. Hic idem notat Haly in prima parte sui libri.....

[F° 209.] Quo ad electiones pro medicinis laxativis pro dicto anno 1432, dicunt predicti magister Joannes de Trecis et dominus Simon de Boesmare, salvo meliori judicio, ea que secuntur. Et primo in mense Januarii.

xi^a dies Januarii non est bona quia, quamvis luna sit in Piscibus est tamen adhuc sub radiis conjunctionis Saturni...

xxii^a dies non est multum bona quia, quamvis luna sit in signo indifferente, tamen ipsa vadit, quamvis tarde, ad oppositionem Veneris et Martis...

xxvi^a dies lune potest poni quia luna est in bono signo, nullo prohibente.

xxvii^a dies non est bona quod luna est juncta capiti infra duodecim gradus.

xxviii^a non est bona quia luna est infra duodecim gradus capitis.

Noctes in mense Januarii.

xi^a non, quamvis posset poni, tamen securius est non eam ponere quia hujusmodi capienda medicina est in termino Saturni.....

N° 94.

1435, 13 août. — Le curé de Couston fait savoir que le patronage de cette paroisse a été cédé par le couvent d'Echternach aux Trinitaires de Vianden et qu'il consent à cette union, sous réserve de l'approbation pontificale (Trinitaires de Vianden, n° 77).

In nomine Domini amen. Ego Johannes Rulant pastor seu rector ecclesie parochialis in Couston, Treverensis diocesis, cujus collacio seu jus patronatus, cum vacare contingebat, ad venerabiles et religiosos abbatem et conventum monasterii Sancti Willibrordi in Epternaco, ordinis Sancti Benedicti, dicte Treverensis diocesis, ex antiquo spectabat et pertinebat, nunc autem, ex libera donacione, ad religiosos viros ministrum et fratres domus et ordinis Sancte et individue

Trinitatis in Vienna, pro dominice¹ laudis augmento, translata est, et ad eosdem ministrum et fratres pertinet et spectat, quia predici minister et fratres per plura retroacta tempora cupiebant, prout hodie cupiunt et desiderant, ut horas canonicas quas hactenus legendo adimpleverunt, cantando et psallendo conventualiter persolverent, quod tamen usque modo propter penuriam et paucitatem² reddituum et proventuum adimplere non poterant; nec tantum numerum fratrum in dicto (!) domo sustentare valebant, ut laudem Dei et eorum officia melodiis et canticis ritu peragerent; eorum itaque desideratum et pium propositum, quantum in me est, promovere cupiens, ut ipsorum sanctis actibus particeps efficiar, et ut dicti minister et fratres liberius, commodius et quietius eterne et ineffabili Sancte Trinitati, in cujus honore et nomine dictus ordo et domus instituti sunt, deservire possint, atque eorum officia et canonicas horas conventualiter psallendo et cantando peragere valeant; in mei creatoris laudem pure, sponte et liberaliter consensum meum adhibeo, pariter et assensum concedo ut dicta ecclesia in Couston cum omnibus juribus, censibus, decimis, oblacionibus et obvencionibus dictis ministro et fratribus Sancte Trinitatis, per apostolicam sedem aut ejus legatum, seu Reverendissimum in Christo patrem ac Dominum Dominum archiepiscopum Treverensem, aut alium quemcumque ad hoc potestatem habentem³, incorporetur et eorum mense uniatur..... Acta sunt anno Domini m° quadringentesimo tricesimo quinto, indictione tercia decima, mense Augusti, die vero tercia decima, hora infra terciam et quartam, juxta altare sancte Katherine virginis situm in ecclesia parochiali de Vienna predicta, pontificatus sanctissimi in Christo patris et domini nostri Domini Eugenii pape quinti anno ejus quinto....

1. *d̃ne* ou *d̃ine?* Faut-il lire *divine?*
2. Voir l'avant-dernier article de la règle modifiée.
3 Le 10 novembre 1435, Eugène IV chargea de cette tâche le doyen de Saint-Castor de Coblence.

N° 95.

Première moitié du quinzième siècle. — Récit en prose de la fondation de l'ordre des Trinitaires (Bibl. Nat., ms. lat. 9753, f° 10 v°).

Ce récit, qui peut paraître bizarre, a cependant son intérêt à cause de sa singularité même. Il a cela de particulier qu'il a été repris au milieu du seizième siècle par Jacques Bourgeois, de même que le récit en vers, qui sera publié à sa date de 1444, a inspiré Gaguin; à ce titre, chacun mérite d'être conservé. Celui-ci est malheureusement anonyme. L'écriture est d'un copiste et change à la fin du folio 10 v°. Le manuscrit latin 9753 de la Bibliothèque Nationale appartint au petit couvent trinitaire de La Perrine (Manche), dont un des ministres a mis sa signature en 1626.

Hoc fuit initium et causa quare ordo iste Sancte Trinitatis scilicet et Captivorum institutus fuit, et tali miraculo et revelatione inventus. Erat quidam bonus clericus Parisius regens in theologia, nomine Prepositus[1], et hic quasi philosophus reputabatur; sub quo alius magister cepit et rexit Parisius in theologia, cujus nomen erat Johannes Provincialis[2]. Hic erat vir timens Deum et nocte dieque serviebat ei : quia primo evo firmum propositum habuit intrandi aliquam religionem sed quam nescivit distincte. Hic a sociis suis, quasi sedulus erat in servicio Dei, non pauca sepe sustinebat opprobria[3]. Qui cogitans qualiter pacem habere cum sociis suis et Deo servire posset, se ordinari in sacerdotem proposuit et fecit, ut causam rationabilem dicendi horas haberet et orandi. Qui affectuose et indesinenter orabat ut Dominus ostenderet ei religionem. Hic autem, cum missam suam primum celebrare debuit, oravit dominum episcopum Parisiensem et abbatem sancti Victoris Parisiensis et magistrum suum Prepositum ut interessent. Quid plura? Venit dies qua celebrare debuit; cui celebrationi omnes magnates Parisienses interfuerunt, et celebravit. Cum vero ad Secretum misse pervenit, precatus est Dominum ut, si placeret ei, ostenderet qualem ordinem salvifice intraret. Qui vero, cum oculos in celum erigeret,

1. Ce personnage est légendaire.
2. La tradition fait de Jean de Matha un Provençal.
3. On l'ennuyait beaucoup parce que c'était un bon et pieux élève : c'est peu à l'honneur des étudiants.

vidit majestatem Dei et Deum[1] tenentem in manibus suis duos viros habentes cathenas in tibiis, quorum unus niger et deformis apparuit, alter macer et pallidus. Qui cum diu moratus esset circa sacramentum, circonstantes, scilicet episcopus et abbas et magister Prepositus hujus, et ceteri mirabantur quidnam esset. Et respicientes in celum idem episcopus et abbas et magister Prepositus idem viderunt[2], et glorificabant Dominum, et postea exitaverunt (*sic*) eum et exurgens celebravit; et missa celebrata interrogaverunt eum quid vidisset, et confessus est quod vidit, et laudavit Dominum, et ipsi similiter qui viderant vidisse confessi sunt. Que visa denotantes inter se et ipsum episcopum Parisiensem et abbatem Sancti Victoris, hanc regulam juxta quam vivere debeant instituerunt et cetera que in regula continentur. Postea episcopus et ceteri regulam predictam a Domino papa fore optantes confirmatam (*sic*), scripsit Dominus episcopus[3] Domino pape, dicens quod salvifice dictarum lator litterarum posset credere que vera erant ea que viderat, et tradidit litteras magistro Johanni Provinciali. Qui, quam citius potuit iter suum arripuit et Romam petiit. Sed dum iret, venit per locum quemdam qui vocatur Cervusfrigidus[4]. Ibi quatuor heremite habitabant qui interrogaverunt assidue quo tenderet et quare Romam peteret : causam eis indicavit. Qui letantes de tali rumore, si causam et ordinem ad effectum perducere posset, se subjectos et sua Deo et ordini optulerunt[5]. Quid plura? Ipse magister ad apostolicam sedem veniens affatus est cum Domino papa[6] eique monstrans litteras testimonii

---

1. Est-ce Dieu ou un Ange? Les Trinitaires ont varié d'opinion sur ce point; ils disaient que Dieu avait été l'instituteur et un Ange le paranymphe. Mais lorsque le P. Auvry, de la Merci, dit que l'ordre de la Merci était autant au-dessus des Trinitaires que la Vierge était au-dessus des Anges, les Trinitaires dirent que Dieu lui-même était apparu à Jean de Matha.
2. Les Trinitaires disent, avec raison, je crois, que Jean seul fut favorisé de cette vision. En effet, si Maurice de Sully eut la même vision, pourquoi demanda-t-il à Jean ce qu'il avait vu?
3. Baron et le P. Calixte publient, au contraire, une prétendue lettre de l'abbé de Saint-Victor.
4. Il n'est pas question ni du cerf ni de saint Félix. La visite aux quatre ermites, en passant, est bien plus vraisemblable que trois ans de solitude.
5. Voilà encore un fait vraisemblable : Cerfroid fut le premier noyau de la communauté Trinitaire. Cela explique la vénération dont ce saint lieu fut toujours entouré.
6. Le pape n'est point nommé.

sui, omnia que viderat enunciavit vel enarravit. Qui ci credere nolens et cum et episcopum talia testificantem pro stultis reputavit[1]. Quo facto, reversus est Parisius. Deinde non multum post, Domino pape celebranti apparuit visio qualis magistro Johanni apparuerat. Qui dolens eo quod petitioni ejus non satisfecerat, misit nuntios ut, si possent eum invenire, ad se citius revocarent, et invenerunt[2]. Tunc dixit Dominus papa : Dominus mittat eum ad me. Postea vero ille sanctus homo petens Romam affatus est cum Domino papa et quod voluit impetravit. Deo gratias[3].

Anno Domini millesimo centesimo nonagesimo et octavo[4] incepit ordo Sancte Trinitatis.

N° 93.

1444. — Récit en vers sur le même sujet (Bibl. Nat., ms. lat. 9753 f° 12 v°).

    Deus creator omnium
    Fini bono principium
    Meum dignetur jungere
    Ut mundi propter ocium
5   Hebetatur ingenium.
    Illud volo [d]aucere (?)[5]
    De habitu Trinitatis
    Fratrum; dicam dealbatis

1. Cette brusquerie ne nous étonnerait pas de la part d'Innocent III, qui n'était point crédule. Mais traiter de fou un évêque de Paris passe un peu les bornes.

2. C'est une vraie scène de comédie. Comment saint Jean revint-il à Rome? l'auteur ne le dit pas.

3. En effet, tout est bien qui finit bien. Les obstacles à la fondation de l'ordre sont ici quelque peu ridicules. Ce récit a du moins le mérite de nous montrer que le pape mit quelque hésitation à confirmer les Trinitaires. Jacques Bourgeois, dans son poème, a développé cette résistance du pape.

4. Le texte porte « otto »; c'est 1198.

5. Pour *docere*.

          Cur induuntur vestibus,
10   Cur crucem lividitatis
          Partim et croceitatis
          Suis portant pectoribus.
          Quedam valis est Francia (sic),
          A paucis quondam pervia,
15   Pre ipsius gravamine :
          Per bonorum subsidia
          Fundatur hic ecclesia,
          Trinitatis in nomine ;
          Duo quondam heremite,
20   Adherentes sancte vite,
          Hic eligerunt heremum ;
          Diu steterunt limite
          Voluntari recto, vite
          Regulari querunt demum

Hic debent poni duo heremite orantes in quadam capella sita in quodam nemore[1].

25   Romam vadunt petitum,
          Regulam quasi (?) victuri
          Essent, et cui obedirent;
          Sciunt, non vivunt securi
          Ab ullo non correpturi (!)
30   In aliquo si delirent[2].

Quomodo duo heremite intrant ante palatium pape.

          Papa sanctus Honorius (!)
          (Quia ducit commodius
          Optant recipere petita)
          Hiis studuit diutius,
35   Horum quomodo melius
          Responderet ad merita.

Quomodo cardinales presentant heremitas ante papam.

---

1. C'est une indication pour l'enlumineur. Les miniatures manquent.
2. Cette idée fort juste est reprise par tous les historiens de l'ordre,

Justus deus compatitur;
Illa die qua colitur
Agnetis festa beate,
40 Papa templum ingreditur;
Hic celebrare nititur,
Horum motus bonitate,
Sacramento ad Spiritum
Fundit preces, ut habitum
45 Concedat eis et normam;
Angelum videt vestitum
Albis, et super positum
Signum crucis ad hanc formam.

Quomodo papa celebrat[1] et videt angelum indutum de habitu nostre religionis, cardinales et heremite presentes.

Angelus tenet in manus (*sic*)
50 Viros binos : cristianus,
Sarracenus sunt nomina;
Dant signare quod paganus
Et hic ordo Trinitanus[2]
Tractabunt mercamina.

Qualiter angelus tenet duos viros, unus cristianus et alter Sarracenus (sic).

55 Dum sacra papa finivit,
Hos heremitas ascivit
Magnifestans visionem :
« Omnipotens vos audivit,
Angelo cujus munivit
60 Me docens religionem.
Filioli, accedite,
Bonum regimen sumite,
Datum vobis nunc a Deo[3];
Albas vestes induite,

---

1. C'est la classique *révélation* de l'ordre.
2. Pour *la rime*. L'*échange* est bien exprimé.
3. Dieu lui-même est l'instituteur de l'ordre.

65	Desuper crucem gerite
	Factam fulvo[1] et rubeo

Quomodo papa induit patres.

	Color albus vestre vestis
	Signat quod pudici estis[2]
	Et puri sicut albedo;
70	Crux est, ut scire potestis (!)
	Passionis Christi testis,
	Signant livor et rubedo;
	Ad instar sancte Agnetis[3],
	Bona vestra dividetis,
74	Sicut divisit in tria.
	Ex una parte vivetis;
	De seconda redimetis
	Captivos ultra maria;
	Tertiamque pauperibus
80	Tribuetis; hiis omnibus
	Ordo vester est fundatus
	Patris, Nati, nominibus
	Spiritus Sancti ex tribus
	Hiis erit intitulatus. »

Quomodo papa presentat bullas ad fratres, et ipsi ad genua recipiunt.

85	Revertuntur fratres leti
	Ad propria, quia freti
	Sunt Dei adjutorio.
	Fines terrarum et freti
	Post illos sunt jam repleti
90	Hujusmodi cenobio[4].

1. La croix n'est pas rouge et « fauve », mais rouge et azurée.
2. C'est-à-dire *esse debetis*. C'est par avance la paraphrase des discours que Gaguin fait prononcer à Innocent III.
3. C'est la division en trois parfaitement formulée. Je ne sais où les Trinitaires ont pris que sainte Agnès avait divisé ses biens en trois.
4. Pour *coenobiis*.

Cervusfrigidus vocatur
Locus ubi primo fatur
Construxisse mansiones,
Hic ordo primo fundatur,
95 Qui jam satis divulgatur
Per seculi regiones.
Ecce ordo approbatus,
Non a sanctis fabricatus
Solum, sed a summo Deo[1].
100 Cum a summis sit delatus,
Ceteris esse prelatus
Debet, dicere audeo.
Hujus scripti qui lector es,
Rogo pro me Deum ores,
105 Matremque ejus Mariam
Ita cordis claudem fores,
Ne mondi propter honores
Perdam perseverentiam,
Sed illam vocem audiam
110 Christi, per Matheum dicentem :
Venite benedicti patris Mei,
Possidete preparatum Vobis regnum
Ab origine mondi. Amen. Deo gratias.

Pater, peccavi, fregi silentium in choro, in dormitorio, in refectorio, in claustro et in ecclesia; defeci cantando, legendo, pronunciando, in inclinationibus et prostrationibus meis et in pluribus aliis regule mee, de quibus veniam peto. Deus creator omnium (*sic*).

Ains dit fut prins (*sic*) à Chalons
Par frère Pierre Muguet,
Frère de ceste maison,
L'an XLIIII mil cccc
Par luy fut escript et mis seans ;
Dieu luy pardoint son mal fait
Qui de chacun congnoist le fait[2]. Amen. Jesus.

1. Tercet classique dans l'ordre.
2. Ces derniers mots indiquent la date et peut-être le motif de la composition de ce fragment poétique (1). Nous avons là un travail fait, sans doute pour exécuter une pénitence, par un frère de la maison de Châlons, en 1444.

N° 97.

1457, 6 novembre. — *Professio fratris Petri Quinion, ordinis Sancte Trinitatis* (Archives des notaires de Tarascon, *Muratori*).

Anno a Nativitate Domini millesimo quadringentesimo quinquagesimo septimo et die Dominica sexta mensis novembris, coram venerabili et religioso viro fratre Johanne de Ulmo, ministro domus Sancte Trinitatis hujus ville Tharasconis, existens et personaliter constitutus frater Petrus Quinion, ordinis Sancte Trinitatis, hujus ville, petens et requirens se ad beneficium profecie ordinis predicti, offerens se facturum et observaturum que alii religiosi dicti ordinis facere, tenere et observare assueti sunt.

Et dictus dominus minister (*sic*).

Dictus vero frater Petrus Quinion veram obedientiam prestitit et promisit Deo et dicte sancte religioni, prout in quadam papiri cedula, manu ipsius fratris Petri scripta, cujus tenor sequitur et est talis :

Ego frater Petrus Quinion clericus stabilitatem corporis mei ecclesie Sancte Trinitatis hujus ville Tharasconis promitto coram Deo et sanctis reliquiis ejusdem ecclesie, in presentia fratris Johannis de Ulmo ministro meo (*sic*), et ceterorum fratrum, emendacionem morum meorum praecipue in castitate et sine proprio vivere, in communione et obedientia, secundum graciam michi a Deo collatam et facultatem virium mearum, dicendo verba sequentia : suscipe me Domine, secundum eloquium tuum et V. : et non confundas me ab expectatione mea.

Quibus sic peractis, prefatus Dominus Minister, assistentibus sibi fratribus Guillelmo et Anthonio Chononas ejusdem ordinis, prefatum fratrum Petrum ad predictum profecie beneficium admisit et suscepit per osculum pacis.

Actum Tharasconis, in ecclesia Sancte Trinitatis, presentibus venerabilibus et discretis viris domino Gaufrido Huioti, presbitero priore Sancti Gabrielis territorii hujus ville, Roberto Adam habitatore. (Et me Johanne Muratoris.)

N° 98.

5 mars 1461 (n. st.). — Privilège général pour les Exempts (Trinitaires de Troyes, carton 247).

Ludovicus miseratione divina Senonensis archiepiscopus[1] salutem in Domino. Cum nuper ad nostrum provinciale concilium per nos Senonis, cum Dei adjutorio, celebrandum, per litteras nostras citaverimus, evocaverimus seu evocari et citari fecerimus omnes personas ecclesiasticas, exemptas et non exemptas, capitula videlicet cathedralium et collegiatarum ecclesiarum, abbates et priores conventuales totius nostre provincie Senonensis exemptos auctoritate apostolica, et hoc (?) virtute litterarum apostolicarum nobis per felicis recordationis dominum Calistum[2] papam tertium super hoc concessarum, et non exemptos auctoritate nostra metropolitana, et ob hoc moveri sperarentur plures processus inter nos et exemptos jam dictos, quibus toto posse obviare volentes et illos ad pacem et concordiam reducere, — notum facimus quod nos, ante initium dicti nostri concilii die date presentium, et in loco preparato et ordinato pro hujusmodi nostro concilio celebrando, de venerabilium fratrum et suffraganeorum nostrorum inibi assistentium consilio, pro hac vice dumtaxat, et absque prejudicio jurium utriusque partis, diximus, declaravimus, dicimusque et declaramus per presentes quod per quamcunque citationem, evocationem seu intimationem, auctoritate dictarum nostrarum litterarum, in exemptos seculares vel regulares factas seu executioni demandatas, non intendimus exemptioni, privilegiis seu libertatibus eorumdem quovismodo prejudiciare; quin ymo predictos exemptos, ex nunc prout ex tunc, et ex tunc prout ex nunc, evocatos et invitatos causa concilii hujusmodi, pro agendis provincie nostre [negotiis], et auctoritate apostolica secundum formam dicte bulle, declaramus eosdem evocasse seu invitasse. In quorum testimonium premissorum, litteras sigillo nostro munitas per notarios publicos subscriptos jussimus signari et in-

1. Louis de Melun (1483-1474).
2. Le pape Calixte III avait dérogé au principe de l'exemption en faveur de l'archevêque de Sens.

scribi; quas unicumque eas habere volenti fieri et tradi per dictos notarios precipimus. Datum et actum Senonis in majori aula nostre domus archiepiscopalis Senonensis, nobis ibidem pro concilio nostro provinciali celebrando una cum venerabilibus fratribus et suffraganeis nostris et quam pluribus aliis viris ecclesiasticis, in magno numero congregatis, anno Domini m° cccc° sexagesimo more Gallicano, indictione nona, mensis vero Martii die quinta; Pontifficatus in Christo patris ac domini nostri Domini Pii, divina providentia pape secundi, anno tertio.

N° 99.

1464, 21 mai. — Des arbitres condamnent les Trinitaires de Châlons à 50 sous de dommages-intérêts au chapitre pour avoir négligé de payer pendant cinq ans un cens de 20 sous sur une maison que leur avait léguée l'archidiacre Jean (Bibl. Nat., *Collection de Champagne*, t. VI, p. 131).

A tous ceulx qui ces présentes lettres verront et orront, Jean de Veroils licentié en loiz, bailly de venerable et discrette personnes messieurs les doyen et chappitre de l'église de Chaalons, Jean de Paris licentié en lois et en décret, lieutenant général au bailliage et comté de Vertus, et Huel Evrard, procureur en l'eveschié du dit Chaalons, arbitres arbitrateurs et amyables appaisanteurs prins et esleuz entre les partyes cy après nommées, salut. Comme procès feust naguères meu et commancé, par devant les prévost et eschevins de Chaalons, entre les dits vénérables doyen et chappitre de l'Eglise de Chaalons, complaignans et demandeurs en cas possessoire et de simple saisine, d'une part, à l'encontre de frère Jehan Couvart, à présent ministre de la Trinité hors Chaalons[1] et les Religieux et frères de la dite église, opposant et deffendeurs d'autre part, pour cause de ce que les dits demandeurs disoient et maintenoient comme certains moiens pour certaines causes, et mesmement par vertu de certaines lettres, faittes et passées sous le scel des dits ministres et frères de la dite église de la Trinité, desquelles la teneur s'ensuit :

1. Ce n'est qu'au seizième siècle que les Trinitaires sortirent du faubourg Saint-Sulpice pour venir dans la ville de Châlons.

[« Universis Christi fidelibus presentes litteras inspecturis frater Guido, minister domus ordinis Sancte Trinitatis et Captivorum Cathalaunensis, ceterique fratres in eadem domo degentes in Domino salutem. Notum facimus universis tam futuris quam presentibus quod nos tenemur reddere singulis annis in perpetuum capitulo Cathalaunensi viginti solidos in festo Sancti Remigii, in capite Octobris, pro anniversario domini Johannis, archidiaconi Cathalaunensis, pro domo quam nobis contulit idem archidiaconus; quam videlicet domum emit dictus archidiaconus a Guillermo serviente suo et Tigneleta uxore dicti Guillermi, et pro locatione (?) dicte domus tenemur facere anniversarium dicti archidiaconi, singulis annis in perpetuum post mortem ipsius, et quamdiu vixerit, unam missam pro ipso, quolibet anno, de Sancto Spiritu celebrare... Actum anno domini millesimo ducentesimo tricesimo secundo mense Aprilis. »]
ilz avoient droit et estoient en possession et saisine, tant par eulx comme par leurs prédécesseurs, de prendre et percevoir chacun an au jour de St Remy ou chef d'Octobre, la somme de vingt solz tournois de cens, par eulx ou leurs officiers commis, en et sur les dits menistre et frères de la Trinité.

Ce non obstans les dits ministres et frères avoient cessé, contredits et reffusé de payer aus dits complaignans, ou leurs officiers et commis, les dits vingt solz de cens et les arrérages qui en sont deubs de cinq années, escheues au jour de feste St Remy chef d'octobre M CCCC LXIII dernier passé; pourquoi iceulx complaignans et demandeurs, par vertu de la commission de Thomas Vallon escuier, prévost du dit Chaalons, dattée du IVe jour de febvrier dernier passé, avoient le xe jour d'icellui mois, par Gessonnet Petit, altre sergent en la dite prévosté, faict adjourner les dits ministre et frères au lendemain ensuivant à estre et comparoir par devant un sergent, au devant de la porte principalle de la dite Eglise de la Trinité, pour veoir par le dit sergent maintenir et garder les dits complaignans et demandeurs ou leur procureur en possession et saisine dessus dits. Auxquelz jour et lieu les dites partyes comparans, c'est assavoir les dits demandeurs par Pierre Phelyon, leur procureur, et les dits deffendeurs par frère Jehan Couvart ministre, et frère Jehan Coyet, relligieux de la dite communauté (?), le dit sergent tint et maintint les dits demandeurs à la dite somme,... A tout lequel exploict les dits deffendeurs se opposèrent, et leur feist assignation par devant les dits prévost et eschevins au vendredi après les Brandons ensuivant, pour dire les causes de leur opposition et procéder *onere suo*, et ainsy qu'il appartiendra par raison, comme de tout ce nous est souffisament aparu par les exploicts sur ce faicts...

Nous, arbitres dessus nommez, avons diligemment veu et visité les dites lettres, et, considéré tout ce que nous sembloit estre à considérer en ceste partie, sçavoir faisant que, tout veu et considéré nous, par notre sentence arbitraire et amiable rapporté, avons maintenu et gardé, maintenons et gardons par ces présentes les dits demandeurs en leurs possessions et saisines dessus dites et, au regard des arrests dont faisant demande les dits demandeurs, montant à la somme de cent solz tournois, avons rapporté et rapportons que les dits deffendeurs en payeront la somme de cinquante solz seulement, du surplus demoureront quittes envers les dits demandeurs, sans préjudice pour le temps advenir, et y avons compensé tous despenz faitz à cause des dits procès judiciaire, et arbitre, lequel rapport les dites partyes et chacune d'elles, comparans comme dessus dit, eurent agréable, et icelluy omologué, ratiffié, confirmé. En tesmoin de ce nous avons scellé ces présentes de nos sceaulx. Ce fu fait le vingt-uniesme jour de may l'an mil cccc soixante et quatre.

N° 100.

1475 environ. — Les Trinitaires d'Arles demandent au roi René de les aider à se faire payer des arrérages échus sur ce que leur a légué Geoffroy le Meingre, dit Boucicaut (Archives de Marseille, Trinitaires d'Arles, n° 177, liasse 30).

Sacre regie magestati humiliter supplicando exponitur pro parte pauperis oratoris fratris Beraudi Veyxerii, ministri ecclesie Sancte Trinitatis, rectorisque hospitalis ejusdem civitatis Arelatis quod, cum dictus minister sit, suique predecessores fuerint in pacifica possessione recipiendi florenos triginta sex, in festo beati Michaelis Archangeli, a nobili Poncio de Aygueria et, ipso Poncio mortuo, a nobili Merigono ejus filio, et successive ab heredibus dicti Merigoni, necnon a magnifico potentique militi domino Ludovico de Bellavalle, quondam senescallo hujus patrie Provincie, jure majoris dominii, census, senhorie et pensionis emphitheotice pro quibusdam terris, vineis, pratis, pasturis, hospitiis, molendino, furno, albergis, censibus servitiis, juribus; fructibus, redditibus et aliis juribus quibuscumque, quem et quos dictum hospitale habebat in castro de Melhana[1], territorii Tharasconis; que quidem terre, vinee, prata, census et alia quecumque supradicta fuerunt data nobili Poncio de Aygueria ad novum accapitum[2] scilicet per fratrem Anthonium Carterii, olim ministrum dicte ecclesie Sancte Trinitatis et rectorem dicti hospitalis, ad censum dictorum triginta sex florenorum, vigore cujusdam donationis dictis ecclesie Sancte Trinitatis et hospitali facte per magnificum militem dominum Gaufridum Le Meingre, alias Boucicaut, pro missis in dicta ecclesia celebrandis ac cantari (*sic*) seu anniversario solempni fiendo; que donatio fuit per vestram sacram regiam magestatem confirmata[3]. Verum tamen mortuo magnifico domino de Bellavalle, nobiles venerabiles viri Guillelmus de Broves, donnus Contonus (?) sacerdos, Geronimus Vabissa (?) et Montagut de Cavalione, gubernatores et administratores dictarum terrarum, vinearum, pratorum et aliorum jurium et possessionum quorumcumque supranominatorum et descriptorum, a quinque annis citra elapsis, recusaverunt et recusant dictos florenos triginta sex eidem ministro solvere. Supplicat ergo Sacre Regie Majestati quatinus dignetur eidem pauperi supplicanti providere et providendo mandare dictas terras, vineas, prata, pasturas, hospitia, molandinum, furnum, albergas, census, servicia, jura, fructus, redditus et alia quaecumque bona donata per dictum quondam Boucicaut dicte ecclesie Sancte Trinitatis et hospitali, in manibus dicti pauperis ministri poni tenenda et gubernanda, donec eidem fuerit integre satisfactum de censibus dictorum annorum quinque, litteras benigne concedendo.

1. Maillane. C'est l'endroit où demeure Mistral.
2. Le reire-acapte.
3. Mêmes archives, n° 151, 24 janvier 1438.

N° 101.

1476, 15 septembre. — Le roi René mande au grènetier de Tarascon de payer aux Trinitaires d'Arles une pension de 36 florins, qu'ils percevaient autrefois sur le terroir de Maillane et qu'ils lui ont transportée (*Ibid.*, Trinitaires d'Arles, n° 179).

René, par la grâce de Dieu, roi de Jérusalem, de Sicile, d'Aragon, de l'isle de Sicile, Vallence, Maillorque, Sardaigne et Corseigne, duc d'Anjou, de Bar, etc., comte de Barcellonne, de Provence, de Forcalquier, de Pimont, etc., à nostre amé et féal secrétaire grenettier du grenier à sel de nostre ville de Tarascon, Jehan Bihes, et à ses successeurs audit office salut et dilection. Humble supplication et requeste de nos bien amez le ministre et Religieux de l'ospital de la Trinité de notre cité d'Arles avons reçeue, contenant que naguères par notre amé, féal conseiller et maistre rational en notre chambre des comptes et archif d'Aix, maistre Jehan Jarente, a esté ordonné et assigné, pour et de par nous par forme d'eschange, la somme de trente-six florins mouvans de notre dit pays de Provence sur les deniers de votre recepte, pour et à l'encontre de semblable somme qu'ilz avoyent à prendre à chacun an de pension, sur la terre et seigneurie de Mailangue au terme de Saint-Michel, laquelle pension ilz nous ont semblablement baillée et transportée par eschange à l'encontre de la dite somme, de laquelle somme de trente-six florins, ainsi à eulx assignez par le dit eschange, ils n'ont encore aucune chose reçeu et doubtent qu'ils ne puissent recevoir, sans avoir sur ce noz lettres d'assignation adressans à vous, en nous humblement requérant que sur ce leur vueillons pourveoir. Pourquoy nous, les choses dessus dites considérées, ayant le dit eschange aggréable et voulans icellui avoir et sortir son plein effet, selon la forme et teneur du dit instrument, vous mandons et expressément enjoignons par ces présentes que ausdit ministre et religieux et à leurs successeurs vous paiez, baillez et delivrez ou faites paier, bailler et délivrer par chacun an des deniers de notre dite recepte la somme de trente-six florins, et iceulx leur continuiez aux termes et par la forme et manière contenuz et déclarez ou dit instrument, et par rapportant, pour le premier paiement, vidimus de ces dites présentes ensemble la coppie ou vidimus du dit instrument, deuement faiz et collationnez aux originaulx comme il appartient, et quittance sur ce suffisant des dits ministres et religieux, tout ce qui à la cause dessus dite leur aura esté paié, baillé et délivré sera alloué en voz comptes, desduit et rabatu de votre dite recepte par nos amez et féaulx conseillers les genz de nos comptes et archif d'Aix... Donné en notre ville de Tarascon le xv⁰ jour de septembre l'an mil cccc septante et six. — René (gratis in favorem ecclesie).

N° 102.

1477, 12 avril. — Désiré Noël, suffragant de l'évêque de Metz, consacre l'église des Trinitaires (Arch. de Lorraine à Metz, H 3775, n° 1).

In nomine Domini, amen... Reverendus in Christo Pater Dominus, Dominus Desiderius Natalis Panadensis episcopus, reverendique in Christo patris et Domini Domini Georgii[1], Dei et sancte sedis apostolice gratia Metensis episcopi, in pontificalibus suffraganeus, a venerabili viro fratre Symone de Vallibus ministro, fratribus Nicholao de Axis, Johanne Perrini et Nicolao Jaquino Michal, ejusdem ecclesie religiosis expresse et (sic) professis, rogatus et requisitus, quatinus sub spe consecrationis ejusdem ecclesie, per eumdem dominum suffraganeum celebrande prius, et antequam ad eandem consecrationem procederet, altaria ipsius ecclesie, et presertim super eorumdem reconsiliatione, si etiam qualibet (?) indigerent, perscrutari et visitare sua episcopali dignitate, velletque atque dignaretur. Qui quidem dominus suffraganeus sic, ut premittitur, requisitus, hujusmodi requisitioni, tanquam juste et racioni consone, favorabiliter annuens, illico et incontinenti [ad] altare majus dicte ecclesie accessit, et ipsam seu locum in antiparte dicti altaris ubi reliquie apponi et recondi solent, aperiri et lapidem revolvi jussit, hoc facto, in eodem loco seu capsa reperiit reliquias parvo panno telarum involutas, videlicet beati Urbani pape et martiris, cum quibusdam cineribus, ut patebat, et scribebatur in quadam parva pergameni cedula, et cum hoc erat alia cedula pergameni sic scripta : Istud altare consecratum

1. Georges de Bade.

est in honore Sancte et individue Trinitatis et gloriose beate Virginis Marie, anno Domini millesimo trecentesimo decimo nono, mense Februarii, nono Kalendas Martii. Deinde et statim *(sic)*, in altari Sancti Huberti reperiit idem dominus suffraganeus, facta revolutione lapidis, capse seu loci similis dicti altaris, reperit *(sic)* reliquias in quadam parva cedula pergameni designatas, sic scripta : Istud altare consecratum est in honore Sanctarum Virginum, gloriose Virginis Katherine, Sancte Margarite et Beate Barbare, anno Domini millesimo trecentesimo decimo nono, mense Februarii, nono Kalendas Martii. Consequenter sunt etiam per eundem Dominum suffraganeum altare beate Marie Virginis, ab alio latere ipsius altaris Sancti Huberti existentis *(sic)*, visitatum in cujus altaris capsa seu loco supra designatis erant reliquie Sanctorum Johannis Baptiste et Nicolai, prout in quadam cedula continebantur, cujus tenor talis est : Istud altare consecratum est in honore Sancti Johannis Baptiste et beati Nicolai anno Domini millesimo trecentesimo decimo nono, mense Februarii, nono Kalendas marcii, una cum parva cedula, in qua scriptum est : *De Sancto Nicolao*, inclusa cum eisdem reliquiis. Quibus sic visitatis altaribus, reformatisque dictis capsis et locis, inclusisque reverenter, ut decuit, dictis reliquiis in eisdem, memorati fratres minister et religiosi de et super reconsiliatione et visitatione, omnibusque et singulis premissis, ut premittitur, factis, pecierunt et requisierunt sibi per me notarium publicum subscriptum fieri atque tradi instrumentum publicum unum vel plura. Subsequenter in crastino inmediate sequente, videlicet dominica die qua in sancta ecclesia pro introitu misse cantatur *Quasi modo geniti infantes, etc.*, intitulata decima tercia dicti mensis Aprilis, memoratus reverendus pater dominus Desiderius suffraganeus dictam ecclesiam Sanctissime Trinitatis in ipsiusque honore, necnon vestiarium seu secretarium (!) ejusdem ecclesie, noviter constructum in reverencia beatorum Michaelis Archangeli, Johannis Evangeliste et Marie Magdalene ritu canonico consecravit et deificavit [1].....

1. Le consécrateur donna quarante jours d'indulgence pour les fêtes de la Trinité, de la Vierge, de la Dédicace de l'Eglise.

N° 103.

1477, 25 août. — Statuts de Robert Gaguin au sujet de la nomination du provincial de Castille (Bibliothèque Mazarine, ms. 1766, f°s 58 r°-59 r°).

Frater Robertus, maior minister totius ordinis Sancte Trinitatis et redemptionis captivorum, universis et singulis ministris nostri predicti ordinis per provinciam Castelle et Legionis constitutis, tam presentibus quam futuris, salutem in eo cui cura fuit pro salute generis humani se hostiam prebere deo patri. Amor verus et caritas quam in Christo Jesu erga vos habemus et gerimus, nos crebro pulsat et admonet circa vestram salutem vigiles curas adhibere et vestris commodis ita solicite providere, ut non tantum presentia, sed futura etiam que ad vestram salutem pertineant providere studeamus. Cum igitur sepius ante hoc tempus contigerit ut, mortuo et ex hoc seculo comigrante provinciali vestro, vos sine rectore manseritis, ita ut a vobis sit frequenter dubitatum a quo vestrum reliqui ministri iure possent ad congregationem et electionem futuri provincialis evocari, quisve interea, dum ipse provincialis electus confirmaretur a nobis, inter vos curam gereret provincie. Nos huiusmodi dubietates amputare et saluti vestre in posterum consulere volentes, presenti scripto in perpetuum ordinamus ut, postquam provincialis qui rite electus a vobis, et a nobis seu a successoribus nostris confirmatus, debitum nature persolverit et demigraverit e terris, corpusque eius religiose fuerit inhumatum, minister in cuius administratione ipse provincialis decesserit, si conventualis sit, provinciam in suam custodiam recipiat ipso facto, et omnes statim tocius provincie ministros ad capitulum ubi futurus provincialis eligi possit, advocet et congreget nulla interposita dilatione. Qui minister non provincialis sed custos provincie apelletur, et tamdiu curam ipsius provincie et omnia que in ea sunt exequatur, donec provincialis electus sit et a nobis confirmatus. Si vero domus in qua mortem obierit provintialis conventu careat, si vel alio loco extra ordinem vitam finierit, minister conventualis qui loco in quo ipse provincialis defunctus est, fuerit anctiquior (sic) custodiam provincie suscipiat. Ceterum cum provincialis adhuc vivens prope ad quartum sui provincialatus annum pervenerit, diligenter studeat locum assignare electioni futuri provincialis, et ad illam rite ministros omnes sue provincie citare atque convocare; in qua electione non ipse, sed vicinior sibi et propinquior conventualis minister presideat, qui custodiam provincie, ut premittitur obtineat, procuretque diligenter huiusmodi electionem fieri et compleri. Itaque non liceat ei qui custodiam susceperit diem electioni assignatam ullomodo differre, aut congregationem ministrorum ad alium locum traducere vel transferre. Qui se temerarium huius nostre ordinationis transgressorem effecerit sententia excommunicationis ipso facto percellatur, donec a nobis vel successoribus nostris absolutionis beneficio curetur. Datum Parisius in domo nostra sancti Maturini sub sigillo et contra sigillo nostre maioris administrationis. Anno Domini millessimo quatercentessimo septuagessimo septimo, die vicessima quinta mensis Augusti.

Ro. Gaginus (sic) maior minister[1].

N° 104.

1488, 25 août. — Bulle d'indulgences d'Innocent VIII vidimée par le vicaire général de l'évêque de Gap (Bibliothèque de Lyon, manuscrit 282, fonds Coste)[2].

Karolus... vicarius et officialis generalis in spiritualibus et temporalibus episcopatus Vapincensis, auctoritate apostolica depputatus, universis et singulis ad quos presentes nostre littere pervenerint salutem in Domino sempiternam. Cum minister et fratres, religiosi et servitores ordinis Sancte Trinitatis, Redemptionis Captivorum, sub regula Sancti Augustini[3] viventes, redemptione fratrum nostrorum christianorum, in manibus infidelium Sarracenorum captivorum detentorum, totis viribus elaborent, transeundo ad partes ultramarinas, corpora sua mortis periculo subjicere non verentur; — et

---

1. Je remercie vivement M. de Vaissière de s'être dessaisi de cette copie ainsi que des statuts de Gaguin publiés en 1497.
2. Cette pièce d'une écriture presque indéchiffrable m'a été communiquée par mon ami Pérouse, archiviste de la Savoie.
3. Cette désignation se rencontre pour la première fois dans les bulles du milieu du quatorzième siècle.

cum, ad opus tam pium et laudabile peragendum, Christi fidelium helemosine sint quam plurimum necessarie, igitur omnibus vobis universis et singulis districte praecipimus quathinus, cum dictos fratres, procuratores aut eorum nuntios ad vos et ecclesias vestras declinare contigerit, cum testimonio nostrarum[1] hujusmodi litterarum, ipsos benigne recipiatis, et caritative tractetis; — parrochianos vestros utriusque sexus etatem habentes[2] convocando ad diem, locum et horam quam vel quam lator presencium duxerit elligendum, ob reverentiam tanti luminis et charitatis qui (?) totum mundum illuminat pro confirmatione fidei catholice, ut, de bonis sibi a Deo collatis, pia et grata caritatis subsidia dictis fratribus, procuratoribus seu eorum nuntiis elargiantur, et vos pariter, ad similia incipientes, verbo pariter et exemplo[3]. Volumus autem quod, illa die qua ipsi fratres seu eorum nuntii applicaverint in vestris ecclesiis, cessus sive interdictum per nos oppositum, pro eorum jocundo adventu tollatur et admoveatur, et istos prae ceteris anteferri, quia non sunt proprie questores, sed viri Religiosi et approbati, vestros fratres christianos redimentes. Cartellos[4] vero dicti fratres quos, procuratores, seu nuntii eorum vobis tradent, benigne tractetis (?) et recipiatis, populoque vobis commisso, dum ad divina officia audienda fueritis congregati, dilligenter exponatis. Volumus et jubemus etiam insuper, pro confirmatione fidei catholice et Sancte Matris Ecclesie ac pacis et concordie, quod possint et valeant fieri facere processionem solennem, dum et quando fuerit opportunum, unum vel duos probos homines[5] elligatis, si necesse fuerit, qui hujusmodi helemosinas colligant...

1. Chaque tournée de quêtes ne pouvait se faire qu'avec une nouvelle bulle du pape.
2. « Majeurs. »
3. C'est-à-dire : donnez les premiers.
4. Des placards analogues au grand *Pardon* de l'ordre de la Sainte-Trinité (ROUYER, *Bulletin de la Société de l'histoire de Paris*, 1893).
5. Les marguilliers.

N° 105.

I. — 1488, 6 septembre. — « Procès entre les religieux de la Merci, Rédemption des Captifs, et le maître des Mathurins. Ils s'étaient inscrits en faux contre certaines bulles produites au procès par ledit maître des Mathurins » (Table de Le Nain, p. 237). — Arch. Nat., X¹ᵃ 1495, f° 380 v°).

Sur la requête baillée à la cour de céans, le quatrième jour du mois d'août derrenier passé, par les Religieux et Frères de Notre-Dame de la Mercy, Rédemption des Captifs, pour laquelle ils requéraient délay être préfix jusques au lendemain de la Saint Martin prochain venant à Maistre Robert Gaguin, maistre des Mathurins, de informer sur les moyens de faussetés par lui baillés en la dite court à l'encontre de certaines bulles et provisions produites par iceux religieux et frères de Notre-Dame de la Merci [1]. Veu par la court la dite requête et tout ce qui a été mis par devers certains commissaires ordonnés pour parler aus dites parties,

Il sera dit que, en obtempérant à la dite requête des dits demandeurs, la court a préfigé et préfige terme au dit Gaguin de informer sur les dits moyens de faulcetés par lui baillés, jusqu'au lendemain de la dite Sᵗ Martin d'hiver prochain venant pour tous délais, pour ce fait en estre ordonné par icelle court, ainsi qu'il appartiendra par raison, les despens de cette instance réservés en diffinitive.

II. — 1489, 11 décembre. — Lettres d'état pour Gaguin, alors dans son ambassade d'Angleterre (Arch. Nat., X¹ᵃ, 1497, f° 25 v°).

Entre maistre Robert Gaguin, maistre général de la Sainte Trinité et Rédemption des captiz, demandeur et requérant l'enterinement de certaines lettres royaulx en forme d'estat [2], données le xxvii° jour de novembre derrainement passé, et en ce faisant que certaines causes et matières, pendant en la dite court entre le dit demandeur et les re-

---

1. L'analyse de Le Nain est absolument en contradiction avec la pièce. Les Mathurins étaient depuis longtemps en possession du droit de quête dans le nord de la France; les Pères de la Merci viennent en demander leur part. L'accusation de faux contre les nouveaux venus est portée par Gaguin.
2. Un sursis.

ligieux et frères de la Mercy, fondés ou royaume d'Arragon[1], tant en matière d'appel que aussi de faulceté, soient tenus en estat et surcéance jusques à trois moys, à compter du jour et date des dictes lettres, ou à tout le moins jusques à quinze jours après le retour du dit demandeur[2] d'une part, — et les dis religieux et frères de la Mercy, défendeurs d'autre part — veu par la court les dites lettres royaulx d'estat, les advertissements des dites parties, et tout ce que les dites parties ont mis et produit par devers la dite court, et tout considéré (*En marge :* Dit aux parties le 11 décembre 1489).

Il sera dit que, en entérinant les dites lettres d'estat, quant à ce, la dite court a tenu et tient les dites causes et matières des dites parties en estat et surcéance, jusques à troys moys à compter du jour-ci, datte des dites lettres d'estat (despens réservés en deffinitive)[3].

N° 106.

1497, 31 août. — Constitutions confirmées par Gaguin pour les Trinitaires d'Espagne (Bibl. Mazarine, ms. 1766, f° 16, n° 20 r°).

Statuta ordinis fratrum Sancte Trinitatis et Redemptionis Captivorum.

In nomine Sancte et individue Trinitatis, Patris et Filii et Spiritus Sancti. Amen. Frater Robertus Gaguinus decretorum Doctor, maior Minister totius Ordinis ciusdem Sancte Trinitatis et redemptionis captivorum, dilectis nobis in Christo Jhesu Provinciali seu vicario nostro, necnon omnibus et singulis ministris fratribus, sororibus, donatis, oblatis et conversis nostre regule et nobis subdictis, praesentibus et futuris, per regnum Castelle et Granate ubi libet constitutis, salutem. Sicut jampridem, priusquam generalem ordinis curam subiremus, audientes nonnullos vestrum a salutaribus patrum nostrorum institutis et rectitudine vite decrrare, et mundi vanitatibus sordidari tristabamur, mortuosque peccatis fratres lugebamus,

---

1. L'antagonisme politique était alors le prétexte de cette rivalité, qui n'avait d'autre motif que la concurrence.
2. Gaguin pensait donc revenir de son ambassade en janvier ou février 1490.
3. La cote est indiquée par M. de Vaissière, *De Roberti Gaguini vita*, p. 51; mais il ne s'est pas servi de ce texte.

ita nunc susceptis vestre karitatis litteris, que vestram meliorem conversationem et futuram semper emendationem annuntiarunt, exultavit spiritus noster in Deo salutari nostro, qui errantes ad penitentiam adduxit et in eorum visceribus cor rectum innovavit. Gaudemus profecto vehementer et Dominum benedicimus qui non solum ad maiorum nostrorum sanctiones et instituta occulos vestros convertere dignatus est, sed ad ulteriorem vite et sanctimonie fructum nova quadam addere vos docuit, quae et superiora corroborent et supervenientibus humiliorem vivendi forma demostrent. Quasquidem constitutiones a vobis unanimiter positas a nostra humilitate postulastis approbari, ut eo maiore firmitate subsistant quo fuerint digestiore nostro decreto climate. Nos igitur vobis, in via mandatorum Dei ambulare cupientibus, ministerii nostri opem presentis scripti tenore ad insequentem modum exhibemus. Itaque a capite vestre reformationis quod ab humilitate procedit sumentes exordium, statuimus ut deinceps nemo ex congregatione vestra provincialis seu minister vel prior, dum electus et confirmatus fuerit, ultra tres annos sui officii tempus extendere praesumat, sed triennio exacto confestim, in capitulo provinciali, praesentibus ministris provincialis suum officium deponat. Minister vero suo officio praesentibus suis fratribus humiliter renuntiet et ab eius excecutione se pectat absolvi, et ad sue professionis locum remitti cum hilaritate postulet, de omissis veniam deprecando, et idem coram suo ministro faciet qui prior fuerit in posterum electus. In quo cassu, dum provincialis officium vacaverit, ministri ad electionem alterius provincialis sancte et sine ambitione procedant. Qui provincialis electus confirmationem a nobis et maioribus ministris qui pro tempore erunt obtineat, et sic confirmatus provinciam et fratres regat et secundum regule nostre formam moderetur. Verum tamen, quia propter terrarum longa spacia, laboriosum esset quolibet triennio provincialis confirmationem pectere, statuimus ut is qui semel electus fuerit provincialis, si exacto triennio iterum ipse idem sine temporis intermedio eligatur, ipso facto sine alia confirmatione, provincialis, et usque ad aliud subsequens triennium censeatur atque habeatur. Si vero lapso pro triennio alter ab eo assumatur, licitum sit ei qui provincialis in mediate precesserit noviter electum, per pacis osculum et iuramenti exhibitionem, de obedientia nobis et nostris successoribus fideliter et religiose servanda confirmare. Itaque in fine cuiuslibet sexennii unam tantam (*sic*) a nobis et maiore ministro qui pro tempore erit confirmationem in provincialem, ut permissum est, pectat et obtineat.

Porro si infra triennium provincialis confirmatus moriatur, alter qui minister fuerit post illius mortem electus prestet in manibus senioris ministri premissum iuramentum, de obedientia et honore nobis et nostris successoribus conservandis, et sic suum exequatur officium; fratres autem simplices ministrum sibi assumant et electum pettant a Provinciali confirmari. Priorem vero minister de fratrum suorum concilio instituat, et quia interdum accidit ut dum fratres de ministro eligendo consultant, nullus inter collatis(?) ydoneus ad hoc officium reputetur, liceat ettiam illis sic dubitantibus alium de altero conventu nostri ordinis eligere et ministrum assumere, quem electum Provincialis confirmet, ne pro confirmatione nisi duplam et unum regale tantum exigere ullo modo presumat. Hortamur autem et in virtute sancte obedientie precipimus ut ii, qui ad has regendi et ministrandi sollicitudines fuerint instituti diligenter invigillent greges et domos sibi comissas gubernare, nec cuiquam fratrum proprium aliquotinus habere aut possidere permittant. Nec de proprio retinendo quovis modo dispensent, nisi tantum vel brebiarium vel aliquot libros morales et ecclesiasticos, aut unum vestimentum seu huiusmodi parva et pauca sobrie ad tempus habere nescessaria dispensatio (!), de totius communitatis, id est conventus, assensu concedat. Ea autem quae frater aliquis secundum hanc formam acceperit, publice profiteatur se huius modi in usum solum, non ut proprium, recepisse, seque sine dilatione restituturum quae acceperit, cum minister illa duxerit repetenda.

De noviciis quoque hoc observandum statuimus, ut nullus in ordine huius modi observantie recipiatur, nisi postquam quindecimum sue etatis annum compleverit. Quod si contra hoc facere minister presumpserit, acusetur et ab administratione privetur; constituatur autem seorsum et deputetur aliqua domus, ubi omnes novicii ad suscipiendum doctrinam et eruditionem conveniant; deputetur item illis aliquis ydoneus preceptor et magister qui illos doceat, nec permittat extra domum vagari aut inde quacumque hora exire, nisi urgente nescessaria causa, aut illis tamtum horis quibus in ecclesia vel in refectorio illos assistere et servire oportet.

Similiter nulli fratrum liceat extra regularem claustri ianuam progredi aut extra monasterium abire, nisi a ministro suo licentiam petat et obtineat; in quo casu honestum valde iudicamus ut socius aliquis ex fratribus illi a Ministro committatur, ut testem sue conversationis habeat. Circa vero licentiam concedendam Minister cautione[m] adhibeat, ut raro et non nisi semel in ebdomada hanc licentiam egrediendi indulgeat; quod de iis fratribus non est intelligendum qui ad certa officia vel ecclesie vel rerum temporalium sunt deputati. Si quis autem extra monasterium propter aliquam iustam causam ad aliud ordinis monesterium transire voluerit, causam suo ministro ter exponat et abeundi licentiam humiliter pettat. Quam si obtinere non poterit, liceat fratri ad provincialem accedere, coram quo prostratus disc[ed]endi causam exprimat, et sic poterit provincialis, causa rationabili instante, licentiam impartiri. Si vero absque vel provinciali (*sic*) seu vel vicarii beneplacito, ad aliam domum perfugerit, nullomodo ad divina officia admittatur, sed in custodia habeatur donec a proprio ministro penitenciam recipiat. Et quia ad officium Provincialis spectat, secundum partem sue sollicitudinis, vultum pecoris sibi commissi cognoscere, ordinamus ut cum ipse Provincialis noster, vel alius ab eo deputatus, ad domos ordinis in sua provintia accesserit, reverenter et cum caritate a ministro ubi declinaverit recipiatur, eique vite et visitationis sue nescessaria ministrentur. Itaque non liceat provinciali, vel eius commissario, ultra unum ordinis fratrem sibi socium et duos servulos, tempore visitationis, secum habere aut ducere. Maxime vero illud considerare opportet ut omnes et singule nostri ordinis domus, que in predictis regnis et provintia hactenus sunt constitute, et postea per Dei gratiam constituentur, reformationem recipiant et observantiam fideliter tenere compellantur.

Quorum si quis, instigante bonorum adversario demonne, aliter vivere et retrorsum abire voluerit, precipimus ut nullus eorum qui hanc observanciam contempserit in domum vel monasterium presentis sancte reformationis tanquam hospes recipiatur, ne meliores et Deo deditos fratres suo malo exemplo inquinet et corrumpat. Si autem propter turpem aliquam occasionem venisse videatur, comprehendatur et castigetur, et castigatus extra cenobium dimittatur.

Et ut reverentia et debitus honor inter fratres conservetur, inhibemus ne aliquis frater alterius fratris cameram ingredi sine ministri jussione presumat. Qui contrarium fecerit, licet de hoc non fuerit accusatus, se ipsum puniat et sequenti die a communi cibo et potu privatus, panem tantum et aquam sua sponte bibat; liceat autem cuicumque fratrum qui alium intrare cameram alterius viderit accusare in capitulo fratrem delinquentem. Qui non accusaverit a vino abstineat eo die quo peccavit. Si quis vero in camera alterius fratris per noctare et dormire presumpserit, carceri mancipetur. Quod si iterum idem commiserit, unius mensis carcerem subeat; tertio autem deprehensus, a communi fratrum societate et fraternitate omnino separetur. Item ut omnis proprietatis suspicio tollatur, inhibemus ne quisquam frater religiosus aut oblatus depositum, aut res alienas, seu munera, nec litteras ab aliis ad se missas recipiat, sed que missa vel mittenda erunt suo revelet ministro, alioquin tanquam furti reus condemnetur. Hec ergo sunt, dilectissimi fratres, que ad nos a vestra sancta Congregatione transmissa per ordinem digessimus, et digesta approbare rataque habere et confirmare volumus, et presentibus nostris litteris ex nostra certa scientia confirmamus... Datum in domo nostra sancti Maturini parisiensis, sub sigillo et contrasigillo nostre maioris administrationis, cum subscriptione nominis nostri. Anno Domini M° cccc° monagesimo septimo, trigessima die mensis Augusti. Robertus Gaguinus, maior minister.

De mandato domini, M. Quignon.

N° 107.

1498, 27 août. — Robert Gaguin, ayant appris l'incendie de l'église et du couvent des Trinitaires de Vianden, permet à ceux-ci de faire ou de faire faire des tournées de quêtes dans les diocèses de Trèves, de Cologne et de Liège, afin de se procurer les ressources nécessaires à la reconstruction (Archives de Luxembourg, Vianden, 1re liasse, dernière pièce).

Universis presentes litteras inspecturis. Frater Robertus decretorum doctor, maior minister tocius ordinis Sancte Trinitatis et Redempcionis captivorum, salutem. Miserabilis casus et infelix ruina ecclesie et domus nostre de Vienna, Treverensis dyocesis, que, proximis superioribus diebus, repentino incendio, eam cum maiore ville

Viennensis parte consumpsit[1], nos rationabiliter inducit ut dilectis nobis in Christo fratribus ministro et religiosis ejusdem loci, quibus vix locus superest ubi caput reclinent, liberam facultatem tribuamus sibi et misere ecclesie eorum succurrendi, quatenus in hac presenti calamitate eis liceat a vicinis et finitimis populis caritativa subsidia et pias elemosinas fidelium postulare, per que ecclesia et locus eorum possit ad Dei honorem et continuum cultum atque obsequium reparari. Eapropter, nos revocantes, primitus et ante omnia, quoscunque procuratores a nobis in predictis locis constitutos, et precipue in dyocesi Treverensi venerabiles viros, magistrum Mathiam Fackel, in theologia (*sic*) doctorem, priorem conventus Predicatorum Treverensis, vicarium generalem Congregationis Theutonie ejusdem ordinis Predicatorum, et magistrum Anthonium Gilberti, in theologia eciam doctorem, eisdem ministro et fratribus, tenore presentium, licentiam et facultatem impartimur et donamus, per civitates et loca dyocesium Treverensis, Coloniensis et Leodiensis ambulandi, et a reverendis in Christo patribus eorumdem locorum pastoribus et prelatis, seu dominis spiritualibus et temporalibus, litteras ad hoc necessarias impetrandi, ad faciendum questas in eorum dominiis et locis, ad petendum, postulandum et requirendum pia populi subsidia; ad predicte ecclesie et loci desolati reedificationem et reparationem, necnon ad predicandum verbum Dei et ad exponendum miserabilem dicti incendii eventum atque ad publicandum et manifestandum, si dominorum dyocesanorum ad hoc consensus intervenerit, indulgencias et spirituales gracias que benefactoribus nostri ordinis et redemptionis captivorum sanctissimi Romani Pontifices concesserunt. Ad quas gracias nos insuper omnes et singulos utriusque sexus, qui ad predictam reedificationem et reparationem manus porrexerint adjutrices, et de bonis suis aliquid tribuerint, associamus et participes efficimus omnium et singulorum bonorum que, per Dei gratiam, in toto nostro ordine postea annuatim et dietim fient et celebrabuntur. Datum in Domo nostra Sancti Maturini Parisiensis sub sigillo et contrasigillo nostre majoris administrationis. Anno Domini millesimo quadringentesimo nonagesimo octavo vicesimo septima die mensis Augusti.

M. Quignon.

1. Neyen, historien de Vianden, fait remarquer que cette lettre est le seul témoignage contemporain de l'incendie.

N° 108.

1501, 2 juin. — Des reliques de saint Roch sont données à Gonzalve de Jerez avec permission du pape, pour les couvents trinitaires de Malaga, Marbella et Alméria (Copies : *Chartularium Provincie*, Bibl. Nat., nouv. acq. lat. 1367, pp. 151 à 154; Bibl. d'Arles, manuscrit 159, p. 50). Original perdu.

Guillermus de Orco, in artibus magister et in sacra pagina Baccalarius, [minister], Antonius Mercantis, Claudius Boneti, et Claudius Moneti, fratres monasterii S. Trinitatis, ordinis Redemptionis Captivorum, pro fidei catholice defensione fundati, capitulum ipsum monasterii repraesentantes, reverendis Patribus[1] et fratribus nostris in Christo, Dominis ministris et religiosis monasteriorum in honorem Sanctissimae Trinitatis, dicti ordinis Captivorum, in regno Granate[2] et in Malaganensi, Marisbella et Almeria civitatibus fundatorum, ac ceteris ubique Christi fidelibus salutem in Domino sempiternam cum voluntate obsequendi, et praesentibus nostris hujusmodi, imo verius Apostolicis fidem indubiam adhibere. Noveritis quod nuper Sanctissimus in Christo Pater et Dominus noster [dominus] Alexander, divina providentia papa sextus, quasdam suas litteras sub annulo Piscatoris nobis per venerabilem [et religiosum[3]] fratrem Gundisalvum de Zerez, predicti ordinis Redemptionis Captivorum in regno Granate procuratorem, non vitiatas, non cancellatas, nec in aliqua earum parte suspectas, sed prorsus omni vitio et suspicione carentes, presentari fecit, quas nos, cum [ea] qua decuit reverentia, recepimus, hujusmodi sub tenore :

Alexander papa sextus. Dilecte fili, salutem et apostolicam benedictionem. Exponi nuper nobis fecisti quod in regno Granatae, et in Malaganensi, Marisbella et Almeria civitatibus, tria notabilia monasteria in honorem Sancte Trinitatis, ordinis Redemptionis Captivorum, et pro fidei catholice defensione incohata, et nondum constructa et edificata sunt, sed in dies construentur et edificentur; quae si quibusdam particulis reliquiarum (Sanctissimorum et Sanctissimarum[4]) in monasterio Sanctae Trinitatis Arelatensis, ejusdem ordinis, existen-

---

1. *Patres* se disait sans doute des ministres.
2. L'expansion trinitaire marche avec la conquête.
3. Les variantes du manuscrit d'Arles sont entre crochets.
4. « *Super corpora martyrum divina celebrantur.* »

tium, ornarentur et munirentur, major Christi fidelium devotio ad visitationem illorum per amplius augeretur et accresceret. Et cum modernus minister monasterii predicti Arelatensis et fratres, particulas ejusmodi reliquiarum tibi impertiri et consignare parati sint, ut eas reverenter ad predicta nova monasteria deferas, et suam cuique partem distribuas; quod facere minime possunt, licentia sedis Apostolicae desuper non obtenta [Sanctorum corporum Beati Roci (*sic*), Cirici, Jullite et aliorum] pro parte tua nobis fuit humiliter supplicatum ut dictorum trium monasteriorum decori et celebritati consulere, et predicto ministro moderno et fratribus monasterii Arelatensis ejusmodi particulas reliquiarum Sanctorum corporum tradendi et consignandi, et tibi, eas accipiendi et ad tria dicta monasteria cum debita reverentia deferendi, et proportionabiliter distribuendi licentiam concedere, aliasque in premissis opportune providere, de benignitate apostolica dignaremur. Nos, hujusmodi piis et honestis supplicationibus inclinati, moderno Ministro et fratribus monasterii Sanctae Trinitatis Arelatensis, hujusmodi quascumque particulas reliquiarum corporum dictorum Sanctissimorum ibidem existentium, sub suo sigillo sigillatas, dandi, donandi, tradendi, et consignandi, et tibi, easdem accipiendi, et de dicto monasterio extrahendi, et ad ipsa tria monasteria nova cum debita reverentia et honore transferendi, et proportionabiliter dividendi et distribuendi, absque alicujus excommunicationis incursu, licentiam et facultatem concedimus. Datum Rome apud Sanctum Petrum sub annulo Piscatoris, die quarta Februarii M D I, pontificatus nostri anno nono. De S° Sebastiano. In dorso vero dictarum litterarum scripta erant hec verba : Dilecto filio Gundisalvo de Zerez, ordinis Redemptionis Captivorum in regno Granatae procuratori.

Post quarum quidem litterarum apostolicarum presentationem ac receptionem, nobis et per nos, ut premittitur, factas, constitutus coram nobis prefatus frater Gundisalvus nos requisivit, et nobis humiliter supplicavit ut quasdam particulas reliquiarum Sanctorum corporum Beatorum Rochi, Cirici, Jullite, Felicis et Fortunati, in dicto monasterio Sanctae Trinitatis Arelatensis existentium, pro decore et celebritate predictorum trium monasteriorum, ut major Christi fidelium devotio ad visitationem illorum monasteriorum per amplius angeatur et accrescat, sibi impertiri et consignare dignaremur... Nos tunc, minister et fratres prefati, attendentes postulationem hujusmodi fore (*sic*) justam et rationi consonam, cupientes et quamplurimum affectantes decori et celebritati dictorum trium monasteriorum, in quantum in nos (*sic*) est et possumus, consulere, vocatis et presentibus Reverendo Patre Domino Gentile(?) Carleno, jurium professore, Reverendissimi in Christo Patris Domini Johannis Ferrerii, miseratione divina Arelatensis ecclesie Archiepiscopi et principis, in spiritualibus et temporalibus vicario generali, — nobilibusque, circumspectis et honorabilibus viris Domino Anthonio de Risso viguerio, Symone Grilho, Guillermo Stephani consulibus, Ludovico de Cereis legum doctore, assessore dicte civitatis Arelatis, Johanne Arelatani, Domino de Ventabreno, Ludovico Raynaudi, Domino de Alino, Carolo de Sancto Martino, Magistro Bertrando de Vouta notario et regio secretario, quam pluribusque aliis nobilibus et honorabilibus burgensibus, consiliariis premisse civitatis Arelatis, — particulas reliquiarum corporum dictorum Sanctorum in nostra ecclesia reverenter existentium prefato fratri Gundisalvo, procuratori et presentium exhibitori, inferius particulariter designatas, sub nostro sigillo sigillatas, dedimus et tradidimus, [et primo] de corpore Beate Jullite quoddam os de collo dictum *nuca*; de corpore vero Sancti Cirici unum os brachii dictum focille minus; ac de corpore Beati Rochi unum os dictum nuca dorsi; Beati vero Fortunati unum os dictum forcula.

Ceterum quoniam hominum hujusmodi conditio est, ut de rebus (*sic*) que oculte latent, veritate, precipue que de remotis transferuntur partibus; qualiter res ipse se habeant, humana mens ambiguitate titubat, nisi fideli veritas ipsa elucescat testimonio. Igitur a mentibus hominum, in iis potissime que veritatis nituntur fulgore, omne dubietatis verbum prorsus, quantum in nobis est, amputare cupientes, de predictis reliquiis Beatorum Rochi, Jullite, Cirici, Felicis et Fortunati ab antiquis Patribus, fidelibus hominibus, libris approbatis, a sanctis viris compilatis, scripturis publicis et privatis[1], fama publica referente, miraculisque quibus dietim illa gloriosa corpora coruscant, attestantibus, catholice comperimus ac ex dictis scripturis colligere potuimus, talem prebemus veritatis certitudinem

---

1. Il ne subsiste aucun de ces écrits.

fide dignam; videlicet quod illustris (*sic*) dominus Goffredus le Mayngre (*sic*) dictus Bociquaut, comes Bellifortis et vicecomes Mote, fundator[1] dicte nostre ecclesie et hospitalis ejusdem, quam plurimarumque aliarum ecclesiarum ad honorem dicte Sancte Trinitatis, Redemptionis Captivorum, devotione motus, Jerosolimam bis petens, ipsa gloriosa corpora per eumdem dominum Goffredum de terra Sancta Jerosolimitana reverenter, auctoritate apostolica[2], translata, anno Domini M CC LXXII (*sic*)[3], kalendis Aprilis (!) fratribus, ministro et religiosis prefate nostre ecclesie, qui sancte vite et conversationis [honeste] erant, conservanda commisit et tradidit. Que quidem corpora Sancta prefati religiosi ipsius nostri monasterii devotissime custodientes, coram ipsis sanctis corporibus sepius provoluti, crebrisque lacrimis perfusi, dicta corpora magna cum devotione venerabantur. A quo tempore, dicti domini Religiosi ipsius monasterii, necnon alii Christi fideles beneficia sanitatis et consolationis in suis infirmitatibus et adversitatibus, meritis et precibus ipsorum gloriosorum Sanctorum recipientes, affecti devotione ad easdem reliquias pro illarum veneratione et beneficiorum, sanitatum, et spiritualium consolatione [et] participatione dictim conveniunt, sive confluunt universi. In quorum omnium robur et testimonium presentes litteras per notarios subsignatos fieri fecimus, ac sigillis curiarum regie et archiepiscopalis, ac urbis hujus Arelatis et nostri appensione muniri. Datum et actum in dicto nostro monasterio Sancte Trinitatis, et in ecclesia, ante magnum altare ejusdem, die secunda mensis Junii, anno Incarnationis M D I, pontificatus prefati Sanctissimi Domini nostre pape Domini Alexandri, divina providentia pape sexti, anno nono : — presentibus ibidem prenominatis Dominis vicario, viguerio, consulibus et aliis prenominatis, pluribusque aliis viris Ecclesiasticis et secularibus, testibus ad premissa vocatis specialiter et assumptis; et me Petro Barberii notario publico et me Petro Bruni notario publico[4].

1. Le fondateur du *nouveau* couvent seulement.
2. Je ne crois pas que cette bulle ait jamais existé.
3. Il faut lire *trecentesimo*.
4. Note du *Chartularium*. « Extrait d'un registre de Pierre Barbier, contenant les années depuis 1482 jusqu'en 1513 et coté *e* au septième cahier, et c'est là-dessus que j'ai fait cette copie que j'ai ensuite très exactement collationnée; ainsi, quoiqu'il y ait des obscurités, un anacronisme et d'autres fautes, on peut être persuadé que ce n'est que d'après l'original qu'elles ont passé dans ma copie » (Note de l'abbé Bonnemant).

N° 109.

1504. — Le ministre des Trinitaires d'Arles refuse à l'archevêque Jean Ferrier le droit de visite de son couvent (*Chronologie des Supérieurs du couvent des Trinitaires d'Arles*, par François Porchier, f° 17 v°).

Le dit de Horreo, voulant deffandre la liberté de la religion et du couvant, souffrit beaucoup d'affronts, injures et travaux, mais enfin vint à bout de son entreprinse; c'est que Jean Ferrier, dixième du nom, 109ᵉ archevesque d'Arles, voulant visiter le couvant, le dit P. Ministre l'empescha et s'i opposa, jusques à dire les parolles suivantes : « Si Monsieur d'Arle vient, je luy rompré la mittre sur la teste... » à la requeste du procureur fiscal feust citté de comparoistre, n'y voulust point aller, et voicy sa réponse à ces deux points : pour la visite, que ce couvent n'est point suict à la visitation de l'ordinaire, ains au Général de l'ordre, et icelluy exempt [depuis 1308]; pour la citation, dit elle avoir été mal faicte.

Il fut derechef citté de comparoistre, à peine d'excommunication et de 25 marcs d'argent, à laquelle segonde citation n'obeyt non plus, feust derechef citté pour se voir déclairer, et feust dénoncé : enfin alla se présenter devant le grand vicaire, lequel, après plusieurs interrogatz, luy commanda à peine d'excommunication d'hobéir, et n'en voulut rien faire et fust mis en prison à l'Archevesché, et le même jour sortit; et promit le lendemain après vespres se représenter pour respondre, ce que le grand vicaire lui commanda à peine d'excommunication comme devant — et pour cella le dit père ne resta pas de célébrer le lendemain. L'archevêque le déclara avoir encouru l'irrégularité et estre digne de grande punition; il feust encore arresté un jour à l'Archevêché, sans rien gagner sur luy, et icelluy se suada et eust recours au seigneur vice-légat... duquel il obtint lettres de citation et inhibitions contre le dit seigneur archevêque et son vicaire, et les fit assigner. L'archevêque demanda à la Cour de Parlement que pendant le procès les Religieux eussent à luy obéir, et que icelluy Parlement prohibast se servir des armes, et demanda que les officiers du Roy prestassent ayde et faveur à la dite court de l'archevesché et main forte avec armes s'il y escheoit[1]. En suitte de ce, ne fist pas pour cella la visite, ains, le dit père se voulant pourvoir à Rome, s'accordèrent qu'il ne fairoit point de visitte, mais seulement assisteroit aux synodes.

Par la coppie de la Requête et supplication présantée à la Cour par le dit sieur archevesque, est fait mention qu'en l'année 1199 il (sic) donna au ministre général la place où est le couvant, avec ce pacte que le ministre, estant créé, prandroit investiture du dit seigneur archevesque et lui promettroit obédience, et qu'ils assisteroient au synode, et en signe de subjection on lui donne un marc d'argent, et qu'il est en coustume visiter le dit couvent.

Voillà la possession qu'avoient acquise les archevesques de nous visiter, qui par le zelle de ce bon père est perdue!

N° 110.

1514. — *Bréviaire Trinitaire* imprimé : première et dernière page (Bibl. Sainte-Geneviève, BB 1860).

Nicolai[2], *Majoris ministri et generalis totius ordinis SS*[mae] *Trinitatis de Redemptione Captivorum, ad ejusdem ordinis fratres carmen.*

> Magna licet fuerint tractanda negocia nostre
> Et fuerit durum religionis onus,
> Ignorata[3] tamen nostri breviaria, fratres
> Ordinis in clarum misimus ecce diem.
> Sumite pro nostra vestra quoque missa salute.
> Mittendi causa est maxima vestra salus,
> Nec que miserimus satis est; sunt certa fideli
> Pumice, magnus in his est labor et studium.

---

1. Le 24 mai 1504, la cour d'Aix rendit un arrêt défendant aux Trinitaires de porter des armes et leur ordonnant d'obéir à l'archevêque.
2. Nicolas Musnier (1510-1544).
3. Il n'y avait auparavant que le *Bréviaire* latin (manuscrit 277) de l'Arsenal ou les *Ordinaires* de la Bibliothèque Mazarine.

Certe excultus ager, nunc terra subacta segesque
Nunc pinguis; studio carpite facta gravi;
Falce seges digna est; segeti dimittite falcem
Et segetis fructus sumite, tempus adest.

Explicit : Breviarium, alius Summarium, ad usum [fratrum ordinis Sanctissimae Trinitatis et Redemptionis Captivorum], nunc felicem accepit finem, et per eundem fratrem qui directorium novitiorum in lucem prodierunt (?) apprima revisum, sed ut in novam formam cura pervigili redderet, indubitataque illa perspectans (?), ut ea que superioribus annis obscura, nescita vel saltem dubia longius permansere, nunc decantata, digesta, familiarique traditioni his novis litteris[1] effigiata sunt, ut quique ejusdem ordinis frater licentiori voto Deo conservire facilius valeat, Parisiusque diligentis Gaufridi de Marnef[2], honestissimi viri, per subtilissimos artis impressorie magistros Johannem Bienayse et Jacobum Ferrebout utiliter atque ingeniose impressum, anno [incarnationis Domini millesimo quingentesimo decimo tertio, die vicesima prima mensis Martii ante Pascha[3]].

N° III.

1521, 1ᵉʳ mars. — Vœu de la ville d'Arles pour bâtir une chapelle à saint Roch, qui l'a défendue de la peste (Bibliothèque d'Arles, ms. 159, p. 74).

En l'année mil cinq cens vingt un et le premier du moys de mars, la ville et cité d'Arles et tout le peuple, en général, tant noble que bourgeois, estant portés d'une cincère (*sic*) dévotion envers le corps et relliques dudit S¹ Roch, qui reposent au couvent de la Sᵗᵉ Trinité dans leur dite ville, et des faveurs qu'ils ont receu d'icellui par plusieurs miracles, les délivrant de la peste, firent vœu de bastir au dit couvent une belle et ample chapelle en son honneur. Et ceux qui firent le vœu au nom de la ville furent noble Loys de Tuiriet, Jean de Saint-Martin, consuls de l'estat des nobles; Anthoine Ycard,

---

1. *L'imprimerie*, établie à Paris depuis quarante-cinq ans.
2. Il avait la marque du Pélican.
3. Les mots entre crochets ont été suppléés.

Jean Curel, de l'estat des bourgeois, noble et égrège personne Jehan Mauras, docteur en droitz et assesseur de la dite ville; noble Ardoin de Pontevès, sieur de Cabanes, et Nicollas Jean intandans de la Santé, appelez, du tout acte prins et receu par maître Jean de Castanet, notaire et secrettaire de la dite ville.

N° 112.

1528, 16 décembre. — Le Parlement de Provence *annexe* les bulles permettant aux Trinitaires de faire quêter pour le rachat des captifs (Trinitaires de Marseille, pièce 33).

Sur la requeste présentée à la Court par le général et autres ministres de l'ordre et religieux de la Sainte-Trinité, tendant à fin d'avoir annexe, placet et pareatis[1] aux indultz et bulles apostoliques par eulx obtenues de nostre Saint-Père le pape et par eulx présentée semblablement à la Court, pour, suyvant icelles, faire les questes et demander les aulmosnes, pour les employer aux fins y contenues en la dicte requeste, — responce du procureur du Roi n'empeschant l'annexe[2] requise, pourvu que les facteurs et entremetteurs desdit impétrans soient personnes solvables, manans et habitans au présent pays et ressort de Provence, et s'engagent par devers les greffes royaulx plus prochains des lieux où ils feront les dites questes et demanderont les dites aulmosnes, d'employer au préalable l'argent qui proviendra de ces dites questes et aulmosnes du dit pays au rachapt des pouvres chrétiens captifs subgets du Roy et, à défaut d'iceux, au rachapt des autres chretiens captifs... Dict a esté que la Court, en enterinant la dite requeste, a octroyé et octroye aux dits général et ministre l'annexe par eulx requise, aux qualités cy-dessus contenues en la dite réponse du dit procureur général du Roy... Publié à la barre du Parlement de Provence séant à Aix le seizième jour de décembre mil cinq cens vingt-huit.

Collation est faite.

1. Formule rendant exécutoire devant un tribunal les arrêts d'un autre.
2. Enregistrement par le Parlement des bulles pontificales.

N° 113.

1531, 25 juillet. — Visite du couvent de Taillebourg (Arch. Nat., S 1269 A).

Extractum ex registro seu libello actuum Capitularium et visitationum Reverendissimi in Christo Patris ac Domini Nicolai Munier, Majoris ac Generalis Ministri totius ordinis SS. Trinitatis et Redemptionis Captivorum, ex gestis anni Domini 1531 ex registri folio 133°. Déjà publié par M. G. Tortat : *Revue de Saintonge et d'Aunis*, sept. 1901.

Eodem die Martis 25 mensis Julii, de sero, dominus Reverendus accessit ad domum Sancti Jacobi prope Talliburgum, in diocesi Xanctonensi, quae dies erat festum Sancti Jacobi Apostoli, patroni ipsius Ministratus, et ea die erant nundinae in ipso pago, quem vocant vulgariter saint James, pertinentes ad ministrum ratione feudi et dominii; quare hoc in eodem pago ibidem reperit idem Reverendus fratrem Theobaldum Musnier, ministrum dictae domus, et suum secretarium qui loquitur, qui acceleranter dominum Reverendum precesserat, ut pararet quae essent necessaria; cum eodem reperit fratrem Ægidium Thiercelin presbyterum, religiosum professum de Gloria Dei, qui ibidem residebat tanquam procurator pro ministro; erat ante. alius religiosus professus illius domus, qui erat absens pro causa.

Die Mercurii xxvi ejusdem Julii, dictus Reverendus visitavit Eucharistiam, quae erat reposita in parvo vaso cupreo, recondito infra concavam imaginem Sancti Jacobi, supra majus altare et, missa audita, visitavit jocalia et ornamenta quae modica erant; duo sunt jocalia argentea ubi sunt reliquiae sancti Mauri (?) et Rochi cum aliis. Libri pauci admodum reperti sunt, quoniam ibidem nichil cantatur praeter vesperas, quae ex consuetudine cantantur omnibus diebus festis.

Die Jovis xxvii ejusdem, dictus Reverendus voluit visitare carthas, sed nulla erant, praeter eam qua constat dictam domum habere jus recipiendi quotannis, in festo Ascensionis Domini, centum solidos super recepta Sancti Joannis Angelaciensis, villa de gubernatione Rupellae. Visitavit postea hospitale, munitum tribus lectis et lintheaminibus sufficientibus, et dixit idem Reverendus ibidem debere esse quatuor[1] lectos ad hospites recipiendos, et pollicitus est minister quartum addere, quamvis sit minus tutum plures recipere, quoniam ut plurimum sunt nebulones more peregrinorum induti, qui aliquando furantur lintheamina, et non potest illis resistere absque periculo, propter numerum illorum.

Die Veneris xxviii ejusdem Julii, dictus Reverendus visitavit maneria domus, quae erant in competenti statu et utensilia, quae erant in magna copia. Dicta domus habet mediocrem et bassam justiciam in dicto pago dicto de Saint-James et clibanum[2] bannitum; habet etiam nemus seu silvam sufficientem ad clibanum sustinendum, et parva prata quorum tonsura valet, communibus annis, vigenti libras turonensium, retento uno pro divisione domus. Habet etiam dicta domus in censibus, tam in eodem pago et aliis duobus parvis feudis vicinis quam in locatione domorum, quadraginta quinque libras turonensium annui redditus et capones cum galinis circiter quadraginta.

Terrae laborabiles modicae sunt et parum fructuosae et subsiditiae dilluvie aquarum quas embibuas vocant; sunt etiam aliqua terragia seu champartia in duobus parvis feudis et feudo dicti pagi, quae omnia valent cum dictis terris laborabilibus viginti sextaria omnium granorum. Oblationes vero ecclesiae valent communibus annis centum solidos. Vineae sunt continentes arpentum cum dimidio intra ambitum domus sitae, parum tamen fructuosae, et vinum est acutissimi gustus et modici valoris.

Aliis autem quatuor diebus Sabbathi, Dominica, Lunae et Martis, dictus Reverendus nihil egit, sed quievit ibidem, propter sui et suorum familie et equorum lassitudinem, et praecepit dicto fratri Ægidio ut honeste et religiose viveret, essetque sollicitus in divino servitio faciendo et diligens in custodiendis et augendis redditibus et bonis ipsius domus, et ita finita est dictae domus visitatio.

Extractum per me ex libello Registri supradicti die 21 Augusti anno 1610, Maillet, secretarium capituli generalis dicti ordinis.

1. En vertu des statuts de 1429.
2. Four.

N° 114.

1582, 14 juin. — Antoine, cardinal des Quatre-Couronnés, donne l'ordre de relever de l'excommunication Jean de May, trinitaire apostat (Archives de l'Aisne, H 1432).

Antonius, miseratione divina tituli SS. Quattuor Coronatorum presbyter cardinalis, discreto viro Alphonso de Fuensalida, domini pape penitentiario, ad presens in Romana curia residenti, salutem in Domino. Sua nobis Johannes de May, presbyter ordinis Sanctissime Trinitatis, Redemptionis Captivorum professor, Suessionensis diocesis, lator presentium, petitione monstravit quod alias ipse quadam animi levitate ductus, domum sive conventum suum illicentiatus exivit et ad seculum reversus, habitu regulari dimisso, et seculari vel potius laicali assumpto, per tres annos vel circa, hinc inde vagatus fuit ac de presenti vagatur, ac horas suas canonicas, diurnas et nocturnas, recitare omisit et postposuit, excommunicationis et alias sententias, censuras et penas, in tales tam a jure quam per statuta et constitutiones dicti ordinis, et alias generaliter promulgatas, apostasie notam incurrendo. Cum autem, sicut eadem subjungebat petitio, dictus exponens, ad cor reversus, de premissis plurimum doluerit prout de presenti dolet, cupiatque propterea a censuris et excessibus hujusmodi absolvi ac, ne diutius in anime sue periculum et religionis scandalum vagari cogatur, ad domum sive conventum suum redire, supplicavit humiliter sibi super his per sedem apostolicam de absolutionis debite beneficio et opportuna dispensationis gratia misericorditer provideri. Nos igitur auctoritate domini pape, cujus penitentiarie curam gerimus, et ejus speciali et expresso mandato super hoc vive vocis oraculo[1] nobis facto, discretioni tue committimus quatinus, si est ita evidens, exponentem ab excommunicationis et quibusvis aliis sententiis, censuris et penis ecclesiasticis quas propter premissa incurrit, apostasie reatu et excessibus hujusmodi, absolvas hac vice in forma ecclesie consueta, injunctis inde sibi pro modo culpe penitentia salutari, quodque, premissis non

---

1. Le mandement fait de vive voix par le Pape à un cardinal a la valeur d'une bulle.

obstantibus, in suis ordinibus, etiam in altaris ministerio ministrare, et ad domum sive conventum suum redire, et in eo ut prius remanere libere et licite possit et valeat, misericorditer dispenses cum eodem. Datum Rome apud Sanctum Petrum sub sigillo officii penitentiarie, decimo octavo Kalendas Julii, pontificatus domini Clementis pape septimi anno nono.

Au dos : « Nous avons bruslé les papiers du procès. »

N° 115.

1532, 22 juillet. — « Placet pour les Religieux de la Trinité pour demander aulmosnes à ayder rachepter les chrétiens captifs » (Archives départementales de Meurthe-et-Moselle, registre B 20, f°s 84 et 85; copie).

Anthoine, par la grace de Dieu, duc de Lorraine..., à tous noz mareschaulx, seneschaulx, baillis, capitaines, procureurs, receveurs, prévostz, gardes de bones villes, justiciers, officiers, leurs lieutenans mayeurs et autres vassaulx, hommes et subjectz, salut. De la part des ministres (*sic*) et religieux de l'ordre de la Sainte-Trinité et Rédemption des chrétiens oultre mere (*sic*), scituez en notre ville de Lamarche, nous a esté exposé que, de leur première institucion et fondation ilz furent et sont ordonnés de employer les tiers de tous les biens dudit ordre, pour rachapter les pouvres chrétiens prisonniers et detenus en captivité entre les mains des Sarazins et infidelz, ennemis de la foy catholique, et pour ce faire les général et ministres de tous leur dit ordre ont plusieurs grans previlèges et indulgences, à eulx en faveur de ceste saincte œuvre donnés et octroyés par le Saint Siège apostolique, moyennant lesquels previlèges, ilz ont accoustumez de long temps demander et lever non seullement en noz païs, mais aussy par toute la chrétienté, dons, aulmosnes et aussy bons fais de ceulx qui, en charité, veullent eslargir et despartir de leurs biens et chevances pour la rédemption des dits prisonniers,... nous humblement suppliant leur voulloir sur ce octroyer grace et lettres de placet. Pourquoy vous mandons et à chacun de vous ordonons, et aussy à tous noz subiect, autres prions et requérons, que les dits ministres religieulx du dit ordre, leurs procureurs, messagiers, porteurs et exibiteurs de ces présentes ou vidimus faict soubz scel authentique, vous seuffrez et laissez aller et venir par tous noz pays, sans leur faire ne souffrir estre faict, mis ou donné en leurs personnes, chevaulx, or, argent ne autres biens quelconques aucun destourbier ou empeschement en manière (*sic*) que ce soit. Pourveu touttes voyes que, en ce faisant, ilz ne comectent aucuns abuz, aussy qui (*sic*) ne feront aucunes prédications, mais seullement exposeront ce que leur sera ordonné et baillé par escript par les prelatz et ordinaires de noz pays, ces presentes touttesvoyes après trois ans de la date de cestes non valables. En tesmoing de ce nous avons a cesdites presentes signées de notre main faict mectre et appendre notre scel en notre ville de Nancy le xxii° jour de juillet l'an mil cinq cens trente deux.

N° 116.

1539, 22 avril. — Paul III mande à l'évêque d'Accia d'examiner l'affaire de Jean de May, qui demande à être relevé de ses vœux (Collection de Champagne, vol. 159, n° 47). Voir pièce 114.

Paulus episcopus, servus servorum Dei, Venerabili fratri Benedicto, Episcopo Acciensi[1], in Romana curia residenti, salutem et apostolicam benedictionem. Dilectus filius Jehannes (*sic*) de May, presbiter Suessionensis diocesis, apud sedem Apostolicam constitutus, proponi fecit coram nobis quod, cum ipse, suasionibus nonnullorum parentum suorum inductus, domum de Cervofrigido, Ordinis Sanctissime Trinitatis, Redemptionis Captivorum, Meldensis diocesis, intravit et habitum per novicios dicti ordinis gestari solitum suscepit, ac tunc infra annum probationis adhuc existens, professionem per fratres ejusdem ordinis emitti solitam emisit regularem, ad hoc impulsus per vim et metum, qui cadere poterant in constantem, nullatenus tamen animo vel intentione gerens quod, propterea, vellet aut deberet Religioni, in genere aut in specie, quomodolibet obligari; et vi ac metu hujusmodi adhuc durantibus, in dicto ordine ad omnes etiam sacros et presbyteratus ordines promotus fuit; sed, quam pri-

---

1. *Accia*, en Corse, réuni à *Mariana*.

mum vi et metu hujusmodi cessantibus, potuit, domum ipsam exivit, et habitu hujusmodi dimisso, ad seculum est reversus, in quo dies suos ut presbyter secularis sub timore Domini finire concupiscit. Quare pro parte ejusdem Johannis nobis fuit humiliter supplicatum ut, ne ipse propterea suorum status et fame, ac rerum dispendiis affici possit, sibi super hoc oportune provideri de benignitate apostolica dignaremur. Quocirca fraternitati tue per apostolica scripta mandamus quatinus si, vocato ad hoc procuratore generali dicti ordinis in Romana curia, et inquisita per te super premissis veritate, rem ipsam ita esse repereris, prout superius enarratur, eundem Johannem premissorum occasione, Religioni in genere vel in specie minime obligari, et ad regularem observantiam non teneri, sed in seculo ut presbyterum secularem remanere, libere et quiete posse, auctoritate nostra, in foro conscientie dumtaxat, nuncies et declares. Datum Rome apud Sanctum Petrum anno Incarnationis dominice millesimo quingentesimo trigesimo nono, decimo Kalendas Maii, pontificatus nostri anno quinto.

N° 117.

1540. — Extrait du journal anonyme du voyage de rédemption
(Arch. de l'Aube, 21, H 1, carton).

Le vendredi vII° jour de may, après avoir disgné, montasmes à cheval[1] et, pensans aller coucher à St Saphorin[2], passâmes par la ville du dit Lyon, et quant ce vint à passer la porte du Rosne, trouvasmes plusieurs sergens et gardes qui gardoient la dite porte, par lesquels fusmes interrogez et contraintz de payer l'yssue de la dite ville, car en ce lieu toutes gens, tant de pied que de cheval, soient gens d'église ou non, payent traverse ou chaussée, l'homme à pied ung denier, et l'homme à cheval, deux. Finablement, après avoir esté par eulx interrogez qui nous estions, et où nous allions, fusmes contraintz mettre le pied à terre, et fusmes cherchés[3], et

---

1. La règle modifiée en 1263 permettait aux Trinitaires d'aller à cheval.
2. Saint-Symphorien d'Ozon (Isère).
3. Fouillés.

trouvèrent que nous portions argent[1], et nous misdrent en leur logis, où ilz se boutent pour garder la dite porte, ou quel lieu nous feut dict qu'il estoit deffendu, de par le Roy, ne transporter ny or ni argent, sans le congié du Roy ou du maistre des ports, et de ce n'en sçavions rien. Et pour ce qui s'efforçoient de nous oster notre argent, je me portay pour appellant et requis que nous fussions meneiz à la justice du dit Lyon; ce qui fut fait : ouquel lieu, où est le plaidoyer, se trouvèrent les gens du Roy; et feusmes despouillez, et prindrent notre argent. En ces entrefaites, le ministre d'Estampes[2], qui nous avait leissé au sortir du dit Lyon, qui ja estoit à moitié chemin de St Saphorin, arriva et monstra notre mandement du Roy audits gens du Roy, avec notre commission de l'ordre[3] dont furent esbays; néantmoins il fut dépouillé comme nous, et fut baillé notre argent entre les mains du recepveur du Roy en garde.

Le samedi matin vint à nous ung homme de bien, le trésorier Prunier en non (!) qui nous délivra 25 esculz soleil, pour appliquer à l'œuvre de la Rédemption.

Ce dit jour, les dits gens du Roy, voyant que notre mandement du Roy portoit que on ne nous fistz empeschement, ny à notre or ny à notre argent, ne sçavoient qu'ilz debvoient faire, mais sollicitasmes en diligence, tellement qu'il fut dict par eulx que notre or et argent nous seroit rendu et délivré, en baillant caution dedans la dite ville, laquelle caution seroit tenue dedans six mois rapporter certiffication auttentique, comment les dits or et argent auroient esté employés à la rédemption des crestiens, ou aultrement seroit confisqué au Roy. — Ce dit jour, trouvasmes ung marchant au dit Lyon, nommé Françoys Garin, demeurant au dit lieu, natif de Bourc en Bresse, qui nous plégea en luy delivrant sept mil livres, et avec lequel nous fismes marchié de nous mener en Barbarie ou faire mener, et de nous rendre nostre argent ou marchandise au dit lieu de Barbarie pour rachapter les chrestiens estans es main des Mores et Turcqs.

S'ensuit la forme et coppie du dit marchié.

Conventio dominum Redemptorum cum domino Francisco Garin, mercatore Lugdunensi, pro negotio redemptionis. In nomine Domini,

---

1. L'argent de la rédemption.
2. Louis Lécuyer.
3. La commission de Rédempteurs donnée en chapitre général.

Amen. Per hoc presens publicum instrumentum cunctis sit notum atque manifestum quod, anno ejusdem Domini millesimo quingentesimo quadragesimo, inditione decima tercia, die vero mensis Maii, in Claudii Laguerre clerici, civis Lugduni, auctoritatibus apostolica et regia publice notarii subsignati subscriptorum presentia, existentes et personaliter constituti Reverendi patres fratres Ludovicus Scuderii, in facultate theologie magister, minister de *Stampis*, Jacobus Vigneron, minister de *Honore Dei*[1], Carolus Legendre, minister de *Fayaco*[2], et Robertus Prangier, minister de Maurithania[3], ut et tanquam electi et deputati vicarii et redemptores captivorum detentorum in manibus infidelium, per reverendum patrem dominum generalem et capitulum generale, ac ministros totius ordinis Sancte Trinitatis et redemptionis Captivorum, ut constat per eorum commissionem et vicariatum in carta pecorea descriptum, sigillisque dictorum dominorum generalis et capituli in cera viridi et dupplicibus caudis sigillatum, datum apud Cervum Frigidum, domum capitalem dicti ordinis, die quarta mensis Maii, anno Domini M⁰D⁰XXX⁰LX⁰ signatum Musnier, ex una. Et nobilis vir dominus Franciscus Garin, mercator, burgensis Burgi in Brecia et Lugduni, suo nomine proprio, ex alia, quicquid partes nominibus predictis scienter, gratis et sponte pro se, suisque successoribus et heredibus respective quibuscumque, inter se convenerunt, concordarunt et pepigerunt in hunc, qui sequitur modum.

Primo, convenerunt, concordarunt et pepigerunt quod dictus nobilis Franciscus Garin promisit ipsos quattuor reverendos fratres et vicarios deputatos, et unum eorum servitorum vehi, transfretari sive transduci facere ab altero portuum maritimalium patrie Provincie, super una bona navi aut uno gallione vel una caravella sufficienti, ad portus d'Argier, Gigeri, Collo, Bono et Stollo aut altero ipsorum, prout melius dicto nobili Francisco Garin aut suo patrono dicti navili videbitur, et hoc hinc, et per totum mensem Junii proxime futurum.

Item convenerunt quod dictus nobilis Franciscus Garin seu ejus patronus teneatur et debeat morari, cum dicto navilo qui eos portabit

---

1. L'Honneur-Dieu, près Chelles.
2. Le Fay, près Amblainville (Oise).
3. Mortagne.

in partibus Barbarie, saltem et ad minus spatio duorum mensium, et in dicto portu d'Argier spatio vigenti dierum intra dictum terminum duorum mensium[1].

Item convenerunt quod dictus Garin seu ejus patronus dicti navili teneatur et debeat dictos fratres, vicarios et eorum servitorem, quinque in numero, ut dictum est, tam eundo quam redeundo, ac illic stando, necnon captivos per ipsos fratres et vicarios redimendos, in quantacumque fuerint quantitate, ipsosque fratres, servitorem ac captivos redimendos eundo, illic stando et redeundo, bene et decenter nutrire, inspecta tamen qualitate personarum, et hoc ipsius Garin propriis sumptibus et expensis, necnon teneatur ipse Garin solvere omnia et singula jura assueta[2], que a dictis fratribus, vicariis, et eorum servitore ac a dictis captivis redimendis possent exigi, a quibuscumque personis, ab egressu portus patrie[3] Provincie in quo ascendant, usque ad regressum inclusum, tam ratione navigii, pedagiorum, sive vectigalium ingressus sive egressus, tam ratione personarum quam pecuniarum aut mercantiarum, dempta sola et simplici emptione dictorum captivorum redimendorum.

Item convenerunt quod dictus nobilis Franciscus Garin teneatur et debeat notificare dictis fratribus et vicariis in conventu sancti Bernardi in civitatate Avinionis quindecim dies ante discessum dicti navili[4]..... (*Lacune, puis clauses de droit*).

Le dimenche ix⁰ jour de May, feste de Saint Nicolas, après avoir eu beaucoup de peine, trouvasmes moyen de retirer notre or et argent, montant à vııı mil cinq cent soixante livres, qui estoit entre les mains du recepveur du Roy, de laquelle somme fut délivré sept mil livres au dit François Garin, qui nous bailla le sire Mathieu Maillot pour caution ; le reste retismes[5] pour faire nos despens, tant pour aller que pour le retour de nous et de nos captifz.

Le lundi matin x⁰ jour de May, partismes de la dite ville de Lyon, et allasmes digner à Saint-Saphorin, auquel lieu demourasmes toute la journée, et trouvasmes frère Claude Rozet, ministre de Notre-

---

1. Il est à croire que la rédemption se faisait alors très rapidement.
2. Droits d'entrée de l'argent en Barbarie, des *portes* pour les captifs, etc.
3. Du *pays* de Provence.
4. « L'original de la transaction avec la copie a cousté deux escuz soleil. »
5. *Retinuimus*.

Dame de Limons¹, qui est une lieu près du dit St Saphorin, qui se tenoit au dit lieu avec sa mère.

Le mardi ensuivant xie du dit may, partismes du dit St Saphorin et passames par notre dite maison de Limon sur le grant chemin, où y a une belle chappelle de Notre Dame, entre les montagnes et bois, le lieu assez dangereulx; et de là vinsmes passer par Vienne en Daulphiné, qui est une forte ville entre les montaignes, et passe le Rosne par dedans, et ne descendismes point, mais passasmes oultre et prinsmes nostre chemin droit à Grenoble; à l'issir du dit Vienne en Viennois, y a une rivière² en une vallée, sur laquelle y a beaucoup de molins à papier et plusieurs aultres manières, et tant à l'entrée que à l'issir de la dite ville y a grandes vallées et montaingnes, et la ville [est] bien grande et marchande; et ce jour là vinsmes digner à un villaige nommé la Villeneuve³, où je vis des moulins à blé d'une saulvaige sorte. Ce jour vinsmes souper en une petite ville au dit pays de Daulphiné, nommé la Couste Saint-André⁴, ou y a de belles fontaines, et ung petit couvent de Cordeliers piedz déchault que l'on batist.

Le mercredi ensuivant xiie du dit moys de May, vinsmes disner à ungne petite et moienne ville ou dit pays de Daulphiné, nommé Moirand⁵, où nous vismes de merveilleuses, grandes et haultes montagnes, tellement que je pensoye que fussent les nuées. En la dite ville on y fait des beaulx pignes à clerevoys qui sont de boys de cyprès.

Et ce dit jour vinsmes soupper à la ville de Grenoble, qui est une belle ville assise entre des montaignes, sur lesqueles montaignes y avoit encore force neiges. La revière de l'Isère passe par dedans et ou meillieu de la dite ville, et [est] assez marchande. La grande église est encore de l'ancienne mode, fondée de Notre-Dame; il y a aussi parlement en la dite ville, que l'on bastit.

Le jeudi matin xiii du dit moys partismes dudit Grenoble, et après que eusmes chevauché une lieue, trouvasmes ung torrent nommé le Drac, qui coulle et flue si roide que l'on ne sçoroit croire, fort impé-

---

1. Limon, à 2,100 toises de Saint-Symphorien, fondé en 1415.
2. La Gère.
3. Villeneuve-de-Marc, près du ruisseau de Girioux.
4. La Côte-Saint-André.
5. Moirans.

tueux et dangereux, qui descent des montaingnes une eau blanche qui est neige fondue, et le fault passer à ung [1]...

N° 118.

1545. — *Inventio ordinis sanctissimae Trinitatis et redemptionis captivorum, elegiaco carmine descripta, auctore fratre Jacobo Bourgesio, anno Domini 1545* (Extrait relatif au voyage des deux saints à Rome; Bibliothèque de Bruxelles, manuscrit 7725, f°s 334 r°, 347).

. . . .

Interea celsis prodit de montibus albus
    Cervus qui multo vicit honore nivem;
Ipse suavis erat, blando spectabilis ore,
    Applaudens patribus, laetitiamque movens.
Ecce fluit primo (visu mirabile), plantis
    Cervi, sub teneris, unda salubris aquae;
Non aliter sonipes, binis praeclarus in alis,
    Pegasus, effodit fontes ad antra pede;
Saepius hunc nisi patres excludere ab aede,
    Et procul a chara tunc vetuere domo,
Non tamen in vetitos desinit ferre penates
    Ille pedem, patribus plaudit amica fera;
Cornua vidisses bino contexta colore,
    In medio quorum crux capit alba locum,
Crux erat haec, inquam, rutilo fulgentior auro,
    Quae vincat Phoebea lumine, quaeque vitrum;
Omnibus eripuit mentem Deus usque secundam,
    Foelicis donec lingua soluta fuit :
« Omnia vidistis divino munere, fratres,
    Haec peragi nutu, et cuncta fuisse Dei,
Ordinis authores tanti, voluitque creare
    Nos ipsos nivea cum cruce veste tegi.
Pontificem supplex affabor, visa superna
    Huic referam, verbis conveniamque meis;

1. Le feuillet finit sur ces mots et la suite manque.

Insuper eloquio hic[1] divino cuncta repletus,
    Visa canet, ponens ordine quaeque suo.
Nos praecepta piae det respondentia normae
    Poscemus, placeat quo vita proba Deo ;
Namque nefas fuerit, subitos imponere ritus
    Sacris, quos hominum credula turba canit. »
Jungit Joanni se Foelix, accola eremi,
    Per tribulos pergunt, perque lutosa loca,
Non aliter quam cum pastor, recedentibus umbris,
    Depastam fessus onere reliquit ovem,
Per spinas graditur, cura ac exesus inani,
    Per valles humiles tum pede sternit iter.

Cervus albus illos sequitur.

Mox sensim sequitur Pario candentior albo
    Marmore cervus, erat candidiorque nive ;
Nullus amara viae labor et fastidia cervo
    Attulit, ut dominos linqueret ille suos.
Ipse, bolum cupiens palma extorquere tenaci,
    Mulcebat dominos assiliente pede.
Ostia jam Tyberis, jam Romae clara subibant
    Moenia, quae regimen presserat omne jugo ;
Ecce pedum sequitur veniens vestigia cervus,
    Quem mox circumdat multa corona virum ;
Pulchra Diana viris comitata indagine, cervos
    Non ita vallavit retibus atque feras.
Hi phantasma novum arbitrantes cernere in urbe,
    Implerunt crebro fervida tecta pede.

Periphrasis nominis Innocentii et papae.

Tum pater in terris Latio flectebat habenas
    Tertius, haud meritus nomen habere nocens ;
Inter doctores stetit hic preclarior unus,
    Ipsius in mundum lucida fama volat ;
Parnassi dulcem fertur libasse liquorem,

---

1. Jean de Matha.

Tractasse hunc locuples juraque testis opus;
Acta probant hominem levi quae digna cupresso
    Gloria, quaeque poli portet ad astra virum.
Templa pius Sixti struxit, sacrosque penates
    Membra peregrinus in quibus aegra locet[1].
Pontificis tandem petierunt limina sacra
    Amplexi sacros sunt patris ore pedes.

Oratio Joannis et Foelicis ad Innocentium.

« Maxime pontificum, quem jussit rector Olympi
    Comprimere aequali colla superba jugo,
Quemque coronatum vult terna in fronte corona[2]
    Et duo sacrata quem gerere arma[3] manu,
Nos, bonitate tua confisi, tecta subimus,
    Saepe quibus princeps adesse pius;
Verbis parce meis (placeat si), audito dolores
    Moverunt qui nos tecta subire tua. »
Incitat, atque ambos verbis solatur amicis :
    « Dicite, filioli, cunctus abesto tremor »
Dixerat ille. Igitur, missa formidine, cepit
    Ordine pontifici visa referre pio :
« Cum facerem sacrum, monuit tunc angelus a te
    Relligionis onus patre petenda novae. »
Cetera quaeque loco disposuit acta decenti ;
    Dicere cuncta esset namque laboris opus(!)
Talibus orabant veniam, patremque rogabant
    Indumenta daret, saepe probata Deo.
Inde Pater fatus : « vestra ad quis contulit abbas
    Visa fidem, pura et mente probavit opus ? »

Respondet Innocentius et respuit supplicantes.

Sanctus ad haec (inquit) : « Nostros ne sperne labores,
    Signa Lutetiacus lucida pastor habet. »
Exin epistolium transmittit; episcopus alto

---

1. L'hôpital de la Trinité des pèlerins.
2. La tiare.
3. Les deux glaives.

Pontifici dandum jussit, et ista peti
Quod dederat signum, probavit ab aethere praeceps
Quaeque roganda forent dixit amica cohors;
Tum Pater irridens has profert ore loquelas :
« Summa femineis dicite vestra viris,
Nam mihi verba joci vos quae narrastis aniles,
Æoliisque nothis sunt leviora mihi. »
Dixerat, altus ad ossa dolor mox omnia currit,
Inque suis rigidus demigrat ossa palor !...
Tum tristes Latium linquunt simul, arva petentes
Pristina, quae antiquum Gallia nomen habent.

Pontifex ab angelo monitus patres revocat.

Tertia lux aderat; somnis objecit imago
Pontifici cum se dira(?) mirata patri
Quae dicit : « Mentem rapuit vesana libido,
Ut rabido caneres haec leviora notho ?
Non te cuncta monent, nec credis numine certo
Haec peragi, vulgus crederet acta Dei ;
Ne dubita, nam vera canunt, sanctique reportant
Quod Deus instituit, quodque probavit opus.
Hic ego sum juvenis praeceps dimissus ab alto,
Qui prius monui tecta subire tua. »
Vix cederat lux, et Phaeton temerarius axe
Vix aptabat equis, hoc renuente patre,
Cum subito jussit famulum de pluribus unum
Acciri, pergat qui revocare senes :
« Serve, celer dorso conscendas cornipedem (!) altum
Ac, ait, Eoo promptior ito notho,
Fratribus et nostris narrato cuncta daturum
Quae petiere mihi, sic jubet ipse Deus. »
Ocior Eurippe hic properat Volscaque Camilla,
Dixisses ventos exsuperasse leves;
Mox capit egregium juvenem Florentia clara
Qui plateas pergit, compita magna petens;
Murmur erat cervum portas intrasse, virosque
Affari properat, verba Patrisque refert.

« Salvete, Patres, coeli quos author amavit,
　　Quosque caput nunc vult ordinis esse novi !
Pontificis pectus mollitum est igne supremo;
　　Taedet eum vobis non habuisse fidem... »
His precibus moti, Tyberis vada magna requirunt,
　　Moenia quaeque rigat Fons Tyberinus aqua...
Et jam bissenos solis praeviderat ortus,
　　Januis cum binis festus Agnetis erat.
Hic voluit puras fruges cum munere Bacchi
　　Ferre Deo, verum Melchicedech opus...
Angelus hic nivea consistens veste coruscus
　　Signabat dandas his sine mora togas,
Ceruleoque crucem dandam rubeoque colore,
　　Tinctam. Sic summum numen habere cupit.
Hic Triadis summae dicetur maximus ordo,
　　Prima duo tanti cujus origo senes[1].

N° 119.

1546, 8 décembre. — Provision de Dinard à la présentation du ministre de Paris par le vicaire général de l'évêque de Saint-Malo (Arch. Nat., L 947).

Egidius Bohier, Domini nostri Regis consiliarius et elemosinarius, vicarius generalis Reverendi in Christo patris et domini Francisci[2], miseratione divina Macloviensis episcopi, dilecto nobis in Christo fratri Innocentio Guillaumot, presbytero, ordinem S. Trinitatis et Redemptionis captivorum expresse professo, salutem in Domino. Capellam et hospitale seu prioratum de Dinardo, dicti ordinis, in Macloviensi diocesi, membrum immediate dependens ab ecclesia et monasterio Sancti Mathurini Parisiensis, dicti ordinis,... liberum et vacantem per mortem Religiosi viri fratris Roberti Papellart, ultimi ejusdem capelle et hospitalis administratoris pacifici, tibi, per venerabilem fratrem Theobaldum[3], ministrum predicte ecclesie Sancti

---

1. Suivent le discours du pape et l'origine d'un certain nombre de couvents, surtout de Flandre.
2. François Bohier (1585-1569).
3. Thibaut Musnier.

Mathurini Parisiensis *literatorie* presentato, ad Dei laudem contulimus et donavimus, conferimusque et donamus. Datum Parisiis sub sigillo nostro die octava mensis Decembris, anno Domini millesimo quingentesimo quadragesimo sexto, presentibus ibidem magistro Johanne Papillon, presbytero, et Petro Collin clerico Senonensis et Xanctonensis respective diocesium, testibus ad premissa vocatis atque rogatis. — Cordonnier, auctoritate apostolica et episcopali notarius juratus.

N° 120.

1548, 15 mars. — Gaspard Ferrandin, ministre de Marseille, résigne sa charge en faveur de son coadjuteur Raphaël Boyer (Archives des Trinitaires de Marseille, liasse 5, pièce n° 30).

Au nom de Dieu et de Sa Glorieuse Mère soyt coneu et sçaichent toutz presens et advenir que, ce xv° jour du moys de mars mil cinq cens quarante-huit de la Incarnation Notre Seigneur, congrégé le chapitre du couvent de la Sanctissime Trinité de la présente ville et cité de Marseille, en la chambre du religieux frère Gaspard Ferrandini, ministre du dit couvent de la Sainte-Trinité, out (*sic*) est mallade et détenu au lict le dit père ministre — auquel sont estés présens religieux frère Raphael Boyer, lieutenant et coadjuteur du dit ministre, la vie du dit ministre durant, et après luy ministre du dit couvent, Pierre Viani et Loys Vincens, religieux du dit couvent, auxquels le dit frère Raphael a dit et exposué, notiffié et signifié, en présence de moy notaire royal soussigné et des tesmoings yci après nommés, le dit frère Gaspard, ministre pour régir et administrer le dit couvent, actendu son infirmité et débillité de corps, l'avoyr commis et député, en son absence et présence, ministre et au régime et administration du dit couvant, frères et Religieux, comme apert par instrument public reçeu et signé par maître Jean Clanelli, notaire et tabellion royal de la présente cité, en l'an mil cinq cens quarante-huit de la Nativité Notre-Seigneur, et le douziesme jour du moys de mars; et de ce informé, révérend père frère Michel Gassend, père provincial du dit ordre et ministre du couvent et ville d'Arles, auroyt confirmé, aprouvé et omologué et ainsi constitué au dit office de ministre, selon la forme du dit instrument, le dit frère Raphael, comme est contenu au pied (?) du dit instrument, acte receu par mains de maître de Mondésir, notaire de la dite ville d'Arles, le troisiesme jour du présent mois de mars, avec le scel de la ditte religion ; et lequel instrument de constitution et confirmation du dit père provincial aurait fait[1] entendre ausdits Pères ministre et religieux par lecture d'icelluy, et requis le dit père ministre de dire et déclayrer s'il demeure en telle volonté que le dit frère Raphael Boyer, sa vie durant, exercisse (sic) le dit office en sa présence et absence. Lequel frère Gaspard a dict et respondu qu'il est comptant et luy playst que le dit frère Raphael aye l'administration en sa présence et absence, tout ainsi qu'il a ordonné au dit instrument confirmé par le père provincial, et à ceste cause auroit sommé et requis lesdicts frères Pierre Viani et Loys Vincens, religieux susdits, qu'ils luy ayent à porter hobéissance, tout ainsi que portent les chapitres et ordonnances de la dite religion sur les poines et censures en icelles contenues, à quoy fere s'est offert le dit frère Loys Vincens, et le frère Pierre a dict qu'il n'est consentant, attendu qu'il n'a pas passé capitulerement. Et de ce chacune des dites parties m'a requis acte leur estre fait, par moy notaire royal soubz signé. Faict à Marseille en l'an que dessus en présence de messire Phélix Rigaud, prévost de l'église de Saint-Martin, Jehan Phélix, Anthoine Falcon et Victor Boyer dudit Marseille, tous tesmoingts à ce requis.

N° 121.

1548, 12 mai. — Thibaud Musnier, général de l'ordre, écrit aux ministres de Burgos et de Séville qu'il regrette vivement de ne pas les avoir vus assister au chapitre général, où ils avaient cependant été convoqués, et au cours duquel il a été régulièrement élu. Il donne provisoirement la garde de la province de Castille au ministre de Valladolid (Copie, Archives de la Marne, Trinitaires de Châlons, 54e liasse).

Charissime frater, Salve. Scripseram ad vos saepius instantissime et pluribus epistolis, priusquam celebraretur capitulum nostrum generale anno millesimo quingentesimo quadragesimo sexto, digna-

[1] C'est toujours Raphael qui parle.

retur provincia vestra quosdam sibi deligere probos et discretos ministros, qui dicto capitulo generali, nomine totius vestre provincie, adessent suffragaturi et deliberaturi in electione generalis et majoris ministri[1], quoniam praecessor noster, tunc adhuc vivens, cesserat in gratiam sui cujusdam (!) nepotis apud Romanam curiam, habita principis nostri nominatione, presentatione et commandatione, quod vere cedebat in dispendium, ruinam et calamitatem totius nostri instituti. Verum quoniam nostrates omnes ministri et provincia Germaniae inferioris, quam Flandriam, Brebantiam, *Holandiam, Zelandiam, Gueldriam*[2], Hannoniam, Arthisium et Burgundiam dicimus (Germania autem superior quae errores Lutheranorum fovet nullum unquam ordinis conventum habuit), unanimes votis ardentibus convenere, nec fuit quisquam ministrorum qui dictae resignationi generalatus faverit, sicque, unanimi consensu et via Spiritus Sancti, presenti precessore nostro e regione capituli assistente (negatus enim fuit illi ingressus capituli), electus fui in generalem et majorem ministrum. Quod quidem ubi rescivit Christianissimus Rex noster, visis a sui privati consilii senatoribus nostris privilegiis, electionem nostram laudavit et approbavit, jussitque senatus dictum nepotem, non obstantibus suis litteris apostolicis subrepticiis, in carcerem detrudi, qui poenas dedit temerariae et insolentis in ordinem conspirationis[3]. Si vestrates predicto capitulo adfuissent, ut multis litteris fuerant polliciti, vidissent ad oculum pudibundam poenitentiam nostri praecessoris (quem Dominus absolvat). Et haec omnia multis aliis ad vos datis litteris scripsimus, quietumque nostrae sollicitudinis statum. Caeterum hisce diebus recepi litteras a charissimo fratre nostro ministro Vallisoletano quibus ad presens carere provinciali, sed tantum habere custodem provinciae, qui custos nullam rerum gerendarum potestatem habet, nisi fulciatur summi pontificis vel nostra auctoritate. Idcirco voluimus, ad tollendum inter vos scisma (quia dictus custos nullam institutionem habet) expedire vicariatum dicto ministro Vallisoletano usque ad capitulum vestrum tantum. Nec ex eo intendimus tamen derogare constitutionibus vestris provincialibus per precessores nostros confirmatis.

1. On voit combien cette convocation était formelle.
2. Les pays en italique n'ont jamais eu de couvent trinitaire.
3. On ne saurait porter un jugement plus sévère sur l'oncle et sur le neveu.

Miramur quod sis tam continuus in silentio nec quidquam ad nos scribas. Monuit nos sacra Caesaris clementia[1] ad vos migrare gratia visitationis, unde paramus in proximum nos itineri accingere et vestro proximo capitulo assistere, modo celebretur ante quadragesimam, quoniam nostro generali capitulo quod celebrabitur dominica de Cantate anno proximo[2] adesse nobis est necesse. Non agam tecum pluribus. Bene vale. Ex conventu nostro Sancti Maturini Parisiensis die duodecima mensis Maii anno Domini 1548.

Frater Theobaldus major minister.

N° 122.

1551, 4 août. — Charles-Quint nomme Jacques Bourgeois ministre du couvent d'Estaires (Archives du Nord, Trinitaires de Douai, 1er carton).

Charles, par la divine clémence empereur des Romains, toujours auguste, Roy de Germanie, de Castille, de Léon, de Grenade, d'Arragon, de Navarre, de Naples, de Sicille, de Majorque, de Sardeyne, des Ysles Indes et terre ferme de la mer Océane, archiduc d'Austrice, duc de Bourgogne, de Lothier, de Brabant, de Lembourg, Leicemburg et de Gheldres, conte de Flandres, d'Arthois, de Bourgogne palatin et de Haynnau, d'Hollande, Zellande, de Ferrette, de Haguenault, de Namur et de Zutphen, prince de Zwave[3], marquis du Saint-Empire, seigneur de Frize, de Salins, de Malines, des cités, villes et pays d'Utrecht, d'Overissel, de Grœninge et dominateur en Asie et Affrique, à vénérable nostre très chier et bien aimé le provinchial de l'ordre de la Saincte Trinité résident à Douay[4], salut. Comme par l'indult à nous octroyé par Notre Saint Père le pape, personne ne peult estre pourveu d'aucune dignité, advenant la vacation d'icelle en nos pays et seignories de par deçà, sinon à notre

---

1. Charles-Quint lui fit délivrer un passeport.
2. Autres relatives à la même affaire : *Copie littere* et *Vicariatus fratris Johannis Hurtado de Mendoça ministri Vallisoletani* (10 avril et 9 mai 1548).
3. Souabe.
4. Comme ministre de couvent.

nomination, et de personne à nous aggréable, et il soit que par la promotion de frère Bauduyn Marschaleck, ministre de la maison d'Estaires, de l'ordre de la Trinité, à la maison de Préavain du dit ordre, la dite ministrie d'Estaires soit vacante, — par quoy soit besoing y pourveoir d'autre idoine et qualiffié, — savoir vous faisons que nous, usans du bénéfice dudit indult, informez bien et au vray des régime, vie, ydoineté[1] et suffisance de notre chier et bien amé frère Jacques Bourgois, bachelier en théologie, Religieux du dit ordre, — nous icelluy pour ces causes avons denommé et dénommons par ces présentes à la dite ministrie d'Estaires, au lieu du dit frère Bauduyn, *lequel au moyen de la dite promotion*, en avons déporté et déportons par ces mesmes, vous ordonnant et enjoignant que icelluy frère Jacques Bourgois vous meetez et instituez ou faictes mettre et instituer, de par nous, en la possession et joyssance du dit magistrat[2] d'Estaires... Donné en notre ville de Bruxelles le 4me jour d'août, l'an de grace mil cincq cens cincquante ung, de nostre empire le xxxi; et de Castille et autres le xxxve.

N° 123.

1559, 22 mai. — Confirmation par Philippe II des privilèges des Trinitaires
(Bibl. Nat., ms. espagnol 66, fos 77-79).

En la villa de Valladolid a veinti dos de Mayo de mill y quinientos y cinquenta y nueve anos, se confirmo por el rey don Phelippe, nostre senor, una carta de privillegio y confirmacion de los reyes catolicos don Hernando y dona Ysabel, de gloriosa memoria, en el qual estavan ynsertas y incorporadas las cartas y previllegios siguientes :

Una carta de previllegio del rey don Enrique el trezo, confirmada por los otros reyes sus subcesores, donde estava incorporada una carta patente del dicho rey don Enrique, dada en Yllescas a veinti nueve de Enero, era de mill y trezientos y noventa y quatro anos, en que se contenia que, por que algunas personas eclesiasticas, y se-

---

1. On voit à quel point c'est traduit des formules latines.
2. Il voulait évidemment dire « ministrat », du latin « *ministratus* ».

glares cogian lo que pertenecia a la orden de la Santisima Trinidad, para redempcion de captivos, ansi quintos[1] y mostrencos[2], como otras mandas, que segund los previllegios de los reyes pasados[3] y del confirmados les pertenecia, mando que les sean dados y entregados todos los quintos y mostrencos y desamparentados[4], y otras cosas que por los dichos previllegios pertenecia a la dicha orden de la Trinidad, y mas que todas las cosas que lues fuesen mandadas para sacar captivos, se las hagan dar y entregar a la dicha Orden, y no a otra orden alguna, que si merced y voluntad era assi, y mando a las justicias que, guardando los previllegios y costumbres, que sobre esta razon fueron otorgados a la dicha orden, se les fuesen cumplidas, como les fueron guardados en tiempos pasados.

Otro previllegio del rey don Fernando el dezeno dada en Burgos a venti siete de Octobre, era de mill y treziento y cinquenta y tres anos, confirmado por los otros reyes sus predecessores, por lo qual hizo saber a todos les conceios y justicias y apostellados de sus reinos, que por que andavan en las demandas ultramarinas, la demanda de la cruzada[5] y que embargavan la demanda de la dicha orden, que seia para captivos — y que ponian en las iglesias cartas que ganavan en (*illisible*) en que dezian que la dicha orden no avia demanda ni previllegios de los Sanctos Padres, ni de los reyes pasados[6]; y por que sabi a cierto que la dicha horden tenia previllegios, y la demanda que ellos hazian se dependia en servicio de Dios, y en suyo y en sacar captivos christianos y mantener ospitales[7], — su voluntad era que la dicha demanda de la Sancta Trinidad anduviese por todos los dichos sus reinos, sin les fuese embargada por las demandas ultramarinas, ni por la cruzada ni por otra alguna, y por les hazer mias merced, tuvo por bien que las cosas que fuesen mandadas, en seyendo los lugares y personas donde se den, que las aya la dicha orden para

---

1. Le cinquième des testaments.
2. Les biens « vagues » sans possesseur.
3. Henri III de Castille (1390-1406) mentionne que des rois précédents ont donné ce privilège aux Trinitaires.
4. Biens « abandonnés », laissés pour compte.
5. Les Frères de la « Cruciade ».
6. Cela nous donne un exemple des bons procédés des quêteurs à l'égard de leurs concurrents.
7. Les Trinitaires avaient des hôpitaux en Espagne.

el dicho rescapte, et si alguno finare¹ sin hazer testamento, que tan bien la aya el quinto de lo que que tuvieren, que aya toda cosa mostrenca, y los que fallecicien sin mandar cosa para la dicha redempcion, que den para ello tanto quanto montare la mior manda que las otras que hiziere, y que puedan demandar por todas las partes con bacines, y poner arcas en las iglesias, y que les sean mostrados los testamentos de los difuntos, y si hallaren algunas cosas para la dicha redempcion, se lo hagan, las dichas justicias luego dar, y tan bien los mostrencos y el quinto de los fallecidos sin testamento, y que reciban bien en todos pueblos a los frayles y demanda de la dicha orden, dando les posadas, y vayan a oyr su predicacion de la necesidad que los dichos captivos pasan — y defendio que no los fuese hecho mal ni impedimento alguno a la dicha su demanda, y que su voluntad era que sea provecha la dicha orden de las dichas mercedes hechas de los otros reyes sus predecessores...

Otra carta de previllegio del rey don Enrique el trecio, dada en Sevilla a veinte y seis de Hebrero, era de mill y quatrocientos y ocho anos; confirmada por los reyes sus predecesores, por la parece estar en ella asentada una carta patente del dicho senor rey don Enrique, en que se contiene que, aviendo se querellado el provincial de la dicha orden, deziendo que les embargavan la dicha su demanda, y l'espedian portadgos, y otros dichos pertenecientes en los puertos y barcos y otras cosas, mando que a la dicha demanda anduviesen libremente y sin ninguno impedimiento, ni pagar cosa alguna de portadgos y otras cosas, y que les hiziesen buen tratamiento y acogimiento a los que anduviyen en la dicha demanda, dando les favor y ayuda, por que su voluntad era que a la dicha orden fuesen guardadas todas sus cartas de previllegios.

Otra carta de privillegio y confirmacion del rey don Joan el segundo, de una carta de previllegio en ella incorporada del rey don Fernando, su quinto abuelo, dada en Valladolid à cinco de Junio, era de mil y trezientos y quarenta y nueve anos, en que declara que vio previllegios del rey don Fernando su visabuelo y del re [Alfonso] su abuelo y del rey don Sancho² su padre, y cartas que el dicho rey don

---

1. Décédait.
2. Ferdinand III, Alphonse X, Sanche IV et Ferdinand II.

Fernando les avia dado, en que recibio en su goarda y defendimiento a los monasterios de la dicha orden de la Sancta Trinidad [en] todos sus reinos, y a todos los frayles y fraylas y familiares que ellos han en sus monasterios, y a todas sus granjas, riberas, molinos, y todos los otros bienes, y mando que todas las demandas que de la dicha orden anduviesen, assi rescapte de captivos, como para sustentacion de sus ospitales, fuesen bien recogidas les tales personas y anduviesen sin ninguno impedimiento, sin que pagasen ninguno portadgo ni otras cosas, dando les todo favor y ayuda. — Y mando el dicho rey don Juan no enbargare la bula, ni la carta que tenia y avia mandado dar a la orden de la Merced sea recoudido a la dicha orden de la Santa Trinidad y a sus demandadores, con todas aquellas cosas que a la dicha orden de la Trinidad fueron otorgadas de los reyes sus progenitores, en la manera que se contiene en las dichas cartas de previllegios, y que no sia recudido a la dicha Merced en cosa alguna de lo que assi pertenece a la dicha orden de la Santa Trinidad, mas de solamente se le recuda a la dicha orden de la Merced, con lo que perteneciere y no mas, en tal manera que por virtud de la bula impetrada de Su Santidad, en favor de la dicha orden de la Merced, ni de la dicha su carta que sobre ello les mando dar, ny per otras qualesquier cartas que sobre ello huviese dado, ni diese den de en adelante — lo qual todo suspendia, para que no fuese acudido a la dicha orden de la Merced, en cosa alguna, de lo que pertenece a la dicha orden de la Trinidad, mas que cada una de las dichas ordenes reciban y ayan lo qual les pertenece — por que su voluntad era de no hazer perjuizio a la dicha orden de la Merced.

Otra carta patente del rey don Joan el segundo su abuelo, dada en Valladolid a siete de Junio, era de mill y quatrocientos y quarenta anos, por la qual mando a todos sus ministros, justicias y personas de sus reinos, que quando fuesen requeridos por parte de la dicha orden de la Trinidad, les hagan dar y pagar y acudir con todas las sobredichas demandas y cosas, y quintos, para la dicha redempcion de captivos, y mantenimiento de sus ospitales.

Otra carta patente del dicho rey don Joan el segundo, dada en Madrig a la veinte y tres de Enero, era de mill y quatrocientos y cinquenta y tres anos, por lo qual enbio a mandar a principe don Enrrique su hijo, y a todos los otros perlados, grandes y personas y justicias y ministros suyos, que a los frayles y personas que anduviesen en la dicha demanda de la dicha orden de la Trinidad, para redempcion de captivos, dexen traer pendones y tronpetas, para hazer la dicha manda libramente en todos los sus reinos — y mando que no consentiesen ni diesen lugar, que fuesen contra la dicha costumbre antigua que la dicha orden tenia, para andar en la dicha demanda, ni otra demanda andase para redencion de captivos por los dichos sus reinos, ni se demande, ni predique con pendones ni trompetas, si no fuere la de la dicha orden de la Trinidad, puez diz que otra demanda nunca fue uscido ni acostumbrado andar — los quales dichos previllegios y cartas fueron, como dicho es, confirmados por los dichos reyes catholicos don Hernando y dona Ysavel, y por la catholica reina dona Joana nostra senora[1] que aya gloria, y por el dicho rey don Phelipe nostro senor, segun dicho es, para que les sean guardados si y segund les fueron guardados en tiempo de los dichos reyes hasta a ora.

N° 124.

1562, 7 octobre. — Soixante Turcs, esclaves sur les galères du roi, avaient été promis à Jaffaragua, ambassadeur d'Alger; cette remise ayant été différée, il s'est ensuivi des actes de piraterie; pour y remédier, Charles IX ordonne de faire rapatrier les Turcs et d'en payer le prix aux capitaines (Bibl. Nat., nouv. acq. lat. 1324, f°⁵ 397 et 398).

Charles, par la grace de Dieu roy de France, comte de Provence, Forcalquier et terres adjacentes, à nos amés et féauls les commissaires et conterolleurs généraux de nostre marine de Levant, salut. Comme suivant la requête que nous auroit cy devant faicte Jaffaragua, ambassadeur envoyé devers nous de la part du grand Seigneur et du Roy d'Argers, de faire don audit Roy d'Argers du nombre de soixante Turcs esclaves à présent sur aucune de nos gallères. — Nous, pour le gratifier et le continuer toujours en la bonne volonté[2] qu'il nous porte, et pour les faveurs et gratuitez que les manans et habitans de notre ville de Marseille et autres nos subjets, traffiquans es

---

1. Jeanne la Folle.
2. Voir sur cette bonne volonté quelque peu chancelante les deux volumes du P. Dan, *Les plus illustres captifs*.

mers d'Argers, de Tripoly et costes de Barbarie reçoivent journellement en leur commerce, luy aurions libérallement faict et accordé le don des dits soixante Turcs esclaves, pour la délivrance desquels nous aurions escript et mandé aux cappitaines (ausquels iceulx esclaves appartiennent), de les délivrer et consigner au dit ambassadeur Jaffaragua, ce qu'ils auroient différé, pour leur estre lesdits esclaves de valleur et importance au service de nos dites gallaires; de manière que estant iceluy ambassadeur party de notre port de Marseille, avec ce mescontemtement de n'avoir amené lesdits esclaves, nous avons été bien informés que, depuis l'arrivée d'iceluy ambassadeur à Argers, aucuns cappitaines de gallaires, galliotes et fustes, subjets dudit Roy d'Argier, auroient couru sus aucuns navires, appartenant à nos dits subjets, venant de Constantinople et de Tripoly de Surie[1], chargéz d'espiceries, drogueries et autres bonnes marchandises, qu'ils ont retenues et emmenées audit Barbarie (*sic*) avec plusieurs marchands, mariniers et passagers, nos subjetz, qu'ils détiennent prisonniers, à notre grand regret et desplaisir. Au moyen de quoi, désirant singulièrement le bien, repos et liberté de nos ditz subjetz........, vous mandons et commandons par ces présentes signées de nostre main de nous transporter sur nosdites gallères, soit sur celles qui sont particulièrement sous la charge de notre très cher et bien amé cousin le grand prieur de France, ou d'autres cappitaines, sans aucune exception, et illec ayant prins par dénombrement les susdits soixante esclaves, nous, appellé l'argentier royal, faictes iceulx mettre hors des dites galères, et consignés ès mains des consuls de notre ville de Marseille, lorsque par eux en serez requis, pour estre par eulx mesmes envoyés, de notre part, au dit Barbarie et consignez au dit roi d'Argers, Jaffaragua ambassadeur, ou bien livrez à telles personnes que les dits Roy ou ambassadeur vouldront envoyer au dit Marseille pour les recevoir. Vous mandons et commetons en oultre par ces dites présentes, que pour l'interest particulier des dits capitaines ausquels appartiennent les dits esclaves, que nous voulons et entendons leur estre payés selon leur juste valleur, vous procédez à leur due estimation, rapportant laquelle avec certiffication de vous, de la délivrance et consignation des dits esclaves, il en sera incontinent, par

1. Tripoli de *Syrie*, par opposition avec Tripoli de Barbarie.

nous et par les gens de notre privé conseil, ordonné payement à nos dits cappitaines, affin de leur continuer le moyen de se tenir en tel équipage qu'il est requis pour notre service. Donné à Roville le vii° jour d'octobre l'an de grace 1562 et de notre règne le deuxième. (*Signé :*) CHARLES.

N° 125.

1564, 12 décembre. — Le prieur de Gorze confirme le don fait par Charles de Lorraine, abbé commendataire, de la *Cour dorée*, au profit des Trinitaires de Metz (Archives de Lorraine, H 3775, n° 2).

Nous Domp Godefroy Deve, prieur Claustral de l'abbaye et monastère de Gorze, ordre Sainct Benoist, diocèse de Metz, domp Jean de Jailly, aulmosnier, domp Jean de Walle, Pitancier, domp Jean Thomassin, chambrier, domp Jacques d'Orge, tous Religieux faisantz et représentantz le covent d'icelluy lieu, à tous ceulx qui ces présentes lettres verront salut. Faisons scavoir que, ayantz veu les lettres de donation et gracieuse concession, faictes par illustrissime et Révérendissime Prince et Seigneur, Monseigneur Charles, cardinal de Loraine, Abbé commendataire dudit Gorze, à Religieuse personne frère Bernard Dominici, Religieux de l'ordre de la Saincte Trinité ou covent de Metz, et ministre d'icelluy et à ses successeurs ministres, en pur don, cession ou transport irrévocable et à tous jours, de la maison appelée la court d'or ou dorée, située et assise en la ville de Metz, rue Saincte Croix, menbre, et despendante purement de la dite abbaye et monastère de Gorze, icelluy don, cession et transport, pour tousjours faict, pour bones et justes causes et raisonables, que plus à plein sont contenues ès dites lettres expédiées à Nancy le xxiii° jour de febvrier, l'an mil cinq cent soixante et ung ; nous, désirantz l'entretenement et advancement de la religion catholique, et spécialement que le covent de la Trinité, selon l'ordre et institutes d'icelluy, soit et demeure à tousjours au dit lieu de Metz, à l'édification du peuple, avons ratifié, consenty, confirmé et approuvé pour tousjours, pour nous et noz successeurs, le don, cession et transport faict par mon dit Seigneur illustrissime ausdits frère Bernard Dominici ministre, et à ses successeurs, pour en joyr par luy et ses successeurs à tousjours, jouxte le contenu des lettres susdictes et de notre dite intention. En tesmoing de quoy nous avons à ces présentes faict mettre et appendre le *grand sceau* de notre dit covent. A Gorze, ce douziesme jour de décembre l'an mil cinq cent soixante et quatre.

N° 126.

1566, 18 avril. — Charles, duc de Lorraine, retient Bernard Dominici, ministre de Metz, pour son prédicateur ordinaire (Copie; Archives de Lorraine, H 3773, n° 2).

Charles par la grace de Dieu Duc de Calabre, Lorraine, Bar et Gueldres, Marchis du Pont à Mousson, conte de Prouvence, Vaudemont, Blamont, Zutphen, etc., à tous ceulx qui ces présentes verront salut. Scavoir faisons que, estans plainement informez des sens, suffisance, scavoir et condition, estans en la personne de notre bien amé frère Bernard Dominici, ministre de la Trinité de Metz, par les bonnes et fréquentes prédications qu'il a faictes devant nous, au grand bien et édification de nous et de notre peuple, iceluy, pour ces causes, avons retenu et retenons par cestes pour notre Prédicateur ordinaire, pour désormais nous servir bonnement et deuement en la dite charge, tant qu'il nous plaira, aux honneurs, prérogatives, franchises et immunités y appertenantz...

En tesmoing de quoy, nous avons à cestes, signées de notre main, faict mettre et apposer en placart notre scel secret. Donné à Blamont le xviii° jour d'apvril l'an mil cinq cens soixante et six.

N° 127.

Vers 1570. — Bernard Dominici, général, se joint à Jean Morel, qui, en vertu du droit d'élection, dispute la ministrerie de Paris à François Petit, pourvu par le Roi; fragment (Archives de Lorraine H 3773, n° 1).

Ce sont les grands interest que met et baille par devant vous, Messieurs, tenant le grand conseil pour le Roi notre sire, Révérend Père en Dieu frère Bernard Dominici, général de l'ordre de la Rédemption des Captifs, demandeur, et requérant l'entérinement de certaine requeste, par luy présentée au conseil, le dix neufvesme jour d'aoust cinq cens soixante et dix, à l'encontre de frère François Petit, défendeur.

Pour monstrer que le dit demandeur au dit nom a bonne et juste cause pour se joindre au dit frère Jehan Morel, à l'encontre dudit Petit, en certaine cause meue et pendente céans entre eulx deulx[1], pour raison du possessoire de la ministrerie et maison Sainct Mathurin en ceste ville de Paris, en laquelle instance soutient le dit Morel droict d'élection, et le dict Petit, au contraire, droict de nomination du Roy. A ces fins et aultres que de raison, dict en brief le demandeur ce qui s'ensuyt.

En premier lieu, qu'il est général du dit ordre, deuement éleu par les ministres d'iceluy, la dite élection approuvée par arrest contradictoire de la court de Parlement de Paris, oy monsieur le procureur général du Roy en icele, ouy semblablement le dit Petit et certains autres particuliers ministres du dit ordre, appellans comme d'abus de ladite élection dudit Dominici en général de l'ordre, le dict arrest donné avec grande congnoissance de cause, en date de l'unziesme jour d'aoust cinq cens soixante et dix.

Sçait trop mieulx le Conseil les charges et debvoires, qui incombent de droict à ung général d'un ordre, scavoir visitation, réformation, confirmation d'élection des bénéfices électifs, et collation des bénéfices collatifs, défense et manutension des droicts et privilèges de l'ordre. Le demandeur ayant esté naguères promeu à ladite généralité..., auroit entendu y avoir procès en la cour de céans, entre lesdits Morel et Petit, pour raison de la dicte ministrerie Sainct Mathurin de Paris, auquel procès le dit Morel, défendeur et opposant, et encores intimé en certain appel comme d'abbus, auroit déduict deux ou troys droictz et moyens, et entre aultres droict d'élection de sa personne, faicte par les Religieux de la dite maison, et confirmation par le custos du dict ordre qui lors estoit, le siège du général ministre vacant.

Soustenant le dict droict d'élection et confirmation, à l'encontre du dict droict de nomination que le Roy, soubz correction, n'eut oncques es ministreries et hopitaulx du dict ordre et si (*sic*), en tant que besoing estoit, l'auroit du tout remis et quicté ausdits de l'ordre de la Ré-

---

1. Bernard Dominici ne prétend donc rien pour lui-même.

demption des captifs, dont il leur auroit baillé et délivré des lettres patentes soubz son grand scel, en forme d'édict et déclaration quy auroient esté leues, publiées et enregistrées, consentans le dit sieur procureur général du Roy, dix ans y a, scavoir est dès l'an cinq cens soixante, suyvant lesquelles ont tousiours lesdits de l'ordre vescu et esté entretenuz en leur dict droict d'élection, comme ilz auroient tousiours faict auparavant la dicte déclaration.

Et néantmoins se trouve aujourd'huy ung Religieux de l'ordre, lequel envieulx du bien, droictz et privilèges du dict ordre, dont il se dict religieux profex et alumne, et tenant ministrerie d'iceluy, vient troubler le repos et tranquilité du dict ordre. et révocquer en doubte et controverse ce qui ne fut oncques ; en quoy il demonstre ung cueur desloyal, et peu affectionné envers le bien publicq de l'ordre, *in cujus verba juravit praevio sacramento, et solemni jurisjurandi religione*, voulant préférer son proffict particulier au dit bien publicq et commun du dit ordre, par le moyen d'un tel quel placet vraysemblablement desrobé, ou quoy que soit *ex his malis artibus* par quel sujet et favorys, en circonvenant la Religion du prince ; quy [*trois mots illisibles*] n'a oncques entendu autrement, ny à son faict ny à iceluy de ses feux prédécesseurs Roys, mesmement de ses père et frère, que Dieu absolve, de rompre et violler par un morceau de parchemyn les privilèges d'un tel ordre tant merité, voyre plus tost droict commun que privilèges, quoy que soit privilège confirmé au droict commun, qui est d'élire ung prélat par les religieux de toutes maisons conventuelles et certaines *per lex Lucii papae et ea quae ibi not.* sera veu *in cap⁰ primo de elect. in antiquo* (?).

En quoy faisant, ne peult le dict Petit qu'il ne se monstre en faict frolignant, et dégénérant du debvoir et affection filiale, qu'il debvroit avoir au dict ordre.

Et monstre bien par tel effect que, s'il y avoit quelque vice ou turpitude en l'ordre[1], il ne seroit difficille descouvrir *pudendas partes* comme fist Cham en son père Noé, ainsi est escript..... pour raison de quoy il mérita perpétuelle malédiction de la bouche paternelle, avec attribution de servitude et auquel jugement paternel *accessit et consensus et suffragium* de Dieu le Créateur.

---

1. Voilà ce que le général de l'ordre ne pardonne pas.

N° 128.

1571, 23 janvier. — François Petit, ministre des Mathurins de Paris, confère à Jacques Le Febvre, religieux de ce couvent, le prieuré de Dinard, vacant par suite de la mort de François Moreau (Arch. Nat., L 947).

Franciscus Petit, humilis minister ministratus seu domus Sancti Mathurini Parisiensis, ordinis SS. Trinitatis, Redemptionis Captivorum, dilecto nostro fratri Jacobo Le Febvre, religioso eorumdem ordinis et ministratus, salutem in Domino. Prioratum de Dinarto (gallice *de Dinart*), dicti ordinis, diocesis Macloviensis, ab eodem nostro ministratu dependens, cujus vacatione illius concurrente, collatio, provisio et quevis alia dispositio ad nos, ratione et ad causam prefati nostri ministratus, pleno jure spectat et pertinet, liberum nunc et vacantem, per obitum seu decessum defuncti Patris Francisci Moreau, dum viveret, dicti prioratus ultimi prioris et possessoris pacifici, tibi, licet absenti, capaci tamen, sufficienti et idoneo ad hujusmodi prioratum obtinendum, regendum et gubernandum, contulimus et donavimus... Datum Parisiis anno Domini M° D° LXX° I°, die vigesima tertia mensis Januarii, presentibus ibidem magistro Johanne Guillet, cive Parisiensi, et Johanne Bouveau, diocesis Nivernensis, Parisiis in vico Feni¹ commorantibus, testibus ad premissa vocatis et rogatis.

N° 129.

1573, 19 avril. — Bernard, grand-ministre, mande à Jean Laloé, provincial de Picardie, de faire une enquête, demandée par Jacques Bourgeois, ministre de Convorde, au sujet d'un échange considéré comme avantageux pour ce couvent (Archives du Nord, Trinitaires de Douai, 1ᵉʳ carton).

Frater Bernardus, major minister totius ordinis Sanctissimae Trinitatis et Redemptionis captivorum, dilecto nobis in Christo fratri Johanni Laloe, provinciali nostro in provincia Picardie, ministro domus nostre Duacensis, cum uno viciniori ministro, salutem in Domino. Cum in correctorio capitulo generali², sedente apud nostram

---
1. La rue du Foin était contiguë au couvent des Mathurins de Paris.
2. Chapitre *de réforme*.

domum capitalem de Cervo Frigido, receperimus supplicationem dilecti nostri fratris Jacobi Burgesii, ministri domus nostre de Convordia, quomodo jam a septennio, ab injuriam hereticorum grassantium in finibus domus sue, non poterit ad hoc usque tempus in eadem residere, eam ob causam supplicuit ut per nos et dictum generale capitulum detur authoritas supradicto provinciali, cum alio propinquiori ministro, informandi super commodo vel incommodo permutationis faciende de terra arrabili, ad ortum quendam quem cupit accipere, in perpetuam amphiteosim, ab honorabili viro Thoma Hennion, commorante prope Stegras, ut ad confirmationem illius procederetur, si ad utilitatem predicte domus facta videatur. Hinc est quod nos, eidem pie supplicationi cum diffinitoribus in dicto correctorio congregatis annuentes, vobis et vestrum cuilibet in solidum committimus et mandamus ut debite inquiratis et vos diligenter informetis, si ad utilitatem, commodum vel incommodum dicte domus nostre dicta permutatio facta fuerit... Datum in predicta domo nostra capitali de Cervo Frigido, sub sigillis et contrasigillis nostre majoris administrationis et correctorii, die dominica de cantate decima nona mensis Aprilis, anno Domini millesimo quingentesimo septuagesimo tertio. — Cosse, secretarius capituli generali.

N° 130.

1576, 9 janvier. — Bernard de Bonast, ermite à la Roque d'Olmes, chassé de son ermitage par la guerre, est reçu comme religieux chez les Trinitaires de Mirepoix (Arch. départementales de l'Ariège, série H).

Sçachent tous presens et advenir que, l'an de grâce 1576 et le 9me jour du mois de janvier, régnant très [hault et puissant] prince Henry, par la grâce de Dieu roi de France, à la cité de Mirepoix, seneschaussée de Carcassonne, et dans l'église du couvent de la Sanctissime Trinité, ez présence de moi notaire Royal et tesmoings soubs nommés, constitué en personne frère Bernard de Bonast, prestre armitain (*sic*) à l'armitanage de la chapelle de S¹ Quivoir, lès La Roque del Mes, lequel s'est présenté par davant religieuse personne frère Jehan Sourroulhe, ministre dudit couvent de la Sanctissime Trinité de Mirepoix, luy a dict que, causant les troubles, il seroit sorti dudit armitanage et se serroict (*sic*) retiré dans le lieu de La Roque del Mes, laquelle despuis auroict été prinse par les henemys de Dieu, du Roy et repous public, luy estans dedans, mays par la grâce de Dieu, il est sorti au mieulx qu'il a peu, et pour ce que les dits henemys ont demouly et brûlé le dit armitanage et chapelle, ne sçachant où se retirer pour exercer l'estat de prêtre et pour servir Dieu, — à cette cause a remonstré audit Sourroulhe, ministre, qu'il avoict désir et voulonté de soy rendre de la religion et proffession du couvent de la Sainte Trinité. et faire et exercer les actes d'un vray religieux et suyvant la régule de la dite religion. Lequel sieur ministre, après avoir entendu la promesse (*trois mots manquent*) qu'à l'aide et bonne volonté dudit pouvre hermite, bien que iceluy couvent n'eust bonement moyen de le nourrir, pour le peu de revenu qu'il a, et mesmes ayant esgard à ses presents troubles, toutesfoys à cause de la bonne affection et volonté que iceluy de Bonast a d'entrer dans la dite Religion, et qu'il est pouvre, âgé, destitué et dénué de tout, sans habitation et demeure, offre le recepvoir en la dite Religion. Et le dit de Bonast....... de son bon gré, incontinent a voué son corps à Dieu, et a de présent donné et donne toutz et chescungs ses biens, tant meubles et immeubles, en quelque lieu que seront (!) audit couvant de la Sainte-Trinité du dit Mirapoix, voulant et consentant que iceluy couvent ou ministres d'icelluy en facent doresnavant à leurs plaisirs et volontés, pour le prouffict dudit couvant. Et tout incontinent, le dit de Bonast s'est mis à genoulx et a despouié la robe et habit d'armite, et par le dit ministre luy a esté vesteu et chargié l'habit de la Sainte Trinité.......; le dit de Bonast a supplié le dit sieur ministre, pour ce que est desjà vieulx et agé de soixante ans ou davantage, le vouloir passer proffez et faire la profession acoustumée, ce qui par le dit ministre a esté fait, et, estant à genoulx, le dit de Bonast. moyennant serement par luy presté sur les saints Evangilles de Dieu, a promis faire l'estat d'ung bon Religieux et se trouver aux divins offices acoustumés faire à la dite église et couvent.

N° 131.

1576, 20 mai. — Le chapitre général autorise le ministre de Châlons à aliéner 500 livres pour rebâtir son église incendiée (Arch. départementales de la Marne, Trinitaires de Châlons, liasse non cotée).

Il est permis par Révérend Père en Dieu frère Bernard, général de l'ordre de la Très sainte Trinité et Rédemption des Captifs, et les correcteurs des quatre provinces du dit ordre, ensemble de toute la congrégation et chapitre général tenu et célébré à Cerfroid le 20 mai 576 (*sic*) à frère Hélye Mannorry, ministre de la Trinité des bourgs de Châlons, de vendre et aliéner du bien temporel de la dite ministrerye le moins commode, jusques à la concurrence de la somme de 500 livres tournois, pour les réparation et réédification de l'église de la dite ministrerye, bruslée par inconvénient de feu le xme octobre 575, à la charge que le dit ministre ne aliénera rien du dit temporel qui ne soit veu et visité par gens à ce cognoissans. Lesquelles venditions jusques à la concurrence de la dite somme promettons les emologuer à notre premier chapitre.

N° 132.

1577, 16 décembre. — Jean Laloé, provincial de Flandre, se fait maintenir dans la jouissance du droit d'asile, malgré les échevins de Douai (Bibl. d'Arras[1], ms. 1041, f° 166 v°).

Jean de Lattre, escuyer, licencié de deux droits, sieur d'Oudenhout, etc..., au premier sergent et submis du souverain bailliage sur ce requis salut. Exposé nous a maître Jean Lalloé, prêtre et religieux de l'ordre de la Ste Trinité en cette ville de Douay, et provincial du dit ordre, comme la dite maison, monastère et clos d'ycelle soit lieu sacré, divinisé du tout, amorty, séparé et non sujet à la loy et eschevinage[2] d'icelle ville, duquel lieu, de tout tems sans mémoire

---

1. Je me fais un plaisir de remercier mon confrère M. Chavanon, à qui je dois les collations de ces pièces conservées à Arras.
2. « MM. les échevins de la ville de Douai ont toute juridiction et seigneurie dans la maison, enclos et héritages appartenans aux P. de la Trinité, sauf dans l'église et terrain de leur ancienne dotte, dont il y a droit d'azile. »

du contraire, touttes personnes chargées d'ommicides se peuvent retirer et mettre en franchise, attendant la paciffication des cas par eulx commis, sans que personne les puisse par voye de justice les tirer hors; et quant le bailly et eschevins du dit Douay ont autrefois prétendu en tirer hors ainsi réfugiez, y a tellement esté remedié[1] qu'ils ont été contraints réparer le trouble et remettre ceulx en tirés hors........ ayant joy d'icelle franchise et en la dite possession continuée de temps immémoriale, et pour bonne possession avoir acquis paisible; ce néantmoins est que, les bailly et eschevins du dit Douay avoient, le troisième du moys de may dernier, contre leur (?) volonté et du dit exposant, tiré hors du dit monastère et clos ung nommé Nicollas Froisslin refugié pour avoir homicidé ung appelé Ligniey du Vintre, iceux estant ou ayans esté tous deux soldats soubs la charge du s^r Dacou, tenant le dit Nicolas prisonnier soubz dubs, sans le voloir restablir... pour quoy nous vous mandons que adjournez et appellez les dit bailly et eschevins de Douay à certain et brief jour et heures, que leurs assignez à comparoir par devant vous, au plus près de la porte et entrée principal de la dite maison pour tous lieux contentieulx, et iceluy maintenez et gardez, de par le Roy nostre sire, comte de Flandre, et nous pour justice, iceluy exposant ou son dit procureur, esdits droit, possessions et saisine... Sous notre seel le seizième jour du mois de Décembre mil cinq cent soixante et dix sept.

1. Voici cependant un exemple qui n'était guère ancien : « Le premier janvier 1565 fut appréhendé prisonnier Jean Collentier, masson, s'estant réfugiés dans la maison, de la Trinité au quartier qui regarde la rue de St Jacques et la nouvelle église, étant accusé d'avoir voulu violer une fille, lequel maitre Jean Laloé, provintial des Trinitaires, réclamoit et en demandoit le rétablissement dans leur dite maison où il avoit esté pris, soutenant qu'icelle estoit franche, et que M. les eschevins ne pouvoient faire apparoir de leur jurisdiction; après contestation de part et d'autre, et exhibition des titres de la ville, le dit provincial *ne fist aucuns devoirs*, et le dit Jean fut condamné par M. les eschevins en réparations et amendes honnorables » (Bibl. d'Arras, ms. 1040, f° 35 v°).

N° 133.

1578, 30 janvier. — Recommandation de Bernard Dominici par le chapitre de la cathédrale (Arch. de Lorraine, H 3773, 2).

Universis et singulis praesentes nostras testimoniales litteras inspecturis, visuris, vel audituris, humili salutatione praemissa, nos Primicerius, Decanus, Canonici et Capitulum Metensis Ecclesiae, notum facimus et attestamur, in verbo Christianae veritatis, R^{dum} DD. Bernardum Dominici, ordinis SS^{ae} Trinitatis Religiosum, et multis annis Professum et, suis exigentibus meritis, morum integritate, doctrina et concionandi promptissima et faciendissima facultate commendatissimum, tandem in praedicti Ordinis Generalem meritissime electum, et a S^{mo} Domino Papa nostro confirmatum, esse nobis et toti huic Provinciae Metensi (cujus alumnus et (sic) certissimus) notissimum, antiqua fide et probitate Parentibus legitime procreatum, et in bonis litteris Lutetiae Parisiorum sic educatum atque institutum[1], ut eam virtutis opinionem inde reportaverit qua, optimo jure, fratres et Ministri illius Ordinis supremo ejus gradu et dignitatis gloriâ eum ornaverint, quo laudis et virtutis ornamento ita deinceps usus est, tum ab hac sua electione apud nos in hac nostra civitate, et coram Christianissimis Francorum Regibus ita se gessit, et tam graviter verbum Dei, ex Antiquissima Patrum Orthodoxorum disciplinâ et traditione[2], ita interpretatus est, atque haereticae pravitatis ineptias (!) et malignitatem ita propulsavit, in publicis suis Concionibus ad Populum nostrum (cui oneri illustrissimi et Reverendissimi Cardinales Lotharenus et Guysianus, nostri Episcopi, ab aliquot annis eum praefecerunt), ut nostram et omnium Catholicorum benevolentiam singularem, haereticorum vero modernorum inimicitiam et odium inexpiabile sibi reportaverit et ferat adhuc. Anno a Nativitate Domini millesimo quingentesimo septuagesimo octavo, die vero penultima mensis Januarii,

De mandato dominorum virorum Primecerii, Decani et Capituli Ecclesie Metensis.

---

1. Ce détail n'a pas été donné dans la Chronique des ministres généraux.
2. Son Mémoire contre François Petit est, en effet, rempli de citations de droit canonique (Pièce 127).

Collatum ex originali in archivio[1] ordinis asservato quod testor
f. C. de Massac, Generalis.

N° 134.

1578, 17 décembre. — Cession à Thomas Broulhard, marchand drapier de
Marseille, par les Trinitaires de cette ville, d'une chapelle pour y être
enterré, lui et ses descendants (Grands Trinitaires de Marseille, registre 15,
folio 28).

Au nom de Dieu soit-il, amen. Sçaichent tous presens et advenir
que l'an 1578 et le 17° jour du mois de Décembre, en la présente ville
et citté de Marseille, assemblés capitulerement dans le réfectoire du
couvent de l'église de la Trinité de ceste ville, à son de cloche, à la
coutume, frère Jehan Ilaire, père ministre, Jacques Alhard, Claude
Felic, Bastian Rainaut dict Rigne, Claude Mercadier, Pierre Roux,
tous religieux prêtres et profex de cette église, lesquels tous ensemble
pour et au nom du dit couvant et successeurs d'iceluy, adhérant au
vouloir, dévotion et désir que sire Thomas Brolhard, marchand drap-
pier, a de fere bien au dit couvant et en iceluy élire sa sépulture, le
dict père ministre et frère religieux ont donné liçanse, permission,
autorité et mandement par ces présentes et, autant que besoing,
donné, ceddé et transporté au dit sire Thomas Brolhard, présent, et
pour luy et les siens stipulant, certaine chapelle de la dite église de la
Trinité, qu'est la première chapelle entrant en la dite église à main
gauche, se joignant avec autre chapelle de Monsieur de Minuet, pour
en ycelle y fere construire, bastir et dresser ung tombeau, pour y être
ensepvely luy, sa femme, enfans, race, famille et successeurs; de
laquelle sépulture, en la dite chapelle, le dit Broulhard a esleu et
promis estre inhumé par ces présentes, sans que, en la dite chapelle,
le dit couvant et successeurs d'iceluy puissent ensepvelir aultre personne de quelque estat, qualité, noblesse et grandeur qui soyent,
fors excepté les descendans du dit Broulhard, de son nom et armoiries, à la charge et qualité que le dit Thomas Broulhard sera tenu fere
fere, en la dite chapelle, à ses despans ung autel, auquel y sera depeint
et figuré l'image de S¹ Thomas Apôtre avec son enrichiseure néces-

---

1. Ces archives ont disparu ; Claude de Massac les vit à Metz en 1719.

saire, ainsi que sera advisé par le dit père ministre; sera aussy teneu le dit Broulhard de blanchir toute la dite chapelle par dedans, ceddant et remettant les dits père ministre et relligieux tous les droits, que le dit couvant avoit de fere et donner sépulture en la dite chapelle, desquelz droits les ditz religieux se sont dépouillés, et ont investy et saisy le dit Thomas Broulhard, présent et comme dessus stipulant, pour en faire à son plaisir et volonté.....

N° 135.

1579, 17 mai. — Le chapitre général décide qu'une partie des revenus de la maison de Convorde, supprimée du consentement de Jacques Bourgeois, ministre, servira à nourrir deux religieux, étudiants à l'Université de Douai (Trinitaires de Douai, 1er carton).

Universis presentes litteras inspecturis. Nos frater Bernardus, major minister totius ordinis Sanctissime Trinitatis et Redemptionis captivorum, necnon correctores et diffinitores sedentes in capitulo generali celebrato apud nostram domum de Cervo Frigido die decima septima mensis Maii, anno Domini millesimo quingentesimo septuagesimo nono, notum facimus quod, sequentes prescriptum sacri Concilii Tridentini, jubentis seminaria institui ad alendos juvenes in studiis, qui in futurum sint fortes in domo domini columnae, ordinamus et reducimus domum nostram de Convordia, provincie Picardie, sitam in diocesi Audomarensi, sollicitudini venerabilis patris provincialis ejusdem provincie, qui ex parte una proventuum dicte domus, reducte ex consensu fratris Jacobi Burgesii, ejusdem domus moderni ministri, alat duos fratres dicte provincie in domo nostra de Duaco, qui studeant et dent operam litteris in universitate ejusdem urbis, et ex altera bonorum ejusdem onera juxta pias fundatorum mentes, curet persolvi, et debita ordini et generali[1] adimpleri.....

1. Le droit annuel de provision, annuellement de 3 livres.

N° 136.

1581. — Philippe II accorde 20,000 cruzades à deux Trinitaires qui, accompagnés d'un notaire, vont racheter à Alger les captifs portugais (Bibl. du Vatican, ms. lat. 7750, f° 28).

Don Phelipe, por la gracia de Dios rey de Castilla, de Leon, de Aragon, de las dos Sicilias, etc. ... a l'egregio don Diego Fernandez de Cabrera y Bovadilla, conde de Chinchon, salut y dileccion. Por quanto io e prometido a estos mis Reyno de Portugal[1] de hazer les merced y limosna de 120 mil cruçados, para rescatar de tierra y poder de Moros los Portugueses pobres, y que no tienen forma conque salir del[2], y por ser la obra tan pia, y en servicio de Nostro Segnor, y bien y provecho de los dichos mis vasallos, e ordenado y mandado a los padres frai Dionisio y frai Matheus, de la orden de la Santissima Trinidad de este nostro reino de Portugal, y a Francisco de Aguiar, de esta nostra ciudad de Lisboa, todos tres nonbrados y aprovados por la mesa di consciencia[3], que vaian a rescatar los cautivos portugueses que estan en Argel, y para ello les e mandado dar de limosna 20 mil cruçados, que hazen otras tantas libras, a rasson de diez reales castellanos cada cruçado. De la dicha nostra cierta ciencia y Real autoridad, dezimos y mandamos al maestre Razional de nostra casa y corte, y al lugar teniente en dicho officio que, en la redicion de ellas, os resciban, admitan e pasenen quenta de legitima data y descargo... contradiccion y otro qualquier impedimento cessante. Data en Belmes, anno del nacimiento de nostro Segnor Jesu Christo 1581.

1. Conquis en 1580.
2. Qui n'ont pas le moyen d'en sortir.
3. Table de conscience.

N° 137.

1585, 17 août. — Philippe II permet à Jacques Bourgeois, provincial de Picardie, d'introduire la Réforme, décrétée par le Chapitre général de 1579, dans les couvents de Flandre, sauf les restrictions imposées à la réception du Concile de Trente (Trinitaires de Douai, 1er carton).

Philippe, par la grace de Dieu Roy de Castille, de Léon, d'Arragon, de Navarre, de Naples..... à nos très chiers et feaulx... gouverneurs, bailliz, mayeur et officiers de notre ville de Douay et à tous aultres cui ce regardera, salut et dilection. Reçeu avons l'humble supplication de frère Jaques Bourgeois, provincial et vicaire général de l'ordre de la Sainte-Trinité et Rédemption des captifs, résident en notre dite ville et université de Douai contenant [que], comme pour sa charge de provincial, il luy incomberait visiter les maisons de son ordre en noz pays de par deça, selon l'ordonnance de certainne forme de réformation, faite selon le prescript du Saint Concile de Trente[1] receue par le chapitre général du dit ordre, tenu à la maison capitale du dit ordre en France, néantmoyns ne vouldrait le dit suppliant mectre la dite Réformation en exécution, notamment en l'article de l'institution de séminaire pour les estudians du dit ordre, sans en préalable avoir notre congé et aggréation. Pour ce est-il que lui avons octroyé et accordé, octroyons et accordons qu'il puist et pourra mectre ou faire mettre la dite Réformation en exécution deue, selon le rescript du dit Saint Concile de Trente, sans pour ce aulcunement mesprendre envers nous en justice, pourveu que ce soit sans préjudice de nos droitz et auctoritez, e conformément les restrictions et limitations, qu'avons voulu avoir lieu au regard du dit Saint Concile de Trente. Donné en notre ville de Bruxelles le dix-septième jour du mois d'Aougst l'an de grace mil cinq cens octante cinq.

1. On abuse de cette référence. A voir bien la Formule de réformation, elle est l'œuvre personnelle et égoïste de Jacques Bourgeois.

N° 138.

1586, 22 janvier. — François Bouchet, commissaire général de l'ordre en Italie, enlève au ministre de Messine la surveillance sur le couvent de Reggio et permet l'érection de confréries destinées à favoriser la construction du couvent de Naples (Trinitaires de Marseille, pièce 39).

Franciscus Bochet, doctor theologus Parisiis (*sic*), commissarius et reformator generalis per totam Italiam et regna, Neapolitanum scilicet et Siciliae, Calabriae, Sardiniae, Corcicae[1]....., venerabili patri ministro domus nostre regularis Neapolitane, fratri Antonio Benigno, religioso sacerdoti, sacrae theologiae Praesentato, salutem in Domino..... Cum paucis ab hinc diebus, relatione cujusdam confratris nostri, fratris Didaci Hierro de Orduna, intellexerimus partem illam Calabriae, proximiorem Siciliae, pro domo nova Rhegiensi, regulari nostri Ordinis, propriam esse debere, ab hoc commiseramus venerabili patri ministro Messanensi, nostro subdelegato per Siciliam, ut super eandem partem Calabriae proximiorem, potestatem habeat omnia peragendi que convenirent utilitati dicte nostre domus Rhegiensis regularis, nostri ordinis, existimantes in illa parte Calabriae jamdicta esse alium proregem a prorege Neapolitano; — tamen cum postea, firmiori testimonio et securiori relationi, compertum habemus totam Calabriam, ultra et citra, esse sub regimine unius proregis totius Regni Neapolitani, neque dividi unam partem ab altera solere, demum quia confratres nostri (*sic*) domus nostre regularis civitatis Neapolitane propriis sumptibus et laboribus, in illa parte Calabriae proximiore Siciliae, confraternitates nomine nostri ordinis erectae fuerunt, in subsidium domus nostre regularis Neapolitanae edificande.....; propterea tenore presentium nostrarum litterarum declaramus, pro utilitate domus novae nostri ordinis, sufficere diocesim Rhegiensem, Militensem et Bosensem et Terranovae Tropiensem[2], in quibus fratres nostre domus Neapolitanae nullo modo eleemosynas petierunt, — ceteras vero dioceses

---

1. A ma connaissance, les Trinitaires n'eurent jamais de couvent en Corse.
2. Reggio, Malte, Bosa, Terranova.

utriusque Calabriae pro fabrica domus nostre regularis Neapolitane continuanda, confraternitatibus erectis et erigendis assignamus, revocantes quicquid a nobis in contrarium, utpote male informatis, decretum est, inhibentes in virtute sanctae obedientiae venerabili ministro Messanensi, nostro per Siciliam subdelegato, ne contrarium his nostris presentibus sic decretis attemptare audeat..... Quia per totum regnum Neapolitanum et utramque Calabriam, hospitalia sunt erecta a communitatibus civitatum, ad excipiendos peregrinos, ne opus habeat ordo noster id muneris exequi, idcirco decernimus ut ex elemosynis Christi fidelium petendis et ex confraternitatibus erectis et erigendis, tres partes fiant, una in manutentionem confraternitatis erecte, de consensu tamen Diocesani Reverendissimi, altera pars pro continuanda constructione domus nostre Neapolitane, et in adjutorium necessitatum religiosorum fratrum nostri sacri ordinis ibidem commorantium; postrema vero pars tuto conservetur pro Redemptione captivorum Christi facienda, tempore et loco, ut ad requisitionem vicarii seu commissarii generalis in Urbe commorantis mittatur, absque ulla fraude, in domum nostram regularem Urbis sub titulo S. Stephani in Trullo, ac auctoritate apostolica et Reverendissimi patris nostri Domini generalis, et Commissarii generalis ejusdem patris per totam Italiam. Datum in domo nostra regulari Urbis, die vigesima secunda Januarii 1586.

Frater ALEXANDER ALEXIUS, secretarius.

N° 139.

1589, 4 janvier. — Le syndic des Trinitaires de Toulouse est déchargé d'une « cotisation » imposée, sur une métairie sise à Vénerque, par le receveur des deniers du diocèse (Registres du Parlement, B 121, f° 15).

Mardi iiii de Janvier m v^clxxxix en la grande Chambre, presens Messieurs Bertrand, président, Sabatier, Persin, Gargas, de Hautpoul, Resseguier, Laroche, Rochet, Lacoste, Bertier, Saint-Felix.

Entre le syndic des religieux du couvent de la Saincte Trinité de

Tholoze, suppliant et demandant en cassation des exécutions, faictes pour les sommes esquelles ledict couvent a esté quotisé, au département des sommes deues par le clergé de Tholoze, pour raison d'une mettayrie située au lieu de Venerque, et autres biens ruraux de fondation d'obit, apartenant ausdictz religieux, recreance des fruictz saysis, inhibitions de les vexer pour raison de laditte quotisation.,...

Et M. Pierre Blandinieres et Pierre Bordion recepveur des deniers au diocèze de Tholoze, assignés et defaillans, d'autre part.

Veu lesdittes requestes..., ensemble les dire et conclusions du procureur général du Roy baillé par escript.

Il sera dict que la Cour, avant faire droict sur les fins et conclusions dudict syndic, a ordonné et ordonne que le syndic du clergé du diocèze de Tholoze sera appelé pour, luy ouy, en playdant la ditte instance renvoyée en jugement, y estre pourveu et ordonné comme il appartiendra. Et cependant, laditte Cour a faict et faict inhibition et défense ausdictz Blandinieres et Bordion, recepveurs des deniers et autres qu'il appartiendra de, pour raison de laditte quottisation, proceder a execution, a saisie des fruictz des biens apartenans ausdictz religieux, ne aultrement les vexer, a peine de cinq cens escus, tous despens reservés ez fins de cause. — Jehan BERTRAND, ASSEZAT.

N° 140.

1593, 12 mars. — Jacques Bourgeois, provincial de Picardie, confirme un bail fait par les Trinitaires d'Hondschoote aux magistrats de cette ville (Archives communales, registre AA 1, f° 156).

Nous frère Jacques Bourgeois, ministre et provincial, et vicaire général de l'ordre de la Sainte-Trinité en l'Inférieure Germanie, déclarons par ces présentes avoir aiggrié et confirmé le bail de cens escrit en contre page[1] icy faict par les ministre et religieux de notre maison du Cler Vivier lès Hondschoote à messieurs les magistrats du dit Hondschoote d'une mesure et demy ou environ de terre pour le

1. Au folio 155 r° et en flamand.

terme de vingt et cinq ans continuez, à commencher à entier en cens en Mars de l'an nonante-trois, pour payer à la St Martin d'hyver en la mesme anée et ce humblement la somme à l'adveument d'un pattart pour chacune verge ; suyvant quoy nous susdicts avons subsigné ces présentes et cachetté de nostre scel ordinaire à ce requis le xiie de Mars l'an nonante et trois. Subsigné BOURGEOIS *et cachetté d'ung scel de cire verde.*

N° 141.

1599, 6 janvier. — Les Trinitaires de Pontoise choisissent *Julien de Nantonville* et Jacques Lalouette pour se faire mettre en possession de la chapelle de Saint-Blaise, à Chars, unie à leur couvent (Archives de Seine-et-Oise, Trinitaires de Pontoise, 2me liasse).

Nos fratres Hieronimus Dancognée, minister, Petrus Dagneaux, prior, Robertus François, Anthonius Bruneau, omnes religiosi expresse professi domus S. Michaelis apud Pontisaram, ordinis SSmae Trinitatis de Redemptione Captivorum, constituimus in procuratores nostros fratres Julianum de Nantonville, sacerdotem, et Jacobum Lalouette, dicte domus nostre professos, pro negotiis domus nostre agendis, maxime autem ut ipsi, virtute carte collationis, provisionis et unionis cujusdam cappelle apud Chartium nobis et domui nostre concesse, unite et annexe, in possessionem realem et actualem, nomine nostri conventus, se introducere faciant, solemnitatibus ad id requisitis. Datum in capitulo nostro, sexto Januarii millesimo quingentesimo nonagesimo nono.

N° 142.

1601, 8 mai. — Jean d'Estourmel charge Jean Bachelier, promoteur de l'ordre, de défendre sa cause devant le chapitre général, afin d'empêcher la suppression du couvent de Convorde fondé par ses ancêtres (Archives du Nord, Trinitaires de Douai, 2me carton).

Nos Joannes d'Estourmel, nobilis eques ac dominus de Vendevilla ... venerabili viro domino Joanni Bachelier presbitero, ministro conventus Fontisbleaudi, Regie Majestatis Christianissime eleemosinario dignissimo, salutem et honorem. Cum ad nostras pervenerit aures fama paternitatis vestre, rogamus te (*sic*) et obsecramur in Domino Jesu, ut causam nostram defendere ac tueri digneris : te enim ordinis vestri promotorem probatissimum esse novimus, quapropter tui incumbere officii, bona ordini vestro dicata protegere ac defendere, ac honorem ordinis procurare. Qua de causa, quum noverint universi predecessores ac antiquos meos (quibus misereatur Deus !), primos ac precipuos patronos et fundatores esse cujusdam domuncule ordinis vestre, apud oppidum Stegras situate (quorum corpora in sacello ejusdem domus, nominatae a Convordia, requiescunt marmoreis tumulis adornata[1]) velint quidam ex vestris bona dicte domus, a predecessoribus meis erogata, alienare ac ministratui Duacensis urbis, nescio quo jure, attribuere; reverentiam vestram obnixe supplicamus, et presentium tenore te in procuratorem nostrum eligimus, ut partem nostram defendere ac toto nisu tueri digneris, intentionemque defunctorum conservare; ad vos scriptum quoddam mittimus una cum hac procuratione..... Actum anno Domini millesimo sexcentesimo primo, die octava may in Castello nostro de Mamme. — Joannes d'Estourmel, Vendevylle dominus.

N° 143.

1601 environ. — Jean d'Estourmel, seigneur de Vendeville, se plaint au chapitre général de l'abandon de Convorde (*Ibid.*, 1er carton).

Messieurs les Religieux et Pères Ministres de l'Ordre de la Très Sainte Trinité et Rédemption des Captifs, estans de présent assemblés à Cerfroy et tenant leur Chapitre Général[2].

Remontre très affectueusement Jehan d'Estourmel, sieur de Vendeville, baron de Doulieu, grand mareschal de Flandre, que, comme vray et légitime héritier et successeur de deffuncte dame Jhehanne

1. Onze membres de cette famille étaient ensevelis dans cette église.
2. C'est sans doute la lettre dont il annonce l'envoi à Jean Bachelier.

de Bailleul, par le désir qu'il at et at toujours eu de conserver et entretenir inviolablement l'ancienne fondation, et très religieuse volonté de ses dits prédécesseurs, il soit nécessaire d'y avoir un religieux prestre et un novice, pour plus décemment y célébrer le service divin, comme il s'est faict et pratiqué de toute ancienneté : toutesfois à le grand regret, et directement contre l'ordonnance et au préjudice de la fondation sus dite, et encores contre la commune observance de toutes loix, tant ecclésiastiques que civiles, la susdite église et maison ayt été, par acte d'un chapitre de votre ordre tenu il y a xx ans [en 1579], annexée et réunye à la maison de Douay, pour nulle autre raison ou considération, sinon pour gratiffier le ministre de Douay[1] qui vivait en ce temps-là ; ce qu'estant ainsi fait, l'on a depuis prétendu qu'elle devait estre affectée à l'entretiennement de quelques religieux escoliers, dont arriveroit que l'intention de nos susdits parents et la nostre seroit fraudée, veu et considéré, ...
St Grégoire en ce : *Ultima voluntas* 13/41 ; *quod ulterior voluntas defuncti modis omnibus servari debet*, en confirmation de quoi le pape Gélase, comme il est rapporté au canon Silvestre, XI 91, ordonne que *contra patris et auctoris sui factum venientibus, ut indignis*[2], *hereditas legibus auferetur, nec eis liceat hereditatem capientibus contra auctoris sui prosilire judicium.*

Ce considéré, Messieurs, il vous plaira faire ce que de raison, et ce n'est autre chose, sinon que vous ordonniez qu'il y aye un ministre avec un religieux en la susdite église et maison,... que s'il vous plaisait, Messieurs, continuer et maintenir en ceste charge l'un de vos confrères et religieux, nommé frère Loys Gallot, à qui la susdite maison a été donnée et baillée par Monsieur vostre général, et nous seroit beaucoup d'honneur et d'obligation, attendu que non pas nous seulement, mais plusieurs de notre voisinage, ont regretté et regrettent encore son absence par l'instruction et l'advancement spirituel que nous recevions, par la considération de ses saintes prédications et bonnes meurs ; et au cas que ceste très saincte et très équitable requeste des remonstrans et supplians ne soit par vous, Messieurs, enthérinée, ils vous demandent acte de votre refus, se debvoient faire

1. Plutôt pour l'avancement de Jacques Bourgeois, ministre de Convorde.
2. Peut-on regarder des religieux inobservateurs d'un contrat comme des fils ingrats ?

les plainctes, tant à Monseigneur l'évêque qu'à sa Sainteté, ne pouvant permettre que la susdite volonté de leurs dits prédécesseurs *qua pro lege servanda est ut violator ; sic Anth. de nuptiis disponit Coll*, soit changée ou fraudée. Espérant que le tout se conduira en votre sainte congrégation par la voye du St Esprit. Nous attendons vos responses.

N° 144.

1601, 31 mai. — Henri, duc de Montmorency et pair de France, donne aux Trinitaires Réformés l'Hôtel-Dieu de Montmorency (Archives de Seine-et-Oise, copie; Bibl. Marseille, ms. 1216, p. 324).

Aujourd'hui dernier Mai 1601, monseigneur le Duc de Montmorency, pair et connétable de France, estant en la ville de Bésiers en Languedoc, considérant la bonne, austere et religieuse vie, que tiennent les Religieux de la Sainte Trinité qui sont à Pontoise, et le fruit et grande édification que leur fréquentation et exemple apporte au public, leur a accordé et accorde, en vertu du présent brevet, l'habitation et demeure de l'Hôtel-Dieu de Montmorency, sans que toutefois pour cela les pauvres de Dieu puissent, en aucune façon, être privés et exclus de l'ébergement qu'ils y ont accoutumés avoir, ni qu'il soit rien altéré, diminué ou retranché de leur entretenement ordinaire, requérant les dits religieux d'en avoir soin et de s'employer à ce que la bonne intention des fondateurs soit suivie. En fin et témoignage de quoi, il a voulu expédier le présent brevet, qu'il a signé de sa main et fait contresigner par moi son secrétaire.

N° 145.

1601, 20 octobre. — François Petit réglemente la construction des couvents (Bibl. Mazarine, ms. 1768, f° 19).

Mediocres domus et humiles fratres nostri ordinis habeant, nec fiant aut fieri permittantur curiositates in sculpturis, pavimentis, et aliis similibus, paupertatem nostram deformantibus; sed potius sint plani operis, ut in regula praecipitur, quas juxta consilium peritorum in arte fieri volumus, in ligno vel materia alia totius domus construendae formulam, que vulgo modello dicitur : quam non liceat transgredi pro voluntate varia praesidentium, sed conformiter ad illam aedificentur, teneaturque minister subsequens opus inceptum prosequi, neque ullam constructionem aut aedificationem novam, cujus sumptus quindecim aut viginti ducatos aureos excedat (nisi de consilio discretorum, et licentia Patris Provincialis in scriptis obtenta) incipi posse mandamus. Oppositum facere praesumens in poenam ab officio absolvatur, sic quod nec ibi nec alibi per triennium praesit.

N° 146.

1601, 20 octobre. — Il prescrit de séparer le tiers des captifs (*Ibid.*, f° 6 v°).

Cum sacer hic noster ordo, de primeva sui revelata institutione, ad captivorum redemptionem specialiter sit institutus, merito summus Pontifex, in nostrae regulae dispositione et ordinatione, post ea tria quae omni religioni communia sunt essentialia vota, statim ea quae sunt huic ordini propria, ad redemptionem captivorum spectantia, sancivit ac statuit. Et ne similis haec tam sancta institutio ac pium nimis et laudabile opus suo frustretur effectu, seu aliquando deficiat, quin imo in perpetuum inviolabile permaneat, in diesque augeatur, Patribus Provintialibus et definitoribus, sub praecepto formali praecipimus quod, in omnibus domibus suarum provintiarum, tertiam partem omnium bonorum, vel) saltem aliquam minorem, justa (*sic* uniuscujusque domus posse, captivorum redemptioni faciant reservari, ut determinatum est in capitulo generali, apud Cervum Frigidum celebrato anno Domini 1429, sub Joanne de Tresis (*sic*) ministro generali, doctore theologo, et confirmatum in aliis capitulis generalibus ibidem celebratis, praecipue sub Bernardo ministro majori, anno 1573, die 17 aprilis, et anno 1579, die 17 mensis Maii : et aliam, etiam minimam, partem de singularum domorum communibus bonis pro pauperibus subveniendis separent, quarum quantitas in capitulis provintialibus semper taxetur et diffiniatur, ut (quoad fieri possit) regula observetur.

N° 147.

1603. — « Certificat du nombre des chrétiens rachepté envoyé à Tholose » (Trin. de Marseille, liasse non cotée).

Nous frère Louis Binet, Ministre du Couvent de la Cité de Marseille, joinct avec nous honnorables et Religieux homes sires Thomas Boysson, Barthélemi Troullas, Antoine Bazieilly, Jean Villasse et Antoine Lance, comis par la dévote compaignie des confrères Pénitens, soubz le titre et vocable de Nostre-Dame de Bonne Ajude et Trinité vieille de la dite cité, soubsignez, certiffions que, depuis l'année mil cinq cens quatre vingtz neuf jusques à la présente année mil six cent trois et le mois de juillet, dans la dicte Eglise de la Saincte Trinité, bassin, caysse et tronc, érigée et destinée à recevoir les aumosnes, illec demandées pour tel oeuvre de la dicte Rédemption, ensemble la queste faicte et aumosne demandée, par la ville, par les dictz prieurs tous les mercredis de semaine, il s'est trouvé recueilly d'aumosnes des bonnes gens en telle somme, que trente-neuf esclaves, détenus tant aux galères de Moraton Rais, pirate Turc, Argiers, qu'autres lieux d'Afrique ont esté racheptés et, en divers temps, tous arrivés au port de la dicte cité de Marseille... Item une autre fois douze esclaves, les noms desquelz et de six autres paravant ont esté par inadvertance obmis à escrire. Du tout appert tant par actes publiques pris et receus par maistres Bernard Mittis, Francon, Bernard, noteres de la dicte cité, que par le livre de la dicte Confraternité de la Rédemption des dictz Captifz.

N° 148.

1604, 15 février. — Extrait du testament de Bertrand de Parron, évêque de Pamiers (Trinitaires de Toulouse, reg. n° 86, p. 46).

Item d'autant qu'à occasion des troubles et guerres civilles quy survindrent l'an 1585, le dit Seigneur testateur, ne jouissant rien de son evesché, fut contraint de se réfugier dans le monastaire de la Sainte Trinité de Toulouse, où il demeura puis le jour de l'Ascension Notre-Seigneur en la dite année huitante cinq, jusques au jour de l'octave de la Feste-Dieu en l'an 1589, il lègue et donne au dit monastaire la somme de 379 livres tournois, que les religieux du dit monastaire doibvent au seigneur testateur, de reste de 2000 livres à eux prêtés de ses deniers pour l'achapt de leur manoir du Raisin, sous le nom de M° Pierre de Lhabat, à la charge que les religieux du dit monastaire seront tenus dire et célébrer douze messes hautes de morts annuellement un chacun mois, à tel jour qu'il mourra[1].

N° 149.

1606. — Obituaire de Châteaubriant (Bibl. de Nantes, ms. n° 80, extraits.)

I. NOTE SUR ROBERT YVON[2].

F. Robert Yvon estant ministre de Rieux et s'en retournant du chapitre général me feist porter[3] au dit Rieux, pour luy servir et à ses

---

1. Ce fut le 14 juin.
2. Voici un échantillon de ses vers :
    « *Ave Maria.*
    « Mon oeil faible s'esblouit, tout soudain qu'il contemple
    « L'admirable beauté de celle-là, qui fut
    « La mère de son père, et pucelle conceut,
    « D'amour et de vertu l'inimitable exemple.
    « C'est mon coeur, c'est mon sang, l'aube saintement claire,
    « Qui guida le soleil desus le monde obscur.
    « La Vierge vrayment vierge et du corps et du coeur,
    « De Christ la seur, la fille et l'espouse et la mère,
    « Le saint temple de Dieu, la bienheureuse eschelle
    « Qui jadis rassembla la terre avec les cieux,
    « L'esquif du grand patron, le vaisseau prétieux,
    « Où Phaebus a caché sa lumière plus belle.

    « F. R. Yvon, ministre de Rieux, vray et bon : In manibus tuis sortes meas quinta die mensis Januarii anno Domini 1602.
    « Tous ceux qui voiront ces vers cy desus, je les prie humblement les lire en humilité, et après dire ung *pater* et *Ave* pour mon âme. F. R. Yvon ».
3. Il s'agit de cet Obituaire.

religieux le mardi après le jour de la Trinité xxvi d'apvril 1601.

Le jeudi octave de Pasque vingt-sixiesme apvril mil six cens et ung, frère Robert Yvon, ministre de Rieux, desplaça (sic) de Rieux pour aller au chapitre de Cerfroy, et retourna le neufviesme jour de juing suyvant.

L'an 1597 le boisseau de bled mesure de Chasteaubriant fut vendu dix livres tornois.

II. Martyrologe.

Le treis jour de janvier l'an mil quatre cens iiii^{xx} dix ouict, décéda Madame Françoise de Dinan, dame de Chasteaubriant, de Montafillant, de Candé, etc., laquelle fut mariée en première nopces avecques monseigneur Gilles de Bretaigne, fils de Jean duc de Bretagne et de Jehanne fille au sire (?) de France, et en secondes nopces fut mariée avecques Monsieur Guy, comte de Laval. Prions Dieu pour son âme *Pater Noster, Ave Maria*, etc. et décéda à Nantes et fut escorté aux Jacobins à Nantes le septiesme jour du dit moys de janvier.

Le cinquième jour de janvier l'an mil cinq cens et deux, décéda à Amboyse hault et puissant seigneur monseigneur Françoys de Laval, sieur de Chasteaubriant... de Malestroict, etc., et fut enterré en l'église de la Trinité près Chasteaubriant le xviiie jour du dit mois l'an susdit. Dieu en ait l'âme Amen.

Le xviiie jour de janvier 1562 décéda Frère Jehan Marchegay, ministre du benoist monstier et couvent de la Trinité, et fut enterré en la dite église. Dieu en ait l'âme par sa sainte grâce, et par sa bonté luy face miséricorde. Amen. (*f° 95, en face du 8 janvier*.)

[*28 janvier.*] Tali die Inventio ordinis SS^{ae} Trinitatis, in quo quidem die hujus pater S. Joannes de Matha, anno Domini 1193, sacerdotii primitias omnipotenti Deo offerret, apparuit Angelus medius inter captivos, unde ordo habuit suam originem. Licet enim summus pontifex sacra (*Illisible*) ac divina praebente gratia ordinem instituerit per beatum Johannem de Matha ac Felicem Valesium 15° Kalendarum Jannarii anno 1197, tamen hic dies nobis recensetur solemnis ob eam apparitionem.

[*1er février.*] L'an 1572 les Rocheloys furent assaillis comme rebelles au Roy; en camp y fut, depuys febvrier jusques en juillet, Henry

Allexandre de Valloys, qui fut esleu [roy] de Pellogne par les Pellongnoys, ce qui fut cause que la paix fut faicte et les Rocheloys en liberté : le dit sieur Roy de Pellogne alla en son royaulme au commencement de novembre au dit an. Ce voyant les Rocheloys prirent de rechief les armes contre leur Roy et Seigneur.

Le xviiie febvrier an mil cinq cens soixante troys fut blecé d'une pistolade le bon duc de Guise, faisant devoir d'homme de bien au camp devant la ville d'Orléans, duquel coup il décéda vi jours après, au grand regret du Roy et de tous les gens de bien.

Le unziesme jour de Mars 1569 fut tué le prince de Condé en une rencontre; duquel [a] esté faict le quatrain :

> L'an mil cinq cens soixante-neuf,
> Entre Jarnac et Châteauneuf,
> Fut porté mort sur une ânesse
> Le grand ennemy de la messe.

Anniversarium Radulphi Arondelli, fundatoris domus de Honore Dei (*et d'une autre écriture*) Anniversarium Radulphi Arondelli, fundatoris domus istius (*4 mars*).

L'an mil cinq cens cinquante neuf, le très chrestien roy de France Henry de Valloys fut blecé d'un coup de lance au tournoy de la rue St Anthoyne à Paris par le conte de Montgomery, duquel coup il décéda peu de jours après au grand regret de tous ses bons et loyaux subjects. L'an mil ve lxx, le Roy de France Charles IX fut à Chasteaubriant l'espace de sept sepmaines et feist un voyage par toute la Bretagne...

Le xiie jour d'avril, l'an commenzant mil cinq cens vingt ung, décéda au chasteau de Chasteaubriant Mademoiselle Anne de Laval, fille et seulle enffant de hault et très puissant seigneur Jehan de Laval et de haulte et très puissante dame Françoise de Foix...

Le vingt-septiesme jour de may, mourut à Sainctes le sieur de Dandelot d'unne fiebvre pestilentieuse, au grand regret des protestants, au grand bien de la France (!).

En l'an mil cinq cens et deux, décéda Françoise de Lamazelle, compagne de Guyon de Lavallée sieur de Lamaloray, et fut enterrée en la chapelle Saint Eloy; et fut enterrée (*sic*) le xve jour de may, jour de Pentecoste au soir...

P. J.   15

[*19 mai.*] Le sixième jour de juing l'an 1568, furent décappittés les contes d'Aigmont et]de Hornes, en la place publique du marché de Bruxelles en Flandre, les dits sieus (*sic*) estancts convaincus et atteints du crime de lèze-majesté et de rébellion envers le roy catholique leur seigneur ; leur proccix faict par le très illustre et très excellent seigneur Don Fernand d'Alvarès de Tolède, duc d'Albe..., lieutenant gouverneur et capitaine général pour la dite majesté.

Le vingt deuxieme de may l'an 1582 frère Robert Yvon, ministre de Notre-Dame de Rieux feist planter la vigne en l'enclos du dit couvent. Ceux qui le temps advenir en boiront du vin priront Dieu pour luy.

[*25 mai.*] Ung tel jour l'an 1597 estoit la feste de la Penthecoste ; frère Robert Yvon estant à chanter matinnes au convent de Notre-Dame de Rieux, dont il estoit ministre, fut prins et enlevé par ung nommé frère Ollivier le Clanne, jadiz religieux du dit couvent, et pour lors apostat, accompagné de vingt soldatz, et fut le dit Yvon mené et conduit, plus de nuict que de jour, avec de grandes cruaultez jusques dedans le fort de Brest, où par force en lui feist résigner le dit couvent de Rieux, et après fut détint prisonnier l'espace de cinq moys.

Le xxvii du présent moys de may [l'an] 1574 le conte de Montgommery rendit le château de Donfront à la volonté du Roy.

La ville de S^t Lô fut prise quelque quinze jours après.

Le xxxe jour de ce moys, jour de Penthecoste, l'an 1574, décéda au boys de Vincennes le très chrestien roy de France Charles de Valloys, neufviesme de ce nom, l'an de son âge vingt cinquiesme et de son règne le quatorziesme : certainement on le peult dire à bon droit martyr (!) pour les ennuys et fascheries qu'il a endurées, à cause des troubles et guerres civilles qui ont presque ruyné le royaulme durant son règne...

Le 7 juing [1569] fut tué d'unne harquebusade le très valeureux comte de Brissac[1] devant la ville de Mucidan, jeune seigneur de vingt-cinq à vingt-six ans, aultant regretté de toutte la France et de tous les estrangers qui l'ont congneu, qu'autres qui sont mors il y a longtemps, pour les graces et perfections grandes dont nature avait

---

1. Timoléon de Cossé-Brissac, tué devant Mussidan.

PIÈCES JUSTIFICATIVES.

doué un si noble et excellent suject, car il avoit l'audace craintive[1] aux ennemis, la gravité affable... vers ses [amis] et... la pronte résolution en desseins. Dieu lui face remission de ses péchés. Amen.

Le xxiii° jour d'aougst 1572, Guaspard de Coligny jadis admiral de France fut exécuté à Paris, avec grant nombre des plus signalez huguenotz comme l'ayans bien mérité, d'avoir attempté contre le roy Charles de Vallois (sic)...

Le lundi viii° jour de septembre l'an mil IIII IIII^{c}^{xx} ouict, décéda à (sic) le bon duc de Bretagne Françoys, second de ce nom, et luy succéda Anne, sa fille, qui fut mariée en premières noces avecques Charles, roy de France et après le déceix du dit Charles, avecques Louys, roy de France.

Le 23 septembre 1606, décéda au couvent et ministrye de la Trinité, près Châteaubriant, humble et discret religieux frère Robert Yvon, en son vivant ministre de la ditte ministrye de la Trinité et de la ministrie de Rieux.

L'an et mois (sic) l'an 1562, fut blecé d'une harquebuzarde le bon roy de Navarre Anthoyne de Bourbon, estant au canp de la ville de Rouen (*en face du 7 octobre*).

[*30 octobre.*] Le pénultième jour d'octobre l'an mil cinq cens trante deux, décéda au chasteau de Chasteaubriant haulte et puissante dame Madame Françoise de Rieux, dame de Chasteaubriant..., femme en son temps de feu hault et très puissant seigneur de Châteaubriant, duquel et de la dite dame est seul filz et héritier hault et puissant seigneur monseigneur Jean de Laval, à present seigneur des dits lieux, gouverneur et lieutenant général pour le Roy en Bretagne...

[*31 octobre.*] En un tel mois l'an mil v^c lxiii. Charles de Valloys roy de France visita son pays de Bretaigne, et feist son entrée à Nantes en grande pompe, le jour de Toussainctz, toucha les mallades à Chasteaubriant...

Le dixiesme de novembre l'an 1567, fut blecé à mort hault et puissant seigneur Anne de Montmorency, connestable et premier per de France, seigneur de Chateaubrianct, etc., en la bataille et journée de St Denis, estant lieutenant général pour le Roy; cinq ou six jours après il décéda au lict d'honneur. Dieu lui face pardon.

1. Inspirant la crainte.

Et ung tel moys l'an mil vᶜ soixante neuf, fut tué d'une mousquetade Sesbastien de Luxembourc, conte de Martigues (?) en visitant les tranchées devant la ville de Sᵗ Jehan d'Angeli...

Le xvıᵉ jour de novembre l'an 1558, fut dédié la chapelle Sᵗ Nicolas par reverend père en Dieu monsieur l'evesque de Rennes, soufragant de Nantes (*sic*).

N° 150.

1608, 17 juin. — Les consuls de Marseille demandent à la reine Marie de Médicis de favoriser la réforme du couvent de cette ville (Trinitaires de Marseille; lettre analogue aux Réformés de Pontoise).

Madame,

Un des principaux lyens qui retient le peuple au zèle de la religion sont (*sic*) les bons exemples des ministres d'icelle. Nous sommes fort satisfaits de voyr à present refformez les religieux de la Sᵗᵉ Trinité de ceste ville, suivant le Commandement qu'a pleu à vostre Maiesté faire à leur Père général, et espérons que, par leur doctrine et bonnes meurs, rendront un grand fruict au public. C'est pourquoy, Madame, nous vous supplyons très humblement protéger, par votre débonnereté accoustumée, la sainte résolution de ces bons religieux, et commander encores à leur dit Père Général d'authoriser leur refformation et y tenir la main, affin que ce couvent soict de tout affermy et asseuré à l'observation de leur reigle. Ce sera, Madame, une preuve de l'éternité de vos bonnes graces envers nous, par l'augmentation du bonheur que redoublerés en ce peuple, lequel joindra ses prières comme nous à celles que ces bons Pères refformés font continuelement pour l'heureuse santé du Roy, de votre majesté et de nosseigneurs voz enfenz..

N° 151.

1608, 10 juillet. — Trois religieux de Pontoise demandent à leur visiteur l'autorisation d'aller, selon l'intention du général, réformer le couvent de Marseille (*Ibid.*).

Reverende Pater, cum, secundum tenorem brevis nostri apostolici, non possit Reverendus Pater noster generalis quemquam distrahere e nostra reformatione, etiam praetextu reformandi aliquam domum nostri ordinis laxiorem, nisi de consensu Vestrae Paternitatis et Reverentiae, hinc est quod suppliciter exorant frater Petrus Dagneaux, minister Sancti Michaelis, dictae reformationis, frater Anthonius Bruneau, sacerdos, et frater Adrianus Mothé[1], ut consensum vestrum praestare dignemini obedientiae, sibi hodie a Reverendissimo Patre Generali datae, pro reformanda domo Massiliensi, nostri Ordinis. Actum in domo nostro de Montemorenciaco, die decima Julii anni millesimi sexcentesimi octavi.

Nos frater Benedictus Hubot, visitator praedictae reformationis, supplicationem predictorum Patrum nostrae reformationis ratam habemus, laudamus atque approbamus...

F. Benedictus Hubot,   F. Christophorus Cahon,
visitator.   secretarius assumptus[2].

N° 152.

1608, 29 décembre. — « François Petit approuve l'avis arbitral rendu entre lui et la Réforme établie à Pontoise, par le provincial des Feuillans, le supérieur des Chartreux, celui de la Compagnie de Jésus et le gardien des Capucins de la ville de Paris portant que les Réformés doivent professer la règle mitigée et non la primitive » (Trinitaires de Marseille).

Frater Franciscus Petit, major ac generalis minister totius ordinis SS^{mae} Trinitatis et Redemptionis captivorum, a SS^{mo} Domino nos-

---

1. On n'avait demandé que *deux* religieux.
2. Sans doute en l'absence du secrétaire en titre.

tro Papa in eodem universo legatus atque commissarius specialiter deputatus, Christianissimaeque Majestatis conciliarius et elemosinarius, dilectis nostris fratribus Patri Visitatori, Assistentibusque, Ministris ac Religiosis totius Congregationis Reformatae nostri ordinis, apud Sanctum Michaelem ad Pontizaram institutae, salutem. Judicium ac sententiam venerabilium Patrum, P. Bernardi, prioris Carthusianorum, P. Alexandri, Rectoris S. Ludovici Societatis Jesu, P. Sancii Provincialis Fullientini, et P. Honorati[1], Gardiani Capucinorum Parisiensium, a vobis requisitorum ad componendas eas difficultates quae inter vos de regulae nostrae, vel primevae vel modificatae, observantia emerserant, prout in speciali rescripto, eorum signis manualibus firmato, continetur his omnino verbis :

Nos infrascripti, de componendis controversiis PP. ordinis SS^{mae} Trinitatis, Redemptionis Captivorum, requisiti, matura utriusque regulae habita consideratione, attentaque parva admodum inter utramque regulam differentia, quo preteritae dissensiones non parum eorum ordini, imo et toti Ecclesiae scandalosae[2], penitus abscindantur, communi consensu, decernimus ut regula modificata, prout hic scripta reperitur, ab omnibus dicti ordinis Patribus Reformatis observetur, et ad ejus magis stabiliendam observantiam, statuta quaedam, non tantum dictam regulam non relaxantia, sed potius restringentia, de communi dictorum Patrum consensu, intra terminum duorum vel ad summum trium mensium, componantur, die octavo Martii anni domini millesimi sexcentesimi sexti.

Hinc est quod nos, dictorum Patrum, valde in exercitationibus regularibus expertorum, determinationi assentimur, communique omnium vestrum assensui patrocinamur et suffragamur, vestrae reformationis unioni atque utilitati, quantum fieri poterit, consulere cupientes, et ne in posterum sitis tanquam parvuli fluctuantes, statuimus atque decernimus praedictam illorum venerabilium Patrum determinationem, perpetuis futuris temporibus, in vestra reformata congregatione vim ac robur obtinere. Datum Parisiis apud Sanctum

---

1. Les signataires sont Georges, supérieur du collège de Saint-Louis, Vassail, prieur des Chartreux, Sanche de Sainte-Catherine, prieur des Feuillants, Honoré, gardien des Capucins.
2. Elles devaient causer du scandale pendant cinquante ans !

Mathurinum die vigesima nona decembris anni Domini millesimi sescentesimi octavi.

Franciscus generalis.

De mandato praedicti Reverendissimi,

F. Maillet [1].

N° 153.

1609. — Embellissements apportés par le ministre Guillaume Commandeur au couvent et à l'hôpital d'Arles (Trinitaires d'Arles, reg. S, f° 1 v°).

Soyt notoyre à un chacun que le clochier neuf fust accomancé 1596, et monte la somme de deux centz soixente quatre escutz sinquante sinq soulz sinq deniers, comme apert par les estimations à reson de cinq escutz la quane quarrée, tant plein que vuide, et c'est depuis le fondement jusques à la cronisse (sic) faict et construict par le commandement et autorieté de frère Guillaume Commandeur, natif de la ville de Lorgues et religieux profès de l'ordre, ministre et provincial.

Plus noté que despuis, le dit frère Guillaume Commandeur a faict prolonger l'esglise, despuis le dernier arc qu'est le troisiesme, jusques au clochier, et a fait faire le dict toit, et a esté achevé le 6 septembre du dict an 1608. Ausi a faict ausser l'hospital et faict faire le plancher tout neuf et desous trois boutiques ; au paravant n'y avoit rien quelles deux murailles, et les lictz des pèlerins estoient tout au bas en terre fort pouvrement. Aussi a faict faire la grand chambre jougnant le presbitère à l'église, laquelle couste plus de soisente escutz, sans spécifier plusieurs autres réparations, faictes tant à l'église qu'au couvent par une singulière providence et espargne des aumosnes, et non poinct du revenu du couvent. Tu peus pencer, amy lecteur, et juger en quel estat estoit le couvent et hospital, avant que le dict f. G. (sic) print l'administration, n'estant le temps guières meilleur qu'à présent, pour toute récompense de tous les travaulx et peines du

---

1. Il fut prieur claustral des Mathurins de Paris.

susdit, effeictue et pratique ce que t'enseigne l'apostre : *Orate invicem ut salvemini*. Icelui a institué les sept psaumes et litanies qui se disent après prime, tant pour les defautz et manquemenz d'office qu'on peut faire, que pour satisfaire à ce que nous sommes tenus de prier Dieu pour nos bienfaiteurs, s'acquittant par tel moyen des fautes qui se font tant à présant qu'à l'advenir. Ne sois ingrat pour le moins à dire un *requesquat* (sic) *in pace* dévocieusement pour le repos de son ame. Amen.

D'une autre écriture : L'église ci-dessus et l'ancien couvent, tout a été démoli pour en faire l'église et le couvent, tel que l'on voit à présent. Il n'y a que le clocher qui subsiste.

N° 154.

1610, 10 février. — Arrêt donné au Conseil privé du roi pour la réforme des couvents du Midi (Trin. de Marseille, registre 14, *Extravagantes*).

A la requeste du Père Général et frère Jehan Cottier, Père ministre du couvant de Tarascon et frère Claude Bouchet provincial, et huict religieux du dit couvant de Tarascon, le Roy en son Conseil, ayant veu tous les arrest et prosédurelle (sic) du Parlement d'Aix, sans soy arester auxditz arrestz donnés en la cour de Parlement de Provence, a ranvoyé et ranvoye par devant le dit Général les informations, informations, procès-verbaux et prosédures, faictes pour raison des exceitz et délictz, dont aucuns des Religieux dudit ordre ont esté prévenus et accusés, pour estre par iceluy les procès faicts et parfait aux accusés et procéder contre les coulpables, selon la rigueur des constitutions canoniques et du dit ordre ; lequel général est exorté, suivant l'obligation de sa charge, vouloir et intention de sa Majesté, de tenir la main à la dite Réformation, la faire entretenir et observer esdits couvents de Marseille et Tarascon, icelle promouvoir ès lieux où elle reste à establir, et pour le gouvernement, conducte et visitation des dits couvants refformez, et de ceux qui entreront en la dicte refformation, nommer *entre eux* ung vicaire ou visiteur despandant immédiatement de luy, et ne permettre que aucun des religieux non refformez puissent estre admis esdits couvants refformez, sinon en embrassant la dite refformation. Faict au Conseil privé du roy, teneu à Paris le 10ᵐᵉ febvrier 1610 ; signé de Lagrange[1].

N° 155.

1610, 4 octobre. — François Petit pourvoit Jean de la Grange de la chapelle de Convorde, rétablie par ordre du chapitre général (Trinitaires de Douai, 2ᵐᵉ carton).

Frater Franciscus, Major ac generalis minister... dilecto nostro fratri Joanni De la Grange, religioso presbitero nostri ordinis, provinciae nostre Picardiae sera inferioris Germaniae, salutem. Providi olim generales nostri ordinis dispensatores, solemni statuto decreverunt quod domus nostra de Convordia sollicitudini patris provincialis reduceretur et committeretur, ut patet ex actis capituli generalis celebrati anno 1579[2], rationabiliter titulum illius administrationis minime abolentes, neque jus providendi abrogantes seu deponentes, ne fundatorum periret memoria ac fraudaretur intentio, numerusque domorum minueretur, dum paucorum studentium, qui hujusmodi subsidio undequaque indigent, temporaneo consulitur emolumento; unde prudenter admodum statutum fuit postea, ex actis capituli nostri celebrati anno 1598, quod duo ministri deputati dictam domum de Convordia visitarent, ac providerent ibi religiosos necessarios ad divinum officium celebrandum, — et in capitulo sequenti anno 1601 additum est quod, postquam census et reditus domus Duacensis eo excreverint, ut possint religiosis studentibus alendis ultra alia debita onera sufficere, prefata domus de Convordia in pristinum statum restitueretur, dissoluta annexione. Hinc factum est ut, postquam in nostram et correctorum notitiam, in capitulo moderno, anno presenti celebrato, pervenerit jam pensiones quasdam ex benefactorum oblatis suppetere, unde quatuor vel quinque studentes alantur, qui sufficere visi sunt, pro domorum

1. Suit une « requête de la cour de Parlement d'Aix portant deffance contre tous ceux qui voudroient molester la dite refformation » (8 avril 1610).
2. Pièce 135.

exiguitate et religiosorum studendi capacium paucitate..... de restituenda dicta domo fuerit deliberatum, ac diffinitum tunc foret, nisi ob supplicationem dilecti nostri fratris Joannis Thiery, ministri domus Duacene, ut sibi fructibus adhuc unius anni potiri concederetur, atque huic rei, ut indifferenti, annuissemus die 10 maii anno presenti; nos... dictam domum seu capellam de Convordia, in diocesi Audomarensi sitam, plene vacare, et legitimo administratore debitoque titulo carere decernentes, certisque de causis de hujusmodi titulari administratore providendam esse sententialiter pronunciantes, tibi prenominato fratri Joanni De la Grange,.. cum omnibus suis juribus ac pertinentiis donandam esse et conferendam decrevimus..... Datum Parisiis apud Sanctum Mathurinum..... die 4ª mensis octobris anno Domini 1610, presentibus honestis viris magistro Jacobo Sardeau, notario regio, et magistro Mathurino Albeton chyrurgo, civibus Parisiensibus, in vico Sancti Jacobi commorantibus[1].

Ego Philippus Hannotte, presbiter et curatus ecclesie parochialis d'Estaires, diocesis Audomarensis, certifico omnibus et singulis litteras presentes inspecturis, me posuisse D. Johannem de La Grange, in possessionem realem, actualem, spiritualem et personalem domus seu capelle de Convordia... In quorum fidem has subaravi, presentibus venerabili viro Petro Lebel, Parocho Gorgensi[2], venerabili viro Joanne Hanneron, presbitero, et Petro Le Riche Stegrensi, testibus, hac die duodecima octobris anni 1610.

N° 156.

1610, 13 octobre. — Jean Thiéry, provincial et ministre de Douai, en appelle au Saint-Siège contre la révocation de Guillaume Watten, prieur de Convorde, prononcée par François Petit (Même carton).

Coram nobis infrascriptis, notariis apostolicis residentiae Duacenae, hac die, videlicet decima tertia mensis octobris, anno millesimo sexcentesimo decimo, R. P. frater Johannes Thiery, provincialis...

---

1. En marge : « Dictis litteris appensum erat sigillum et contra sigillum dicti ordinis in cera viridi impressum, pendens sub duplici cauda. »
2. La Gorgue.

comparuit et exhibuit mandatum obedientiale, emanatum a Reverendissimo domino generali dicti ordinis, datum Parisiis, die quinta ejusdem mensis Octobris et anni 1610, missum f. Guillelmo Watten, dicti ordinis religioso, et priori domus SS. Trinitatis de Convordia, in hec verba :

Frater Franciscus, major ac generalis minister... dilecto nostro fratri Guillelmo Watten, religioso presbitero nostri ordinis provinciae nostrae Picardiae seu inferioris Germaniae, salutem. Visum est nobis, certis de causis, domui nostrae de Convordia ministrum titularem providere atque constituere, juxta capitulorum nostrorum generalium decreta. Cum autem te, a confratre nostro ministro Duaceno, necnon dicte provinciè provinciali, dicte domus in divinis officiis deserviendis deputatum esse compertum habuerimus, hinc est quod nos, dicti ministri constitutioni, investiture et pacifice possessioni patrocinantes, praecipimus tibi, in virtute sancte obedientie, quatinus te intra diem octavum post presentium notitiam, in domum nostram Attrebatensem conferas, ibique religiose Deo famuleris, sub obedientia patris ministri, cui precepto canonico mandamus ut te benigne recipiat, tractet et tueatur, quoad occasio atque oportunitas commodior occurrat ut tibi honeste provideatur.....

Supradictus R. P. frater Joannes Thiery qui, ut supra, declaravit, sicut per presentes declarat et protestatur se appellare, et appellat, ea reverentia et humilitate qua potest, ad sedem apostolicam, et petit sibi dare apostolicos (?) instanter, instantius et instantissime. Cui petitioni et requisitioni hoc scriptum non potuimus denegare... Mellon, Le Roy[1], not.

N° 157.

1610, 19 octobre. — Les archiducs d'Autriche ordonnent que, sur la supplication de Jean Thiéry, Jean De La Grange sera sommé de comparaître au portail de Saint-Amé de Douai, et, en cas de refus, devant le lieutenant de Douai, en raison de son intrusion à Convorde.

Albert et Isabel Clara Eugenia, infantz d'Espaigne, etc. Au premier nostre huyssier ou sergeant d'armes sur ce requis, salut.

1. Le 14 octobre, l'acte fut signifié à Jean de la Grange, alors à Douai.

Receu avons l'humble supplication et requeste de frère Jehan Thiéry, licentié en théologie, provincial de l'ordre de la Sainte Trinité, contenante qu'il nous auroit présenté aultre requeste, servante de préadvertance et plaincte du trouble, qu'il avoit entendu estre en terme[1] d'estre mis en la possession d'icelluy, à la poursuitte de frère Jehan de La Grange, religieulx du dit ordre ; et ce en vertu d'une institution simple qu'il auroit obtenue, légièrement et subrepticement, du père général, le suppliant non ouy, lequel avoit espéré que le dit La Grange s'adresseroit à nous pour présenter ses lettres du dit général, suyvant l'advertence que le conseiller Peckins, résident pour nos affaires en France, luy en donnoit par sa missive. Mais, d'aultant que le dit La Grange s'est avancé spontanément de troubler de faict le dit suppliant, par la prinse de possession de la dite maison d'Estaire, par irruption de la dite annexe... Pour ce est-il que nous, ce que dessus considéré, vous mandons en commectant, si mestier est, par ces présentes que, à la requeste dudit suppliant, adjournez à certain et compectent jour le dit Jehan de La Grange, à estre et comparoir, par devant vous, au portal de l'église collégiale de Saint Aimé, en nostre ville de Douay... en cas de refuz... donnez et assignez jour compectent aux parties, l'une contre l'aultre à estre et comparoir, pardevant nostre amé et féal lieutenant de nostre gouvernance de Douay, pour respondre et procéder comme de raison... car ainsi nous plaist-il. Donné en nostre ville de Bruxelles le dix-neufiesme octobre l'an mil six cens et dix.

Par les archiducqz en leur Conseil, D'ENGHIEN.

N° 158.

1610, 11 décembre. — Le lieutenant de la gouvernance de Douai est chargé d'interdire à Jean de la Grange de se mêler de Convorde (*Ibid.*).

Les Archiduqz,

Cheir et féal, nous vous envoyons cy enclose la requeste et pièces y jointes, à nous présentées de la part de frère Jean Thiéry, licentié en

1. Sur le pointde.

théologie, vicaire provincial en l'ordre de la Sérénissime (!) Trinité en ces noz pays, et ministre au couvent de Douay. Et eu égard aux raisons par le dit suppliant y alléguées, nous vous ordonnons de faire expresse interdiction à frère Jehan De la Grange, et tous aultres prétendans, s'entremectre de la maison de Convorde, de ne riens attempter, ains poursuivre leurs prétensions par devant vous, en l'instance meue sur complaincte décernée en octobre dernier, défendant aussi à tous de s'aider en jugement ou dehors, ou aultrement exploicter les mandemens décernéz par le général de cest ordre. De Bruxelles le xie de décembre 1610. — S. DE GRIMALDI.

N° 159.

1611, 15 et 22 janvier. — Jean Thiéry est informé des démarches faites auprès du pape pour obtenir la confirmation de l'union de Convorde à Douai.

I

MONSIEUR PROVINCIAL (*sic*),

Hier après disner, j'ay esté avec l'Ambassadeur de nos Archiducqz sérénissimes à l'audience du Pape[1], et ayant icelluy ambassadeur

1. Paul V (1605-1621).

recommandé à Sa Sainteté le négoce de V. R., et luy donné la requeste dont j'en envoye copie, icelluy pape demanda qui estoit en possession de la maison de Convorde, surquoy ayant respondu ledit ambassadeur que c'estoit V. R., jà pourveue de lettres de maintenue desdits Srs Archiducqz, et qu'en matière pétitoire estoit litispendence au grand Conseil de Malines, sadite Sainteté répliqua que V. R. se pourroit, debvroit faire maintenir, et que si vostre adversaire, demain ou après, vouloit venir prétendre quelque chose en vostre préjudice, qu'icelle ne feroit riens, sans en parler préallablement au dit Sr Ambassadeur, et que veu ladite litispendence, ne pouvoit encores confirmer l'union. D'icy en un jour ou deux, pourray veoir ce que le Pape auroit décrété ou appostillé sur la dite requeste, et si le décret sera conforme à ce que dessus.

Moy, ce matin, pensant et repensant sur ce faict, ay considéré que, si la maison de Convorde n'est soubz la juridiction desdits Seigneurs Archiducqz, que leurs lettres de maintenue ne se peuvent exécuter au terroir du Roy de France et que partant, soubz correction, ou vostre R. se debvroit pourvoir des lettres de maintenue du dit Roy, ou bien, pour ce que la dite maison de Convorde est située soubz la diocèse de St Omer, pourroit implorer *auxilium Episcopi istius diocesis*, en conformité de ce qu'est disposé au Concille de Trente, sess. 23, cap. 18, vers. *quod si cathedralium*, etc. Et en ce, si V. R. le trouve fondé, la pourroit assister Monsieur de Remeetz, grand chanoine de l'église cathédrale dudit St Omer, et secrétaire du chapitre et de l'evesque, qui dès longues années m'est très grand amis, ou bien le pourroit faire le S^r chanoine Lucquet, filz du conseillier qui m'est cousin. Et au dit S^r conseillier ne fauldray, la semaine prochaine, recommander ceste cause, ne me doubtant qu'il fera voluntiers quelque chose pour moy... De Rome le 15 janvier 1611. De V. R. humble serviteur et amys. — Pierre Butkens.

(*En marge.*) Le S^r ambassadeur salue V. R. et s'offre de l'aider en tout ce qu'il pourra et en escript à monseigneur le ducq d'Arschot, dont je vous envoie ses lettres (*sic*).

II.

Monsieur Provincial,

Suyvant que la semaine passée j'escrivoy à V. R., ay esté veoir le registre des décretz du Pape, et ne s'y trouve aultre, sinon que Sa Saincteté a déclaré avoir respondu de bouche à l'ambassadeur des Archiducqz Sérénissimes, et puisqu'il n'y at eu autre response, ayant communiqué de faict avec d'aultres praticiens de cette cour, ne treuve meilleur conseil que icelluy que j'ay escript à V. R., à scavoir procurer lettres desdits seigneurs Archiducqs vers sa Saincteté, à l'effet d'icelle obtenir nouvelle union de la maison de Convorde et confirmation de l'union précédente, en cas que V. R. ayt la vraye possession, et *en cas qu'icelle seroit vitieuse*, que le Pape la veuille confirmer ; encores que l'union fust bonne, puisque les deux maisons sont situées soubz diverses jurisdictions et provinces, ne souffiroit semblable union sans la confirmation du Pape; aultre chose seroit si les deux maisons fussent situées soubz la juridiction et territoir de nos princes, veu qu'ainsi comme patrons d'ambedeux, mieux pourroyent défendre et faire entretenir la dite union, conforme au Décret du Concile de Trente. De Rome, le 22 de janvier 1611.

N° 160.

1613, 18 avril. — Jean Thiéry, ayant appris la prochaine visite de Louis Petit, demande la protection des archiducs.

Sérénissimes Princes,

Le Ministre de l'ordre de la Sanctissime Trinité, en Douay, entend que le Révérendissime Père Général du dict ordre vient par deça, apparament pour y veoir et entendre de plus près l'estat des affaires d'iceluy ordre, et pouroit estre qu'à la sugiestion et poursuite d'aulcun, prétendant advancement et désireux de changement, le dit Général se laisserait porter à faire quelque innovation à l'annexe, que ci devant at esté faict de la maison de Convorde à celle du dit Douay. Advenant la dite innovation, ce seroit chose répugnante à la bonne et pieuse intention de feuz Sa Majesté, qui est en gloire, et de vos A. A. qui ont agréé la dite annexe, et ci-devant escript au R. P. Général décédé, pour le demovoir d'y faire changement, le tout servant à l'utilité du dit séminaire et au reboutement de la prétendeue altération de la dite annexe. Et désirant le dit remonstrant prévenir à toute ultérieure noveleté et débatz, non scéant entre gens de leur vocation [1], il supplie à V. A. A. et aux seigneurs de son Conseil privé de se resouvenier bénignement des choses susdites, et de noveau interdire et défendre le susdit changement de la dite annexe, ad ce qu'il ne s'y face chosses qui soient sans l'adveu et consentement exprès de V. A. A., et ledit remonstrant sur tout auparadvant plainement ouy, pour une fois mettre fin à toute ultérieure difficulté.

Fait à Bruxelles le xviii d'apvril 1613. — T. Berti.

1. La raison donnée par l'usurpateur est d'une hypocrisie charmante.

N° 161.

1613, 10 mai. — Décret du chapitre général sur les curés
(Copie dans les Archives de Mons).

Statutum solemni et firmissimo decreto fuit quatenus omnes Religiosi, qui ad deserviendas ecclesias parochiales sive domibus nostri ordinis annexas, quarum presentatio ad Ministros pertinet, sive non annexas, deputati seu licentiati, per omnes vias juris et facti cogantur obedientiam et reverentiam, quam superioribus nostri ordinis debent,... agnoscere. Quapropter, dictis Religiosis deputatis precipitur quatenus bis quolibet anno, scilicet secunda hebdomada post Pascha et secunda hebdomada mensis Octobris, ad suos Ministros humiliter accedant, et eis de sua conversatione et peculio (perniciose proprietati renunciantes) rationem reddant, se correctioni et obedientie dictorum Ministrorum ac superiorum subjacere profitentes. Quoties vero dicti Ministri ac superiores dictos Religiosos visitare voluerint, ac de dictis conversatione et peculio, atque aliis et disciplinam regularem spectantibus rationem petere, dictis Religiosis mandatur ut obediant, adeo ut iidem Religiosi dictarum ecclesiarum parochialium non annexarum administrationem, non nisi ad nutum et arbitrium dictorum Ministrorum ac superiorum, suscipere et gerere presumant, annexarum vero, quamdiu dumtaxat non indigni, ob defectus et excessus suos comperientur, salvo tamen appellationis remedio ad judicium Reverendissimi Domini majoris vel capituli generalis. Actum in correctorio, sedente capitulo generali apud Cervum Frigidum, die may decima anno Domini 1613.

N° 162.

1613, 3 août. — Jean Thiéry demande aux archiducs d'expulser Guillaume Watten, qui, quoique envoyé *ad nutum* à Convorde, veut y rester contre le gré du suppliant (application du décret précédent).

Frère Jean Thiéry, licentié en la sainte théologie, provincial, remerchiant très humblement leurs A. A. de l'ordonnance du 22° de may dernier, remonstre néantmoins (à très humble correction), qu'il se trouve menasché et troublé en la libre possession de faire desservir et jouyr paisiblement, comme il a toujours faict, de la maison de Convorde à sa volonté; entre aultre personne, frère Guillaume Wattennes, sien domestique[1] et religieulx, estably par le remonstrant au dict Convorde jusques à son rappel, comme appert aussi par acte passé soubz sa signature du mois de janvier 1610, passée par devant notaires apostoliques, se veult prévaloir, tenir et demeurer au dict Convorde, contre le consentement du dict remonstrant, soy vantant en estre le maistre, et jusques là qu'estre prévalu soy présenter au chappitre général, tout ainsy et en la mesme forme que si vos A. A. luy eult (!) conféré la dicte maison, comme maistre et souverain seigneur d'icelle... A quoy remédier et copper broche, tant au dict Wattennes qu'aulx vollant quereller, mal à propos, quelque droict en icelle ny de la maison du dict Douay, supplie icelles vos A. A. comme souverains et principaulx fondateurs des dites maisons et aultres du dict ordre, luy accorder lettres, pour contraindre incontinent le dict Wattennes sortir de la dicte maison, et retourner en son couvent.

Soit monstré à frère Guillaume Wattennes pour y dire, en dedans quinze jours de l'insinuation, péremptoirement et à peine de telle provision que sera trouvé convenir. Faict à Bruxelles le IIIe d'aoust 1613.

N° 163.

1615, 14 mars. — La Congrégation des Réguliers impose silence à Claude Vattière, qui attaquait l'élection du ministre général Louis Petit (Bibl. Nat., manuscrit français 18010, f° 65).

Cum frater Claudius Vattière[2], ordinis Sanctissimae Trinitatis, Redemptionis Captivorum, electionem fratris Ludovici Petit in Ministrum generalem ejusdem ordinis anno 1611[3] celebratam, certis ex

---

1. C'est-à-dire religieux de son couvent.
2. On ne sait pas qui est ce Claude Vattière, peut-être un Réformé.
3. 1611 est corrigé en 1613. Les deux dates sont inexactes; Louis Petit avait été élu le 26 août 1612.

causis ab eo deductis impugnaret, sacra Congregatio Cardinalium negotiis Regularium praepositorum, negotio diligenter perpenso, ac etiam Sanctissimo Domino nostro approbante, eidem fratri Claudio pluries citato, relato et audito, perpetuum silentium imponendum esse censuit, prout presenti decreto imponit.

Romae 14 Martii 1615.   A. Mar, card. Gallus.

(*Au dos*) : Pour envoyer à Mr de Puisyeulx.

L'original a esté envoyé au général des Mathurins.

N° 164.

1615, 28 mars. — Les Trinitaires Réformés députent à Rome Jérôme Heliez et Ambroise Caffin pour tenter de s'unir avec les Déchaussés du même ordre (Trinitaires de Marseille, non coté).

In nomine Domini amen; hujus presentis publici instrumenti tenore cunctis pateat et sit notum quod, anno ejusdem Domini millesimo sexcentesimo decimo quinto, die vigesima octava Martii ante meridiem... in nostri Joannis Anroux, presbiteri, actu Pontisarae commorantis, personaliter congregati, mandante R. patre visitatore, venerabiles patres Assistentes, Ministri, aliique praecipui religiosi conventuum reformationis Franciae... constituerunt et elegerunt... procuratores suos generales R. patres Hieronimum Heliez, visitatorem, et Ambrosium Caffin, ejusdem reformationis, actores pro ipsis in Romana curia... coram R. patribus reformatis ac discalceatis, in urbe Romana degentibus, standum et comparendum... ibique unionem et communionem cum eisdem patribus, ut unum et eundem R. patrem generalem reformatum, cum dictis patribus reformatis et discalceatis habeant, petendum... Acta fuerunt haec in eosdem conventu et capitulo Sancti Michaelis juxta Pontisaram...

N° 165.

1617, 1ᵉʳ juin. — Louis Petit défend d'aliéner les reliques conservées dans les couvents de l'ordre (Trinitaires d'Arles, liasses).

Frater Ludovicus,... omnibus confratribus, provincialibus ministris et Religiosis nostri ordinis, provincie nostre Provincie salutem. Cum pro officio nostro, justa ratione, visitaremus hunc conventum nostrum Arelatensem, in ejusdem ecclesia quiescere et asservari sacra corpora Sanctorum Julite et Cirici, Felicis, Rochi, Fortunati, Achillei et Polycarpi reperimus; quae quidem similiter diligenti animadversione visitavimus, prout debuimus, et non minimas eorum particulas abesse et dispersas esse cognovimus; verum ne, paulatim crescente tam illicita liberalitate, tantum stellarum lumen, quo irradiatur et effulget praedicti conventus nostri ecclesia, obtenebrescat, consulto occurrendum esse duximus ratione praemissorum. Quapropter, praesentium tenore, omnibus et singulis vestrum mandamus, quatenus diligentissime praedictas Sanctorum reliquias et corpora in suis capsulis custodiatis et conservetis, — inhibentes, sub eadem forma praecepti, ne quis vestrum, quacumque data occasione aut ratione, predictas reliquias vel partes in illis accipiat, aut accipere permittat a loco in quo requiescunt, dispergat vel dispergi faciat aut permittat, nobis inconsultis[1]...

N° 166.

1618, 5 avril. — Lothaire de Metternich, archevêque de Trèves, unit au couvent de Vianden les églises paroissiales de Fouhren et du Mont-Saint-Marc (Trinitaires de Vianden, liasse II, n° 46).

Lotharius Dei gratia Archiepiscopus Trevirensis, sacri Romani Imperii per Galliam et regnum Arelatense (!) Archicancellarius, ac

1. Le lendemain, Louis Petit donnait au couvent de Montpellier un fragment des reliques de saint Roch.

Princeps Elector, Administrator Prumiensis perpetuus. Notum facimus universis, cum religiosi devoti, nobis dilecti, Minister et fratres Hospitalis domus Viennensis, Ordinis SS. Trinitatis, nobis exposuerint, quòd nobilis fidelis nobis dilectus Christophorus Baro, in Crichingen et Pittingen, et dilectus noster Sebastianus Thyner, Capitaneus regis Hispaniarum[1], ac eorum conjuges, ipsis jus Patronatus Parochiae de Fourne ac S. Marci in Comitatu Viennensi, vigore nobis exhibitarum donationis litterarum, cesserint et contulerint. Nos, illis hac in parte pro majori augmento divini cultus gratificari volentes, praefatam cessionem, translationem, et collationem, praenominati juris authoritate nostra ordinaria, confirmamus et approbamus, nostro tamen, successorum et archidiaconorum nostrorum juribus semper salvis. Datae in civitate nostra Trevirensi, quinta Die mensis Aprilis, anno post Christum natum millesimo sexcentesimo decimo octavo.

N° 167.

1618, 6 juillet. — Le cardinal Bandini annonce au Provincial des Réformés qu'il a choisi le cardinal de Retz, pour juger leurs litiges avec le général de l'ordre (Mathurins de Pontoise, 1re liasse).

Admodum Rev. Pr., quod tu optabas, et Rev^{mus} Nuntius monuit, id perbenigne S^{mus} D. N. concessit, ut scilicet Illmo Card^{li} de Retz causae committerentur, quae nunc vigent, quaeve postmodum oriri possunt, inter Congregationem istam et Patrem Generalem, quemadmodum ex fratre Hieronymo[2] plenius cognosces. Futurum itaque spero, ut omnia istic componi facile queant; quod eo magis fiet, si tu, tuique fratres debito honore (uti filios obsequentes decet), Patrem Generalem prosequimini; ne tam certandi studio, quam tuendae Reformationis gratia, ad hujusmodi controversias impulsos vos esse, omnes intelligant. Vale. Romae die VI julii MD CXVIII. — Tui frater, Oct. card. BANDINUS.

1. Renvoi : « Necnon Carolus a Daun, dominus in Sassenheim » (*sic*).
2. Jérôme Hélie.

N° 168.

1620, 13 juillet. — Le cardinal Bandini permet aux Déchaussés de Montpellier de se faire diriger par un Carme Déchaussé, mais les invite à se conformer en habit aux Réformés (Trinit. de Marseille, liasse, Réforme).

Admodum RR. PP. non exiguam meretur laudem quod, vestro nomine, Sanctissimus Dominus noster rogatus est, ut directorem aliquem vobis concederet, ex eis qui in reformatione magis sunt provecti. Vestris igitur petitionibus Sanctitas sua annuens, benigne concessit ut fratrem apud vos habere possitis ex discalceatis Carmelitarum, qui per aliquod tempus ita vos dirigat, ita in reformatione instruat, ut non frustra susceptum a vobis esse arctioris vitae institutum omnes intelligant. Illud tamen in memoriam revocandum vobis est, non id quidquam efficere superiovitatis quam in vos habere visitatorem provinciae ; idem summus pontifex praecepit *gestandum vobis esse eundem exteriorem habitum, quem et alii Reformati fratres ejusdem provinciae induunt.* Interim habebitis nihil mihi fere antiquius, quam si vos in vera et perfecta reformatione proficere conspexero. Valete. Romae die xiii^a julii 1620. Octavius Bandinus Protector.

N° 169.

1621, 3 septembre. — Les Trinitaires de Narbonne demandent à embrasser la Réforme (liasses de Marseille).

Jesus † Maria.

Nous soubsignés Religieux de l'ordre de la tresaincte Trinité et Rédemption des captifs, profès du couvant intitulé de la SS^e Trinité à Narbonne, de nostre pure et franche voulonté, inspirés de Dieu pour son plus grand honeur et gloire, et le plus grand bien de nos ames, ambrassons dès maintenant, comme pour tousiours, la manière de vivre de nos frères réformés de France et Provance, nous unissans à eux par l'observation de nos règles, et les constitutions qu'ils observent, et réception des brefs de Clément VIII° et Paul V°, d'heureuse mémoire souverains pontifes, donnés à iceux ; voulons et prometons tenir en tout leur manière de vivre en ce couvant et, à cest effait, supplions nostre révérand père Bernard Rabion, provincial en ceste province, vouloir agréer ce que dessus, Monseigneur l'archevesque de Narbonne nous vouloir protéger et aider dès maintenant à l'exécution d'icelle, suppliant très humblement les seigneurs de la court de Parlement nous y prester main forte et nos dicts frères réformés, espécialement le Révérend père Frère Charles Dagneaulx, vicaire général des dits réformés, estant maintenant à Toulouse, nous y vouloir admetre. Fait ce troisième septembre mil six cens vint un.

(*Suivent les signatures.*) BOTARRIS, vicaire indigne.

...F. P. Muret absent, estantz certain de sa voulenté (*sic*).

N° 170.

1622, 4 août. — Grégoire XV exhorte Charles Dagneaux, vicaire général des Réformés de France, à embrasser la règle primitive. Le même Dagneaux, le 31 mai (?), met les Réformés de Saint-Denys de Rome sous la tutelle des Déchaussés de Saint-Charles-aux-quatre-Fontaines pour une durée de cinq ans (Bibliothèque de Marseille, manuscrit 265, en tête ; copies de la main du P. Ignace de Saint-Antoine).

Gregorius papa XV dilecto filio Carolo Dagneaux, congregationis ff. reformatorum, ordinis SS^{mae} Trinitatis Redemptionis Captivorum Regni Franciae, Vicario Generali.

Dilecte fili, salutem et apostolicam benedictionem. Cum, sicut accepimus, multi[1] istius congregationis fratrum reformatorum ordinis SS^{mae} Trinitatis, Redemptionis Captivorum, professores, primitivam ejusdem congregationis non observent, sed modificatam duntaxat regulam, nos, dictos ejusdem Congregationis professores ad

---

1. Il est fort étonnant que le pape dise « multi » et non « omnes », puisqu'en 1606 François Petit avait provoqué l'arbitrage rapporté plus haut.

primitive regularis observantiae normam reducere cupientes, te in Domino hortamur, tibique per praesentes committimus et mandamus, ut (sic) omnes ipsius congregationis professores ad primitivam regularis observantiae hujusmodi normam, de caetero, amplectandam atque observandam, salubribus monitis et suasionibus[1] inducas, — et nichilominus ut qui, de caetero, habitum per dictae congregationis fratres gestari solitum suscipere, et professionem per eosdem emitti consuetam, expresse emittere voluerint regularem, primitivam hujusmodi regulam profiteri, — quodque capitulum provinciale eorundem fratrum reformatorum quolibet triennio celebrari et in eo superiores creari respective debeant apostolica authoritate, tenore presentium, statuimus et ordinamus... Datum Romae apud Sanctam Mariam Majorem, sub annulo piscatoris, die 4 Augusti 1622, pontificatus nostri anno secundo. — Scipio, Cardinalis S. Susannae.

Decretum ejusdem patris f. Vicarii Generalis.

Ego fr. Carolus d'Agneaux, vicarius generalis reformatae congregationis ordinis SS^{mae} Trinitatis, Redemptionis captivorum, ut pateat de mea intentione, declaro eam esse quod fratribus conventus Sancti Dionisii, in alma Urbe Rome, detur pater director conventus Sancti Caroli ad quinquennium, et plenam habeat authoritatem in eos per id tempus ad mores dirigendos, sine praejudicio jurisdictionis meæ in eosdem, — insuper ut fratres dicti nostri conventus Sancti Dionisii eandem habeant vivendi rationem, ac fratres praefati conventus Sancti Caroli et in habitu *eisdem sint conformes*, nisi (ut prescribit regula) quod omnia eorum vestimenta sint lanea et alba[2]. In quorum fidem praesentibus subsignavi, die ultima Maii [*la date a été raturée*] 1622. — F. Carolus Dagneaux, vicarius generalis.

---

1. C'est donc un *conseil* plutôt qu'un *ordre*.
2. C'est le grief des Réformés contre les Déchaussés, qui avaient quitté le costume blanc pour le noir.

N° 171.

1622, 19 décembre. — Louis Petit cite Dominique Gaspar, ministre de la Marche, pour comparaître devant lui dans un mois (Arch. Nat., S 4269, n° 16).

Frater Ludovicus, Decretorum Doctor,... primo religioso presbytero vel ministro nostri ordinis, alias saeculari curato, clerico, notario vel apparitori fori ecclesiastici quencumque primum adire contigerit, salutem; vobis et cuilibet vestrum in virtute sancte obedientie mandamus, alios vero non subditos rogamus, quatinus, virtute presentium, ad instantiam Promotoris nostri ordinis, dilectum fratrem nostrum Dominicum Gaspar, Ministrum domus nostre SS^{mae} Trinitatis de Marchia Barensi prope Thulum, peremptorie citetis, coram nobis personaliter compariturum, ad diem duodecimum post Sacram Epiphaniam, quibusdam sibi proponendis et conclusionibus dicti Promotoris responsurum, atque satisfacturum; non comparentem autem aut obedire recusantem, in poenam contumaciae eum suspensum a divinis atque interdictum fore, prout nunc pro tunc cum suspendimus et interdicimus, denuncietis. Datum Parisiis apud S. Mathurinum, die decima nona Decembris anno Domini millesimo sexcentesimo vigesimo secundo. — LUDOVICUS, generalis. — De mandato R^{mi} P. ac Domini Generalis, MAILLET, secretarius.

N° 172.

1623, 8 février. — Grégoire XV mande au cardinal de La Rochefoucauld de faire entrer à Cerfroid et à Fontainebleau des Réformés professant la règle primitive (Archives de Seine-et-Oise, Trinit. de Montmorency; copie).

Dilecte fili, salutem et apostolicam benedictionem. Cum sicut Charissimus in Christo filius noster Ludovicus, Francorum Rex Christianissimus, nobis nuper exponi fecit ipse, pro eo quem erga dilectos filios, Fratres ordinis Sanctissimae Trinitatis Redemptionis Captivorum, Regni Francie *Reformatos* nuncupatos, gerit devotionis affectum, eosdem fratres reformatos in domos regulares, Cervifrigidi et de Fonteinebleau nuncupatas, dicti Ordinis, Parisiensis seu alterius diocesis, in quibus dicti ordinis fratres non reformati degunt, introduci summopere desideret, nos, piis dicti Ludovici Regis desideriis, quantum cum Domino possumus, annuere volentes, circumspectioni tuae per presentes injungimus, ut omnia et singula quae, pro introductione dictorum fratrum reformatorum in duas domos regulares hujusmodi, necessaria et opportuna quomodolibet fuerint, dicas, geras et exequaris, ac dictis fratribus reformatis, qui in predictas duas domos introducti fuerint, ut premittitur, *quod primitivam*[1] *ejusdem Ordinis regulam observare omnino debeant,* et teneantur, arbitrio tuo eadem auctoritate precipias. Datum Romae apud Sanctum Petrum, sub annulo Piscatoris, die VIII Februarii M.D.C.XXIII, pontificatus nostri anno secundo.

N° 173.

1625, 27 mars. — Plainte des Trinitaires Déchaussés d'Aix contre les Religieux Réformés de Marseille (Trinitaires de Marseille, liasse 9, n° 50).

L'économe du couvent des religieux réformés et discalciés de l'ordre Sainte-Trinité, de ceste ville d'Aix, dict qu'il s'estonne de la procédure des supplianz, et principalemant de ce qu'ilz prennent la qualité de Réformés, car s'ilz l'estoient et qu'ils feussent telz qu'ilz devroient estre, mesmes (?) ceux de Marseille n'auroient pas mal traicté deux religieux de ce couvent, come firent la veille de la feste Dieu passée; pour raison de quoy, le dit économe a porté sa plainte à la cour et obtenou arrest pour en faire informer, et prétand de faire exemplerement chastier ceux qui maltraistièrent les dits religieux, *au grand scandalle du public;* donc, à cause de ce, et n'estant les dits supplianz réformés, *ils ne méritent d'avoir la charité dans ce couvent;* aiant mesmes esgard à ce que, quand le reverend père mi-

---

1. Fontainebleau ne fut d'ailleurs jamais réformé.

nistre a passé par Lambesc, aiant volleu loger au couvant du dit lieu, il a esté mal et indignement traicté, et quand les dits deux religieux sont allés à Marseille, ne sont pas plus tost entrés dans l'esglise que le Père Paul, accompagné du père Aurieu, scandaleusement les ont colletés et menés en prison ; et partant, après tant d'indignités, ils veulent estre logés au dit couvant ! Ne se peut par raison, estant faux de dire que ce couvant ne soit qu'un hospice, car est tout à faict couvant receu par la cour et la ville, et les religieux, *estant vrayement réformez, ne dépendent aucunement de ces supplians et ne les veulent recognoistre en rien, aiant leurs supérieurs le vicaire général de leur ordre*, suivant l'establissement de leur réforme, advouée par Monseigneur l'archevesque[1] et par la cour, qui a annexé leurs brefs, et par tant, si ces supplianz veulent avoir place dans le dit couvent, *qu'ilz se reforment* et seront les biensvenus (*sic*), et non autrement. A ce que dessus est adjousté que les religieux de ceste ville, jusque à faict un mois, bien que ne vivant que de la besasse[2] et n'aiant pas de vivres pour eux, si est-ce qu'ils avaient charitablement receu les dits religieux, bien que non réformés, mais les mauvais traictemenz que les dits religieux ont receu de ceux de Marseille et de Lambesc, leur a donné juste suget de leur refuser la porte ; mesmes que sont esté si osés et mal advisés de s'estre jurez de se randre maistres de ce couvant, ce que si avoint entreprins, la justice séculière les chastiera si severement qu'ilz serviroint d'exemple au public ; et par tant, pour esviter tout escandalle, et mesmes que les religieux de ceste ville sont pauvres, et ceux du dit couvent très riches, à cause qu'ilz ont des rantes, il ne seroit raisonnable de les obliger à nourrir les ditz supplianz, quand viennent en ceste ville,....... bref le dit économe a donné requeste à la Cour pour faire informer du dit excès, et pour avoir des inhibitions contre tous les religieux non réformés de ne les venir troubler en ce couvant.

Responce donnée le xie jour de juillet 1625, après l'ordonnance de renvoy devant M[r] le vice légat. — F. ESTIENNE [BOUGEREL].

1. Paul Hurault de l'Hôpital.
2. De la quête : ils sont mendiants.

N° 174.

1625, 2 octobre. — « Le lieutenant principal de Marseille témoigne qu'il a receu une lettre du cardinal protecteur Bandini, improuvant la Déchausse[1] » (Trinitaires de Marseille).

Nous Nicolas de Bausset, conseiller du Roy, lieutenant principal civil et criminel en la sénéchaussée de Provence, au siège de notre ville de Marseille, certiffions et atestons à tous qu'il appartiendra qu'il y a environ ung an et quelques mois, que nous receusmes une letre de Monsieur le cardinal Bandiny, protecteur de l'ordre de la Très Sainte Trinité et Rédemption des Captifs, par laquelle il nous prioit et exortoit de tenir la main à ce que la refformation, establie dans le couvent de nostre ville, feust entretenue et continuée, et que la vie des Religieux aprochast, le plus quy seroit possible, de la primitive, n'entendant toutesfois que les Religieux deussent estre soubmis à la *discaltiation* et forme d'habit gardée en Espagne; laquelle letre est égarée parmi nos papiers, et ne l'ayant peu trouver, nous avons délivré atestation, contenant la substance d'icelle, au Père Viziteur ce requérant, l'ayant signée de notre main et fait apposer le scel royal. A Marseille, le second jour d'Octobre mil six cent vingt cinq.

N° 175.

1626, 3 et 10 novembre. — Séance des Trinitaires d'Arles aux processions. Intimation de leur part (Bibl. Nat., nouv. acq. lat. 1367, pp. 462-464 et 414).

I.

Counnu soit, pour les contentions quy estoient pendantes, par devant Mgr l'archevesque de cette ville d'Arles, entre les religieux de l'ordre de la Ste Trinité et les Pères de l'ordre de St Dominique, pour raison de la procession qu'on a acoustumé de faire en la pré-

---

1. A dessein, j'ai donné l'analyse mise au dos par les Réformés. Le cardinal dit tout autre chose dans cette lettre, datée du 12 août 1624.

sente ville, les dits Pères de St Dominique, tant en leur nom que comme empruntant celui des autres religieux et couvents de la présente ville, ont volu préthendre (*sic*) deux choses, l'une que les dits religieux de la Sainte Trinité assisteront à toutes les processions, l'autre, qu'ils seroyent précédés tant par eux que par les autres. Sur quoy, après diverses sentances qui avoyent été rendues au proffit des dits Pères de la Ste Trinité, le dit Mgr archevesque a fait sentance le 4 Apvril dernier, par laquelle a ordonné que les religieux de la Sainte Trinité assisteront, à l'advenir, à toutes processions générales auxquelles ils seront convocqués, et se placeront entre les Pères Capucins et [les] Récollés de l'Observance de St François, et pourront aussy, en pareil reng et ordre, marcher aux pompes funèbres, sy bon leur semble d'y acister, l'hors (*sic*) qu'ils en seront requis; et quand (*sic*) à celle de Monseigneur St Roch, les reliques duquel sont conservées en l'église de la Sainte-Trinité, les dits Pères de la dite église ont esté définitivement maintenus au rang et ordre, d'entre les Pères de St Dominique et le clergé de l'esglise métropolitaine, — avec défences de contrevenir à ce préthendu règlement, et de faire auscuns reffus quand ils seront mandés, à peyne de cent livres applicable au grand hospital... interdiction de service divin et autre arbitraire. Et despuis, le dit Seigneur Archevesque, le 25e du même mois, à la poursuitte et soubz le nom, tant des dits pères Dominiquains (*sic*) que des Pères Augustins, Carmes et Cordeliers, au préjudice de l'appel des dits Pères de la Ste Trinité, auroit ordonné que que les dits Pères satisferoyent à la sentance et assisteroient l'hors à la procession de St Marc... et ayant les dits Pères de la Ste Trinité déclairé qu'ils estoient appellans comme d'abus, le dit Seigneur archevesque auroit déclairé, nonobstant et au préjudice de ce, que les dits Pères avoyent encoreu (*sic*) les paynes portées par la dite sentance; et par mesme moyen les auroit interdicts pour six mois de la confession et administrer (*sic*) sacremens aux personnes layes, et néantmoins (?) ordonné que seroit taxé constrainte contr'eux, pour la dite somme de cent livres, au profflict du grand hôpital; et de même suitte, auroit mandé publier son ordonnance aux clercs de la présante ville. De toutes lesquelles ordonances et procédures, l'économe du dit couvant de la Sainte Trinité a rellevé apel comme d'abus, par devant la souveraine Cour de Parlement de ce pays, et icelluy exploicté contre l'économe du couvent St Dominique, quy seul[1] avoit faict la poursuitte...

II.

Sur la requeste présantée à la cour par l'économe du couvent des FF. Prescheurs de la ville d'Arles, tendante aux fins et pour les causes y contenues, de faire dire et ordonner que l'expédient dressé, entre le dit économe et l'économe du couvent de la Sainte-Trinité de la dite ville, appellant comme d'abus de sentance et ordonnance rendüe par l'archevêque du dit Arles, des 4°, 6° et 25 Apvril dernier, sera mis en greffe et expédié par extraict aux parties ...veu le dit expédient, signé par Fr. Innocent Longer, ministre du dit couvent de la Sainte Trinité[2], Mourgues et Autheman pour l'appellant, Mathieu pour l'inthimé,... et le Procureur général n'empeschant le dit expédient estre mis au greffe,...

Tout considéré, dict a esté que la Cour, ayant esgard au dit expédient et requeste, met les parties hors de cause et de procès. Et, faisant droict au principal, a ordonné et ordonne que, aux processions, assemblées et convoys funèbres, les religieux des dits couvents marcheront et auront leur rang et préséance, suivant l'ancienneté de leurs réceptions en la dite ville, et à ces fins remettront leurs titres et actes justificatifs de leur ancienneté et réceptions, par devant le commissaire qui sur ce sera député, et sans despants. Publié à la barre du Parlement de Provence séant à Aix, le 10° novembre 1626.

N° 176.

1627, 4 novembre. — Louis Petit ayant interdit la réunion du chapitre des Réformés et persécuté six religieux, le Parlement donne acte à l'économe de la Congrégation d'un appel comme d'abus (Trin. de Mars., Liasses pièce n° 52).

Louis, par la grâce de Dieu roi de France et de Navarre, au premier de nos huissiers sur ce requis salut. De la part de l'économe de

[1]. C'est aussi le seul avec qui l'on cherchera à s'entendre.
[2]. Il avait fait une convention particulière avec les Dominicains.

la congrégation refformée de l'ordre de la Sainte-Trinité, et Rédemption des captifs de nostre royaume, nous a esté humblement remonstré que, suivant les brefs de nos Saints pères les papes, Clément huictième, Paul cinquième et Urbain huictième, à présent siégeant, approuvés et confirmés par arrest de notre Conseil du dix neufiesme mars dernier, il est permis, entre autres choses, aux religieux de la dite congregation refformée de célébrer, de trois en trois ans, des chappitres généraulx, et d'y élire un vicaire général à nous subject, et que les différans qui pourront naistre ci après, entre le général non refformé et les religieux refformés, sur l'exécution des dits brefs, seront terminés en notre province de France par notre amé et féal conseiller en nostre conseil d'Estat le sieur archevesque de nostre ville de Paris, nommé ausdits brefs[1], ce néantmoings le général, qui n'a rien davantage en horreur que la réformation de ses inférieurs, leur auroit fait defense de célébrer le dit chappitre, et pour empêcher icelluy, auroit sucitté (*sic*) le promoteur de son ordre et supposé des plaintes et informations contre six religieux de la ditte Refforme, un desquelz il jugeait infailliblement debvoir ou pouvoir estre esleu au dit office de vicaire général, et ainsin les aurait fait citer devant lui, quoiqu'il ne peult, suivant les dits brefs, exercer aucune correction contre eulx, ailhieurs que dans les couvents de la dite refformation, faisant sa visite en propre personne, — ce qui leur auroit obligé de recourir au dit sieur archevêque de Paris, commissaire apostolique, lequel leur auroit permis la tenue du dit chappitre, nonobstant les dites cittations, deffenses, et, qui plus est, par sa sentence du 15me juing dernier, auroit deschargé et absouz les six religieux desdites cittations, comme aussi des peynes, fins et conclusions desquels le dit général les prétendait rendre coulpables et les y condampner, pour faire office de juge et partie tout ensemble ; au préjudice de laquelle sentence et au mesprix des dits brefs et arretz de notre conseil, qu'il a taisé (*sic*) et ignore volontairement, sans congnoissance de cause, par une sienne ordonnance du dix-huitième juillet dernier, auroit le dit général déclaré le dit chappitre et les délibérations prises en icelluy nules, et les dits six religieux excommuniés, et pour introduire le désordre parmi les dits religieux refformés, les auroit

1. Pièce 167.

deschargés de l'obéissance et soubzmission qu'ils doivent au vicaire général, esleu au dit chappitre, canoniquement et justement célébré...

Par quoy nous, ce considéré, te mandons et commettons par ces presentes de, à la requeste de l'exposant, adjourner bien et deuement frères Georges Plan et Anthoine Regnaud, religieux non réformés ou dit ordre, porteurs de la dite ordonnance, et tous autres qu'il appartiendra, à estre et comparoir à jour certain et compétant par devant notre dite cour... Donné à Aix le ive jour de novembre l'an de grace mil six cent vingt sept...

N° 177.

1628, 7 octobre. — Médéric de l'Incarnation, ministre déchaussé du couvent d'Aix, prie le vicaire général de la Congrégation Réformée de ne plus le persécuter (Liasses non cotées de Marseille).

Benedicta sit Sancta Trinitas!

Révérend Père.

La lettre que demandez est en notre libre disposition; c'est pourquoi vous ne devez pas vous en mettre en peine davantage. Quand à la visite, je ne sçais pas à quoy bon vous la voulez faire. Je vous ay demandé pour venir à l'élection du ministre, selon les brefs, et vous avez remis à la fin du procès qu'avez intenté. Il semble donc convenable qu'attendiez jusque là, car nous pressons cette affaire, et puis, venir non *ad aedificationem sed destructionem*[1], il vault mieux superséder (*sic*)... Vous n'avez honneur ni profits de destruire ainsi nos lettres et nos religieux. Ne pensez pour cela que nous forcerés. Je suis, Révérend Père, votre très humble serviteur en Notre Seigneur, f. Médéric de l'Incarnation, ministre du couvent d'Aix.

Du couvent de la Trinité d'Aix, ce 7 oct. 1628.

1. En marge : « juge témérairement son supérieur. »

N° 178.

1629, 1er septembre. — Le Parlement de Toulouse autorise Honoré Arnaud, visiteur provincial des Réformés, à réformer le couvent de Saint-Gaudens, malgré l'opposition de Jean Taillan (Archives du Parlement, B 495, f° 17).

Sur la requeste presentée par frère Honoré Arnaud, visiteur provincial en la congregation de l'ordre de la Saincte Trinité et redemption des captifs, que, ayant esté envoyé en ceste province, pour y maintenir la reformation où elle auroit esté receu, et introduire ez couvens qui se trouveroient disposez à la recevoir; il auroit heureusement commencé par le couvent de la présente ville de Tholouze, avec l'autorité de la cour, et despuis frere Laurens Naudars, religieux dudict ordre et ministre du couvent de Sainct Gaudens, auroit prins la resolution d'embrasser laditte reformation et y agréger le dict couvent de Sainct Gaudens, sellon la volonté des religieux d'icelluy, ensemble le couvent de la ville d'Orthez en Bearn; mais ne trouvant son pouvoir assez ample, pour recevoir et unir à laditte congregation autre couvent que celluy de ceste ville, ledict Naudars auroit envoyé par exprès en Provence, au vicaire general de laditte congrégation, pour luy faire entendre leur intention, sur quoi il auroit envoyé commission audict Naudars de réunir tous les couvens qui se voudroient reformer; ce qui seroit venu a la cognoissance du general dudict ordre, il auroit envoyé a ung nommé frere Jean Taillan, religieux du même ordre non reformé, pour desposseder ledict Naudars de l'administration dudict couvent, ce qu'il auroit faict par force et violence... Lequel, par laditte requeste, que de telle force et violence soit enquis, neantmoins que la commission et pouvoir, donné audict suppliant par ledict vicaire général, sera registré ez registres de la cour, avec injonction audict Taillan de vider ledict couvent.

Et veu la ditte requete, ensemble autre requeste, présentée a la ditte cour par ledict visiteur provincial de laditte congregation, a ce que, sans avoir esgard à certain [*2 mots illisibles*] respondu à certaine requeste présentée par ledict Taillan, en maintenu de l'administration dudict couvent de Sainct Gaudens, suyvant commission à luy donnée par le general dudict ordre, du xxv° d'aoust dernier.....

PIÈCES JUSTIFICATIVES.

La cour a déclaré et déclare n'entendre empêcher que par le suppliant ne soit procédé à l'exécution de sa ditte commission, conforme ausdictz bref et arrest du Conseil, enjoint aux consuls dudict Saint Gaudens preter et donner tous ayde, faveur et main forte, si besoing est, audict suppliant, sur peine de quatre mil livres et autre arbitraire. — LE MASUYER. GARGAS.

N° 179.

1629. — Mort de l'orfèvre qui s'occupait de la châsse de saint Roch
(Cartulaire du P. Porchier, f° 182).

Peu auparavant (le 25 novembre 1629), l'orfèvre qui avoit entrepris le corps de St Roch mourut de la peste, de sorte que l'œuvre demeura imparfait, pour n'en pouvoir avoir d'autre maistre, à cause du mal contagieux. L'on remarque que le dict orfèvre, allant disner en une taverne avec les trompettes de la ville et quelques amis, au nombre de cinq, porta le chapeau de St Roch, qui ja estoit fait, et la teste aussy, et beurent tous dedans assez insolemment, et incontinent après, les dits trompettes furent attaqués de peste et moururent, comme fit aussy le dit orfèvre, et des cinq qui y estoient n'en demeura qu'un qui ne fut atteint du mal, tous les quatre autres estans mortz du dit mal, qui semble avoir esté comme une punition du ciel qui voulut vanger le déshonneur du bienheureux St Roch.

N° 180.

1633, décembre. — Les consuls de Montpellier donnent acte aux Trinitaires de la destruction de leurs deux couvents successifs par les protestants (Archives communales, série GG, Trinitaires).

Nous consulz, viguiers de la ville et viguerie de Montpellier, à tous ceux qui ces présentes verront, certifions et attestons avoir appris des mémoires qui sont dans nos archifs, que les religieux de l'ordre Sainte Trinité et Rédemption des captifs avaient anciennement un couvent, hors des murs de la dite ville, et au chemin qui va d'icelle à Châteauneuf[1], lequel fut démoly aux premiers remuemens qui furent excités en la dite ville par ceux de la R. P. R.,... [et un autre] en l'année 1612 dans la dite ville, où souloit estre l'église St Paul; et ceste seconde églize fut abbattue et leur couvent pillé par ceux de la dite religion prétendue réformée, le troisième Décembre 1621; lesquelz ayant été remis au debvoir par les victorieuses armes de notre juste et invincible monarque, les dits religieux furent rappellez, pour faire leurs fonctions religieuses comme par le passé, mais ils ne peuvent achever l'église qu'ilz ont commencée, ny bastir aucun logement pour leur demeure, s'ilz ne sont secourus de quelques mains libérales, ne le pouvant estre à la maison commune, pour se trouver grandement chargée de debtez et [réduicte] à ne pouvoir payer le louage de la maison où les dits Religieux résident, bien que de petit priz; de quoy nous sommes regrettant, à cause des bons services que la dite ville a reçeus et reçoit tous les jours des dits Religieux.

N° 181.

1634. — Louis Petit se plaint au cardinal de La Rochefoucauld de *l'intrusion* des Réformés à Cerfroid (Archives de Seine-et-Oise, Trinitaires de Montmorency).

... Premièrement sçaura, s'il lui plaist, que le trouble que nous avons dans l'ordre provient de ce que, M[r] le Comte de Thresmes ayant faict apposer une pierre dans le cœur de l'église de Cerfroy, par laquelle il se disoit fondateur et autres prérogatives qu'il s'attribuoit, ce que estant venu à la cognoissance du chappitre général, le dict chappitre ordonna que l'ordre se porteroit pour appelant de l'apposition de cette pierre, en suitte de quoy le sieur comte de Tresmes fut assigné au Parlement, lequel, sans attendre jugement, la fit luy

1. Castelnau.

mesme mettre à bas. Voyla le motif de la mauvaise volonté du sieur de Tresmes contre cette maison de Cerfroy, jusques à ce qu'il ayt eu seduict les Religieux de ce couvent et aliéné leur volonté à leur général légitime, pour y introduire les prétandus Réformés contre sa volonté, lesquels y entrèrent avec plusieurs soldats et officiers du dict sieur comte de Tresmes et chassèrent le prieur du dict couvent, en constituant en sa place f. Chambellan pour prieur, lequel ayant trouvé une maison remplie de toute sorte de biens, l'a dissipée et ruinée en moings de six mois et transporté le plus beau des meubles hors le couvent et vendu l'aultre partie, jusques à mettre les cloches en vente, et pour faire sa bourse, a vendu les boix, tant tallis que haulte futaye, et davantage a engagé la maison de six à sept mil livres; et la première action de piété qu'ils ont exercé en icelle maison est d'avoir cessé de faire l'aumosne, laquelle se faisoit auparavant à plus de six cent pauvres qui se trouvoient à la porte chaque sepmaine...

N° 182.

1636, août. — Les Trinitaires d'Arras refusent de loger les soldats malades et blessés (Manuscrits du P. Ignace, *Dictionnaire*, t. IV, p. 779).

Au mois d'août 1636, l'on envoia à Arras plusieurs soldats blessés ou malades, Espagnols, Italiens et Irlandois, avec ordre à ceux qui en avoient soin d'établir, de la part du roi d'Espagne, un hôpital pour les y retirer. Les commis à cet effet visitèrent toutes les places, soit au dedans, soit au dehors de la ville; ils choisirent la maison des Trinitaires, comme la plus comode; le ministre, en étant informé, envoia un de ses Religieux vers son altesse Roïale Ferdinand, archiduc d'Autriche; il eut assez de crédit et d'addresse pour persuader ce prince que la petitesse du couvent ne convenoit pas pour un si grand nombre de malades, outre l'incommodité que les Religieux en souffriroient.

Ferdinand aquiesça à sa Requête, et envoia de nouveaux ordres, addressés au Conseil d'Artois, par lesquels il lui enjoignait de chercher au plutôt (*sic*) un endroit propre pour les malades, autre que le couvent des Trinitaires. Le conseil obéit et fit choix de l'Evêché ou palais épiscopal, qui étoit vacant par la mort de Paul Boudot, arrivée l'année précédente : on refusa d'en faire ouverture ; le Conseil d'Artois donna une sentence, par laquelle il est dit que la porte de l'Evêché seroit abbattue en présence du Procureur Général, et qu'on y logeroit les soldats blessés et malades, ce qui fut exécuté.

N° 183.

I.

1638, 15 janvier. — Déposition du ministre de Meaux, extraite de la Grande Enquête (Bibliothèque Sainte Geneviève, manuscrit 3244, f° 86).

Enquis s'il a rien ouy des Réformés de Cerfroy, a dit qu'un seigneur de qualité luy a dict qu'il n'entendait que perpétuelles plaintes des religieux, depuis que la Réformation y estoit.

A dict aussy avoir appris d'un Religieux de la Réforme, nommé frère Angélique, que, la veille des Rois derniers, il se feit beaucoup de débauche et grande ivrognerie, en sorte qu'il en fallut rapporter trois ou quatre dans leurs chambres, mesme que le dit frère Angélique fut contraint de se despouiller tout nud et de se coucher aussy à plat terre, et qu'on vouloit le mettre dans un vase d'eau froide ; qu'on le contreignit, par le commandement du vicaire général, de danser sur la chorde, ce qu'il feit l'espace de plus de trois quarts d'heure (!) que le vicaire général fut frappé à la temple (*sic*) d'un coup de chandelier, qu'il porte encore une emplastre.

... Enquis de la cotte de sa maison pour la rédemption, a dit qu'il ne sçavoit pas quelle elle estoit, que M. le Général ne luy en avoit jamais demandé, parce qu'il ne reognoissoit pas le déposant pour ministre de Meaux[1] ; et a signé : Frère Louis Noblin.

1. Voilà une excuse bien commode.

II.

Les tribulations de Jean Yvon (même manuscrit, f° 97).

Après a esté appelé frère Jean Yvon, aagé de trente et un ans, prestre et profès du couvent de Notre-Dame de Rieulx en Bretaigne, il est dans la congrégation depuis 4 ans qu'il y aura à la septuagésime prochaine; la première année, il a demeuré 3 mois à Montmorency et depuis à Cerfroy six mois, puis à Montmorency trois mois environ, et de là fut à Couppevrez l'espace de trois sepmaines, d'où sortant il revint à Cerfroy, où le Père Chambellan lui ayant injustement et avec indignité osté l'habit, l'envoya à Rome, mais, ayant esté en Provence, il fust renvoyé en France, avec charge au P. Chambellan, visiteur, de luy assigner un couvent; lequel luy assigna Cerfroy, et le retint céans, et, un an après, l'envoya résider à Chasteaubriant avec obédience, où après avoir demeuré six mois, il feust renvoyé par le chappitre de la dite maison à Cerfroy, dont il fust derechef renvoyé à Chasteaubriant, où l'ayant refusé (*sic*) il s'en revint à Cerfroy, d'où estant envoyé à Couppevrez, il a tousjours demeuré; ce qu'il nous a fait paroistre vray par des papiers qu'il nous a laissé entre les mains; lequel, en suitte d'iceux, nous a requis qu'il lui fust ordonné un couvent et particulièrement celui de Cerfroy, où il a le plus demeuré. De quoy lui avons promis de faire nostre rapport et a signé : Frère Jean YVON.

N° 184.

1638, 26 mai. — Le cardinal de La Rochefoucauld déclare que la congrégation des Trinitaires réformés subsistera sans être inquiétée, quand même la réformation projetée de l'ordre entier n'aurait point un complet succès (Arch. de Seine-et-Oise, Mathurins de Montmorency).

François, cardinal de La Rochefoucauld, commissaire député par bref de Notre Saint Père le Pape du xxv° octobre mil six cent trente cinq et lettres patentes du Roy du vii septembre mil six cent trente sept, pour la réformation des monastères de l'ordre de la très sainte

Trinité..... voulans procéder avec fruit à l'exécution des dits brefs et lettres patentes, nous avons assemblé nombre de Pères, religieux des ordres les plus célèbres qui sont en ce royaume, et, après quelques visites faittes de notre part aux principaux monastères du dit ordre de la Très Sainte Trinité, avons convoqué par forme de chapitre général tous les supérieurs et ministres d'iceluy, de l'advis unanime de tous lesquels, nous avons estimé que le meilleur et le plus utile règlement que nous pourrions faire serait de réunir tous les monastères du dit ordre en ce royaume, sous un mesme chef et supérieur dans l'exacte observance d'une mesme règle, statuts et constitutions, à quoy nous travaillons et prétendons incessamment travailler, jusqu'à ce qu'il aye plu à Dieu d'en faire réussir l'entière exécution. Déclarons néanmoins par ces présentes que, si par quelque empeschement le Règlement, par nous projetté, pour l'entière réformation des monastères du dit ordre en ce dit roiaume, n'avait son plein et entier effet, nous voulons, entendons et, autant que besoin seroit, ordonnons que la Congrégation cy devant établie, sous le titre de Congrégation Réformée du dit ordre, par bulles et brefs de Nos SS. Pères les Papes d'heureuse mémoire Grégoire XIII du 15 mars 1578, Clément VIII du dernier mars 1601, Paul V du xv février 1619 et Urbain VIII à présent séant du xxx septembre 1624, — subsiste en son entier, dans les mesmes autorités, prérogatives, drois et libertés qui luy ont été accordez par les dits bulles et brefs de son establissement. En nostre hostel abbatial de Sainte-Geneviève au Mont à Paris, ce vingt six may mil six cent trente huit.

N° 185.

1638, 22 et 24 octobre.—Dans un chapitre présidé par l'archevêque d'Aix, les Trinitaires Déchaussés renoncent, avec l'approbation du visiteur, à l'église de Notre-Dame-de-Santé, à la Verdière, et demandent qu'elle ne passe pas aux Trinitaires Chaussés (Trinitaires de Marseille, pièce n° 55).

Au nom de la Très Sainte Trinité, ce 22° octobre mil six cent trente-huit, Nous, Religieux deschaux de la primitive et estroicte observance de l'ordre de la Très Sainte Trinitté et rédemption des captifs, estans cappitullerement assamblés au son du thimbre, au lieu depputté pour chappitre, apprès avoir invoqué le St Esprit, *ut moris est*, avons représanté à Monseigneur l'illustrissimo et reverandissimo (*sic*) archevesque d'Aix, exequuteur des brefs de nostre érection, spécial protecteur de ce couvant, prézidant à nostre chappitre, aiant par nous esté requis de ce fere, comme de depuis environ le commancement du mois de juing dernier, ont esté faictz plusieurs actes et delibérations capitulleres, à la requisition de frère Grégoire[1], pour lhors ministre de se couvant (*sic*).

Item avons conclud comme dessus que, soubz le bon plaizir de mon dit seigneur, nous remettons l'hospice de Notre Dame de La Santé au pouvoir de mondit seigneur et de Monsieur de la Verdière, pour y estre mis des prebstres seculliers ou des Relligieux, autres néantmoings que des Pères Trinitaires mitigez, ausquels il sera faict commandement de ce (*sic*) retirer, et nous serions (*sic*) randus les meubles qui sont esté portés, de nostre maison d'Aix, audit lieu et hospice de La Verdière, nous despartant du contract qui avoit esté faict à notre faveur pour le dit hospice; en foy de quoi mondit seigneur, comme président du Chappitre, avec les cappitulaires d'icelluy, ont signé et fait sceller la présente delibération et actes de leurs sceaux ordinaires le dit mois et an que dessus : Louis archevesque d'Aix président du chappitre, f. Jacques de Ste Marie ministre, etc.

Au nom de la Très Sainte Trinité, le vingt-quatrième octobre mil six cens trante-huict, nous frère François de la Très Sainte Trinitté, vizitteur et commissaire appostolique de la congrégation des frères deschaux, ce nous treuve estre fort expédiant et necessaire de fere quitter à noz frères de ce couvent notre hospice de Notre-Dame de la Santé, scittué au terroir de la Verdière, ensamble de les fere desmettre du contract qui avoit esté passé d'icellui en leur faveur par Monsieur et Communauté de la Verdière, attandu que tel lieu n'est neullement propre pour nostre observance, et n'a jamais esté accepté ni receu de notre congrégation, ni du suppérieur d'icelle; en foi de quoi avons signé cette présente déclaration le jour et an que dessus.
Ita fr. Franciscus a S^{ma} Trinitate visitator, commissarius apostolicus.

---

1. Grégoire de la Purification (*Arbor chronologica*, pp. 85-86).

N° 186.

1642, 22 juillet. — Fulcrand, évêque d'Agde, permet à Barthélemy Desplait, Trinitaire, de célébrer la messe dans la maison de Sainte-Marguerite de Loupian et dans l'ermitage du Mont-Saint-Clair, près Cette (Arch. de l'Hérault, Trinitaires de Montpellier, 1re liasse).

Fulcrandus de Barres, Miseratione Dei et Sanctae Sedis Apostolicae gratia, Episcopus et Comes Agathensis, dilecto nobis in Christo fratri Bartholomeo Delplaict, ordinis Sanctissimae Trinitatis et Redemptionis Captivorum, salutem in Domino sempiternam. Visa supplicatione nobis facta ex parte fratris nostri, patris Johannis Clauriani, ministri conventus Monspelii dicti ordinis, super habitatione beatae Margarittae, in territorio loci de Lupiano sitae, ut in ea fierent pietatis ac devotionis officia erga Deum et Sanctos, ad populi edificationem, tibi jam dicto fratri Bartholomeo Delplaict sat vita, pietate ac religiosis moribus nobis commendato, capellaniam beatae Margarittae de Lupiano in hospitium concedimus et condonamus, et praeterea, eadem hac nostra auctoritate, tibi praefato Bartholomeo sacrum missae Sacrificium in oratorio Sancti Clari, montis de Ceta, diebus dominicis et festivis totius anni celebrandi, penitentiam, confessiones audiendi, licentiam et facultatem gratiose impertimur, presentibus tanto tempore valituris quanto nobis placuerit. Datum Piscenis[1] die vigesima secunda Julii, anno Domini millesimo sexcentesimo quadragesimo secundo. — FULCRANDUS episcopus Agathensis.

N° 187.

1642, 11 octobre. — Visite du couvent de Lorgues (Arch. du Var, série H).

S'ensuit la visitte du couvant de la Sainte Trinité de Lorgues du unzième octobre 1642 faite par le révérend père Jehan Naurias, docteur en sainte théologie, pénitentier de nostre saint

1. Pézenas.

père le pape Urbain VIII, ministre du couvent de la Sainte-Trinité d'Avignon, vicaire et commissaire[1] de Monseigneur le nostre révérendissime père Général Louis Petit.....

Nous frère Jean Naurias, ministre du couvent d'Avignon, de l'ordre de Sainte-Trinité, vicaire et commissaire en la province de Provence, le unziesme du mois d'octobre 1642, ayant, de matin, apprès avoir sonné la cloche, capitulairement assemblé les religieux au lieu ordinaire en chapitre, avons fait faire lecture par le frère Antoine Reuviel (?) nostre secrétaire, de nostre commission, aux reverends frères de nostre couvent de Lorgues, Jehan Pisan ministre et Anthoine Fulconis et frère Mathieu Geoffroy, conventuels de ceste maison.....; en après avons commencé l'inventere des muebles et ornements, tant de l'églize que de la sacristie.

.....Au grand autel un tableau de la Ste Trinité, auquel, du costé droit, il y a l'image de nostre Dame tenant le petit Jésus, et sainte Anne; de l'autre costé la Ste Magdeleine.

Plus pour ornement de l'autel, quatre chandeliers de loton (*sic*) valant environ trois escus.

Plus du cotté droit de l'autel, avons trouvé un crucifix à l'estrampe d'environ quatre pans d'auteur (*sic*) et un tableau en destrampe, au milieu duquel y est la Ste Trinité et aux quatre costés les quatre Evangélistes.

Plus un tableau de la rédemption des captifs en destrampe, de la grandeur du susdit.

Plus une Sainte-Trinité au-dessus du banc dans lequel on tient l'argent de la Rédemption, fait du (*sic*) pin.

Plus un bassin de loton sur le dit banc, plus une autre de bois de (?) ayant un quadre dessus, attaché de bois doré, y ayant un ange tenant des esclaves, à demy bosse.

Plus un tapis de laine sur le dit banc travaillé à la façon de Venise, de coleur jaune et violete.

Plus un paulpitre et deux bancs pour s'asseoir et un marchepied tout de bois de pin.

De là sommes alés à la sacristie, où avons trouvé un calice avec patène d'argent valant environ quinze escus...

---

1. Il fut confirmé dans cette charge par Pierre Mercier.

Plus un douzène de purificatoires tous neufs...

Plus un Missel qui ne vaut guère et un autre petit demy usé.

Plus trois aubes, une de roan ayant des pointes à bas et aux manches, l'autre de Reins, l'autre de Lion, ayant touttes trois leurs amis (*sic*) de même toille et leurs cordons.

Plus trois chesubles, l'une desquels est de damasse rouge et blanche, l'autre de satin figuré de la coleur de feuille morte à fond d'azur, l'autre de toile, touttes avec leurs estolles et manipules.

Plus des dragmatiques (*sic*) noires de camel (?).

Plus une chape damassin blanc et rouge avec son estole.

Plus un demy corps de S¹ Maure, de bois doré fait en bosse.

Plus deux tableaux de bois, l'un de saint Blasé, l'autre la nativité de Notre-Seigneur, tous deux faits en demy bosse.

Plus une caisse des prieurs de S¹ Blaize.

Plus l'encensoir de cuivre et un bonnet quarré assez bon et la boîte de fer blanc pour tenir les osties...

Et dans la dite sacristie, ayant cherché la table des fondations, et ne l'ayant trouvée, le père ministre nous a dit qu'il n'y avait autre fondation sinon une de 3 florins d'or, de la confrérie de S¹ Blaize pour une petite messe tous les dimanches.

De là sommes montés en dessus de l'églize, où avons trouvé deux cloches, une grande pesant 5 quintaux, l'autre huitante-cinq livres.

Des cloches sommes descendus à la cuisine où avons trouvé premièrement une crémaillère, deux landiers, une broche, une pale de fer, une poile à frire, une eschauffete, trois pots à feu de fer pour le mesnage du couvant, trois plats, cinq assietes, huit escuelles, quatre pots, le tout d'estain commun, et pesant trente-cinq livres...

Plus un pétrin avec son couvercle de pin, qui est la table servant aux religieux pour prendre les repas.

Plus deux bans, un de noyer et l'autre de pin.

Plus une table de noyer de la longueur de huit pans.

De là sommes alés à la cave, où avons trouvé au bas une cuve de chaisne, tenant cinquante cinq charges; quatre toneaus, un neuf tenant 32 couppes, l'autre usé tenant 28, l'autre aussy usé tenant 18, l'autre ne valant guère tenant quinze.

De la cave sommes alés à la chambre du père ministre Jehan Pisan, où avons trouvé deux chalis de pin, l'un assez bon, l'autre usé, avec une paillasse usée et un matelas, un estrapontin et son traversin, etc. Dans le cabinet de la dite chambre, avons trouvé un image de la Ste Vierge tenant son petit Jésus, en destrampe, de la hauteur de sept pans.

Plus un portrait de nostre révérendissime père général.

Plus environ 25 livres de médiocre valeur, avec 2 brévières.

Plus un livre de recognoissances du bien du couvant.

Plus un autre livre où sont escrits les actes du couvent.

Plus un sac où se trouvent toutes les écritures du couvent.

De là sommes alés à la chambre du père Antoine Fulconis où avons trouvé un lit, assavoir deux bans et trois ais de paillasse et une couverture, avec un brévière et un petit livre de St Thomas a Quempis (sic).......

Commandons au ministre de tenir la lampe alumée (sic) du saint sacrement, tant de nuit que de jour, de dire l'office avec ses religieux dans le cœur continuellement, à la meilleure façon qu'il pourra.

Commandons aussi, sous la même peine, d'observer les ordonnances et constitutions de nostre révérendissime Père général, pour estre conformes en habits et rasure, comme il est parlé par la règle et constitution du dit père Ministre Religieux (sic) [et de vestir les novices].

De plus, ordonnons sous les susdites peines, d'escrire comme est de coustume le reçeu, et despandcu, et de faire escrire aux religieux, comme on faisoit auparavant, tout ce que tireront les religieux tant des morts qu'autres choses (?).

Plus tous les vendredis de l'année, quand il n'y aura point de saint de neuf leçons, seront teneus de juner (sic), observeront les avants (sic), durant lesquels jeuneront troiz fois la sepmaine, assavoir le mercredy, vendredy et samedy.

Plus tous les vendredis de la caresme, seront tenus de se donner la displine (sic) durant l'espace d'un *miserere*, lequel ils reciteront bien distinctement, et le vendredi Saint jeuneront en pain et en eau et prandront la discipline durant l'espace de trois *miserere*.

Et quand il y aura quelque religieux qui tombera malade, le père ministre et le couvant sera tenu, obligé de le faire servir et entretenir le mieux qui lui sera possible, et luy apportant tout soin et charité religieuse, conformément à nostre sainte reigle.

Commandons et ordonnons... au révérend père ministre Jehan

Pisan et, à son deffaut, à celui-là qui tiendra sa place de ne laisser entrer aucune famme de quelque calité et condition qu'il soit, dans le couvant ny dans le jardin ni dans l'enclos d'ycelui.

Plus nous commandons que, tous les jeudis saints, les religieux seront tenus de faire son (sic) désapropre (sic) antre les mains du père Ministre et luy déclarer ce qu'ilz ont sur le bien de la communauté.

Plus nous commandons et deffandons, sous les mesmes peines, aux religieux de n'aler point aux tavernes ni maisons suspectes.

Plus nous deffendons que les religieux ne pourront jouer aucun jeu d'azard ny en aucun autre jeu licite (?) hors du couvent.

Naurias, ministre, Vicaire et commissaire général.

N° 188.

1643, 24 juin. — Le ministre de Metz, François Gérard, prie le curé de l'hôpital Saint-Nicolas de permettre à une « bonne fille » de porter l'habit trinitaire (Trinitaires de Châlons-sur-Marne, 46e liasse).

Monsieur,

Il y a une bonne fille de vostre maison de l'hospital qui a devotion de porter l'habit de notre ordre; et comme elle est obligée au service de la maison, vous pourriez avoir subject de l'en empescher, de peur que cela ne l'oblige à quelque exercice qui apporta le trouble; j'ay cru que vous ne trouveriez mauvais si je vous advertissois du contraire, et que ce n'est qu'une dévotion[1] qui ne l'oblige qu'à se gouverner avec plus de récollection intérieure, et non à autres employs exterieurs, que suivant son loisir. C'est pourquoy je vous prie de luy donner cette satisfaction; outre que vous l'obligeriez estroictement, vous ferez plaisir à celuy qui est, Monsieur, votre très affectionné serviteur. — F. François Gérard.

A Metz, 24 juin 1643.

1. La « bonne fille » ne devient donc pas une *religieuse* Trinitaire.

N° 189.

1643. — *Concordia de praecedentia inter fratres Mendicantes ex una parte et fratres ordinis S. Trinitatis, ex altera* (Bibl. Nation., nouv. acq. lat., 1367 p. 155; — Bibl. d'Arles, ms. 159, p. 59).

Anno 1580 Reverendi Patres ordinis SS^{mae} Trinitatis, in processione generali fieri solita, in qua deferuntur sacrae reliquiae D. Rochi quiescentes in ecclesia dictorum fratrum, occupaverunt locum inter Majorem Ecclesiam et quatuor Mendicantes; quod dicti quatuor mendicantes aegre ferentes, apud archiepiscopum conquesti sunt. Multi recursus et multae appellationes factae (*sic*) ad Parlamentum et alios judices. Tandem, anno 1626 4 aprilis, Gaspar a Laurentiis, archiepiscopus Arelatensis, tulit sententiam diffinitivam, quo statuit ut Patres SS. Trinitatis in festo S. Rochi teneant locum jam occupatum; in ceteris vero processionibus sive funeribus, incedant inter Patres Capucinos et Recollectos. Per dictam sententiam, archiepiscopus vi censurarum Trinitarios compellebat ut irent ad funera et processiones, sicut ceteri religiosi. Ipsi se paratos ad obediendum offerebant, modo antiquitas servaretur. Dira minatus est archiepiscopus; sed ipsi recurrunt ad Parlamentum. Interim conventionem faciunt cum Dominicanis, consentientes illis cedere, ratione privilegii a Pio quinto concessi, excepto festo S. Rochi; et sic impetratur arrestum quo jubetur ut antiquiores praecedant, datum die decima Novembris anno 1626. Secuta est secunda sententia diffinitiva[1], a vicario generali Domini Joannis Jaubert de Barraut, archiepiscopi Arelatensis, die tertia Julii 1641; a qua, non praetensionibus suis favente, Trinitarii appellaverunt ad summum pontificem. D. de Robin, decanus ecclesiae Beatae Marthae Tarasconensis, factus commissarius apostolicus, duas praecedentes sententias diffinitivas sua ultima et diffinitiva confirmavit, 4 Aprilis anno 1642.

Duobus fundamentis tres praedictae sententiae fuerunt innixae : primum erat consuetudo hujus civitatis, ubi antiquiores non habent praecedentiam : Patres enim Carmelitae non ostendunt suam in urbe

---

1. Vers 1640, le P. Porchier, alors vicaire, avait sollicité l'intervention de Louis Petit (Arch. Nat., S 4269, n° 8). Voir aussi pièce 175.

habitationem nisi ab anno 1350 et die quindecima Novembris, et fratres Minores se in hac urbe fuisse, anno millesimo ducentesimo tricesimo quarto [asserunt] et tamen fratres Carmelitae precedunt fratres Minores; sicque loci consuetudo servanda est, etiamsi videatur juri repugnare. — Secundum et solidius fundamentum fuit possessio, quam deffendunt summi pontifices et inter alios Urbanus octavus, qui anno 1637, die octava decima Decembris, edidit constitutionem in qua vult, juxta declarationes sacri Concilii Tridentini et Rituum Congregationis, ut qui sunt in possessione praecedendi, praecedant, et ubi non probatur aut non constat de possessione, praecedant ii qui sunt antiquiores. Quoniam vero constabat praedictos Patres Sanctissimae Trinitatis, ante annum millesimum quingentesimum octogesimum, non fuisse in processionibus, nullam ante hoc tempus habere poterant possessionem; neque enim ad processiones neque ad funera ulla solebant ire, et quando mortui sepeliebantur in eorum ecclesia, eos a Parocho et caeteris regularibus sociatis recipiebant in introitu ecclesiae.

N° 190.

Début de 1644. — Le P. Lucien Hérault, Trinitaire Réformé, sollicite la permission de faire une quête dans tout le Royaume, pour continuer la rédemption des captifs et dégager son compagnon, laissé en otage lors de son premier voyage à Alger (Bibl. Nat., ms. franç. 15721, f° 409).

Au Roy et à la Reyne-régente sa mère.

Supplie très humblement frère Lucien Héraut, religieux prestres de la Congrégation réformée de l'ordre de la Saincte-Trinité, procureur député pour la rédemption des Captifs, disant qu'ayant receu passeport du feu Roy, vostre très honoré Père, pour aller en Barbarie en la ville d'Alger, pour y faire la rédemption de vos subjects Captifs, Dieu bénit tellement son voyage que les Barbares, se monstrans plus humains qu'autrefois n'avoient estés, luy donnèrent l'entrée de leur ville, librement et avec tesmoignage de bienveillance, luy per-

mirent de communiquer avec les ditz captifz, de négotier leurs
rachapts, et de retourner à l'advenir avec toute asseurance, luy ayant
pour cest effect octroyé un passeport authentique, avec diminution
des droitz, tant d'entrée que de sortie, luy donnant aussi la liberté
de faire en paix la dite rédemption, ce qu'ilz avoient tousjours refusé
aux Religieux du mesme ordre, qui avoient esté pour ce subject en
la dite ville; où les ditz captifs, vos subjects, qui furent advertis de
ce bonheur, le vindrent trouver à la foule, représentant leurs misères, qui parurent au dit suppliant si estranges que, touché de compas-
passion, se résolut d'en retirer le plus qu'il pourroit, et mesme ceux
qu'on lui offrit à crédit, spétialement les plus jeunes qui estoient
sur les termes de renier la foy; et d'autant que l'argent luy manqua
pour ce subject, et qu'il voyoit encor deux mille captifs françois,
parmy trente[1] ou quarante mille de diverses nations, plongés dans
d'extrêmes afflictions et délaissés de tout le monde, ayant mesme
receu des mains des dits Captifs quantités de requestes pour porter à
Nosseigneurs leurs évêques, les supplians humblement d'ordonner
des questes publiques dans leurs eveschés, afin de moyenner en ce
faisant leur délivrance. Pour satisfaire donc au rachapt d'une partie d'iceux, et faute d'argent, auroit laissé son compagnon[2] en hostage, pour caution de sept ou huit, tant hommes que femmes, qui
estoient en des plus grands dangers, et pour quatre autres chrestiens qui nous ont esté donnés pour présenter à vostre Majesté, en
échange[3] de quatre Turcs, qui sont de fort peu de considération dans
voz galères à Marseille, n'ayant ozé en recevoir d'autres qu'on luy a
présenté[4], et cy après (?) nommés, qui ne peuvent pourtant sortir
du dit Alger que par eschange; et les quatres (*sic*) premiers, avec les
autres Chrestiens rachoptés, furent présentés aux pieds de Vostre
Majesté en votre Louvre le vingtiesme Septembre dernier [1643].

 Ce considéré, Sire, et d'autant que le dit suppliant n'auroit aucun
moyen de subvenir à tant d'obligations, supplie très humblement
vostre Majesté de lui permettre de faire des questes par tout vostre

---

1. Trente mille est le chiffre donné en 1635 par le P. Dan.
2. Le P. Boniface du Bois.
3. Exceptionnellement, les Turcs donnèrent d'abord les chrétiens d'échange.
4. Par crainte que le roi ne ratifiât pas un échange qui aurait fait sortir des galères un trop grand nombre de Turcs.

Royaume[1], tant génералles que particulières, pour la délivrance des ditz captifz et le dégagement dudit Religieux demeuré en hostage, et luy faire délivrer par vostre Lieutenant général des galères, tant les ditz quatre Turcs, qui sont pour eschange des ditz quatre Chrestiens délivrés, que les autres Turcs qui empeschent d'autres captifz chrestiens d'estre délivrés, et enfin lui octroyer quelque charité[2] pour la dite rédemption. Cependant, il continuera ses vœux et sacrifices pour la prospérité de vostre majesté[3]. — P. Lucien Hérault.

N° 191.

1644, 7 septembre. — Consécration de l'église des Trinitaires d'Estaires par l'évêque de Saint-Omer (Arch. du Nord, Trinitaires, 1er carton).

Anno Domini Millesimo sexcentesimo quadragesimo quarto, Mensis Septembris die septima. Ego Christophorus de France, Episcopus Audomarensis, consecravi hujus sacelli domus seu Prioratus Sanctissime Trinitatis juxta Stegram, ad honorem ejusdem Trinitatis, includendo in ea sacras reliquias Sanctorum Leonini et Grati Martyrum, omnibusque Christi fidelibus illud devoti visitantibus, die consecrationis hujusmodi, unum annum et in die anniversario sanctae consecrationis quadraginta dies de vera indulgentia in forma ecclesiae consueta concessi. De Mandato Rmi Domini praefati. — Du Campsecret.

1. Par dérogation à l'arrêt de 1638 sur le partage des quêtes.
2. La reine mère donna 1,000 livres *(Corsaires et rédempteurs,* p. 298).
3. Au dos de l'acte (f° 410), on lit : « Il a esté accordé aux Pères Réformés des Maturins de faire faire la queste par tout le roinume, pour délivrer un de leurs Pères des mains des Turcqs d'Alger, où il c'est *(sic)* constitué esclave pour la délivrance de 25 esclaves François qu'ilz détenoyent captifs, et encore pour en délivrer d'autres, qui restent au nombre de deux mil ou environ en la dict ville d'Alger. »

N° 192.

31 juillet 1645. — Enquête sur les voies de fait dont un Trinitaire a été l'objet de la part de marguilliers récalcitrants (Trin. de Toulouse, liasse 88).

Inquisition secrettement faicte, d'authorité de Vosseigneurs tenans les requestes en la Cour de Parlement de Toulouse, par nous Henry de Baignères, notaire royal, commissaire à ce député, à la requête du sindic des Religieux du couvant de la Sainte-Trinité et Rédemption des captifs de Toulouse, en vertu de la commission par luy obtenue en la dite cour, devers nous remise en datte du xxx° *juing* m vi° xlv. *de teneur:*

Jean Pujol, habitant du lieu de Mauran[1], âgé de 45 ans, en tesmoing devant nous assigné, receu, ouy moyennant serement par luy presté aux sainctes Evangilles de Dieu, sur le contenu de la requête devers nous remis attaché avec notre commission, après luy avoir esté faict lecture d'icelle, a deppozé ce qui s'ensuict.

Dict qu'il a environ un moys est passé, qu'il veict au lieu de Mauran un frère religieux du couvant des Trinitaires de Toulouse, nommé le frère Bouzigues, duquel il a longtemps qu'il a sa cognoissance, pour l'avoir veu souventes fois aux questes, lequel s'estoit acheminé au dit lieu de Mauran pour demander payement de certaines rentes (?) que M⁰ Bernard Mauran, prêtre, Ange et Bertrand Betbèze, père et fils, du dict lieu, associés par ensemble, faisoint au Père Ministre de leur couvant, pour l'afferme qu'ils avoient faict des eveschés[2] de S⁰ Papoul et Pamier, — auxquels les ayant voulu doucement requérer du dit paiement..... les dits Betbezé père et fils, esmeus de grand passion et colère, l'auraient grandement offensé en son honneur, sans aucun respect de son ordre, le menassant de le bastre et maltraicter, s'il ne se retiroit promptement, ce que le dict frère auroit esté contraint de faire pour éviter l'émotion de certains compagnons du dit lieu qui se souslevoient ; — qui est tout ce qu'il

---

1. Arrondissement de Muret, canton de Cazères.
2. Sans doute la quête pour la rédemption des captifs.

a dit sçavoir, récollé¹, a persévéré et l'ayant requis de vouloir signer son audition, après l'avoir ouy, auroit reffuzé.

Du dit jour. — Girons Grange, lieutenant de baille du Roy, habitant de la ville de Martres, âgé de soixante ans, a dict estre véritable que le 27⁰ du mois de juing dernier, il quy deppose auroict esté prié par un Père de l'Ordre de la Sainte-Trinité de Toulouse, qu'il auroit ouy nommer frere Bousiques, de le voulloir accompagner jusques au lieu de Mauran, pour luy porter tesmoignage du dit acte qu'il préthendoit faire aux mesons des consuls du dit lieu, estant qu'il ne treuvoit ny baille, sergent ny autre personne, qui luy voulsist exploicter certains actes de justice qu'il avoict en main, contre un nommé Mᵉ Bernard Mauran, prêtre, et Ange Betbesé, ce qu'il auroict volontairement faict, et s'estans acheminés audit lieu, il n'avoict trouvé aucun consul, et s'estant adressé à M. Jean Marestaing, bourgeois, baille principal du dit Mauran, il n'auroict pas voulu exploicter les dicts actes; ayant prié le déposant de les exploicter, en qualité de baille d'office qu'il le prenoict, ce que le deppozant auroict faict; puis ils s'en seroient retournés vers la ville de Martres, où, comme ils eurent passé le bateau, estans de deçà la rivière de Garonne, ilz auroient rencontré sur le chemin le fils du dit Ange Betbezé, nommé Bertrand, estant armé d'une arquebuze, et un baston en sa main, accompaigné d'un autre homme avec luy, lequel Betbesé, en voyant le dit frère, reigniant et blasphémant le saint nom de Dieu, luy disant qu'il le tueroit ou assommeroit de coups, ou que s'il parlait guières², il le feroict boire dans la rivière, et ensuitte de ce, s'estant retirés en la ville de Martres dans un logis, peu de temps après, le dit Betbezé, accompaigné de cest autre homme, l'auroient suivy et tenu quereles dans le logis, l'injuriant pareilhement³;..... ayant esté constraint le dit frère de s'en aller en compaignie d'un certain gentilhomme, duquel le dit frère avoit sa cognoissance, afin d'esviter d'être battu et excédé par son chemin. Ne plus a dit sçavoir; recollé, a persévéré et ne sçait escrire ny signer.

1. Après *récolement* de sa déposition.
2. *Un peu*, c'est-à-dire s'il faisait mine de le dénoncer.
3. Il lui dit, notamment, au dire d'un troisième témoin, qu'il *n'apporterait pas son habit à Toulouse* (sic).

N° 193.

1645, 27 décembre. — Érection d'une confrérie de la Rédemption des captifs dans la ville de Salon (Bibl. d'Arles, manuscrit 159, p. 651 *bis*).

Frère Remond de Pallas, commissaire députté, pour l'establissement de la confrérie de la Saincte Trinité, du reverend père provincial en ceste ville de Sallon, à Monsieur François Thérie, sacristain en l'église colégiale de Saint Laurans, salut.

C'est le propre du bien de s'espandre et communiquer à tous ceux qui en sont capables, et d'autant plus que ce bien est excellent, il est aussi plus communicable; c'est pourquoy les souverains pontifes, ayans de leurs mouvements logé[1] des biens souverains au très auguste ordre de la Saincte Trinité et Rédemption des Captifs, ont jugé à propos de les respandre; à ces fins, ils ont institué la confrérie du dit ordre. Ayant, en vertu du pouvoir à nous donné par notre révérend père provincial, establi la ditte confrérie dans l'église de Saint Laurans et la chapelle de Saint-Barthélemy de ceste ville de Sallon... nous vous commetons et donnons faculté de bénir les scapulaires de nostre dit ordre, de les conférer et distribuer à tous les fidelles de l'un et l'autre sexe qui seront portés de dévotion pour le recevoir, et de leur communiquer toutes les graces et privilèges et indulgences qui sont essentielles à la ditte confrérie, vous enchargeant très expressément de recommander à tous ceux qui receuvront le dit scapulaire de prier Dieu pour le soulagement et délivrance des subsdits esclaves, et de procurer quelques aumosnes pour leur rachat. Donné à Sallon le vingt septiesme dessambre mil six cens quarante cinq. — PALLAS.

1. Il faudrait *élargi*, si tant est qu'on veuille traduire mot à mot la formule, que l'on a vue dans une pièce de 1488.

N° 194.

1645 environ. — « Articles du Concordat que propose M. le général Louis Petit » (Archives des Trinitaires de Montmorency).

Le Père Général de tout l'ordre de la Très Sainte Trinité et Rédemption des Captifs, sur les trois articles proposés par les Religieux qui se disent Réformez dans le dit ordre, respond. Au premier article : Que les dits Réformez ont mauvaise grace de vouloir l'obliger à l'exécution des actes, lesquels ils disent qu'il a consentis et signez, après que, les ayant consentis et signez eux-mesmes, ils y ont contrevenu les premiers et rompu de gayeté de cœur avec leur dit Père Général, par l'entreprise qu'ils ont faitte sur le couvent d'Avignon[1].

Au second article : Que nonobstant que leurs brefs soient subreptices, obreptices et *nuls en un mot*, il s'en tiendra néantmoins, *pour le but de la paix*, à celuy de Clément VIII, touchant les visites des Maisons de la Réforme, et à cet effect prendra dans les dittes visittes un des dits réformez, qui aura voix consultive, se servant de son secrétaire ordinaire ou tel autre que bon lui semblera.

Au troisième article : — Que, pour plusieurs raisons, et particulièrement pour fermer aux dits reformez l'entrée des cabarets, et leur ouvrir les portes des anciennes maisons de l'ordre afin d'y loger, il a trouvé bon, par conseil, d'en demeurer aux arrests qu'il a obtenus contre les ditz reformez (en suitte de refus par eux fait diverses fois de recevoir ces offres), par lesquels arrests deffense est faicte aux dits réformez d'accepter ni poursuivre aucune ancienne maison, sans l'expresse permission de leur dit Père Général ; car, par ce moyen, les ditz reformez n'estans plus suspects de venir dans les dittes maisons pour *solliciter les religieux à les leur vendre*, ils y seront les très bien venus et très bien reçus, comme (sans reproche) ils ont été en celle de Paris, durant deux années qu'il a plu aux dits reformés de demeurer en bonne intelligence avec leur dit Père Général.

Mais d'autant que pour establir (si les dits reformez veulent) une paix perdurable, il seroit à propos de terminer touttes les difficultez,

1. Le pape les en fit expulser en 1641.

le dit Père Général propose pour moyens d'accommodement, outre les susdits.

Que les Réformez, étant dans des lieux où il y aura des maisons de leur ordre, s'y retireront et non ailleurs.

Que les dits Reformez n'accepteront aucune place pour s'y établir, sans la permission de leur dit Père Général.

Que les dits Réformez ne confesseront ni prescheront à Paris sans la permission de leur Père Général, ny dans aucun autre lieu où il y aura des couvents de leur ordre, sans l'agrément du P. Ministre local.

Qu'ils ne feront imprimer aucune chose sans la permission de leur dit Père Général.

Que les dits Réformez ne sortiront, n'envoyeront et n'escriront hors le Royaume sans cette même permission.

Que le dit Père Général connoîtra pleinement des difficultez qui arriveront entre les dits Réformez et les citera, entendra et corrigera (si le cas y eschet) où il advisera bon être.

Que le dit Père Général poura déléguer qui bon luy semblera de la Congrégation, pour instruire les procès meuz entre les dits Reformez, lesquelz procez luy seront apportez pour estre diffinitivement jugez par luy.

Que le dit Père Général pourra commettre pour visiter les dits Reformez qui bon luy semblera d'entre eux, avec obligation de luy rapporter les actes des visites.

Qu'à l'arrivée du Père Général en quelque maison de la réforme que ce puisse estre, les clefs du couvent luy seront mises entre les mains.

Que dans la tenue du chapitre général de l'ordre à Cerfroy[1], le sceau du correctoire sera remis entre les mains du dit Père Général et des correcteurs.

Que le dit Père Général, pour n'estre entièrement privé de son droit et possession de pourvoir aux anciennes maisons de l'ordre, confirmera les eslections des ministres de celles qu'ont à présent, ou pouroient avoir cy après les dits Réformez.

Que chaque maison Réformée payera annuellement, par reconnaissance, quelque droit[2] à leur dit Père Général, ainsy que font les

---

1. Ainsi les Réformés restaient les maîtres de Cerfroid.
2. D'après les comptes, ce droit paraît être de 3 livres par an.

autres Maisons de leur ordre, *mesmes celles des provinces étrangères*, et contribuera aux frais des affaires communes à leur dit ordre et à leur Congrégation.

Que, pour esviter le desordre et l'abus, le dit Père Général *seul* donnera permission de faire quester pour les captifs, establir des troncs et ériger les confréries, que compte luy sera rendu de temps en temps des deniers en provenans, et que de ces deniers et de ceux des anciens religieux sera conjoinctement[1] faitte la rédemption, afin que les frais se trouvent moindres et le proffit plus grand pour les captifs.

Que les dits Réformez demanderont pardon à leur dit Père Général des irrévérences et désobeissances, par eux cy devant commises dans les derniers Chapitres[2].

Que, quelques difficultez qui puissent survenir par cy après, les réformez ne pourront se départir de tout ce que dessus; mais seront les dittes difficultez terminées à l'amiable[3] par arbitres dont on conviendra.

N° 195.

1646, 26 juillet. — Athanase Gantheaume, vicaire général, envoie à Lyon Alexis Roque et Antoine Dumontet, religieux réformés, pour y fonder un couvent, et d'autres, s'il y a lieu (Trinitaires de Marseille, liasses, pièce 64).

Frater Athanasius Ganteaume, vicarius generalis totius Reformatae Congregationis in Galliis, fratri Alexio Roque sacerdoti concionatori, ac provinciae nostrae Provinciae pro Redemptione Captivorum procuratori et Anthonio Dumontet, etiam sacerdoti, ejusdem nostrae Congregationis expresse professis... Optat messis multa operarios non paucos. Eapropter, certiores facti de pietate populi Lugdunensis erga nostram congregationem et de urgenti desiderio, quo plurimi eorum

---

1. Dans la suite, en effet, les Réformés vont en voyage de rédemption de concert avec les non-Réformés.
2. Notamment le chapitre général de 1635.
3. Ce dernier mot fait oublier les insinuations malveillantes du début.

ardent pro nostra stabilitate apud ipsos, — nos de probitate vestra et prudentia ac zelo sufficientem habentes experientiam, harum tenore, de consensu carissimi confratris nostri Assistentis, vos commissarios nostros nominamus et constituimus, ac sub precepto formali obedientie precipimus quatenus adeatis predictam civitatem Lugdunensem, dantes vobis, nomine quo supra, plenam auctoritatem et omnimodam potestatem domos nostre reformate Congregationis, tum in praedicta civitate Lugdunensi, tum etiam in aliis civitatibus provinciarum Lugdunensis, Delphinatus, et aliarum a quibus fueritis requisiti, construendi, confraternitates erigendi, scapularia... distribuendi, necnon et elemosinas pro redimendis captivis collectas in gazophilaciis, ad hunc finem per vos destinatis, reponendi. Rogamus autem humiliter et obnixe Eminentissimum Cardinalem Legatum, illustrissimosque Reverendissimos Dominos predictarum civitatum prelatos, ut vos in suis diocesibus admittere dignentur; datis presentibus in conventu nostro Tarasconensi, die vigesima sexta Julii, anno Domini supra millesimum sexcentesimum quadragesimo sexto. — GANTEAUME, vic. generalis. — BLANC, assistens.

N° 196.

1648, 20 octobre. — « Attestation des Reliques St-Hubert, de l'Archevesque de Maline » (Cartulaire de Lens, p. 152).

Jacobus Dei et apostolicae sedis gratia Archiepiscopus Mechliniensis, omnibus has visuris salutem in Domino. Notum facimus nos, die date presentium, previo maturo examine, adhibitis viribus (*sic*) gravibus, juxta formam prescriptam a sacro concilio Tridentino, recognovisse et approbasse duas particulas, sibi invicem conglutinatas, ossis de corpore Sancti Huberti, Episcopi et Confessoris, desumptas ab alia particula maiori, asservata et publice venerationi exposita in ecclesia *Sancte Trinitatis*[1] pagi de Tervueren, nostre diocesis, dono-

---

1. Première lettre : « ecclesia parochiali loci ceu pagi de Tervueren. »

que donatas venerando domino Ministro[1] ecclesie Sancte Trinitatis pagi de Lens in Hannonia, similiter publice ibidem fidelium venerationi exponendas, easque ut veras et indubitatas reliquias agnoscendas esse decrevisse, prout decernimus per presentes. In quorum fidem hasce sub sigillo nostro et secretarii nostri signatura, mandavimus expediri, Bruxellis die vigesimo mensis Octobris, anno Domini millesimo sexcentesimo quadragesimo octavo.

N° 197.

2 juillet 1649. — Le chirurgien Duchesne se plaint des mauvais traitements reçus dans le couvent des Trinitaires de Toulouse (Archives des notaires de Toulouse).

L'an mil six cens quarante neuf et le second jour du mois de juillet, à Tolose apprès midi, pardevant moy notaire, Regnant Louys tres chrestien prince, par la grace de Dieu roy de France et de Navarre, s'est présenté M° Placide Duchesne, ci devant novice du couvent de la sainte Trinité de ceste ville, Lequel a expozé qu'il ne feust pas casi entré dans cellui des Carmes de ceste dite Ville, pour y prendre l'habit, que le reverend pere Alexis [Dupuy], provincial des religieux dudict couvent de la Trinité, auroit trouvé moien par ses persuasions de l'en fere sortir, à quoi estant parveneu, il l'auroit pressé et sollicité d'entrer dans cellui dont il en estoit le provincial. Ce que l'exposant lui aiant promis, il lui auroit propozé, et au pere ministre aussi supperieur des dictz relligieux, que se seroit avec ceste stipulation espresse qu'il lui seroit permis, lhorsque les occasions s'en presenteroient, de traiter des cures dont il en estoit medecin chirurgien ; ce que lui aiant été accordé, l'exposant, vers le mois de novembre dernier, auroit baillé ausdictz peres provincial et superieur la somme de deux cens livres en or et argent, ung cheval de valeur de cent livres, ses outils et autres choses qu'il portoit. Cella fait ils luy auroint fait prendre l'habit de leur religion, et quelque temps apres, lesdictz peres

1. Antoine Sergeant.

provincial et superieur, voiant que ledict expozant traitoit quelques pouvres malades charitablement et sans lucre, auroint prins ceste charité à injure et dès lhors recherchant et inventant des prétextes pour le maltraiter, il auroit esté constraint de leur demander qu'ils lui rendissent l'habit qu'il avoit porté quand il entra dans leur couvent, ensemble ladite somme de deux cens livres, ledict cheval, les outils et médicamentz. Pour ledict habit, lesdictz peres provincial et supperieur, de vrai, le lui auroint deslivré, mais pour l'argent, cheval, outils, medicamentz et autres choses ils n'en auroint voleu rien fere; au contraire le jour d'hier, sur les six heures du mattin, ils auroint commandé à quantité de religieux de traiter l'expozant aussi mal qu'ils pourroint; ce qu'ils auroint à l'instant, et avec sévice exécuté; car l'ayant grandement excédé, ils l'auroint despoulhé tout neud et estandu par terre, et en cest estat deplorable lui auroint attaché ses pieds à deux grosses poutres, qui lui hostoint le moien de se pouvoir boger ni remuer, apres les lui avoir souvantes foys fait rouller sur icelles, lui disant quils le tueroint s'il ne leur enseignoit l'argent qu'il avoit caché, lui portant a ces fins qui un couteau à la gorge et l'autre une broche de fer a la poitrine, et ne sortiroit de la qu'il n'eust dict qu'il quitoit tout l'argent, outils, médicamentz et autres choses qu'il avoit portés dans ledict couvent, et que d'ailheurs il faloit qu'il fist certains seins sur du papier, que lesdictz peres provincial et superieur lui faisoint offrir. Enfin l'ayant ce matin deslié, ils lui auroint fait faire cinq divers seins, avant de le laisser sortir de leur couvent, sans en avoir peu scavoir le subjet, moins voleu lui rien bailler de ce qu'il avoit porté, ains l'auroint menassé de le faire assommer sil divulgoit qu'on l'eust maltraité. A cest cause il declare par cet acte, qu'il a fait lesditz seins par force et constrainte, pour se liberer de l'oppression et détresse qu'on lui faisoit endurer et comme tels, les revoque et desadvoue et a requis moi notaire lui en retenir acte, pour s'en servir ainsi qu'il verra estre a faire…

N° 198.

1650, 24 septembre. — L'archevêque d'Avignon loue la conduite des Trinitaires pendant une peste à Saint-Remy (Bibl. de Mars. ms. 1211, f° 68 v°).

Mes RR. Pères Ministres et autres du couvent de la Trinité, je loue la piété et le zèle que vous témoignez en ce rencontre; l'on me vient de dire que l'on avait envoyé quatre corbeaux[1] de cette ville et de Beaucaire, pour enterrer les morts; ainsi délivrez-vous de cet employ, qui n'est pas propre aux personnes de votre sorte et que je dézaprouve. J'escris à Messieurs les consuls de vous assister en tout ce qui leur sera possible et d'avoir grand soin de vous. Je vous exhorte à continuer dans votre zèle. J'approuve fort que l'on dise la messe et je m'estonne qu'on l'ait empêché. J'escris à Monsieur le Curé ce qu'il faudra dire aux consuls touchant cet affaire. Je prie Notre Seigneur qu'il vous conserve; je suis votre affectionné pour vous servir[2]. — Dominique, archevêque d'Avignon.

N° 199.

1651, 21 avril. — Fixation à quinze livres par an des honoraires du médecin des Trinitaires de Marseille (Grands Trinitaires, reg. 6, f° 6).

L'an et jour susdicts, le chappitre assemblé à la manière accoustumée, a esté représenté par le vénérable père vicaire que, ce treuvant deux ou trois religieux malades en ce couvent, n'y ayant point de médecin, affecté à cause qu'on n'a peu trouver aucun médecin qui voullut servir le couvent gratis, ou pour l'amour de Dieu; c'est pourquoy, ne pouvant éviter de donner quelque salaire au médecin quy servira ce couvent, ny le danger que couriroyent les religieux malades, à faute du dit médecin, tous unanimement ont treuvé bon

---

1. Des fossoyeurs.
2. Le 9 novembre, on apprit la mort du ministre.

de conférer avecque Monsieur Laurens, docteur en médecine, l'un des quattres médecins affectés au service de la communauté de ceste ville de Marseille et salariés par icelle, qui autrefois avait servi nostre dit couvent gratis, avec lequel avons convenuz de lui donner quinze livres du jour d'huy en un an, et ainsi continuer annuelement, tant qu'il servira nostre dit couvent, et cest tant en recognoissance des bons services qu'il nous a rendus cy devant, que pour l'obliger de continuer à nous bien servir, quant besoin sera, ainsi qu'il a promis de faire. En foy de quoy il a signé avecque nous le jour d'huy vingt uniesme avril mil six cent cinquante un.

N° 200.

1654, 4 avril. — « Au cas de rachapt de Nicolas Giraud, les prieurs de la Ste Trinité luy bailleront 200 livres » (Trinitaires de Marseille, liasse).

L'an mil six cens cinquante quatre, et le quatriesme jour du mois d'avril après midy, constitués en leurs personnes Révérand père Mathieu Arbousset, ministre du couvent de la Ste Trinité de Marseille, Michel Mauran, prieur de la Chapelle des frères pénitans fondée soubz le tiltre nostre Dame de bonne Ayde, dite la Trinité vieilhe, s^{rs} Jacques Rousseau, Nicolas Guilhame, Barthelemy Mailhe et Anthoine Ollive, prieurs de la dite Rédemption des esclaves, fondée en la dite église, lesquels, bien et deubment informés de la povreté de Nicollas Giraud, de ceste ville, esclave debtenu entre les mains des Infidelles aux parties d'Argers, ont promis et promettent par ces présentes au dit Giraud, nous notaire acceptant, qu'en cas qu'y ce puisse avoir ou fere avoir, par rachapt, venir en ceste ville, et ce remettre entre les mains des dictz père ministre et prieur, *pour faire la procession à l'accoustumée*, luy donner et bailler, à l'honneur de Dieu et de l'argent du tronc de la dite Rédemption, la somme de deux cens livres tournois, tant seullement et lhors qu'y sera rachepté; venu puis après à décedder venant en ceste ville, pas moingz les dicz père Ministre et prieurs luy donneront la dite somme, et luy faisant au préalable apparoir du dit rachept et mort, moyenant le présent acte, tous autres actes faictz en faveur du dit esclave demeureront barrés et cancellés, le tout sauf et sans préjudice, aux dictz père ministre et prieurs, *leur remboursement de la dite somme promise sur les biens du dit esclave*, en cas qu'ils en treuvent, tant de présant que à l'advenir. Faict, présens à ma boutique, au dit Marseille, Pierre Mille et Jacques Jaunas de la dite ville, requis et soubsignés avec les dits père ministre et prieurs.

N° 201.

1654, 27 juin. — « La dotte que Monsieur de Laiens, seigneur d'Audregnie, a donné à l'eglise de la Saincte Trinité de Lens, pour son fils Frère François de Bettencourt, lequel a esté ministre de Douay et Docteur en la saincte Théologie » (Cartulaire de Lens, p. 160).

Le xxviie juin seize cent cinquante quattre, noble homme Messire Pierre Antoine de Bettencourt, seigneur de Layens, Audregnie, etc., pour fournir à la dotte et fraix de la profession de Pierre Antoine de Bettencourt (à présent nommé François) son fils, que frère Antoine Sergeant, vicaire et commissaire général de l'ordre de la Tressainte Trinité, résident au couvent de Lens et receu audit couvant, lequel, espère, Dieu aydant, y faire de bref sa professe. Pourquoy mondit seigneur de Layens a convenu de donner audit couvent de Lens cent livres tournois l'an, de rente franche et héritier au denier seize, pour commencer d'avoir cours au jour de la dite professe, item, trois cent livres tournois l'an de pension, à sa vie, prenant cours au jour de son retour des estudes[1], item de fournir, au jour d'icelle professe ou environ, audit sieur vicaire général la somme de douze cent livres tournois une fois, et de payer par mon dit seigneur son Père le festin de la dite profession. A tous quoy il promest fournir et satisfaire de bonne foy, à sa défaulte il promest rendre despends sur XL sous tournois de peine, obligé et faict serment *in forma* soubz les scel et signature manuel de mondit seigneur.

Estoit signé : BETTENCOURT, seigneur d'Audregnie.

1. *Formula reformationis* de 1576 : *mittantur ad scholas majores*.

N° 202.

1654, 3 décembre. — Sur la proposition du Provincial de Provence, les Trinitaires de Marseille demandent à être convoqués pour l'élection du général (Grands Trinitaires, reg. 6, fol. 19).

L'an mil six cens cinquante quatre, et le troisiesme du mois de décembre, le Révérend Père ministre ayant assemblé les religieux capitulaires au chapitre et fait faire la lecture d'une lettre du Révérend Père Provincial [1] à luy adressée, laquelle portoit de prendre les advis des dicts religieux sur le subjet de la future élection du Révérendissime général de nostre ordre, et s'il trouvoient à propos de former une opposition au cas que cette province de Provence ne fût convoquée pour y assister, selon son droit ancien [2] ; — sur quoy les dicts Religieux ont délibéré, d'un commun consantement, qu'il seroit très bon et necessaire de faire deux choses, la première est de presanter requeste au Roy, pour estre relevés du laps de temps auquel la dicte province de Provence n'a point assisté aux élections de généraux, et restablis dans leur droit ancien, la seconde est de former [op]position par devant l'assemblée de l'ordre, tandant à mesme fin, et le dit révérend père provincial sera supplié par le dit chapitre de faire l'un et l'autre, an (*sic*) la manière qu'il trouvera mieux estre.

N° 203.

1655, 12 août. — Pierre Mercier, général des Trinitaires, confirme Jean Naurias, Provincial de Provence (Trin. de Marseille, liasses, n° 69).

Frater Petrus Mercier, in sacra theologia magister, dilecto confratri nostro, in Sacra Theologia doctori Facultatis Avenionensis, fratri Joanni Naurias, Religioso Presbytero nostri Ordinis ac con-

---

1. Le P. Naurias. Voir pièce suivante.
2. Aucun acte ne prouve ce droit ancien.

ventus nostri Sancti Bernardi Avenionensis ministro, salutem in eo qui fons est totius salutis. Nostra provincia Provinciae nobis semper cordi fuit, ut digne et secundum Regulam Constitutionesque antiquae Regularis nostrae observantiae dirigeretur. Hinc est quod, in praesenti rerum statu, nolentes eam absque capite et legitimo pastore in incertum fluctuare, tuae vero probitatis, solertiae ac zeli Religionis testimonium habentes clarissimum, te, ad illius regimen a nostris praedecessoribus assumptum, in eodem regimine confirmandum seu de novo assumendum esse censuimus..... Datum Parisiis in conventu nostro Sanctissime Trinitatis, titulo S. Maturini, die duodecima Mensis Augusti, anno Domini millesimo sexcentesimo quinquagesimo quinto. — Petrus, generalis. — De mandato R^{mi} Patris ac Domini Nostri D. Generalis, De Lessau, secretarius.

N° 204.

1659, 6 août. — Punition du sacristain des Trinitaires de Marseille pour avoir fait un enterrement clandestin (*Ibid.*, reg. 6, f° 36).

L'an mil six cens cinquante neuf et le sixiesme jour du mois d'Aoust, le R^d Père Ministre, ayant assemblé le chapitre à la manière accoustumée, où tous les religieux capitulaires se sont treuvé (*sic*) leur a proposé qu'il avoit apris que le père Nicolas Faucon, sacristain du Couvant, avait, à son insceu et de tous les religieux du couvant, enterré dans nostre église le corps d'un certain jeune homme apellé Meyraut, qu'on avoit aporté dans nostre église sans croix de paroisse et autres cérémonies eclésiastiques, au grand estonnement et escandale du peuple; d'autant que ceste action et que l'entrepris scandaleux est digne d'une grande punition, il desiroit de sçavoir d'eux le chastiment que le père Nicolas mérite pour ce subjet, n'ayant voulu le punir de sa propre authorité, ainsi qui (*sic*) le pouvoit, à raison de l'énormité du crime. Sur quoy, tous les religieux capitulaires, après une meure consectation d'opinion, ont conclu et arresté, par un commun consantement, que le dit Nicolas merittoit une très grande punition, et à ces fins, le chapitre a ordonné et ordonne qu'il prendra la discipline durant six mois, tous les vendredis, en plein réfectoir et mangera à terre au pein et à l'eau, sans en pouvoir estre dispancé, que lissence sera demandée par le R^d père ministre à Monseigneur l'illustrissime Evesque de Marseille de desheumer le dit Corps et le porter en quelque autre lieu du cimetière qu'il luy plaira ordonner. Délibéré à ce nôtre couvent de Marseille, le dit autre[1] (sic) jour que dessus. MAUREL ministre. D'ANTELMY secrétaire.

N° 205.

1659. — Rédemption de cinquante-cinq captifs (Bibliothèque de Marseille, ms. 1216, pp. 474-475).

Le P. Jean Heron, ministre de la maison de la Ste Trinité à Chasteau Briant, estant commis pour la Rédemption, s'embarqua à Marseille le 2 oct. 1659, aborda à Alger le 7 du dit mois et en ce même jour, conduit par le truchement qui est un renégat françois, se présenta à la Douane, puis ayant baisé la main à celui qui tient le haut bout entre soixante Turcs là assemblez, exposa le sujet de sa venue, demandant assurance et permission de rester en la ville à cet effet ; ce seigneur turc respondit qu'on ne luy feroit aucun tort, qu'il le garderait mieux que la prunelle de ses yeux, et qu'il en juroit sur sa tête, puis considérant l'habit religieux de ce père, il adjouta : « c'est ainsi qu'il faut estre, et non pas se déguiser[2] », en cela plus louable que les chrestiens libertins qui s'en moquent et que ceux qui le cacheroient par honte. Ensuite, ayant sceu combien il avoit d'argent, ils prirent les droits d'entrée, luy rendant le surplus, que des portefaix portèrent d'un costé, pendant que le truchement conduisoit le père de l'autre au logis d'un juif, en une petite chambrette obscure, en laquelle il fut contraint de rester douze jours avec beaucoup d'incommoditez, au bout desquels estant un peu moins mal logé, il estoit journellement accablé d'une grande multitude d'esclaves.

1. Pour *an et* jour, sans doute.
2. Allusion à un Père de la Merci qui, venu sous un habit de marchand, avait été chassé sans pouvoir opérer de rédemption.

Un religieux du tiers-ordre de St François, esclave depuis trois ans, nommé le père Bonaventure, qui avoit amassé une partie de sa rançon, receut du p. rédempteur le surplus qui luy estoient (*sic*) nécessaire ; aucuns esclaves amenoient leurs patrons pour prier le père de les rachepter, d'autres pour le contraindre ; les uns pleurent, les autres crient ; bref il n'y a posture en laquelle ils ne se transforment pour obtenir leur liberté, laquelle, à son extreme regret, il ne put procurer pour tous ; mais ce qui estonna davantage le P. Rédempteur, ce fut l'imposture assurée d'aucuns, qui luy monstroient des lettres contrefaites de leurs parens et amys, ausqueles il était porté que le dit père avoit esté en leurs païs et receu argent pour les rachepter. Les patrons ensuite adjoutoient des menaces, même de le tuer, s'il ne rendoit l'argent ; luy qui d'un costé n'avoit jamais esté au pays de ces esclaves et n'avoit de quoy les rachepter, faisoit monstre de son courage envers les barbares, et consoloit, autant qu'il luy estoit possible, les esclaves en leur particulier ; enfin, ayant rachepté 55 esclaves françois, il partit d'Alger le 28 novembre de la même année 1659.

Jamais on n'a vu navigation plus traversée et dépourveue de secours humain que celle de ceste redemption ; car, après avoir souffert la faim, les tempestes, les orages et la grosse gresle jusques au 28 décembre, le vent les jeta dans le port de Maillorque, où, à toute peine, ils eurent permission de rester un jour en repos, les Espagnols[1], qui tiennent cette place, les ayant menacez de tirer le canon sur leur barque, s'ils ne sortoient au plustost : les Religieux de la Sainte Trinité, qui ont deux couvens en cette ville-là[2], envoyèrent au p. Rédempteur douze pains avec un baril plein de vin, et un marchand, parent d'un esclave, leur fit tenir quelque provision de biscuit ; avec cela, ils sortirent tout de nuit, et s'allèrent réfugier dans le port de l'Isle Caprère (Cabrera) à quatre lieues de là, où par l'entremise de dom Pierre Julien, religieux de la Mercy[3], qui est aumosnier dans la forteresse, ils furent bien receus, et le p. Rédempteur eut le bonheur de dire les trois messes du jour de Noel.

---

1. Cette inhospitalité ne fut pas moins grande en 1720. Le traité des Pyrénées était signé depuis sept semaines seulement.
2. Palma (Saint-Esprit). Je ne sais pas le nom de l'autre.
3. Ce trait de confraternité est fort honorable pour ce Mercédaire.

Sortans de ce port avec un vent contraire à leur route, ils furent contraints de tourner du costé de Barcelonne, où ils mouillèrent l'ancre le 29 décembre. Les Religieux de la Sainte Trinité, qui ont là un couvent, vinrent les recevoir en procession à la Porte marine, les conduisirent à l'église cathédrale et de là au couvent de la Ste Trinité ; quatre des plus illustres cavaliers de Barcelonne accompagnant toujours le p. rédempteur.

N° 206.

1661, 3 février. — François de Harlay, archevêque de Rouen, permet aux Trinitaires Réformés de faire un hospice dans cette ville pour les captifs, à condition de ne pas quêter (Copie : Archives de l'Oise, Trinitaires de Caillouet, 2e liasse).

François par la permission divine archevesque de Rouen, primat de Normandie, à tous ceux qui ces presentes lettres verront salut. Scavoir faisons que, sur la requeste à nous présentée par les Religieux de la Congrégation Réformée de la très saincte Trinité et Rédemption des Captifs, contenante que... dans les fréquentes allées et venues qu'ils ont esté... nécessitez de faire en la ville de Rouen pour ce sainct commerce, ils auroient reconnu le grand besoin qu'ils avoient d'avoir un hospice en la ditte ville de Rouen, à cause des correspondances qu'elle a avec toutes les villes maritimes, affin aussi de leur espargner beaucoup de frais qu'il leur convient[1] faire, faute du dit hospice, lesquels seroient plus utilement employez à rachepter les dits captifs, c'est pourquoy ils nous ont très humblement supplié de leur permettre l'établissement d'un hospice dans la ditte ville de Rouen, ayans pour cet effect acquis, par le moyen des aumosnes de gens de bien, une petite maison et deux jardins en la ditte ville sur la paroisse de St Nicaise, aux protestations par eux faites de n'estre à charge à la ditte ville, soit par les questes ou autrement. Veu la ditte requeste, signée p. Bernard Bréavoyne,

---

1. = *qu'ils sont contraints* de faire. C'est au dix-septième siècle seulement qu'apparaît l'idée de *rechercher* des couvents dans une situation favorable.

Provincial, notre ordonnance apposée au bas d'icelle portant qu'auparavant de faire droict, la ditte requeste et les pièces y mentionnées, concernant la maison, seroient communiquées au sieur Gaulde, notre vicaire général, pour se transporter sur les lieux...... veu le contract d'acquisition de la dite maison et des dits jardins faicte par le sieur de Brébion, maître ordinaire de la Chambre des comptes de Normandie, de Guillaume Geré, huissier au bailliage de Rouen, et d'Anne Aubery sa femme, en datte du cinquiesme septembre mil six cens cinquante neuf, déclaration du dit sieur de Brébion portant que la dite acquisition est pour et au nom des dits Religieux...... nous leurs avons, pour ces causes, permis et permettons par ces présentes d'establir un hospice en la ditte ville de Rouen, au lieu par eux acquis.... à condition qu'ils ne seront à charge à la ditte ville, soit par les questes ni autrement. Donné à Paris, où nous sommes arrestez par l'honneur que nous avons de présider à l'Assemblée générale du Clergé de France, le troisiesme jour de febvrier mil six cent soixante et un.

N° 207.

1661, 22 décembre. — « Requeste présentée au R. P. Provincial pour pouvoir charger la maison [de Lens] de 100 livres de rente pour les terres du seigneur de Mecquenie » (Cartulaire de Lens, p. 213).

Remonstrent très humblement les Révérends Ministre et Religieux du couvent de Lens, de l'ordre de la SS^{te} Trinité, après avoir estés capitulairement assemblez que, comme il appartient au dit couvent cinqz bonniers de terres labourables, gisans sur le terroir de Lens, dans lesquels Monsieur de Bossu, seigneur de Mecquenie, at deux bonniers par indivises : et comme ledit seigneur de Mecquenie est content (*sic*) de donner de rente, au profit de votre couvent de Lens, les susdits deux bonniers à luy appertenans pour le prix de cinquante florins par an, ou bien de luy céder deux aultres bonniers appartenans à votre dit couvent de Lens, gisans à Hersie, et par ainsi faire une eschange, — les remonstrans viennent supplier votre Révérence de voloir donner son consentement et permettre que l'on puisse céder à

Monsieur de Mecquenie les susdites terres gisantes à Hersies... Et pour tesmoignage que le tout se fait sans fraude, nous avons cette présente signé de notre signe manuel. Fait à Lens le 22º de décembre 1661. F. An. DACHIER, ministre de Lens, F. ARNOULD LEVESQUE, F. Albert de THIENNES, F. Adrien DACHIER[1].

Nº 208.

1661, 12 juin ; 1662, 12 avril. — Délibération du Conseil de la ville de Brignoles défendant aux Trinitaires Déchaussés d'y établir un couvent (Archives départementales du Var).

I.

Par dellibération du Conseil Général de la maison commune de ceste ville de Brignolle, tenu le douze juin mil six cens soixante-cinq (*sic*), authorisé par Monsieur Joseph François d'Esparron, conseiller du Roy et lieutenant principal au siège et ressort de la dicte ville ; auquel conseil a esté proposé, par Monsieur le conseiller Braguety, que les révérands pères de la Sainte-Trinité ont despuis quelque temps la pancée de s'establir en ceste ville, lui ayant faict cognoistre et à messieurs ses collègues qu'ilz soliciteroient l'agrément de la communauté, à laquelle ils disent qu'ilz seront fort peu à charge, puisque, dans la suitte du temps, ilz pourront acquérir du bien pour y subsister sans faire la queste, et rendront de très grands offices par leurs prières et leurs soings ; et après avoir desduit toutes les raisons qui pourroint faire et pour et contre cet établissement, le dit sieur Braguety, premier consul, a requis le présent conseil d'y voulloir dellibérer. Sur quoy la ditte proposition ayant esté agittée de part et d'autre, il a esté resollou par les oppinions, à la plurallité de voix, que les révérendz pères Trinitaires ne seront point reçus à faire leur pré-

---

1. « En haut de la requeste estait escritte l'apostille tel (*sic*) : Accordons au remonstransce qu'ils demandent par la présente requeste, pour le plus grand profit de notre couvent de Lens. Fait à Douay le 2 janvier 1662. Estoit signé Delessaux, commissaire vicaire général de l'ordre de la Sainte-Trinité ez peys-bas, ministre de Douay. »

thendu establissement, auquel la communauté s'opposeroit, y ayant heu cinquante-trois voix dans ceste oppinion, qui sont celles de Monsieur le consul Braguety, Monsieur le consul Augier, etc., et dans l'oppinion contraire ont esté Monsieur Etienne Simon, consul et vingt-sept voix seulement.

II.

Veneu à la nottice de messieurs les conseulz de ceste ville de Brignolles que vous, révérandz pères de la Ste Trinité du couvent de St Quenis du terroir de Camp, presuposez de faire ung establissement dans la dite ville de Brignolles, contre le gré et au préjudice de la communauté, qui l'a ainsin délibéré et résoleu par une delliberation d'ung conseil général du douziesme juing dernier, pour ne pouvoir la dite communauté et habittans supporter une telle surcharge, présupposant vous dietz pères, d'avoir obtenu certaine permission de M. le cardinal de Grimaldy, archevêsque d'Aix, sans ouïr les dits conseulz et communauté, et d'aultant que cella ne peult estre toléré, est la cause que les dits s^{rs} consulz, ayantz la présance de vous dits pères Trinitaires, vous mettent en notice la ditte dellibération, affin que ne prethendiez cause d'ignorance. Bruey, conseul, Ollivier, conseul, Légier, conseul, ainsi signé à l'original.

Du douziesme apvril mil six cens soxante-deux, par moy notaire royal soubsigné la sommation si-dessus et dellibération si-jointe en tant que de besoing ont esté notiffié, inthimée et signifiée au révérand père Jaques de Ste Anne, supérieur de l'ordre de la Sainte-Trinité, du couvent de St Quenis du terroir de Camps, lequel aprez avoir enthendu la lecture de la dite sommation et dellibération, a dict que inutillement et sans subject, soubs correction, la présente sommation luy est faitte, d'aultant qu'estant les relligieux de St Guenis en possession, despuis longues années, de faire la queste dans la ville de Brignolle, du gré et consentement de la ditte ville, et ayantz besoing d'un hospice pour leur retraitte, à cause de l'eslognement de St Quenis, le seigneur président du Chaîne auroit heu la bonté de leur faire donnation d'une maison qu'il possédoit dans l'enclos de la ditte ville [*le 3 avril précédent*], pour y establir le dict hospice et prier Dieu pour sa maison et pour les habittans de la ville, de quoy ils en auroient encore obtenu permission de Mr le cardinal de Grimaldy, archevesque d'Aix [*21 juillet 1661*], comme ils ont faict voir auxdits sieurs consoulz... Cet acte faict et publié au dit Brignolle, bottique (*sic*) de moy nottaire, en présence de Honnoré Bonnaffé et Jaques Authissier, merchandz de la dite ville[1].

N° 209.

1664, 25 avril. — « Assemblée teneue au couvent de Ste Trinitté pour la création de deux Recteurs, qui doivent servir à l'hospice de St Eutrope à la manière acoustumée » (Trin. de Marseille, registre 22, f⁰ 1 v⁰).

L'an mille six cens soixante quattre, et le vingt et cinquiesme du mois d'avril, jour et feste St Marc, après midy, estant dans le couvent des Reverends Pères de la Ste Trinité de ceste ville de Marseille en la présence du Révérend Père Jean François Alloès, plus ancien religieux du dit couvent, en empeschement du Révérend Père Ministre du dit couvent à présent infirme, les sieurs Antoine Amy, Pierre Ollive, Antoine Peyron et Clemens Ganteaume, Recteurs du dit hospital, ont représenté que c'estoit le jour destiné pour faire la création de deux nouveaux recteurs pour le service de la ditte maison, quy comanseront son (*sic*) service le lundy cinquiesme jour du mois de May prouchain, suivant l'ancienne coustume de la ditte maison, et par ainsin le dit sieur Antoine Amy a fait la nomination de la personne du sieur Honoré Silvy, et le sieur Pierre Olive de la personne du sieur Guillaume Ollive, et comme iceux ont été reconneus hommes pieux et dévots, ont esté agréés et confirmés à la dite charge par le dit R. P. Alloy pour deux années, qui comanseront le premier dimanche du mois de may qui (*sic*) se célèbre la fête du glorieux St Eutrope de l'année 1664, et continuera les deux années suivantes, et se sommes soubsignez en foy de se (*sic*). — Fr. ALLOÈS, AMI, Antoine PEIRON, Pierre OLLIVE, CHANTEAUME.

1. Ce n'est que le 23 septembre 1663 que le conseil de Brignoles accepta les Trinitaires (Manuscrit de Marseille, 1216, p. 52).

Nº 210.

1664, décembre. — Les Trinitaires de Caillouet demandent l'enregistrement au greffe du Parlement de Rouen de l'union de la cure de Saint-Brice à leur couvent (Trinitaires de Caillouet, 2º liasse).

Supplient humblement les Ministres Relligieux et Convent du monastère de Bonne Espérance de Caillouet..,.., disans qu'ils ont obtenu lettres pattentes du Roy données à Paris au mois de mars 1655, par lesquelles, pour les causes y contonues, Sa Majesté auroit loué, aggréé et approuvé des lettres de provision du sieur archevesque de Rouen, portant union à la Congrégation et Convent du dit Caillouet de la cure de St Brice, appartenant cy-devant à Mr Jacques Godin qui l'avoit résignée à Mr Pierre le Bel, prestre habitué en l'église de St Amand de Rouen, moyennant une somme de 200 livres de pension par chacun an; veult sa Majesté qu'elles sortent leur plain et entier effet, selon leur forme et teneur. Ce considéré, Messeigneurs, qu'il vous appert, par les pièces y attachées, du consentement des habitants du dit St Brice, il vous plaise ordonner que les dites lettres seront registrées au greffe de la Cour pour estre exécuttées et jouir par les supplians de l'effect et contenu en icelles. Et vous ferez bien.

Soict monstré au Procureur général du Roy, fait en Parlement, le xvii décembre 1664.

Nº 211.

1665. — La province de Portugal demande qu'on impose silence aux prétentions de l'Andalousie et de la Castille requérant un vicaire général indépendant du général de France (copie faite en 1686; liasse de Marseille).

BEATISSIMO PADRE,

Essendosi in convocatoria adunate in Roma quattro Provincie di Spagna, cioè Aragona, Castiglia, Portugallo et Andaluzia, dell' ordine della santissima Trinita dell riscatto, per celebrare il Capitulo Generale per reformare et aggiustare le Constitutioni depravate dell' originale confirmato della Santita vostra per speciale Breve, e questo gia quasi finito, e saltata ni la Provincia d'Andaluzia e si sospetta porti seco anche quella di Castiglia, demandando per le Provincie di Spagna un Vicario Generale, e dividere il corpo della Religione. E per che, Beatissimo Padre, l'altre Provincie vedono evidentemente questo esser solo machina di detti Pretendenti, per arrivare alli loro interessi particolari, e non fanno scrupolo di smembrare per due sole Provincie il corpo della Religione, supplicano per tanto humilmente l'altre provincie di Spagne la S. vostra, si degni ordinare siano castigati li delinquenti, che hanno depravato detto originale, dalla Santita Vostra confirmato, e di ponere silentio alle dette due Provincie, Andaluzia e Castiglia, di non molestare l'altre Provincie con nuovi governi, e Superiori, quali, Beatissimo Padre, quanto piu si multiplicano, piu distruggano, non essendo conveniente che li particolari interessi di due Provincie tutte l'altre debbano patire, ne acconsentire si smembri la Religione, sino el presente stata unita.

In eos qui, ut asseritur, constitutiones depravarunt, animadvertere poterit Sacra Congregatio Episcoporum et Regularium : super petitione autem Vicarii Generalis, si placuerit Sanctissimo, imponendum videtur perpetuum silentium.

Trinitariis Rescriptum ad D. Alterium, 1665.

« Ita reperitur in registro autographo decretorum anni 1665 quod asservatur in secretaria Sac. Congregationis super statu Regularium. In quorum fidem et hac die 2 aprilis 1686. — *Loco* ✠ *sigilli*.

L. PANCIATICUS, secretarius.

N° 212.

1665, 28 novembre. — « Sentence donnée par le conseil privé pour appaiser la difficulté esmeute entre les Dominicains et les Trinitaires des Pays Bas sur la bataille de Lépante » (Cartulaire de Lens, pp. 219-220).

Vénérable, cher et bien aymé[1], nous supposons que vous estes informez de la requeste que nous a présenté le prieur de votre cou-

1. Le provincial des Dominicains.

vent à Douay, tendant à ce qu'il fust permis de poursuivre certain (sic) cause, par devant les vicaires généraux d'Arras, contre les religieux de la Sainte-Trinité de notre ditte ville, au sujet de quelques prétendus excez commis par ce dernier (sic), contre la possession que ce premier soutenait d'avoir au regard de la confrérie du Rosaire et de la victoire de Lépante, attribuée à la ditte Confrérie, — et comme lesdis Religieux de la Sainte-Trinité nous auroient aussi auparavant présentée requeste, le 17 septembre 1664, aux fins y reprises et autre, concluant à ce qu'il nous eût pleut ordonner la suppression de certain livre, composé par un Religieux de vostre ordre, intitulé *Palma triumphalis Sanctissimi Rosarii*, nous avons trouvez convenir de l'envoier à l'advis de l'Archevesque de Cambray, duquel ayant esté reservis[1] le tout a esté examiné par ceux de notre Conseil privé..... en suitte duquel avis[2] nous vous faisons la présente pour vous ordonner, comme nous vous ordonnons de supprimer tout ce qu'a esté escrit et mis en lumière de votre costé au sujet cy-dessus repris, *et de pourvoir par des soings et remèdes efficaces à ce que semblables disputes soient évitées à l'advenir, puis qu'au lieu d'edification dans le peuple, elles pouroient engendrer des scandales et grands inconvéniens, contraires au service de Dieu et au nôtre*. De Bruxelles, le 28 novembre 1665.

N° 213.

1670 environ. — Jean Félix, religieux de Douai, déclare que Convorde est inhabitable, à cause des guerres et des rigueurs exercées par un créancier, n'étant point payé de ses rentes (Trin. de Douai, 2ᵐᵉ carton).

Respondant par F. Jean Foelix au questionnaire de monsieur l'advocat Fouquet sur le sujet de l'incorporation de Convorde au couvent de Douay.

Au premier article, qu'il semble n'estre obligé y meetre à présent

1. Renvoyé.
2. Il imposait donc silence aux deux parties.

ung religieux, pour n'avoir audit lieu de Convorde aucune demeure à raison des guerres derniers, en telle sorte qu'à présent il n'y at ung seul pièce de bois ny aucune branche ; et touchant les charges, il ne se trouve riens de certain. Mais, pour oster toutte scrupule, on descharge toutes les sepmaines une mesme (*sic*) pour les bienfaiteurs de ladite maison de Convorde, de quoy l'on s'expurge par serment, mesme que l'on ne trouve aux archives aulcun tiltre que les anchestres du seigneur du Doux Lieu auroient donné aucun biens au dit Convorde en qualité de fondateurs, ny aultrement.

En second lieu, on prétend y meetre encoire ung prieur religieux, sitost que l'on aurat faict resdiffier la chapelle, en laquelle il n'y at plus que deux somiers toutz démantelez, n'aiant aucune chose de solide, couverte de bien peu de paille par endroict, laquelle rédification appartient au dit couvent de Douay, ensuicte de l'annexation du chappitre général, suivant le Concille de Trente.

En troisième lieu, tous les biens consistent environ septante huict messures des terres, mais scituez en diverses lieux, ... en sorte que sur la signorie du dit Doux Lieu il n'y at que la dite chappelle, avecq trois à quattre mesures de terres, sur lesquels il y auroit plantis, arbres à fruict, que le dit signeur du Doux Lieu at faict abattre et vendre par la justice du dit lieu pour rentes segnorialles, ...n'y aiant laissé au environ de la dite chappelle un baston de bois montant....

En quatrième lieu, il se trouve dans les archives du dit couvent de Douay plus de deux cens baux donnés par les Ministre dudit Douay, signez de leurs seing manuel, passé de plus de septante ans, le revenu dudit Convorde et de tous les biens y appendans ne montant à présent plus de quattre cens florins (et paravant les guerres six cents florins)..... Et les rentes en appartient à mondit seigneur prince de Robecq, contre lequel le père ministre du dit Douay at procez, à raison des prétentions dudit seigneur prince, faisant demande, en deux causes, de quatorze cens livres pour arrièrages de rentes signoriales, de quoy sera aussi justiffié.

En sorte que le revenu n'est que capable pour la table d'ung religieux ou prieur résidant en la ville d'Ester (*sic*), n'aiant au dit Convorde aucune comodité.

Duquel lieu de Convorde l'on est plus à interrest que de proufict, veu que l'on entretient et rechoist deux religieux à profez, consécutivement, l'un après l'autre, suivant le contenu de la dite annexation du chapittre général.

N° 214.

1672, 13 septembre. — Convocation du général au chapitre de Rome par le cardinal Maximi (Bibl. Nat., ms. fr. 15697, f° 19).

Reverendissime Pater,

Cum Generale Capitulum Dominica quarta post Pascha Resurrectionis proximi anni 1673, de more, sit celebrandum, convocatoriam mittimus Paternitati tue Reverendissime, ut opportune adventum tuum ad hanc curiam matures, juxta ejusdem convocatorie observantiam, onus etiam imponentes Paternitati tue Reverendissime ut digniores fratres tecum adducas, qui ejusdem Capituli necessariis fungantur muneribus. Interim quas ad Deum orationes habes nobis impartiare. Datum Romae 13 7mbris 1672.

Paternitatis tue Revendissime Amantissimus,

Camillus, cardinalis Maximus Protector.

N° 215.

1674, 22 mars. — Excommunication du Jeudi saint (Archives de l'Hérault, Trinitaires de Montpellier).

Nous frère Jean Pierre Miraloup, ministre du couvent de Toulouse de l'ordre de la Sainte Trinité, Rédemption des captifs, excité par le devoir que nous imposent les loys et anciennes coustumes des maisons de notre ordre, et particulièrement du couvent de Toulouse, qui veulent que les supérieurs fassent désaproprier les Religieux tous les ans la Semaine Sainte, à commencer du Dimanche des Rameaux au Jeudy Saint, nous aurions, selon nostre obligation particulière, assemblé la communauté par trois diverses fois et commandé, dans toutes ces trois séances, aux Religieux de faire leur désapropriation d'argent et des livres de la communauté, — par la mesme vertu d'obeyssance et sous la même peine d'excommunication, nous aurions enjoint dans les trois mesmes temps que celuy qui auroit pris ou détiendrait injustement certaine somme d'argent, perdue par le père Pomme, prestre et religieux de la communauté, eust à la rendre et restituer. C'est pourquoy nous déclarons, tant ces preneurs et détenteurs injustes de la dite somme que tous ces désobeyssants à notre susdit commandement, contumaces et propriétaires, retranchés du corps mystique de Jésus-Christ et excommuniés. Voulons néantmoins que à l'esgard des absents, la présente excommunication ne vaille que huit jours après qu'elle leur aura été connue, afin qu'elle ne puisse avoir lieu qu'en cas de désobeyssance et d'opiniâtreté. A Toulouse, ce 22 mars 1694. — F. MIRALOUP, ministre.

N° 216.

1679, 28 janvier. — Pierre Mercier, général, mande aux administrateurs des confréries des Pays-Bas de faire tenir leurs fonds au ministre de Lens, qui est chargé de la prochaine rédemption (Archives de l'Etat belge à Mons, Trinitaires d'Audregnies).

Nous frère Pierre Mercier, maistre en Sacrée Théologie, à tous et un chacun Messieurs les vénérables administrateurs des confréries establies dans les Pays-Bas et lieux circonvoisins, salut en Notre-Seigneur. Sur ce que nous apprismes il y a quelque temps, qu'ayant entre vos mains des deniers provenans des dites confréries, vous auriez été bien ayses de les employer au rachat de quelques-uns de vos compatriotes détenus en Barbarie, si nous avions agréable d'envoyer à cet effect, Nous députasmes aussitost vers vous Frère Jean Félix, Religieux de notre ordre, originaire du pays, connu de vous et expérimenté dans le saint exercice de la rédemption[1], pour s'informer de vous mesmes quelle somme vous pourriez contribuer à leur déli-

---

1. Il y avait été déjà en 1669.

vrance. Et nous en ayant ensuitte rapporté que, tant de deniers qu. sont en votre pouvoir que de ceux qu'elle peut encore espérer des personnes charitables, estant adverties du départ des Pères Rédempteurs, il en résulteroit une somme assez considérable, nous avons résolu d'envoyer vers le printemps prochain l'un de nos confrères, ministre supérieur de telle maison des Pays-Bas que nous aviserons estre pour le mieux, accompagné du dit Frère Jean Félix pour, avec quelques autres aussi de nos confrères, Ministres et Supérieurs de nos maisons de France pareillement avec leurs deniers, travailler conjoinctement ensemble, suivant l'ancienne coutume, à la délivrance des captifs, chacun de sa nation. De quoy nous vous donnons advis par ces présentes, afin que vous puissiez, s'il vous plaist, disposer vos deniers, pour estre envoyés en temps et lieu qui vous sera désigné par notre cher confrère, le R. Père Ministre de notre couvent de Lens, notre commissaire dans les Pays-Bas. Au nom du Père, du Fils et du St Esprit. Donné à Paris en notre couvent de la Sainte-Trinité ce 28e jour de janvier, feste seconde de Sainte Agnès et jour de l'institution de notre saint ordre l'an 1679. — Pierre, général.

Par commandement de notre Révérendissime Père général.

P. M. De Launay, secrétaire.

N° 217.

1679, 20 août. — Le seigneur de Terraube défend son droit de patronage contre les objections du provincial de Languedoc (Archives de l'Hérault).

Au révérend Père le très R. P. Mireloup, Provincial de l'ordre de la Sainte-Trinité, à Montpellier.

A Terraube, ce xx août 1679.

Mon Reverend Père,

Une incommodité que j'ai, pour laquelle on me saigne aujourd'hui, me prive de vous escrire de ma main; j'é veu, par vostre lettre du onze du mois, les raisons pour lesquelles vous n'aves pas voulu m'envoier la confirmation du P. Alquier, ministre de ce couvent, de la manière que le souétois..... Vous faites difficulté à une chose où il n'y en a assurément aucune; j'avois cru que la conférance, en l'année passée, avec les pères Hierosme et Constant, députez du chapitre, avoit aplani et levé les vieilles erreurs. Je juge par là que nous serons toujours à recommencer; si le droit m'est deu, pourquoi ne me l'accordés [vous] pas dans toute son estendue ? Monsieur l'evesque de Pamiers[1], dont la rigidité extrême est reconnue par toute la France, ne fait pas difficulté d'insérer, dans les titres [pour] les curés à qui il les donne, qu'il ne les passe [que] sur ma nomination et présentation. Je vous assure, mon Révérend Père, s'y j'avois pensé que vous eussiez peu faire la moindre contradiction à ma demande, je ne l'aurois pas faite et me serais seullement contenté de vous faire signiffier la démission que le Père Boissier a faitte en mes mains, et la nomination que j'ai faite du père d'Alquier; je prie Monsieur le procureur général de charger quelqu'un pour vous faire cette signification; je vous renvoye le titre que vous m'avez envoié, parce qu'il est contraire à mon droit, parce que vous dites dans icellui que c'est sur la démission que le père Boissier en a fait en vos mains; cependant il l'a faitte entre les miennes, comme il est justiffié par l'acte que je vous ai renvoié, et que cella ne se pouvoit, puisque je suis le veritable patron et fondateur [et] que mesme dans vos actes de chapitre, comme je vous justiffieré, il est dit que le chapitre ne pourvoit pas de ministre le couvent de Terraube parce que la nomination en appartient au dit Seigneur, comme patron du dit Couvent. J'aime mieux que le Père d'Alquier soit sans titre de confirmation que d'en avoir un de ceste manière. Car après que ma nomination vous sera signiffiée, vous le metré en possession, et vous pouvés lui envoier un tiltre qui soit postérieur à la notification de mes actes. Il me reste qu'à vous prier très humblement, mon révérend père, de ne trouver pas mauvais que je conserve mon droit comme vous voullez conserver le vostre et vous rendre très humbles graces de nous faire venir un religieux; je l'atans avec impassiance, et les occasions à vous témoigner mon estime et ma considération. C'est le sentiment d'icelluy (*sic*) vous honnore beaucoup et qui est très parfaittement, Mon Très Révérend Père, votre très humble et très obéissant serviteur. — TERRAUBE.

1. Caulet.

N° 218.

1680. — Pertes du couvent de Lens, surtout durant la guerre de Hollande (1670-1678), énumérées par le P. Dachier, ministre du couvent (Cartulaire cité pp. 225, 226, feuille ajoutée à 228).

1670. A estés peinte la table d'autel de Notre-Dame du Remède par frère François Fontaine Religieux de Lens et frère Antoine Belgrade Religieux de Douay; celui-cy tomba malade le jour du St Sacrement et mourut de la peste dans la chambre du cloistre.

Ce qui causa grand fraix à cette maison; mais personne autre ne fut affligé du mesme mal, que le valet nommé Jean du Brui, qui peu auparavant eû un accident en l'aine, duquel il fut guery et eut soing de frère Antoine Belgrade, pendant sa maladie, et le mis en terre dans le jardin du cloistre : il est vraysemblable que le dit f. Antoine a contracté cette maladie estant à Douay, où il fut donner la bénédiction du scapullaire aux moribonds qui sont morts de la peste.

Cette année, la contagion a fort régné dans Lens et ailleurs : et est à noter que, depuis qu'on a accoutumé de chanter : *hec est preclarum vas,* personne de notre maison n'a estés affligé de la peste.

1672. Les François firent la guerre aux Hollandois par mer et par terre joincts avec les Anglais, et il y eut par mer deux rudes combats, les Hollandois demeurants victorieux : mais, par terre, le Roy de France pris presque toute la Hollande. L'an 1673 il prit Mastreich. Et ceste mesme année, l'Espagne déclara la guerre à la France au mois d'octobre, ce qui caussa que les François abandonnèrent presque toute leur conqueste en Hollande, exceptez Mastreich, Wesel, Nimègue, Grave, et emmenèrent les canons en France. Les contributions qu'il fallut paier icy à Lens cette année montèrent à la somme de quatorze à 15 mil livres. L'armée de France, commandée par le prince de *Condé,* logea à *Lens,* et cousta aux sauvegards pour conserver nostre maison 48 ll.

L'an 1674 elle campa 17 jours, estendue depuis Lens jusques à Brugelette en deux lignes, au mois de Julette, et on ne despouilla[1] rien cette année, ny aux lieux circonvoisins.

1. Cueillit.

1675. Les François prirent Condé et Bouchain au mois d'avril et vinrent camper à Lens, encore ou même lieu, depuis le 25 Julette jusques au 1ᵉʳ de Septembre; les grains furent encores généralement perdus, notre cense du Rancy bruslée entièrement, et toutes les maisons d'Oillies et Hameaux tirées bas, exceptez les principales où furent logez les officiers.

1676. Les François prinrent Air[e] en Artois, et les Hollandais siégèrent Mastrech, mais ils ne la prirent : on ne despouilla encore cette année que bien peu, à cause qu'on n'avoit labouré ny assemencé l'année précédente à cause du campement de l'armée.

1677. Au mois de mars les François siégèrent Valenciennes; après 15 jours de siège ils donnèrent une attaque à 8 heures du matin, et repoussèrent les soldats de garde qui, se retirant dans la ville, les François les suivirent aux talons : Valenciennes prise, l'armée marcha droicts à Cambray et Sᵗ Omer, et prirent encore ces deux fortes places. Le prince d'Orange commandant l'armée holandoise vint au secours, mais il fu repouséz (*sic*). Cette mesme année, l'armée hollandoise et allemandes joincts aux Espagnols vinrent camper à Neufville, proche Soignies et pendant ce, par temps, ils pillèrent l'abbaye de Cambron trois fois, la première fois le jour (*sic*), en ce premier jour ils fouragèrent les censes, bascours (*sic*) et tout le reste de l'abbaye, hormis le couvent; mais il fallut donner quantité de mouton et bœufs gras au Commandant; en ce premier pillage nous perdismes nos fourrages et quelque peu de socoron (?) que nous avions creu estre là en asseurance : au second pillage, qui fut 2 jours après, ils pillèrent le couvent entier, voire mesme le dortoir, et lors nous perdismes toutes nos provisions de chair, bière, beure, etc. Notre maison fut abandonnée pendant le campement de l'armée à Neufville, aiant auparavant emmenez les meubles (*sic*).

1678. Les François blocquèrent Mons depuis le mois de may jusques à l'Assumption de la Vierge, lors ils furent battus par le prince d'Orange[1]; nous perdismes pendant ce blocus le peu de grain qu'on avoit assemencé.

Cette année 1679, ce bourg de Lens fu encore fort vexé, pour satisfaire aux ariérages des contributions que les François avaient exigées

---

1. C'est la bataille indécise et ambiguë de Saint-Denis (août 1678).

pendant les six années de guerre, finis l'année précédente, leur aiant estés accordez de les paier pendant la paix : et comme les peysants estoient réduits à la pauvreté pour n'avoir rien despouillez pendant les années 1674 jusques compris 1678, et presque rien 1679, à cause qu'on n'avait peü labourer à raison des armées qui formoient le blocus de Mons, et qui ont mangez le peu de grain qu'on avoit assemencez, ils furent contraincts de prendre argent à fraix, environ 7,000 livres : et pour n'engager notre maison à paier le cours de cest argent, nous avons convenu avec les sieurs prevost, mayeur et échevins de paier cent florins, dont la quittance est dans notre ferme.

N° 219.

1681, 30 juin. — Réponse du P. de Launay, secrétaire de Pierre Mercier, au ministre de Toulouse, au sujet d'un captif que l'archevêque veut faire racheter (Trinitaires de Toulouse, liasse 88).

Monsieur,

Monseigneur notre Rme P. Général ne pouvant luy mesme faire response à la lettre que vous avez pris la peine de luy escrire, au sujet de la demande que vous fait Mgr l'Archevêque de Toloze pour le rachapt d'un captif de cette ville, il m'a donné ordre de le faire pour luy et de vous dire que vous donniez satisfaction à Monseigneur l'Archevêque, de qui la demande est si juste et raisonnable, et que, d'ailleurs, il mérite bien, après les obligations que vous luy avez et toute votre maison, de luy accorder un argent qui est desja destiné pour un semblable employ. Ceste occasion donne lieu à Mgr notre Général de se souvenir d'une somme de cent livres qu'il dit estre deue par votre Prédécesseur le R. P. Ministre de Toloze aux pauvres Captifs, de laquelle j'ay ordre de luy de vous en escrire pour mettre ordre de la payer et de luy envoyer. Il envoyera pour luy la confirmation du R. P. Provincial dans quelques temps d'icy et aus-

PIÈCES JUSTIFICATIVES. 305

sitôt que j'aurai ordre de la despescher, je n'y perdray point de temps, par le désir que j'ay de vous assurer de mes services, etc.

F. M. De Launay.

J'oubliais, Monsieur, de vous dire, dans la lettre que vous escrirez à Mon^{sgr} notre Général, de luy mander quelle somme les Pères de la Mercy donnent pour la délivrance de ce captif.

N° 220.

1682 environ. — Requête du couvent des Trinitaires de Vianden à M. de Malrieu, dans le but de se faire payer par la ville de Vianden une rente de 412 thalers (Trin. de V., 2e liasse, pièce 63).

Monsieur,

Monsieur de Malrieu conseiller du (*sic*) en ses conseils, estant pour le service de Sa Majesté au Duché de Luxembourg ès comté de Chiny.

Supplie très humblement le Révérend Père Ministre du Couvent de la Tres Sainte Trinité à Vianden, disant que feu vénérable Anthoine Hahn, prestre Curé de Weissvampach, définiteur du Chapitre de Stavelot, auroit créé une fondation audit Couvent, pour le salut de son ame et de ses parens, a y dire et célébrer par tous les religieux y estans, tous les quatre temps de l'année, un anniversaire d'autant de messes qu'il y aura des prestres, et ce parmy[1] une somme de cinque cents dalers, dont quatre cens et douze sont affectez sur la communauté et bourgeoisie de Vianden ; ors le dit exposant n'a pas négligé, jusques à présent, de faire faire lesdits debvoirs annuels et que non obstant la surceance des pensions que Sa Majesté avait accordé aux communautez, la première année d'ycelle at esté payée par le bourguemestre du lieu, suivant les ordres verbales que Votre Seigneurie luy avoit donné avec beaucoup de justice ; il est cependant que le dit bourguemestre a refusé de payer la suitte desdites années, dans la pensée que le dit règlement l'en doibt dispenser et que le payement

1. Grâce à, au moyen de.

faict la première année ne doit estre tiré en consequence, ce qui seroit injuste ne pensant pas que Votre Seigneurie vouldroit qu'une communauté en profite à la souffrance des pauvres trespassez détenuz aux peines, et que les supplians soient de la manière frustrez de leurs debvoirs et Saints Sacrifices.

Ce considéré, Monsieur, et les raisons susdites, qu'il vous plaise d'ordoner au bourguemestre du dit Vianden de satisfaire incontinant au suppliant les arriérages de la dite somme de quatre cents et douze dalers, à telle peine qu'il trouvera convenir et ferez (*sic*).

J. P. Mandy.

N° 221.

1683, 26 novembre. — Les Trinitaires de Marseille décident de porter jusqu'à 800 livres leur contribution pour le rachat de chaque esclave (liasses diverses).

L'an mil six cent quatre vingts et trois et le vingt et six du mois de novembre, le R. Père ministre ayant assemblé son chapitre à la manière accoustumée, leur auroit proposé, comme M^r le prieur des pénitens de la chappelle de Nostre Dame de Bonne Ayde seroit venu dans le couvant et au bureau, accompagné de quelques autres, pour le convier d'aller assister au régimant de leur chappelle, où il se devoit faire un augmant de charité pour les pauvres esclaves, ce que le R. P. Ministre leur auroit reffusé, leur disant que cella ne dépandoit pas de leur régimant, mais bien du bureau; ensuite de quoy s'étant bien informée de leurs intantions, et qu'ils estoint résolus de faire cet augmant dans leur chappelle, il auroit assemblé son chappitre pour le leur faire scavoir et en mesme temps leur proposer qu'il estoit nécessaire de faire un augment de charité audits esclaves, attendu qu'il y avoit suffisamant d'argant (*sic*) dans le tronc, et qu'il seroit bon d'augmanter jusques à huit cents livres, indifféremmant, à tous les esclaves qui se présenteroint à l'advenir, sans aucune préférance, ny des parans des Religieux, ny des pénitans de la dite chappelle y ayant eu beaucoup d'abus par le passé à cause de cette préférence. Les vois ayant esté colligées, touts unanimement ont esté de ce sentiment d'augmanter de (*sic*) huit cents livres et ont prié le R. P. Ministre d'en faire la proposition dans le bureau de la rédemption, comme une chose très nécessaire et utile aus pauvres esclaves; ainsi en a esté résolu dans le susdit chappitre, en foy de quoy avons signé l'an et jour que dessus. — Philippe MAUREL, ministre; G. DUPORT, vicaire; ESTIENNE, secrétaire.

N° 222.

Début de 1684. — Sommation aux Prieurs de se trouver le lendemain chez M° Piscatory, notaire de la Rédemption de Marseille, pour signer les contrats relatifs au rachat de deux Marseillais, esclaves à Tripoli (*Ibid.*).

A la Requeste des Révérends pères Barthellemy Dupons, vicaire du couvent de la Sainte Trinité et Rédemption des Captifz de cette ville de Marseille, en absence de Reverand père ministre du dict couvant, soiet mis en nottice à vous, prieurs de la chapelle de Nostre Dame de bon Ayde, à vous prieur de la Confrairie de la Rédemption des Captifs érigée dans l'églize des Révérandz Pères de vous porter demain, à deux heures après midi, rière[1] M° Piscatory, notaire de la dite Rédemption, pour signer les deux actes qui se doibvent passer demain rière le dict notaire à deux heures après midi, l'un en faveur de Guilheaume Teissac, pour son rachapt estant esclave à Tripolly, et l'autre en faveur de Jean de Var, esclave au dit Tripolly, natifs de cette ville, c'est sur le pied de huit cens livres, conformément à la déllibération faict par vostre chapitre le 26° novembre dernier, pour estre l'intherest et beneffice des dicts esclaves, et, en cas de reffus de ne comparoistre à la dite heure, rière le dit maître Piscatory, notaire, pour signer les ditz contractz, vous déclarons que nous préthandons passer outre nonobstant vostre absence.

1. *Rière* = par-devant.

N° 223.

1684, 21 février. — Le P. Mercier, général des Trinitaires, dépose pour sobéissance le P. Campaigne, ministre de Toulouse (Archives de l'Hérault).

Nous frère Pierre Mercier, à nostre confrère le Père Campaigne, docteur en sainte théologie, ministre de nostre couvent de Toulouse, salut en nostre Seigneur. Nous n'eussions jamais creu que votre hardiesse eût esté si grande que d'entreprendre ainsi contre les ordres de Sa Majesté et les nostres, en envoyant aux ordres, comme vous avez fait, le frère Jean Ponson, contre les deffenses que nous vous en avons fait faire par nostre secrétaire et continuant avec la même témérité de faire prendre de votre chef les ordres aux Religieux de nostre couvent de Toulouse, sans le consentement de nostre cher confrère le Révérend Père Provincial, contre l'avis duquel vous avés osé envoyer estudier dehors les jeunes Religieux de nostre dit couvent de Toulouse, au préjudice de la coutume de nostre dite maison, où on a toujours régenté et enseigné. Nous, considérans les ordres du Roy plutot que les nostres, méprisés de la sorte par votre personne, et que telles entreprises méritent un chastiment exemplaire (que nous réservons en temps et lieu) nous avions cependant jugé à propos, pour nous acquiter du dû de vostre charge de suspendre et interdire les dits frère Jean Pouson et Vignaux......, de toutes fonctions ecclésiastiques, nous reservant seul à nos successeurs le pouvoir de relever le dit frère Jean Ponson de la suspension et interdiction, et à nostre cher confrère le R^d Père Provincial la permission de prolonger au frère Jean Vignaux la suspension et interdiction tout autant de temps qu'il jugera nécessaire. Et parce que la permission que vous avés donnée, de votre authorité seule, aux jeunes religieux d'estudier dans d'autres collèges est préjudiciable à l'honneur de nostre dit couvent de Toulouse; que par ce moyen l'office divin ne se fait qu'avec bien de la difficulté, et que les fréquentes sorties ouvrent à ces jeunes Religieux la porte au libertinage, nous vous défendons très étroitement, et sous peine de déposition, de permettre à aucun Religieux d'étudier ailleurs que dans notre maison de Toulouse sous les professeurs et lecteurs qui seront nommés et establis par nostre dit cher confrère le Révérend Père Provincial, à qui, de droit, il appartient de pourvoir aux règlemens de la province et les faire garder en chaque maison d'icelle.

Fait à Paris, le vingt-un du mois de février mille six cents quatre-vingt-quatre. PIERRE, général.

N° 224.

1684 environ. — Arnaud Frechpuech demande au Père Dupuy, vicaire général en Languedoc, une commission de quêteur (Trin. de Toulouse, liasse 61).

Arnaud Frechpuech, de la Gacharie, paroisse de la Capelle Ségala, juridiction de la ville de Cordes en Albigeois, *pour se mettre à couvert des sequestraiges*[1] dont il est actuellement chargé et d'estre jurat, auroit voleu que le bon plaisir du Révérend Père Dupuy, provincial, luy ait fait bailler lettres de *père spirituel* dans la dite paroisse, si le dit ordre est en droit et faculté de ce faire, comme il semble estre, en faveur de la rédemption des captifs, et ce faisant le R. P. luy donroit une obligation bien sensible.

N° 225.

1685, 14 mai. — Les Prieurs de l'hôpital Saint-Eutrope donnent 8 livres aux Trinitaires pour les cierges de la fête de ce Saint (Trinitaires de Marseille, registre 22, f° 53 v°).

L'an mil six cens quatre vingt et cinq et le jour quatorzième du mois de may, estans nous prieur rectheurs soussignés en présance du Révérand Père Michel Trossier, docteur en sainte Théologie, Ministre

1. Ce suppléant sans gêne ne dut pas être agréé.

assemblés pour le servisse de la messe de Requiem qui ce (sic) dit le landemain de la feste de S¹ Eutrope, auquel jour les dits RR. PP. avoint forny les cierges du maistre autel pour l'exposition du très S¹ Sacrement, le soir de la veille et de la dite feste, pour lesquels le P. Arbousset, sacristain, nous auroit demandé le payement d'iceux, ce que nous aurions reffusé, leur disant n'en avoir jamais esté rien payé, à quoy ledit P. Arbousset auroit respondu qu'il estoit véritable, mais que pour lors nous faisions la feste le premier dimanche de may, jour du pardon de Notre-Dame de bon Remède, auquel jour les prieurs de ladite Confrérie en faisont la despance....., mais que à présent que nous prétandons faire nostre feste le mesme jour, arrivant le dimanche ou bien le dit second dimanche du moys, et qu'ainsin c'est une despance qu'ils font expressément pour la dite feste de S¹ Eutrope... avons unanimement delliberé que la dite feste de S¹ Eutrope se feroit à l'advenir son jour, arrivant le dernier dimanche d'apvril et, ne se rencontrant le dit jour la dite solennité, sera faicte le second dimanche du moys de may, pour esvitter querelle et débat, et pour la despance de la cire susdite, et du servisse sera payé pour le tout chasque année huict livres.

N° 226.

1686, 11 mai. — L'archevêque de Vienne permet au Père Bruno le Clerc, procureur des Captifs, de retirer les aumônes des confréries de son diocèse (Bibl. de Lyon, ms. 281 fonds Coste, n° 17).

A Monseigneur l'illustrissime et révérendissime archevesque et comte de Vienne, primat des primatz des Gaules.

Supplie très humblement le Père Bruno le Clerc, procureur de l'ordre de la Congrégation refformée de la très Sainte Trinité pour la rédemption des captifs.

Vous remonstre que luy ayant esté ordonné par ses supérieurs de faire les visites des confreries et questes pour la rédemption des captifs, d'ouïr les confessions des fidelles, d'establir des confréries partout où besoing sera, et de retirer les ausmones faites à ce subject, recourrant pour cest effect à vostre grandeur,

Qu'il vous plaise, Monseigneur, vous apparoissant de l'obéissance et ordre receu par le dit suppliant de ses suppérieurs, luy permettre et aux religieux qu'il aura avec luy, [dans] votre diocèse d'ouïr les confessions des fidelles, les exorter, faire des questes pour la rédemption des captifs, d'establir des confréries et de retirer les aulmosnes faictes pour les captifs, et le suppliant priera Dieu pour votre prospérité et santé. — F. Bruno le Clerc, procureur des captifs.

Nous permettons au suppliant d'exiger les questes qui ont esté faictes dans ces lieux de nostre diocèse où les confréries ont esté establies, et i confesser et i dire la messe[1]. Faict à Vienne ce 11 may 1686. Henry, archevêque de Vienne.

N° 227.

1687. — « Relation des procédures et de l'estat de la cause pendante à Rome touchant l'élection du Général de l'Ordre de la Sainte Trinité, Rédemption des Captifs » (Bibl. Nat., ms. fr. 15698, f° 117).

Bien que la Règle primitive de l'ordre de la Trinité ordonnast que l'élection du Général appartînt à la commune disposition des Religieux, on ne trouve pas pourtant que, depuis l'année 1358[2], aucune des Provinces de cet ordre y ayt concouru, excepté celles de l'Isle de France, Normandie, Picardie et Champagne, à la réserve des élections des années 1473, 1502 et 1509 auxquelles les deputtez des provinces estrangères assistèrent. avec protestation que ces actes ne leur donneront aucun nouveau droit d'estre convoquées à l'eslection des Généraux.

L'année 1652, le P. Ralle ayant été eslu général de l'ordre par les quatre provinces, aux formes accoustumées, les autres lui firent

---

1. Mais non d'ériger des confréries nouvelles.
2. Depuis 1378 plutôt, d'après la pièce n° 230.

opposition, et après que la cause eust esté plaidée durant deux années à la Congrégation des Evêques et Réguliers, l'élection fut confirmée, sans préjudice du droit des parties, avec cette loy pourtant que de six en six ans on feroit un chapitre général[1], auquel toute la Religion interviendrait par le moyen d'un provincial et d'un député de chaque Province et, parce que l'ordre n'avoit pas de Constitutions approuvées du Saint Siège[2], il fut ordonné au cardinal Ginetti, protecteur de l'ordre, de convoquer le premier chapitre à Rome, afin d'y faire des constitutions pour le gouvernement spirituel et temporel de l'ordre, comme il appert par le bref d'Innocent X donné le 12 août 1654.

Le Général Ralle étant mort, le P. Mercier fut élu à sa place en 1655, et il obtint d'abord sa confirmation d'Alexandre 7, qui après avoir été informé, par les autres provinces[3] de l'ordre, de la teneur du bref d'Innocent X, fit convoquer un chapitre à Rome pour l'exécution du dit bref, et quoyque les autres Provinces y concourussent, celles de France en furent pourtant empeschées[4] par les deffenses que Sa Majesté leur en fit, au préjudice desquelles Alexandre 7 ordonna que, nonobstant l'absence des François, on procédast à la célébration d'un chapitre, afin d'y faire des constitutions pour l'exécution du bref d'Innocent X, comme il conste par le bref donné le 18 juillet 1656.

En exécution de ce dernier Bref, on procéda à la célébration d'un chapitre à Rome, où l'on fit des Constitutions, qui déterminent que l'élection du Général, du Procureur de l'ordre et des Deffiniteurs généraux appartiendroit à toute la religion, que de six en six ans on feroit un chapitre général, et que le lieu de la célébration du suivant seroit celuy qui auroit esté déterminé par le chapitre précédent[5], assignant pour cette fois le couvent de Rome afin d'y tenir le chapitre suivant. Ces Constitutions ordonnent encore que, le Général venant à mourir, le Provincial de la Province où l'on auroit tenu le

---

1. Mais on n'aurait pas un général *sexennaire*.
2. Les Trinitaires n'avaient reçu du pape que les Règles de 1198 et de 1263-1267. Il ne paraît pas que les Constitutions des Chapitres généraux de 1429, 1573, 1576 aient été approuvées en cour de Rome.
3. Le pape n'agit jamais *par lui-même* dans une élection de supérieur.
4. Lire : se firent dispenser de s'y rendre.
5. La Règle modifiée le dit expressément.

Chapitre précédent[1] seroit vicaire général de l'ordre, afin de convoquer les provinciaux pour l'eslection d'un général; elles règlent aussy les choses qui appartiennent à l'observance régulière, à la rédemption des captifs, à l'éducation des novices, la direction des collèges, la célébration des chapitres conventuels, provinciaux et généraux, enfin tout ce qui peut regarder le gouvernement spirituel et temporel de l'ordre; et après que les mesmes constitutions eurent esté reçeües et approuvées par la Congrégation des Evesques, elles furent confirmées par bref en forme spécifique, avec toutes les clauses dérogatoires et toutes les autres conditions nécessaires pour l'exécution et l'observance des dites Constitutions, comme on voit par le bref du 2 janvier 1658[2].

Au lieu de s'opposer à la célébration de ce chapitre ou d'impugner les constitutions qui y avoient esté faictes[3], on les a laissées dans leur observance[4] près de 30 années, car le Général Mercier voulant faire sa visite en Espagne, il y trouva un visiteur apostolique, et il ne pust estre reconnu qu'en recevant et promettant de faire observer les Constitutions d'Alexandre 7[5], comme il conste par les actes qui en furent faits les années 1660 et 1662 et par beaucoup d'autres, en suite desquels actes le cardinal Ginetti, protecteur de l'ordre, convoqua un autre Chapitre à Rome, où l'on confirma de nouveau les dictes (sic) [et] assigna pour le 3e et prochain chapitre général le couvent de la mesme ville, comme on peut voir par le décret de la Congrégation des Evesques et Réguliers du 15 septembre 1665.

Les affaires demeurèrent ensuite dans cet estat jusqu'à la mort du dernier général, Mercier, en suite de laquelle le Provincial d'Italie prit la qualité de vicaire général et convoqua tous les provinciaux, afin de procéder à l'élection d'un nouveau général, suivant les dispositions des brefs d'Innocent X et Alexandre 7. Mais le Procureur général de l'ordre, qui estoit plainement informé de

1. C'est l'application de la décision de Gaguin pour le provincial d'Espagne.
2. Tout cela est exposé en tête de la nouvelle édition des Constitutions dites d'Alexandre VII, donnée en 1731 à Madrid (Bibliothèque de Cerfroid).
3. Quel moyen avait-on de s'y opposer?
4. On les laissa observer *par les provinces étrangères*.
5. Précieux aveu. Le défenseur anonyme de l'élection du P. Teissier n'en dit rien (pièce 228).

cette affaire, sçachant que les quatre Provinces auroient desjà eu deux sentences contraires, et qu'on avoit desjà tenu deux chapitres généraux à Rome, jugea bien que, si les autres provinces avoient esté maintenues lorsqu'elles n'avoient autre fondementz que celuy de la Règle de l'ordre, le seroient encore davantage en vertu des nouveaux decretz et des nouveaux brefs qu'elles avoient obtenus, et dans l'impuissance où il se voyait de faire révoquer tant de Constitutions et de brefs apostoliques, il crut que ce seroit mieux de s'asseurer du général et du chapitre de l'ordre; [si], par voyes de concordat, il obligeoit les Provinces Etrangères de céder le chapitre et le Général à la France, convenant que le Général ne pouroit estre que françoys, ny le chapitre célébré hors de France, à condition pourtant que tout l'ordre y fut receu et qu'on y élût un deffiniteur de chaque nation, afin d'informer le général de l'estat des provinces, pour trouver les remèdes dont elles auroient besoin (*sic*).

Son Éminence d'Estrées et le cardinal protecteur approuvèrent d'abord ce projet et convinrent qu'il était trop advantageux aux 4 provinces pour ne le pas accepter, car, outre qu'on s'asseuroit du chapitre et du Général à perpétuité, le Général en auroit esté beaucoup plus absolu, puisqu'il n'y auroit plus eu d'exception contre luy, et il ne pouvoit estre que très honnorable au Royaume que tout un Ordre Régulier y allast prendre la discipline et de (*sic*) recevoir des lois, nonobstant les travaux et dépenses nécessaires pour cet effect. M. le cardinal d'Estrées voulut donc avoir la bonté d'envoyer le traité à la Cour et d'en faire la proposition au Roy, *mais les 4 provinces n'y ayant jamais voulu consentir, ni se laisser vaincre par les continuelles instances que le Procureur général leur en fesoit*, il fallut par nécessité procéder à l'élection du Général en France, pour prévenir les autres provinces, qui en vouloient élire un à Rome. L'élection du François fut présentée au Pape afin d'en obtenir la confirmation, mais, à la réquisition des provinces adverses, l'instance fut renvoyée à la Congrégation des Evêques et Réguliers, pour y estre discutée comme de droit; et parce que les autres provinces nièrent la possession immémoriale des quatre de France et qu'elles vouloient procéder à l'élection d'un Général, suivant les dispositions des Constitutions d'Alexandre VII, la Congrégation les en empêcha et ordonna que les quatre Provinces feraient conster de leur possession immémoriale, députant les nonces apostoliques pour faire extraire les droits et les preuves de part et d'autre.

On ne jugea pas à propos en France qu'il fût expédient de laisser informer le nonce, pour ne donner pas quelque atteinte aux droits du Royaume ; les 4 provinces ne voulurent non plus se résoudre de transmettre les registres des actes des élections des généraux pour justifier leur possession ; si bien que, n'ayant aucune justification en main pour la prouver, on fut obligé à Rome, pour arrester le cours de cette affaire, de proposer un second tempérament, qui auroit esté de permettre aux provinces estrangères de s'eslire un vicaire général, subordonné et tout à fait dépendant du général, laisser les 4 provinces dans leur ancienne coustume ; mais parce que les 4 provinces n'y voulurent jamais consentir, nonobstant les continueles instances que le Procureur Général de l'ordre leur en fesoit, leur représentant que la perte de cette cause estoit inévitable ; il n'y eut plus d'autre remède que traîner l'affaire en longueur pour lasser les adversaires et les obliger de l'abandonner. Les Provinces contraires cependant représentoient continuellement au Pape que les 4 Provinces ne les vouloient point recevoir en France, que leur possession ne subsistoit point, puisqu'on ne pouvoit point la prouver et que, n'ayant voulu aucun des tempéramens qu'on leur avoit proposés, bien qu'ils fussent tout à fait advantageux à l'ordre, les mesmes provinces adversaires ne recevaient plus aucune condition que celle que la justice et la rigueur du droit leur adjugerait.

A ces instances, le Pape fit intimer la Congrégation pour conclure cette cause et la décider comme de droit, et, nonobstant la grande autorité et la continuelle application de M. le Cardinal d'Estrées qui, voyant l'affaire réduite à l'extrémité, proposa et offrit son intercession auprès du Roy pour faire recevoir tout l'ordre en France ; elle fut pourtant vuidée par la Congrégation députée pour cet effect, qui déclara l'élection du P. Teissier nulle et tous les actes du Chapitre de Cerfroy nuls, et que le Chapitre général seroit de nouveau convoqué à Rome, par le Cardinal protecteur, pour le 4me Dimanche après Pasques de l'année prochaine, afin de procéder à l'élection d'un autre général, laissant le P. Teissier vicaire général de France et nommant un visiteur apostolique pour les autres Provinces de l'ordre, jusqu'à la célébration du chapitre prochain qui se fera à

Rome, et cependant que les Constitutions d'Alexandre VII seront receues et observées par toutes les provinces de l'ordre.

C'est l'issue fâcheuse d'une affaire qu'on pouvoit éviter par la voye des accommodemens qu'on a proposés si souvent, si les 4 Provinces y eussent voulu donner les mains; mais, à l'extrémité où elle est réduite, elle paroit hors de remède et, si l'on veut éviter un plus grand mal, il semble qu'il n'y en a point d'autre que d'obtenir un bref pour la France, *à laquelle le Portugal se joindroit*[1], car comme l'institut des Religieux est purement de droit ecclésiastique, leurs Généraux n'ont autre juridiction que celle que le pape leur donne dans leur confirmation, ou par bref spécial ou en vertu des Constitutions approuvées du S¹ Siège, et n'y en ayant point d'autres dans l'ordre de la Trinité que celles d'Alexandre VII, les généraux esleus contre la forme des dictes constitutions ne peuvent pas avoir la juridiction spirituelle, ni le pouvoir de lier ou d'absoudre leurs sujets et leurs religieux, s'ils ne la reçoivent par commission apostolique.

Nº 228.

1688. — « Mémoire sur le décret de la Congrégation des cardinaux du 4ᵉ décembre 1687 qui a déclaré nulle l'élection du Père Teyssier, général de l'ordre de la Trinité » (Bibl. Nat., ms. fr. 15698, fᵒˢ 123 à 134).

Le décret de la congrégation des cardinaux, rendu à Rome le quatrième décembre 1687, sur le sujet de l'élection du Père Teyssier en l'office et dignité de général de l'ordre de la Sainte Trinité et rédemption des captifs, renverse la règle et statuts de cet ordre; il ruine la coutume, la tradition et l'usage gardez perpétuellement dans cet ordre pour l'élection d'un général, il ordonne plusieurs choses manifestement contraires aux loix du Royaume, aux arrêts du Conseil d'Estat de Sa Majesté et du Parlement, et aux droits, privilèges et libertés de l'esglise gallicane, ce qui est aisé à prouver et d'establir en peu de paroles (*sic*).

1. Il s'y joignit en effet.

PIÈCES JUSTIFICATIVES.

Le decedz du père Mercier, dernier général de l'ordre, estant arrivé au moys de may 1685, le Père Eustache Teyssier, ministre de la maison royalle de Fontainebleau, fut esleu administrateur de l'ordre, qu'ils appellent *custos,* pendant la vacance ; lequel, par le devoir de sa charge, envoya son mandement, le 7ᵉ Décembre 1685, aux quatre provinciaux et ministres des quatre provinces, de l'Isle de France, Champagne, Picardie et Normandie, qui ont seuls le droit de donner leurs voix à l'eslection d'un général, pour se rendre à Cerfroid le quatriesme dimanche d'après Pasques 1686, pour y procéder à l'eslection du dit général en la manière accoustumée ; mais il fust obligé d'envoyer un second mandement le 6 février 1686, pour convoquer l'assemblée au vingtiesme du mois de Mars ensuivant, à cause de la lettre de cachet du Roy du premier février, qui portoit *que Sa Majesté estant informée qu'au préjudice des droits dont les quatre provinces sont en possession incontestable, depuis l'establissement dudit ordre de la Trinité, d'eslire un Général sans la participation des neuf autres provinces qui en dépendent, sçavoir des quatre autres du Royaume*[1], *trois en Espagne, une en Portugal, et une en Italie, neanmoins le provincial d'Italie, quoyque le dernier*[2], *se serait arrogé le pouvoir d'indiquer un chapitre général à Rome, à l'effet d'y procéder à l'eslection d'un général, ce qui pouvoit causer une grande division dans nostre ordre* (porte la lettre) *et un préjudice irréparable aux droits dont vous avez toujours jouy incontestablement.* C'est pourquoy il mande au P. Teyssier d'avancer le jour du chapitre général et de l'indiquer au vingtiesme mars, ou plus tost, sy faire se peut, au lieu ordinaire de Cerfroid en Brie. De sorte que, le Chapitre général s'estant tenu, suivant le second mandement, au vingtiesme mars 1686, le Père Teyssier fut esleu ministre général de l'ordre par le suffrage de cinquante-deux voix, l'assemblée n'estant composée que de cinquante-six vocaux seulement. Cette eslection du général ayant esté ainsy faite, *la première faute qu'on fist* fust de l'envoyer à Rome pour en obtenir la confirmation, ce qui ne s'est pratiqué que depuis peu d'années, et depuis seulement le généralat du Père Louis Petit,

---

1. Deux des Chaussés : Provence et Languedoc, — deux des Réformés : Provence et France.
2. La province d'Italie s'était constituée depuis un siècle à peine.

décédé en 1652, les précédans généraux n'ayant point observé cette cérémonie, comme n'estant nullement nécessaire; ainsy que Chopin l'a observé par exprès au livre premier des Droits des Religieux et Monastères, tiltre premier, nombre 12ᵉ, en parlant des ministres généraux de cet ordre de la Trinité, sur le sujet de ce que Estienne de Neuilly[1], ministre des Mathurins de Paris, avoit obtenu une bulle du pape, qui le déclaroit ministre général en chef du dit ordre, après la mort de Regnault de la Marche, laquelle bulle fut déclarée abusive par arrest du Parlement de l'année 1415[2]; et en cest endroit Chopin adjoute que *le général de cet ordre, étant esleu, n'a besoin d'aucune confirmation du pape ny d'autre supérieur.*

Cependant le père Eustache Teyssier, à l'exemple des trois généraux qui l'avoient précédé, a demandé à Rome la confirmation de son eslection, ce qui a donné lieu aux ministres d'Italie, et ensuite à ceux d'Espagne, d'y former opposition et de soustenir que l'eslection était nulle, parce qu'ilz n'avaient pas esté appellez ny convoquez au Chapitre général de cette eslection, et qu'elle avoit esté seulement faite par les quatre provinces. Et bien qu'il fust des règles et de la bonne conduite, voyant cette opposition formée, de surseoir la poursuitte, pour obtenir cette confirmation, attendu la disposition des esprits de la cour de Rome, peu favorables aux sujets du Roy durant ce Pontificat[3], ou plutost de demander son renvoy dans le Royaume[4], pour y agiter les questions de la validité de l'eslection que cette opposition attaquoit, néanmoins le Père Tessier, persuadé que son affaire n'estoit pas susceptible d'aucune difficulté, il a fourny des deffenses et a fait voir que son eslection avoit esté faite en la mesme forme, et en y gardant les mesmes solemnitez, qui ont esté observées dans les eslections des généraux qui l'ont précédé, depuis plus de trois siècles, dont il a rapporté et produit les eslections, tirées des registres des chapitres généraux dont la foy ne peut estre suspecte ny révoquée en doute...

Aussy a-t-on pris un autre prétexte pour casser l'eslection du

---

1. Etienne du Mesnil-Fouchard.
2. D'après Gaguin; mais il s'est trompé sur ce point.
3. C'est sous Innocent XI que se passèrent l'Assemblée générale du clergé de 1682 (les 4 articles) et l'affaire des *franchises*.
4. Voir à la fin de cette pièce ce qui est dit d'une clause du Concordat : renvoi des procès *in partibus*.

Père Teyssier, supposant qu'elle avoit esté contre la disposition de la règle et des statuts de l'ordre et les constitutions nouvelles faites sur cette règle, confirmées par le pape Alexandre VII°; et sur ce fondement et sur ce motif, la congrégation des cardinaux a rendu son décret le quatre Décembre dernier, qui déclare l'assemblée tenue à Cerfroy le 20° mars mil six cent quatre-vingt-six, et l'eslection faite de la personne du père Eustache Teyssier en la place du général de l'ordre de la Trinité *nuls et invalides,* et que *les constitutions confirmées par le pape Alexandre VII le 2° janvier mil six cens cinquante huit seront gardées et observées;* en conséquence, que le ministre général sera esleu par touttes les provinces du dit ordre; cependant, affin que cet ordre ne demeure pas sans suppérieur, la Congrégation a estimé, *si Sa Sainteté l'a agréable,* que le Père Teyssier peut estre député pour vicaire général de l'ordre, jusqu'au Chapitre général futur, et que, jusqu'au dit temps, Sa Sainteté pût commettre un autre religieux pour visiteur apostolique, pour les provinces qui sont hors de la France, avec les pouvoirs nécessaires et convenables, *et quant au Chapitre général qui est à convoquer,* ils jugent que cela doit estre fait par l'Eminentissime protecteur de l'ordre, au 4° Dimanche après la feste de Pasques de l'année 1688.

Ce décret est manifestement injuste. Il est constant dans le fait que l'eslection du Père Teyssier a esté faite dans toutes les formes légitimes et par les seuls ministres de l'ordre qui ont droit de procéder à cette eslection. C'est une vérité establie sur la tradition, tirée des registres de l'ordre qui conservent le dépost de ce qui s'est passé dans les eslections des Généraux du dit ordre de la Trinité depuis plus de trois cents ans, qu'il n'y a jamais eu que les ministres des quatre provinces, France, Champagne, Picardie et Normandie qui ont eu droit d'assister et de donner leurs suffrages aux eslections des Généraux de l'ordre et aux autres chapitres généraux. On ne peut pas dire qu'il y ait eu changement ny interruption, car, dans toute cette longue suite d'années, l'usage et la tradition sont uniformes, que les eslections ont esté faites par les seuls ministres des quatre provinces desja nommées; nul autre ministre, je ne dis pas estranger et des provinces hors du royaume, mais je dis nul autre Ministre des autres provinces, mesme de France, n'i a esté admis.

Il y a un exemple singulier dans le registre cotté C, escrit tout entier de la main de Robert Gaguin, qui fut Ministre général de l'Ordre de la Trinité en 1473, personnage d'un mérite très recommandable, par les services qu'il a rendus aux Roys Charles VIII° et Louis XII° en plusieurs ambassades où ils l'ont employé. Il rapporte qu'estant *custos* ou administrateur de l'ordre, après le deceds de Raoul du Vivier, ministre général mort au commencement de l'année 1473[1], il fist appeler les ministres des quatre provinces pour se trouver à Cerfroid au 15° du mois de may, pour procéder à l'eslection d'un nouveau Général; les Ministres de la province de Picardie n'y estant pas comparus à cause de la guerre qui estoit allumée entre le Roy Louis unziesme et le Duc de Bourgogne, et s'estant trouvez à Cerfroid les ministres d'Avignon et de Marseille et un religieux Espagnol nommé Roderic Burgensis, qui estoient procureurs des provinces de Languedoc, d'Aragon et de Castille, venus à Paris pour les affaires de leurs provinces, ils demandèrent en grâce d'assister au Chapitre général, à l'occasion[2] sans doute des ministres de la province de Picardie qui estoient absens, ce qui leur fust accordé, *avec protestation néanmoins que la grâce qui leur estoit accordée pour cette fois ne pouvoit estre tirée à conséquence, ny leur acquérir aucun droit de prétendre estre appellez ny admis, une autre fois, à l'eslection des ministres généraux.*

Cet usage, au surplus, que l'eslection du Général de l'ordre de la Trinité appartient seulement aux ministres des quatre provinces ne doit pas sembler extraordinaire, puisqu'on le voit ainsy pratiqué dans tous les autres ordres dont les Généraux sont françois et résidens dans le Royaume[3].

On sçait que le général de l'ordre de Cisteaux, dont l'authorité et la jurisdiction s'estend sur un si grand nombre de maisons et de filiations et en tant de Royaumes estrangers, *est néanmoins esleu par les seuls vocaux de la maison de Cisteaux*, le général des Prémontrés est aussy esleu par les vocaux de la maison et par sept abbez de l'ordre, qui sont à cette fin convoquez, le Général des Chartreux, ceux de Grandmont, de Clugny, de Saint Anthoine de

1. Lire : en 1472.
2. En remplacement.
3. Ce qu'il faudrait prouver, c'est que la règle de ces ordres prescrit un semblable mode d'élection.

Viennois, du Val des Escoliers, des Feuillans et des Chanoines réguliers de Saint Augustin de la Congrégation de France sont pareillement esleus, chacun selon leur usage et leur forme particulière, mais tous par un certain nombre de vocaux, beaucoup moindre que celuy qui est appelé aux eslections des généraux de l'Ordre de la Trinité.

Mais on prétend que par les propres paroles de la règle primitive de l'ordre, confirmée par Innocent troisième l'an 1197, touttes les provinces de l'ordre doivent estre appelées à cette eslection : *electio ministri per consilium fratrum clericorum fiat.* Ce qu'on a fait voir ne se pouvoir appliquer qu'aux eslections des ministres des *maisons particulières*[1] et non du ministre general de l'ordre, puisque, par la mesme règle, au 2º article suivant, il est expressément porté que *nullus simplex frater ad capitulum generale accedat*, dans lequel néanmoins se fait l'eslection d'un général, de sorte que, lorsqu'il est dit par les bulles d'Alexandre IVᵉ et d'Urbain Vᵉ, que l'eslection du général se doit faire en France avec le concours de la religion, cela s'est toujours entendu et pratiqué des quatre provinces qui ont coutume d'eslire, ainsi que les paroles des chroniques de Gaguin et de son continuateur le portent expressément[2].

Il est certain aussy que l'unique motif du décret de la Congrégation des Cardinaux est fondé sur les nouvelles constitutions faites par les Italiens, qu'on prétend (*sic*) avoir été confirmées par Alexandre VIIᵉ, qui portent que le *ministre général doit estre esleu par le concours de toutes les provinces de l'ordre*, nonobstant la coutume[3] ancienne et perpétuelle, qui attribue le droit d'eslire aux seuls ministres des quatre provinces.

Pour connoistre donc le progrez tenu à Rome pour parvenir, par les religieux italiens et espagnols, au décret dont il s'agit, ils commencèrent en 1654 à obtenir un bref du Pape Innocent X, portant qu'afin de restablir la discipline dans l'Ordre de la Trinité et l'observance de la règle, il seroit fait des constitutions. Ce Bref porte néanmoins une clause très importante et qui seulle suffit pour montrer la nullité de ce dernier décret : *Salvis in futurum juribus utriusque*

---

1. Ce n'était guère la peine de se faire une objection à laquelle la réponse était si aisée.
2. C'est un cercle vicieux; le *fait* seul ne prouve pas le *droit*.
3. Le pape peut modifier une « coutume » qui n'est prouvée par aucun *titre*.

partis tam impetitorio quam impossessorio. Cependant, par une obreption toute évidente, le pape Innocent X° étant décédé, les partyes adverses ont obtenu un autre Bref du Pape Alexandre VII°, qui confirme les constitutions faites et composées par les dits religieux estrangers, qui portent expressément que l'eslection du Général sera faite par le concours de toutes les provinces de l'ordre, ce qui est directement contraire au Bref d'Innocent X : *salvis*, etc.

Et d'autant que ce décret ordonnoit qu'un chapitre général seroit tenu dans Rome, pour y faire accepter ces constitutions, et qu'il ordonnoit au Général de l'ordre et aux autres religieux ministres françois, de s'y rendre, au temps qui estoit indiqué, Sa Majesté, ayant esté informée de cette entreprise de la cour de Rome contre les loix Royaume et les droits et libertez de l'Eglise gallicane, ordonna, par un arrest de Conseil d'Estat du vingt-un avril 1656, que par son ambassadeur, agent protecteur ou comprotecteur des affaires de son Royaume *à Rome, il sera fait instance pour obtenir de Sa Sainteté la révocation de l'indiction du Chapitre général à Rome*, et de touttes les autres ordonnances et décrets obtenus à cette fin…

Et, comme la coutume de la Cour de Rome est de ne pas se rebuter par les difficultez et les reffus, et de poursuivre toujours leur dessein d'amplifier leur authorité, il y eut un autre Bref du pape Alexandre VII, du dix-huit juillet 1656, par lequel, sur l'exposé qui lui a esté fait par les vocaux d'Italie et d'Espagne, de l'ordre de la Trinité, que le Général et les autres ministres de France avoient manqué de comparoir à la convocation du Chapitre général, indict par le cardinal Ginetty, protecteur de l'ordre, au quatriesme Dimanche d'après Pasques 1656, le pape *ordonne ausdits vocaux Italiens et Espagnols de tenir le dit Chapitre*, nonobstant l'absence du dit Général et ministres françois, conformément aux brefs d'Innocent X° et du décret de la Congrégation des réguliers; en conséquence de quoy, le chapitre a esté tenu et les constitutions faites par les Italiens ont été authorisées, *en l'absence du Général et des Ministres des provinces de France*. Ce qui estant venu à leur connoissance, et ayant eu communiquation des prétendues constitutions, par une coppie imprimée en 1659, *il y eut un acte d'assemblée* tenue au couvent des Mathurins à Paris, le vingt sept février 1661, par le Père Mercier, Ministre général de l'Ordre, et les quatre provinciaux et autres y nomméz (?) dans laquelle, sur l'exposé fait par le promoteur général de l'Ordre des dites constitutions, faites à Rome et confirmées par le Bref d'Alexandre VII du 2 janvier 1658, *et s'il estoit à propos* de les publier, recevoir et faire observer en France, l'assemblée fust d'avis *unanimi voce*, après avoir pris lecture de ces constitutions, qu'ils ne jugeoient point à propos de les laisser publier, ny de les admettre et observer, *P° parce qu'elles avoient esté faites sans le Général[1] de l'Ordre et sans la participation des François; secundo, parce qu'elles contenoient plusieurs choses contre les règles, statuts et coutumes de l'ordre, et contre les droits et privilèges des quatre provinces, et tertio qu'elles ne leur ont pas été jusqu'ycy signifiées*. Et l'Assemblée résolut encore de recourir au Roy, pour le supplier d'agir par ses ambassadeurs auprès de Sa Sainteté pour empescher la publication de ces Constitutions, puisque c'est par les deffences de l'arrest du Conseil d'Estat qu'ils ont été empeschés d'aller à Rome, lorsque l'on a travaillé ausdites constitutions[2].

Il ne s'est rien fait depuis l'arrest[3] jusqu'à la mort du Père Mercier, dernier général; on a procédé dans les formes légitimes, au lieu accoutumé, à l'eslection du Père Teyssier, qu'il a plu à la Congrégation des Cardinaux de déclarer nulle et invalide, sur l'opposition des provinciaux Italiens et Espagnols, ce qui est insoutenable.

Primo, il n'appartient pas à la congrégation des cardinaux, qui est un tribunal inconnu en France, de connoistre ny de prononcer sur l'eslection d'un général d'ordre eslu dans le Royaume; par la disposition du Concordat, au titre *de causis*, le Pape est obligé de renvoyer *in partibus* les matières contentieuses qui se présentent en cour de Rome; *il n'a que l'exercice de la jurisdiction volontaire*. Il pouvoit, sur l'opposition formée *par les estrangers, ne pas accorder la confirmation* de l'eslection du Père Teyssier, mais il n'a pu connoistre, ny encore moins donner des commissaires pour connoistre de la validité de l'élection et il a dû renvoyer *en France* les partyes pour contester.

Que si l'on objecte que le Père Teyssier a procédé à Rome et y a

---

1. Les Trinitaires auraient dû bien trouver un moyen d'y faire participer le général.
2. Cela au moins est fort logique.
3. Il y eut encore, en 1664 et 1672, une convocation à un chapitre. Pièce 214.

fourny des deffences, qu'il a escrit et produit, et partant qu'il se doit soumettre à ce qui est jugé[1], on répond *que cette procédure volontaire ne put pas faire préjudice aux loix du royaume ny attribuer juridiction à une congrégation de cardinaux qui n'en a aucune sur les sujets du Roy.* On ne put pas déroger au droit public, comme la glose de la Pragmatique l'a décidé très précisément sur ce sujet; c'est au titre De Causis : § *Statuit in verbo : finiantur; dispositio pragmaticae quae vult quod causae tractentur in partibus; est jus publicum, indultum, non solum in favorem clericorum, sed propter utilitatem publicam, cui partes renuntiare non possunt, imo et in favorem ordinariorum ne eorum jurisdictio contundatur.* D'où il suit que la congrégation n'ayant eu aucun pouvoir de juger, la procédure volontaire du Père Teyssier n'a pu faire préjudice aux droits du Roy ni à luy mesme.

Secundo, ce décret de la congrégation des cardinaux n'a pu *annuler l'eslection du Père Teyssier et le Chapitre général tenu par l'authorité du Roy,* en la présence du commissaire de Sa Majesté, dans lequel ceste election a esté faicte, ny ordonner l'observation des constitutions qu'on prétend avoir été confirmées par Alexandre VII*e*, *puisqu'elles ont été faites et rédigées sans la participation d'un Général d'Ordre françoys qui est sous la protection du Roy, et qu'elles vont à luy oster le point principal de sa jurisdiction, qui est d'indiquer et d'assembler les chapitres généraux de l'ordre.*

Tertio, ce décret ordonne que le chapitre général sera convoqué à Rome au quatriesme dimanche d'après Pasques de l'année 1688, *ce qui est encore manifestement* nul et abusif, puisque c'est un privilège des généraux d'ordre establis en France de tenir les Chapitres généraux... *dans la maison de Cerfroy* et, en cas d'empeschement dans la maison de Paris, et cet usage et cette possession sont confirmées, *en termes formels, par les Bulles des Papes Grégoire 9*e*, Alexandre 4*e[2] *et Urbain 5*o, auxquels ce décret n'a pu déroger.

Enfin, ce décret ordonne que le chapitre général de l'Ordre de la Trinité sera convoqué à Rome au 4*e* Dimanche d'après Pasques de

---

1. C'est absolument certain.
2. Voir la bulle d'Alexandre IV ci-après.

l'année 1688, *ce qui est encore une entreprise contraire aux loix et ordonnances du Royaume.* Il y a un édit précis et formel du Roy Louys unzième, de l'an 1476[1], qui porte que les Généraux d'Ordre français *ne pourront tenir leurs chapitres généraux hors du Royaume, et deffend aux Religieux françois d'y aller sans la permission expresse du Roy;* sur le fondement de laquelle ordonnance le Parlement a souvent fait des deffences, entr'autres par arrest du dix neufviesme Mars 1619, aux supérieurs réguliers de donner obédiance à leurs religieux pour aller à Rome *extra regnum* sans la permission du Roy.

N° 229.

Produit en 1688. — 1256, 26 janvier. — Alexandre IV permet aux Trinitaires de tenir perpétuellement leur Chapitre général à Cerfroid.

1° *Bulle originale.*

Alexander Episcopus, servus servorum Dei, dilectis filiis ministro et universis fratribus ordinis Sanctissime Trinitatis et Redemptionis Captivorum, salutem et apostolicam benedictionem. Solet annuere sedes apostolica piis votis et honestis petentium precibus favorem benevolum impertiri. Eapropter, dilecti in Domino filii, vestris supplicationibus inclinati, presentium authoritate statuimus ut in domo vestra de Cervo Frigido, Meldensis dioccesis, in qua ordo vester primo fuisse dicitur institutus, secundum regulam et institutionem ejusdem ordinis, hactenus, sicut asseritis, pacifice observatum, singulis annis in octava Pentecostes generale capitulum, sicut hactenus fuit, sic et in posterum perpetuo celebretis... Datum Laterani septimo calendas februarii Pontificatus nostri anno secundo.

2° *Bulle interpolée, insérée dans un* vidimus *d'Urbain V*[2].

Urbanus, servus servorum Dei, ad futuram rei memoriam. Tenore quarumdam litterarum foelicis recordationis Alexandri papae quarti,

---

1. Il est du 16 août 1478 (*Dictionnaire des arrêts* de Brillon, t. V, p. 1029).
2. Bibl. Nat., ms. fr. 15697, f° 7 v°.

predecessoris nostri, in registro ipsius praedecessoris repertum, ad instantiam dilectorum filiorum ministri et fratrum domus de Cervo Frigido, ordinis Sanctissimae Trinitatis, Redemptionis Captivorum, Meldensis dioecesis, asserentium quod dictae litterae incipiunt vetustate consumi (?) et quod eis noscuntur indigere, de registro ipso de verbo ad verbum transcribi et praesentibus annotari fecimus, qui talis est (*sic*).

Alexander episcopus, servus servorum Dei, dilectis filiis ministro et fratribus de Cervo Frigido... (*voir plus haut*). Eapropter, dilecti in Domino filii, vestris supplicationibus inclinati, praesentium tenore statuimus ut, te, fili, nunc Cervi Frigidi et totius ordinis Trinitatis (*sic*) et Redemptionis Captivorum major minister (!), vel tuorum successorum quolibet obeunte, nullus ibi qualibet subreptionis astutia vel violentia proponatur, nisi quem ministri et fratres[1], ibidem in generali capitulo congregati, omnium assensu vel pars eorum major consilii sanioris, secundum Deum et dicti ordinis vestri regulam, providerint eligendum; qui cum electus fuerit, ipsius ordinis curam gerat, et fratres ei obedientiam impendere teneantur, sicut assuetum esse dicitur et observatum hactenus, ac per sedem apostolicam confirmatum... Datum Laterani, septimo kalendas februarii, pontificatus nostri anno secundo.

Caeterum et (*sic*) earumdem litterarum tenor praedictus, sic insertus, omnimodam rei seu facti certitudinem faciat, authoritate apostolica decernimus ut illud idem robur ac eamdem vim et eumdem vigorem dictus tenor per omnia habeat, quae habentur litterae supradictae (*sic*), et eadem prorsus eidem tenori fides adhibeatur, quandocumque et ubicumque, sive in judicio[2], sive alibi, ubi opus fuerit, adhibitus et ostensus, et eidem stetur firmiter in omnibus, sicut eisdem litteris originalibus staretur, si forent exhibitae vel ostensae; per hoc autem nullum jus de novo alicui acquiri volumus, sed antiquum tantummodo conservari... Datum Avenione tertio kalendas Maii, pontificatus nostri anno secundo... a tergo scriptum est. De electione majoris ministri ac forma eligendi, — et in plumbo sigillatum cum cordulis sericis flavei et rubei coloris.

1. Les faussaires n'ont pas osé introduire un mot pour les quatre provinces.
2. Voilà la malice. C'est justement au procès de 1688 que cela s'applique.

Collatum ad originalia (!) cum presentibus exhibita et reddita per me, notarium apostolicum archiepiscopatus Parisiensis, Parisiis commorantem, nunc in domo Sancti Mathurini Parisiensis existentem, anno Domini millesimo sescentesimo octogesimo octavo, die vero vigesima secunda mensis januarii post meridiem.

N° 230.

Produit en 1688. — *Extracta Electionum Generalium Ministrorum ordinis SS. Trinitatis, ex pluribus registris ejusdem ordinis desumpta* (Bibl. Nat., ms. fr. 15697, f° 9).

1374. — Anno domini millesimo trecentesimo septuagesimo quarto, dominica quarta post Pascha, quae fuit dies ultima mensis Aprilis, ab omnibus et singulis ministris quatuor provinciarum ordinis S. Trinitatis, in domo Cervi Frigidi, ratione capituli generalis existentium, dispensatione et permissione divina per viam compromissi electus fuit in majorem ministrum, pastoremque et rectorem totius ordinis predicti frater Joannes de Marchia, minister Domus Dei Meldensis et custos ejusdem ordinis.

1392. — Anno Domini millesimo trecentesimo nonagesimo secundo, dominica quarta post Pascha, quae fuit duodecima dies mensis Maii, fuit frater Reginaldus de Marchia, divina providente clementia, electus et assumptus in majorem ministrum totius Trinitatis (*sic*) et Redemptionis captivorum a toto capitulo generali ipsius ordinis in domo capitali dicti ordinis Cervi Frigidi tunc sedente.

1410. — Anno Domini millesimo quadringentesimo decimo, dominica quarta post Pascha, quae fuit vigesima dies mensis Aprilis, fuit frater Theodoricus de Wuailleran[1], minister de Hondescota, divina providente clementia, electus per viam Spiritus Sancti in majorem ministrum totius ordinis Sanctissime Trinitatis et Redemptionis captivorum, a toto capitulo generali ipsius ordinis, etc.

1415. — Anno Domini millesimo quadringentesimo decimo quinto

---

1. Varreland ou Wayerland (?).

die dominica vigesima octava Aprilis, qua cantatum fuit Cantate per reverendos viros, fratres Rogerium, ministrum de Fayaco custodem, per Petrum de Claromonte, Hugonem de Silvanepe, Ægidium Lendiensem et Godefridum Metensem ministros, a capitulo generali correctores et definitores electos et ordinatos, presente fratre Petro Candote, priore Cervi Frigidi, in dicto capitulo majore ministro electo.

1421. — Anno Domini millesimo quadringentesimo vicesimo primo, adveniente dominica quarta post Pascha, quae fuit dies decima mensis Maii [1], publice (sic) *universi* de quatuor provinciis ministri et alii, procuratores loco absentium in capitulo conventus seu domus Sancti Mathurini Parisiis, de mane quasi hora decima, pro electione majoris ministri facienda, comparuerunt, et missa Sancti Spiritus solemniter celebrata... magistrum Joannem Halboud, religiosum presbiterum, ecclesie sive domus Sancte Trinitatis Trecensis expresse professum, magistrum in theologia, ministrum domus Sancti Eligii de Mauritania, dicti ordinis, nomine suo et ordine, nominarunt solemniter et elegerunt in majorem, generalem, ministrum et pastorem...

1460 [2]. — Vocatis per custodem et de more citatis quatuor provinciarum, Franciae scilicet, Campaniae, Picardiae et Normaniae ministris, conventio ministrorum in domo capitali Cervi Frigidi facta est, anno Domini millesimo quadringentesimo sexagesimo, die decima mensis Maii; venerabilis Radulphus Cathalaunensis minister, qui jam pro republica ordinis multa [3] passus fuerat, per viam scrutinii, aetatis suae anno trigesimo septimo, in majorem ministrum totius ordinis electus est.

1473. — Venerabili Patre Radulpho vita defuncto, in custodem ordinis assumptus est Religiosus vir frater Robertus Gaguinus, minister Sancti Mathurini qui, postquam mensibus novem ordinis custodiae praefuisset, citatis ad capitulum generale ordinis nostri ministris, ad Cervam Frigidum profectus est, et capitulum illic celebravit; cui capitulo, decima quinta Maii anni millesimo quadringentesimo septuagesimo tertio, ipse praesidens, post evocatos ministros qui electioni futuri pastoris interesse deberent, non comparentibus Picardis [4],

---

1. C'est en 1422 que le quatrième dimanche après Pâques fut le 10 mai.
2. On a sauté l'élection de Jean Thibaud (1440).
3. On ne sait quelles sont ces épreuves.
4. A cause de la guerre entre Louis XI et Charles le Téméraire.

absentes reputavit contumaces, Avenionensis vero et Massiliensis ministri qui nomine provinciae Linguae Auxitanae atque Aragoniae, frater autem Rodericus Burgensis, qui nomine provinciae Castellae procurationes gerebat (*licet hujusmodi provinciae majorum ministrorum electionibus adesse non consuevissent*), fuerunt tamen admissi, cum protestatione quod propter hujusmodi admissionem posteri sui nullum jus ad futuras similes electiones intenderent, id est quod ad eas nominatim evocari non deberent per ordinis custodem. His compositis, ad eligendum sibi majorem ministrum omnes uno animo consensuerunt (*sic*). Inde, petito ex ministris qua se via duci ad electionem placuisset, sibique divini Spiritus[1] viam gratiorem esse respondissent, honestissimus frater Joannes Moreau, de Vitriaco Castro minister, exurgens, labiis cruce praesignatis et divino nomine invocato : venerabilem, inquit, patrem dominum Robertum Gaguinum, Parisiensem ministrum, in majorem ministrum nomino et eligo, cujus vocem exaudientes universi ministri fratrem Robertum, in suas cervices assumptum, *Te Deum laudamus* decantantes in ecclesiam comportarunt.

1501. — Venerabili patre Roberto Gaguino, dum viveret, decretorum doctore, vita defuncto, in custodem ordinis assumptus est Religiosus vir frater Guido Multoris, minister Meldensis, ac electus in ministrum S. Mathurini Parisiensis; qui, post evocatos quatuor Provinciarum ministros, paucos non comparentes reputavit contumaces; frater autem Joannes Moissetti, doctor theologus, Corduensis minister, qui nomine Provinciae Linguae Auxitanae, frater Gaspardus de Villafranca minister... consenserunt[2]. Inde, requisiti per magistrum Robertum Lalongue, in jure canonico licentiatum, negotii directorem ad hoc vocatum..., exurgens itaque dominus custos, labiis cum cruce signatis et divino nomine invocato : Venerabilem, inquit, dominum Guidonem Multorem[3], in jure canonico baccalaureum, in majorem ministrum nomino et eligo...

1509. — Venerabili patre Guidone Multoris..., vita defuncto, in custodiam dicti ordinis assumptus est Reverendus vir frater Nicolaus Musnier, decretorum doctor, minister Sancti Mathurini Parisiensis

1. C'est-à-dire *l'inspiration*. Cette forme d'élection supposait l'unanimité.
2. Voir le paragraphe précédent.
3. Alors Guy Musnier se nomme lui-même!

qui, citatis ad capitulum generale ordinis nostri quatuor Provinciarum ministris, apud Cervum Frigidum ad diem Sabbathi ante dominicam de Cantate, quarto mensis Maii MDIX°, ad dictam domum de Cervo Frigido dictus custos profectus est et capitulum illic celebravit, qua die quinta mensis Maii, ipse dominus custos presidens, post evocatos quatuor Provinciarum ministros, paucos deficientes illos reputavit contumaces, frater autem Joannes Moissetti[1]... placuisset, qui omnes unanimiter viam Spiritus Sancti gratiorem elegerunt, et exurgens venerabilis vir frater Nicolaus Bonisson, minister Beate Marie de Limone, prope Sanctum Symphorianum, labiis crucesignatis et divino nomine invocato : Venerabilem, inquit, patrem dominum Nicolaum Multoris, decretorum doctorem, ministrum Sancti Maturini, in majorem ministrum nomino...

1546. — Hac die Sabbathi vicesima secunda mensis Maii anno Domini M.D.XLVI... convenerunt ministri quattor Provinciarum... [ad quem diem dilatum fuerat capitulum generale, propter impedimenta, tum bellorum, tum penurie bonorum[2], etc.] missam de Spiritu Sancto solemniter prior[3] de Cervo Frigido celebravit, et post praedictam missam praedictae quatuor nationes... separatim congregatae dixerunt esse optimum procedere ad generalis ministri electionem ; quae quidem electio..., facta est Spiritu Sancto dirigente ; in qua electione nominatus est... Reverendus Pater Theobaldus Meusnier, minister domus seu conventus Sancti Mathurini Parisiensis...

1570. — Die Jovis vicesima septima mensis Aprilis, anno Domini millesimo quingentesimo septuagesimo, continuo post electionem de domino majore et Reverendo Patre fratre Bernardo Dominici, factam die et mense predictis in dicta domo Sancti Mathurini[4] Parisiensis, congregatis in capitulo ejusdem domus, magno numero fratribus ministris quatuor provinciarum, scilicet Franciae, Campaniae, Picardiae et Normanniae, declaravit eisdem dictus dominus major qualiter ad tractanda quae supervenire poterant ordinis negotia oporteret.

1598. — Capitulum Electionis Reverendi in Christo Patris ac Do-

---

1. Même chose qu'au paragraphe précédent.
2. Et à cause des négociations avec Philippe Musnier.
3. Jean Mannoury.
4. C'est le second exemple du chapitre se tenant hors de Cerfroid. Le premier est en 1422. Il y en aura un troisième exemple en 1652.

mini Francisci Petit, majoris ministri totius ordinis Sancte Trinitatis, in quo idem Reverendus, cum esset minister Parisiensis, canonice per viam scrutinii [1], generalis minister electus est, anno a Christi nativitate millesimo quingentesimo nonagesimo octavo, die vero Sabbathi decima octava mensis Aprilis [2], comparuerunt et convenerunt in capitulum nostri conventus capitalis de Cervo Frigido Reverendus in Christo Pater et Dominus Franciscus Petit, minister Parisiensis, vicarius generalis,... necnon celebres et venerabiles ministri quatuor Provinciarum et decantato humiliter, ut moris est, hymno *Veni, Creator Spiritus*, reverendus dominus Franciscus Petit, minister Parisiensis, generalis ac major minister electus est.

1612. — Anno a Christi nativitate millesimo sexcentesimo duodecimo, postquam placuit Deo praepotenti, cujus nostri singula vitae nostrae momenta decurrunt, Reverendum Patrem nostrum Franciscum, piae memoriae, generalem, ex hac vita mortali in aliam permanentem evocare, die septima mensis Julii [3]..., facta est electio duorum scrutatorum [4] atque secretarii pro colligendis suffragiis. Erant autem praesentes in capitulo ministri quatuor provinciarum quadraginta quinque et tres absentes, qui sua suffragia per procuratores miserant, unde resultat quadraginta et octo extitisse numero suffragia, collecta per scrutatores electos, etc., et ex his quadraginta octo vocibus frater Ludovicus Petit, custos, habuit triginta duo suffragia, frater Daniel Maillet decem, frater Joannes Thiery quatuor, frater Petrus de Brie unum et frater Reginaldus Rivoye unum; quapropter reverendus pater Ludovicus Petit, vocum pluralitate alios excedens, major ac generalis minister canonice electus est.

1652. — Anno Domini millesimo sexcentesimo quinquagesimo secundo, die dominica quindecima mensis Decembris, in legitimo [5] capitulo generali, suffragantibus ministris quatuor provinciarum, ut moris est, hac in domo S. Mathurini Parisiensis congregatis, electus est ex omnium fere vocum uniformitate, per viam scrutinii, secundum for-

---

1. Prescrite par le concile de Trente.
2. Erreur. Pâques était, en 1598, le 16 avril.
3. Cette date est celle de la mort de François Petit. L'élection de son successeur eut lieu le 26 août.
4. Le cérémonial du chapitre général devient de plus en plus compliqué.
5. Légal, parce que le roi l'avait ordonné ainsi.

mam et praescriptionem sacri concilii Tridentini, ceterasque caere-
monias adhiberi solitas, major ac generalis minister totius praefati
ordinis, Reverendus admodum Pater frater Claudius Ralle, bacca-
laureus theologus in sacra facultate Parisiensi... In cujus rei fidem
omnes capitulares has presentes subsignavimus.

1655. — Anno Domini millesimo sexcentesimo quinquagesimo
quinto, Sabbatho quae erat vicesima quarta Aprilis, Reverendus
admodum Pater custos, cum suo religioso comitatu, appulit apud
Cervum Frigidum, ordinis matricem domum. Die vero vicesima
quinta Aprilis, proximo sequenti et hora circiter secunda post meridiem, datum est signum; subinde Reverendus Pater Custos edixit
nihil jam obstare quominus procedatur ad electionem Reverendissimi
Domini Generalis, jussitque ut, quandoquidem jampridem convenerat
inter Reverendos Patres Capitulares, dicta electio fieret per modum
scrutinii. Mox, inventa sunt suffragia in solidum numero quinquaginta, quorum unum R. P. Dionisius Mondolot, minister Trecensis,
unum R. P. Franciscus Le Febvre minister de Belvario supra Mare,
quindecim R. P. Antonius Basire minister Cathalaunensis, custos,
triginta vero tria Reverendus Pater Petrus Mercier, minister Parisiensis, habuisse inventi sunt, unde, pluralitate vocum, statim dictus
Reverendus Pater Petrus Mercier renunciatus est et publicatus est a
scrutatoribus major ac generalis minister totius nostri ordinis.

1686. Anno a Christi nativitate M° D° C° LXXX° VI°, die vero vicesima
mensis Martii, juxta indictionem datam a domino Custode ad quatuor
provincias... deinde (*sic*) missa de Sancto Spiritu celebrata est; qua
celebrata, datum est signum ad capitulum; et inventa sunt suffragia
in solidum numero quinquaginta sex, quorum unum dominus Leduc,
minister de Barro, unum R. P. Lorin, minister de Villeta, unum
Michael Darde[1], minister de Verberie, unum Michael Delamare, minister de Mauritania, quinquaginta autem duo[2] Reverendus admodum pater Eustachius Teissier, qui renunciatus est, etc.

1. Il fut plus tard provincial de France.
2. C'était une imposante manifestation.

N° 231.

1689, 7 mai. — Acte de réquisition de la lettre du R^{me} P. de La Chaise contre le P. Nicolas Campagne (copie chez les Trinitaires de Montpellier).

L'an 1689 et le 7e jour du mois de may à Toulouse, avant mydi, per devant moy notaire a esté en personne le frère Estienne Ségla, docteur en Sacrée Théologie, père de province[1] et ministre du couvent de Mirepoix... lequel, dressant ses paroles par cet acte au très Révérend Père Jean Pierre Miraloup, père de province, ministre du couvent de Montpellier et commissaire général pour la tenue du chapitre provincial des provinces de Languedoc et Guienne du dit ordre, qui se doit tenir en cette ville demain 8e du courant et aux très R.R. P.P. deffiniteurs, ministres et docteurs[2] qui doivent composer la dite assemblée, leur a dit et représenté qu'ilz ne peuvent ignorer que le R. P. Nicolas Campagne, docteur en Sainte Théologie et ministre du couvent du dit Toulouse et du dit ordre, n'ait esté assés malheureux[3] d'encourir la disgrace et l'indignation de sa Majesté, laquelle auroit passé lettre de cachet, signifiée à cette province, il y a environ 6 ans, qui l'exclut de la charge de provincial, et par conséquent de toutes les autres charges, ce qui estant venu à la connaissance de feu le R^{me} Pierre Mercier, Général du dit ordre, il auroit, le 21e février 1684[4], par sa patente, déclaré coupable le dit P. Campaigne, avec la raison qu'il avoit de le punir exemplairement en temps et lieu ; depuis lequel temps, le P. Campagne ayant fait espérer dans tous les chapitres de rapporter sa justification, tant à l'égard de sa Majesté que du dit Général, il aurait surpris dans les assemblées la charité des Religieux qui la (*sic*) composent, de le laisser entrer aux dites assemblées pour y donner son suffrage, mais parce que le dit P. Campagne, bien loin d'avoir travaillé avec effet à sa justification, que (*sic*) au contraire estant iceluy allé à la ville de Paris le 25e novembre dernier, pour obtenir la révocation de la dite

---

1. C'est le nom qu'on donnait aux provinciaux.
2. Les Trinitaires du Midi admettaient les gradués au chapitre provincial.
3. Il avait donné l'habit à deux religieux, malgré des ordres supérieurs.
4. Pièce 223.

lettre de cachet de sa Majesté, il auroit esté rebuté comme coupable (*sic*) envers sa Majesté et renvoyé à cette province; mais, attendu qu'un coupable de crime d'estat a la voix funeste et ne peut point estre reçeu en aucune assemblée publique, le dit comparant, pour obvier au désordre que ce réfractaire aux ordres de sa Majesté pourroit causer, a protesté et proteste de nullité et d'entreprise, au cas [où] le dit P. Campagne seroit receu à la dite assemblée, pour y donner son suffrage actif ni passif, ne (*sic*) seroit receu et nommé à aucune charge, de tout ce qu'il peut et doit proteste et (*sic*) d'en poursuivre incessamment la cassation...

N° 232.

1689, 17 juin. — Le P. De la Chaise écrit au Provincial de Toulouse qu'il peut approuver le chapitre provincial à la réserve de ce qui concerne le P. Campagne, et le prie de surveiller le frère de ce dernier, qui vient d'être élu ministre de Toulouse (Copie, même liasse).

Monsieur, je n'ay peu faire plustost réponse aus lettres [que] vous avés pris la peine de m'escrire, parce que la multitude des affaires ne m'a pas permis d'en rendre plustot compte à Sa Maiesté, laquelle, ayant examiné l'opposition du P. Ségla et se souvenant fort bien de la conduitte qu'a tenue jusques à présent le P. Campagne, elle ma (*sic*) commandé de vous mander qu'elle avet bien lieu de s'estonner que, dans le chapitre de vos Pères qui s'est tenu à Toulouse, on ait eu tant de considération pour une personne qui lui est désagréable; néanmoins, elle est de votre sentiment et elle juge à propos que vous approuviez ce chapitre, à la réserve de l'élection qui a esté faitte du P. Nicolas Campagne, qu'elle désire à l'avenir estre exclus de toute sorte de charges, afin que, vivant en particulier, il édifie mieux qu'il n'a pas fait jusques à présent, par ses intrigues qui ont despleu à Sa Majesté[1]; elle désire même que vous fassiez observer la conduitte de son frère[2], qui a été élu ministre de votre maison de Toulouse, et que

1. Ces intrigues ne sont pas spécifiées.
2. Basile Campaigne était encore ministre en 1692.

de tems en temps vous en rendiés comte (*sic*) à Sa Majesté; c'est ce que présentement j'ai ordre de vous escrire sur ce point. Je vous prie de croire qu'en mon particulier je ne désire rien tant que le succès et la prospérité de tout vostre ordre.

De La Chaise, jésuite indigne. A Paris le 17ᵉ juin 1689.

N° 233.

1689, 1ᵉʳ septembre. — « Le Général, dans une lettre au ministre d'Orthez, déclare que le P. Campaigne n'est pas exclu de prêcher » (*Ibid.*).

Mon Révérend Père,

Quoyque le P. Campaigne soit exclus de toute sorte de charge, vous ne devés pas néantmoins faire difficulté de l'employer pour prescher, et de luy envoyer la nomination qu'ont fait de luy Mʳˢ les Jurats d'Orthez pour remplir leur chaire, durant l'advent et le caresme, car son exclusion ne s'estend pas jusque là, que de le priver d'annoncer l'Evangile et de travailler à la conversion et à la sanctification des âmes; c'est un employ très sainct et très agréable à Dieu, et il ne pourra estre blâmé tandis qu'il s'appliquera à ce glorieux exercice, non plus que vous de le luy avoir procuré. Pour ce qui est de la conventualité, je consens volontiers qu'il aille demeurer chez vous, s'il en a l'inclination..... Je suis bien aise que vous ayés découvert le voleur de l'argent qui a esté pris à la mort du P. Denisar, pour lequel j'ay fait faire un service. Je vous envoyerais un ordre tel que vous le souhaites s'il estoit nécessaire pour faire rendre cet argent à ce Religieux, mais comme vous l'avez demandé au R. P. Provincial, je n'ay pas trouvé à propos de le faire... Je suis vostre très affectionné confrère et bon amy. — F. E. Teissier, général[1].

---

1. Au dos, adresse : « Monsieur Cazeneuve, conseiller en la Chambre des comptes, pour faire tenir au R. P. Dalguis, à Pau, par Bourdeaux. »

N° 234.

1690, 26 septembre. — Prise de possession du prieuré de Grandpré par François Cornelin, au nom de Jacques Giraut (Trinitaires de Douai, 2° carton).

Aujourd'hui 26° de septembre 1690 après midy, en l'estude et par devant moy Claude Baudelot, notaire royal au bailliage de Vitry, résident à Grandpré, diocèse de Reims, présens Martin Le Fèvre, mareschal, et Ponce Aubry, manouvrier, demeurans au dit lieu, appelez pour tesmoins faute d'autre notaire, est comparu révérend père François Comelin, prestre,..... vicaire du couvent de Douay, lequel a exibé les lettres de provision du neuf du dit mois d'aoust, données au dit père Jean Jacque Giraut par monseigneur l'illustrissime et révérendissime père en Dieu Eustache Teissier, général de tout le dit ordre, de la ministrerie St Jean de Grandpré. Pour à quoy satisfaire, après avoir requis Gille Balardel, marchand bourgeois de Grandpré, gardien et dépositaire des clefs de la maison et chapelle de la dite ministrerie, d'en faire l'ouverture, j'ay introduit le dit sieur Comelin dans la dite chapelle, de laquelle il a pris possession réelle et actuelle, par l'attouchement de l'autel, génuflexion devant iceluy, les cierges préalablement allumez sur le dit autel; sur lequel il a fait aspersion d'eau bénite, sonné la cloche pour donner lieu à plusieurs habitants de l'un et l'autre sexe d'entrer, comme ils ont fait, dans la dite chapelle. Après quoy, il a imploré le Saint Esprit, en chantant le *Veni, Sancte Spiritus* et la collecte ensuitte. Ce fait, estant sorty de la dite chapelle, il est entré dans le corps de logis, court et jardin... dont il m'a requis le présent acte.

N° 235.

1690, 30 août et 3 novembre. — Deux lettres d'esclaves (Archives municipales de Marseille, série GG).

I.

MESSIEURS.   A Alger, le 30 aoust 1690.

Je me suis donné l'honneur de vous escrire et ay donné ma lettre entre les mains de Mʳ le Commissaire pour vous les rendre, ce qu'il me promist et de vous représenter, Messieurs, comme je suis esclave icy dans le bellic; je ne doutte point, Messieurs, que vous aurez la bonté de ne me point oublier comme Enfant de Marseille et bon Patriotte[1]; dès lorsque j'ay peu faire du bien à tous nos Provençaux, lorsque j'estois en liberté, je le faisois avecq beaucoup de plaisir et m'en faisois un grand honneur; c'est pourquoy je vous diray, s'il vous plaist, que ce que vous fournirez pour moy de mon rachapt; je ne seray pas plustost en liberté et arrivé à Marseille que je ne vous face conter la dite somme sur mon bien, quoyque mon oncle ne voudroit pas que je sortisse d'icy, pour proffiter de ce que je puis avoir[2]; s'il regardoit Dieu, il ne le feroit pas; je vous suplie très humblement, Messieurs, de ne me voulloir point oublier, affin que j'aye l'honneur d'estre du nombre de ceux qui sortiront d'ici et de cette misère, espérant obtenir cette grace et indulgence de votre bonté. J'auray l'honneur de vous dire toutte marci, avecq un proffond respect, Messieurs, votre très humble et très obéissant serviteur, Antoine BROGLIA.

II.

Jean-François Tinier, esclave à Alger, pris avec la barque de patron Brouchon, chargé de famille.

Monsieur mon très cher frère, ayant receu une lettre de ma famme, qu'il m'a beaucoup attristé de scavoir que vous estiés tousjours malade, je prie touts les jours le bon Dieu et la Sᵗᵉ Vierge qu'il vous donne la santé. Je vous prie, au nom de Dieu, de me faire la grace de

---

1. Le mot n'a pas été inventé pour Vauban.
2. C'est ce que la légende rapporte de saint Roch.

m'escrire un mot de lettre, et me faire sçavoir de la manière qu'on prétend de faire des pauvres esclaves, voir sy le roy nous tire d'icy ou nom (*sic*); car s'il demure plus de trois mois de nous tirer, on ne treuvera aucun esclave françois, parce qu'il n'y a aucun jour que la peste n'en prand deux ou trois. Je vous prie de prier S⁺ Roch qu'il me garde de ce maudit mal; dans deux mois, il est mort neuf mille turcs et quatre cent chrestiens, de sorte que, si vous voyés que le roy ne nous tire pas d'icy, de faire (*sic*) tout vostre possible d'envoyer deux cent piastres, que je suis esté taxé par M⁺ le commissaire.

N° 236.

1699 environ. — La liste[1] des ministres de Lens en Hainaut, écrite par Antoine Dachier, 24ᵉ ministre du couvent (Cartulaire de Lens, *passim*).

. . . .

F. Jean de Bliecqz, XII Ministre de Lens, fut establis l'an 1504, lequel, le 14 febvrier mil cinq [cent] six, fit permutation de sa Ministrie avec frère Louis Colin, ministre d'Audregnie : et celuy-cy s'obligea de rendre à frère Jean de Bliecqz les despends qu'il avoit soutenus à prétendre la ministrie de Lens, portant la somme de soxant livres : pour à quoy satisfaire, il s'obligea vers Hector d'Oillie (qui avoit délivré la ditte somme et receu un calix en depost) promettant luy rendre les LX livres prestez : en assenurance de ce, il luy vendit quinze muids de bled à recevoir sur le moulin de Lens, à cinqz paiemens à l'advenant, de quatre livres le muid; donc le premier paiement en escheoit 1507, parmy quoy le calix fut consigné entre les mains du Receveur de Lens.

. . . .

F. Victor de la Haye, XVIII⁰ M. de L., fu auparavant ministre d'Arras, puis curé de Witerset[2] et l'an 1603 fu créé ministre d'Audrignie[3] et mouru l'an (*sic*).

1. Cette liste est loin d'être complète. Le P. Dachier n'a cité que deux noms pour le premier siècle du couvent.
2. Vierset, près Huy.
3. C'est un *cursus honorum* à rebours.

F. Augustinq Raimbault, xxi⁰ Ministre de Lens, fut envoyé en Espagne¹ où il acheva ses estudes de théologie, auparavant estre ministre : aiant gouverné cette maison huit ans, fut créé ministre de Douay et fu commissaire général de Picardie, professeur en théologie, auquel succéda Frère Guillaume Watten², l'an 1615, Religieux profez de Douay.

Le dit Watten avoit acheté une petite maison dans la ville de Mons pour servir de refuge en temp de guerre, mais peu commode …qui depuis fu vendue comme il se voit page 177³.

Il ne s'est fait aucun autre achat par F. Guillame Watten⁴, nonobstant qu'il ayt faict une nombreuse respargne d'argent pendant 29 ans qu'il fut ministre ; la raison est de ce que la guerre dominait l'Espagne et la France, qui affligeat ce pays depuis l'an 1636 jusques et y compris 1659, prevoiant les grandes misères qui devoient arriver en ce

1. Louis Petit avait aussi fait ses études en Espagne.
2. « En 1604, François Petit, général de l'ordre de la Ste Trinité, par agréation du chapitre général, donna pension de 50 livres à F. Guillaume Watten estant prieur d'Ether (Estaires) à prendre sur la ministrie de Lens, pour divers services qu'il avoit rendu à l'ordre (?) à laquelle donation consentit F. Jean Bertoul, ministre de Lens en ce temps, *l'aiant signé avec les quatre correcteurs du chapitre.* Le dit Watten … mouru l'an 1644 » (Note du Cartulaire, p. 124). Il a été question de lui à propos de Convorde.
3. « Il fut délibéré (il n'y a pas la date précise) de vendre la maison qu'avoit acheté frère Guillaume Waten pour servir de refuge en la rue Notre-Dame de Bonaire en la ville de Mons : considérant qu'elle estoit fort incommode et petite pour servir de refuge, comme n'aiant point de jardin ni cour, ni porte cocher (*sic*) ny estable, seulement deux petites places par terre, un petit grenier, dont on recevait seulement cent et quarante livres de louage, et n'en avons sceu avoir davantage ; et comme M. Fontaine, advocat à Mons, nous fit offre de 300 livres de rente de laditte maison, il fut conclud d'un commun consentement des Religieux de luy accorder ; ce qu'aiant esté remonttré au chapitre général, il fut accordé de vendre la ditte maison, etc. »
4. Il trouva cependant le temps de prouver sa reconnaissance aux Mathurins de Paris : « Le R. P. Ministre de Lens, frère Guillaume Waten, at délivré entre les mains du soubsigné la somme de cent et cinquante florins pour l'advancement des marbres qu'il seroit besoin pour l'église des Mathurins de Paris. Faict en la présence du ministre de Lérinne, ce 9ᵉ Aonst 1628. Pasquier, Ministre et Vicaire général.
« Et du depuis le ministre a encore délivré entre les mains du dit vicaire la somme de cinquante florins, pour parfaire le paiement des dits marbres.
« Le dit frère Guillaume Watten a aussi donné une pierre grande contenantes les 12 Apostres qui sont dessus la grande portail (*sic*) des Mathurins de Paris, l'aiant fait transporter d'icy. La pierre est semblable à celle de notre porte d'en hault, où est représenté Dieu le Père et le St Esprit » (Note ajoutée à la page 124).

pays, comme en effect nous avons experimentez depuis sa mort...
Donc F. Antoine Sergeant [xxiii° ministre] son successeur, n'aiant pas cette prévoiance, consomma beaucoup d'argent pour accommoder l'église d'ornements d'autel, calice d'argent, remonstrance (*sic*), ciboir, l'aigle au milieu du cœur (*sic*), la chaire à prescher, postelure ou ban de communion, la garde robe à mettre les ornemens, pavement de la ruelle venant à l'église, une establc pour les chevaulx..... Ainsi aiant espuisé la respargne de son prédécesseur, les misères nous vinrent attaquer ès années 1654 et suivantes, lorsque les François, aiant prises Condé et Saint Ghislain, pillèrent le pays entièrement et le mirent en contribution.....

L'année 1665 je fu esleu Rédempteur des esclaves au chapitre général tenu à Cerfroid, et l'an 1666, je fit le voyage de Barbarie avec Frère Jean Félix Boucher, Religieux convers du couvent de Douay : et rachetasmes en la ville d'Alger 36 esclaves des Peys bas ; cette rédemption fu fort agréable au peuple, qui nous receu avec grande honneur dans toutes les villes du pays où nous fismes la procession, où notre confrérie estoit érigée : à raison qu'il y avoit long temp qu'il ne s'estoit faicte de Rédemption : à la plus grande gloire de Dieu soit[1] (p. 171).

N° 237.

Décembre 1690-janvier 1691. — « Certificat des Commissions de la monoye en faveur du couvent touchant l'argenterie » (Trin. de Mars., reg. 4, p. 145).

L'an mil six cent quatre vingt et dix et le mois de Décembre, Monseigneur l'évesque de Marseille intima au couvent un ordre du roy, par lequel il étoit ordonné de porter à la monnoye toute l'argenterie de l'église ; il vint luy mesme, par trois fois différentes, pour la faire peser et pour ordonner d'obéir incessamment, ce qui obligea le R. P. Ministre et les discrets[2] d'envoyer l'économe à Aix, pour vendre

---

1. Le P. Dachier fut ministre de Lens jusqu'à sa mort, arrivée en 1699.
2. Ce sont les *assistants* du ministre, élus par la communauté. Les Déchaussés leur donnent le nom de *conseillers*.

la dite argenterie au bureau de la monoye ; elle fut toute portée, à l'exception de la lampe de devant le St Sacrement et de deux petits chandeliers d'argent, et ayant été fondue, on la pesa en lingot, et elle monta au poids de cinquante quatre marcs quatre onze (*sic*) et quelques deniers, dont les dits commissaires payèrent la valeur, ainsi qu'appert par le certificat qui s'ensuit :

Le soubsigné directeur de la monnoye de cette ville certifie que les R^{ds} Pères Trinitaires de Marseille ont remis à la monnoye la quatre de cinquante quatre marcs, quatre onze et douze vaissaille à unze deniers, deux puints (?) de fin, que je leur ay payé à raison de vingt huit livres huit sols le denier, le marc, ce (*sic*) montant à la somme de quinze cent cinquante une livres et trois sols[1]. A Aix ce 9 janvier 1691. Signé BRUCHAUD.

N° 238.

1691, 2 décembre. — Guillaume Pomarède, Trinitaire de Toulouse, rétracte les engagements qu'il a pris par force au moment d'entrer au couvent (Archives des notaires de Toulouse).

Ce jourd'hui second du mois de decembre l'an mil six cens quatre vingt unse a Tolouse avant midy, pardevant moy notaire feut présent Reverend pere Guillaume Pomarède, presbtre religieux de l'orde de la Sainte Trinité et redemption des captifs. Lequel a dit qu'il est souvenent qu'apres avoir fait son noviciat... et poursuivant instament d'estre receu a la profession, il feut constraint par le père Bonnemaison, presbtre religieux, le sindic de ladite maison, en l'année mil six cens cinquante cinq, de passer un acte devant Dufaur notaire le setziesme avril de ladite année mvi^e cinquante cinq, par lequel, au préjudice de la donnation faicte au proffit de demoiselles Marie et Jeanne Pomarèdes ses sœurs, ledict pere Pomarède fonda ung obit de cinq messes, à dire chasque année à perpetuité, chez lesdictz peres de la Trinité après son decès, pour le repos de son ame et

---

1. En marge : « Nota que cette somme 1551 ll. 3 s. a été employée pour la batisse du clocher. »

de ses parans, sous la retribution de doutze livres dix sols, quoi que ledict pere Pomarède n'eut d'autres biens que quelques prétentions litigieuses, dont les dites demoiselles Jeanne et Marie de Pomarede ses sœurs fesaient les poursuites a leurs frais et despens ; mais de tant que ledict acte du xvi avril mvi^e cinquante cinq feut involuntaire, le dict pere Pomarède a déclaré qu'en tant que de besoing et pour tout ce qui le peut concerner, il renonce audict acte come inlicite, par ce qu'il en scait le deffault et le vice, et au surplus déclare tenir quites ladit feue demoiselle Marie de Pomarède, espouse quand vivoit du sieur Marqueri et ses enfens, ensemble ladite demoiselle Jeanne de Pomarède veuve du sieur Pierre Mathieu marchand de Tolouse, de la pention et arrerages d'icelle..... comme estant payé, content et satisfait d'icelle jusques au jour présent. De laquelle présente declaration ledict pere Pomarède a requis moi notaire de lui retenir acte pour la justification de la vérité et la descharge de sa contience.

F. G. Pomarede declarant. Cazenove, Brunet. Sans notaire.

N° 239.

1692, 14 mai. — Fixation de la fête de saint Eutrope au 27 mai, au lieu du 30 avril (Trinitaires de Marseille, registre 22, f° 71).

... Et de mesme suitte, les dits sieurs Forcion et Lombard auroient représenté que, jusques à présent, les SS. Recteurs quy les ont précédés ont solemnisé et célébré la feste de St Estrope, tantost le premier jour de may, ou le premier dimanche du dit mois ou autres jours ; qu'à occasion de ce changement, le peuple ne pouvant pas sçavoir le véritable jour de la feste, cella fait que leur dévotion a relâché de beaucoup, et fait en mesme temps qu'on ne recouvre aucune aumosne, ce qui est au désavantage du dit hospital et des pauvres ; et pour remédier à cest abus, comme dans le martirologe on y trouve deux festes de St Estrope, la première, le trante avril de St Estrope martir, et la seconde, le vingt-sept may, de St Estrope évêque et confesseur, il seroit à propos qu'à l'advenir la feste se solemnisât et cellébrât au dit jour vingt-sept may de chaque année, quy est le véritable jour de S¹ Estrope évêque et confesseur, patron du dit hospital, ce qui auroit esté approuvé, tant par le R. P. Ministre que par les sieurs Aubany et Vague, recteurs...

F° 240.

1692. — Avis au Lecteur de Grégoire Reynès, auteur du Cartulaire des Trinitaires de Toulouse (n° 86).

J'ay creu, mon cher lecteur, estre obligé de faire cet ouvrage, pour qu'en le lisant tu voies les obligations que tu as à prier Dieu, tous les jours, pour ceux quy te donnent de quoy te nourrir et entretenir; c'est dans cette veue que je l'ay fait et pour t'obliger, car tu seras bien aise d'aprandre ce que tu as ignoré jusques à présent, afin de ne manger pas inutilement le pain de la religion; c'est pour cella aussy que j'ay fait un estat véritable de tous les biens et revenus du couvant, qui les a donnés et les charges des messes et autres prières dont (sic) nous sommes obligés de dire en les recevant. Mais pour voir les choses clair, il ne faut que lire attentivement cest ouvrage, et lorsque tu dézireras sçavoir le noms de ceux qui te font du bien, les messes qu'il faut dire d'obligation, quy paie les dites rentes ou sur quels biens les pieds (sic) des dites fondations sont mises. Il faut prendre garde à l'économie de ce livre, où tu trouveras, au commancement d'icelluy, un invantaire général de tous les titres, liasses de procès, testamens et livres d'actes, le tout rangé par lettre alfabétique et partie par numéro ; après quoy suit l'estat des biens immeubles et rentes que ledit couvant possède, et sur un chacun d'iceux sont marqués les charges des fondations quy ont esté emploiées à l'acquisition desdits biens, comme aussy les noms des particuliers de ceux qui payent à présent partie des dites rentes, et à la fin du dit livre est la table des noms propres des fondateurs, quy sert pour prouver plus aisément les dites fondations et en quelle liasse ou livre sont les actes des dits biens et rantes. Mais prand garde à tenir toujours ce même arrangement des papiers, en quel endroit qu'on les transporte, sy tu veux te servir de ce livre. Voilà, mon cher lecteur, l'esprit qui m'a porté à le faire, pour le repos de ta conciance sur ce chapitre, car il n'est pas juste que tu manges tous les jours la substance des morts, sans sçavoir comment ny qui te l'a donné, dans le temps peut estre que les ames fidelles des mesmes morts souffrent dans le purgatoire et te prient incessamment de te souvenir d'elles.

N° 241.

1692. — Histoire du couvent de Toulouse, par Grégoire Reynès (*Ibid.*).

... Peu de temps après l'institution de cest ordre, qui fut le 28 janvier 1198 sous le pape Innocent troisième, et au commencement de son pontificat, les dits Religieux furent establis et fondés en la ville de Toulouse, au faubourg St Michel et au pied du Château Narbonnais[1], par feu Raymond, comte de la présente ville.

On ignore[2] l'année de leur premier etablissement à Toulouse, c'est sans doute par la perte de leurs titres du temps de la guerre des Anglais, feu et peste.

Mais on justiffie par d'autres titres que les dits Religieux avoint au dit faubourg St Michel un magnifique couvant, hospital, fourbanié et autres grands édifices superbement bâtis.

Par delibération du conseil de Ville du temps des guerre des Anglais [le couvent fut démoli[3]] de crainte qu'ils ne s'emparassent du dit Couvant et enclos des Religieux, et la taille et pierres de la dite démolition feurent employés à construire et bastir les deux grands bastions et murailles de la ville, l'un desquels est sur la porte du château Narbonnois et l'autre vers la rivière de Garonne, lesquels sont bastis sur le fonds du dit couvent.

1. *In pede castri Narbonensis et ante murale dicto barbacane* (sic).
2. Dans l'autre registre, il avance la date de 1205.
3. Le 9 novembre 1649, les Trinitaires ayant demandé des indemnités à la ville, pour la démolition (vieille de trois siècles) et pour l'usurpation de partie de l'enclos où on avait bâti deux grands bastions, les capitouls amortirent de tailles 240 canes 2 pans et demi.

Plus les Religieux avoient inféudé partie du fonds de leur dit couvent et réservé l'autre qu'est le dit fossé, à cause des eaux qui y croupissent, mais ils permettoint aux marchandz d'y mettre leur bois à vandre et pour çà payaient quelque somme aus dits Religieux.

Plus sur la faculté quy avoit été donnée ausdits marchands de tenir leur bois ausdits fossés de la ville; quelques-uns y auroient fait bastir des boutiques et granges, et pour frustrer lesdits Religieux, les auroint faittes encadastrer à la maison de ville et mis à la taille, quoy que le dit fonds feut noble (!)

Plus, pour justiffier que le dit couvant, église et hospital estoit au pied du Château Narbonnois, c'est qu'encore les vieilles masures paroissent en certains endroits et qu'en faisant des fondements pour bastir on a trouvé des sépulcres de marbre, plomb et cuivre, avec les ossements dedans qu'on disoit estre les comtes de Tolose (?) comme aussy des caveaux voûtés, où l'on trouvoit des ossements et partie des habits de Religieux dudit ordre où paroissoit encore la croix rouge et bleue[1]...

Laquelle esglise, quelque temps après, fut rebastie comme elle est à présent et feut augmentée de plus de la moitié, car son entrée estoit pour lors où est la chapelle Sainte-Catherine; la porte paroit encore du coté de la rue, où il y a un Jésu au dessus écrit en lettre gothique (sic), laquelle n'est que murée : ci delà alloit jusques au presbitère où est la grille de fer; tout le reste est l'augmentation quy est l'entrée d'à présent, où il y a un grand portal et tout le presbitère qui contient le maître autel et les chapelles de la Trinité et Nostre-Dame de Pitié, avec la petite sacristie que les confrères marchandz tiennent, et alors la dite église, qui s'apeloit de St Victor, fut consacrée le 27 avril 1511 par Monseigneur Eustache, évesque de Xaintes, à l'honneur de Sainte Trinité[2] (sic)...

---

1. Cf. la découverte faite, il y a quelques années, à Oraison (Basses-Alpes). Les Trinitaires s'établirent *dans* la ville même de Toulouse, comme le dit *Gallia Christiana*, en 1361, le 3 avril, rue des Seruriers, autrement dite de la *Treilhe de Roaix*, à présent de la Trinité, en achetant à Pierre Fabia et Jeanne de Roaix des boutiques contiguës à l'église Saint-Victor, à eux vendue le 23 janvier 1362 par le chapitre de Saint-Etienne, avec un hospice contigu. Elle brûla le 7 mai 1463 avec la moitié de Toulouse.

2. Ce n'est pas un double nom. La règle modifiée stipule expressément que

[Lors d'un nouvel incendie], les dits Religieux perdirent non-seulement leur couvant, mais encore de biens en fonds, rentes foncières et fondations, par la perte qu'ils firent de la plus grande partie de leurs titres et documents¹, ce quy les réduisit en une grand pauvreté; en effet, n'ayant de quoy pour faire rebastir leur couvant, ils se contentèrent de faire une espèce de cloître, du débris de leur baptisse brullés et là-dessus firent de petittes chambres pour se loger, comme paroit encore aujourd'huy au-dessus du dit cloître.

Leur pauvretté feut si grande qu'ils feurent obligés de mandier pour vivre, parce que la plus grande partie de leurs débiteurs refusoint de payer les rentes qu'ils leurs faisoint, sçachant la perte qu'ils avoint faitte de leurs titres, et par ce moien croyoint estre à l'abri d'estre plus recherchés, ce quy vint à la connaissance de la justice séculière, et par un procès-verbal quy fut fait le 28 may 1534, d'authorité du sénéchal de Toulouse contre (*sic*) les dits Religieux, par lequel se justiffie la perte des titres, tant à cause du dit feus, peste que maladies (?) et là-dessus feut ordonné que Monsieur Bonhomme, notaire, signeroit tous les actes et registres que les dits religieux auroint...

N° 242.

« Inventaire et estat des biens immeubles et rentes du couvant de la Ste Trinité de Thoulouse. — Livre contenant tous les biens immeubles et rentes que les religieux de Toloze possèdent, la présente année mil six cens quatre vingts douze, avec touttes les fondations de messes et autres pièces dont les dits biens et rentes sont chargées conformément aux actes quy ont esté faits pour raison de ce, — fait par moy frère Grégoire Reynès, religieux prestre, scindic et organiste du dit couvent le 28° octobre 1692. »

Le dessain que j'ai eu, en faisant cest ouvrage, est de donner une entière connaissance des affaires de ce couvent à tous les religieux quy en composent la communautté et, pour l'exécution de ce dessain,

---

les seules églises que les frères auront bâties s'appelleront de la Sainte-Trinité. Or, l'église existait déjà sous le nom de Saint-Victor.

1. Pour une fois, ce n'était point leur faute.

j'ai travaillé longtemps à ranger et vériffier tous les papiers et actes quy sont dans les archives, pour en faire l'inventaire, que j'abandonné plusieurs fois, par la difficulté que je trouvois d'en venir à bout. Mais après avoir réfléchi sur le bien que je randois à ce couvent, me fit à franchir (*sic*) touttes les peines quy pourroint s'y trouver.

En effait j'i travaillé fort longtemps sans beaucoup de proffit car, après y avoir pris une peine extraordinaire, avec des fatigues inconcevables, je vis que je ne pouvais donner qu'une idée légère des grands biens et rentes que les dits religieux possédoit (*sic*), et sans pouvoir le justiffier par actes selon mon désir, ce qui m'engagea à de plus grandes recherches.

A la vérité, les dits biens ne pouvaient estre que fort considérables par ce que, le dit couvant estant de fondation royale, il faloit bien qu'il y en eût beaucoup, sans comprendre ceux qu'on a acquis depuis. Mais, par négligence desdits Religieux ou par les accidens arrivés à Toulouse, comme feu, peste, guerre et autres maladies contagieuses, ont esté cause (*sic*) de la perte de partie desdits biens et rentes, par l'égarement des titres et actes du dit couvant quy en justiffioient la proprietté, et autre partie d'iceux ont esté depuis vandus et alliennés, pour subvenir aux pressans besoins des dits religieux, sans non plus trouver les actes des dites ventes, ny l'employ des sommes qui y en sont provenues, comme aussy des fondations levées.

Tout ce que je viens de dire vous faira comprendre que je ne puis vous tenir ce que j'ay avancé, mais seulement vous donner une simple idée de ce que je m'étois proposé, par le deffaut des actes quy n'ont pas esté retirés de chés les notaires, par la nonchalance quy a esté toujours dans ce couvant, ou, pour mieux dire, pour n'avoir de quoy à en faire les frais. Ce dernier me paraît plus palpable que l'autre par la longue expérience que j'en ay, et pour moy j'aurais blâmé tous ceux qui m'ont précédé à la charge de scindic, sy je n'ettois dans le cas comme eux, faute de pouvoir et de quoy à le faire.

Cet (*sic*) une des raisons qui m'a fait tant tarder à mettre la main à cest ouvrage, qu'aparement ils auroient fait aussy bien que moy, s'ils avoint eu de quoy pour en faire les frais. Mais enfin, puisque je l'ai entrepris, il faut m'aquitter de ma parolle, et vous faire voir, dans ce premier livre, tous les biens immeubles et rentes que ce couvant possède la présente année 1692 — à commencer depuis nostre premier establissement au faubourg Saint Michel, quy feut environ l'an 1205; et sur ce fondement, je mets ensuitte touttes les donations des Roys faittes en faveur des dits religieux, achapts et fondations qui ont esté employées pour l'agrandissement d'icelluy. Je mets toutes les acquisitions quy ont esté faittes, pour aller avec les fondations et rentes quy y feurent employées, et le mesme ordre est gardé sur tous les biens immubles par eux acquis, ou vous verrez les fondations quy sont sur iceux, ensemble tous les procès qu'il a falu poursuivre pour raison desdits biens, et le tout est rangé par articles.

Ainsy vous n'avés qu'à continuer de mesme le dit livre, à proportion qu'on fera de nouvelles acquisitions, et sy par hazard il faut faire des notations auxdits articles, j'ay laissé exprès un marge considérable où on pourra le (*sic*) mettre, et en fairés de mesme au second livre quy contient les biens immeubles et rentes données audit couvant dont les dits Religieux ne jouissent pas.

De plus, si la communautté vient à achapter quelque bien immeuble, faut mettre l'acte d'achapt au sac des titres du dit couvant et en continuer l'invantaire quy y est, et pour les actes de fondation ou testaments, il faudra les mettre à la liasse des testamens et en continuer aussi l'inventaire, avec cette précaution de ne les sortir jamais des archives pour aucun procès, mais en faire faire des extraits, et de cette manière les papiers desdites archives seront toujours en bon ordre.

N° 243.

1692. — Impressions d'Estelle, consul de France à Salé, sur la condition des esclaves à Méquinez, séjour ordinaire du roi de Maroc (Ministère des affaires étrangères, Maroc, **2**, f° 157).

Je passay tristement mon séjour de Miquesnes en attendant l'acaïd aly, de voir la misère des pauvres esclaves françois qui se mouraient, faute d'un bouillon. Je ne vous en dirai pas davantage, Monseigneur, sur ce sujet, vous ayant fatigué fort souvent sur la mesme chose, dans les mémoires que j'ay eu l'honneur de vous envoyer; ce que je pouray dire à vostre grandeur, et (*sic*) que j'ay fait pour ces malheureux plus que je ne pouvois, les voyant dans de si grandes peines, auxquelles j'espère que vous, Monseigneur, aurez égard; autrement, je serois ruiné entièrement. Il est mort plus de 300 de ces infortunez de fièvres malines, pendant mon séjour de près de trois mois à Miquenes, et il y en avoit environ quarente de François...

N° 244.

1693 environ. — Les Basire, ministres du couvent de Châlons au xvii° siècle (Bibliothèque de Châlons, manuscrit 58, f° 114).

Le 3me jour de février, décéda frère Nicol Symon ministre de Chaalons et fut esleu en sa place par révérend général frère Françoys Petit frère Guillaume Basire, seul religieux profeix de la dite maison en l'an 1611. Orate pro eis.

Obiit dictus Basire 4 Julii 1629, bene quidem et fideliter administrata hac domo. Initio si quidem ejus administrationis, scilicet 1611 et 1612, aedificavit domum ubi est torcular nostrum, 1613 et 1614 redemit domos contiguas nostrae majoris januae, et domum ubi est nunc residens Petrus Collanese; 1615 multa reparationibus insudavit; 1616 odeum in ecclesia nostra extrui curavit, vineam nostram de Carteriis emit, et furcam torculari nostro apposuit; 1617 calicem, pateram et cochlearia argentea emit; 1618 januam nostram majorem aedifficavit, prius loco ubi sita est redempto, dormitorium postea et alia domus hujusce cubicula tum excitavit tum decoravit, domum vici des Boudées, aliam ultra Caecos, aliam vici de Rognon, aliam ubi pendet ensis Reginae, dudum abdicatas, recuperavit, multaque alia laudabiliter gessit, vir non minoris probitatis quam economiae. Oriundus fuit Quibolio Constantiensis diocesis, Patre Joanne Basire apparitore regio hereditario; fuit mediocris staturae, barba subrufa, homo macilentus, vigilans, laboriosus, ad iracundiam tam promptus quam gracilis ad reconciliationem. Decessit e vivis anno aetatis suae 50, administrationis suae 19. Religiosos presbyteros quos adolescentes nutriverat, reliquit domus suae professos fratres Antonium Basire et fratrem Claudium Hermant clericum professum.

(*Feuillet sans cote.*) Praefato fr. Guillelmo Basire successit f. Paulus Foüet, professus domus regiae Fontisbellaquae, qui post biennii administrationem obiit 6ᵃ aprilis 1631.

Iste successorem habuit meritissimum F. Antonium Basire, Guillelmi nepotem, in sacra Theologia facultatis Parisiensis baccalaureum, qui domum Cathalaunensem administrata (*sic*) ab anno 1631, ad 1657 inclusive, *promotus* est ad ministratum de Mauritania[1] quasi invitus, quo per triennium administrato, sediens Catalanum ad pristinam administrationem, permutatione facta cum suo nepote altero fratre Guillelmo Basire, qui ipsi successerat, acuta febri in via praecoccupatus in domo nostra de Villetta mortuus fuit et sepultus 6ᵃ Novembris 1660, praesente nepote et ipsi parentante. Hic f. Antonius Basire nulli praedecessorum suorum in ampliandis domibus, tum Catalaunensi tum Mauritanensi, fuit secundus, ut videre est in actis ipsius; Rᵐᵒ Patre f. Claudio Rallio ordinis majori ac generali ministro vita functo, ad totius ordinis custodiam anno 1665 unanimi patrum patrum Franciae ministrorum assensu est assumptus, quam quidem sex mensibus exercuit : tum capitulo generali pro majoris ministri electione a se convocato praefuit, in quo R. P. f. Petrus Mercier, alias ejus discipulus, in generalem, veluti talem gradum renuente f. Antonio Basire, ab omnibus ferme capitularibus oblatum, electus est. Duplici legatione antea Algerium et Tunetum Redemptionis Captivorum Christianorum, Redemptoris nomen jure merito reportavit. Provincialis Campaniae fuit, necnon Diffinitor pluries sedente Capitulo generali, adeo ut verum fuerit dicere, illo extincto, corruisse firmissimam ordinis columnam, extinctumque optimum Catalaunae et Mauritaniae domorum reparatorem.

Secundus frater Guillelmus Basire, minister Catalaunensis ipse, ut avunculus praefatus R. D. f. Antonius Basire, ad Redemptionem Captivorum Tunetum, anno 1666 et Algerium 1667 profectus est, indeque feliciter, Deo solo faciente, cui soli gloria, cum 115 christianis liberatis reversus est, ut videre est in ejus relatione Catalauni impressa[2]. [*Obiit anno 1692.*] *Ipse hoc scripsit*[3].

1. Mortagne.
2. *Le Tableau de piété envers les captifs*, Châlons, 1668.
3. Ce second Guillaume Basire est l'auteur de ces biographies.

N° 245.

1696, 14 juin. — Témoignage des marchands français de Salé touchant la manière dont se fait l'échange des captifs (voir pièce 243; *ibid.*, f° 199).

Nous Marchands françois, résidant en cette ville de Salé, certifions et attestons comme la verité est telle, que, depuis sept ans, l'échange des esclaves françois détenus dans ces royaumes de Fez et Maroc avec les Mores des dicts lieux, esclaves aux galères de Sa Majesté, se fait de la manière suivante, qui est qu'il faut s'obliger, en mettant les chrestiens hors de ce pays, d'y faire venir les Mores pour qui il est échangé, et s'il est pris dans sa route des ennemis de l'Estat, le racheter et le faire venir icy, de quel endroit qu'il puisse avoir esté mené, et mourant de mort naturelle dans sa dite route, faire venir un autre More des dites galères à sa place; ce sont des dures conditions qui sont pourtant inévitables; autrement, il est constant qu'aucun des chretiens esclaves n'auroit eu liberté depuis ces guerres, qui est là le temps que les mores de ce pays libres ont pris telle précaution, pour avoir leurs parens esclaves. En foy de quoy avons signé la présente à la réquisition du sieur Estelle, consul de France en cette ville de Sallé, pour faire foy envers qu'il apartiendra. Fait audit Sallé le 14° juin 1696, signé RAYMOND, GAUTIER, MENNE, FABRE, ROUX.

N° 246.

1696, 23 juin. — Les Trinitaires de Cerfroid envoient au comte de Boursonne, maître particulier des eaux et forêts du duché de Valois, les quittances des ouvriers qui ont travaillé à bâtir leur cloître (Archives de l'Aisne, B 3772).

Supplient humblement les Religieux, Prieur et Couvent de Cerfroy, chef d'ordre de la Sainte Trinité et Rédemption des Captifs, disans que, par lettres patentes, Sa Majesté leur auroit accordé la permission d'abattre la quantité de deux cent arpens de bois de hautte futtaye, à eux appartenans, pour en employer les deniers à la réédification de leur cloître et aux réparations des fermes dépendantes de leur dit couvent, à la charge de rapporter au greffe de votre maîtrise les quittances des ouvriers qui auroient travaillé pour eux dans les dits bâtimens, aussy tost que les dits batiments seroient achevés et reçus; craignans donc les dits Religieux qu'avant la réception des dits batimens, les quittances des ouvriers qui ont travaillé jusques aujourdhuy ne soient perdues, par incendie ou autre cause, ils vous requièrent, Monsieur, de recevoir et parafer *ne varietur* le double des dittes quittances, qui sont déposé, dans votre greffe, par votre ordonnance, pour y avoir recours quand il sera besoin.

A Cerfroy, ce 23 juin 1696.

f. Clément VÉRON, prieur de Cerfroy; LE CLERC, souprieur[1] (*sic*).

N° 247.

Rome, 1697, 2 février. — François Ruiz, procureur des Trinitaires Espagnols à Rome, supplie le roi d'Espagne de faire reconnaître Joseph de Toledo, élu général à Barcelone en 1697, dans les couvents flamands restés sous sa domination (Archives du Royaume à Bruxelles, Conseil d'Etat, n° 96).

Alteza Serenissima,

Devio, no solo como protonotario[2] de mi religion del horden de la santisima Trinidad de Redentores, mai como leal vasallo de la Magestad catolica, que Dios garde, recurrir al sagrado de V. A. serenissima por que, como en la rectitud de su tribunal biven exiliadas las violenzias, y admitida la observanzia y ovediencia, espero que, solo con esta breve informacion, tome conozimiento del prejuicio que experimenta mi horden en Flandes.

Despues de una lite que dura en esta curia, cenca de treinte[3] annos, entre nueve Provinzias de Francia y las de España, con el dubio si el

---

1. Il était prieur en 1704 (même liasse).
2. Ce titre est insolite.
3. C'est un exposé tendancieux. Le *procès* effectif ne date que de 1687.

jus eligendi ministrum generalem pertenezia a todo el horden, o solo privativamente a quatro solas de las nueve Provinzias de Franzia, que se llamavan en possessorio de este pretendido derecho, la Santidad de Inozenzo honze sentenzio, dos bezes[1], que pertenezia este derecho de elegir a todo el horden, y no queniendo ovederen dichas nueve Provincias a esta santisima dezision; ocho annos ha que se mantienen cismaticas[2], apoiadas a un arresto del Parlamento de Paris[3], como si este, en *materia de mero jure ecclesiastico*, puede tener derecho que se oponga a los decretos pontificios, de esté absurdo si esta esperimentando otro; y es que, teniendo este sagrado horden en Flandes diezi siete conventos, los treze se hallan en los paises conquestos[4], y quatro en los paises bajos del dominio de su Magestad catolica, que son Hau[5], Orival, Lens y Lerine, no ai razon alguna que, estando dichos quatro conventos libres de las violenzias que essperimentan los otros treze conventos, continuen en ovideren a un general que no tiene jurisdizion, y es cismatico, y como tal conozido en esta corte y curia; con que, siendo este punto materia dezidida, falta que V. A. serenissima tome dichos quatro conventos bajo de su amparo, y, informado de los mismos religiosos, insinuarles ovederean y recurran, como a su legitimo general, al maestro frai Joseph Fausto de Toledo, electo en este mayo en Barcelona, por horden expresa de la santidad del Papa Inozenzia doze[6], espezialmente comitida a mi, como deputado y escogido para este efecto, de convocar la Religion. V. A. serenissima, como nuestro protector, deve y puede remediar a las conzienzias de suos religiosos subdidos de España qui, creo (?), no prestan esta obediencia a mi general, por falta de conozimiento de lo que tengo referido, si por falta de medios u (?) de miedo de los otros religiosos cismaticos, que con sus prelados los mantienen en su dependenzia.

Este punto, señor, es politico[7] y es religioso; por estos dos moti-

---

1. En décembre 1687 et en 1689.
2. Du point de vue espagnol, c'est incontestable.
3. Cet arrêt est du 11 février 1688.
4. Conquis par Louis XIV.
5. Huy.
6. A cause de la rupture entre les ambassadeurs de France et d'Espagne.
7. Certes, cette affaire était *surtout* politique, car dès qu'un Bourbon fut

vos perteneze a la jurisdiction de V. A. S^{ma}, y a mi escomendarle a Dios y hazer que toda mi religion haga lo mismo, en todos actos meritorios; su divina Magestad guardi à V. A. serenissima largos annos en la cumplida felizidad, que le suplico di me y mi Religion. Roma, 2 de febrero 1697. Serenissimo Señor, Baso las Manos de Vostra Alteza Serenissima; su minor capellan frai Francesco Ruiz.

N° 248.

1700 environ. — Poésies sur saint Jean de Matha et sur saint Félix de Valois.

I.

Manuscrit de Jean de Saint-Bonaventure, procureur général des Déchaussés d'Espagne (Bibliothèque de Marseille, n° 1217, p. 195).

Saint Félix.

Frigida me tenet umbroso sub cespite vallis
    Seculis en Felix, prosper et ipse solus (?);
Prospera Felici concessit munera cervus[1]
    Frigidus ille (*Illis*), quo moritur; sæva
Plurima pro Christo tulit cruciamina[2]; Christus
    Plurima sed monacho præmia sancta dedit;
Saepius ipsa die genitrix Tonantis amico
    Apparuit Sancto[3], quo simul astra petit.

Saint Jean de Matha.

Gallia me genuit mater, Lutetia prorsus
    Limpida me Christi dogmata plura docet.

monté sur le trône d'Espagne, il s'occupa de faire rentrer les Trinitaires de ce royaume sous l'obéissance du général français.

1. On peut voir, dans les *Caractéristiques des Saints* du P. Cahier, une jolie gravure de saint Félix et de son cerf.
2. Allusion à cette légende, que saint Félix aurait été racheter les captifs, ou aurait éprouvé des ennuis à la croisade de Louis le Jeune.
3. Un jour saint Félix, priant dans l'église de Cerfroid, vit la compagnie de la Vierge et des anges (1212).

Roma meos traxit sensus, prestante supremo
    Presule, cui supplex omnia cuncta dico
Ordinis nostri, celo revelante synopsim;
    Pontificis summi calculus ipse probat;
Pauperes exemptos de diro carcere Mauri
    In patriam duxi, barbara multa ferens
Publica regnorum bona; prorsus munera regum
    Quaesivi constans queis(?) simul ipse furor
Tandem caelicolis me junxit gratia Christi,
    Qua vivens morior, qua moriensque vivo;
Spiritus aethereas transcendit purus in arces,
    Pignora sed Roma[1] condidit alma sua.

II.

Sur l'institution de notre ordre [*écriture du P. Ignace de Saint-Antoine*]
(Bibl. Mars., ms. 265, f° 3 v°).

Ordinis est Triadis Deus author trinus et unus;
    Non fundator homo, sed Deus ipse fuit.
Angelus id docuit, triadem, crux, vestis obumbrant
    Personam vario quamque colore notant.
Ingenitum candor, geniti quoque vulnera livor
    Et Sanctum flamen, qui micat igne rubor[2],
Transversaeque manus nudorum colla tenentes,
    Tristia vinctorum solvere vincla docent.
Regi igitur superum, pro tanto munera, grates
    Semper et hoc blanda fundite voce melos.

---

1. Il fut enseveli à Rome. — Saint Jean de Matha et saint Félix étaient invoqués contre la fièvre, comme on le voit par la prière suivante : « Potentia Patris, Sapientia Filii, Virtus Spiritus Sancti liberet te ab omni febre et infirmitate, per intercessionem Beate Virginis Marie Matris Salutiferi Remedii, et per merita Sanctorum Joannis de Matha et Felicis Valesii. Amen » (ms. de Marseille, 1210, f° 187, avec une gravure).

2. C'est la classique explication *des trois couleurs*.

N° 249.

1700 environ. — Recettes du P. Ignace de Saint-Antoine.

I. *Remède contre toute sorte de peste* (*Ibid.*, f° 3 v°).

Prens un oignon et le tranche par le travers, puis fais une foisselette en chacune pièce, lesquelles tu empliras de tériacle fin, et remetras lez pièces ensemble come elles estoient auparavant; aprez, les enveloppe d'un linge mouillé, le mettant ainsi cuire sous les cendres, et quand il sera bien cuit, tu en presseras tout le jus dheors (*sic*) et en donneras à boire au patient une cuillerée; incontinent s'en trouvera bien et guérira (!).

Parfum très bon contre la peste.

Prens mastic, cyprès, encens, macis (?) aluyne, mirre, lignum aloüé, oysaletez de cypre, tegname, musc, ambre gris, noix muscate, myrte, laurier, romarin, sauge, roses, clous de gyrofle, genièvre (?), rue, pois, rase (?) toutes ces choses estampées, et, meslées ensemble, metras sur les braises et en feras un parfum à la chambre.

Autre remède contre la peste.

Prens de grains de laurier murs et en oste l'escorce noire, puis les mets en poudre avec un peu de sel, et incontinent qu'on se sentira entaché de la peste et qu'on a la fièvre chaude, il faut prendre une cuiellerée (!) de ladite poudre, meslée avec un peu de vin aigre et d'eau, puis le chaufer un peu et boire, puis se couvrir bien et dormir assez par ainsi, suant trez bien; mais si la fièvre vient avec froidure, au lieu de vin aigre, il faut metre du vin et faire tout le reste.

II. *Beaume onguent souverain, comme on le doit faire*
(Bibliothèque de Marseille, ms. 1216, p. 602).

Prenés trois livres de bon huile d'olive, une livre térébinte fine, demy livre cire jaune neufve, trois onces sandal rouge bien pulvérisé, il faut avoir un pot de fer ou bien de terre vernisé qui contienne douze ou quatorze escuelles d'eau, il le faut mettre avec les trois livres d'huile sur un feu de charbon, et lorsque l'huile sera chaud que vous ne pourrez pas tenir les doigts dedans, jettez y une pleine escuelle d'eau de fontaine, un quart d'heure après, mettez-y la térébinte que vous aurés lavée avec de l'eau rose, la faisant fondre dans un plat avec l'eau rose; un quart d'heure après, mettez-y la demy-livre cire, que vous aurés coupée à morceaux, et demy-heure après mettez-y le sandal que vous ferez bouillir pendant une heure, il faut prendre garde que le bouil ne soit pas trop long, et avoir une spatule de bois pour le remuer de tems en tems, tenant toujours le pot couvert. Quand le tout aura bouilli avec le sandal, le mettrez sur des cendres chaudes, et l'entoureré d'icelles pendant toute la nuict, prenez garde de n'y mettre pas du feu, le lendemain vous ferez résoudre votre matière, et lorsquelle sera bien fondüe, vous la coulerés dans un linge épais dans une terrine, et quand elle sera bien froide et reprise, avec un couteau vous partagerez en croix cette matière et jetterez l'eau qui restera.

Manière d'user de ce beaume.

Il est excellent pour toute sorte de blessure intérieure et extérieure; on l'applique chaud, et aux parties intérieures il doit être appliqué avec une seringue et avec des vieux linges oignant les parties circonvoisines, et il oste incontinent la douleur, lève l'inflammation, fait sortir les os rompus ou cariz, le pensant (?) deux fois le jour, soir et matin... S'en oignant les lèvres et les narines en sortant du logis, on n'est point en danger de prendre la peste. Beu avec le lait, aussi tôt guérit de la morsure de vipère et de l'escorpion.

III. *Pour ceux qui ne peuvent dormir.*

Prenez trois onces de sang de dragon, une poignée de la fleur de stecas citrini, appelée en Provence fleur de fahgoule, le tout bien broyé et pulvérisé, et ensuite y mettez deux clairs œufs du jour, broyer bien le tout ensemble, et en faire un emplastre, et auparavant que de l'appliquer, il faut bien raser la teste et ensuite mettre un linge fort délicat sur la teste de celuy à qui on appliquera l'emplastre, et on mettra ledit emplastre sur ledit linge bien délicat, et on le couvrira encore d'un autre linge et on pourra faire ce remède durant trois soirs de suite.

IV. *Remède pour la rétention d'urine.*

Prendre un verre d'eau d'altea, sève mauve blanche distilée, dans lequel on pressera le jus du citron, avec une ou deux onces sucre candi en poudre, battre le tout dans une escuelle, et les prendre au soir ou au matin.

N° 250.

1701, 29 mars et 2 avril. — Clause de la dot d'Albert de Thiennes, religieux Trinitaire, éclaircie par son neveu (Cartulaire de Lens, p. 202).

Messire Philippe Eugène de Thienes... seachant estre l'intention de feu son seigneur et Père que la rente de 400 florins l'an sur le Mont de Piété à Mons, mentionnée au blan de cette [lettre], appartienne aux RR ds Pères Ministre et Religieux au dit couvent, pour dotte du R d père Albert de Thienes[1], oncle au dit seigneur soussigné, ainsi qu'est apparu par la ditte donation du 10 febvrier 1663, accorde et veut qu'elle leur demeure et appartienne, en jouissant comme ils ont fait depuis icelle donation et à toujours ; en foy de quoy il a signé cete (*sic*) le XXIX mars 1701 avec les féodaux d'Haynaut... le tout sans être tenu à aucun garand, ce qu'accepté par lesdits R ds Ministre et Religieux sousignez : la dite réserve de garand ne regardant que la recepte et nature de la rente, sans la faire autre qu'elle n'est : à raison que le dit seigneur confirmant la donation est puissant d'aliéner... estoit signéz : THIENES-WARELLE, A. DACHIER ministre de Lens, F. FRANÇOIS curé d'Erbault[2], F. Jean DE LESPINE[3], etc.

1. Il était déjà religieux en 1661.
2. Cure annexée à Lens.
3. Il succéda comme ministre à Antoine Dachier.

N° 251.

1702, 8 juin. — Le P. Roubaud, ministre de Châlons, et le P. Fadois, prieur de Limon, promettent de payer leurs dettes respectives (Arch. de la Marne, Trinitaires de Châlons, liasse 47).

Je frère (*sic*) Roubaud, Ministre et Supérieur du convent de l'ordre de la Trinité à Châlons, déclare qu'après avoir pris une entière et parfaite connoissance des biens et revenus du dit convent, il m'a paru évident que les charges actuelles et indispensables excédoient beaucoup les dits revenus, ce qui nous fait connoistre sensiblement que le Révérend Père Fadois, précédent Titulaire du dit convent, et aujourd'huy Prieur-Ministre de Notre-Dame de Limon, n'a pu faire subsister le dit convent, pendant dix ans qu'il l'a administré, que par un secours très considérable qu'il a tiré de sa famille ou d'autres personnes. C'est ce qui nous engage d'avoir pour le dit Révérend Père tous les égards qui luy sont deus, en qualité de bienfaiteur du dit convent, qu'il a toujours affectionné et dont il veut bien me donner de nouvelles preuves, en m'abandonnant une année toute entière qui était écheüe, avant sa sortie du dit convent, des arrérages considérables, ses meubles et ses livres, au nombre desquels il y a entre autres *Bibliotheca Maxima Patrum* en vingt-sept volumes in-folio, et donnés par ses parens, et enfin la recette entière du vin provenant des vignes dépendantes du dit convent, desquelles donations et abandonnemens nous remercions le dit Révérend Père Fadois, et promettons de payer le plutost qu'il me sera possible les dettes contractées pendant son administration pour les besoins du dit convent ; lequel Révérend Père Fadois a pareillement consenti et s'oblige d'acquitter celles dont le dit Prioré peut être chargé. Fait double en présence de Monsieur Joachim Chalon, Conseiller du Roy, controlleur général des finances, domaine et Bois en la généralité de Champagne, Echevin du dit Chaalons, et de Monsieur Louis Papinat, Conseiller du Roy, Président au Grenier à sel, Echevin du dit lieu, nos amis communs. Ce huitième Juin mil sept cent deux.

N° 252.

1703, juillet (au plus tard). — Rapport au Conseil d'Etat de Flandre à propos de la possession de la ministrerie d'Orival (Voir pièce 247).

Monseigneur,

Sur la lettre que votre Excellence a été servie (!) de nous envoyer le 4 de May dernier, touchant la requeste et pièces jointes présentée de la part du Père Augustin de Perry, Provincial des Pays-bas et des Ministres de l'Ordre de la très Sainte Trinité, ensemble sur la lettre du Marquis de Castel dos Rios et la représentation y jointe du Père Grégoire de la Forge, nous interdisant de cependant rien innover : nous dirons que, par la ditte Requeste du Père de la Forge, il conste qu'en qualité de prétendu général du dit ordre, il auroit nommé le Père Pépin pour Ministre du convent d'Orival en ce duché de Brabant; et que ceux du dit convent n'auroient voulu le recevoir, à cause que ce Père de la Forge ne seroit reconnu pour général en ce pays-ci; et qu'en tout cas, il n'auroit droit de faire la ditte nomination[1], mais qu'elle dépendroit de la liberté que ceux du dit convent auroient de choisir leur ministre. Sur quoy nous avons demandé l'avis du dit Provincial de Perry : lequel avis, avec touttes les pièces y réclamées va ci-joint, et hors duquel, aussi bien que par sa ditte requeste, on peut voir la grande difficulté qu'il y a de reconnoître le dit père de la Forge pour général, spécialement en ce pays-bas, où son Election n'auroit jamais été notifiée, beaucoup moins receue.

Car, par la pièce sous nom. 2, on prétend de vérifier que le choix du général fait par les quatre provinciaux (*sic*) de France, Champagne, Picardie, et Pays-bas, auroit été déclaré nul par une congrégation de Cardinaux du 4 décembre 1687.

Et qu'ensuitte on auroit indiqué[2] une nouvelle élection par ordre du 28 décembre dudit an 1687, sous le nombre 3.

Que le Père Peguerolles, ayant de suite été choisi général, par une suitte ultérieure auroit, par Décret de la Congrégation de Cardi-

---

1. Depuis un siècle, le général exerçait partout ce droit *en France*.
2. « L'indicateur » était le cardinal-protecteur Cibo, évêque d'Ostie.

naux du 19 novembre 1688, sous le nombre 4, été défendu de recevoir aucuns Religieux sans sa permission.

Que ce général Peguerolles auroit, par sa Commission du mois de mars 1689, sous le nombre 5, envoyé le Père Canefro pour visiter les maisons de Picardie, et par ainsi celles du pays-bas, qui y sont comprises, avec ordre de luy obeïr [ce qui fut exécuté].

Qu'après la mort du dit général Pegueroles, Sa Sainteté, par son décret du 21 septembre 1695[1], sous le nombre 6, auroit ordonné une convocation dans la ville de Barcelone pour le quatrième dimanche après les Pâques de l'année suivante 1696 pour y eslire un général.

Que ce choix auroit été fait en la personne du frère Joseph de Toledo, et qu'iceluy l'auroit notifié aux Pères Provincial, Définiteurs, Ministres et à tous les frères de la province de Flandre[2], ainsy qu'en feroit foy sa lettre du 19 de Décembre de la dite année 1696, sous le nombre 7.

Que ce Général, Joseph de Toledo, par ses ordres du 8 may 1698, sous le nombre 8, dirigés au dit Père de Perry, pour lors ministre du couvent de Lérines, auroit ordonné la convocation d'un chapitre provincial de tous les visitateurs, définiteurs, ministres et autres offices (sic) de la province des Pays-bas, afin d'y choisir un Provincial.

Que ce choix étant tombé sur la personne du dit Père de Perry, le dit général l'auroit confirmé par son décret du 11 septembre 1698 cotté num. 9.

Voires même que sa Sainteté l'auroit aussi confirmé par son rescript, selon que consteroit par la pièce cotée nu. 10[3].

Ces pièces, Monseigneur, paraissent bien fortes et pressantes pour faire douter de la qualité de général que le dit Père de la Forge s'attribue. Et le Vicaire général du dit ordre[4], par sa lettre sous la cote 12 écrite au dit Père Provincial de Pery, le 8 juin dernier [1703], marque que l'affaire du dit Père de la Forge, touchant son prétendu Généralat, serait autant que désespérée près du Saint-Siège.

---

1. Après l'échec des négociations poursuivies à Rome.
2. Le président du Conseil privé avait préparé des paquets pour les quatre couvents de Bastogne, Vianden, Lens, Audregnies, en cas de « réversion », sous la domination du roi d'Espagne.
3. Congrégation des évêques et réguliers (29 avril-7 juin 1701).
4. François Ruiz était bien mal informé d'écrire.

Voilà pour ce qui est de la prétendue qualité de Général du dit Père de la Forge.

Maintenant, pour ce qui est de la prétendue authorité que le dit Père veut s'attribuer, de pouvoir nommer des Ministres, indépendamment d'aucun choix des Religieux,

Le dit Provincial oppose à cela la Bulle du Pape Innocent trois, sous la cote 1, qui donneroit aux Religieux la liberté de ce choix, et une énumération d'exemples, contenus en la pièce cotée nombre 3 [1].

Mais, ce qui touche le cas de plus près semble être la pièce cottée nombre 11, comme par où il consteroit que, le Père Tumerel, ministre d'Orival, étant décédé, le Père Louis Basseville auroit été choisi en sa place et été confirmé par le dit provincial de Perry le 24 juin 1698.

Et qu'après la mort du dit Père Basseville, le Père Gravis auroit été choisi par les dits Religieux et confirmé en sa place par le dit Provincial de Pery [le 22 février 1702] selon qu'appereroit (*sic*) par la pièce cottée nombre 14.

Voilà, Monseigneur, à peu près l'estat de ce que (*sic*) s'oppose aux prétensions du dit Père de la Forge, touchant sa qualité de général et l'authorité de pouvoir établir des Ministres sans aucun choix des Religieux. Et il est tout apparant que cette matière devra être décidée, si elle ne l'est pas encore, ou bien accommodée par sa Sainteté ou par quelque authorité.

Mais en ce Conseil, il ne s'agit rien de tout cela (*sic*), soit touchant la ditte prétendue qualité dudit général, soit touchant son prétendu droit et authorité d'établir des ministres.

Pour la cause possessoire de maintenue, ne se requérant que le trouble d'un côté, et la possession de l'autre, on prétend de vérifier le premier par la certification sous la cotte A [2].

---

1. Cette pièce n'existe point dans le dossier.
2. Voici la pièce A : « Le soubsigné religieux et procureur d'Orival lèz Nivelles, déclare, en faveur de la justice et de la vérité, à la réquisition du révérend père Gravis, ministre du dit cloistre, que certain père Pépin, religieux étranger, n'a eu aucun suffrage dans la dernière élection, qui s'est faite canoniquement dans leur cloistre; que cependant le dit père Pépin prétend de se mettre en possession de la ministrie ou *supériorité* du dit cloistre, par un trouble à la paisible possession du dit révérend père Gravis, assignant pour raison de science qu'il veut en prendre possession à veue de clocher, au cas qu'il ne puisse par voye de fait entrer dans le dit cloistre. Bruxelles, le 21ᵉ d'avril 1702. Signé f. Pierre Ubanetin procureur. »

Et les pièces, sous les les lettres B, C, paraissent fortes pour l'establissement de la possession.

Sur lesquelles a aussi été dépêché le mandement de maintenue en la forme ordinaire, sous la lettre E.

Et, comme ce mandement de maintenue, en cas d'opposition, se résoud en simple adjournement, le dit Père Pépin a, au Rolle de Conseil du 30 août 1702, fondé sur opposition et requis à cette fin séquestration de certains registres y réclamés. A quel effect il a aussi exhibé sa procuration au Rolle du 24 janvier 1703. La matière possessoire, surtout de maintenue, appartient incontestablement à la connaissance de ce Conseil. Partie adverse, par son opposition et procuration donnée à cette fin, l'a formelement reconnu.

Et il est du service du Roy, du repos de ses sujets et de la tranquilité des maisons Dieu (?) qui sont sous son obéissance que le possessoir soit vuidé par ses Consaux, avant que le pétitoir soit agité à Rome ou par d'autres authorités.

Nous sommes avec un profond respect, Monseigneur, de Votre Excellence, les très humbles et très obéissans serviteurs.

Les Chancellier et Gens du Conseil souverain de Sa Majesté ordonné en Brabant.   A. V. Ghindertaelen.

N° 253.

1706, 15 janvier. — « Copie du Testament de feu M⁰ Pasturel, enseveli dans notre église le 7 de may 1706 » (Trinitaires de Montpellier).

François Pasturel, conseiller du Roy, receveur ancien des Tailles au diocèse de Béziers, voulant qu'il n'y ayt aucun différent entre mes parens au sujet de mes biens, ien ay disposé par mon présent testament en la forme qui s'ensuit. Je veux mon corps être enseveli dans l'église des RR. PP. de la Trinité de cette ville, au tombeau et sépulture dans le presbitère de la dite Eglise, du costé de l'Epître, dans le charnier qui s'y trouve bati, qui m'a été donné par les RR. PP. par leur délibération du 17 février 1702, et concession à moy faite par le Révérend Père Ministre, je donne et lègue à la Confrérie de M^{rs} les Pénitens de cette ville, dont j'ai l'honneur d'estre, la somme de 300 livres, pour réparer en partie le peu d'assiduité que j'ay eu pendant ma vie aux affaires et autres bonnes œuvres qu'y s'y pratiquent journellement dans leur chapelle, laquelle somme leur sera payée un an après mon décès, pour être par eulx employée à la réfection du soleil où repose le St Sacrement de l'autel, attendu que celuy dont ils se servent à présent est trop petit, lequel doit être fait de vermeil doré avec des pierres autour, de même que celui de la paroisse Notre-Dame des Tables de ceste ville ; je donne et lègue aux RR. PP. de la Trinité de St Paul la somme de 300 livres pour être par eulx employée au rachat des pauvres chrétiens esclaves qui sont détenus dans la terre des Barbares, laquelle somme leur sera payée un an après mon décès ; je donne et lègue aux Religieux...... de Notre-Dame de la Mercy la somme de 100 livres à la charge de faire célébrer dans chacun de leurs couvents dans la présente ville 200 Messses de requiem, incontinent après mon décès pour le repos de mon âme, laquelle somme leur sera payée aprez que les dites messes auront esté célébrées et non plutôt. Je donne et lègue encore audit couvent de la Trinité St Paul la somme de 2500 livres, pour le revenu d'icelle à 5 pour 100 leur être payée annuellement, avec obligation aux RR. PP. de célébrer dans leur église une messe de requiem, tous les jours de l'année à perpétuité, chargeant pour cet effet mon héritier de leur payer 125 ll. annuelles et à chaque commencement d'année pour la dite rente de 2500^{ll}, qui commencera le jour de mon décès ; cassant par exprès un légat pie de 1500^{ll} que j'avois fait en faveur de l'hôpital mage de la ville de Bésiers, lequel je révoque, cassant mesme tous les autres testaments que je pourrois faire à l'avenir, s'il n'y a expressément ces mots : J'adore la très Sainte Trinité, Père, Fils et St Esprit, et s'ils ne sont faits et signés de ma main propre à chaque page comme celui-cy. Fait à Montpellier ce 15me jour de janvier 1706. — PASTUREL.

N° 254.

1706, 3 septembre. — Liquidation de l'œuvre de Grégoire de La Forge (Registre capitulaire des Mathurins de Paris; Arch. Nat., LL 1548, p. 3).

... Le 3e septembre 1706, la communauté des Mathurins de Paris a approuvé le présent registre, par sa délibération de ce jour et a ordonné à moy secrétaire[1] du chapitre d'en metre cy l'acte d'approbation sur ce feuillet cotté *page première* et de cotter le nombre des feuillets à la fin du présent livre destiné à inscrire en iceluy, d'un contexte et sans aucun blanc, touttes les délibérations capitulaires concernant les nominations d'officiers ou cessations de leurs fonctions, élections des ministres, extraits des visites des supérieurs et généralement touttes délibérations d'affaires concernant le spirituel ou temporel, statuts ou règlements agréez et faits par la communauté. Ce jour vendredi 3e septembre 1706 sur les onze heures du matin, au sortir de la messe conventuelle, nous soussignez, profès exprez de ce couvent, assemblez en chapitre, comme seuls vocaux[2] d'iceluy ayant trois ans de profession et étants dans les ordres sacrés, appellez et présidez par le R. P. Florimond Maillard notre ancien, — il nous a dit que, dès le dimanche 29 aoust dernier, il avoit pareillement convoqué le chapitre au son de la cloche, où nous étant rendus, il auroit recommandé à nos prierres le Rme Grégoire de la Forge, décédé à Limais le 27 du dit mois, lequel étoit ministre de Fontainebleau et Général de notre ordre et se prétendant personnellement étably et commis par aucuns de nous à la régie du spirituel et temporel de ce couvent et ministrerie des Mathurins de Paris, vacante dès le mois de décembre 1695[3], — que en qualité de prétendu administrateur il avoit commis cy devant des Religieux pour y faire les fonctions de vicaire, sous-vicaire, sacristain, secrétaire du chapitre, dépencier, et ce, sans la participation de la communauté et du chapitre d'icelle, *jamais assemblée depuis dix à onze ans*, — que la

1. Le P. Ponson.
2. Telle est la définition des vocaux.
3. Par la démission du P. Mathieu de Launay.

pluspart des religieux à qui il avoit commis les dites fonctions n'y étoint institués que verbalement et sans aucunes lettres ny délibérations capitulaires, — que cette régie abusive avoit excité un grand procès, les profez exprez de céans voulants obtenir le rétablissement de leurs droits, statuts et usages particuliers. En effet cette instance était prête d'être jugée par l'avis de Mes Pivot, Trasson et d'Antonin (?), commissaires de la cour, nommez à cet effect par arrest des 2e et 29e juillet dernier, mais le decez du Père Général termine cette instance encore bien plus parfaitement (!).....

De manière que, *morte mandantis*, touts mandements donnés par le dit Père de La Forge étants cessez, le P. Maillard nous remontra qu'il falloit pourvoir à la maison d'un supérieur, comme président ou vicaire, et capable de la gouverner en attendant l'élection d'un ministre, à faire incessament en la forme accoutumée, et comme il a été fait à la dernière élection, comme aussy pourvoir à tous les autres offices et fonctions de la dite maison, même pour la conservation du temporel, le tout quoy est trez important dans la conjecture présente. Par quoy la communauté, ayant délibéré et considéré que le lendemain lundy 30e (*sic*) M^{rs} les commissaires nommez par le dit arrest devoient se rendre céans, pour former leur avis sur la ditte instance, que par esgard à l'authorité de la Cour et des sieurs commissaires par elle nommez, il falloit les informer du dit même decez (*sic*)... prendre les ordres et les avis du très révérend Père Michel Darde, ministre de Verberie, Provincial de France, supérieur général de l'ordre *sede vacante* en la ditte qualité...

N° 255.

1706. — Requête des définiteurs au Roi pour le prier de faire défense au R. P. Darde de ne rien ordonner touchant le gouvernement de l'ordre (Archives de Lorraine, H 3774, n° 1).

SIRE,

Les religieux définiteurs généraux de l'ordre de la Ste Trinité et rédemption des Captifs remonstrent très humblement à Votre Majesté que, par le dernier chapitre général qui a réuni l'ordre auparavant divisé, et de vostre agrément, il a esté ordonné qu'en cas de vacance du généralat l'ordre seroit gouverné par le provincial de France en qualité de custos né, c'est-à-dire dépositaire de la supériorité généralle jusqu'à l'élection d'un nouveau général : et comme il a pleu à Dieu d'appeler à luy depuis quelques jours le R. P. de La Forge, supérieur, et que le gouvernement général se trouve dévolu, suivant le reiglement, au P. Darde, ministre de Verberie, Provincial de la Province de France, qui estant accablé du poix de 84 ans et de ses infirmités, manque de lumières et de la fermeté de jugement nécessaire à celuy qui doit faire les fonctions de supérieur général, estant tombé dans une telle imbécillité qu'il est exposé à toute sorte de surprises, ce qui peut fournir occasion *à certains esprits factieux de l'Ordre de s'élever contre le dernier Chappitre général*, quoy qu'il se soit tenu sous la protection et autorité de Votre Majesté, ce que lesdits supplians ont grand interest empescher, et c'est ce qui [les] oblige, Sire, d'implorer très humblement l'autorité de Votre Majesté et de la supplier de vouloir bien s'interposer à ce que le R. P. Darde, ministre de Verberie, ne puisse rien statuer ny ordonner touchant le gouvernement de l'ordre pendant la vacance du généralat, si ce n'est de l'avis et consentement des définiteurs généraux de l'ordre de France, à peine de nulité de tout ce qui sera par luy autrement statué et ordonné[1]. Ceci n'est point signé (*sic*).

---

1. « Définiteurs généraux de l'ordre en France pour les antiens (*sic*) dans les 4 Provinces. || France et Normandie.

« Cl. Du Bois, ministre de Chelles, maison des Antiens, et Prieur de St Christophe dépendant de la maison réformée de Lizieux, Réformé. Transféré dans les antiens par le feu Général seul, interdit de ses fonctions de confesser et prescher par M^r l'archevêque de Sens dans la maison de Fontainebleau où le P. Général l'avoit establi conventuel depuis sa translation, étant originairement profex de la maison réformée des Mathurins de Lisieux définiteur pour les 2 antiennes Provinces de France et Normandie.

« Le Père J. Roubaud, profès de la maison réformée de Marseille, transféré par le P. Général *ut supra* dans les antiens, pourveu par le dit P. Général en 1703 de la ministrerie de Chaalons qui est des antiens. » (Voir pièce 251).

N° 256.

1707, 17 janvier. — Certificat de l'état du couvent de Faucon (première page du Libro in cui descritti sono i censi attivi, passivi, terre, possessi, debiti, crediti, Messe de fondacione *(Archives des Basses-Alpes, H 15).*

Noi ministro e consiglieri, facendo la revista generale de beni crediti e debiti, appartenanti a questo nostro convento del luogo di Falcone, sotto il titolo di Nostro Padre San Giovanni di Mata, ritroviamo il ditto nostro convento nel stato siguente.

Crediti : un censo di sette cento lire di principale sopre la communita dell' estesso luogo di Falcone, redditivo a raggione di cinque per cento.

Una somma di dodeci doppie meno un quarto, constituendo un censo, che per non trovassi l'impiego securo resta nell' arca di tre chiavi.

Resta questo nostro convento fornito dell necessario, tanto appartenente alla chiesa, sacristia quanto all' economia de comestibili, ció è grano, vino, oglio et altre piccole provionde, non venando altrimento carico il convento che della fabrica della nova chiesa, que il di cui lavoro s'impiega il denaro possibile, ascendente alla somma totale di quindeci più o meno doppie. D'altri debiti non si trova presentamente carico il convento. Questo e il presente stato, inche noi sopra detto Ministro e Consiglieri retroviamo questo suddetto nostro convento. In fede di che si siamo segnati di propria mano al di dieci sette del messe di Genaro mille settecento sette. — Fr. Francisco di SAN CLAUDIO ministro. — Fr. Caietano di SANT ANDREA consigliere. — Fr. Victor di SAN MARCO consigliere.

Nº 257.

1708, 4 mars. — Le P. Forton, de la Merci, à Cadix, invite les Trinitaires de Marseille à se montrer généreux, à cause des grands frais que cause la rédemption des captifs à Maroc (Trin. de Mars.),

Messieurs,

Le duplicata de la lettre que vous avés escrit au Révérend Père Busnot et envoyé à Mgr le Comte de Pontchartrain m'a esté renvoyé par sa Grandeur; on ne voit rien de plus beau que les règlements et les statuts que vous cités, et les uns et les autres prouvent également la sagesse de ceux qui les ont faits et leur zèle à procurer la liberté aux esclaves, enfans de vostre ville.

Permettez cependant, Messieurs, que je prenne la liberté de vous faire remarquer que, sy vos anceptres avoient préveu qu'un Prince du caractère de Mouley-Ismaïl devoit un jour régner à Marroc, très sûrement ils n'auroient point fait des semblables règlements. La Raison en est évidente, car enfin quelle apparence que des hommes sages et animés d'une parfaite charité eussent fixé la rançon d'un de ces infortunés à 6 ou 700 livres tout au plus, s'ils avoint cru que le temps viendroit auquel pareille somme fairoit à peine le tiers du rachapt d'un esclave.

Ce n'est pas, Messieurs, que je prétende vous insinuer par là que vous soyés dans l'obligation de donner au delà de vos forces, ny de porter votre charité à faire aujourduy un effort qui puisse derranger l'économie de vos affaires ou de vostre Compagnie. Mon intention n'est que de vous faire voir qu'on peut quelquefois passer au-dessus de certains Règlements, sans se trop scrupuleusement attacher à la lettre, et j'ose vous dire que, si vous voulés vous donner la peine de remonter jusques à leur source et leur principe, vous conviendrés qu'ils peuvent, dans l'occasion présante, souffrir interprétation; soyez-en vous-mêmes, M^{rs}, les juges, et supposons que vous ne puissiés absolument fournir pour chaqun de vos esclaves que les 6 ou 700 livres fixées par vos statuts; les voilà esclaves pour toute leur vie sans espoir de Rédemption. Ne vaudroit-il donc pas mieux que l'argent qui pour sa destination ordinaire doit estre appliqué à plusieurs, qui ne peuvent avec le secours estre mis en liberté, feust employé à rompre les fers d'un plus petit nombre, et la providence, dont les ressources sont inépuisables, fairoit trouver dans la suitte des fonds suffisants pour rettirer successivement les autres.

Mais, dites-vous dans votre lettre, mon ordre, qui est celluy de la Mercy, faisant des questes dans Marseille, et dans son terroir, doit pareillement contribuer au rachapt des esclaves de votre ville. J'en conviens avec vous, Messieurs, mais vous ne pouvez aussy disconvenir de deux choses. La Première, que vostre confrairie estant establie de temps immémorial et les confraires qui la composent sans nombre, dont la plus grande partie sont des gens riches ou aisés, et touts charitables, vous avez des grands fonds et des rentes, ce qui, joint aux aumones que vous recueilliez chaque jour, fait que vous avés dix escuts, tandis que nous n'en avons qu'un et que par conséquent vous pourrez rachepter dix esclaves, lorsque nous n'en rachepterons aussi qu'un.

La seconde chose dont vous devez encore convenir est que touts les esclaves du reste de la Provence sont sur le compte de l'ordre de la Mercy et que, sans ceux de vostre ville, il y en a aujourd'uy 50 ou environ dans les Etats du Roy de Maroc. Ces pauvres malheureux sont également chrestiens comme les autres; ils ont le même droit à la Rédemption; où prendre, Messieurs, les fonds nécessaires pour leur procurer la liberté? Sera-ce au Martigues, où l'on ne ramasse pas en dix ans pour en rachepter un, et il y en a 27 de cette ville, quoyque petitte? Sera-ce à Toulon? j'ay peine à vous le dire, mais vous pouvés vous en informer vous même, et vous apprendrés qu'à 1000 ll près que Mgr l'Evesque a promis, de charité, après la rédemption faitte, tout le diocèse ne fournit pas pour rachepter deux esclaves, et il y en a 12 qui nous sont recommandés de toutes parts, et ainsy des autres androits de Provence à proportion. Qui suppléera donc pour les lieux pauvres de vostre province? Si Marseille ne le fait point, je ne vois point qu'il y aye d'autres villes qui puissent le faire. Elle est plus riche que toutes les autres ensemble; elle est le rendez-vous de touts ceux qui font quelque commerce, et les estrangers qui abordent des extrémités du Levant font des aumones, auxquelles ont autant de droit les esclaves du reste de la Provence que ceux de vostre ville.

Ainsy, Messieurs, souffrés que je vous dise que, quand mème l'ordre de la Mercy employeroit quelque portion des aumones qui se ramassent à Marseille pour rachepter les esclaves des autres lieux de Provence, il ne fairoit rien qui blessât le droit naturel ny qui ne feust conforme aux plus estroites loix de la justice distributive.

Mais les choses se passent autrement, et quoyque vous paraissiés vouloir ignorer l'usage que nous faisons des aumones de Marseille, vous scavés pourtant bien que, non seulement nous les appliquons à rachepter les esclaves de cette ville, mais que, n'estant pas suffisantes, nous y avons encore joint très souvent d'autres sommes très considérables ; si vous aviés leu, M^{rs}, le Catalogue des esclaves rachetés en dernier lieu à Alger, vous y auriés veu le nom de ceux de vostre ville dont nous payâmes seuls la rançon, sans que de vostre costé vous y eussiez contribué de la moindre somme. Je ne puis rapeller quel estoit leur nombre, mais ce dont je me souviens, c'est qu'il estoit grand, et que de 114 esclaves que nous rachetames pour lors, il y en avait du moins les trois quarts de Provence.

Il est vray qu'il y a désia quelques ennées (*sic*) que nous n'avons point fait de Rédemption Générale, mais n'estes-vous point, M^{rs}, dans le même cas[1], et si les Pères Trinitaires de la Province de Flandres en ont fait une, l'argent ramassé en France n'y a point esté employé. Que si nous venons maintenant à l'énumération des Rédemptions particulières, combien n'en avons-nous pas fait à la recomandation des Puissances ou Prélats du Royaume et des Parents des Esclaves ? Sy, lors qu'ils sont arrivés les uns après les autres à Marseille ou dans quelqu'un des autres ports de France, on les avoit tous fait promener en procession ainsy que vous le faites, conformément à vos statuts, soyés persuadés, M^{rs}, que nous aurions donné un fort grand exercice à l'autre (?) Compagnie des Pénitens Blancs, qui nous fait la grace de se joindre à nous en pareilles fonctions ; ce sont des faits dont les preuves vous seront communiquées par les Supérieurs majeurs de la Province, lorsque vous aurés la curiosité de les en requérir.

J'aurois souhaitté pouvoir me dispenser d'ajouter ce dernier article, mais j'ai deu le faire pour répondre à vos réflexions, qui semblent ne dire qu'une chose et en disent adroitement deux, surtout,

---

1. Il y avait eu en 1695 et en 1700 des rédemptions Trinitaires.

celle de la redition de vos comptes à Monseigneur vostre Evêque. Si la Cour exigeoit de nous la même chose, on ne trouveroit pas moins d'ordre dans nos livres que dans les vôtres, et on verroit encore que, quoyque ce soit à nostre Père Commandeur de Marseille que M^{rs} les marguilliers rendent les comptes, l'argent cependant qu'ils portent est mis dans un depost à trois clefs, et on n'en sort jamais rien dont les dits marguilliers ne voint l'usage qu'on en doit faire.

Voilla, Messieurs, ce que j'ay cru devoir répondre à votre lettre au R^d Père Busnot et dont j'ay receu, comme j'ay eu desia l'honneur de vous le dire, le duplicata que vous aviés envoyé à Mgr le Comte de Pontchartrain. Je lui envoie pareillement cette réponce, pour qu'il paroisse à Sa Grandeur que, si de votre cotté vous remplissez dignement vos obligations, l'ordre de la Mercy fait ses efforts pour ne point manquer aux siennes[1]. — F. Fonton religieux de la Mercy et rédempteur des pauvres esclaves.

N° 258.

1709, 8 juillet. — Lettre du P. Toöry au sujet de l'échec d'une rédemption au Maroc (Bibliothèque de Marseille, ms. 1216, p. 479).

Je croiois m'en retourner de Maroc par Marseille, mais la commodité d'un vaisseau et l'obligation de venir rendre conte incessamment à la cour de l'état de la négotiation nous déterminèrent, avec le chef des Pères de la Mercy, de prendre, au mois de décembre, la route du costé de Nantes, avec une douzaine d'esclaves; depuis ce temps on n'a pu finir avec ce roy Barbare et de la plus mauvaise foy de la terre. Je m'en estois bien douté, après avoir veu les défaites et les barres qu'il mettoit à la conclusion; le matin convient d'une chose et le soir il change, ayant pour principe qu'il n'y a que les chiens des (*sic*) chrétiens qui sont esclaves de leur parole; enfin, la cour, convaincue de la perfidie de ce prince infidèle, a fait revenir les rédempteurs, après avoir mangé bien de l'argent en vain. Le R. P. Busnot est

1. Modeste pensée noblement exprimée.

arrivé à Paris, il y a un mois, avec un ou deux esclaves, heureux encore de ce que, au second et dernier voyage à Miquenés, capitale et résidence du Roy de Maroc, il n'y ont pas été assomez, car aprez avoir receu leurs présens, il leur fit dire que, s'ils ne sortoient dans deux heures, il les feroit brusler. Je vous laisse à penser si on attendit davantage à plier bagage, et s'il y avoit à balancer avec un homme qui avoit massacré, de sa propre main, au premier voyage dont j'étois de retour, depuis 33 ans de règne, plus de 36 mille hommes, selon la supputation d'un marchand. Au surplus, il ne nous fit pas pareille injure, à la conclusion près; il nous receut assez bien, pendant 24 à 25 jours que nous fusmes à sa cour, et poussa la civilité au point de nous donner douze esclaves, en récompense de nos présens; c'est la plus grande générosité dont il ait jamais été capable; aussi nous fit-il scavoir qu'il n'en avoit donné que quatre à M. de St Olon, ambassadeur du Roy. Dieu veuille consoler ces pauvres esclaves qui sont bien à plaindre d'un sort malheureux quasi sans ressource; parmy ceux que nous ramenames il y en avoit des captifs de 35 ans, les autres n'ont rien à espérer pendant sa vie. Il a environ 72 ans et, plus il vieillit, plus il est mauvais[1].

N° 259.

1711, 24 avril. — « Lettre de Mgr Henry de Belzunce au P. Giraud, ministre de La Cadière[2], où se trouve quelque règle pour la discipline, et où l'on voit les sentimens de ce Prélat, dont le zèle ne s'est jamais ralenti pendant son épiscopat » (sacremens à donner à un sorcier; Bibliothèque de Marseille, manuscrit 1411, p. 35).

Je suis très surpris, Mon Révérend Père, de ce que vous me mandés sur la difficulté que fait, bien mal à propos, M. le secondaire, de donner le Saint viatique au malade que vous avés absous; les sacremens sont pour les hommes, et non pour les anges; il y a des secrets

---

1. Note du P. Ignace : « Le Père Varanget, de Fontainebleau, qui étudie à Paris pour estre licencié, est le correspondant du P. Toéry. »
2. Canton du Beausset (Var).

où il n'y a point d'enchantement; mais je suppose que celui-ci est dans le cas; il s'en confesse, il en demande pardon à Dieu; c'est un péché dont il est repentant, il est en danger évident de mort; il faut luy donner le viatique. Nous ne sommes plus dans le temps de pénitence publique, en un mot, car il n'est à propos de retarder votre exprès; vous vous donnerés encore la peine de trouver ce jeune vicaire ou plutôt secondaire, et vous luy montrerés ma lettre, qui luy servira d'ordre pour donner le Saint viatique et l'extrême onction au malade; s'il a d'ailleurs les dispositions nécessaires, on peut lui faire demander pardon à Dieu, en présence des gens qui accompagnent le St Sacrement, du scandale qu'il a donné en se servant d'un remède deffendu, supposé que celuy-ci fût ou soit un sortilège, et ensuitte luy donner le corps du Seigneur, qui est venu pour sauver ce qui avait péri.

N° 260.

1712, 2 mai. — Arrêt du Conseil d'État, prescrivant l'établissement de nouveaux Statuts pour les provinces anciennes de l'ordre des Trinitaires[1], et circulaire de Claude de Massac, vicaire général, aux ministres, pour la revision des anciens Statuts (Archives de Lorraine, H 3774, n° 4).

Veu par le Roy, estant en son Conseil, l'arrest rendu, Sa Majesté y estant, le 24 septembre 1711, par lequel elle auroit ordonné que par le sieur Cardinal de Noailles, le sieur de Harlay, conseiller d'État ordinaire, et le P. Le Tellier, confesseur de Sa Majesté, nommez par arrest du 7 juillet précédant, ensemble par le sieur Gilbert de Voisins, maître des requestes, nommé par le dit arrest le 24 septembre 1711, il seroit procédé[2], entre autres choses, à l'examen des statutz de l'ordre de la Sainte-Trinité et Rédemption des Captifs, et qu'ils veilleroient à l'administration des biens du dit ordre ainsy qu'il appartiendroit, Sa Majesté, estant informée que, lorsque les dits sieurs Commissaires ont voulu procéder en exécution audit arrest, ils

---

1. En note : « Copie pour le ministre de Metz. »
2. Le manuscrit français 15766 de la Bibliothèque Nationale renferme des lettres du P. de Massac à ces commissaires.

ont trouvé que les statuts de cet ordre estoient dans une forme peu régulière, répandus dans différentes collections[1], et que la plupart n'estoient pas valablement autorisés suivant l'ordre du Royaume; que, même, dans le Chapitre général tenu à Cerfroid en l'année 1704, il fut arresté qu'on travailleroit ausdits statutz pour les mettre dans l'état de perfection où ils doivent estre, ce qui n'a pu être exécuté depuis, par les difficultés et les différentes affaires survenues dans l'ordre[2]. Sa Majesté, sçachant d'ailleurs que le dit ordre est composé de plusieurs congrégations établies en France, dont les statutz ne peuvent estre tout à fait semblables[3], par la diversité de leur institut et de leur gouvernement, et désirant principalement[4] qu'il soit incessamment procédé à l'"examen des statuts des provinces de l'ancienne observance établis dans le royaume; veu l'avis desdits sieurs Commissaires, Sa Majesté, étant en son Conseil, a ordonné[5] et ordonne que, dans trois mois, les provinciaux et autres supérieurs... seront tenus de remettre entre les mains desdits sieurs Commissaires un Corps de statutz pour les dites provinces, et qu'à cet effet chaque province nommera deux religieux qui aient passé par les charges de l'ordre, pour travailler à la rédaction des statutz avec les dits provinciaux et autres supérieurs pour, les dits statutz remis par devers les dits sieurs Commissaires, estre examinez par eux et, après le dit examen, être autorisés par lettres-patentes deuement enregistrées, et servir de règle ausdites provinces de l'ordre de la Sainte-Trinité. Fait au Conseil du Roy, Sa Majesté y estant, tenu à Versaille le deuxième may mil sept cent douze, signé PHELYPEAUX.

Monsieur et Révérend Père,

Vous sçavés que les contestations qui sont arrivées dans notre ordre, à l'occasion de la mort de feu notre R. P. Darde[6] custos, obli-

---

1. Je n'ai pu rencontrer aucune de ces éditions faites au dix-septième siècle.
2. Mort du P. de La Forge, général, en 1706; du P. Darde, custos, en 1708, sans parler de la guerre.
3. Les Réformés ajoutaient en effet des prescriptions à la Formule de réformation de Jacques Bourgeois.
4. Parce que les *quatre provinces* étaient vraiment le centre agissant de l'ordre.
5. C'est l'expression formelle et inéluctable de la volonté royale.
6. Il était ministre de Verberie et provincial de France.

gèrent Sa Majesté de nommer des commissaires pour résoudre les difficultés qui sont survenues... La première chose a été d'examiner les Décrets du Chapitre général de l'année 1704[1]. Il y en a un qui veut que des constitutions, faites il y a longtemps [Rome, 1657] soient accommodées et rédigées selon les loix et l'usage des provinces de France; ce décret a donné lieu à l'arrest cy-dessus transcrit, M[rs] les commissaires m'ont ordonné de vous en faire part, comme à tous les ministres des quatre anciennes provinces, afin de mettre dans un seul cahier et dans un meilleur ordre touttes les différentes constitutions et décrets des Chapitres généraux[2]; je vous en envoye une Copie, comme je fais à chacun des ministres des quatre anciennes provinces, afin que tous soient instruits et puissent faire leurs observations; vous prendrez, s'il vous plaist, la peine de m'envoyer les vôtres et de me marquer deux des ministres de votre province que vous choisissés pour, conjointement avec le R. P. Provincial, présenter les statuts à M[rs] les Commissaires, en exécution de l'arrest. Je suis avec estime, Monsieur et Révérend Père, votre très humble serviteur, F. C. DE MASSAC, custos et vicaire-général.

N° 261.

1712, 18 octobre, Paris. — Claude de Massac envoie au ministre de Metz le cahier des constitutions rédigé en vertu de l'arrêt du 2 mai 1712, pour y faire des corrections, avec prière de le renvoyer (Archives de Lorraine H 3774, n° 4).

Monsieur, je vous envoie l'arrest du conseil, qui est l'effet de la division et du mauvais procédé de ceux[3] qui ont essaié de publier que nous vivions sans constitutions. Il y a longtemps que j'avais un ordre verbal de travailler à ces constitutions; j'avois toujours reculé, mais enfin, il faut obéir[4]; au reste, vous verrés par le projet que je

---

1. Les provinces d'Espagne et d'Italie y assistèrent pour la première fois.
2. C'est ce qui fut fait dans l'édition donnée à Douai en 1719.
3. Sans doute les Trinitaires Réformés.
4. Cinq grands mois après l'arrêt.

n'ay rien établi de nouveau et rien qui change nos usages. C'est un reste d'embarras où nous a mis le chapitre de 1704; nous en sortirons du mieux que nous en pourrons. Je crois qu'il vaut mieux que nous nous fassions la loy nous mesme que de la recevoir des étrangers. J'ay mis en blanc[1] ce qui concerne les vocaux pour le chapitre général, parce qu'il n'y a rien de réglé là-dessus, et que je vois que l'on ne nous laissera pas les maistres de conserver le droit de tous les ministres[2]. Je ne me relâcheray pourtant point sur cet article si ce n'est pas forcé[3]; vous m'escrirés là-dessus votre sentiment comme sur tout le reste de ces constitutions, et vous m'indiquerés encore qui vous désignés pour députés de votre province pour l'exécution de l'arrest, mais ne m'escrivés rien que je ne puisse montrer, parce que je seray obligé de montrer à M^{rs} les commissaires toutes les réponses; s'il y a quelque chose de vous à moy, vous me l'escrirés sur un billet séparé : vous me renvoirés aussy le cahier de constitutions pour l'envoier à d'autres[4]; je ne pourrois pas en faire copier suffisamment pour tous les ministres. Je suis avec estime, Monsieur, votre très humble serviteur. F. DE MASSAC, vicaire-général.

Tachés de trouver quelque pareille commodité pour me renvoier sans frais le cahier des constitutions.

N° 262.

1713, 7 avril et 20 novembre. — Antoine Carrière, Trinitaire de Toulouse, demande la « réclamation » de ses vœux pour entrer à Saint-Pierre de Lézat, puis se désiste de sa réclamation (Archives des notaires de Toulouse).

L'an mil sept cens treize et le sept d'avril avant midy a Toulouze par devant nous conseiller du Roy commissaire aux Inventaires, no-

---

1. C'est une malice, sur laquelle le P. de Massac ne se fait même pas illusion.
2. On n'admit au chapitre que ceux qui avaient douze religieux.
3. D'après sa Chronique, il abandonna facilement ce privilège.
4. Massac disait, dans sa lettre officielle, qu'il envoyait un cahier à chaque ministre.

taire royal et apostolique de laditte ville dans notre estude, a comparu le frere Antoine Carriere, religieux proffés de l'ordre de la tres sainte Trinité du couvent de Toulouze, natif de la ville de Lezat dioceze de Rieux, entré en religion depuis le commencement de l'année mil sept cens neuf, lequel n'etant en volonté de rester plus longtemps dans le dit couvent, ny d'en observer la regle, a reclamé et reclame de ses vœux au tres reverend pere Duménes provincial et au R. P. Ignace Barbier, la charge de ministre dudit couvent vacante par le decés du R. P. Lapeyrie, et la demission du R. P. Campagne ex provincial, et supplie tres humblement ledit tres reverend provincial et ledit R. P. vicaire de ny porter obstacle, leur declarant qu'il veut entrer le plutost qu'il sera possible dans le devot monastaire de l'abbaye St Pierre de laditte ville de Lezat, ordre de Cluny, et qu'il se pourvoira en cour de Rome, pour supplier tres instament notre saint pere le pape, qu'il plaise a sa saintete d'aprouver laditte reclamation et de luy en accorder toutes lettres et provisions requises et necessaires. Et de tout ce dessus ledit frere Carriere a requis acte pour le faire signifier au tres R. P. provincial et au R. P. vicaire. Concédé en presence de Bernard Cruier et Francois Labadie, tailleurs dhabits habitans de Toulouze parroisse St Etienne signes a l'original avec ledit frere Carriere et nous Francois Forest notaire royal et apostolique sous signes, le present acte dument controllé. — FOREST.

L'an mil sept cens treize et le vingt de novembre, apres midi à Toulouze, pardevant Nous conseiller du Roy comissaire aux inventaires, notaire royal et apostolique de la ditte ville dans notre Estude, a comparu le frere Antoine Carriere, Religieux proffés de l'ordre de la tres sainte Trinité, redemption des captifs, du couvent de Toulouze, lequel a volontairement retracté et retracte l'acte de reclamation de ses vœux qu'il fit le septiesme d'avril dernier retenu par moi notaire, signiffié le douze dudit mois d'avril dernier au tres Reverend pere provincial et le vingt unieme du meme mois au R. P. Ignace Barbier, vicaire dudit couvent de la Trinité, declare et proteste qu'il veut vivre et mourir dans le susdit ordre, sous l'obeissance de ses supérieurs et veut que le dit acte de reclamation de vœux soit et demure pour non avenu de meme que les exploitz des susdittes significations et de tout ce dessus ledit frere Carrière a requis acte. Concédé en presence de Me Jacques Forest praticien et Pierre Joseph Blanc sellier, habitans

PIÈCES JUSTIFICATIVES.   379

de cette ville avec le requerant et nous notaire royal et apostolique susdit soussigné.

F. Carriere retractant, Blanc (les noms d'un témoin et du notaire manquent).

Controllé à Toulouse le 12 decembre 1713; reçu douse sols deux deniers. — RICHARD.

N° 263.

1714, 9 juin. — Amende encourue par les Trinitaires de Marseille pour n'avoir pas représenté leurs baux.

Mon très Révérend Père,

Tout ce que j'ay pu obtenir en votre faveur a été de modérer les amendes que vous avez encourues pour n'avoir pas représenté vos Baux, et n'en avoir pas passé de vos biens et revenus jusques à présent, à cent livres, ensemble les droits et fraix, m'ayant été promis qu'on apuyeroit votre soumission auprès de la Compagnie pour la faire accepter, *à la condition néanmoins que vous n'en parleriés absolument pas*, à cause que tous les autres ont payé deux cens livres, et que vous payeriés dans trois jours, à défaut de quoy j'ay ordre de vous faire poursuivre pour le payement du total sans modération. Vous devés comprendre combien je suis porté à vous faire plaisir et combien je serois mortifié d'être obligé d'en venir à une extrémité avec vous, ainsi ne différés point de profiter de la grâce qu'on a bien voulu vous accorder...   CHAMBON.

N° 264.

1714. — Démêlés avec le bureau de rédemption de Marseille, au sujet de chevaliers de Malte rachetés (Manuscrit du P. Giraud, p. 90).

En la même année 1714, à l'occasion des quatre chevaliers de Malte [1], de Vento, des Pennes, Castellane, Balbano de Luques et

1. Le rachat des chevaliers de Malte était particulièrement onéreux à cause de leur grande inimitié avec les Barbaresques.

Beaume, esclave à Alger, il s'éleva un orage dans le bureau de la rédemption de la Trinité à Marseille, où le père ministre eut bien de la peine à le calmer ; un esprit brouillon et factieux y avoit soulevé tous les esprits : on fut obligé de venir aux pieds du trône ; Louis XIV, de triomphante mémoire, avait nommé arbitres Messieurs le Bret, intendant de justice en Provence, et Arnoulx, intendant de ses galères, pour connaître des fonds de ces bureaux et y ramener la paix ; pour y parvenir, le père ministre avoit projetté de se servir des anciennes transactions et arrests du Parlement, de former un corps de statut que le Roy auroit authorisé par ses lettres-patentes ; M. de Pontchartrain nous avoit promis sa protection pour cela ; quand ce statut fut dressé[1] par le père ministre et M° François Ravel, avocat, le tout appointé après plusieurs conférences et aveu des parties respectives, elles ne voulurent plus s'y assujetir, de peur de trop informer la Cour ; et alors on aima mieux, dans la suitte, de passer une transaction[2] nouvelle (26 avril 1718).

N° 265.

1715, 6 juin. — Les Trinitaires de Montpellier acceptent un legs fait aux Pères de la Merci et aux Capucins par Philippe Bertrand, notaire, et refusé par ceux-ci (Trinitaires de Montpellier, *Cartulaire*, p. 193).

L'an 1715 et le 6° jour du mois de juin, dans la ville de Montpellier et le couvent des Religieux de l'ordre de la très Sainte Trinité rédemption des captifs, nous frère Augustin Darcisas, docteur en sainte théologie, religieux et ministre du dit couvent, ayant assemblé

---

1. Il est conservé dans le même manuscrit, pp. 91-98. « Ravel, dit le P. Giraud, aurait *connivé* de sacrifier le couvent à la chapelle ; Bernard Pierre, avocat, *archivaire* de Saint-Victor, dressa avec lui ce statut, en partant de ce principe que *des laïques avaient fondé à Marseille la première œuvre de rédemption ;* le prieur de la chapelle devait être mis à la tête du bureau ; cette idée était fausse et partiale, mais les religieux cédaient pour le bon ordre et l'unique bien de l'œuvre. »
2. « On y *innova* le titre de *chapelle de la rédemption des captifs*, glissée à l'annexe parce qu'il n'y avait pas de Trinitaire présent » (*Ibid.*, pp. 99-100).

les Religieux dans la salle du chapitre, leur aurions proposé que feu M⁰ Philippe Bertrand, notaire de cette ville, a, par son testament du 29ᵉ juillet 1695, fait deux fondations, l'une dans l'église des Religieux du couvent de Notre-Dame de la Mercy, Rédemption des captifs, de quarante-huit messes de Requiem chaque année à perpétuité, et l'autre, dans l'église des Religieux Capucins de cette ville, d'une messe de la Passion de Notre-Seigneur Jésus-Christ, aussy à perpétuité, moyennant la rente du capital de 500 livres, assignée sur le diocèse de Montpellier, qui est 250 livres par chacune fondation, — que les Religieux des dits couvents de Notre-Dame de la Mercy et des Capucins ont refusé d'accepter, savoir les Religieux Capucins, sur ce que l'institution de leur ordre ne leur permet pas d'avoir en propriété aucun bien ny rente, et ceux de la Mercy sur ce que le capital de la rente de la fondation faite dans leur église n'est que de 250 livres, — que, sur le refus fait par les religieux desdits couvents d'accepter lesdites deux fondations, demoiselle Izabeau Gondar, veuve du feu M⁰ Bertrand, nous a prié de vouloir charger nos dits Religieux et couvent des deux fondations, offrant d'augmenter le capital des dites fondations de 125 livres chacune.

Sur quoy a été délibéré que pouvoir est donné au P. Augustin Darcisas, supérieur et ministre du dit couvent, et au P. René Deloye, sindic, pour et au nom du dit couvent, d'accepter les dites deux fondations, et offre faite par la dite demoiselle Gondar et le sieur Bertrand d'augmenter le capital de 250 livres. En foy de quoy nous sommes signés. — Darcisas, ministre; F. Miraloup; D. Massias; Deloye, syndic; Doumerc.

N° 266.

1717, 28 mai. — Lettre du P. de Massac au P. Giraud, ministre de Marseille, au sujet d'un esclave racheté.

A Paris, le 28 mai 1717.

J'ai receu votre lettre du 14 de ce mois, mon Rᵈ Père; je suis bien aise que l'Esclave Pierre Bon le brun, Parisien, soit en liberté; nous resvons[1] ce que M. de Clairembault aura fait au consul, il en fera beaucoup plus que nous là dessus, parce qu'il sera cru sur l'exposé qu'il fera du Turc qu'il demande ; d'ailleurs, je n'aurois plus le tems de m'y employer, parce que je pars demain pour Flandre, ni ie je ne seray néantmoins que trois semaines au plus ; je seray de retour avant la St Jean et je sçauray alors ce qu'aura fait M. de Clairembault ; vous pouvés tousiours donner quelqu'argent à cet esclave pour se conduire à Paris, et luy procurer des charités, si vous le pouvés, pour épargner d'autant la bourse générale des captifs. Je vous ay déia escrit sur l'affaire des chevaliers[2] ; il m'a paru que cette difficulté étoit désagréable à M. l'ambassadeur de Malthe ; ainsy nous aurions mauvaise grace de poursuivre davantage. Je suis, de bon cœur, Mon R^d Père, votre très affectionné confrère, f. de MASSAC.

N° 267.

1717, 10 juillet. — Paulin Bonnet, religieux de Montpellier, demande à se retirer de ce couvent à cause de ses « incommodités » (Archives des notaires de Toulouse).

L'an mil sept cens dix sept et le dix juillet avant midy à Toulouze, pardevant nous, Notaire royal et apostolique de ladite ville, dans la maison de Madame de Picot, scituée pres la porte St Estienne, a comparu frère Paulin Bonnet, religieux du couvent de la Trinité de la ville de Montpellier, ayant fait sa profession dans le couvent de Limoux, dioceze de Narbonne, lequel, à cause de fréquentes incommodites qu'il a depuis long temps souffertes, et de celles dont il est actuellement atteint, par des ulcères aux jambes et enfleures, ce qui demeuré justifié par les certificats et attestations de M. Jean Henry Huguenot, proffesseur en medecine et medecin du couvent des dits Reverends peres de la Trinité de Montpellier, n'estant plus en estat d'agir, ni d'observer la règle de la ditte religion et ordre, a réclamé et réclame de ses vœux aux tres Reverends peres Victor Jausioundy

1. Nous nous demandons.
2. Ils refusnient d'assister à la procession.

provincial et au Reverend pere Darcizas, ministre du dit couvent de la Trinitté de Montpellier, de laquelle reclamation des vœux le dit frere Paulin Bonnet a requis acte.

Concédé en presence de Mr Jean Compagnon et Jean Henry Hébrard praticiens, habitans de cette ville. — Michon.

No 268.

1719, mai. — « Avantages de la Rédemption générale sur celles que des particuliers font. Mémoire dressé par le R. P. Philémon de la Motte. »

Les Rédempteurs, outre la liberté qu'ils procurent aux pauvres chrétiens, exercent encore les fonctions de Missionnaires, administrent les Sacrements, exhortent, consolent, fortifient dans la foy et l'espérance ceux qu'ils ne peuvent pas racheter, leur font des aumônes quand la misère les fait chanceler dans la Religion. Les Renégats mesmes ont recours à eux, pour ménager leur retour à l'Eglise ; en un mot, la seule présence des Religieux de la rédemption produit, de l'aveu de Mrs les Consuls, des biens infinis pour les esclaves et autres chrétiens libres, et même dans l'esprit des Barbares, qui admirent et louent hautement leur zèle et leur charité, ce qui ne se trouve point dans les rédemptions particulières.

Sans les rédemptions générales, il y auroit une infinité d'esclaves chrétiens qui mourroient dans les fers ou dans l'apostasie.

Les Esclaves sont moins chers dans les rédemptions générales que dans les particulières ; lorsqu'on demande un esclave *nominatim*, il est censé estre recommandé, et le patron en estant persuadé, il le vend plus cher. Le Consul, auquel on s'adresse, a des ménagements à garder avec plusieurs Patrons, qui sont officiers du divan, ou auxquels il peut avoir obligation, ou dont il espère quelque service ; ce qui l'engage à entrer dans ses intérêts et à luy faire donner de son esclave ce qu'il demande ; c'est ce que l'on sçait d'original. Un consul, chargé de commission, dit au patron : « J'ai ordre de traitter pour le rachat de ton esclave ; que veux-tu le vendre ? » Le Patron luy répond : « Je le veux vendre *tant*; tu m'as obligation, ou je suis en estat de te rendre service; il faut que tu me fasses celuy de me faire donner tant de piastres pour mon esclave. » Je laisse à penser de la situation où se trouve le consul dans ce cas.

Si c'est par voye de négociant, on a des preuves certaines qu'ils font courir dans le commerce l'argent qui leur est confié, souvent pendant plusieurs années, avant que de racheter l'esclave.

Dans les Rédemptions générales, on évite ces inconvénients. Lorsque les patrons ont recours aux consuls, pour leur faire donner le prix qu'ils demandent de leurs esclaves, ils répondent qu'ils ne peuvent rien sur les aumosnes qui sont entre les mains des Pères de la Rédemption, dont ils sont seuls les administrateurs et les œconomes, et qu'ils ayent à traitter avec eux.

Or, comme dans une rédemption génératle, il y a plusieurs patrons qui ont besoin d'argent, ou qui ne tirent pas grand service de leurs esclaves, cela fait qu'à l'envi l'un de l'autre, il les relâchent à meilleur marché.

Les frais reviennent toujours au mesme; on paye le passage et la nourriture de tous les esclaves particuliers et les autres frais comme dans les rédemptions générales. La lettre de M. Baume, consul d'Alger, escrite en may 1719 au Bureau de Marseille, en fait foy.

N° 269.

1719. — *Modus recipiendi captivos redemptos, aliquem in portum appellentes, specialiter Massiliam, pro solemni eorum ingressu* (ms. du P. Giraud, n° 1411, p. 88).

La manière de recevoir les captifs affranchis, à la sortie des infirmeries ou lazaret ou à l'entrée d'un hâvre, en particulier au port de Marseille, tout près la consigne :

Le Prêtre officiant, revêtu de surplis, étole et pluvial de couleur blanche, portant dans la main une croix ou un reliquaire, quittant la queue de sa procession vers la consigne, entre dans un navire où sont les esclaves, remet sa croix ou son reliquaire au diacre ou autre prêtre, et tout de suite dit...

Oremus.

Deus, qui per beatos Patres nostros Joannem et Felicem ordinem Sancte Trinitatis, ad redimendum de potestate infidelium captivos christianos coelitus instituere dignatus es, praesta, quaesumus, ut eorum suffragantibus meritis, hic famulus tuus N., a captivitate corporis et catenis solutus, a captivitate peccatorum suorum et daemonis, te adjuvante, liberetur per Christum.

Il présente ensuite le scapulaire béni à baiser à l'esclave...

Luy passant le scapulaire au col, il poursuit : .....

Luy mettant des chaînes sur les épaules, il ajoute :

Oremus.

Deus, cujus dextera beatum Petrum apostolum a vinculis absolutum illaesum abire fecisti[1] *ceterorum famulorum tuorum in captivitate positorum vincula absolve, eosque ipsius mentis illaesos abire concede per Dominum. Amen.*

Luy présentant sa main à baiser, luy donne un cierge allumé :

Accipe, frater charissime, lampadem ardentem et irreprehensibilis custodi fidem tui baptismi, quam in captivitate non deseruisti; da gloriam Deo; gratias ei repende coram populo Dei in processione publica : serva Dei mandata, ut cum Dominus venerit, possis occurrere ei cum omnibus Sanctis, habeasque vitam eternam.

Prenant l'esclave de la main droite, il lui dit :

Surge velociter, praecingere, excalcea caligas tuas, circumda tibi vestimentum tuum et sequere me, dicens in corde tuo : Nunc scio vere quod misit Dominus angelum suum, et arripuit me de manu Herodis et de omni expectatione plebis Sarracenorum[2].

L'officiant remet l'esclave au prieur de la chapelle : s'il y en a plusieurs, ils les mettent hors la barque, étant en terre, l'officiant entonne le cantique : *Benedictus*. Au cinquième ton, les deux chan-

---

1. Actes des Apôtres, chapitre xii, verset 8.
2. *Ibid.*, le dernier mot seul est changé.

tres le poursuivent, le chœur répond alternativement : *Gloria Patri*, etc., pendant le cours de la procession qui est ainsi continuée[1].

N° 270.

1719, 22 août. — Les archives du couvent de Faucon (Archives des Basses-Alpes, reg. H 17, p. 9).

[Je] Ambroise de la Visitation, ministre provincial des Religieux Déchaussés... de la Congrégation de Provence, faisans notre visite dans le nostre couvent de Faucon, sous le titre de St Jean de Matha, avons leu et exactement examiné le présent livre des fonds de terre et de messes de ce nostre dit couvent, que nous avons approuvé, et parce qu'il seroit important à nostre congrégation d'en avoir les actes, nous ordonnons au R. P. ministre de nous fournir, dans le terme de quatre mois, le nom des notaires qui les ont receus, avec leurs dattes, pour estre conservés dans l'archive de notre deffinitoire, afin d'y avoir recourz en cas de besoin. En foy de quoy, nous avons signé avec notre secrétaire et apposé le scel de notre office, dans le nostre couvent de Faucon, le vingt-deuxième aoust mil sept cent dix-neuf. — Fr. AMBROISE, provincial; Fr. CHRYSOSTOME, deffiniteur.

N° 271.

Avant 1720. — Exhumation de la dame de Barthélemy (Trinitaires de Marseille).

Et peu après le R^d Père Viany, ministre de la Trinité, a dit qu'il n'a donné la sépulture dans son église à la dame de Barthélemy, où

---

1. « Cette copie originale fut dressée par le Père Paul Giraud, ministre du grand couvent de la Trinité de Marseille. Pour la première fois, le 22 août 1714, on s'y conforma ; et par là on fit cesser de fréquentes contestations : les pénitents, dans la barque, faisaient souvent des fonctions qui n'appartiennent qu'au prêtre, ainsi qu'il est prescrit ici dans la rubrique de cette cérémonie, qui édifie le public » (note du P. Giraud, écrite en 1719).

est enseveli son époux et les siens, qu'à la réquisition des parents et qu'étant averti aujourduy que, par l'ouverture du testament solemnel de la défuncte, il conste qu'elle avoit fait élection de sépulture dans l'église de Notre-Dame de Lorette, il consent qu'elle y soit portée, pourvu que Mgr l'Evêque y consente, et que cela ne soit opposé à la teneur des arrêts de la cour de Parlement. L'Économe des R. Pères Servites paraît n'être pas fondé dans sa plainte de ce que le répondant n'avoit pas daigné luy raporter l'avis de la communauté, puisqu'il luy avoit envoyé les flambeaux, que le sommant avoue avoir refusé, et que le répondant est en état de rendre quand on luy en donnera un récépissé deuement signé, ensemble trois armoiries qu'on porte sur le corps mort...

N° 272.

1720, 21 août. — Le P. Mathieu Delaunay, ministre de la Veuve, fait une estimation des dégâts causés au couvent de Châlons par un orage (Trinitaires de Châlons, 53e liasse).

Je soussigné frère Mathieu Delaunay[1], Religieux Prestre et humble ministre de l'église St Jacques de la Veuve, de l'ordre de la Ste Trinité..., certifie qu'en vertu de la commission de nostre R^{me} Père général,... en datte du 8 du présent mois d'aoust de l'année 1720..., envoyée à l'effect de dresser procès-verbal des domages causés par une furieuse orage, accompagnée de gresles d'une grosseur prodigieuse, tombée sur la ville de Chaalons, et aux environs, dans laquelle ont esté envelopées la maison et couvent de notre ordre scis en la ditte ville..., j'ay fait visite de la maison, bastimens, église, cloistre, dortoir, et lieux réguliers, jardins et enceinte d'iceluy, que j'ay trouvé dans un estat si pitoyable que, sur tous ces édifices qui estoient couverts, partie de thuiles et partie d'ardoise, il ne s'est presque pas trouvé de thuile, d'ardoise, de plomb, de late en son entier, du costé de l'orage; les vitres, et plomb de l'église, celles de la maison, chambres des Religieux, réfectoire, dortoirs, sales et lieux réguliers, brisées et fracassées, de telle sorte que tous ces édifices, estans

1. L'ancien ministre des Mathurins de Paris, démissionnaire en 1695.

découverts pour avoir esté battus de la tempeste, ont esté quelques jours inhabitables, jusqu'au point qu'on a (*sic*) pu dire jusqu'à présent, et ne scauroit encore aujourd'huy dire la messe au grand autel de l'église, dans laquelle et autres lieux de la maison, il y a eu jusqu'à deux pieds d'eau, qui y a séjournée et augmentée par les pluyes continuelles des jours suivans; l'orage s'est encore fait sentir violemment, en tombant sur les colombier, greniers, sales et autres lieux de la basse cour, sur les arbres et jardin, dont elle a abysmé les fruits et les légumes, rompüe les arbres, haché les branches, et couvert la terre de deux pieds de greslons, du poid d'une à deux livres pesans, qui sont restés quelques jours sur la terre.

A l'exemple de partie de la ville de Chaalons, qui a fait visiter et appretier les degats de leurs édifices, j'ay aussi fait venir gens de mestier, vitriers, masçons (*sic*), couvreurs, ouvriers en ardoise, etc., qui, après visite faite... ont estimé que ces pertes et domages pouvoient aller aux environs de cinq mille livres, par rapport au temps présent, au prix des matériaux et marchandises qui sont augmentées du double, le travail et journées des ouvriers fort rares, qu'il faut nourir, payer et loger, etc.

Fait en présence de Monsr et Rd Père Le Laboureur, ministre du couvent, ce vingtiesme jour d'aoust mil sept cent vingt.

N° 273.

1725, 2 mai. — Lettre du P. de La Faye, rédempteur, « au Révérend père ministre et, à son absence, à son vicaire ou au Révérend père Giraud, definiteur général de l'ordre de la Très Ste Trinité, Rédemption des Captifs à Marseille ».

Mon Révérend père,

Vous serez sans doutte surpris d'apprendre que nous sommes icy pour nous en aller incessamment chez vous, et de là à Alger, à dessein d'y continuer notre mission, ne l'ayant pas peu finir à Maroc, d'où nous venons, après avoir laissé le peu de captifs que nous en avons retiré, à Cadix, entre les mains du R. P. Leroy, qui s'est chargé de le conduire dans ce royaume par le Havre de Grace, comme vous le comprendrez par le manuscrit inclus que nous vous envoyons, afin que vous ayez la bonté de le faire imprimer et aficher, quand vous en aurez obtenu la permission de votre saint prélat[1]...

Les messieurs qui vous rendront notre lettre vous diront le danger évidant que nous venon d'éviter de nous perdre sans ressource; nous avons commencé d'en rendre d'abord de très humbles grâces à Dieu, et nous vous prions de vouloir aussi le *(sic)* faire rendre grace par votre Sainte Communauté, qu'il nous tarde aussi d'embrasser; vous nous ferés aussi plaisir d'envoyer quelqu'un de vos religieux, quand vous scaurez que ce vaisseau, appellé *le St Louis,* sera arrivé à votre port, aucun de nous deux n'ayant jamais été à Marseille[2], ce qui nous jetteroit dans un espèce d'ambras *(sic)*, sans le secours que nous vous demandons... — F. Jean DE LA FAYE; F. Augustin D'ARCISAS, ministre de Montpellier.

A la Tour de Bouc sur le navire appellé *St Louis,* ce 2 may 1725.

Vous aurez encore la bonté de vous informer, mes R. pères, s'il y a de bonnes ambarcations qui aillent à Alger, où il nous importe d'arriver bientôt. (*Écrit par le P. Darcisas.*)

N° 274.

1726, 25 février, 22 mars. — Le P. Le Marié, vicaire du couvent de Paris, se charge d'acquérir les ornements nécessaires au couvent des Trinitaires de Pontoise (Cartulaire de Pontoise, f°s 27 v°, 28, 29).

Ce jour d'huy vingt cinquieme fevrier mil sept cent vingt six, le Révérend père ministre a assemblé sa communauté au son de timbre, à la manière accoutumée, pour dernière conclusion d'une délibération précédente faite le septième décembre 1725, par laquelle il avoit été arrêté que le R. père ministre, allant à Paris pour les affaires de la maison et particulièrement pour recouvrir la livraison gratuite du sel qui avoit été supprimée, il se chargeroit pareillement de chercher

---

1. Belzunce. Le manuscrit ne s'est pas conservé.
2. Cela est extraordinaire, de la part du ministre de Montpellier comme de la part du procureur des Captifs.

dans Paris quelques étoffes convenables pour faire des ornemens propres à célébrer l'office divin, la sacristie de cette maison n'en ayant plus que de vils et de fort usés ; ce que le dit R. Père Ministre a exécuté par le secour du R. Père Prosper Le Marié, vicaire de la maison de Paris, qui luy écrit le vint trois du dit mois de janvier qu'il a trouvé, par occasion, une étoffe de velour cizelé à fond aurore, à neuf francs l'aulne, ce qui, celon (*sic*) la vente ordinaire, valoit trente six livres. La chose mise en délibération, a été résolue unanimement de prier le dit R. P. Marié d'acheter cette étoffe et de vouloir bien se charger de faire faire les ornemens, sçavoir trois chapes, deux tuniques et une chasuble[1]...

N° 275.

1728, 11 août. — Le ministre de la marine donne ordre de prendre des informations sur l'esclave Saurin, racheté par le consul d'Alger (Archives de la Marine, à Marseille, lettre 65).

A Versailles le 11 aoust 1728.

Je donne ordre au sieur Durand, consul à Alger, de faire passer à Marseille le nommé Jean Saurin, matelot de Bordeaux, esclave à Miquenez, du rachat duquel il a esté obligé de traitter, moyennant 105 piastres ; vous fournirez au père provincial de la Mercy de Guienne, qui est actuellement à Marseille, une occasion d'envoyer au sieur Durand cette somme ; il est prévenu de ce dont il est question par le père Béguin, commandeur de la Mercy, à Cadis. Lorsque le sieur Durand aura receu cet argent, il consignera ce matelot au premier capitaine ou patron qui fera son retour à Marseille, avec ordre de vous le remettre.

Il a dit qu'il estoit classé à Bordeaux ; cependant le sieur Rostan m'a mandé qu'il n'y en avoit point dans ce département du nom de

---

1. Le 22 mars, le P. le Marié fait savoir qu'il a trouvé « un devant d'autel fond de jaspe blanc, fleur de soye orné d'or et l'image de la Ste Vierge, accompagné d'un cartouche en soye et or et fleurs de différentes couleurs, au prix de cent cinquante livres, ce qui avoit coûté huit cent livres. Il est résolu d'un commun accord de l'acheter et de se servir d'une occasion si favorable ».

Saurin ; cette circonstance faisant croire qu'il n'a pas accusé juste, vous l'interrogerez par rapport à ce fait, et sur ses réponses, dont vous me rendrez compte, je vous marqueray le party que vous aurez à prendre à son sujet. — Maurepas.

N° 276.

1728, 27 décembre. — Pension de retraite à l'ancien domestique des Trinitaires de Pontoise (même registre, f° 37).

Ce jour d'huy vingt-sept décembre mil sept cent vingt-huit, le Révérend Père Ministre a assemblée (sic) ses Religieux capitulaires, et leurs (sic) a exposé que, ne pouvant plus retenir le sieur Branchu, ancien domestique, au service de la maison à cause de son grand âge et de ses infirmités, il étoit de la charité et de la religion de luy procurer quelque secour temporel pour subsister et lui faciliter son entrée dans la maison des renfermés de Pontoise ; sur quoy ayant meurement délibéré, ils ont consentie de donner annuellement au dit Branchu, sa vie durant, un stier (sic) de blé méteille ; en conséquence, ont donné au dit Branchu un acte d'asseurance signé de leurs mains, pour engager eux et leurs successeurs à continuer cette aumosne[1].

N° 277.

1729, 17 septembre. — Claude de Massac, général de l'ordre, invite chaque ministre de France à payer une taxe, pour l'entretien du procureur général en cour de Rome.

J'aurais souhaitté, Monsieur, pouvoir attendre aux chapitres provinciaux prochains, pour y faire l'imposition pour la subsistance du Procureur Général à Rome, mais il m'a exposé que nos Pères Espagnols le pressaient de s'y rendre, et pour éviter *l'inconvénient du*

---

1. « Branchu est mort cette année 1730. »

choix d'un autre par le tribunal de Rome, comme il est arrivé quelques années avant le chapitre général dernier, j'ay cru que je devois par provision rendre l'ordonnance, dont l'extrait est icy, à laquelle je vous prie de satisfaire au plus tost. Mon intention n'est pas que cette imposition soit annuelle, si les chapitres provinciaux ne le jugent pas à propos. Je suis de bon cœur, Monsieur, votre très affectionné confrère. — F. de Massac, général.

N° 278.

1730. — Deux processions de captifs à Arras en 1701 et en 1730
(Le P. Ignace, *Dictionnaire*, t. IV, p. 775).

Le pape Clément XI chargea ces Religieux de la Rédemption que son prédécesseur avait ordonnée. Le père Pierre de Jésus, procureur de cet ordre en cour de Rome, fut à Tunis l'an 1701; le père Liebbe, natif et conventuel de la maison d'Arras, l'y accompagna; il revint en cette ville, avec plus de trente captifs de différens pais; on fit à Arras, Douai et ailleurs une Procession générale, dans laquelle on porta un crucifix et une image de la Sainte-Vierge retirés des mains des infidèles; on en voit les figures dans la chapelle de la Sainte-Chandelle sur le petit marché. Le père du religieux Liebbe, qui étoit ménétrier, porta long tems la Sainte Chandelle aux processions. Je tenois, durant celle dont je parle, une des chaînes attachées à un des bras du crucifix.

On en fit une autre, le 15 avril 1730, dans la même ville : elle étoit composée de 17 esclaves rachettés : les Trinitaires furent les quérir à la porte de Ronville... Comme l'église de ces Religieux n'était point alors achevée[1], on les conduisit processionnellement, au bruit des timbales et trompettes, en l'église des Religieuses de la Paix. Le lendemain, qui étoit cette année le Dimanche *in Albis,* l'on fit la procession générale, le sermon à St Géry par le père du Plessys, Jésuite, le *miserere* à la cathédrale et le *Te Deum* à St Nicaise.

---

1. « Le dimanche 29 octobre de cette même année, Wallerand de la Barre, doien de la cathédrale, fit la cérémonie de bénir l'église des Trinitaires d'Arras. »

N° 279.

1730. 20 septembre, 27 décembre. — Maurepas charge Poncet, commissaire de la marine, de prendre des précautions pour le passage à Constantinople du P. Jehannot (Marine de Marseille, lettre 61).

I.

Le Général des Mathurins m'informe que les dernières nouvelles qu'il y a eu de Salé l'ont déterminé à faire repasser de Cadis à Marseille le père Jehannot, pour l'envoyer à Constantinople, où il travaillera à racheter les esclaves qui s'y trouveront, comme ce Religieux ne doit y paroistre que travesti, et que Mr de Massac me marque que vous estes disposé à l'ayder à trouver l'habillement convenable pour cela, je dois vous dire que, non seulement le Roy désire que vous vous y employiez, mais mesme que vous lui procuriez l'occasion que vous jugerez la plus seure, pour se rendre à sa destination.

MAUREPAS.

II.

J'ay receu, Monsieur, votre lettre du 13 de ce mois, par laquelle vous m'informez du départ pour Constantinople du P. Jehannot, sur le vaisseau commandé par le capitaine Romity[1]. J'approuve toutes les précautions que vous avez prises pour qu'il ne soit point connu, ny dans la traversée, ny à son débarquement à Constantinople; et vous avez bien fait de prévenir M. de Villeneufve du départ de ce religieux, sous le nom de Duplessis, et de luy envoyer le mémoire des effets et des piastres qu'il porte avec lui, pour employer au rachapt des Esclaves. Il est bon que vous avez mis le tout à l'adresse de M. de Villeneufve, pour épargner le fret qu'il en auroit coûté, et mettre ces effets à l'abry des accidents qui pourroient arriver pendant la traversée. — MAUREPAS.

---

1. Dans son récit imprimé, le P. Jehannot se loue infiniment de ce capitaine.

N° 280.

1731, 14 juin. — En attendant le retour du P. Jehannot, les esclaves rachetés par lui ont la permission de s'en retourner chez eux (*Ibid.*, lettre 44).

J'ay receu, Monsieur, avec vostre lettre du 30 du mois passé, celles de M. de Villeneufve et du Père Jehannot qui y estoient jointes, et que je vous renvoye. Il ne convient point de retenir dans le Bagne les Esclaves rachettez, venus de Constantinople; il faut les laisser libres après leur quarantaine. Le Général des Mathurins, à qui j'en ay parlé, est convenu qu'il estoit à propos de leur donner la liberté d'aller chez eux, et doit avoir escrit aux religieux de son ordre, à Marseille, de fournir à ces Esclaves les secours dont ils pourront avoir besoin et de prendre, au surplus, les arrangements qui conviendront pour qu'ils se rejoignent et assistent à la procession, qui sera faite au retour du P. Jehannot. — MAUREPAS.

N° 281.

1731, 21-25 août. — Supplique des Trinitaires de Toulouse pour faire paraître en procession les esclaves rachetés à Constantinople, et permission conforme des vicaires généraux (Liasse 88).

A Monseigneur l'Archevêque ou à Messieurs ses Vicaires généraux.

Supplient humblement les Religieux de l'Ordre de la Très Sainte Trinité, Rédemption des Captifs, de la maison de Toulouse que, sur l'avis de Monseigneur leur Général, Procureur Général de la dite Rédemption, plusieurs esclaves chrétiens, qui ont été rachetez à Constantinoble et sur les costes de Barbarie par les Religieux envoyés à cet effet, doivent passer à Toulouse et y faire séjour pendant quatre jours, pour y recevoir les secours des suffrages des fidelles et des aumones pour le *rachapt de ceux qui restent en captivité;* et pour inviter le Peuple à contribuer à ces œuvres de miséricorde, tant par les indulgences accordées par nos Saints Pères les Papes que par vos bénédictions.

A ces causes, plaize de vos Graces, Monseigneur, accorder aux suppliants l'exposition du très St Sacrement dans leur église, le jour de l'arrivée des dits esclaves et les trois jours consécutifs, avec Prédication et Bénédiction du très St Sacrement, comme aussy leur permettre de conduire processionnellement les dits Esclaves en votre Eglise métropolitaine, d'y faire station, et puis à l'église de St Sernin, et autres, et les recommander à la charité des fidelles; les suppliants auront soin avec toute atention à régler cette feste, pour que tout s'y passe dans la décence et dans l'édiffication, et fairés bien.

Veu la présente requeste, nous permettons aux dits Religieux de l'ordre de la Trinité d'exposer le St Sacrement dans leur église, le jour de l'arrivée des dits esclaves et les trois jours suivans, avec sermon et la bénédiction; nous leur permettons aussi de conduire processionnellement les dits esclaves dans les lieux énoncés dans cette requête et de les recommander aux charités des fidelles[1]. Donné à Toulouse ce 25 aoust 1731. — MURAMONT, vicaire général; MARIOTTE, v. g.; BRETON, v. g.

N° 282.

1734, 28 février. — Honoraires du médecin des Trinitaires de Pontoise (Cartulaire, etc., f° 50).

Ce jour d'huy vingt huit février mil sept cent trente quatre, le Révérend père ministre, aiant assemblé sa communauté à la manière accoutumée, luy a proposé qu'il falloit, monsieur Gautrin étant mort, élire un nouveau médecin, selon l'usage établi dans touttes nos maisons; la chose mise en délibération, nous avons élû monsieur Farelle pour médecin de cette maison, dont nous connoissons la science et l'exactitude; nous lui avons aussy accordé l'honoraire de monsieur Gautrin, son prédécesseur, qui est ou vingt livres, ou un demy muid de vin chaque année, sauf à la communauté à avoir égard aux maladies longues et fréquentes...

---

1. Le 29 août, le Parlement de Toulouse déclara que, sous un faux « donné à entendre », les Trinitaires avaient surpris une ordonnance, contraire aux lettres-patentes du roi, et encouru une contravention formelle; il cassa l'ordonnance et fit inhibition aux Trinitaires, à la supplication du syndic de la Merci, de faire aucune quête dans tout le ressort du Parlement, à peine de 1,000 livres d'amende.

N° 283.

1734, 3 mai. — Le Commissaire général de Languedoc donne acte au ministre de Mirepoix de son élection comme troisième définiteur.

Nos frater Bonaventura Milhau, ordinis Sancte Trinitatis et Redemptionis captivorum, commissarius generalis in provinciis Occitaniae et Aquitaniae, cum toto suffragante capitulo, Dilecto nobis in Christo Reverendo Patri fratri Nicolao Fournier, Ministro Mirapicensi salutem in Domino, vero animarum episcopo.

Presentium tenore notum facimus et testamur te fuisse electum in tertium diffinitorem a toto sedente capitulo. Datum Tolosae, die tertia mensis Maii anno Domini M°DCC°XXXIIII°, ac signis manualibus nostris, et secretarii nostri sigillisque provincialis munitum. — F. B. MELL (?), commissarius generalis ac provincialis electus; F. ESCALAÏS, ex provincialis; F. V. JAUSIONDY, pater provinciae, necnon primus definitor; F. VIGNAUX, electus secundus deffinitor; FOURNIER, tertius definitor; F. SOULENC, quartus deffinitor electus.

N° 284.

1736, 1ᵉʳ décembre. — Ressources du couvent de Faucon
(Registre H 18).

Présentement, il [le couvent] doit six mille livres au sieur Antoine Trou, marchand à la ville de Turin; lesquelles 6,000 livres ont été empruntées pour la bâtisse de l'église, et on luy a payé les intérés à cinq pour cent, qui monte à 300 livres. Quant aux provisions comestibles du couvent, il se trouve y avoir de la farine jusques à Pasques, fromages, beurre, rys, lantilles et paste pour la soupe; il manque encore la provision de vin et de l'huile qui se fera à la saison; pour ce qui est des meubles, le couvent est fort misérable, principalement pour ce qui regarde le linge; car il y a fort peu de serviettes et linceuls, et la sacristie est encore plus misérable au regard de la lingerie; cependant, comme le couvent s'est expuisé (*sic*) des avans (*sic*) qu'il avoit faites si devant, en l'aiant dépensé pour la bâtisse de l'église, qui monte à huit mille cinq cent livres, il est aujourd'hui dans l'impossibilité de faire de nouvelles dépenses, et comme ce volume (?) que nous avons fait contient la vérité, nous nous sommes signés ce premier décembre de l'an 1736. — Frère Casimir de St François, ministre; Fr. Gio. Battista de la Concezione, con^{re}; Fr. Antoine de la Conception, conseiller.

N° 285.

1737, 14 mai. — Le cardinal de Fleury interdit aux Trinitaires Réformés, réunis en chapitre à Cerfroid, de changer leurs statuts sans la permission du Roi (Trinitaires de Marseille, registre 13, p. 226).

A Rambouillet, le 14me May 1737.

Le Roy ayant été informé, Mes Révérends Pères, que votre Chapitre Général doit se tenir à Cerfroid le 18me du présent mois, et qu'on y doit traiter de la mitigation de quelques points de la Réforme, pour tâcher de l'obtenir ensuite en Cour de Rome, Sa Majesté m'a ordonné de vous deffendre de sa part de faire aucune Poursuite à cette Cour, avant qu'elle ait été instruite de tout ce que vous devés innover, n'étant pas permis de faire aucune demande au pape pour choses extraordinaires et qui regardent les statuts des ordres Religieux, sans en avoir auparavant obtenu la permission. Je connois trop votre soumission aux Ordres du Roy, pour douter que vous ne les exécutiés, et que vous ne me donniés avis de la Réception de ceux qui sont contenus dans cette lettre. Je vous prie d'être persuadés, Mes Révérends Pères, de l'estime et de la considération particulière que j'ay pour vous et pour votre Congrégation. — Le cardinal de Fleury.

N° 286.

1740, 24 octobre, et 1741, 30 juillet. — Profession de Gaspard de La Lance et son retour à la maison de Metz (H 3777, n° 21).

I.

Ce jour d'huy vingt quatre Octobre mil sept cent quarante, Gaspard la Lance, fils de Gaspard la Lance, procureur d'office, de Corny, et de Barbe le Payen son épouse, âgé de vingt-deux ans, baptisé dans l'église paroissiale du dit Corny, le huitième jour du mois de février mil sept cent dix-huit, a reçu l'habit de l'ordre dans cette maison de S¹ Mathurin de Paris, pour l'état de frère clerc, par les mains de R^me P. Claude de Massac, Général de l'ordre et Ministre Particulier de cette maison, après y avoir assisté pendant quelques jours en son habit séculier à tous les exercises de la maison, et a eû pour cet effet les suffrages des religieux capitulaires. Et ont été présens à ladite prise d'habit Barthélemy Cellier, marchand perruquier, demeurant à Paris, rue du Foin, paroisse S¹ Séverin, et Vincent Robin, marchand mercier, demeurant rue S¹ Jacques, paroisse S¹ Benoît...

II.

Nous F. Claude de Massac, etc... à notre cher confrère le RR. PP. Ministre... de notre maison de Metz, salut en notre Seigneur.

Sur ce qui nous a été représenté par le F. Gaspard la Lance, novice en cette maison de Paris, plus de neuf mois qu'il auroit pris l'habit de notre ordre, le vingt quatre octobre dernier, après avoir eû des suffrages de notre communauté, mais que l'air de Paris ne luy étant pas convenable, il auroit pris la résolution de nous demander la permission de retourner à Metz, pour y continuer son noviciat et y faire sa profession, si vous l'en jugés capable, après l'avoir éprouvé par vous même. A ces causes, désirans de notre part contribuer à sa consolation, nous nous permettons par ces présentes de le recevoir en notre dite maison de Metz, pour y continuer son noviciat et y faire sa profession, après les épreuves ordinaires requises en pareil cas. Donné à Paris en notre maison de S¹ Mathurin... l'an mil sept cent quarante-un, le vingtième jour du mois de juillet...

N° 287.

1740, 28 octobre. — « Le P. Baert du Bourcq confirme la procuration donnée le 2 avril 1734 à Van Costenoble, procureur à Estaires, pour percevoir les rentes de ce prieuré, et lui accorde six florins sur chaque bail excédant deux mesures » (Trinitaires de Douai, 2me carton).

Nous, Provincial..., ministre de la maison de Douai et prieur de Convorde en la paroisse d'Estaires, même ordre, aiant considéré que les biens de notre dite prieuré ont étez ci devant mal administrez, que les baux d'iceux ont estez faits sans afiches et publications, à très vil prix, et sans notre approbation, avons commis et établi, comme par ces présentes nous commettons et établissons, pour notre receveur des biens de la dite prieuré maistre Florent Alexandre Van Costenoble, procureur en la ville d'Estaires, à effet de recevoir..... ce que doit feu Maximilien François Laurent, vivant notaire royal au dit Estaires, et les héritiers d'icelui..... Ainsi fait et donné dans notre maison de Douai, ce deux avril mil sept cens trente quatre, signé PÉPIN, provincial, ministre des Trinitaires de Douai.....

Nous Louis François Baert Du Bourcq, docteur en théologie, veu la commission de notre prédécesseur ci-dessus transcritte, nous déclarons par ces présentes de donner le même pouvoir et la même autorité au dit sieur Van Costenoble, pour gérer et administrer dans la suite les affaires de notre maison, et au surplus, conformément à la dite commission et en considération des bons services par lui rendus, lui accordons pour l'avenir six florins de chaque bail excédant deux mesures, dont trois florins seront paié par nous, et trois florins par le fermier, ce que nous promettons avoir pour agréable, ferme et stable à toujours. Ainsi fait et donné à Estaires le 28 octobre 1740.

N° 288.

1742, 1er mars. — « Prix fait de la chaire à prêcher ; convention en conséquence entre le R. P. Louis Piscatory, ministre de Marseille, et Jean-Baptiste Grillo, maistre menuisier » (Reg. G, p. 429).

Il a esté convenu entre le R. Père Piscatory, ministre des Grands Trinitaires de cette ville de Marseille, et le sr Jean Baptiste Grillo, me menuisier de cette meme ville, sçavoir que le dit me menuisier nous fera une chaire à prêcher pour l'église, bois de noyer bon et bien sec, et qu'il exécutera suivant le dessein qu'il en a fait, le prenant dans l'exécution du côté du dessein où est la signature du dit R. P. Ministre, qu'il fournira à ses frais et dépens les paneaux grands et petits, ou nombre de sept, sçavoir le grand du devant, de marbre vert antique, les deux moins grands des deux costés de marbre dit brocatelle d'Espagne, et les quatre petits des angles creux, deux en marbre dit Elibédas, et les deux autres en marbre d'une autre couleur qui s'accorde aux autres; que de plus il faira, pareillement à ses frais, garnir tout l'appuy de la chaire d'un accoudoir de crin, couvert de marroquin rouge avec des cloux dorés, faira la dépense en son propre de tout le fer nécessaire pour la mettre en place, y compris celuy de la porte d'entrée de la chaire, comme gonds, guichets et tout ce qu'il conviendra pour ouvrir et fermer aisément la dite porte, qui sera à deux battans, qu'il boisera l'entredeux des chapelles de même bois de noyer, que tout l'ouvrage sera relevé d'un beau verny, et que le couronnement du ciel de la dite chaire sera suivi ou changé, selon que le dit R. P. Ministre le trouvera de meilleur goût, qu'enfin le tout sera mis en place avant la fin de juillet de la présente année, ainsi qu'en est d'accord le dit Grillo lequel, pour la totalité de son travail, recevra, quand il sera fini, la somme de six cens soixante quinze livres, selon l'accord arrêté entre nous. Fait double à Marseille le premier mars mil sept cens quarante deux.

N° 289.

1742, 6 novembre. — Rachat du capitaine Mauduit par l'entremise d'un More, en faveur de qui Maurepas a écrit à la Cour d'Espagne (Marine de Marseille, lettre 114).

J'ay receu, Monsieur, avec votre lettre du 24 du mois dernier, celle que vous a écrite le capitaine Raymond Maudhuit, commandant le Pink *La Vierge de Grâce*, pour vous informer qu'après avoir pris à Ste Croix un chargement estimé plus de 200.000 ll, il a été arrêté par trois Galiotes de Tanger et conduit en ce port, où il a été fait esclave, avec tout son équipage. C'est avec peine que j'ai appris cette nouvelle, et cependant j'ay été bien aise de voir, par la copie d'une lettre qu'un négociant de Gibraltar a écrite à un négociant de Marseille, qu'un More, en faveur duquel j'avois écrit à la Cour d'Espagne, et qui étoit embarqué sur la tartane du Capitaine Blanc, avoit obtenu du Pacha de Tanger le rachat du capitaine Maudhuyt et de son équipage, moyennant 2500 sequins barbaresques qu'il s'est obligé de luy payer à son retour, et pour lesquels le Capitaine Blanc s'est aussi obligé[1]...

N° 290.

1743, 20 avril. — La confrérie de Marseille et les Pères de la Merci projettent de racheter le capitaine Mauduit (*Ibid.*, 1743, lettre 34).

Je vous prie, Monsieur, de m'informer des noms et des Pays des gens qui composoient l'Equipage du Pinque, armé à Marseille sous le commandement du P^{on} Mauduit, qui a esté pris au mois de Septembre dernier par les Corsaires de Tanger. La confrairie de Marseille estant chargée de racheter les esclaves qui sont de cette ville ou de son territoire, et les Pères de la Merci de Provence et de Languedoc, ceux de ces provinces, ces éclaircissements sont nécessaires pour prendre des mesures pour le rachat de cet équipage. MAUREPAS.

N° 291.

1743, 16 août. — Extrait d'un Mémoire présenté à M. (*sic*) par (*sic*) et communiqué à M. de Marville, sur l'état présent du Couvent des Mathurins de Paris (Bibliothèque de l'Arsenal, Bastille 10, 182).

M. de Massac, général de l'ordre et supérieur particulier de la Maison de Paris depuis près de 30 ans, âgé de près de 80 ans, totalement aveugle depuis 8 ans, avec tous ses talents et sa grande piété, est hors d'état de gouverner.

Il ne sçait et ne peut savoir que par des raports ce qui se passe dans la maison. Les Religieux les mieux intentionnés ne sont point favorablement écoutés de lui, parce que les plus coupables ont gagné son esprit et son cœur, et que la crainte de se démettre le porte à tout dissimuler ou à ne rien croire de ce qu'on lui dit de plus déshonorant pour la Maison et son ordre.

---

1. L'affaire ne se passa pas si simplement, à en juger par la pièce suivante. La lettre est adressée à M. de Laugerie.

Cependant le mal augmente chaque jour; les coupables le lui cachent et lui disent que la Maison est bien réglée, et il le croit, il se tranquillise, malgré les raports contraires qu'on n'ose plus s'hasarder de lui faire. Le nommé Berthier, bon Religieux qui a accepté une cure de campagne à Rouvray, diocèse de Rouen, pour ne plus voir ce qu'il voyoit avec douleur, est en état de parler; d'autres que luy en administreroient de nouvelles preuves, s'ils ne craignoient d'en être, malgré leurs pieuses intentions, les victimes infortunées; ils diroient avec vérité :

1º Que plusieurs Mathurins, sans guides et sans frein, se laissent aller impunément aux désirs de leurs passions.

2º Que le père le Clerc, sacristain, mène depuis plusieurs années une vie débauchée avec une fille, qui change de tems en tems de demeure. Elle logeoit vers le mois de Janvier dernier rue Boudebrie[1] (*sic*) près la petite porte des dits Mathurins. D'autres filles par luy entretenües se sont vantées d'avoir été par lui introduites dans le couvent, d'y avoir passé la nuit, de lui avoir pris et montré à des étrangers un de ses bas et un de ses scapulaires, fait dont on a instruit dans le tems Monsieur le général, mais dont il n'a pas fait la moindre information; un chirurgien nommé Marc, auquel son frère a succédé, demeurant pour lors chès le perruquier des dits Mathurins, rüe du Foin, a dit publiquement à la cuisine devant le dépensier, chès les dits pères, en montrant une montre du dit sacristain, qu'il l'avoit receuë de lui, à compte sur ce qu'il lui devoit pour l'avoir guéri ; aussi a-t-on vu le dit sacristain tenir alors un régime de vie dans la Maison. Des personnes de piété, faisant habituellement leurs dévotions en leur église, ont raporté à des Mathurins avoir entendu tenir à des filles perdües le susdit discours, touchant le père sacristain, qu'il les avoit fait entrer au Couvent par une petite porte conduisant aux voûtes de l'Eglise, à présent condamnée par l'ordre du Général, mais encore facile à forcer; qu'enfin le libertinage du dit sacristain leur était évidemment connu, et qu'elles ne communiqueroient plus de sa main. D'autres personnes de piété allaient dénoncer au Général le dit sacristain, mais elles en furent détournées par ce discours : peine perdüe, M. le Général ne vous écoutera point. En outre, le dit sacris-

---

1. Corruption pour Erembourg de Brie.

tain est soupçonné, par les dépenses excessives qu'il a faites en sa chambre, ainsi qu'en habits et autrement, des (*sic*) infidelitez dans le maniement des fonds destinés pour l'Eglise, vu que ses Messes et sa modique pension ne peut monter qu'à 250ll. Cependant, quel beau choix! c'est lui que M. le Général a choisi depuis Noël, pour officier les grandes festes en sa place; scandale pour ceux qui le connoissent!

3° Qu'un autre Mathurin apellé Guillaume, déposé de la supériorité d'Estampes par M. le Général, pour ses emportements et yvrogneries, sur les plaintes des principaux de la ville d'Estampes, est également libertin : on l'a vû il y a environ deux ans, dans le Cabinet du portier, par la fenètre (*sic*), pousser avec une fille sa passion jusqu'à son terme diffinitif. Cette fille qui a avoüé ce fait au Procureurs des Mathurins, Père Trémeaux et frère Pierre, dépensier, a demandé juridiquement, au Châtelet, au dit Religieux une somme d'argent qu'elle disoit lui être düe. Les principaux locataires de cette fille ont dit avoir vu ce Religieux aller presque tous les jours chés elle; on a dit que ce Religieux s'est fait peindre, lui et cette fille, sur le même tableau. M. le Général a été informé de ce fait; mais, de sa part, nulle correction, nul remède.

4° Que le dépensier des Mathurins fait, les festes et Dimanches, un cabaret du Réfectoire, y donnant à boire et à manger successivement à des 15 ou 20 personnes, même pendant l'office. Sur ce fait, les Mathurins ont porté plainte à leur Général en plein chapitre; la dissimulation en a été le remède, et le désordre continue.

5° Que le grand nombre des Mathurins se frize, se poudre, porte des ceintures de soie, des manchettes, des colets, depuis que leur général est aveugle, à ne les pas distinguer des petits-maîtres, façons indécentes et impardonnables à des Religieux.

6° Qu'à l'exception de 6 ou 7, on est libre dans le parloir avec le sexe, jusqu'à prendre des libertés, à tenir des discours aussi séduisants que ceux des libertins les plus hardis; qu'à l'office, ils y assistoient d'une manière scandaleuse, à faire dire aux laïcs qu'ils ne pouvoient y aller eux-mêmes sans en être scandalisés.

7° Que plusieurs sortaient sans permission, que, les festes et dimanches on alloit dîner en ville, contre l'usage établi par M. le Général, et même en habit de chœur, qu'on se dispensoit à sa volonté de tout ou d'une partie de l'office, que l'usage de règle de la méditation après Complies étoit comme aboli pour plusieurs, principalement les festes et dimanches, qu'aux uns l'on ne voyoit jamais un bréviaire en main; que les autres n'ouvroient jamais la bouche au chœur, que pour parler de ceux qu'ils regardoient effrontément entrer et sortir, que quelques-uns disaient la Sainte messe d'une manière et d'une précipitation scandaleuses.

8° Que dans l'intérieur du Couvent, les murailles retentissaient des médisances, des calomnies des uns, de paroles licentieuses et chansons infâmes des autres; que, quand on avertissoit M. le Général, le mensonge prévaloit sur la vérité et l'innocent étoit opprimé, que ces désordres sus dits étoient en partie connus de M. Brûlé, curé de St Benoist, puisque, dans un souper chès les Mathurins, un jour qu'il avoit prêché dans leur église, il dit à M. le Général : « En vérité, M^r, votre maison a grand besoin de Réforme. » A quoi le Général répondit : « M^r, il n'y a que les Chartreux et nous qui n'ayons pas été réformés », ce que M. Coiffond, Mathurin, entendit.

9° Que leur Maison, si on n'y apportoit un prompt remède, auroit le même sort que celles de Ste Croix et St Victor, qu'on pouvoit le faire sans bruit et sans scandale pour le public, en obligeant, par ordre du Roy, M^r leur Général de se démettre dans un temps fixé de sa généralité et supériorité, et en prenant des mesures pour lui substituer en ces deux qualités un homme de tête, plein de vertu et de mérite; que jamais, sans un ordre exprès de Sa Majesté, M. le Général ne se démettroit, que Mgr l'ancien évêque de Mirepoix lui en avoit écrit, mais que le Général avoit interpretté cette lettre à sa façon et qu'il le croyoit avantageux à son système, plutôt que défavorable.

M. Duval : garder ce mémoire, pour en cas de mort du général des Maturins. 20 7bre 1744.

N° 292.

1745. — Décret du chapitre provincial des Trinitaires de Languedoc sur le costume (Trinitaires de Mirepoix).

1° Sancitum est, ad uniformitatem habitus ordinis nostri, ut religiosi defferant pallium nigrum in egrediendo, zonam pariter nigram, laneam nec nimis micantem; utantur pariter superpelliciis in concionibus publicis et beretto quadrato, quo etiam utantur in domibus loco pilei, et quod hec omnia ab uno particulari non possint assumi, nisi a tota simul communitate assumatur ; sola domus Tolosana superpellicio utatur, donec aliter definiatur...

4° Sancitum est ut omni rigore observentur canones, circa venationem sacerdotum clericorum et religiosorum, et praecipue venatio cum armis offensivis et tormentosis plane interdicta est, sub pena privationis vocis active et passive, per decem annos ad minus.

5° Juxta tenorem constitutionum nostrarum, cum sit ludus pictorum foliorum[1] et omnium aliarum stricte prohibitum est, ne quis tanta temeritate effrenis sit, ut audeat imposterum religionis statum violare ; quod si hoc contingat, decretum est 1° ut omnis usus peccunarius[2] correptus sit manibus delinquentium, cujuscunque gradus aut dignitatis sit (*sic*), eo quod minister quidquid necessum fuerit, ad ipsius necessaria providere curet, juxta posse domus, et secundum taxationem de novo factam que consistit in summam trium librarum pro vestiario, de more concesso 2° ut sacerdotes relapsi per sex annos, voce activa et passiva careant, clerici ab ordinibus recipiendis, usque ad emendationem veram et sinceram, et ad nutum superiorum majorum suspendantur ... 4° superiores per sex menses interdicantur a suis functionibus superioris, et si in ipsis emendatio vera non appareat, ad omnes dignitates et ministeria per totam vitam plane fiant et declarentur inhabiles.

6° Item sancitum est ut caligæ laneæ sint aut ex lino confectæ, sub pena ad arbitrium superioris imponenda.

N° 293.

1745. — Le couvent de Douai depuis 1559 (Bibl. d'Arras, ms. 1040, f° 35)[3].

1559. Mr Laloë, provincial de l'ordre de la Trinité, aiant représenté à M. les échevins que, par le derniere agrandissement de la ville de Douay, il a fallu abbattre l'église de leur maison, laquelle

1. Les cartes à jouer.
2. L'argent mis au jeu.
3. Certaines interversions ont été faites dans l'intérêt de la chronologie.

estoit toute contigüe les murailles, pour y faire les remparts et fortifications qu'il en faisoit lors édifier une nouvelle; pourquoy luy estoit besoin de faire une dépense considérable, suppliant (*sic*) mes dits sieurs de vouloir l'aider. Luy a esté accordé, en considération que leur dite église avoit esté abbatue, pour y faire remparts et fortifier la ville, le nombre de vingt mils briques et 20 mortiers, à payer des deniers de la ville, le 9 de mars 1559.

... Les Trinitaires demeurèrent quelque tems dans une maison scise dans la rue qui fait face au portail de l'église de Saint Pierre à gauche; mais on ignore si c'est à l'arrivée de ces Religieux à Douai, ou depuis la démolition de leur premier couvent; l'on voioit encore dans cette maison, l'an 1743, l'endroit qui leur servoit de chapelle; c'étoit une place basse où étoit encore en entier, dans la muraille sous une croisée, la niche de pierre qui servait à mettre le plat et les burettes pour la messe. Cette maison a servi depuis à usage d'hôtel des seigneurs de Mérode-Isenghien...

L'an 1745, la communauté des Trinitaires étoit composée de douze Religieux : onze Prêtres et un frère convers. Leur église contient trois nefs et une croisée assez étroite; à chaque croisée est un autel, auquel est attachée une confrérie, et chacune a son pèlerinage; à l'autel à droite en entrant est la chapelle de Notre-Dame du Remède; on y vient pour obtenir, par l'intercession de la Sainte Vierge, la guérison des fièvres et maladies; à l'autel à gauche est la chapelle de St Roch, que l'on invoque pour la peste. La confrérie établie en son honneur est composée de douze confrères, dont le ministre du couvent est toujours le Prince; on donne ce titre au premier d'une confrérie à Douai : ce qu'on appelle en d'autres pais maieur ou batonier; tous les ans, on porte la Relique du Saint en procession, avec le St Sacrement, aux Dominicains le 24 août, dernier jour de la neuvaine.

N° 294.

1746, 9 décembre. — L'autel de marbre de Marseille (Reg. G, p. 444; cf. reg. 8, p. 1).

Le neuf décembre mil sept cents (*sic*) quarante six, il a été convenu avec s^r Jules Gayet, marchand, et Pierre Montedony, sculpteur en marbre, lesquels s'obligent de travailler à la construction d'un autel tout en marbre, suivant le desscin qui a été dressé par le sr Kapeller, architecte de cette ville, consistant le dit autel en un tombeau élevé sur deux gradins, y compris le marchepié qui doit être marqueté en bardille et blanc veiné; le dit tombeau sera flanqué par deux arrière-corps, montés séparément, contreflanqué par deux consolles qui s'élèveront jusqu'au premier gradin servant d'appui; au-dessus du dit tombeau sera placé un tabernacle, dont la hauteur se terminera au second et dernier gradin, au-dessus duquel s'élèvera une gloire, consistant en huit colonnes, soutenues par deux grands piédestaux flanquant le tabernacle, et sur les gradins, ornées les dites colonnes chacune d'un chapiteau et de son entablement, surmontée d'un attique et de huit consoles, lesquelles seront terminées par un globe portant une croix, à quoi abboutira la dite gloire; au milieu d'icelle seront placés dans l'intérieur des groupes de nuages, têtes de chérubin, un delta et des rayons; le plan de la dite colonnade sera ovale et contiendra au milieu un piédestal en acrotère, orné de têtes de chérubin, destiné à porter l'encensoir et quatre bras d'argent; le dit tombeau, gradins et colonnes, etc., seront en marbre, tant devant que derrière, plaqués et enrichis d'ornements, moulures, sculpture. Entendant les susdits Religieux que le dit autel sera rendu et placé dans leur église, dans l'espace de neuf mois à compter du jour de la présente convention, et au plus tard pour la fête de l'Assomption, sous le dédit de quatre cents livres pour les dits sieurs Gayet et Montédony, au profit des dits sieurs religieux, au cas que l'ouvrage ne fût pas achevé pour le dit temps; il a été encore convenu que le susdit autel, avec tous ses ornements ci-dessus, y compris le quarellage en marbre blanc et gris, sera fait et parfait pour le prix et somme de trois mille cinq cents livres, de laquelle somme les dits sieurs seront tenus de se contenter, l'ouvrage étant fini.

N° 295.

1747, 16 février. — Traduction d'une lettre arabe, écrite au ministre de la marine par un esclave tripolin (Bibl. Nat., ms. fr. 10780, f°s 19 et 20 v°).

... C'est après ces marques de vray croyant que je prends la liberté de vous informer que notre sort d'esclave en chrétienté est des plus à plaindre, d'autant qu'on a (sic) aucun égard à notre religion qu'on se fait un plaisir de tourner en risée devant nous, celuy qui est le chef de ceux qui nous commandent, souffrant qu'ils profitent de leur autorité pour nous maltraitter comme des chiens qui sont à l'attache, et nous laissent souvent mourir de faim. Vous savez de quelle manière on en use à l'égard des chrétiens esclaves dans notre patrie[1], qu'on leur laissse la liberté de la religion, et même une liberté honête pour ce qui regarde leurs actions temporelles, et que la nourriture leur est accordée même avec abondance; personne ne les insule, et si cela arrivoit, le prince puniroit ceux qui seroient tombés en pareille faute. Il n'en est pas de même de nous, on nous maltraitte tous les jours de parolle et de fait; nous nous flattons que vous aurés compassion de l'état malheureux des gens qui s'adressent à vous, en ordonnant qu'on nous traitte avec la même douceur qu'on traitte les esclaves chrétiens qui sont dans notre patrie; c'est à vous, après Dieu, que nous avons recours dans notre misère; au reste, c'est en Dieu que nous mettons toutte notre confiance et c'est luy seul dont on doit attendre tout secours. Soyez aussi persuadé de la droiture et de la sincérité de celuy qui vous écrit la présente. La paix soit sur celuy qui est dans la bonne voye.

(*La lettre est sans datte et sans signature.*)

J.-B. Defrenne, secrétaire interprète du Roy, atteste que la présente traduction est conforme à l'original. A Paris, ce 16º février 1747.

Nº 296.

1748. — Eloge du P. de Massac (Archives nationales, LL 1551, fº 17).

Le 13º février 1748, Révérendissime Père en Dieu Claude de Massac, prêtre, docteur en théologie de la Faculté de Paris, profès de la maison de Sᵗ-Maturin, ancien ministre de la maison d'Etampes, ministre particulier de celle de Paris, général et grand-maître (sic) des chanoines réguliers de notre ordre, est décédé dans

---

1. Cela peut être vrai pour Tripoli, mais non pour toute la Barbarie.

cette capitalle à l'âge de 84 ans, et a été inhumé dans le chœur de l'église, à gauche en entrant, où l'on voit son épitaphe.

Ses vertus lui méritent le respect et la vénération du public; sa droiture dans le gouvernement, l'amour de son corps; il est regardé avec justice comme le restaurateur de notre maison de Paris; il l'a gouvernée comme ministre particulier l'espace de 42 ans[1].

L'ordre entier, à la tête duquel il se trouva trente-deux ans en qualité de général, lui doit, surtout en France, les commencements de ce ton de décence[2] qui fait aujourd'hui, en partie, la baze du bonheur de ceux qui le composent.

N° 297.

1749, 1er septembre. — Le rachat par les Turcs (*Ibid.*, ms. fr. 10780, f° 22).

Louange sans fins au grand envoyé de Dieu Mahomet et salut à tous les musulmans qui sont retenus dans les fers des chrétiens à Marseille...

Charité en vous, nos frères, qui marchez dans la voie du salut et dont Dieu dirige les pas. Salut soit sur vous tous, que le Seigneur vous comble de ses bénédictions et que sa clémence soit manifestée en vous, que le saint Prophète intercède pour vous auprès de Dieu, et qu'il bénisse les armes victorieuses de notre Prince.

Nous avons reçu les lettres que vous nous avés envoyés par le nommé Abdallah, qui est arrivé icy à bon port. Vos cris et vos plaintes, au sujet des peinnes que vous souffrez dans les fers des chrétiens ont esté portés aux pieds du trosne de notre prince, et le même Abdallah, qui a rendu un compte exact des mauvais traittemens que vous endurés, a sçu toucher le cœur de notre souverain, qui nous a chargé de vous écrire, pour vous signifier de nous envoyer par écrit vos noms, de quelle manière vous aves esté faits esclaves, et les noms particuliers des pais où vous avés pris naissance. Il est à présumer qu'il a ses raisons pour vous demander un pareil détail; ainsi ne

---

1. Un peu moins de quarante ans. Il avait été élu le 16 septembre 1708.
2. Comparer avec l'enquête de 1743, citée plus haut.

manqués pas à le satisfaire par la première occasion, et nous espérons, moyennant la grâce du Seigneur, que vos prierres et vos intentions seront exaucées et que vous reverrés dans peu une patrie qui
vous est chère, et où vous serés la consolation de vos parents et amis,
et qui est enfin un des sièges de la vraie religion. Ne différés donc
point à vous tirer du rude esclavage des chrétiens, en nous envoyant
au plutôt un détail bien circonstancié de ce que nous vous demandons par la présente... Au reste, mettez toujours toute votre confiance en Dieu et en son Prophète. — Ce 20 de chaaban l'an de l'hégire 1162, c'est-à-dire le 1ᵉʳ septembre 1749. — *Signé :* Le serviteur de la noble cittée, le pellerin Mohammed, fils de Mohammed, qui met sa confiance en Dieu seul.

N° 298.

1750 environ — « Sceaux de la Congrégation déchaussée » (Arch. Nat., LL 1552, pp. 140-141).

Afin que les sceaux soient uniformes dans notre congrégation, nous ordonnons que N. P. Frère Provincial aura deux sceaux, un grand pour sigiller les affaires d'importances (*sic*), dans lequel il y aura gravé l'image de la très Sainte-Trinité, la croix de l'ordre, au-dessous avec sa couronne et les cerfs, à costé et à l'entour ces paroles : *Sigillum provincialis fratrum discalceatorum ordinis Sanctissimae Trinitatis et redemptionis captivorum*, et un petit pour cacheter les lettres et les affaires ordinaires, dans lequel il y aura gravé la croix de l'ordre, avec la couronne et cette inscription à l'entour : *Sigillum provincialis.*

Chaque deffiniteur aura un petit sceau pour cachetter des lettres, dans lequel il sera gravé la croix de l'ordre et sa couronne, au-dessus et à l'entour : *Deffinitor provincialis.*

Le procureur en cour de Rome aura deux sceaux, l'un grand et l'autre petit, qui seront un peu plus petitz que ceux de Notre P. F. Provincial.

Chaque ministre aura deux sceaux, un pour sigiller les affaires d'importance de son chapitre et les obéissances, dans lequel on y faira graver la croix de l'ordre et à l'entour : *Minister conventus N,* et un petit cachet, là où il y aura une petite croix de l'ordre et à l'entour le nom du couvent, et servira pour cachetter les lettres qu'il laissera au président, lorsqu'il sortira du couvent.

Enfin, nous ordonnons et deffendons expressément à tous les religieux de notre congrégation, excepté les sus-nommés, qu'aucun n'aye et se serve de sceau particulier, à peine d'estre chatié de la peine griève.

N° 299.

La civilité chez les Trinitaires Déchaussés (*Ibid.*, pp. 113, 345-347)

... Quand quelqu'un regarde un autre, il ne le doit pas regarder de travers ny trop fixement, ny d'un œil sourcilleux ; de mesme lorsque quelqu'un rit, il ne doit pas trop ouvrir la bouche ny les lèvres ; s'il marche, il ne doit pas se regarder marcher (!), ny courir, ny cheminer trop vitte sans grande nécessité, ny non plus élever les épaules en marchant. En son maintien, il ne doit pas porter les mains pendantes hors l'escapulaire, ny avoir les sourcils trop élevez, ny mettre un pied sur l'autre estant debout, ny, quand il est assis, une jambe sur l'autre, bref il ne doit rien faire qui choque la modestie religieuse.

Nous exhortons tous nos religieux de montrer en tout tems et lieu un vssage grave, humble, modeste, gay et agréable à tous.

Nos religieux se donneront de garde surtout d'être fort circonspects en la veüe, de n'avoir leurs yeux errans vagabonds et curieux ; quand ils marcheront par les villes, particulièrement, ils les porteront abbaissés en terre, ou attachés à considérer leurs croix ; que si la nécessité requiert qu'ils les élèvent, que ce soit fort modestement, surtout qu'ils se gardent de regarder fixement les femmes, s'ils ne veulent être empoisonnés de leur veue...

Ils se garderont, principalement en public, de toute action indécente, comme est étendre les bras ou les autres membres, par trop baailler et autres signes de légèreté, que s'ils ne peuvent totalement les éviter, qu'ils les modèrent et les répriment, tout autant qu'il leur sera possible, de peur qu'ils n'offensent ceux qui sont en leur présence. Il n'est pas séant à un Religieux d'élever trop le col ny d'étendre son corps, aussi bien que de le tenir trop droit. La modestie religieuse demande plutôt de le porter un peu courbé et abbaissé.

... Lorsqu'un Religieux parle... il doit s'abstenir de toute affectation, exaggération et jactance, mais parler simplement sans faire beaucoup de gestes, ayant le regard toujours uniforme, sur lequel on voit reluire une bénigne sévérité et une sévère bénignité...

Ils prendront un grand soin des choses dont l'usage est commun, afin qu'elles ne se gattent, ou perdent, et ils se nettoyeront pas les dents, les narines, ny les oreilles des serviettes ou essuye mains qui sont pour l'usage commun, de peur que quelqu'un venant à voir, les ordures ne lui causent de l'adversion et fassent mal au cœur !

Quand ils parleront les uns avec les autres, qu'ils s'abstiennent de tout attouchement et jeux des mains, même aux récréations, et de tout autre trop grand familliarité contraire à la bienséance religieuse. ... Il ne regardera (*sic*) que rarement ceux avec qui il parlera et point fixement, particulièrement s'ils sont supérieurs; il se donnera aussi de garde de les aprocher de trop près, de peur de les incommoder de son souffle.

N° 300.

1750, 21 avril. — Visite de l'église du couvent de Troyes (extrait).
(Trinitaires de Châlons, 51ᵉ liasse).

Dans la nef de l'église garnie de bans tout à l'entour, un bénitier de marbre noir adossé au mur de l'église et soutenu d'un pilier de pierre sculptée; un grand tableau entouré de son cadre représentant le rachapt des captifs et leurs différens supplices; un lustre de cuivre jaune d'une façon antique; ce lustre a été ôté, parce qu'il n'était d'aucun usage et a été mis dans une chambre; deux troncs attachés à la boiserie qui sépare le chœur d'avec la nef.

Dans le chœur, garni de bancs comme la nef, un pulpite de cuivre jaune, deux pièces de vieille tapisserie de Bergame, au-dessus des sièges des Religieux et deux autres bandes de tapisseries à personnages avec des franges; au bas, dans l'armoire du Prie-Dieu qui est devant la place du Ministre, deux petits chandeliers de bois tourné, pour mettre aux places des Religieux.

Aux deux petits autels garnis de leurs parements de bois paint avec la Croix de l'Ordre (au milieu, deux Anges en adoration) de leurs retables, tableaux et statues de saints en pierre et en bois, deux bras de cuivre doré à chaque autel, une croix de bois avec son Christ; sur l'autel de la Ste Vierge, un tapis d'indienne, et sur l'autel de St Augustin, deux chaînes de fer[1] avec leurs menottes, que feu M. Michelin[2], ministre de la maison, a gardées en mémoire des deux rédemptions qu'il a faites.

N° 301.

1750, mai. — Hassan-Mustapha, esclave à Toulon, demande la grâce d'un chrétien qui a tué un musulman (ms. fr. 10780, fol. 26 v°).

MONSEIGNEUR,

Je supplie votre Grandeur de me permettre de luy demander, en particulier et au nom de tous les esclaves mahomettans, la grace du chrétien qui a tué un des nôtres, et d'avoir la bonté d'informer le ministre de l'Empereur de France pour la marine, que notre intention est qu'on pardonne au coupable la faute qu'il a commise, et de nous permettre de luy écrire pour le même sujet. Je vous demande la permission d'aller et venir dans les rues et les marchés publics et vous prions (*sic*) de deffendre aux chrétiens de nous insulter comme ils font. Soyez très persuadé que nous ne mésuserons point de la liberté que vous voudrez bien nous donner et, si quelques-uns des nôtres se comportent mal, nous vous prions instamment de le (*sic*) châtier avec la dernière sévérité. Nous vous supplions aussi d'ordonner que notre ration de pain soit plus forte, autrement nous mourrons de faim ou du moins deviendrons si faibles qu'on ne pourra tirer aucun service de nous (!). Hassan Mustapha, natif de Constantinople, se recommande en particulier à vos bontés, et vous prie d'avoir la charité de luy octroyer sa demande.

A Toulon dans le mois Djemazial, avvenant l'année de l'égire 1173, c'est à dire en mai 1750.

1. Ornementation de plus d'une église, comme Saint-Jean-des-Rois à Tolède. Les grilles de Conques (Aveyron) passent pour avoir été faites à l'aide des chaînes rapportées en ex-voto par les captifs délivrés grâce à sainte Foy.
2. Auteur du *Tableau de piété envers les captifs*. Troyes, 1668.

N° 302.

1750, mai. — Lettre sur le même sujet (*Ibid.*, f°⁵ 24 v°, 25).

Très haut, très puissant et très honnorable ministre du Grand Empereur de France, tous les esclaves musulmans qui se trouvent à Toulon ne cessent de faire des vœux pour la conservation de votre illustre personne, et d'implorer en votre faveur le Roy des Roys et celuy dont nous devons attendre tous les secours dont nous avons besoin dans cette vie et dans l'autre, pour que cette Majesté suprême comble de jours en jours sa Grandeur de la félicité et de la santé la plus parfaite.

Votre Grandeur a esté informée cy devant qu'un esclave chrétien, en s'en allant travailler à l'Arsenal, avait tué son camarade musulman, et elle avoit, sur ce rapport, envoyé ses ordres pour faire pendre le coupable, mais les prières et les supplications des esclaves mahomettans en ayant suspendu l'exécution, je me suis chargé d'écrire en leur nom et sous leur dictée la présente, pour supplier votre Grandeur de leur accorder la grâce du coupable, et ce qui sera pour eux un souvenir éternel de votre clémence et de vos bontés infinies. Permettez, Monseigneur, que le secrétaire de la présente qui est un Mahométan, né dans la ville de Constantinople, prenne la liberté de marquer à sa Grandeur que tous les esclaves meurent de faim, n'ayant par jour qu'un très petit pain, qui n'est nullement suffisant pour la nourriture et le soutient d'un homme. Je supplie votre Grandeur de donner ses ordres pour qu'on donne aux esclaves, du moins, de quoy supporter tout le poids de leurs travaux et de leur esclavage. Hassan Moustapha, natif de Constantinople, de meme que tous les autres esclaves Mahomettans, attendent tout des bontés infinies de sa Grandeur, et osent se flatter qu'elle aura égard à leurs supplications respectueuses, en faveur du chrétien coupable, pour lequel ils implorent la clémence et la miséricorde. Si enfin nous sommes assez heureux pour toucher votre Grandeur, ce sera pour nous une grande gloire, et, pour elle, un mérite qui pénétrera jusqu'au trône de celuy qui décide du sort des hommes.

La paix soit sur vous, Mon Seigneur, et que vos jours soient d'aussi longue durée que nous le désirons.

N° 303.

1750, 20 septembre. — Embarquement et départ pour Alger des Religieux de la Trinité et de la Mercy, envoyés pour le rachat des esclaves chrétiens (Arch. de la Marine de Marseille).

J'ay reçeu, Monsieur[1], votre lettre du 9 de ce mois, par laquelle vous me rendés compte de l'embarquement et du départ pour Alger des Religieux de la Trinité et de la Mercy, qui y ont été envoyés avec des fonds pour travailler au rachat des esclaves chrétiens. Vous avez bien fait de leur délivrer les listes des esclaves dont les parents se sont adressés à vous et j'espère que le succès de la mission de ces Religieux répondra aux espérances qu'on en doit concevoir, eu égard à leur zèle, aux instructions qu'ils ont de leurs supérieurs et à la protection particulière que le Roy a bien voulu leur accorder.

ROUILLÉ (ministre de la marine).

N° 304.

1750, 2 novembre. — Les déserteurs français ramenés d'Alger ne seront pas inquiétés (*Ibid.*, 1750, lettre 90).

Vous ne devez apporter aucun obstacle à la libre entrée de tous les esclaves françois que les Religieux de la Trinité et de la Mercy ont ramené d'Alger, et qui sont actuellement aux infirmeries de Marseille, quoy que dans ce nombre il y ait une vingtaine de déserteurs, qui ne sont point dans le cas de l'amnistie. M. le Comte d'Argenson, à qui j'en ay parlé, m'a assuré qu'ils ne seroient point inquiétés dans le Royaume et vous pouvez le certifier de même aux Religieux qui les conduisent. Si vous pouviez me procurer une notte de ces déserteurs, M. le Comte d'Argenson leur feroit expédier un sauf-conduit pour le tems qui seroit nécessaire aux processions qu'on leur fait faire dans le Royaume. Pendant cet intervalle, ce Ministre pourroit peut-être engager le Roy à leur accorder leur grâce et, à défaut, on les fera passer dans les colonies suivant le premier arrangement.

1. M. de Lusignan.

N° 305.

1750, 30 novembre. — Demande d'une liste plus détaillée des déserteurs (*Ibid.*, lettre 96).

J'ai reçeu, avec vos deux lettres des 13 et 16 de ce mois, la liste que les Religieux de la Mercy ont fait imprimer du nombre des Esclaves qu'ils ont racheté en dernier lieu à Alger, et les deux listes séparées des soldats déserteurs qui ont été ramenés par ces Religieux, ainsi que par ceux de la Trinité. Celle cy contient des éclaircissemens sufisans, mais la première est trop imparfaite, et j'en ai demandé une plus circonstanciée au Vicaire Général de la Mercy, afin que M. le Comte d'Argenson et moy puissions prendre incessamment les ordres du Roy, pour assurer le sort de ces déserteurs. — ROUILLÉ.

N° 306.

1751, 20 février-1ᵉʳ mars. — Un prêt des Dominicains aux Trinitaires de Faucon (Registre H 18, p. 16).

L'an mil sept cents cinquante un et le 20 février, Nous Président et Capitulaires, lesquels étant assemblés au dit lieu de chapitre, au son de la cloche, après avoir invoqué le Sᵗ Esprit, *ut moris est*, le Rᵈ Père Président nous auroit représenté le besoin où se trouvait le Couvent d'emprunter douze cents livres, pour payer les frais du procès que nous avons perdu dernièrement avec Mʳ Antoine Maurin, de Faucon, et, ayant prié les RR. PP. Dominiquains, nous auroient promis de nous pretter la susditte somme, à privation de capital et moyennant l'interest à cinq pour cent annuelement, en ayant à tel effet obtenu la permission, selon nos constitutions, de Notre Révérend Père Provincial, le P. Laurent de la Mère de Dieu, par une patente datée du 29 aost 1750....., ce que, tout bien considéré, avons unanimement délibéré par suffrages. — F. ANDRÉ DE Sᵗ ANTOINE, Trinitaire déchaux, président; F. FRANÇOIS DE Sᵗ STANISLAS, conseiller; F. VINCENT DE Sᵗ JOSEPH, conseiller.

Receu ce jour d'huy le premier mars, la susditte somme de douze cents livres en espèces de cours et pour estre telle la vérité, avons signé. — F. André de St Antoine, Trinitaire et président l'an 1750[1].

N° 307.

1752, 24 septembre. — Ordre d'incarcération de Claude Rauguin, ci-devant esclave à Alger (Marine, lettre 52).

Le nommé Claude Rauguin de la Ciotat, esclave à Alger, Monsieur, est parvenu par ses intrigues à se faire comprendre dans la Rédemption des Esclaves Espagnols qui sont actuellement en quarantaine aux infirmeries de Marseille[2]. Le sieur Le Maire, en m'informant de cette particularité, m'a marqué que c'est un fort mauvais sujet, et que parmi plusieurs sujets de plaintes qu'il a contre luy, il a empêché, par ses faussetés, le rachat d'un esclave dont j'avois chargé ce Consul. Je n'ay pas cru devoir laisser impunie une action de cette nature, et je vous envoye un ordre du Roy, pour faire mettre en prison le dit Rauguin jusqu'à nouvel ordre; j'écris aux Intendans de la Santé de le remettre à votre disposition, immédiatement après la quarantaine. — Rouillé.

N° 308.

1753, 27 février. — Guillaume Le Febvre, général, met une contribution de 205 livres sur la province de Champagne, pour l'entretien du procureur général en cour de Rome (Archives de Lorraine, H 3773, n° 7).

Nous frère Guillaume Le Febvre, docteur en théologie de la Faculté de Paris... à nos chers confrères les RR. PP. Ministres de nos Maisons de l'ordre en France.

Le recours à Rome dans les différentes affaires de l'ordre, en fai-

---

1. Ce n'étaient pas là tous leurs malheurs, à en juger par la note suivante : « Monsieur Maurin doit au couvent, par un billet, cent nonante livres qu'il a tiré de trop, par un procès que nous avons eu avec luy. »

« Dix ans après, le couvent de Faucon tenait un cens de deux mille quatre cents cinquante livres chez les Révérends Pères Dominiquains à raison de cinq pour cent, et le billet de cette était déposé dans le coffre de trois clefs. Ce billet est en datte du vingt cinq juillet mill sept cents soixante; ils n'ont pas encore payé l'interest. »

2. Comment pouvait-il y avoir des esclaves espagnols en quarantaine dans une ville française?

sant sentir la nécessité d'un Procureur général qui y résida (*sic*), a donné lieu aux décrets des chapitres généraux [de 1704 et de 1716] qui règlent que, quand il sera des provinces étrangères, il sera entretenû à leurs frais, et que quand il sera des Provinces (*sic*), ce sera aux nostres. Le chapitre général de 1749, pour remplir l'alternative de nos Provinces, a élu à cet effet le R. P. Estienne Claude de la Planche, docteur en droit et ministre de notre maison de Chaalons[1], et comme il ne pouvait s'y transporter qu'avec une dépense trop onéreuse à l'ordre, nous aurions jugé à propos, pour épargner les frais considérables qui auroient été à charge à nos Provinces, de commettre à ce soin, en qualité de viceprocureur général, le R. P. Pierre François Vacchini, ministre de notre maison de Sainte Françoise à Rome, à qui nous avons envoyé, dans les différens temps, les sommes nécessaires à sa gestion, qui doivent [être] répandües (*sic*) sur touttes les maisons de nos provinces. A ces causes, nous ordonnons, en attendant que les chapitres provinciaux y ayent pourvû, que la Maison de Troyes payera trente livres, celle de Chaalons trente livres, celle de la gloire Dieu trente livres, celle de Bar sur Seine quinze livres, celle de Vitry trente livres, celle de Metz trente livres, celle de la Veuve trente livres, celle de Soudey cinq livres, celle de Grandprez cinq livres, et ce pour les trois années précédentes, la même répartition devant aussy avoir lieu pour les trois qui suivront, lesquelles sommes, ramassées par les R. P. Provinciaux, nous seront envoyées en nôtre maison de Paris, attendu que nous en avons fait les avances, et dont sera par nous donné décharge. Donné à Paris en nôtre maison de St Maturin, l'an de nôtre seigneur 1753, le 27e jour du mois de Février. — F.-G. Lefebvre général. Par commandement de M. notre R^{me} Père Général, F. Paffe secrétaire.

N° 309.

1753, 21 avril. — Emprunt des fonds des esclaves (Trin. Mars., reg. 22, f° 29).

Bénitte soit la Très Ste Trinité.

Nous Ministre et Conseillers des Religieux de l'ordre de la très

---

1. Il en fit faire un excellent Cartulaire.

Ste Trinité et Rédemption des Captifs, pour nous conformer à l'acte du diffinitoire, en datte du dix huittième du courant, par lequel il donne permission au Révérand Père Victor, ministre de notre couvent de Marseille, ainsy qu'il conste par l'acte capitulaire du sezième du courant, d'emprunter les fonds des esclaves sous les conditions y énoncées, certifions que nous avons trouvé cent louis d'or, qui font la somme de deux mille quatre cent livres, et six sols, que nous avons remis dans un sac cachetté du sceau du couvent, au père Raphaël. En foy de quoy nous avons signé, à Aix ce vingt unieme avril mille sept cent cinquante trois.

N° 310.

Extraits des pénalités prononcées par « la haute cour que le seigneur ministre de Lérinne a jugeante à Lérinnes et à Thourinnes les Ourdons [1] » (Bibliothèque de Bruxelles, fonds Goethals, manuscrit 250, pp. 1 à 3).

1520. — De Collaert, fils le bouvier de l'abbé, 6 oboles pour avoir battu les enfans de la cense.

1530. — 10 livres par accord du nommé Wilme, Bâtard du ministre de Lérinnes, pour avoir fait deux sangs, c'est-à-dire deux blessures à sang et avoir tiré son épée deux fois.

Item après avoir dit que le beau-fils du ministre de Lerinnes, c'est-à-dire, sans doute, celui marié à la fille du Ministre (*sic*), avoit battu Margo Bertrand de Lérinne à sang...

1531. — Item d'avoir reçu 24 sous du vieux Jean Kymon de Lerinnes, pour avoir aidé le dit Jaco Renson à battre le gorlier à sang, ajoutant que le dit Kymon battit le dit gorlier d'un coup sombre, qui, suivant la loi de Louvain, est taxé, dit-il, à 28 pattars et 2 plaques... 25 sous d'un clerc pour sombres coups de baton... 2 livres 8 sous pour plusieurs coups de javeline sur la tête sans sang.

... Item 5 livres 10 sous d'Alexandre censier dette Stainche, à Lérinnes, qu'il paya pour se racheter d'un voiage de Milan, qu'il avoit encouru pour avoir fraudé la dîme.

---

1. Produit en 1754, à l'occasion d'un procès entre le ministre et la dame de Rohan-Soubise, comtesse de Walhain.

420 L'ORDRE FRANÇAIS DES TRINITAIRES.

Item au compte de 1537, 3 livres de Jean Loren de Lérines, qu'il paia pour se racheter d'un voiage à S¹ Thibaut en Auche, auquel il avoit été condamné pour avoir assisté à boire à la taverne de gerbes dérobées de Dîme (?).

Item de M. Cahourde, de Lérines, pour avoir battu le valet de l'hôte de S¹ Paul, 3 mailles de Hollande qui furent mises à néant par son insolvence (sic).

Item au compte de 1620, 21 livres de Grégoire Barteau de Lérines qui avoit forfait plusieurs amendes, et pendant plusieurs années.

N° 311.

1759, 31 mai. — Dépenses de la confrérie de la rédemption des captifs à Valenciennes (Bibliothèque de Valenciennes, manuscrit 1075, f° 17).

Nota que le bonni restant la veille de la Trinité 1758 après toutes, dépenses acquittées, montoit à la somme de 102 livres 7 sous 6 deniers.

	Ll.	S.	D.
A Monsieur le curé	12	10	
A Messieurs les vicaires	12	10	
A Monsieur le grand cler	6	5	
Au petit clerc	3	2	6
Au prédicateur	3		
Aux soneurs	4	1	3
Pour la jonsure¹		12	6
Aux enfans des cœurs (sic)		12	6
Pour les confanons (sic)		10	
Pour l'organisse	4	2	6
Pour avoir accommodé l'hautel		15	
Pour avoir balier (sic) l'église		7	6
Pour quatre clers qu'ils sont venus à l'ofice.	6		
Au valet pour ces gages	6	5	
Au carilioneur	3		
Au batonier	1	10	

1. La *jonchée* de fleurs.

	Ll.	S.	D.
Au sirier............................	6	17	6
Payer pour 33 livres de viande donnée au père Capucin	10	6	3
Pour le présent registre	1	10	
A Roger pour avoir porté la croix à la procession................................		7	6
Payer à Sanson Patissier pour les tartes qu'on a donnée aux filles qu'ils ont porter les châsses, compris les deux filles qu'ils ont porter la chandeille.........	5	2	6
Rembourcée à M^r le curé deux port de lettre venant de Paris	1	17	6
Remboursée à M. le curé deux port de lettre venant de Paris	1	13	9
Remboursée à M. le curé un port de lettre venant de Paris		7	6
Payé à Mr Henry libraire, pour avoir imprimer 3000 biliet, pour mettre aux portals des églises et relieure de 4 livres......	26	10	
	119	2	9

N° 312.

1759, 29 août. — Guillaume Le Febvre mande au ministre de Metz de répartir sur la province de Champagne une somme de 120 livres, en vue du procès à soutenir sur l'exemption contre les Bénédictins de Vitry (Archives de Lorraine, H 3774, n° 7).

Je vous escris, Monsieur, pour vous faire sçavoir que l'ordre est malheureusement engagé dans un procès, qui l'interesse moins par le bénéfice qu'il luy promet que par les frais qu'il annonce, et qui en seront une suite nécessaire; ce procès regarde l'exemption de la dîme, privilège autrefois commun à touttes nos maisons, et maintenant restraint à quelques-unes, que je crois en fort petit nombre. La maison de Vitry est une de ces dernières. Les Bénédictins s'avisèrent il y a quelqu'années (sic) d'attaquer son privilège, et le ministre ayant obtenu contre eux une sentence au baillage (*sic*) du dit lieu, ils ont interjetté appel au Parlement de Paris. L'affaire, de particulière qu'elle étoit, se trouve aujourd'hui généralle, par un arrêt interlocutoire du mois de Juin dernier, qui ordonne que l'ordre sera mis en cause; ainsy nous n'aurons plus de maison exempte de la dixme, si celle de Vitry a le malheur de succomber aux efforts des Bénédictins. J'ay consulté sur ce qui me convenoit de faire après cet arrêt du Parlement, et l'avis de Mrs les Avocats est que l'ordre ne peut se dispenser d'intervenir; mais où prendre de quoy fournir à la dépense? Vous sçavez vous-même que je ne suis pas en état de la suporter, n'ayant d'autres revenus que ceux de la maison de Paris; et d'ailleurs, ce n'est point une maison particulière, mais l'ordre entier qui est mis en cause. Je me suis déterminé en conséquence à mettre une taxe sur touttes nos provinces; je vous envoie à cet effet mon ordonnance, qui vous charge de faire la répartition de la somme qui concerne votre province sur touttes les maisons qui en dépendent. Vous aurés attention, lorsque vous ferés la répartition, que celles des maisons qui jouissent du privilège doivent être taxées un peu plus haut que les autres. Réunissant ainsi votre concours au mien, je n'auray que les inquiétudes qui sont bien assez grandes, de faire touttes les démarches convenables pour assurer, autant qu'il est en moy, le succès d'une affaire des plus douteuses[1]. Je viens de présenter une Requeste au conseil du Roy pour obtenir des lettres-patentes, confirmatives du privilège de l'Exemption, mais ce moyen de trancher la difficulté me réussira-t-il? Si le Roy veut bien m'accorder ma demande, ne trouveray-je point d'obstacles lorsqu'il s'agira de l'enregistrement? Ce qu'il y a de très sûr en tout cecy, c'est qu'il m'en coûtera plus que je ne voudrois dépenser. Cette réflexion me chagrine, et vous engage à m'envoyer promptement le secours que je vous demande. F. LEFEBURE (*sic*) général.

De la main du P. Lefebvre : Vous m'informerés des maisons qui jouissent de l'exemption et vous m'enverrés les pièces justificatives, si elles en ont.

1. Le procès fut perdu en effet.

N° 313.

1764, 14 avril. — Le P. Poinsignon, vicaire général, remercie la Chambre de commerce de Marseille d'avoir fourni les fonds nécessaires au rachat d'un esclave (BB 297).

A Paris, le 14 avril 1764.

Messieurs,

La bonté que vous avez eu de faire fournir à Alger les fonds nécessaires pour le rachapt du nomé Claude Maison, à la prière de Monsieur Simian vostre député, exige de ma part des remerciements que je me hâte de vous présenter; ils vous sont d'autant plus deus, Messieurs, que l'Œuvre de la Rédemption des Captifs a trouvé une épargne considérable sur ce rachapt, par l'évaluation que vous avez bien voulu donner aux Piastres, en les passant en France sur le pied de trois livres sept six deniers (*sic*), come à Alger, ce qui sera bien avantageux à la dite Œuvre, si comme j'ose l'espérer, vous continuez, dans les occasions, à la favoriser de la même façon. Come, par mon état, je suis obligé d'employer tous les moyens propres à la maintenir, et que le nombre des captifs, joint à l'avidité des maîtres barbares qui les retiennent dans leurs fers, exige la plus grande économie dans l'employ des fonds destinés à procurer leur délivrance, je ne scaurois être indifférent sur tout ce qui peut y contribuer...

F. Poinsignon, vicaire général.

N° 314.

1764, 14 septembre. — Ordonnance du provincial en visite sur le tiers des captifs (Trinitaires de Faucon, H 15 [1]).

Alle incontro, e stato aperito a S. R. dal P. presidente e consiglieri di detto convento, che sono state spese in passato piu di libre settecento in una lite o sia processo, sostenuto in Aix, avanti il Parlamento, nella causa degli Schiavi, contra i PP. Mercenari, *a favore de quali emana la sentenza,* che essi soli potessero questuare

---

1. « Nella parte del presente libbro sara nottato cio che appartene alla Redenzione degli Schiavi » (H 15).

nella Provenza per il riscatto dei schiavi. In prova di cio e stato a S. R. citata la copia del d° Processo ed una memoria, Registrata in un libretto de spese, del siguiente tenore : « Avendo fatti li conte di quanto resta debitrice la Redenzione al convento, troviamo dovere anchora per spese, fatte in occasione del Processo fatto avanti al Parlamento d'Aix, da noi perduto, libre ducento sessantuna, questo di 18 Octubre 1756. » Dalla qual memoria resulta che li schiavi restavano in tal tempo debitori a questo convento de lb. 261, venendo anchora aperto che il remanente delle lb. 700 spese in dette lite, como sopra, era stato rimborsato dal Convento in più e diversi tempi, colla separazione fatta dalle cerche e colete limosine degli scapulari; cosi volendo, P. R., che, in avvenire, si procede colla diretta chiarezza ed esatezza prescritta delle nostre Sante Leggi, precio ultimando e transigendo ogni qualunque interesse e conte fra li Schiavi, e detto convento, ha giudicato che le lib. 33 esistente nella arca restino in proprieta al medemo convento, in sgravio delle aperte debiti deli Schiavi; le quale libre 33 suddette nei conti del convento che si faranno nel fine del corrente mense noteranno ad entrate [1].

In fede di che S. R. si sottoscrisse e mando a me sottosecretario di firmare, di propria mano, e munire le presente col sigillo del suo officio oggi 14 7bre 1764.

Fr. Ambrogio de S. Agostino,   Fr. Angelo de S. Joachim,
Ministro provincial.   del P. Provincial segretario.

N° 315.

1764, 2 octobre. — Certificat par l'archevêque d'Arles d'une relique de saint Roch, qu'il envoie pour la reine (Bibl. d'Arles, ms. 160, p. 263).

Jean Joseph Chapelle de Jumillac de St Jean, par la permission divine et l'autorité du St Siège apostolique, archevêque d'Arles, primat et prince, conseiller du Roy en ses conseils, etc. Sur l'avis à nous donné par Madame la duchesse de Vilars, dame d'atours de la Reine,

---

1. Le couvent garde donc comme acompte 33 livres, trouvées dans le tronc, sur les 261 que lui doit la caisse des captifs, à cause du procès gagné par les Pères de la Merci, seuls chargés de la quête en Provence.

que Sa Majesté désirait avoir une parcelle du corps de St Roch pour l'exposer à la vénération des fidèles dans une chapelle, nous certifions nous être transportés dans l'Eglise des Religieux Trinitaires de cette ville, dans laquelle est conservé le corps de ce saint, accompagné de deux des sieurs consuls, y avoir fait l'ouverture de la châsse où reposent les reliques de ce saint confesseur, la dite châsse fermant à deux clefs prohibitives, dont l'une est conservée par les dits religieux Trinitaires, et l'autre demeure en dépôt dans les Archives de l'Hôtel de Ville. Après la dite ouverture et avoir honoré ces saintes reliques, nous en avons extrait un ossement, lequel nous avons fait vérifier par les sieurs Gros, docteur en médecine, et Auphant, chirurgien juré, que nous avions appellés à cet effet, lequels nous ont dit que cette partie de Reliques étoit la partie inférieure du fémur gauche du Saint; nous l'avons à l'instant déposée respectueusement dans une boëte de drap d'or et d'argent, doublée d'un taffetas blanc, sur un petit coussin piqué de même couleur, auquel nous l'avons attaché avec un ruban rouge en forme de croix, que nous avons pareillement scellée du sceau de nos armes, afin que cette sainte relique soit conservée dans toute son autenticité, et pour être envoiée, ainsi que notre présent certificat, à Madame la Duchesse de Vilars, et satisfaire aux pieuses intentions de la Reyne. Donné à Arles dans le sanctuaire de l'église des dits religieux trinitaires, le 2 octobre 1764.

N° 316.

1766, 10 février. — Courtoisie franco-algérienne (Chambre de commerce de Marseille, AA 83).

A Versailles, ce 10 février 1766.

Monsieur de Champourcin a ramené d'Ivice à Toulon, Messieurs[1], un esclave Algérien qui s'étoit réfugié à son bord, et à qui le Roy a donné la liberté qu'il a acquise sous l'asile de son Pavillon. Comme S. M. a décidé que cet esclave seroit renvoyé à Alger, ainsi qu'il a été pratiqué dans d'autres cas semblables, vous prendrés soin de le faire passer en cette Echelle par la première occasion que vous en aurés, en lui remettant la lettre ci-jointe pour qu'il se présente au sieur Vallière, à son arrivée...   Le duc de Praslin.

1. M^{rs} les Echevins et Députés du Commerce.

N° 317.

Le duc de Praslin, ministre de la marine, fait faire une enquête sur les dires du capitaine Pellegrin, qui se plaint de n'avoir pas été racheté par les Trinitaires, et il se déclare prêt à faire son possible pour adoucir le sort du sieur Delmas, qui a promis un prix exorbitant pour son rachat. (Ibid.)

J'ay reçu, Messieurs, avec votre lettre du 22 du mois dernier, le Mémoire du s. Delmas, cy devant esclave à Salé, qui y étoit joint. J'étois déja informé des plaintes auxquelles le dernier rachat a donné lieu de la part du capitaine Pellegrin, qui espéroit d'y être compris ; mais il s'en faut de beaucoup que les raisons alléguées par ce Capitaine et le s. Delmas se concilient avec ce qui m'a été rapporté par les Religieux de la Rédemption. Ceux-cy, à qui je n'ay point laissé ignorer les reproches qu'on leur faisoit, se récrient beaucoup contre une injustice et une prévention qu'ils assurent n'avoir pas méritée, et contredisent formellement les griefs qui leur ont été communiqués. Ils prétendent que, s'ils n'ont pas ramené le Capitaine Pellegrin et son équipage comme ils en avaient l'intention et comme ils ont tenté de le faire, c'est parce qu'ils ont été assujettis aux ordres du Roy de Maroc, dans les dispositions qu'il a voulu faire pour le choix des esclaves et à la décision que ce Prince a portée luy même et de son propre mouvement, contre le Capitaine Pellegrin. Le motif qu'ils y donnent[1] est qu'à la vérité ce Capitaine était un des plus anciens, à datter de l'époque de sa prise, mais que le Roy de Maroc n'a voulu compter l'ancienneté que du jour de l'arrivée des équipages et de leur débarquement, et que, dans ce cas, le Capitaine Pellegrin n'a pu y être compris qu'après ceux qui étoient arrivés dans le Maroc avant luy. Vous voyés que cette explication est directement opposée à celle des Esclaves mécontents, et que les faits ne sont pas les mêmes. Dans cette incertitude, j'ay cherché à les éclaircir mieux, en demandant sur les lieux des informations exactes, et j'espère que je ne tarderay pas de les recevoir.

Quant au s. Delmas, personnellement, il est très excusable d'avoir

---

1. Le subterfuge que le P. Pichault avait blâmé est donc finalement employé par les religieux.

cherché tous les moyens possibles de sortir d'esclavage, et sa situation ne permet pas de revenir sur les démarches et les discours qu'il a pu se permettre. Mais l'engagement particulier qu'il a pris, par un canal étranger, à l'insçu des Religieux chargés de la Rédemption et à un prix arbitraire, bien plus haut que celuy qui était convenu pour chacun des esclaves rachettés dans leur totalité, n'en est point un pour l'œuvre qui y a consommé ses fonds. S'il en était autrement, chaque Esclave, pressé par la nécessité et par les circonstances, traiterait de son rachat et à son gré, à la charge de la Rédemption, qui par là se trouveroit bientôt hors d'état de remplir son objet, et de rachetter suivant ses moyens le plus grand nombre des esclaves restans. Cependant, je plains assés le sort du s. Delmas pour désirer de pouvoir le soulager, si les éclaircissemens que j'attens et les fonds qu'on pourra recouvrer sont suffisans pour qu'on puisse y avoir égard.

N° 318.

1766, 31 mars. — Le duc de Praslin remercie la Chambre au sujet de l'offre de 2,400 livres pour la quête des captifs (Même carton).

C'est à la recommandation du Roy, Messieurs, que les Archevêques et Evêques du Royaume ont fait faire une queste générale et extraordinaire dans leurs diocèses respectifs, pour les Esclaves françois qui restent dans le Maroc. S. M. occupée de tous les moyens qui peuvent contribuer à leur liberté, comme à la sureté de la navigation pour l'avenir, y a mis tout l'intérêt que ses sujets pouvoient attendre de ses sentimens pour eux. Dans cette circonstance, je puis vous assurer du gré qu'elle vous sçait de vous être assemblés, dans l'objet de faire participer votre Chambre à une œuvre, si digne du zèle de tous les corps et de tous les citoyens, et S. M. vous autorise volontiers à y employer une somme de deux mil quatre cent livres, comme vous le proposés par votre lettre du 7 de ce mois. Je suis même persuadé que vous auriez porté cette somme plus haut, si les fonds et l'état actuel de la Chambre vous l'eussent permis.

N° 319.

1766, 18 septembre. — Circulaire du P. Pichault, général, aux ministres de l'ordre, pour l'envoi des renseignements demandés par la Commission des Réguliers sur la situation financière des couvents trinitaires (Arch. de Lorraine, H 3774, n° 12).

Je viens de recevoir, Monsieur et cher Confrère, des ordres de nos Seigneurs les Commissaires de la Commission, établie pour les Réguliers par les arrêts du Conseil des 23 mai et 31 juillet de cette année, qui m'obligent de présenter, sous deux mois au plus tard, à la dite Commission, un état bien circonstancié des maisons de tout notre ordre, de leurs biens, du nombre des Religieux qui les composent, du Diocèse dans lequel elles sont situées et la date de leur établissement; quoique vous m'ayés envoyé pour la plus part l'état de vos revenus, comme le dit état n'est pas calculé, il vous sera facile d'extraire sur vos registres la recette annuelle et m'en donner la note, en me marquant les autres articles cy dessus, qui me sont nécessaires pour dresser le mémoire qui m'est demandé[1]; je ne doute pas que Monseigneur votre Evêque diocésain ne s'adresse à vous pour exiger les mêmes notes; vous aurés soin de les lui envoyer... Cette Commission est digne de la sagesse de nôtre auguste monarque, qui n'a en vue que la gloire des ordres religieux et le maintien de la discipline régulière[2]. J'attends les notes que je vous demande, sous quinzaine au plus tard d'après la réception de la présente. — Pichault, général de l'ordre de la Ste Trinité.

L'on me demande encore la copie, collationnée par les juges du lieu, du titre de la fondation de votre maison; je vous prie de me l'envoyer le plutôt (*sic*) que vous pourrés.

N° 320.

1766, 17 octobre. — Mémoire envoyé par le couvent de Montpellier (Arch. de l'Hérault).

Les Relligieux de l'ordre de la Ste Trinité et Rédemption des Captifs furent anciennement fondés et établis dans une maison de Mont-

---
1. Pièce 323.
2. Le P. Pichault se fait plus rassuré qu'il ne l'était.

PIÈCES JUSTIFICATIVES.   429

pellier appellée de St Maur, et c'est la raison pour laquelle on les appelloit aussi les Relligieux de St Maur; on rapporte l'extrait d'une bulle du pape Honoré III, du mois de may 1216, qui constate cet établissement, puisqu'il ordonne à l'évêque de Montpellier [1] de leur accorder une chappelle et un cimetière, conformément à leurs privillèges.

Personne n'ignore qu'en l'année 1562... les huguenots mirent tout à feu et à sang dans cette ville de Montpellier, qu'ils y abbatirent toutes les Eglizes, massacrèrent tous les prestres et les Relligieux et nottamment ceux de la maison de St Maur, qu'ils jettèrent dans leur propre puits, et les y firent périr, qu'ils mirent ensuite le feu à cette maison; au moyen de quoy les titres de fondation et tous les actes de ces Relligieux furent brullés ou enlevés, sans qu'on ait jamais peu en recouvrer aucun.

On rapporte l'extrait d'une ordonnance de l'évêque, du 2 avril 1606 et de l'exploit de signification faite au ministre du dit ordre, retiré pour lors au lieu de Cournonteral, à cause de la démolition de sa maison et de son églize; l'évêque ordonne que les fondations seront acquittées, qu'on se pourvoira des lieux commodes; on y comprend les relligieux de la Ste Trinité et de St Maur, et le ministre répond qu'il se présentera pour faire sa charge.

En conséquence, les Relligieux de cet ordre cherchèrent un endroit commode et, l'année 1611, le patron et le prieur de l'églize St Paul, de la dite ville, leur ayant cédé le sol de cette église, pareillement ruinée et démolie par les huguenots, dans l'enceinte de la dite ville, ils la firent réédifier [2] et y sont du depuis, à la grande satisfaction de tous les habitants de Montpellier.

N° 321.

1706, 31 octobre. — Prise d'habit du sieur Porlier, ancien Bénédictin, et autrefois profès de l'ordre de la Trinité (Arch. Nat., LL 1548, pp. 170-171).

Ce jour d'huy le Rmo Père François Maurice Pichault, général et ministre, a assemblé la communauté, et a dit que monsieur Jean An-

1. En réalité, *de Maguelonne*.
2. Voir, pour plus de détails sur cette époque, la pièce 180.

toine Porlier, cy devant prestre profès de cette maison, pour raison de ses infirmités qui le mettoient hors d'état d'en remplir les devoirs, auroit en mil sept cent trente-quatre obtenu un bref de Rome pour passer dans le grand Ordre de Saint-Benoist, et qu'après la destruction de l'abbaye de la Croix où il avoit un bénévole, il se seroit retiré à la commanderie de Saint-Jean en l'Isle, de l'Ordre de Malthe, où il a servi dans cette église en qualité de chapelain pendant vingt ans, et que son grand âge, joint à l'épuisement de ses forces, luy a fait former le dessein de rentrer dans son premier état de religion ; qu'en conséquence il nous auroit présenté requeste pour, de notre consentement et celuy de la communauté, reprendre notre habit, et suyvre autant qu'il le poura les exercices de la maison ; sur quoy la communauté, après en avoir délibéré, a consenti unanimement. Fait au chapitre le trente et un octobre mil sept cent soixante six.

N° 322.

1766. — Négociations qui ont précédé le traité de paix conclu en 1767 entre la France et le Maroc (Ministère des Affaires étrangères, *Maroc*, 3, f°s 62 et 65 v°).

A l'égard des esclaves, comme il était reconnu que Sa Majesté n'en avait jamais fait racheter par elle-même, et qu'elle ne pouvait changer de principe sur ce qui était *incompatible avec sa dignité*, elle décida qu'on laisserait aux Religieux de la Rédemption le soin de l'effectuer, suivant l'usage ordinaire et les conditions qu'il leur serait possible de remplir.

Cependant le nombre de ces esclaves était considérablement augmenté par les gens de l'équipage des deux vaisseaux pris récemment, et excédait les fonds dont les députés de la rédemption, qui se trouvaient pour lors à Cadix, pouvaient disposer. On craignait que le rachat n'en devînt impraticable, si le roi de Maroc s'obstinait à ne vouloir les relâcher que tous ensemble, et à faire marcher le traité d'un pas égal avec celui de la rançon. Il parut nécessaire de faire observer à ce prince qu'ils seraient rachetés sans aucun doute, suivant ce qui serait stipulé par le même traité, mais que rien ne devait empêcher qu'on ne prît des termes différents pour se procurer les moyens de faire cette opération.

Comme ils étaient au nombre de 223, et que les Religieux de la Rédemption n'avaient à Marseille ou à Cadix qu'une somme de 79,000 piastres, le sieur Salva ne trouva d'autre expédient, pour subvenir au défaut de fonds, que d'engager Sa Majesté[1] à la completter, ne prévoyant pas qu'il fût possible de rien terminer sans retirer la totalité des esclaves[2]...

N° 323.

1767, janvier. — Mémoire présenté à M^{grs} les commissaires de la commission établie pour les réguliers par ordre de Sa Majesté par arrêts de son Conseil des 23 mai et 31 juillet 1766 (Arch. Nat., S 4278, n° 21).

L'ordre de la Sainte-Trinité a été établi en France, sous la protection du roi Philippe-Auguste, en 1198. St Jean de Matha et St Félix de Valois ont été les fondateurs, avec l'approbation d'Innocent III qui occupait alors le Saint-Siège. Cet ordre est divisé en France en trois branches. La première est composée des six provinces anciennes, qui sont sous l'obéissance directe du général ; cinq de ces provinces suivent les constitutions édictées en 1651, 1686, 1719 ; la sixième, qui est celle de Languedoc, suit des constitutions particulières.

La seconde branche est composée de deux provinces, l'une ditte province de France, et l'autre de Provence, qui forment le corps de la Congrégation des Trinitaires Réformés. Cette congrégation a des Constitutions particulières et un vicaire général qui la gouverne. Elle a pris naissance en 1619.

La troisième branche est composée d'une seule province, située en Provence ; cette province a embrassé la vie des Trinitaires Déchaussés d'Espagne et n'est établie en France que depuis un siècle et use de constitutions particulières, et a un provincial qui gouverne sous l'autorité apparente du général ; cette province a neuf maisons...

---

1. Dans une lettre du 15 janvier 1765.
2. Contre l'espérance de Salva, l'empereur de Maroc permit un rachat partiel.

PROVINCE DE FRANCE [1].

... La maison de S¹ Mathurin de Paris était fondée avant 1209 ; la bulle d'Innocent III de cette année en contient la preuve, puisqu'elle confirme les donations faites à cette maison. Quant à l'église ou chapelle de S¹ Mathurin, il paraît par l'histoire ou légende de S¹ Mathurin, insérée dans le bréviaire de Paris, que cette église, ainsi que la maison, ont été données à l'ordre par Guillaume, évêque de Paris, et par son chapitre. Les titres en sont perdus [2] (*sic*). Cette maison est composée de 26 Religieux, les Généraux de l'ordre y ont presque toujours fait leur demeure et en ont été supérieurs ou ministres particuliers, par élection des Religieux profès de cette maison. Son revenu est d'environ 34,000 livres. Cette maison est chargée de l'entretien du Général de l'ordre, qui n'a aucun revenu particulier...

2. La maison de Fontainebleau a été fondée et dotée en 1259 par le Roy S¹ Louis pour sept religieux, dont cinq au moins devaient être prêtres et desservir la chapelle du Roi, qu'ils desservent encore actuellement, en qualité de chapelains ordinaires de Sa Majesté.

Son revenu est d'environ 13,000ˡˡ ; la communauté est composée de quinze religieux, pour l'ordinaire, et au moins de vingt pendant le temps du séjour du Roi. Cette maison est du diocèse de Sens.

3. La maison de Clermont, diocèse de Beauvais, a été fondée en 1245, à ce que l'on croit ; l'on n'en trouve aucun titre dans les archives, la pluspart des anciens titres ayant été perdus dans le tems des guerres civiles ; elle est composée de quatre religieux ; son revenu est de 2,623ˡˡ, tant en biens fonds que cens et rentes.

4. La maison de Verberie, près Compiègne, diocèse de Soissons, fut d'abord fondée à Compiègne par le Roi saint Louis en 1265 et la fondation confirmée par le pape Clément IV ; les Annales de l'ordre[3] en font mention, mais cette maison ne possède pas de titre de fondation ; depuis elle a été transférée à Verberie, on ne sait en

---

1. Je la donne presque *in extenso* pour servir d'exemple.
2. Cette affirmation est inexacte.
3. Par Bonaventure Baron.

quelle année [en 1303]. Son revenu est d'environ 2400ll. La communauté se compose de quatre religieux.

5. La maison d'Estampes, diocèse de Sens, a été fondée en 1209, comme on le voit, par la bulle d'Innocent III qui confirme l'ordre, l'aumônerie des Bretons, située à Estampes avec toutes ses dépendances. Cette maison est composée ordinairement de trois religieux. Son revenu est de 2469ll.

6. La maison de la Villeneuve près Chelles, diocèse de Paris, a été fondée en 1225 par Rodolphe d'Arondelle, bailly du comte de Champagne et n'a que cent pistolles de revenu; elle est possédée par un titulaire, qui fait desservir son église et demeure dans la maison des Mathurins de Paris, en qualité de procureur de l'ordre.

7. La maison de la Villette aux Aulnes, près de Mitry, et du château de Bois-le-Vicomte, diocèse de Meaux, a été fondée, à ce que l'on croit, dès l'origine de l'ordre, mais l'on ne voit aucunes traces de sa fondation dans les Archives.

Cette maison est composée de deux religieux, dont le Ministre dessert le hameau de la Villette, paroisse de Mitry, son revenu est de 1232ll.

8. La Maison du Fay, près Pontoise, diocèse de Rouen, a été fondée, à ce que l'on croit, au commencement du 13e siècle, suivant titres de donation, mais le titre de fondation ne se trouve point. Son revenu est d'environ 1184ll. Le prieur-curé de St Remy de Meaux, religieux de l'ordre, dont le bénéfice-cure est très modique, en est titulaire et fait desservir sa chapelle.

9. La Maison de Pontarmé, diocèse de Senlis, a perdu son titre de fondation, avec beaucoup d'autres titres, dans le temps des guerres civiles[1]. Son revenu est d'environ 450ll; le titulaire demeure en communauté et fait acquitter les fondations sur le lieu.

10. La Maison de Sylvelle près Lagny, diocèze de Meaux, a été fondée, suivant les Annales de l'ordre, en 1202 et confirmée par le pape Innocent III l'an 1209.

Son revenu est d'environ 350ll. Sur quoi, il faut déduire les réparations et autres charges; le titulaire[2], etc.

---

1. C'est encore inexact.
2. Pour abréger, je donne ensuite la liste des autres maisons.

PROVINCE DE CHAMPAGNE.

Nom du couvent.	Date de fondation.	Nombre de religieux.	Revenus.
Troyes	1260	4	4,100 livres.
Châlons	XIIe siècle (*sic*),	3	2,700 —
Gloire-Dieu	?	titulaire,	1,600 —
Bar-sur-Seine	?	2	1500-1600 —
Vitry-en-Perthois	1261	3	1,600 —
Metz	?	7	3,150 —
Sondey (diocèse de Châlons)	»	titulaire,	130 —
Grandpré	»	1	504 —

PROVINCE DE PICARDIE OU FLANDRE[1].

Arras	1219	8	3,251 —
Houscotte (diocèse d'Ipres)	1220	8	5,000 —
Préavin	1391	7	3,900 —
Douai	1252	7	3,840 —
Rennué	?	titulaire,	70 —

PROVINCE DE NORMANDIE OU BRETAGNE.

Rieux	1347	4	3,640 —
Châteaubrillant (*sic*)	1252	4	2,800 —
La Perinne	1238	3	2,700 —
Beauvoir	1258	3	4,000 —
Mortagne	?	6	6,009 —
Saint-Vincent de Rouvray	1249	titulaire vicaire du prieur curé,	100 pistoles.
Sarzeau	1295	5	3,000 livres.
Taillebourg	?	1 titulaire dessert,	800 —
Dinan	1300	1	1,200 —
Dinard	?	?	900 —
La Poultière	1248	1	900 —
Belleau	?		titre sans revenu.

1. Vianden, Bastogne, Audregnies, Lérinnes, Lens et Huy étaient en Flandre autrichienne.

PIÈCES JUSTIFICATIVES.

PROVINCE DE PROVENCE ANCIENNE[1].

Nom du couvent.	Date de fondation.	Nombre de religieux.	Revenus.	
La Mothe (diocèse de Gap)...	1495	?	?	
Limon...	1400	titulaire.	900	—

PROVINCE DE LANGUEDOC.

Nom du couvent.	Date de fondation.	Nombre de religieux.	Revenus.	
Toulouse...	1279 (!)	17	2,500	—
Orthez...	?	6	2,300	—
Mirepoix...	?	2	1,500	—
Saint-Gaudens...	?	3	700	—
Limoux...	1257	3	7,800	—
Castres...	1213	5	800	—
Cordes...	1287	4	1,200	—
Montpellier...	1216 et 1611	8	900	—
Narbonne...	1273	4	600	—
Terraube...	[1482]	2	500	—
Saint-Laurent de Médoc...	»	6	1,600	—

Il n'est pas possible de donner une connaissance plus exacte des fondations des Maisons, la plupart des titres étant perdus, les annales de l'ordre en fixent seulement l'époque, par rapport à celles qui sont anciennement établies, mais on peut assurer avec vérité que la plupart de celles dont on n'a pas le titre primitif ont été fondées dans le cours du treizième siècle; il en est très peu de modernes.

On croit devoir observer que, sur les revenus de toutes les Maisons dont on vient de donner l'état, il faut déduire les charges ordinaires et extraordinaires, telles que les décimes, les taxes, les réparations, etc. Quant aux deux provinces de la Congrégation réformée, en France, composées de vingt-quatre maisons, le vicaire général de cette Congrégation doit fournir à Nosseigneurs les Commissaires un mémoire particulier, concernant leurs Maisons et leur régime.

Le Provincial de la Province de Provence déchaussée doit aussi fournir un pareil mémoire, concernant les Maisons de cette Province, qui ne sont aucunement dotées.

1. Hors de France, Avignon et Saint-Etienne de Terreneuve.

ÉTAT DU GÉNÉRAL. RÉGIME DES SIX PROVINCES QUI LUI SONT
IMMÉDIATEMENT SOUMISES.

Le Général est à vie; il est élu dans la Maison de Cerfroid, chef de l'ordre, diocèse de Meaux, par deux députés de chacune des provinces de France, d'Espagne, de Portugal et d'Italie et par les *dix* définiteurs généraux de l'ordre, dont cinq pour les neuf provinces de France et cinq pour les provinces étrangères[1].

Le lien qui attache encore à l'autorité du général les deux provinces françaises qui ont embrassé la réforme et la province de Provence déchaussée consiste : 1° en ce que, si les supérieurs majeurs de ces deux branches de l'ordre ont rendu quelques jugements dont les parties soient mécontentes, l'appel se porte devant le général; 2° en ce que ces trois provinces versent à la bourse commune les sommes qu'elles recueillent pour la rédemption.

Il est d'un usage très ancien que le général de l'ordre de la Trinité soit un Français.

Les Supérieurs particuliers, appelés Ministres, sont à vie dans cinq des six provinces anciennes soumises au général et sont nommés par lui, excepté dans deux maisons qui ont l'élection de leur ministre, savoir celle de St Mathurin de Paris et celle de Rieux près Redon en Bretagne; dans cette dernière, le seigneur de Rieux donne sa voix pour l'élection, de concert avec les religieux de la maison.

La Province de Languedoc, qui est la sixième de l'ancienne observance, est dans l'usage de nommer ses Ministres ou Supérieurs dans le chapitre provincial ou dans le définitoire, et ces Ministres ne le sont que pour trois ans; les Religieux de cette seule province ne font pas vœu de stabilité dans les maisons où ils font profession.

Il se tient tous les trois ans dans chaque province, le quatrième dimanche après Pâques, un chapitre dans lequel sont nommés un provincial, quatre définiteurs, pour suppléer au Provincial en cas de mort, et quatre assistants du Provincial. Le provincial et le premier assistant dans chaque province ont seuls le droit d'assister au chapitre d'élection du Général. Dans ces chapitres provinciaux, on règle

1. Ce règlement nouveau datait du chapitre général de 1704.

tout ce qui peut concerner la discipline régulière, l'on remédie aussi aux abus qui peuvent naître dans chaque maison et l'on en examine le temporel.

Les Religieux de l'ordre font vœu de stabilité dans la maison où ils sont reçus en religion, conformément à l'usage des chanoines réguliers; et le général ne peut les en faire sortir que pour les cas énoncés dans la règle, savoir le soulagement des maisons quand il s'y en trouve un trop grand nombre, eu égard à la modicité des revenus, et pour cause de dérèglement des mœurs.

Dans les premiers siècles de l'établissement de l'ordre, tous les revenus étaient partagés en trois portions égales, l'une était destinée aux charges et réparations, l'autre à la nourriture et à l'entretien des religieux, la troisième enfin était réservée à la rédemption.

On s'est bientôt aperçu que ce régime entraînerait la destruction de l'ordre; il arrivait en effet que, pour fournir à la rédemption, on engageait les biens fonds donnés en dot aux différentes maisons, ou qu'on les aliénait, à la charge de rentes qui, par le laps des temps et la soustraction des titres, se sont insensiblement perdues.

Cet ancien régime a donc été changé depuis plusieurs siècles; on a établi deux manses absolument distinctes et séparées : l'une appartient aux maisons de l'ordre, pour la subsistance des religieux et les charges des biens, et elle consiste principalement dans les terres qui viennent de dotations; l'autre appartient à la rédemption et est entièrement réservée pour cette œuvre; elle consiste principalement en contrats de rente; on y joint exactement toutes les aumônes, les donations, tout ce qui est légué par testament. Cette portion est confiée à un Religieux, élu au chapitre général en qualité de *Procureur général de la Rédemption*, qui rend compte de son administration au général, en présence des anciens qui forment son conseil, dans la maison de Paris.

L'expérience a prouvé que cette distribution était infiniment plus avantageuse à la rédemption que le partage général, ordonné par la règle primitive. Les sommes considérables employées pour le rachat des captifs et dont on parlera par la suite, en font preuve.

Le Général croit devoir joindre au tableau du régime qui vient d'être mis sous les yeux de Messeigneurs les commissaires, quelques réflexions qui lui paraissent établir, de la manière la plus sensible, d'un côté la nécessité de maintenir son ordre tel qu'il est, c'est-à-dire d'en conserver généralement toutes les maisons, et de l'autre les inconvénients infinis qui résulteraient du plus léger changement.

Premier motif.

On a déjà dit que, de temps immémorial, le général est un Français ; on peut ajouter que, depuis près de six cents ans que l'ordre existe, il n'y a pas d'exemple contraire.

Nos souverains ont témoigné prendre quelque part en cette prérogative attachée à leur Royaume ; leurs lettres-patentes, divers titres accordés à l'ordre par leur bienveillance, les articles proposés par les commissaires envoyés par le Roi aux chapitres généraux de 1749 et de 1765 en font foi ; Sa Majesté vient encore de marquer dans une circonstance toute récente l'intérêt qu'elle vouloit bien prendre à la conservation de ce droit.

La Cour d'Espagne rendit, en l'année 1765, un jugement qui paraissoit y donner atteinte, en ordonnant l'établissement d'un vicaire général espagnol pour les Provinces d'Espagne, qui seroit indépendant du Général françois. Le roy en fut informé par M. le marquis d'Ossun, ambassadeur de France à Madrid, et l'affaire portée au Conseil. Sa Majesté daigna charger elle-même M. le Comte de S¹ Florentin de communiquer l'avis de M. l'ambassadeur et les observations qu'il y avoit jointes, aux supérieurs majeurs de l'ordre de la Sainte-Trinité, pendant la vacance du Généralat, afin qu'ils fissent connaître leurs raisons ; ils l'ont fait, le mémoire qui les contient a été signé par tous les vocaux, tant françois qu'étrangers, qui se trouvoient alors à Paris pour se rendre à Cerfroid au chapitre d'élection du Général, on a exposé dans le Mémoire les preuves de l'autorité immédiate que le Général françois a toujours exercée sur toutes les Provinces de l'ordre ; il paroit que la Cour a pensé qu'il étoit important de maintenir cette autorité, puisque Sa Majesté a donné ordre à ses Ministres à Madrid et à Rome de s'opposer à l'innovation, et qu'elle n'a pas eu lieu.

Il est certain que cette prérogative seroit bientôt perdue sans ressource pour la France et que le Généralat passeroit aux nations étrangères, si l'on réduisoit le nombre des maisons en exigeant, comme on l'annonce, que chacune soit composée de 10 religieux[1].

Il ne resteroit plus alors en France que de quoi former deux ou trois provinces, au lieu de neuf qui s'y trouvent.

Mais l'Espagne seule a trois provinces, le Portugal en a une, et l'Italie une; toutes ces provinces sont infiniment nombreuses, tant en maisons qu'en sujets; on ne trouve le moien de fixer le généralat en France que parce que deux députés de chaque Province ont voix au chapitre général pour l'élection; or comme le nombre des Provinces françoises excède celui des Provinces étrangères, les vocaux français se trouvent nécessairement en plus grand nombre que les vocaux étrangers, il est aisé de sentir que, si la réduction avait lieu, tout l'avantage de la nation françoise disparaîtroit.

Voudroit-on des neuf provinces en faire cinq pour tenir la balance vis-à-vis des étrangers? mais alors les étrangers, ayant autant de vocaux que les François, exigeroient au moins que le Général fût pris alternativement en France et chez eux[2]. Voudra-t-on conserver les neuf provinces et réduire seulement le nombre des Maisons de chaque province? On pense que cela seroit absolument impossible; mais en supposant la possibilité, il faudroit nécessairement que plusieurs Provinces fussent composées d'une ou deux maisons. Croit-on qu'alors les étrangers s'en laississent imposer par des qualifications imaginaires? Souffriroient-ils que, pour leur ôter l'avantage qu'ils désirent obtenir depuis si longtemps, on donnât le nom et les attributs d'une Province à une seule maison, eux dont les Provinces sont, comme on l'a déjà remarqué, extrêmement nombreuses en Maisons et en sujets? Ce seroit en effet vouloir leur faire une sorte d'illusion dont ils ne seroient pas longtemps dupes. La multiplicité des maisons répandues dans chaque Province et qu'ils connoissent parfaitement, peut seule former un corps capable de leur en imposer; un corps ne se forme que de différentes parties distinctes et séparées, qui correspondent au même tout. Ce n'est que dans ce cas que ces différens membres peuvent charger des députés de porter le vœu commun et de les représenter. Ce n'est que dans ce cas qu'ils ont besoin d'un

---

1. L'édit de 1768 sur la conventualité devait prescrire *sept* religieux au minimum.
2. Ces craintes, fondées en théorie, étaient chimériques en fait, car en 1781 un petit nombre de députés espagnols fut présent au chapitre général.

Provincial, qui veille sur toutes les habitations et que ce Provincial a besoin d'assistants; autrement un supérieur unique suffiroit.

On objecteroit en vain que plusieurs maisons étant très peu nombreuses, que d'autres n'étant remplies que par un seul titulaire, les étrangers pourroient à peu près faire les mêmes difficultés.

Elles ne seroient pas fondées, car 1° quoique le nombre des religieux soit modique dans plusieurs Maisons d'une même Province, il n'en est pas moins vrai qu'il convient qu'un Provincial soit chargé de l'inspection de toutes; il n'en est pas moins vrai qu'elles composent différentes volontés qu'il faut réunir, différents intérêts même qu'il faut rapporter au même point, différens membres enfin dont l'ensemble forme un corps; 2° il suffit que les établissemens subsistent pour que les étrangers se taisent, parce qu'on leur répondroit toujours avec avantage que, si telle ou telle maison n'est composée dans un tems que de deux, de trois, de quatre religieux, elle peut l'être dans un autre de six, de huit, de dix, du nombre enfin qu'elle en pourra suporter.

La multiplicité des établissemens dans chaque Province est donc très importante à maintenir, dans ce premier point de vue; et c'est une des considérations qui a toujours déterminé les Généraux de l'ordre à conserver plusieurs maisons peu considérables, et même des titres simples, conférés quelquefois à des religieux qui habitent pour l'ordinaire dans des communautés nombreuses.

Deuxième motif.

La plupart des autres ordres ont pu et peut-être dû, d'après leur règle, chercher à multiplier leurs sujets; il n'en est pas de même de l'ordre de la Ste Trinité; sa règle, bien différente des autres, veut au contraire que ceux qui l'embrassent soient en petit nombre dans chaque Maison. Il serait difficile de donner la raison de cette singularité; doutait-on, dans les temps reculés de l'institution de l'ordre, qu'il pût se trouver beaucoup d'hommes assez zélés, assez courageux pour être toujours prêts à courir les mers ou à s'exposer à la cruauté des infidèles, auprès desquels les négociations étaient encore beaucoup plus difficiles et beaucoup plus dangereuses qu'elles ne sont aujourd'hui? peut-être pensait-on que des hommes, répandus pour la plupart dans de petites villes et dans des campagnes, vivans en petit nombre dans des maisons peu riches, accoutumés à travailler assiduement dans le Ministère, se dévoueraient plus volontiers au partage des plus pénibles fonctions, aux périls d'une œuvre unique en son genre, que s'ils vivaient dans des communautés nombreuses et dans lesquelles ils seraient plus accoutumés aux douceurs de la société. Quoi qu'il en soit, Innocent III, dans la règle qu'il donna aux Trinitaires en 1198, fixa à sept seulement le nombre des religieux qui seroient admis dans chaque maison, savoir trois clercs et trois laïcs, outre le supérieur ou ministre; la même disposition a été confirmée par Honorius III en 1217 : *fratres possunt esse in una cohabitatione tres clerici et tres laïci, et praeterea unus qui minister vocabitur.* A la vérité, dans la règle modifiée par le pape Clément IV en 1267, il est permis d'augmenter le nombre des religieux des maisons, si les supérieurs et la communauté le trouvent à propos : *fratres poterunt esse in una cohabitatione, tam clerici quam laïci, secundum quod ministro et fratribus visum fuerit expedire;* mais c'est là une simple permission, une faveur, que le Pontife accorde à l'ordre pour contribuer à sa propagation; ce n'est pas une loi qui lui soit imposée, on le laisse dans l'entière liberté de s'y conformer ou d'y conserver le premier usage, si on le jugeait à propos, et c'est ce qui est arrivé.

Le Pape lui-même prévoyait si bien que l'augmentation des religieux n'aurait pas lieu et ne pourrait pas avoir lieu dans beaucoup de maisons, qu'il ajoute dans la même règle que, dans ces maisons, on ne sera pas obligé, à cause du petit nombre des sujets, de célébrer l'office avec la même solennité, ni de se lever pendant la nuit, comme dans celles qui sont nombreuses : *propter paucitatem tamen suam, tantas pausationes in choro facere non tenebuntur, nec ita tempestive surgere.*

Ainsi, la première réflexion qu'il convient de faire, c'est que l'ordre de la Trinité, en ne conservant dans beaucoup de ses Maisons qu'un très petit nombre de religieux, a maintenu sa première institution plutôt qu'il ne s'en est écarté.

Mais une autre réflexion qu'il ne faut pas détacher de la première, c'est que, dans le temps même que les papes restreignaient le nombre des religieux qui devaient habiter chaque maison, ils multipliaient, ainsi que les princes, le nombre des établissements et des maisons dans l'ordre de la Trinité. On voit en effet qu'avant les modifications de la règle faites par Clément IV, les Rois et S¹ Louis entre autres, des Princes et des seigneurs, souverains alors dans leurs provinces, tels que les comtes de Champagne, de Flandre, et d'Artois, des papes enfin fondèrent, autant qu'ils purent, des établissements de l'ordre, et dans les campagnes autant que dans les villes; la raison qui déterminait ces Princes et ces pontifes vertueux est facile à sentir : *il fallait trouver des ressources pour fournir les sommes immenses de rédemption*, et l'on n'en pouvait trouver qu'en faisant connaître aux peuples l'œuvre sainte que l'on avait entreprise; il fallait que les rédempteurs, répandus le plus qu'il était possible dans les différentes provinces, sollicitassent sans cesse la charité des fidèles[1], qu'ils leur apprissent par les instructions fréquentes, par les prédications, que leurs frères étaient détenus dans la captivité, qu'ils y souffraient souvent des tortures inouïes; que, sans de prompts secours, leur foi chancelante alloit peut-être se ralentir; que le dérangement, la fatigue des tourmens, le désespoir, l'attrait des promesses qu'on leur faisoit pouvoit, d'un instant à l'autre, faire perdre des chrestiens à la religion et des citoyens à la patrie.

On dira peut-être que d'autres ecclésiastiques peuvent faire ces exhortations, exciter la compassion des fidèles et en tirer les mêmes secours; qu'on pourroit au moins réduire[2] quelques maisons, et que les rédempteurs pourroient, des villes où ils habiteroient, se répandre dans les campagnes voisines.

Premièrement, les peuples ont mis leur confiance dans les Trinitaires, et le général de l'ordre ose dire qu'elle est justement placée, on est accoutumé à les voir provoquer les secours et à en faire l'usage auquel ils sont destinés. Jamais ils ne se sont démentis dans le zèle et le courage nécessaires à leurs Missions; les peuples ont vu qu'ils n'avaient jamais été trompés sur l'emploi de leurs aumônes, les rédemptions fréquentes en ont été les preuves certaines; on ne croit pas rien dire de trop, en assurant qu'il faudrait des siècles pour faire passer cette confiance à d'autres religieux ou ecclésiastiques.

---

1. Cette raison est l'une des plus vraisemblables qu'on puisse alléguer.
2. On disait en latin : *reductio* pour suppression.

Les campagnes, quoique habitées par des personnes peu riches, ne fournissent pas moins que les villes les ressources nécessaires au soutient (sic) de l'œuvre, et la multiplicité des petites aumônes forment des sommes considérables ; l'homme accoutumé à vivre dans la peine et le travail sent, mieux qu'un autre, l'horreur d'une vie beaucoup plus dure encore que la sienne (?). Les petits établissements répandus dans les campagnes sont donc là autant de bureaux de recette pour l'œuvre de la rédemption, ce sont autant de ruisseaux qui versent à une destination commune des secours, dont la source ne doit jamais tarir. Il faut que ceux qui les recueillent soient sans cesse présents. La lumière ne luit pas toujours; l'émotion que la compassion fait naître, le feu que la charité allume, des exhortations passagères, une résidence momentanée ne peuvent pas se comparer à une sorte d'intercession perpétuelle, et l'absence de quelque tems fera souvent perdre la moisson d'une et deux années.

La conséquence qui sort naturellement de ces réflexions, c'est que, si l'on détruisoit les établissements modiques et les simples bénéfices de l'ordre, répandus dans les campagnes ou dans les petites villes, pour en composer des maisons plus considérables par le moien des réunions, on anéantiroit nécessairement l'œuvre de la rédemption et l'ordre entier qui fait de cet œuvre son principal objet; les dernières rédemptions seules, dont on parlera dans un instant, font foi des ressources infinies que procure l'ordre des Trinitaires, pauvre en lui-même, et si l'on était privé de ces ressources [1], il faudrait puiser dans les coffres du Roi les fonds immenses destinés aux rédemptions ou abandonner à leurs cruelles destinées des infortunés qui, en faisant le commerce de la nation, seraient tombés dans les mains des barbares. Un pareil délaissement serait aussi contraire à l'humanité, à la religion qu'au bien de l'état, à l'honneur de la France et au [profit] de la société. Les rédemptions rendent aux uns et aux autres des citoyens, des commerçans, des deffenseurs à la Patrie, des pères à leurs familles, des enfans, souvent seule ressource d'une maison entière. Tous ces avantages seroient au moins affoiblis, et peut-être perdus absolument dans la suite, si les réunions ou destructions de différents éta-

---

1. Ces réflexions paraissent justes au premier abord, mais les principales ressources de la rédemption provenaient des rentes et des confréries.

blissemens de l'ordre avoient lieu. Voilà donc un mal réel et certain qu'elles occasionneroient. Voions s'il en pourrait résulter quelque bien.

Troisième motif.

L'ordre de la Trinité ne possède que très peu de biens; aucunes des Maisons ne peuvent être regardées comme opulentes; quelques-unes sont aisées, et ce n'est pas à beaucoup près le plus grand nombre. La plus part (*sic*) au contraire sont fort pauvres; les logemens sont fort étroits et les emplacemens d'une fort modique étendue. Ce n'est que par la plus exacte économie qu'elles peuvent subsister. Le casuel de l'église fait l'unique ressource de presque toutes les maisons des provinces méridionales.

Aussi il n'est pas possible de fonder sur la dépouille même de la majeure partie de l'ordre le projet d'aucun établissement important et considérable. Voudra-t-on se borner à réunir quelques maisons à d'autres maisons de l'ordre, afin de rendre celles qu'on laissera subsister plus nombreuses; mais, premièrement, ce qu'il en coûtera pour aggrandir les maisons destinées à recevoir un plus grand nombre de religieux excédera la vente des maisons abandonnées. Il y a même beaucoup dont on ne pourra vendre que les matériaux en les déconstruisant, et de quel prix en trouvera-t-on dans des campagnes, dans des petites villes de province, surtout lorsqu'on saura que la vente est nécessaire et forcée?

Secondement, à l'égard des fonds modiques qui pourraient dépendre de quelques-unes des maisons réunies, on perdrait certainement par la réunion le plus grand bénéfice que ces fonds peuvent produire; quelques portions de terre, de jardins, suffisans pour la subsistance des deux ou trois personnes qui font valoir par eux-mêmes, en tout ou en partie, ne suffisant pas pour l'entretien d'un seul homme (?) dans le cas d'absence des propriétaires, où l'on ne pourra tirer que le produit d'une location forcée. D'ailleurs, les maisons conservées se trouveraient avoir quelques modiques fermages à 10, 15, 20 lieues de distance; comment régir de pareils biens? que de pertes à essuyer de la part d'un fermier qui vend tout et qui disparoit? que de voyages coûteux, que de frais à faire! Oui, on peut l'assurer, on coupera autant de branches fructueuses pour l'œuvre de la rédemption que l'on détruira d'établissemens, et les réunions que l'on fera n'enrichiront pas à beaucoup près les maisons conservées, en proportion du nombre des religieux dont elles seront obligées de se charger, en sorte que, non-seulement l'œuvre de la rédemption en souffrira, mais encore le patrimoine nécessaire pour la subsistance des religieux en sera considérablement altéré; ainsi, de tous côtés, les réunions menacent d'inconvénients inévitables, et ne présentent aucun avantage réel.

On ne parle pas ici des obstacles infinis qui s'élèveront, soit de la part des patrons, soit de la part des fondateurs, qui s'opposeront sans doute aux réunions, parce qu'elles anéantiraient leurs droits. Des villes entières pourront élever des difficultés, et peut-être plusieurs grands seigneurs voudront-ils rentrer dans les biens, donnés à des conditions qui ne seraient plus remplies [1].

Quatrième motif.

Malgré son peu d'étendue et le petit nombre de ses sujets, l'ordre de la Trinité a conservé son premier état et s'est toujours soutenu tel qu'il était dans son origine.

Indépendamment de l'œuvre pour laquelle il a été particulièrement institué et dont il s'est toujours occupé avec succès, cet ordre a rendu à l'Eglise et à l'Etat les mêmes services que tous les autres chanoines réguliers et, en général, que tous les autres ordres lui rendent.

A l'égard de l'œuvre de la rédemption, les faits parlent pour les rédempteurs, les listes imprimées qui seront jointes à ce Mémoire feront voir le nombre considérable de Français qui n'ont eu d'autres libérateurs que les chanoines de la Sainte-Trinité. Le Général n'entrera dans aucun détail sur cet article, qui en serait fort susceptible. C'est avec peine et parce qu'il s'y voit forcé par les circonstances, qu'il s'est livré dans ce mémoire à des explications sur quelques œuvres méritoires, dont les différens membres de son ordre se sont toujours occupés sans prétention, dans la seule vue de faire le bien et de remplir leur institution.

On aura peine à concevoir qu'un ordre aussi peu riche, on pourrait dire aussi pauvre, que celui de la Sainte-Trinité ait trouvé, dans tous

1. Voilà le seul bon argument à faire valoir.

es tems, des sommes aussi considérables pour les rédemptions ; il a fourni pour la dernière, conclue en 1765, plus de 200,000 livres ; il vient d'en donner autant tout récemment pour le rachat qui va être conclu à Maroc par ordre de Sa Majesté ; 2 religieux sont déjà nommés et prêts à partir au printems prochain, pour rompre les chaînes des malheureux captifs retenus dans cette contrée. D'autres religieux, toujours dans la vue de remplir cet (*sic*) œuvre utile et de réparer les ressources que des rachats si fréquents épuisent, sont passés depuis deux ans dans les Isles françaises de l'Amérique, pour y amasser de nouveaux fonds, le projet donné en 1764 par le Général de l'ordre a paru plaire au Roy. Ces deux députés pour les Isles de l'Amérique s'étant dignement comportés, et le ciel ayant béni leur mission, on en a fait partir deux autres pour St Domingue, dans le mois de novembre dernier, dans le même dessein.

Mais, pendant que les uns sont ainsi entièrement occupés de l'œuvre de la rédemption, d'autres, en attendant que le vœu de leurs confrères les en charge, s'occupent dans le Ministère à la confession, à la prédication ; ils entretiennent la charité des fidèles dans l'intérieur du Royaume.

Dans toutes les maisons un peu considérables, on célèbre tous les jours l'office canonial ; on psalmodie dans celles qui sont moins nombreuses. Près de cinquante[1] cures sont remplies par des chanoines de la Sainte-Trinité, soit que ces cures soient attachées à l'ordre, soit que les Evêques ou Archevêques, sous les yeux desquels ils ont fait vœu, les trouvant dignes d'un aussi saint emploi, les aient engagés à s'en charger.

Les Trinitaires ont enfin la direction et l'administration de plusieurs hôpitaux en France (il y en a un, entre autres, à Rouen pour les captifs invalides) ; il s'en trouve même dans les pays étrangers, à Thunis et à Alger, pour le soulagement des captifs malades.

Il serait donc difficile et même impossible de comparer l'ordre de la Sainte-Trinité à la plupart des autres ordres ; il fait ce que tous les autres font ; il fait en outre ce que les autres ne font pas[2]. Les réunions, dans les autres, pourraient peut-être paraître indifférentes ;

---

1. Le Nécrologe des Mathurins confirme ce chiffre.
2. La formule est heureuse.

elles pourront conserver des sçavans (*sic*) dans une province ou dans une autre; mais, dans l'ordre de la Sainte-Trinité, les réunions entraînent des conséquences plus sérieuses et plus funestes. Le Généralat passera en des provinces étrangères, la communication dans toutes les provinces et dans les campagnes une fois interrompue, la source des charités diminuera d'abord, se tarira ensuite; l'Ordre sera bientôt détruit, en lui ôtant (*sic*) la possibilité de remplir sa première institution. Si l'ordre est détruit ou diminué, il faudra prendre dans les Coffres du Roi les sommes considérables nécessaires pour les rédemptions[1], et dans des temps de guerre et de calamité, il sera impossible d'y avoir recours; point d'avantages d'ailleurs en détruisant les établissemens, parce que les biens en sont trop modiques.

Ce n'est pas sous un Roi aussi attaché au bonheur de ses sujets que l'a toujours été le monarque chéri[2], sous les loix duquel nous vivons, que les peuples ont à craindre de se voir privés de secours aussi efficaces que ceux que leur procure l'ordre de la Sainte-Trinité, depuis son institution; car les Trinitaires, en présentant les réflexions qu'ils viennent de développer, parlent moins pour eux que pour le Public. Leur plus grand chagrin, en voyant porter atteinte à l'ordre, serait de se voir privés de coopérer à tout le bien qu'ils pouvaient se promettre, en embrassant la règle à laquelle ils se sont dévoués, mais ils ont tout lieu d'attendre que, bien loin de restraindre leurs établissements, ils seront augmentés et fortifiés.

Le Général ne désavouera pas qu'il a pu se glisser quelquefois des abus; c'est le sort des établissemens humains. Les assemblées générales et provinciales en ont arrêté les progrès, dès qu'ilz ont été connus; il ne désavouera pas non plus qu'il pourroit être à souhaiter que, sans être trop chargées de religieux, quelques Maisons de l'ordre fussent un peu plus remplies, mais c'est un inconvénient auquel il est facile de remédier, et le général ose se flatter d'y pouvoir réussir; les actes qui ont été faits, à sa réquisition, au chapitre général où il a été élu[3] sont des témoignages de l'envie qu'il a de faire cesser tous genres d'abus; les règlemens qui ont fait l'objet de ses premiers

---

1. Cet argument, qui revient ici pour la seconde fois, s'adresse à la fois aux sentiments d'économie et à l'orgueil du roi.
2. Louis XV *le Bien-Aimé*.
3. Ils n'ont pas été conservés, à ma connaissance du moins.

soins concernent les études, les noviciats; il s'est même fait autoriser à pouvoir fournir dans chaque Maison autant de sujets qu'elles en pourroient supporter, déjà le succès a couronné ses premiers travaux, et il espère que le plan d'éducation vraiment religieuse et instructive qu'il a fait adopter, les soins qu'il prend pour maintenir la décence, la concorde et l'esprit de régularité, peupleront son ordre de sujets utiles à la religion et à l'Etat.

Pour satisfaire à l'intention de Nosseigneurs les Commissaires, le Général de l'ordre de la Trinité joint ici les éclaircissements qui lui ont été demandés, touchant les deux provinces qui composent la congrégation réformée. Elle fut établie, vers le commencement du dernier siècle, en vertu d'un bref du pape Paul V et par les soins de son éminence Monseigneur le Cardinal de La Rochefoucault, commissaire apostolique; l'esprit de la réforme s'est soutenu dans cette Congrégation pendant environ cent ans, les religieux y vivoient dans la retraite et la pratique des austérités qu'ils avaient embrassées; ils portoient la serge et faisaient maigre toute l'année, à l'exception du dimanche et de quelques jours de fêtes marquées par la règle; ils se relevaient la nuit pour l'office[1].

La face de ce corps est aujourd'hui bien changé (sic); l'usage de faire maigre et de porter la serge a été abandonné, on ne s'y relève plus la nuit, l'esprit de relâchement et d'indépendance s'y est introduit; soit que les élections triennales des supérieurs ayent produit cet effet par les mauvais choix, soit que les supérieurs eux-mêmes, pour être continués dans leurs places, ayent négligé de faire observer les règles, le nerf de l'autorité, seule capable de maintenir le bon ordre dans tous les corps, est presque entièrement détruit, au grand préjudice de la vie régulière.

Les prédécesseurs du général en aiant été instruits et voyant que les pratiques de la réforme étoient entièrement disparues dans cette Congrégation, ils déclarèrent que, le motif qui avoit engagé l'Eglise et l'Etat à soustraire les réformés à l'authorité immédiate du Général n'aiant plus lieu, il fallait qu'ils reprissent la réforme ou rentrassent sous la juridiction directe du général, qui veilleroit à maintenir le bon ordre parmi eux.

1. Voilà un bel hommage.

Ces avertissements réitérés n'eurent point d'effet. Le Général actuel, aussitôt après son élection au mois de mai 1765, proposa de nouveau la réunion, dans la vue d'établir un gouvernement uniforme plus propre à maintenir la régularité et plus assorti à l'esprit de l'ordre. Il vient d'apprendre que les supérieurs de la Province de France, de la Congrégation réformée, assemblés à Gisors le 18 du présent mois de janvier 1767, ont résolu de réunir leur Province aux six Provinces anciennes, de renoncer à leurs privilèges particuliers et de rentrer par là dans leur premier état, sous l'obéissance immédiate du Général. Cependant ils souhaiteroient que l'on pût dresser un régime moins éloigné de celui auquel ils étoient soumis, surtout par rapport à la perpétuité des supérieurs, qui chez eux n'étoient que triennaux. Le Général est disposé à donner à cet égard un plan de régime qui puisse satisfaire, et la Province qui demande la réunion et les anciennes Provinces; il communiquera ce plan à Vosseigneurs les Commissaires, s'ils le jugent à propos.

Le Général croit encore devoir dire un mot de la Congrégation dite déchaussée; elle a huit maisons en Provence et une à Rome; elle a éprouvé à peu près la même décadence dans la régularité que l'autre Congrégation; comme ces Maisons ne sont point rentées, les religieux sont réduits à quêter pour vivre, contre l'esprit de l'ordre, où les quêtes ne doivent avoir lieu qu'en faveur des Captifs. L'usage où ils sont de marcher déchaux y est contraire aussi, comme peu compatible avec les voyages que l'œuvre de la rédemption occasionne : ils ont fait tout récemment de nouvelles Constitutions, homologuées au Parlement de Provence, sans en faire part au Général, quoiqu'ils fassent profession de vivre sous sa juridiction; ils ont obtenu de même, sans sa participation, un bref du Pape pour s'exempter d'assister aux chapitres généraux, et, en conséquence, ils n'ont point assisté au dernier : ils vivent, en un mot, dans une entière indépendance à son égard, ce qui ne peut que produire les plus mauvaises suites, l'authorité des supérieurs n'étant guères respectée dans ce corps. Par sa réunion avec les autres Provinces, on pourroit y establir une discipline plus conforme à son esprit et l'on feroit disparaître aux yeux du public une différence dans les habillements dont il est toujours choqué.

P. J.

N° 324.

1767, 13 mars. — La Chambre de Commerce de Marseille promet de s'intéresser au rachat d'un esclave, recommandé par l'évêque de Liège (BB 52, f° 130).

M. Pichot (sic), *général de l'ordre de la Ste Trinité.*

Monsieur, nous voyons par la lettre que vous nous avés fait l'honneur de nous écrire le 2 de ce mois, que vous désireriés que la Chambre employât sa médiation pour faire rachetter à Alger le nommé Baufay, natif de Saire, du diocèse de Liège, qui est esclave depuis environ 15 mois, et pour le rachat duquel M. l'évêque de Liège s'intéresse fortement. Nous nous employerons volontiers, Monsieur, pour remplir vos désirs à cet égard, et de manière que l'on puisse ignorer à Alger que c'est au nom et des fonds de la Caisse de votre ordre que l'on traitte ce rachat; mais nous vous serions obligés, si vous vouliez nous marquer jusqu'à quelle somme on pourra le pousser, afin que dans tout ce qui pourra être fait à cet égard, on puisse toujours agir selon les arrangemens que vous pouvés avoir pris, etc.

N° 325.

1767, 27 juillet. — La Chambre annonce le rachat de l'esclave précité (*Ibid.*, AA 83, p. 346).

... M. Vallière, consul de France à Alger, vient de nous marquer qu'il a effectué le rachat du nommé Gilles Beauffay, pour lequel vous nous aviés fait l'honneur de nous écrire. Ce rachat a été fait pour 493 l. 1/4 courantes, et les petits frais qu'il occasionnera le feront revenir aux environs de L. 500, ce qui est bien au-dessous du prix que vous nous aviés limité. M. Vallière nous annonce qu'il devoit faire embarquer cet esclave sur un bâtiment, qui peut arriver chaque jour; il pourra avoir besoin de quelque argent à son arrivée;

nous vous prions de nous dire, Monsieur, quelle somme vous jugés à propos que nous lui donnions. Dès que nous aurons payé toutes les dépenses que nous aurons faites à son occasion, nous en fairons dresser un compte, que nous aurons l'honneur de vous faire remettre par M. Simian.

N° 326.

1767, 9 septembre. — Lettre du P. Pichault au ministre de Montpellier, pour l'élection des députés au Chapitre national (Arch. de l'Hérault).

... Je ne vous ai proposé M. Audibert pour député du second ordre que pour épargner des frais très considérables à votre province. Ce confrère est très aimable, a du sçavoir et est fort en état de remplir vos vues. Je verrai néanmoins avec plaisir ceux que vous députerés. Si vous ne pouvez venir, vous m'obligeriez de faire députer M. Adhémare pour Religieux du second ordre, au lieu de M. Audibert, s'il n'est pas du goût de votre assemblée. Comme il ne peut y avoir qu'un député parmy les ministres, M. Darailh, probablement, sera du nombre, ainsi vous ne pourrés me procurer la satisfaction de vous voir. Je désire que tout se passe en paix dans notre grand chapitre. Je cherche à concilier les esprits et à ne former qu'un seul régime dans tout l'ordre. Il en sera mieux gouverné, au moins je l'espère. Je vous prie de remettre l'incluse à Mgr de Montpellier et de lui marquer toute ma reconnaissance.

N° 327.

1767, 19 novembre. — Les Trinitaires de Toulouse accordent une pension de 48 livres par an à Jacques Bésian, qui les sert depuis dix-huit ans (Registre 84, p. 83).

L'an 1767 et le 19 du mois de novembre, Jean Henry Darailh, docteur en théologie, provincial et ministre de la maison de Toulouse, a représenté que personne de la maison n'ignorait que Jacques Bésian, natif de la ville de Verdun, de ce diocèze de Toulouse, étoit au service de la communauté depuis sa plus tendre jeunesse, et qu'il s'étoit toujours comporté avec toute sagesse et toute fidélité, attaché au bien de la dite maison, désirant toujours d'y finir ses jours, comme on luy a toujours fait espérer, si le chapitre vouloit s'engager à l'entretenir, tant en santé qu'en maladie, promettant de continuer à se conduire, le reste de ses jours, comme il a fait pendant l'espace d'environ quinze ou dix-huit ans.

Sur quoy il a été unanimement délibéré de recevoir ledit Jacques Bésian et de luy assurer son entretien, et son vestiaire a été en conséquence fixé à quarante-huit livres par an, à la charge par ledit Bézian de remplir les conditions cy-dessus exprimées, que ledit Bésian a ratifiées en se signant avec nous.

N° 328.

1769 [1]. — Etat des Déchaussés de Provence (Arch. Nat., G 9 523-524).

Aix.

Nom.	Age.	Qualités.
Bernard de St André	65	faible d'esprit et borné.
Gabriel de la Mère de Dieu	54	extrêmement borné.
Martin de la Trinité	45	confesse, quoique sans talent.
Bonaventure du St Sacrement	36	prêche, aime le monde.
Charles de St Thomas	38	bon religieux, simple.
Philippe de Ste Agnès	42	bon religieux, mais borné et grossier.
J.-B. de St Antoine	30	bon économe, mais vif et sans éducation.
Amédée de St Mitre	23	illitéré et dissipé.
Raimond de St Pierre	20	sans études ni talens.
Augustin de la Purification	32	ignorant et timide.

1. Le P. André Perrin, nommé ici, avait soixante-seize ans en 1789.

Nom.	Age.	Qualités.
Rome.		
Mayeul de St Antoine......	61	bon religieux, instruit et timide.
Jean de la Croix..........	49	professe.
Michel des Saints.........	47	difficile et illitéré.
Dominique de N.-D. du bon remède...............	43	vif et emporté.
Zacharie de Ste Elisabeth...	28	(*sic*).
Seyne.		
Gaspard de la Purification.	51	prêche dans les campagnes, mais grossier et tracassier.
Policarpe de St Antoine....	57	tranquille.
Marcellin de St Paul.......	30	illitéré.
Saint-Quinis.		
Honoré de Ste Scholastique.	49	prêche dans les campagnes.
Joseph de Ste Suzanne.....	51	imbécile et souvent fol.
Théophile de St Michel....	35	mauvais sujet, tracassier.
La Palu, *terroir de Marseille*.		
Jérôme de St Joseph.......	75	à peine peut dire la messe.
Séraphin de Jésus.........	54	zélé.
Laurent de St Louis.......	60	d'un esprit particulier et illitéré.
Félix de Ste Agnès........	23	docile.
Brignole.		
Joseph de Ste Blanche.....	75	infirme de corps, quelquefois fol.
Simon de Jésus............	50	bon sujet; il confesse, timide.
Benoît de la Trinité.......	41	est borné, confesse et prêche.
Stanislas de St Sauveur....	38	bon sujet, trop zélé.
Jean-François de St Vincent.	23	bon religieux, sans talent.
Le Luc.		
Etienne de St Louis.......	62	aveugle, illitéré.
Bruno de l'Assomption....	67	borné.
Ignace de St Jacques.......	57	bon religieux, doux, intelligent pour le temporel.

Nom.	Age.	Qualités.
Luc de St Joseph	32	bon religieux, mais borné.
Archange de St Martin	30	a des dispositions.

MARSEILLE.

Nom.	Age.	Qualités.
Paul de St Chrisostome	70	hors de service, dit à peine la messe.
Vincent de Ste Françoise	68	a de la représentation, de l'esprit du monde, incapable.
François de St Joseph	64	bon religieux, confesse.
Timothée de St Paul	60	tracassier, sans esprit ni science.
Ange de la Trinité	56	bon religieux.
André de la Croix, Perrin	56	a de l'esprit, de l'intelligence, de la conduite; propre au gouvernement.
Victor de St Jean	54	a du zèle et des talents.
Jacques de St Clair	55	officieux, trop populaire.
Vincent de St Ignace	52	confesse, prêche médiocrement.
Maur de la Ste Trinité	37	sans talent, confesse.
Léandre de St Jean-Baptiste	31	a besoin d'être suivi.
Sauveur de Ste Marie	18	promet!

N° 329.

1771. — Compte rendu par le P. Daumerie, ministre d'Orival, des ressources des confréries des Pays-Bas pour le rachat des captifs (Bruxelles, Archives du royaume, Conseil privé, n° 1422).

Par quittance du Religieux et receveur, procureur-général pour la rédemption à Paris, le Révérend père Bernard Paradis, ministre d'Orival, a fait tenir, pour la rédemption des captifs, par différents banquiers, la somme de 25489 livres 3 sous 9 deniers argent de France. Item, le même procureur et receveur par quittance, confesse avoir reçu de M. Daumerie, ministre d'Orival, en l'an 1763, le 16 septembre, la somme de 9007 livres de France.

Etat des argents que le Ministre d'Orival a reçu, depuis qu'il est supérieur, des endroits où les confréries sont érigées :

	l.	s.
Lodelinsart.	19	19
Marcienne en deux paiements.	53	8
Braine le Compte (sic).	45	
Ecaussine Ste Aldegonde.	62	8
Nivelles, paroisse St Nicolas.	576	3
Trinitaires de Lérinne, si les espèces d'or avaient leur poid.	825	12
Thiméon.	51	16
Halle (Hal).	126	13
Hourve.	83	14
Gouis le Piéton.	22	18
Bruxelles [N.-D. de la Chapelle].	500	
Béguinage à Bruxelles.	370	

Listre (sic) des endroits où la confrérie est érigée, dont on n'a rien reçu depuis que je suis ministre :

Moustié sur Sambre.
St Amand.
Etc.; en tout 32 endroits.

Le moien que je crois le plus propre pour assurer les argents des captifs, c'est que chaque maison de notre ordre ait leur teritoir (sic) désigné pour aller recevoir les deniers et troncques (sic), et qui soient autorisés de se faire rendre compte par les directeurs des églises des argents qui y ont été déposés, et qu'il en donnent quittance et en tiennent registre.

De plus, que ces ministres de nos couvents remettent ces argents en un même couvent, désigné par le gouvernement que ce supérieur en informera, pour ensuite faire la rédemption, quand Sa Majesté le jugera convenir et quand la somme paraîtra suffisante.

Mais comme il y a eu des étrangers qui sont venus, passé aux environs vingt ans, lever dans les confrairies, avec des octrois de Sa Majesté dans plusieurs endroits, et que le bruit a couru que ces octrois étaient faux et falsifiés, il seroit à souhaiter qu'il seroit deffendu aux directeurs des églises de donner des argents aux étrangers, sans que leurs octrois n'ayent été par le gouvernement de ce pays jugés être réels. Nous n'avons pas été, depuis seize ans ou environs, faire la collecte dans quantité d'endroits, à cause qu'on n'y recevoit rien, comme on peut voir la listre, et même on était fort peu respecté.

La remise s'est toujours faite à notre couvent de Paris par les banquiers que l'on trouvoit les plus léals (*sic*).

Nous n'avons jamais rien tiré des argents des captifs pour nos voiages et nous les avons faits à nos dépens.

N° 330.

1777, 25 octobre. — Etat des Trinitaires de Digne d'après une lettre de l'évêque de cette ville à celui de Sisteron (Arch. Nat., G⁹ 523-524).

M. le général des Trinitaires ne connoit pas, Monseigneur, la fondation de son couvent de Digne, puisqu'il est surpris que je m'oppose que les revenus soient enlevés à mon diocèse. Lorsque l'on voulut les avoir dans ce païs, l'Evêque d'alors leur affecta le revenu d'un prieuré et d'une chapelle, pour l'entretien de quatre Religieux et de deux frères lais. Il soumit les supérieurs de (*sic*) prendre des provisions à chaque mutation. Ces bénéfices sont séculiers, et ils ne peuvent être réunis à des réguliers.

J'ay vu, Monseigneur, trois prêtres et un frère dans ce couvent, et aujourd'hui il n'y a qu'un père qui, pour vivre, a coupé les bois, vendu les tuiles d'un bâtiment, arraché et vendu les oliviers. Après pareille dévastation, il n'est pas étonnant que le prieuré, qui rendoit 500 livres, ne produise pas de quoi payer les charges.

Pour ce qui est du bâtiment de l'Eglise et du couvent, je ne sais, Monseigneur, si la ville ne le réclamera pas. C'étoit un ancien hôpital, que la ville céda à ces pères, quand ils abandonnèrent l'ancien couvent, bâti sur une montagne. C'est une chose qui ne me regarde pas, et ce sera la ville qui fera valoir ses droits. Je comptois de réunir au séminaire que M. de Serres se propose d'établir ici, le prieuré et la chapelle dont les Trinitaires jouissent, par un arrangement qui doit cesser par leur retraite. Avec de grandes réparations, on mettra les fonds en valeur. Il y a une vigne considérable, qu'on n'a pas bêchée depuis douze ans. Le ministre actuel est un vieillard qui ne songe qu'à vivre du jour à la journée. Le couvent est prêt à crouler, ainsi que l'Eglise de l'ancien monastère, pour n'avoir pas entretenu la couverture.

N° 331.

1775, 17 mai. — Arrangements pris par le ministre de la marine Sartine pour le rachat des esclaves corses (Chambre de comm. de Marseille, AA 100).

Je dois vous prévenir, Messieurs, que le Roy, ayant désiré d'effectuer le rachat général des Corses qui avoient été faits esclaves par les Barbaresques, avant la réunion de l'Isle de Corse à la Couronne de France, les deux ordres de la Rédemption se sont empressés de seconder les intentions de Sa Majesté. Ils ont conséquemment fait remettre à M. de Saizieu, chargé de consommer les négociations qui ont été entamées à ce sujet avec les Puissances Barbaresques, les sommes qui doivent être employées au prix et aux frais de ces Batiments. Cet ancien consul a demandé qu'une partie de ces sommes fût remise à votre chambre pour autoriser M. de la Vallée à se prévaloir sur elle, jusques à la concurrence des engagements relatifs qu'il a ordre de prendre à Alger, et les Généraux des deux ordres ont dû se concerter en conséquence avec M. Rostagny, pour vous faire passer environ cent mille livres, que vous destinerez au payement des traittes du Consul d'Alger; vous aurez agréable d'en remettre ensuite l'Etat et le solde à M. de Saizieu, à qui j'ay donné à cet égard les instructions et les pouvoirs nécessaires. Il est chargé de rendre un seul et même compte de l'usage qui aura été fait, à Alger et à Tunis, des sommes que la Rédemption luy a fournies en France, pour remplir les vues bienfaisantes de Sa Majesté.

N° 332.

1779, 14 décembre. — M. de Sartine donne ordre de renvoyer en Barbarie un esclave turc, détenu à Gênes, réfugié à bord d'une frégate royale (*Ibid.*).

Je vous préviens, Monsieur, que M. Lombard doit vous adresser un Barbaresque, appellé Aly Mouani, qui étoit cy-devant esclave à Gênes, et s'est sauvé à la nage sur la frégate du Roy commandée par M. le Bon de Cohorn, qui l'a rammené à Toulon. Je vous prie de le faire partir pour ce pays, par la première occasion que vous en aurez, et de remettre au capitaine qui le recevra sur son bord une lettre, pour notre Chargé d'Affaires auprès de la Régence dont il est, qui annonce le service que nous avons rendu à cet esclave, afin qu'il puisse le présenter à son maître, et que ce Prince nous en sache gré.

N° 333.

1782, 5 septembre. — Une saisie de tabac chez le P. Caire (Trinitaires de Faucon, H 18).

Le Procureur et au nom du sindic des Sieurs Chanoines Réguliers de Faucon cy devant Trinitaires, deffendeurs, aux fins de procès-verbal et exploit d'assignation du huit mars dernier et signé par le capitaine et brigadier des employés de cette ville,

Contre :

Mr Nicolas Salzard, adjudicataire général des fermes unies de France et de la vente exclusive du tabac dans tout le royaume, demandeur; dit que la lecture du procès-verbal du huit mars dernier donne de celuy qui l'a dressé l'idée d'un homme poli, honnête, se livrant à regret, quoique sans crainte pour le peril, à la chasse et au combat des fraudeurs et, avec encore plus de répugnance, à des perquisitions et visites dans des maisons respectables; mais en luy rendant justice sur ce point, nous ne pouvons nous empêcher de dire que le sieur de Serre, autheur de ce procès-verbal, n'est pas heureux en inductions et en conjectures, et que celles qu'il ramène dans son procès-verbal, examinées avec attention et rapprochées des prétendus objets du délit, détruisent plutôt qu'elles ne donnent toute idée de fraude.

Et en effet le Sieur de Serre convient d'abord d'avoir trouvé dans la celule du Père Caire une rape et un tamis. Ces objets ne sont point des objets de fraude. Chaque particulier, sans distinction ni exception dans le royaume, peut en avoir pour raper les carrotes qu'il achète pour son usage, or une rape et un tamis excluent tout soupçon que le Père Caire aye fraudé ou acheté du tabac en boëte et rapé.

Mais on a trouvé des boîtes en plomb, sur lesquelles il y avoit des inscriptions indicatives d'une fraude et des papiers bleus servant d'envelope et présentant des vestiges de tabac.

Ce n'est point là la fraude réelle. La fraude est le tabac qu'on trouve enveloppé de la sorte, et ici il n'y en avait point. Le sieur de Serre en convient luy-même; il dit que les boîtes en plomb étaient applaties et dénaturées, et que les papiers n'étaient qu'imprégnés de l'odeur. Il n'y a donc point de corps de délit; il ne pouvait y avoir tout au plus que la conjecture d'un délit passé, et jamais une telle conjecture n'a suffi pour le réaliser et le constater. Le Père Caire, pourrait, si l'on veut, avoir usé du tabac de contrebande avant la visite, mais il n'est pas en fraude, si on ne lui en trouve plus lorsqu'on la fait!

Cette dernière réflexion n'est faite que par surabondance, car la vérité est que le Père Caire n'a jamais usé en France du tabac de Nice, de Monaco ni de Gênes; il a résidé sept ans à Turin, il y a toujours usé de tabac en boîte; lorsqu'il s'est retiré à Faucon, il y a apporté les boîtes vuides pour profiter du plomb, et voilà d'où elles viennent et comment on les a trouvées chez luy.

Ensuivant ce procès-verbal dans lequel le sieur de Serre, par une révolution étrange, porte luy-même l'inquisition jusque dans les monastères, on voit qu'il a trouvé des paquets, des pots et des bouteilles remplies d'un tabac qu'il prétend faux, et sur cette prétendue fausseté qu'aucun signe [ne] caractérise, il le saisit.

Mais depuis quand un capitaine des employés peut-il seul juger de la qualité du tabac et le juger faux, lorsqu'il est dénaturé, rapé et dans des vases permis? Son opinion à cet égard n'est que l'opinion isolée et sans force d'un simple particulier, sujet à se tromper par la vue et par le nez comme tout autre, et plus encore que tout autre, parce qu'il peut être dans la prévention.

Et le sieur de Serre était d'autant plus exposé luy-même à se tromper que, gourmet en tabac comme il est, il a pu fort aisément prendre pour du tabac de contrebande ce tabac, pourri et dangereux pour la santé, qu'une spéculation intéressée de la Ferme a depuis peu introduit dans ce pays. Ce qu'il y a de certain, c'est que tout le tabac saisi est en partie du tabac roux fin, mêlé avec du tabac de barrique et du tabac de la ferme en carrote, qui souvent ne vaut pas plus que le tabac de barrique.

L'auroit-on encore jugé faux parce qu'on en a trouvé une certaine quantité? Mais si les chanoines réguliers de Faucon sont pauvres, chaque homme a ses ressources pour faire une provision de quelques livres de tabac.

Enfin le P. Caire avait reçu une rape; il avait un tamis; la destination de pareils meubles est pour raper et préparer le tabac qu'on achette en carrote; ces deux meubles lui ont servi à préparer le tabac qu'on a trouvé; ils cachent nécessairement toute idée de la fraude qu'on veut induire des boîtes en plomb, qu'on a trouvées et saisies en même temps, et aussy mal à propos, puisqu'elles étaient vuides. Il est enfin inouï, et c'est pour la première fois qu'on voit dans ce pays saisir du tabac dénaturé et méconnaissable, que tout nous annonce être du tabac de la ferme, dont partie avait été acheté en carrote, puisqu'on a trouvé la rape et le tamis pour le préparer, et il n'est pas moins inouï qu'on le juge faux, sans rapport judiciaire et uniquement parce qu'il n'a pas satisfait l'odorat sensuel et délicat d'un capitaine des employés.

Rendons cependant justice au motif de le capitaine (*sic*) : il veut prévenir et empêcher les fraudes; il fait fort bien; mais pour cela, il aurait beaucoup mieux fait de se montrer contre les contrebandiers, qu'il dit dans un procès-verbal avoir pénétré jusqu'à Faucon; pourquoy ne l'a-t-il pas fait? nous n'en sçavons rien! Toujours est-il vrai qu'il a préféré de laisser en paix les contrebandiers armés, pour porter ensuite la guerre chez des Religieux pacifiques, qui n'ont d'autres armes que leurs croix et leurs scapulaires. Mais parce que des fraudeurs auront pénétré jusqu'à Faucon, et qu'ils y aient vendu du tabac de contrebande, il ne s'ensuit pas que le P. Caire en aye acheté.

D'où vient que les autheurs de la saisie, si scrupuleux et si minutieux dans tous les détails qu'ils ont cru être favorables à la saisie, n'ont pas voulu faire mention, dans leur procès-verbal, de dix-huit ou vingt poches ou enveloppes de tabac roux fin de la ferme, vuides et qui étaient dans la même chambre où la saisie a été faite? D'où vient qu'ils n'ont pas dit non plus dans leur verbal qu'une des boîtes de plomb où ils ont saisi étoit remplie de caffé en grain, et qu'ils l'ont vuidée pour pouvoir la saisir et dire ensuite qu'elle avait la forme de celles qui renferment le tabac de Nice, Monaco, Gênes et autres lieux? D'où vient enfin qu'ils n'ont pas fait mention de la réquisition que leur fit le P. Caire d'insérer tous ces faits dans leur verbal?

La ferme dira peut-être à présent ce que les commis dirent alors, que tout cela n'était pas nécessaire et que, ne voulant pas saisir les enveloppes de tabac roux fin, il était inutile d'en parler. Mais, si c'était une inutilité pour la ferme, ce n'en était pas une pour le père Caire. On ne doit pas regarder comme indifférente l'existence d'une vintaine (*sic*) d'enveloppes de tabac roux fin, dans la même chambre où l'on saisit du tabac qu'on prétend faux et qui n'était autre chose que le roux fin qui avait été tiré de quelques-unes de ces enveloppes, mélangé ensuite avec d'autre tabac de la ferme et humecté. On ne doit pas non plus regarder comme indifférente l'existence de caffé en grain, qui se trouvait dans une boîte en plomb, lorsque de cette boîte et de sa forme on veut induire une présomption de fraude.

Au demeurant, en supposant la fraude aussy caractérisée qu'elle l'est peu, l'action que la ferme a dirigée contre le sindic de la communauté des Chanoines Réguliers de Faucon ne seroit [pas] fondée, parce que la communauté ne répond point des fautes des particuliers qui la composent. Cela est si vrai qu'au cas d'un crime quelconque commis par un religieux, on ne punit jamais que l'individu, et jamais le corps. On distingue toujours, dans une communauté, les faits qui intéressent ou n'émanent que d'un membre, d'avec ceux qui émanent (*sic*) et intéressent toute la communauté. Un membre peut user de tabac et tous les autres ne pas en user, et celuy-là peut faire la contrebande pour son usage ou pour son intérêt personnel, sans que les autres membres en profitent.

Pour que les peines ou amendes prononcées contre les contrebandiers puissent frapper contre la Communauté en corps, il faudroit ou que la Communauté l'authorisât, ou que cette contrebande se fît au profit de la communauté ou enfin que la communauté permît le tabac à chacun de ses membres; or aucun de ces cas ne se rencontre icy. Faitte pour respecter et enseigner les lois divines, elle ne s'écarte point des loix humaines qui, pour la plus part, émanent pour ainsy dire des premières; elle ne fournit à ses chanoines que les besoins de pure nécessité; ceux d'agrément sont au soin et à la charge d'un chacun. Conclud à ce que le sindic des Chanoines Réguliers de Faucon soit relaxé d'instance sur les fins prises contre luy par M° Nicolas Salzard, dans le procès-verbal et exploit du 8 mars dernier et à ce que le dit M° Salzard en soit débouté[1].

N° 334.

1783, 24-27 août. — Le greffier Patte, administrateur des biens du couvent supprimé d'Audregnies, demande des instructions au Comité de la caisse de religion au sujet des cens perçus en France et dont le roi de France a ordonné la confiscation. — Réponse de M. de Kuhlberg (Archives du royaume de Bruxelles, Caisse de religion, carton 119).

Quiévrain, ce 24 aoust 1783.

J'apprends que le Roy de France vient de faire publier un édit dans son royaume pour la confiscation des biens scitués sous sa domination, appartenant aux couvens supprimés par sa Majesté impériale et Royale, ordonnant à tous fermiers et débirentiers d'en porter la déclaration, avec baux et titres qu'ils peuvent avoir en leurs possessions (*sic*), à peine de cinq cents écus d'amende ; et comme les Trinitaires d'Audregnies possédaient, avant leur suppression, dix huittelées de terre, dont neuf huittelées en France à Gussignies[2], et

---

1. En note : « jugé et gagné le 31 juillet 1783 ».
2. Arrondissement d'Avesnes, canton de Bavay.

l'autre à Autreppe, terre autrichienne, séparée par la limitte de deux puissances, le fermier qui demeure sous l'obéissance de notre auguste souverain, doit-il obtempérer à cet édit? Il y a encore cens et rentes en France venant des dits Trinitaires; comment me comporter à cet égard? l'honneur (sic) d'estre avec respect, Messeigneurs, de vos seigneurs le très humble et très obéissant serviteur. — J. PATTE.

27 août 1783. — En réponse à votre lettre du 24 de ce mois, au sujet de la disposition faite par la France, touchant les biens que possédaient dans ce roiaume les couvens supprimés dans ce pays-ci. Nous vous faisons la présente pour vous dire que vous devez rester dans l'inaction, à l'égard de l'administration et de la perception du produit de ces biens, jusqu'à autre disposition.

N° 335.

1785, 20 mars. — Change des sommes nécessaires pour la rédemption
(Chambre de commerce de Marseille, AA 107).

J'ai reçu, Messieurs, la lettre sans datte que vous m'avés écrite, pour m'informer des difficultés que vous éprouvés à faire convertir en espèces d'or les 130^m ll. pour lesquelles les Directeurs de la Rédemption de Marseille doivent contribuer au rachat général des esclaves français qui se trouvent à Alger. Je compte assez sur votre zèle pour être persuadé que vous ferés tout ce qui dépendra de vous pour vous en procurer la plus grande quantité possible. Je vais prévenir les généraux des ordres de la Trinité et de la Mercy de la rareté de ces espèces dans cette ville, et je leur marquerai de vous faire passer en écus les 443,094 ll. qu'ils doivent remettre, pour compléter la somme nécessaire à ce rachat, dans le cas où ils ne pourroient pas parvenir à la réaliser encor. — Le maréchal DE CASTRIES.

N° 336.

1785, 23 avril. — Détail des 573,094 livres nécessaires au rachat (Ibid).

Vous trouverés cy joint, Messieurs, différens effets à votre ordre du procureur de l'ordre de la Trinité et fournis par le Général, faisant ensemble 240,500ll savoir : une lettre de change de 45,000ll du sr Jaume sur le sr François Delmas, une de 95,500ll des srs Rilliet et Compagnie sur les srs Dolier et Cie, trois rescriptions des fermes générales sur le sr Barthe, receveur du tabac, pour 28,000ll, et trois autres pour 72,000ll sur le sr Roussier, receveur général des Gabelles. 500ll seulement font partie des frais du rachat particulier du nommé Jean Augustin Drouet et les 240,000ll sont la portion dont l'ordre de la Trinité contribue au rachat général.

Voicy également celle de l'ordre de la Mercy de la Province de Paris, en une lettre de change de 84,000ll à votre profit des sieurs Rilliet et Cie sur les srs Dolier et Cie.

Le Provincial de Toulouse doit remettre incessamment 119,094ll 12s 6d et ces sommes réunies, que je vous prie de réaliser à point nommé et autant qu'il sera possible, en louis d'or ou en espèces d'or, equivalentes à Alger, feront 443,094ll 12s 6d qui, avec les 130,000ll de la Confrairie de Marseille, forment celle de 573,094ll 12s 6d à embarquer sur la frégate du Roy destinée à aller chercher ces Esclaves...

N° 337.

1785, 1er mai. — La Merci de Toulouse annonce sa libération.

Je vous préviens, Messieurs, que vous toucherés incessamment la somme de 119,094ll 12s, dont la province de l'ordre de la Mercy de Toulouse doit contribuer au rachat des sujets du Roi, détenus en esclavage à Alger. Le Général m'écrit qu'il est parvenu à la convertir presqu'entièrement en or, et qu'elle vous sera remise au plus tard le 12 du courant. Je suis persuadé que vous vous empresserés de m'en accuser la réception, aussitôt qu'elle aura été versée dans la caisse de la Chambre.

N° 338.

1785, 22 mai. — La Chambre prête 7,720 livres aux Pères de la Merci et en avance 50 à 60,000 autres (AA 107).

J'ai reçu, Messieurs, la lettre que vous m'avés écritte le 9 de ce mois, pour m'annoncer que les fonds, fournis par les différentes œuvres de la rédemption pour celle qui va s'effectuer à Alger, ont été presque entièrement déposés dans la Caisse de la Chambre. Le Provincial de la Mercy à Toulouse, qui devait y contribuer pour 119,094^{ll} 12^s, vient de m'avertir qu'il y avoit un déficit de 7,000 et quelque cent livres, mais qu'il se flattait que vous voudriez bien l'aider à le réparer, si dans l'intervalle les collectes de Bordeaux et de Toulouse ne l'ont pas mis en mesure d'y pourvoir des deniers de son œuvre. Sa Majesté vous autorise à lui faire un prêt de ce qui manquera pour compléter la somme, à condition que vous prendrés les mesures nécessaires pour en assurer le remboursement.

J'ai rendu compte au Roi du désir que votre Chambre et la Compagnie d'Afrique témoignent de concourir à cet acte de bienfaisance par une avance de 50 à 60 mille livres, si elle est nécessaire à son accomplissement. Sa Majesté a vû avec plaisir cette nouvelle marque de zèle, qui fait l'éloge de l'humanité des membres dont ces deux administrations sont composées. Elle approuve, en conséquence, que vous teniez un crédit ouvert jusqu'à la concurrence de cette somme, en faveur de M. de Kercy, consul du Roi à Alger, qui s'en prévaudra, soit sur la Chambre, soit sur la Compagnie d'Afrique.

N° 339.

1785, 22 mai. — Ordre de déliver l'argent du rachat des captifs
à M. de la Charoulière, capitaine de vaisseau.

Cette lettre, Messieurs, vous sera remise par M. Buor de la Charoulière, cap^{ne} de vaisseau, à qui Sa M^{té} a confié le commandement de la frégatte *la Minerve*, destinée à transporter à Marseille les sujets du Roy dont la rançon a été négociée à Alger.

M. de la Charoulière se rendra de Toulon dans votre rade, et l'intention du Roy est que vous luy délivriez, sur son receu pour votre charge, les 573,094^{ll} 12^s 6^d dont vous êtes dépositaires. Il se chargera du soin de les faire embarquer sur la frégatte et les consignera entre les mains de M. de Kercy. — Le maréchal de Castries.

N° 340.

1785, 19 juin. — Instructions du ministre de la marine relativement au débarquement des esclaves et à divers arrangements financiers.

J'ay témoigné aux Directeurs de la Confrairie de Marseille combien le Roy leur sait gré de n'avoir pas attendû les obligations qui doivent leur être passées par les ordres de la rédemption, pour remettre les 80,000^{ll} qu'elle prête sans intérêt, et que ces ordres sont tenûs de lui rembourser en 8 années, et d'avoir pris, en attendant, le récépissé de votre Chambre, qui supplée à ces engagemens, pour ne pas retarder la frégate du Roy, destinée au transport de ces fonds à Alger. Sa Majesté n'a pas été moins satisfaite de votre empressement à suggérer cet arrangement provisoire. Il ne subsistera pas longtemps, au moyen des ordres que je viens d'expédier aux Généraux de la Trinité et de la Mercy, pour qu'ils ayent à vous faire passer sans délay leurs obligations respectives; aussitôt qu'elles vous seront parvenues, vous les présenterés aux Directeurs de la Confrairie de Marseille, et vous retirerés de leurs mains votre récépissé.

Je n'ay au surplus qu'à approuver entièrement les mesures que vous avés prises, pour la conversion en or de la somme destinée au rachat général, et pour faciliter au Provincial de Toulouse les moyens de completter celle qu'il devoit fournir, et à M*r* Ligondez le succès de sa mission.

Il seroit à désirer, pour ne rien déranger à la marche qui a été tracée à cet officier par ses instructions, qu'il pût débarquer à son retour les esclaves à Marseille ; et je n'avois donné, pour leur quarantaine, la préférence au Lazaret de cette Ville, qu'à cause de l'entrée processionnelle que ces Esclaves doivent y faire après leur admission. Je me flatte qu'il ne sera pas impossible à ce Bureau de se charger de ce souci, qu'il est difficile de luy éviter, actuellement que le Ch*er* de Ligondez a mis à la voile pour Alger, et que je ne suis plus à tems de le prévenir du changement de destination que vous paraissés désirer. Les Intendants de la Santé sont d'ailleurs informés de l'ordre qu'il a de ramenner les Esclaves à Marseille, assés à l'avance pour bien combiner les dispositions qu'exigera leur quarantaine et préparer les moyens d'en assurer l'effet. Quant aux dépenses qui résulteront de cette quarantaine, elles devront être naturellement à la charge des ordres de la Rédemption, sauf à la Chambre à leur en faire l'avance, s'ils manquent de fonds pour y pourvoir. L'intention de Sa Majesté est que les frais de cette quarantaine soient faits avec toute l'économie possible, et que le Bureau de Santé, dont les membres s'empresseront sûrement de concourir à cette œuvre de charité, fera la remise des droits qu'il pourra sacrifier sans inconvénient, tels que ceux de parfums et autres rétributions qu'il est d'usage d'exiger. Je me charge de montrer cet article de ma lettre aux administrateurs du Lazaret, afin qu'ils connaissent sur ce point les intentions de Sa Majesté. Je me persuade qu'ils se feront un devoir de s'y conformer, sans qu'il soit besoin que je les leur annonce d'une manière plus expresse.

N° 341.

1785, 24 juillet-28 août. — Sartine approuve les avances faites par la Chambre de commerce et s'occupe de les faire rembourser par les ordres rédempteurs *(Ibid.,* BB 310).

J'ay receu, Messieurs, la lettre que vous m'avés écritte le 11 de ce mois, pour m'informer de l'arrivée au Lazaret de 313 esclaves que le Roy a fait racheter à Alger, et qui ont été ramenés en France par la frégate *la Minerve*. Les relations de Mʳ de Kercy sur cette négociation intéressante me sont parvenües en même tems, et j'y ai vu avec satisfaction que ce Consul avoit rempli, dans cette occasion, tout ce que Sa Majesté étoit en droit d'attendre de son zèle et de son intelligence. Je n'ay qu'à approuver le dessein où vous êtes d'acquitter, à son échéance, la traite de 40,000 ll.[1] qu'il a tirée sur votre Chambre, conformément au pouvoir qui luy en avoit été donné. J'autorise également les nouveaux prêts de 20 et de 10 mille livres, que vous avés faits aux Commissaires des Ordres de la Rédemption, pour les aider à satisfaire aux dépenses de nourriture et de vêtement des Esclaves pendant la quarantaine, mais je vous recommande de mettre en règle toutes ces avances, qui doivent vous être remboursées par ces ordres. Celuy de la Trinité est à la veille de faire un emprunt, pour se liquider entièrement envers votre Chambre. — SARTINE.

28 août. — Je vais mander au Général de la Trinité qu'en attendant l'emprunt dont il est occupé pour satisfaire aux avances qui lui ont été faites, il ait à envoyer à la Chambre une obligation particulière, pour les quarante mille livres qu'elle a payées et qui manquaient au prix du rachat général.

1. Sur les 50 ou 60,000 livres que la Chambre avait offertes (pièce 338).

N° 342.

1787, 20 août. — Suppression partielle de la cure de Villers-sur-Mer, autrefois desservie par les Trinitaires (Arch. Nat., G⁹ 670, 20).

Je vous renvoye, M^r, le décret de suppression et ordonnance de la seconde portion de la Cure de Villers sur Mer, diocèse de Lizieux, à la première; dès que les habitans, qui sont les seuls intéressés, ne réclament point contre cette opération, je vois (*sic*) nulle difficulté d'accorder au Curé titulaire les lettres-patentes confirmatives qu'il solicite. Je pense, comme vous, qu'il sera très prudent de prévenir l'arbitraire qui pourraient (*sic*) résulter des dispositions du décret relatives à l'absence du Vicaire, en imposant au Curé l'obligation de distribuer aux pauvres les revenus destinés à son entretien. Quelque (*sic*) soit la cause ou le prétexte de la vacance de ce Vicaire, le véritable moyen [est] d'en prévenir la fréquence, profitable pour le curé. Je suis, etc.

M. le comte de Vergennes.

N° 343.

1787, 8 novembre. — Le Président La Salle prie le ministre de Metz de loger un jeune homme peu fortuné (Archives de Lorraine, H 3777, n° 26).

Monsieur le Président de la Salle a l'honneur de souhaiter le Bonjour à M. le Ministre de la Trinité, il le prie de vouloir bien lui faire scavoir s'il pourroit donner un logement, pour un mois ou six semaines, à un jeune homme d'Orléans auquel il s'intéresse particulièrement, et quel serait le prix, tant de la dite chambre que de la nourriture pour l'année; ce jeune homme a 22 ou 23 ans, il appartient à une honnête famille, il est frère du secrétaire de M. la Salle du Ban St Martin, son but est de travailler dans les Bureaux de l'Intendance; il n'est pas riche. Si cet arrangement peut avoir lieu, M. le Président

La Salle en sera très obligé à Monsieur le Ministre ; il serait allé chez lui, sans la fièvre qui le retient depuis un mois.

N° 344.

1789, 28 janvier. — L'évêque de Lectoure consent à la suppression du monastère de Terraube, demandée d'ailleurs par le seigneur (Arch. Nat., G⁹ 666, n° 6).

MONSIEUR[1],

J'ay l'honneur de vous communiquer copie d'une requête, présentée par Monsieur le marquis [François-Saturnin] de Gallard de Terraube, pour m'engager à procéder à l'extinction et suppression d'un petit monastère de Trinitaires situé au village de Terraube, dont le marquis de Gallard est seigneur, et y représente le fondateur de ce monastère.

Je connais, Monsieur, la vérité des faits énoncés dans cette requête, et je crois convenable et même nécessaire de supprimer cette petite maison, habitée depuis longtemps par un seul relligieux, dont il résulte bien des choses répréhensibles, et nul avantage pour la religion ; le revenu de cette maison est trop modique pour devoir (sic) espérer d'y voir jamais établir la conventualité, ordonnée par l'édit de 1768. Les seuls moines qui l'habitent successivement le dégradent pour en vendre les matériaux, dès qu'ils en trouvent l'occasion favorable. L'église est dans un état déplorable ; les ornements ont été dénaturés et vendus ; partie des biens sont engagés à prix d'argent, la vente des recettes anticipées au profit du moine[2] qui devait quitter ce monastère, tout se réunit pour déterminer la destruction de cette maison ; mais avant de commencer la procédure nécessaire à cet égard, j'ai cru, Monsieur, devoir vous en prévenir, et vous prier d'avoir la bonté de me prescrire la marche la plus convenable, affin d'éviter les lenteurs et les difficultés infinies que l'on éprouve toujours dans les questions de cette nature.

† Louis[3], évêque de Lectoure.

1. Je ne sais qui est le destinataire de cette lettre.
2. Melchior de Gotty, arrivé le 10 sept. 1785 (NOULENS, ouv. cité, IV, 793).
3. Louis-Antoine de Cugnac (évêque depuis 1773), † 1800.

N° 345.

1789. — Le rachat de 1785 d'après l'abbé Guillaume Raynal (Bibl. Nat., manuscrit français 6429, f° 121 v°).

En 1785, la cour de Versailles racheta trois cens quinze de ses sujets pour 644,200 livres ; c'étaient des déserteurs échappés successivement d'Oran, et tous ou presque tous plus ou moins anciennement flétris par les loix de leur patrie. Les gens de bien s'indignèrent de voir rentrer avec une sorte d'ostentation tant de scélérats en France ; mais Maurepas[1] et Vergennes dirigoient (*sic*) alors les transactions les plus importantes de ce malheureux empire.

Soixante esclaves de diverses nations, moins avilis, moins corrompus que ceux dont on vient de parler, coûtèrent la même année à leurs gouvernements respectifs 275,000 livres.

Il ne restoit en 1788 que sept à huit cens esclaves chrétiens, qui ne pouvoient plus suffire aux travaux qui leur sont propres. Leur multiplication dépendra des succès toujours incertains de la course et de la désertion plus régulière d'Oran.

N° 346.

La captivité chrétienne à Tunis (Ibid., f° 21 v°).

... Les esclaves chrétiens ont dû l'amélioration de leur sort au meilleur esprit qui s'est répandu. Quoique leur destinée n'ait jamais été aussi fâcheuse[2] qu'on s'est plu à l'imaginer, cependant il se sont vus traités avec plus de douceur et d'humanité. La modération à leur égard a été portée au point que plusieurs ont préféré l'état où le hazard de la guerre les avait réduits à une liberté, qui devait les

---

1. Maurepas était mort en 1781.
2. Les esclaves étaient mieux traités à Tunis qu'à Alger.

charger de tous leurs besoins. Ceux qui, malgré l'abondance où on les fait vivre, peuvent soupirer après leur patrie et manquent de moyens pour se racheter, ne sont pas sans quelque espoir. Il est ordinaire, très ordinaire qu'à la mort d'un père, d'une mère, d'un enfant, d'un frère, l'homme assés riche pour avoir des captifs rompe les fers de ceux qui ont été choisis pour suivre le convoy funèbre...

N° 347.

Les chrétiens au Maroc (*Ibid.*, f° 184 v°).

Les chrétiens purent autrefois entrer dans le calcul de la population de l'Empire; ils y étaient très multipliés[1]; c'étaient des prisonniers que les Maures avaient faits en Espagne, et qui vivoient, qui mouroient à Maroc dans la servitude. Le nombre de ces esclaves diminua beaucoup à l'époque où les deux nations cessèrent de se faire la guerre; mais alors, la piraterie remplaça, autant qu'il se pouvoit, les anciennes hostilités[2]; ni avec de l'or, ni par échange, on ne pouvoit briser les fers des malheureux Captifs. La superstition et la haine avoient proscrit d'avance ces actes d'humanité. L'avarice laissa dormir quelquefois cette maxime regardée comme fondamentale, et la sage politique de Mohammed[3] la fait tomber entièrement. Cependant, le peu d'Européens qui, dans cette région, peuvent encore rester sous les chaînes sont plus cruellement traités que dans le reste de la Barbarie; l'aversion qu'on y a pour eux paraît insurmontable : elle se manifeste avec une joie bruyante, toutes les fois qu'un de leurs marchands éprouve une vexation, toutes les fois qu'un de leurs consuls essuye quelque insulte.

1. M. de Mas-Latrie en a donné de nombreuses preuves dans son ouvrage sur les *Relations de l'Afrique septentrionale avec les princes chrétiens*.
2. Vues on ne peut plus justes.
3. Sidi-Mohammed, mort en 1790. Voir La Martinière, *Notice sur le Maroc*, 1897, p. 99.

N° 348.

1790, 20 février. — Déclaration de l'Œuvre des Captifs de Paris
(Arch. Nat., S 4241, *passim*).

L'ordre des Chanoines Réguliers de la Ste Trinité pour la rédemption des captifs, institué en France, sous le règne de Philippe-Auguste en 1197, a eu pour objet essentiel de son institution le rachat des captifs chez les nations barbares. Cette œuvre, avouée également par la religion, le patriotisme et l'humanité, s'est constamment soutenue depuis son établissement, et le Général actuel peut présenter une liste de quatorze à quinze cent esclaves qui ont été rachetés, tant par les soins particuliers de son ordre que concurremment avec celuy de la Mercy, dans le courant de ce siècle; en attendant avec respect et soumission les ordres qu'il plairoit à l'assemblée Nationnalle de lui donner sur l'œuvre des captifs, si digne de son attention, puisqu'elle s'occuppe, dans sa sagesse, de tout ce qui peut assurer la liberté, il croit de son devoir de la rendre dépositaire de l'état de cette œuvre pour la partie qui concerne les Trinitaires ou Mathurins en France.

Les deux ordres de la rédemption, pour fournir au rachat de [trois] cent treize captifs, dernièrement rachetés, ont emprunté au bureau de Marseille quatre vingt mille livres, payables en huit années sans interest : ce bureau s'est porté à concourir par là à ce rachat, en outre de cinquante mille livres qu'il a donné en pure aumône.

On a déjà fait trois payements à la fin des années 1786, 1787 et 1788; on auroit également fait celui de 1789, sur lequel on n'a pu fair tenir que 1600 livres, qui sont entre les mains de M. Perrin, ancien ministre de la maison de Marseille, mais on n'a pu avoir des rescriptions aux fermes; partant reste cinq payements à faire pour notre Caisse à cinq mille livres par année, sauf les seize cent livres ci-dessus, ce qui fait la somme de vingt [trois] mille quatre cent livres.

. . . . , . . .

La perception des petites parties de rente, établies dans les villes de provinces dans lesquelles notre ordre a des établissements, est confiée à ces mêmes maisons; la modicité des dites Rentes fait qu'on ne les envoye que de loin en loin; d'ailleurs, il est peu de ces maisons dans lesquelles il n'y ait de confrairie. Leurs caisses ont été vuidées au dernier rachat, et les malheurs des tems ne laissent pas présumer qu'elles puissent être bien munies. Si le tems le permet, on va incessamment s'occuper de les ramasser.

Observe que la Concurrence des deux ordres pour le même but leur fit ressentir les effets attachés aux misères humaines, que, pour y obvier, le Roy divisa les Provinces du Royaume et assigna à chacun des deux ordres celles que le sort lui fit tomber en partage, pour s'y livrer exclusivement à l'impulsion de son zèle[1]; la ville de Paris et ses fauxbourgs fut (*sic*) conservée par indivis; l'ordre des Trinitaires ou Mathurins fut obligé de vacquer à son objet par le ministère de préposés, parce que le grand nombre de provinces qui lui échurent sont celles dans lesquelles l'ordre a le moins d'établissements.

Depuis la soustraction des privilèges [1782], plusieurs de ces préposés ont remercié; il ne se présente personne pour les remplacer; cet inconvénient, joint aux malheurs des tems, rend les aumônes très rares et très peu abondantes.

Les provinces qui échurent à l'ordre sont les provinces de l'*Isle de France*, Gatinois, Orléanois, Bausse, Perche, Le maine (*sic*) Anjou, *Picardie*, *Normandie*, *Champagne*, Dauphiné, Bourgogne, Nivernois, Lyonnois, Forest, Beaujollois, Poitou, Touraine, Berry, Bourbonnois, Auvergne, Limousin, Lamarche (*sic*), Périgord et Agenois.

Par lettres-patentes du quatorze may mil sept cent soixante dix-huit, le dit ordre a aussi les trois évêchés, Metz, Toul et Verdun, la Lorraine, l'Alsace, la Franche-Comté, et l'Isle de Corse, depuis la réunion à la France.

Observe que l'extinction des Pères de la Mercy, dans les provinces de Guienne et de Languedoc, n'a été enregistrée par les Parlements qu'à la charge par les PP. de la Mercy de remetre à l'ordre de la Sainte Trinité les fonds affectés à l'œuvre des captifs : les PP. de la Mercy ont exécuté l'arrêt quant aux biens fonds, mais il paroit que les caisses étaient vuides, sans doute par les sommes considérables que le dernier rachat a absorbé et par la modicité des rentrées occasionnée par la misère actuelle.

1. Arrêt du 6 août 1638.

Je soussigné Pierre Chauvier, Général et grand Ministre de tout l'ordre des Chanoines Réguliers de la Sainte Trinité pour la Rédemption des Captifs et ministre particulier de la Maison de Paris, des Mathurins, du dit ordre, certiffie que la présente déclaration est, dans tous et les divers objets qu'elle embrasse, conforme à l'exacte et pure vérité, en foy de quoi j'ai signé, à Paris, le vingtiesme jour de février mil sept cent quatre-vingt dix. — P. Chauvier, Général.

N° 349.

1790, 4 mai. — Le P. Tournefort, ministre de Montpellier, rend compte de l'état de ses archives (Archives communales).

A Monsieur Cambia fils, officier municipal.

J'ai affronté la poussière de nos vieilles paperasses et je m'en suis ennivré (?); je vous remettrai, en conséquence, trois sacs où vous trouverés tous les titres de nos possessions, tels que ceux-ci (*sic*) de notre église, de sa reconstruction, des maisons qu'ont acheta pour l'agrandir, les noms des ouvriers qui l'ont bastie, etc., les contrats de l'acquisition de nos biens fonds, de nos rentes foncières et toutes les pièces de notre fief (?); on y trouvera encore l'authentique de toutes les reliques qui sont dans notre église et les divers privilèges qui nous ont été accordés dans des tems différens, bon nombre de bulles de quittance et de procès qui peuvent servir à la légitimité de nos petits biens, — les testaments concernants nos fondations, les placements fait pour cet objet, et les corps ou villes sur qui ils ont été faits; il y a nombre des pièces qu'on ne peut déchiffrer, parce qu'elles ont deux ou trois cents ans ou même plus; ces petits sacs seront étiquetés et on n'aura plus qu'à vérifier ce qu'ils contiendront, mais il faudra du tems et bien préparer son ame; je vais achever de faire une visitte des quittances qui me paroitront nécessaires. — Tournefort, de la Trinité.

Monsieur, j'ai oublié dans l'état que je vous ai addressé, la fondation de la bénédiction du mardi, dont le fonds fut compté à un de nos supérieurs, qui le détournat (sic) à son profit, sous prétexte que la maison lui devait au delà de cette somme...

N°. 350.

1790, 28 mai. — Déclaration des Trinitaires de Tarascon
(Archives communales).

Le R. P. Moure, provincial, a déclaré qu'il vouloit vivre et mourir dans l'ordre où il a fait profession depuis cinquante-sept ans, qu'il seroit charmé demeurer par préférence dans la maison d'afiliation, mais que, si on ne juge pas à propos de la conserver, il se rendra dans quelque couvent qu'on laisse subsister, pour y vivre et mourir, et a signé T. Moure, provincial.

Le Révérend Père Accurse Manche, supérieur, a dit qu'il usera de la liberté accordée par l'assemblée nationale et qu'il sortira au moyen de la pension fixée par l'assemblée, en faveur des Religieux non mandians et a signé Manche, ministre.

Le R. P. André Aloué a dit qu'il étoit dans la volonté la plus sincère, mais toutefois subordonnée, de vivre et mourir dans son état et dans cette maison de Tarascon où il est afilié, et dans laquelle ses parents semblent s'être proposé de lui acheter une espèce de propriété, en payant une dot à cette dite Maison, pour lui appurer sans doute après avoir servi son état, une retraite fixe et tranquille selon ses Règles et constitutions, et que, dans le cas de suppression de cette maison, il demande de jouir, en sa qualité de chanoine Régulier, de la pension décrétée par l'Assemblée nationale en faveur des Religieux rentés par état, soumis toutefois et d'une soumission absolue à tous les décrets de l'Assemblée nationale sanctionnés par le Roi et a signé Aloué.

Le R. P. Joseph Manche a dit qu'en entrant dans la dite communauté, il s'est engagé à vivre et mourir sous l'habit de religion; le déclarant veut jouir du sort qui sera réservé à la dite communauté, sans cependant incorporation quelconque, et que, dans le cas que l'auguste assemblée nationale trouveroit à propos de supprimer cette communauté et d'en renvoyer les membres dans une autre, ou de la laisser exister avec incorporation quelconque, le dit R. P. Joseph Manche, pénétré de respect pour tous ces décrets, déclare, et c'est son intention de profiter du bénéfice du décret sanctionné par le Roi, en jouissant du droit commun de tous les citoyens libres fixé par l'Assemblée, et a signé R. P. J. Manche, définiteur provincial.

François Béchard, clerc tonsuré, a dit qu'il vouloit vivre, jusqu'à la mort, sous l'habit des chanoines Réguliers de l'ordre de la Ste Trinité dans sa maison d'afiliation, par lui choisie à l'époque de son entrée dans l'ordre ; au cas qu'elle soit supprimée ou qu'il y ait incorporation quelconque, adhérant avec respect et soumission à tous les décrets émanés de l'Assemblée nationale et sanctionnés par le Roi, son intention est de profiter de la liberté de sortir, ainsi que de la pension accordée aux Religieux rentés et non mandians par le décret du 13 février dernier et a signé Béchard.

Le frère Louis Estouin adhère à la déclaration faite par le R. P. Provincial[1] et a signé le frère Estouin.

Le frère Pierre Bonnel a dit qu'il demeurera dans l'ordre, pourvu toute fois que l'assemblée nationale laisse subsister cette maison, qui est celle de son affiliation, quand même on y appelleroit d'autres Religieux, mais que, si cette maison ne subsiste plus, et que le Déclarant fût obligé de se retirer dans toute autre, au dit cas seulement, il profitera des décrets et acceptera la pension qui a été assignée par l'Assemblée nationale, et a signé[2] Bonnel.

Et avant de nous retirer, en conformité du dit article, nous avons vérifié et parcouru toutes les chambres de la maison, qui ne peut contenir tout au plus et avec quelque gêne [que] douze Religieux. — Rique aîné, officier municipal; Moublet, secrétaire; Grivet, secrétaire greffier.

---

1. C'est-à-dire vivre et mourir dans un couvent.
2. Le même écrivait plus tard : « Je déclare que veul vivre en mon particulier et qu'il me soit permis de me retirer et d'emporter les effets qui sont dans ma chambre et à mon usage. »

N° 351.

1790, 3 octobre. — Les ennuis du P. Tournefort (voir pièce 349).

A Monsieur le Président Durand, maire de la ville de Montpellier.

Monsieur, je veux bien (*sic*) vous prévenir que mes religieux, après m'avoir forcé de faire calculer toute ma régie, qui est de onze ans, et avoir consenti que cette longue opération fût faite par M. Blanc, habile ariméticien (*sic*), risquent de me chercher encore querelle, parce qu'il se trouve que la maison m'est redevable ; si cela arrive, comme leurs mauvaises dispositions me le font craindre, je me flatte que vous me permettrez de faire déposer mes registres chez vous, jusqu'à ce que vous ayés nommé un commissaire qui calcule avec Monsieur Blanc ; mon repos dépend de là ; il y a déjà trop longtemps que je suis tracassé pour avoir trop bien fait les choses, et je vous demande en grâce de mettre fin à mes tourmens, puisque je suis digne d'un sentiment de compassion ; si on m'inquiète, j'aurai l'honneur de me porter chez vous. Je suis avec respect, Monsieur, votre très humble et obéissant serviteur. — TOURNEFORT[1], supérieur.

N° 352.

1791, février-mai. — Requête des Trinitaires de Metz pour être payés de leurs pensions (Archives de Lorraine, H 3777, n° 27).

A Messieurs, Messieurs les officiers du district de Metz.

Les Trinitaires de la maison de Metz, au nombre de cinq, dont deux sexagénaires, savoir Messieurs Huem et le Gros, et les trois au-

---

1. Il écrivait quelques mois après, au même : « J'ai l'honneur de vous exposer que mon dessein est de partir d'ici et de me retirer le plutost possible dans le sein de ma famille, pour y continuer mes remèdes, avant les grandes chaleurs; je vous supplie en conséquence de vouloir bien me délivrer

tres au dessous de cinquante ans, Messieurs d'Ancerville, Michel et Colasse, n'ont reçu pour l'année 1790, dont les revenus ont été entièrement saisis, que la somme de 2300¹¹ à compte de leur pension ; il leur reste donc dûe pour la dite année la somme de 2400¹¹, à partager entre les cinq, en raison de leur âge. Nous prions ces Messieurs de faire droit à la présente pétition. — D'Ancerville. — Huem, comme fondé de procuration.

Vu la présente pétition,

Le Directoire du District, M. le Procureur sindic ouï, après qu'il en a délibéré, est d'avis qu'il y a lieu de faire délivrer aux exposants, sur la caisse du district, la somme de deux mille quatre cent livres pour le complément de leur pension de l'année dernière. Délibéré en séance le 29 février 1791. Berget, Purnot, Bail, Pyrot, P. S.

Vu la présente pétition, ensemble l'avis du Directoire du distric de Metz, le Directoire, ouï M. le procureur général syndic, vu le titre 1ᵉʳ de la loi du 5 9ᵇʳᵉ dernier et notamment l'article 1ᵉʳ, a arrêté qu'il seroit surci à faire droit sur la pétition dont s'agit, jusqu'à ce que les esposants ayant rendu le compte voulu par cet article, pour, sur le vû d'icelui, et l'advis du Directoire de ce district, être statué ce qui au cas appartiendra. Fait à Metz, le 2 mars 1791.

A Messieurs, Messieurs les administrateurs du District de Metz.

Les Soussignés ont l'honneur de présenter à Messieurs les administrateurs leur Compte, en les priant de vouloir bien les examiner le plustot possible, attendu que, n'ayant reçu qu'une partie de leur pensions de 1790, ils ont été obligés de contracter des dettes ; et qu'en conséquence, ils ont besoin de ce qui leur revient pour les acquitter ; ils demandent en outre que Messieurs les administrateurs veuillent bien leur délivrer des mandats, pour toucher le premier quartier de 1791, en attendant que leur Compte soit reçu et appuré.

Ce faisant, Messieurs les Administrateurs obligeront ceux qui sont, avec la plus sincère cordialité, leurs frères. — Dancerville, cy devant ministre.

mon mobilier, parce que j'ai occasion de m'embarquer pour Beaucaire où j'irai l'attandre ; j'ose me flatter que vous remplirez mon voeu le plus ardent. — Tournefort, prêtre. Montpellier, ce 5 juin 1791. »

Vu de rechef la présente pétition, le délibéré du directoire du département ci-dessus, le compte présenté en exécution d'icelui, appuré par l'administration du district le 13 avril dernier, et définitivement par celle du département le 5 du courant,

Le Directoire du district de Metz, le supléant de M. le procureur sindic ouï, après en avoir délibéré, est d'avis qu'il y a lieu de faire païer aux exposants, sur la caisse du district, la somme de deux mille cent soixante livres dix neuf sous, faisant avec celle de deux cents vingt quatre livres un sou qu'ilz doivent y verser, conformément à l'arrêté du département du 5 du courant, pour le reliquat passif du Compte dont s'agit, la somme de deux mille quatre cents livres, qui formera le complément des pensions qui leur sont dues pour l'année dernière. Délibéré en séance le 11 mai 1791. — Signé Berger, Purnot, Bail, payeur, supléant de M. le Procureur sindic, et Gobert, secrétaire.

Vu de rechef la pétition, d'autre part les pièces y annexées, ensemble l'avis du Directoire du district de Metz, le Directoire, M. le Procureur général sindic ouï, autorise celui du dit District à délivrer sur sa caisse un mandat, au profit des exposants, de la somme de mille neuf cent quarante livres dix neuf sous, laquelle avec celle de *deux cent trente cinq* livres, qu'ils doivent rapporter pour leurs impositions de 1790, aux termes de l'art. 1er de la loi du 23 février dernier, et celle de deux cent vingt quatre livres un sou, qu'ils ont dû y verser, conformément à l'arrêté du département du 5 dernier, pour le reliquat passif du compte dont s'agit, forment la somme de deux mille quatre cents livres, à laquelle se porte le complement (*sic*) des pensions qui leur sont dûes pour la dite année 1790.

Fait à Metz ce 12 mai 1791. — Signé Lequere, vice-président; Collin, Saget, Wagner, Pierron, Thibaut, Flosse, Durbach, Poulet, procureur général sindic, et Berteaux, secrétaire.

EXPLICATION DES SCEAUX

(D'après Douët d'Arcq : *Les Sceaux des Archives Nationales*.)

PLANCHE I.

- N° 1. Le Christ nimbé entre deux captifs (n° 9801).
- N° 2. Personnage entre deux captifs, l'un chrétien, l'autre Sarrasin (n° 9802).
- N° 3. Le Christ entre deux personnages, tenant l'un une croix, l'autre un livre (communication de mon confrère, M. André de Maricourt).
- N° 4. Même sujet (n° 9804).
- N° 5. Contre-sceau du précédent.

PLANCHE II.

- N° 6. Tête d'homme de profil (contre-sceau du 9801).
- N° 7. Le Christ sur une voûte, tenant de chaque côté un captif agenouillé (n° 9812).
- N° 8. Personnage assis les pieds posés sur un cerf, à gauche un moine à genoux (n° 9805).
- N° 9. A droite, un personnage debout (saint Mathurin); à gauche, un possédé, de la bouche de qui sort un démon (n° 9814).
- N° 10. Un moine à genoux ; un ange descend pour le bénir (n° 9807).
- N° 11. Le Christ bénissant; au-dessous saint Mathurin exorcisant un possédé (n° 9815).
- N° 12. Un cerf buvant à une fontaine au pied d'un arbre (n° 9808).

Planche I.

PLANCHE II.

INDEX BIBLIOGRAPHIQUE

L'on trouvera ici, par ordre alphabétique, l'indication des dépôts, tant français qu'étrangers, qui m'ont fourni les Pièces justificatives, ci-dessus imprimées, et mentionnées ici par leur seul numéro.

Les documents concernant des couvents de tel département se trouvent souvent égarés dans les archives d'une ville plus ou moins voisine; cela tient à ce que certains supérieurs de couvent ont gardé à leur réception, ou fait copier, si elles leur manquaient, des lettres qui étaient d'un intérêt particulier pour l'ordre trinitaire.

ALBI (*Préfecture*).

Archives comm. de Cordes : 50.
— des notaires : 89.

ARLES.

Bibliothèque. Mss. 159-160 : 1, 7, 71 82, 108, 111, 189, 193, 315.

ARRAS (*Préfecture*).

Série H : 12, 28.
Bibliothèque. Manuscr. du P. Ignace : 130, 182, 278, 293.

AVIGNON (*Bibliothèque*).

Ms. 2592 : 70.

BEAUVAIS (*Préfecture*).

Liasses des Trinitaires : 22, 56, 88, 206, 210.

BRUXELLES.

1° *Archives du Royaume*.

Cartulaire de Lérinnes : 8, 11, 15, 16, 18, 43, 51.

Conseil d'Etat : 247, 252.
— privé : 329.
Caisse de Religion : 334.

2° *Bibliothèque*.

Manuscrits : 118, 310.

CHALONS-SUR-MARNE.

Archives de la Préfecture : 74, 121, 131, 188, 244, 251, 272, 300.
Bibliothèque. Ms. 58 : 244.

DIGNE (*Archives*).

Trinitaires de Faucon, registres : 256, 270, 284, 306, 314, 333.

DRAGUIGNAN (*Préfecture*).

Trinitaires, série H : 187, 208.

FOIX (*Préfecture*).

Archives, série H : 130, 292.

HONDSCHOOTE (Nord).

Archives communales : 48, 140.

LAON (*Archives*).
Trinitaires de Cerfroid : 114, 246.

LILLE (*Archives*).
Trinitaires de Douai : 26, 27, 29, 32, 33, 122, 129, 137, 142, 143, 155 à 160, 191, 213, 284, 287.
Chambre des comptes : 24.

LUXEMBOURG
(*Archives du grand duché*).
Trinitaires de Vianden : 21, 58, 73, 94, 107, 166, 220.

LYON (*Bibliothèque*).
Mss. 281 282 (fonds Coste) : 104, 226.

MARSEILLE.
1° *Archives de la Préfecture.*
Liasses cotées : 100, 101, 112, 120, 138, 173, 176, 185, 195, 208.
Liasses non cotées : 147, 150, 151, 152, 164, 165, 168, 169, 174, 177, 200, 211, 221, 222, 257, 263, 268, 271, 273.
Registres : 109, 134, 153, 154, 199, 202, 204, 209, 225, 237, 239, 285, 288, 294, 309.
Cartulaire du P. Porchier : 153, 179.

2° *Bibliothèque.*
Manuscrits du P. Ignace de Saint-Antoine, n° 265 : 170, 198 ; — n° 1216 : 44, 46, 144, 205, 249, 258 ; — n° 1217 : 248.
Manuscrit du P. Giraud, n° 1411 : 259, 264, 266, 269.

3° *Archives de la Chambre de commerce.*
313, 316 à 318, 324, 325, 331, 332, 335 à 341.

4° *Archives de la marine* :
275, 279, 280, 289, 290, 303 à 305, 307.

5° *Archives communales.*
Série GG : 59, 235.

MEAUX (*Bibliothèque*).
Manuscrits de Janvier : 3.

METZ (*Archives de Lorraine*).
Trinitaires de Metz : 102, 125 à 127, 133, 255, 260, 261, 286, 308, 312, 319, 343, 352.

MONS (*Archives du royaume*).
Cartulaire de Lens (autrefois à Bruxelles) : 4, 45, 161, 196, 201, 207, 212, 218, 236, 250.
Trinitaires d'Audregnies : 216, 217.

MONTPELLIER.
1° *Archives départementales.*
186, 215, 223, 231 à 233, 253, 265 (cartulaire), 283, 320, 326.

2° *Archives communales.*
Série GG : 180, 349, 351.

NANCY (*Archives*).
Trinitaires de Lamarche : 13, 14, 17, 19, 23, 57, 61, 66, 79, 115.

NANTES (*Bibliothèque*).
Ms. 80 (obituaire de Châteaubriant) : 149.

PARIS.
1° *Archives nationales.*
Série G⁹ : 328, 330, 342, 344.
— J : 38, 40, 67.
— K : 5, 41, 84, 85, 86.
— L (carton 947-8) : 20, 54, 63, 64, 68, 119, 128.
— LL : 30, 254, 296, 298, 299, 321.
— S : 25, 31, 49, 52, 53, 55, 62, 65, 69, 72, 81, 83, 323, 348.
S 4269 : 47, 80, 113, 171.
X¹ᵃ : 74, 76, 77, 105.
X¹ᶜ : 78 [1].

2° *Bibliothèque nationale.*
Ms. lat. 9753 : 36, 37, 60, 95, 96.
— divers : 39, 40, 41, 93.

---

1. Le manque d'inventaire et l'absence des renseignements sollicités sur ce qui pouvait concerner les Trinitaires, dans les archives du Parlement, m'ont fait faire sans doute des omissions.

Coll. Champagne : 34, 99, 116.
— Doat : 10.
— Mortreuil : 2, 42, 73, 75, 90, 108, 124, 175, 189.
Ms. franç. 10780 : 295, 297, 301, 302.
— 15768 : 227 à 230.
— 6429 n. acq. : 345 à 347.
— divers : 35, 163, 190, 214.
Ms. espagnol : 128.

3° *Bibliothèque Mazarine.*

Ms. 1765[1] : 36.
— 1766 : 91, 103, 106.
— 1768 : 145, 146.

4° *Bibliothèque Sainte-Geneviève.*
6, 110, 183.

5° *Bibliothèque de l'Arsenal.*

Archives de la Bastille : 291.

6° *Ministère des affaires étrangères.*

Maroc : 243, 245, 322.

Pontoise (*Bibliothèque*).
Cartulaire des Mathurins : 274, 276, 282.

Rome (*Bibliothèque du Vatican*).
Ms. lat. 7750 : 136.

Tarascon (Bouches-du-Rhône).
Archives des notaires : 92, 97.
— *communales :* 350.

Toulouse.
1° *Archives départementales.*
Registres : 148, 327.
Liasses : 192, 219, 224, 240 à 242, 281.

2° *Archives des notaires :*
197, 238, 262, 267.

3° *Archives du Parlement :*
139, 178.

Troyes (*Archives*).
Trinitaires de Troyes : 98, 117.

Valenciennes (*Bibliothèque*).
Ms. 1075 : 311.

Versailles (*Archives*).
Mathurins de Montmorency : 141, 144, 167, 172, 181, 184, 194.

---

1. Voir aussi aux gravures du premier volume pour le détail de ce manuscrit.

ADDITIONS ET CORRECTIONS

Tome Ier.

Page 49, 5ᵉ ligne : lire *trente* au lieu de *quarante*.
— 229, avant-dernière ligne : ce secrétaire du général était simplement un représentant des provinces d'Espagne à Paris.
— 233, 3ᵉ ligne : alors le silence perpétuel fut imposé par la Congrégation des Réguliers à Claude Vattière (pièce 163).
— 245, 5ᵉ avant-dernière ligne, après Paris, *lire :* (1ᵉʳ mars 1636).
— 252, 2ᵉ et 3ᵉ avant-dernière ligne, *lire :* fût et eût.
— 254, après 31 mai 1642, *ajouter :* le 12 janvier 1644 le roi évoque au Parlement toutes les instances à mouvoir par Louis Petit. (Bibl. nat., cart. Ld⁴⁸.)
— 261, note, après (p. 60), *ajouter :* mais il n'en fut rien, ainsi en 1737.
— 357, titre, *lire :* Chapitre V.
— 394, note 1, *ajouter :* cette lettre est dédiée à Châteaubriand.
— 465, 5ᵉ ligne : Louis Petit attribue cette tentative aux Réformés, et il doit avoir raison. Cela montre, une fois de plus, le peu de précision des termes employés par la cour de Rome.
— 531, 7ᵉ ligne, *lire :* Pierre Dagneaux.
— 544, 9ᵉ avant-dernière ligne, *lire :* Godefroy.
— 618, milieu de la page : Bosa est en Sardaigne, province de Cagliari.

Tome II.

Page 65 : n° 44, déjà imprimé par Baron (année 1273).
— 143, *lire :* 96 au lieu de 93.
— 175, 2ᵉ ligne, *lire :* S 4269 ª.
— 336, *lire :* Comelin.
— 388 : n° 273, tiré des archives des Trinitaires Réformés de Marseille ou *Grands Trinitaires*, par opposition avec les Déchaussés.
— 391 : n° 277 (Archives de Metz, H 3773).
— 396 : n° 283 (copie dans les archives de l'Hérault).

TABLE ALPHABÉTIQUE

ABRÉVIATIONS. — T = Trinitaires. — *V.* ou *voy.* = *Voyez*. — Une simple indication de chiffres renvoie aux pages du tome I. — Le numéro des pièces justificatives est précédé de la lettre P. — La table contient quelques détails parvenus depuis la rédaction du manuscrit et dont la source est indiquée.

A

Absalon, abbé de Saint-Victor, coopère à la rédaction de la règle trinitaire, 15.

Abstinence totale à l'origine, sauf en voyage, 29; supprimée au réfectoire, en 1522 pour l'Espagne, en 1575 pour la France, 221, 226.

Acquisitions limitées par la communauté d'Arles, P. 7; liberté d'en faire pendant cinq ans sans payer d'amortissement. *V. Troyes, Vianden.*

Afrique; privilèges des religieux qui y résident, 424.

Aix, couvent de Trinitaires Déchaussés, 236; protégé par le cardinal Bandini, 237, P. 173, 177. — *Second couvent*, 452.

Aix (Parlement d'); arrêts au sujet de la quête des captifs, 371 n., P. 112.

Alard, huitième grand-ministre, 205; présent à Marseille en 1270, P. 42.

Alava (Ferdinand de), représentant des provinces d'Espagne à Rome, seconde les efforts de Grégoire de La Forge, 273.

Albéric des Trois-Fontaines mentionne la fondation de l'ordre des Trinitaires, 9, 10, etc.

Aleph (Claude), un des fondateurs de la Congrégation Réformée, 226; ce qu'en pense Louis Petit, 244.

Alexandre VI autorise des donations de reliques de saint Roch, P. 108.

Alexandre VII émet des prétentions nouvelles sur l'élection du général des T., 264; les Constitutions édictées au Chapitre général de 1656 sont mises sous son nom, 265.

Alfaquèques, laïques qui suppléent les Rédempteurs, 410.

Alger, hôpital trinitaire, 423-434; son règlement, 427-428; son personnel, 428; éloges du P. Philémon de la Motte, 429; soigne les musulmans, 429; rattaché à la couronne d'Espagne, 430; l'administrateur rend service aux Français, 430; se querelle avec le vicaire apostolique, 431-434.

Algériens; leurs ambassadeurs pour le rachat des captifs, P. 297; rapports de la France avec eux, P. 316, 332. *V. Dey.*

Aliénations permises par le chapitre général dans l'intérêt de l'église de Châlons, P. 131.

Aloès (François), Trinitaire Réformé; sa traduction de Gil González de Avila condamnée par le Chapitre général de 1635, 5, 242; le plus ancien religieux de Marseille en 1666, P. 209.

ALPHONSE DE POITIERS; ses libéralités envers les Trinitaires, 197-198.

ALPHONSE V, roi de Portugal, dépossède les Trinitaires de la Rédemption, 375.

Amortissement; sa quotité, 166.

Ancienneté des religieux aux processions; d'abord admise par le Parlement d'Aix (1626), P. 175.

« Anciens » (Réformés transférés chez les), P. 255.

Anes, monture primitive des Trinitaires, 24.

Anges, nom donné aux enfants qui suivaient la procession des captifs, 399.

ANNE D'AUTRICHE permet au P. Hérault de quêter, P. 190.

« Annexe » de bulles pour la quête des captifs, P. 112.

ANROUX (Nazare) prononce l'oraison funèbre du cardinal de La Rochefoucauld, 251, — et celle de Louis Petit, 257; vicaire général pendant l'absence de Pierre Mercier, 266.

Antilles; la quête pour les captifs s'y étend, 293.

ANTONIN DE L'ASSOMPTION, historiographe des T., 636-637.

Arabe (langue); les Rédempteurs l'ignorent, 387; manuscrits arabes chez les T. de Lisieux, 614; les truchements sont souvent des renégats, P. 205.

Aragonais (princes); possèdent Marseille en 1202, 178; ordre de la Merci fondé à Barcelone et protégé par les rois d'Aragon, 357.

ARANDA (Emmanuel d'); ses *Relations de Barbarie*, 316.

Arbitrage proposé par Louis Petit, P. 194.

Arbitral (avis) rendu par quatre religieux entre François Petit et les Réformés de Pontoise, P. 152.

Architecture des couvents, P. 145.

ARGENSON (comte d'), ministre de la guerre; n'inquiète pas les déserteurs revenus d'Alger, P. 304.

Argenterie du couvent de Marseille portée à la monnaie d'Aix, P. 237.

Arles (archevêques). *V.* MICHEL DE MORIEZ, FERRIER (Jean).

Arles (couvent d'), 80, 116, 120, 145, 456-457; prétendu acte de 1178, P. 1; donation à saint Jean de Matha, P. 2; statut de la communauté, P. 7; loué aux Clarisses, P. 71; donations du roi René, P. 100 et 101; reliques de saint Roch, P. 108; visite déniée, P. 109; vœu à saint Roch, P. 111; embellissements, P. 153; processions, P. 175.

ARLHIAT, commissaire général des quêtes en Auvergne, 343, 345.

ARNAUD (Honoré) réforme le couvent de Toulouse, P. 178.

ARONDEL (Raoul), fondateur du couvent de la Villeneuve, près Chelles, P. 5.

Arras (couvent d'), 81, 105, 107, 458-459; donation, P. 12; logement des soldats blessés (extrait du P. Ignace), P. 182; procession des captifs, P. 132.

Arzacq (Basses-Pyrénées); la fondation de ce couvent échoue, P. 56.

Asile (droit d') à Bar-sur-Seine (1348), P. 68; réclamé par Jean Laloé (1577), P. 17.

Assemblée des cinq Pères spéciale à la Congrégation Réformée, 69.

Assistants du Général prescrits par le cardinal de La Rochefoucauld, 249. *V. Socius.*

Astrologie. *V.* JEAN DE TROYES, P. 93.

AUDIBERT, procureur des Mathurins, proposé par le P. Pichault comme député au Chapitre de 1768, P. 326; rend compte de l'état financier du couvent des Mathurins, P. 348.

AUDOIRE (Antoine), commandeur de la Merci de Marseille, 368, 369.

Audregnies (couvent d'); sa suppression, 460-461, P. 334.

Aumônes devant servir pour tous les captifs sans distinction (1765), 416; troncs dans les paroisses destinés au rachat de Français pris sous pavillon étranger, 346.

Auriol (Bouches-du-Rhône) eut un couvent trinitaire, 446.

Autel privilégié, 135.

Avignon, hôpital trinitaire, 108, 115; Eustache Teissier en est ministre,

268 ; le vice-légat usurpe l'hôpital, 271 ; réunion avec les Pères de la Merci, 464 ; plaintes contre divers ministres, 465 ; réuni à la Provence, 466 ; obituaire, P. 70 ; entreprise des Réformés sur ce couvent, P. 194.

B

BACHELIER (Jean), ministre de Taillebourg, puis de Fontainebleau, promoteur et procureur de Jean d'Estourmel, P. 142.
Baléares (Iles) ; mauvais procédés du gouverneur à l'égard des Rédempteurs, 393.
BANDINI (Octave), cardinal-protecteur, 158-159 ; prévient Louis Petit des intrigues des Réformés, 232 ; donne aux Réformés le cardinal de Retz pour juge ordinaire, P. 167 ; les protège efficacement contre Louis Petit (Bibl. d'Amiens, ms. 491, f° 195) ; protège les religieux Déchaussés d'Aix, 237 ; essaie de propager la règle primitive, P. 168, 174. *V. Rome.*
Barcelone ; lieu de fondation des Pères de la Merci, 357 ; couvent des T., P. 206.
Bar-sur-Seine, hôpital, 466, 467 ; acquis par échange, P. 54 ; droit d'asile, P. 68.
BARON (Bonaventure), Franciscain, éditeur des *Annales du premier siècle de l'ordre de la Trinité, passim.*
BASIRE (les), ministres de Châlons, 46, 48, 49 et P. 244 ; Guillaume Ier, *ibid.* ; Antoine, discours au chapitre de 1635, 242 ; custos en 1654, 259 ; obtient quinze voix pour être Général, 264 ; Guillaume II, vicaire général, 268 ; Rédempteur, 405 n.
Bastogne (Luxembourg) ; suppression de ce couvent, 303 ; enquête de 1743, 468-470.
BAUDOUIN DE BAILLEUL, maréchal de Flandre, fonde le couvent d'Estaires ou Corvorde, P. 26.
Baume inventé par le Père Ignace de Saint-Antoine, P. 249.
Bayonnais (caisse des) ; legs de Denis Dusault pour les captifs, 340.

Beaucaire, hôpital éphémère, 470.
Beauvoir-sur-Mer, prieuré, 126, 471.
Belleau (en Poitou) ; simple titre, 471.
BELZUNCE (Mgr de) ; rapports avec les Déchaussés de Marseille, 538 ; lettre au Père Giraud, P. 259.
BENOÎT XIV (Prosper Lambertini) ; son avis sur *l'identité* du corps de saint Jean de Matha, 626, 627.
BERGER (Alexis), Trinitaire Réformé, obtient le bref de 1635, 243 ; opinion du P. Ignace de Saint-Antoine, 245.
BERNARD (Joseph), religieux d'Avignon, procureur général en cour de Rome, 285.
BERNARDIN DE SAINT-ANTOINE, auteur de *l'Epitome generalium redemptionum captivorum*, XVIII-XIX.
BERTAUD, grand-ministre, publie des Statuts en 1319, 32.
Bibliothèques ; leur peu d'importance, 610. *V. Lambesc.*
Bienfaiteurs des couvents ; Grégoire Reynès recommande de beaucoup les honorer, P. 240.
BIONNEAU (le Père), Trinitaire, premier consul de France à Alger, 423.
Blanc, couleur de l'habit trinitaire, 26-27 ; les Espagnols adoptent la chape brune, 190.
Blé ; son prix à Marseille, P. 73 ; à Châteaubriant, P. 146 ; blé noir valant 4 livres le muid en 1506 à Lens, P. 236.
BOILEAU (Jean), chapelain de deux comtes de Champagne, puis Général, P. 41, 44, 47.
Bonnier, mesure agraire, vaut 10 livres de Louvain en 1287, P. 11.
Bordeaux ; Pères de la Merci molestés, 362-363.
BOSSUET prononce le panégyrique de saint Pierre Nolasque, 440.
BOUCHET (Claude), ministre de Lambesc, 5 8 ; de Lorgues, 526 ; rédige un Cartulaire à Arles, 456.
BOUCHET (François), procureur en cour de Rome, 226 ; donne l'habit à Claude Aleph et à Julien de Nantonville, 226 ; favorise la construction du couvent de Naples, P. 138 ; ministre de Tours, 584.

Bougie (le roi de) retient des Marseillais captifs (1315), P. 59.
BOURCK (Mlle de), illustre captive, 438.
BOURGEOIS (Jacques), continuateur de la Chronique de Gaguin, XVI-XVII; publie un Abrégé français de la Vie de saint Jean de Matha, 2; écrit un poème latin sur le même sujet. P. 118; son opinion sur l'accueil réservé à saint Jean de Matha par Innocent III, 14; rédige la *Formula Reformationis*, 33, 225; explique le mécanisme de la *reductio*, 110; sa situation ambiguë, 180; n'a pas communication de la bulle relative au Bourget, 212; ministre d'Estaires, P. 122; Philippe II lui permet d'introduire la Réforme des couvents en Picardie, P. 137; confirme un bail à Hondschoote, P. 140.
Bourget (le) [*Pons Reginae*]; accord avec le curé de Drancy, P. 9; résigné par Nicolas de Fréauville, P. 62; uni au couvent de Paris, P. 65; modifications à ces conditions, P. 81, 83.
Bourmont, collège, 472-473.
BRIXEL (Olivier) fonde l'hôpital de Dinan, P. 80.
Brignoles, couvent des Déchaussés; fondation d'abord interdite, P. 208.
BROGLIA, esclave à Alger, P. 235.
BRUGIÈRE (le P.), Mercédaire; le P. Hérault mis en prison à cause de ses dettes, 404.
BRUNEAU (Antoine), religieux de Pontoise, va réformer Marseille, P. 151.
BRUNEL (le Père), procureur des captifs, 634.
BUOR DE LA CHAROULIÈRE, capitaine de vaisseau, ramène les captifs d'Alger P. 339.
BUSNOT (le P.), ministre de Rouen et Rédempteur au Maroc, 146.

C

Cadière (*La*), couvent, 101, 128, 474-475; relique, 188; confrérie, 355.
CAFFIN (Ambroise), Trinitaire Réformé, 232, 239, 245, P. 164. *V.* HÉLIE (Jérôme).
Caillouet (Oise), couvent réformé, 120, 476-477; union de la cure de Saint-Brice, P. 210.
CAIRE (le P.), de Faucon, soupçonné de contrebande du tabac, P. 333.
Caisse de Religion (Bruxelles), succède aux confréries de la Rédemption, 354.
Calice mis en gage par un ministre de Lens, P. 236.
CALIXTE DE LA PROVIDENCE (le P.), auteur de *Corsaires et Rédempteurs*, essaie de réinstaller les T. en France (avant-propos).
CALLOË (Jean) [Calhoe, Calloel], ministre de Marseille et d'Avignon, P. 70 (II, 107) et 75.
CAMPAIGNE (Basile), ministre de Toulouse, P. 232.
CAMPAIGNE (Nicolas), ministre de Toulouse, puis provincial de Languedoc, encourt la disgrâce de Louis XIV, 169; puni par Pierre Mercier, P. 223, 231 et suiv.
Canonisation des fondateurs de l'ordre, 267, 630-631.
CANTON; factum (1638), 341-342.
Capelette (*La*), annexe rurale des Déchaussés de Marseille, 477.
Capitaines diffèrent la remise des captifs musulmans (1562), P. 124.
Captifs rachetés; fondent des couvents trinitaires en signe de reconnaissance, 323, *voy. Châteaubriant*, etc.; doivent assister à la procession à Marseille, P. 200.
Cardinal : Antoine Serdan, évêque de Lérida, le seul qu'ait eu l'ordre, 189.
Cardinal-protecteur à Rome, 159. *V.* BANDINI.
Cartes à jouer; proscrites, P. 292.
Carmes Déchaussés; s'occupent des T. Déchaussés de Montpellier, P. 168.
Cartulaires : de Gaguin, XIII; de Châlons-sur-Marne, *ibid.*; fonds belge démembré, XV; de Lens, etc.
CASSEL (Denis), Trinitaire Réformé, fait confirmer la sentence du cardinal de La Rochefoucauld, 254.
CASTELLANE-D'ESPARRON (Louis de), chevalier de Malte, refuse de paraître à la procession des captifs, P. 264.
Castille, compte vingt-deux couvents, ordonnance de Gaguin sur le pro-

TABLE ALPHABÉTIQUE. 493

vincial, 65; Andalousie et — réclament un général particulier, P.211.

Castres, couvent détruit par les huguenots; habitants condamnés à le rebâtir, 103, 478.

CASTRIES (maréchal de), ministre de la marine; instructions sur le débarquement des esclaves (1785), P. 340.

Catalogne interdite aux quêtes des T., 338.

CAUDATI (Jean), provincial de Provence et Languedoc, P. 89; chapelain du Pape et ministre d'Avignon; mort en 1413, II, 103.

Cerfroid (Aisne), chef d'ordre des T.; étymologie de ce nom, 13, voy. Chapitre général; le prieur de — est différent du général, 71; nombre des religieux, 79; église, 134; restes du couvent, 149; lutte avec Paris, 208-209; entrée des Réformés, 240; enquête de 1638, 247-248, P. 183; adhésion à la Révolution, 303; histoire d'après le Père Calixte, 478-484; inexactitude des premiers actes, 479; donation d'un muid de blé, 480; cure de Brumetz annexée, 481; exigences du sire de Tresmes, 482; racheté par le Père Calixte, 483-484; donations des comtes de Champagne, P. 34, 39, 55; amortissement (1344), P. 67; muid de blé pour le chapitre, P. 77, 78; projet d'y introduire des Réformés, P. 172, 181; bulle pour y tenir le chapitre, P. 229; coupe de bois, P. 246.

CERVANTÈS délivré de sa captivité à Alger par le T. Jean Gil, 327; bons rapports avec les T., buste à Madrid sur la façade de l'ancien couvent, 439 n.

Cette; un T. chapelain du Mont-Saint-Clair, P. 186.

Ceuta, couvent des T. Déchaussés, 410.

Chaînes de captifs rapportées par le Père Michelin, P. 300.

Châlons-sur-Marne (couvent de); un récit de la fondation de l'ordre y est écrit en 1444, 7; conditions de fondation, 95; église, 137; résidence de divers généraux de l'ordre, 203, 218; transfert, 486; cartulaire, 487; le ministre dénoncé par un de ses religieux (1790), 307; obituaire, 485; procès, P. 74; amende, P. 99; incendie de l'église, P. 131; les Basire, P. 244; permutation, P. 251; dégâts causés par un orage, P. 272.

CHAMBELLAN (Simon), prieur réformé de Cerfroid, 241.

CHAMPAGNE (comtes de), libéralités envers les T., 198-199. V. THIBAUT V, JEANNE DE NAVARRE.

CHANDOTÉ (Pierre), prieur de Cerfroid et grand-ministre, 213-215.

Change de monnaie, rachat de 1785, P. 335; lettres de change, P. 336.

Chanoines réguliers, changement d'habit appliqué à toutes les provinces de France, 290; prétentions des T. admises par la cour de Rome, 293.

Chapelles particulières; Marseille : Thomas Broulhard, P. 134.

Chapitre conventuel; a le droit de punir un religieux du couvent, P. 204.

Chapitre correctif à Marseille, 284.

Chapitre général, date de sa réunion, 22, 30; élection du grand-ministre, 37; lieu, 53; périodicité, 54; assistants, 55; officiers du chapitre : correcteurs et définiteurs, 58-59; durée, 60; ses actes sont passés en latin jusqu'au seizième siècle, ses procès-verbaux toujours, 63; le roi surveille ses délibérations, ibid.; la réunion d'ensemble de la Congrégation Réformée s'appelle —, ibid.; pour les provinces d'Espagne, 191; le cardinal de La Rochefoucauld décide que toutes les provinces y seront appelées, 249; ne peut être tenu hors du royaume de France, P. 228 (fin).

Chapitres généraux importants :
1319. P. 60.
1429. V. JEAN DE TROYES.
1548. P. 121.
1573. V. BOURGEOIS (Jacques).
1576, 1579, 1598, 1601. V. Convorde.
1615. Décret sur les curés, P. 161.
1635. 242-243.
1651. 256-257.
1656. Rome, 265.
1665. Rome, 267.
1673. P. 214.

1686. Cerfroid, élection du Père Teissier, 268.
1688. Rome (espagnol), 271.
1703. Cerfroid (international), 280.
1729. Marseille (Correctif), 284.
1781. Cerfroid. *V.* Chauvier (le P.).
Chapitre provincial, 68-70 et *passim;* Languedoc : le provincial doit approuver ses décrets; indépendant à l'égard de Louis XIV, P. 282; décret sur le costume (1745), P. 292.
Charles-Quint tente en 1527 de réconcilier Trinitaires et Mercédaires, 360-361; permet aux T. de quêter en Franche-Comté, 337; invite Thibaut Musnier à visiter les couvents d'Espagne, P. 121; nomme Jacques Bourgeois ministre d'Estaires, P. 122.
Charles IX ordonne de faire rapatrier soixante Turcs esclaves, P. 124.
Châsse ou fierte portée en procession à Clermont (Oise), P. 88.
Chateaubriand apprécie le zèle des Rédempteurs, 440.
Châteaubriant, hôpital, 120, 487-488; tombeau ancien, 189; sa situation lors de la Révolution, 308; obituaire, P. 149. *V.* Yvon (Robert).
Chateaubriant (Geoffroy de), racheté par les T., 120.
Châteaufort, hôpital éphémère, P. 30.
Châteauneuf, près Martigues, hôpital, 489.
Chatillon (Gaucher et Jean de), bienfaiteurs des T. de Cerfroid, P. 67.
Chauvier (Pierre), dernier Général des T., élu au Chapitre général de 1781, 301 et suiv.; rapport sur l'Œuvre des captifs, P. 348.
Chef des esclaves : ce qu'est cette dignité, 433.
Chelles (ou l'Honneur-Dieu), couvent, 97, 490, et P. 5, 41, 84, 85.
Chemise: il est défendu aux T. d'en porter, P. 292.
Chevaux permis aux T., 28, 29.
Chevillard (Cloud), vicaire de la Merci de Paris, 420.
Christ (image du) rachetée en 1682, 389.
Chronique des Ministres généraux; ses trois auteurs : Gaguin, xv-xvi; Bourgeois, xvi-xvii; Massac, xvii-xviii.
Civilité chez les T. Déchaussés, P. 299.
Clément IV confirme la règle modifiée, P. 36.
Clément VIII organise la Congrégation Déchaussée, fondée par J.-B. de la Conception, 227.
Clément XI reconnaît Grégoire de La Forge, général de l'ordre, 278.
Clément de Jésus, procureur général des Déchaussés, 278; discours au Chapitre de 1704, 280.
Clerc chargé de la quête pour les captifs, P. 92.
Clermont (Oise), 167, 490-492; donations de saint Louis, 491; épitaphe singulière, 492, et P. 22, 35, 88.
Cloche (le Père), Général des Dominicains, contribue à la cessation du schisme trinitaire, 277; son portrait placé à Cerfroid (Bibl. Nat. : estampes, coll. de Fleury).
Coadjuteur du ministre de Marseille, avec l'approbation du Provincial, P. 120.
Colbert approuve les fraudes en matière d'échange de captifs, 378.
Comelin (le Père), rédempteur avec Philémon de la Motte, prend possession de Grandpré, P. 284.
Commandeur (Guillaume) embellit le couvent et l'hôpital d'Arles et fait bâtir le clocher, P. 153.
Commissaire général en Picardie. — *V.* Vicaire général.
Commission des Réguliers, 292 à 299; Mémoire présenté par le Père Pichault, P. 323; édit conforme sur la conventualité (1768).
Commissions de quêteurs expirent avec le Général, 344; doivent être délivrées gratuitement, 346; leurs avantages, P. 224.
Compiègne, fondation, P. 38; l'hôpital enlevé aux T., 209, 493-494; transfert à Verberie; débats avec les religieux de Saint-Corneille, P. 52; confirmation de biens, P. 53.
Concile de Trente; prescrit le scrutin secret, 37, 223; confère des privilèges aux gradués, 612.

TABLE ALPHABÉTIQUE.

Concordat entre le général et les Réformés, de Louis Petit, P. 194; de Claude Ralle, 258; de Pierre Mercier, 260-261.

CONDÉ (Pierre de), prieur de Cerfroid, expulsé par les Réformés, 240.

Confiscation des biens appartenant aux couvents des Pays-Bas supprimés, P. 334.

Confréries de la Rédemption, 347-354. V. *Pays-Bas*, Tableaux, P. 193, 216, 226, 329.

Congrégation; ce terme désigne spécialement les religieux Réformés, 83.

CONSTANCE D'ARAGON, prétendue fille de Pierre II, 631.

Constantinople; l'ambassadeur Desalleurs signale la misère des captifs, 336; pas de couvent avant le dix-septième siècle, 187. *V.* JEHANNOT (le P.).

Constitutions de 1656, dites d'Alexandre VII; leurs principales dispositions, 265; un Chapitre, tenu à Paris en 1661, refuse de les adopter, 266; en partie suivies depuis 1704, P. 260.

Consuls de France; opèrent des rachats, 418; surveillent les rédempteurs, *ibid*. *V.* DE KERCY.

Convers; un frère — peut être rédempteur. *V.* FÉLIX (Jean).

Convorde ou *Estaires*, petit couvent sur la Lys; fondation, P. 26; convention avec l'abbé de Chocques, P. 27; Jacques Bourgeois, ministre, P. 122; enquête sur un échange, P. 129; maison supprimée, P. 135; réclamation de Jean d'Estourmel, P. 142, 143; Jean de la Grange pourvu, P. 155-162; église consacrée, P. 191; déposition de Jean Félix, P. 213; procureur laïque, P. 287.

« Corbeaux », nom des croque-morts, P. 198.

Cordes (Tarn), hôpital, 115, 121, 497-498; cure, 128, 129; opposition à sa suppression, 498; fondations de l'hôpital, P. 46; un prud'homme y est associé, P. 50; nomination du ministre, P. 89. *V.* MOISSET (Jean).

Corses (esclaves); leur rachat imposé par Louis XVI (1779), 419.

COSPÉAN, évêque de Lisieux, puis de Nantes, 202, 526.

Costume. *V.* Chanoines Réguliers et P. 292.

Coupvray (près Crécy-en-Brie), couvent des Réformés, 99, 240, 497; appelé aussi *Mont-de-Piété*.

Couvents : liste par départements, 447-9; à l'étranger, 449; par provinces, 450, 451.

Croix sur l'habit trinitaire : sa forme et sa couleur, 25-26.

Cures desservies par les T., 124-131; très nombreuses au dix-huitième siècle, 129; décisions du Chapitre général, 130. *V.* *Lamarche*, *Terraube*, *Vianden*.

Curés obligés au compte rendu bisannuel à leur ministre, P. 161.

« Custos » ou gardien, général intérimaire, 50-51; souvent un acheminement à la dignité de Général, *ibid*.

D

DACMIER (Antoine), ministre de Lens, rédacteur du *Cartulaire* et rédempteur, 405 n., P. 218, 236.

DAGNEAUX (Charles); bref à lui adressé, P. 170; décision pour les Trinitaires de Rome, *ibid*., n° 2.

DAGNEAUX (Pierre), ministre de Pontoise, député par François Petit pour réformer le couvent de Marseille, 231, P. 151; ministre de Marseille, porte la réforme en Languedoc, 237.

Dalmatie; un concile y est célébré en 1199, 17.

DARAILH, ministre de Toulouse, député au chapitre de 1768, P. 326.

DARCISAS, ministre de Montpellier, rédempteur, P. 273.

DARDE (Michel), provincial de France et custos en 1706, P. 255.

Dates de l'église ancienne de Metz et du clocher d'Arles. *V.* ces noms.

Déchaussés (Trinitaires); fondent des couvents en Italie, en Autriche et en Pologne, 194; conflits en Provence avec les Réformés, P. 173, 174, 176, 177; leur manière de vivre, P. 299; état en 1766, P. 323; nomenclature de leurs sujets, P. 328.

Déguisements; peu recommandés aux religieux allant en Barbarie. *V.* Héron.

Delarue, Mathurin de Paris; ses démêlés avec le P. Pichault, 301.

Déserteurs pris sur des navires étrangers; il est interdit d'abord de les racheter, 381; défense levée, 419-422, P. 304, 305.

Dey d'Alger; envoie d'avance un passeport aux Rédempteurs, 388; impose le rachat de cinq esclaves, 387.

Digne, 94, 498, P. 330.

Dilloud (Ignace), ministre de Rouen, provincial de la congrégation réformée, assiste au chapitre de 1686, 269.

Dime; exemption attaquée par les Bénédictins de Vitry, P. 312.

Dinan, hôpital, puis prieuré, 499, P. 80.

Dinard, prieuré dépendant du couvent de Paris, 110, 499; fondation, P. 63; ratification, P. 64; présentation de prieurs-curés, P. 119, 128.

Directoire de Metz; paie les pensions des religieux, P. 352.

Discrets ou conseillers, assistants du ministre, 78.

Dôle, confrérie; tableau chez les Ursulines; les T. y quêtent, 337.

Dominicains; prennent le scapulaire des T. en 1589, 27 n.; dispute au sujet de la bataille de Lépante, P. 212.

Domestique; pension à l'ancien — de Pontoise, P. 276; — de Toulouse, P. 327. *V.* Donnés.

Dominici (Bernard), Général, 223-226; appelé aussi Bernard de Metz; apprécié par les ducs de Lorraine et les cardinaux, P. 125, 126, 133; soutient Jean Morel contre François Petit, P. 127.

Donnée, à l'hôpital d'Arles, P. 82 (les donnés servent de domestiques).

Donnés, 89.

Dorvaux, religieux de Metz, puis ministre de Châteaubriant, député au Chapitre de 1768, 295.

Douai, couvent important, 33, 500, 502; conditions de fondations, 99, 100; hôpital, 113; église, 502; procession de captifs, 400, 502; donations de Jean li Blas, P. 28, 29, 32; état du couvent en 1740, P. 293.

Droit d'asile, P. 68, 132.

Du Bois (Joseph), ministre de Chelles, définiteur en 1706, P. 255.

Duplessis (Dom Toussaint), historien de l'église de Meaux, ne croit pas à la naissance royale de saint Félix de Valois, 6.

Dupron (le P.), procureur des captifs, mort en 1706, 281, 633.

Dupuy (Alexis), provincial de Languedoc, sollicite Duchesne d'entrer au couvent de Toulouse, P. 197; requête à lui adressée pour une commission de quêteur, P. 224.

Dusault (Denis), habile négociateur à Alger, 378, 379; legs pour les captifs Bayonnais, 340.

Duxio (le P.), ministre de Lyon, 528.

E

Échange des musulmans avec les chrétiens, 376-380; Turcs naufragés, 377. *V.* Marchands français.

Écosse; a six couvents, 187.

Église (États de l'); quête interdite aux T., 338.

Églises des couvents trinitaires, 132-148; vocables, 20.

Égreville (d'), Mercédaire, hostile aux T., 367.

Enquête de 1638, P. 183, 184; de 1743, *voy. Bastogne*; de 1770, *voy. Lens*.

Épitaphe de saint Jean de Matha, 15, 16, 18.

Ermite entre à Mirepoix, P. 130.

Esclave algérien renvoyé à Alger par gracieuseté, P. 316, 332.

Esclaves chrétiens à Alger; lettres de Broglia et de Tinier (1690), P. 235, *voy.* Héron (Jean); au Maroc, *voy.* Estelle et Raynal.

Esclaves (fonds des); leur emprunt chez les Réformés. *V. Aix, Tarascon*, P. 309, 350.

Escorffier (le P.), procureur des captifs et rédempteur, convoqué au chapitre de 1661, 266.

Espagne; avait-elle le droit d'assister au chapitre général? 56-58, 191; ses constitutions, 35, 106, 190, 191, 220;

histoire de ses provinces, 188-192; ses rapports avec le général de France, 189 à 191; foyer de science, 612; les T. y ont des possessions, P. 54.

Espagne (roi d'); surveille les Rédempteurs, P. 186; demande un vicaire général, 293. *V.* CHARLES-QUINT, PHILIPPE II, PHILIPPE V.

Espagnols (esclaves); en quarantaine à Marseille, P. 307.

Estaires; Van Costenoble, procureur à —, perçoit les fruits du prieuré de Convorde, P. 287.

ESTELLE, consul à Salé; sa visite à Méquinez, P. 243.

ESTRÉES (cardinal d'); protecteur de France à Rome, intervient en faveur des T., 268-270.

Étampes (Seine-et-Oise); date de fondation inconnue, 127, 503. *V.* LÉCUYER, ANROUX, HÉRON, MASSAC, PICHAULT.

ÉTIENNE DU MESNIL-FOUCHARD, ministre des Mathurins; ses intrigues, 212-215; rédemptions, 324.

Études des religieux; doivent se faire dans le couvent. *V.* CAMPAIGNE (Nicolas), P. 223.

Étudiants de Paris; peu de T., 611; progrès réalisés au dix-septième siècle, 612; collèges, 613.

EUDES RIGAUD confère une cure aux T. de Rouvray, 125.

EUDES DE SULLY, évêque de Paris, coopère à la rédaction de la règle trinitaire, 15.

Évêques trinitaires, en très petit nombre, 617-618.

Évêques; relations de discipline avec les T., 172-174; bienfaiteurs, 201-202; mandements pour le rachat des captifs, 336, *voy.* GUILLAUME D'AUVERGNE, COSPÉAN, BOSSUET, etc.; l'évêque de Marseille entend les comptes du rachat des captifs, P. 257.

Exemption; en quoi consiste ce privilège, 172-173; droit de visite de l'archevêque d'Arles, P. 109; lettres de non-préjudice par l'archevêque de Sens, P. 98.

Exhumations, à Marseille, P. 204 et 271.

F

FADOIS, prieur de Limon, par échange avec le P. Roubaud, P. 251.

Faucon, près de Barcelonnette, lieu de naissance de saint Jean de Matha, 10; couvent, 96, 504-507; relique du fondateur, 137, 506; racheté en 1859, 507; état financier, P. 256; archives, P. 270; ressources, P. 284; prêts par les Dominicains, P. 306; le tiers des captifs, P. 314; saisie de tabac, P. 333. *V.* CALIXTE (le P.).

Faux commis en Espagne, 620, 630-632.

Fay (Le), près Amblainville (Oise); devient bientôt une ferme, 507; Claude Ralle en est ministre, *ibid.*

FÉLIX (Jean), religieux de Douai, Rédempteur, 400; déposition sur Convorde, P. 213.

FÉLIX DE VALOIS invoqué contre la fièvre; son existence entièrement légendaire; canonisé en même temps que saint Jean de Matha, 632.

Fère-Champenoise (Marne), couvent presque inconnu, 508.

FERRIER (Jean), archevêque d'Arles; le droit de visite lui est dénié, P. 109.

Fêtes de l'ordre, 141-144.

Figanières (Var), couvent de Déchaussés, 508.

FIGUERAS CARPI (Jean de), auteur du *Chronicon ordinis S. Trinitatis,* XIX-XXI; défense que lui fait le chapitre général de 1635, 5, 242; critiqué dans l'*Arbor Chronologica,* 635.

FIGUEROA Y CORDOVA (Laurent), évêque de Sigüenza; fondation pour les T. d'Alger, 424.

FLAMAND (Jacques), septième grand-ministre, 205; jugements contradictoires portés sur lui, *ibid.*

Flandre, presque toute hors de France, contient un grand nombre de couvents trinitaires, 180; libéralités des comtes, 199; rachat des captifs, P. 216; visite de Massac, P. 266.

FLEURY (cardinal de); défend aux T.

Réformés de changer leurs statuts, P. 285.
FLEYGNAC (Guillaume de), ministre d'Arles, reçoit des donations de Boucicaut, 596.
Florins de Florence; leur valeur, P. 75.
FORBIN-JANSON (cardinal de), archevêque d'Arles, ambassadeur à Rome, seconde les efforts de Grégoire de La Forge, 273-274.
FOREST (Claude), ministre de Mortagne et Rédempteur, 410; tient le journal de voyage; ses dépenses, 415 n.
Fontainebleau, fondé par saint Louis, 508-512; cure d'Avon y annexée, 126; mécontentement de Louis XIV, 510; bénéficie de l'exemption, 172; ministre reste curé primitif, 511; ministres distingués, *ibid.*; école de filles construite par les religieux, 613; dette à des Lombards, P. 47; projet d'y établir des Réformés, P. 172.
Fontenay-lès-Louvres, couvent éphémère, 512; hôpital, P. 25.
FORTON (P.), commandeur de la Merci et Rédempteur (1708), P. 257.
FOURNET (dame Claude); constitue 200 livres de rente pour un deuxième voyage de Pierre Mercier dans les provinces étrangères, selon l'arrêt du Conseil d'État du 16 février 1661 (A. N., LL 1545, f° 76).
France; devient le centre de l'ordre de la Trinité, 177, 184; divisée en six provinces de religieux anciens, deux de Réformés, une de Déchaussés.
France (Ile-de-), province; son état en 1766, P. 323.
France (le roi de); rapports de discipline avec les T., 166-171; les Réformés ne peuvent être établis dans les couvents non réformés sans sa permission, 262; supprime les couvents fondés sans lettres patentes, 537; envoie des commissaires au chapitre général, 171; ne veut pas payer le rachat de ses sujets, 380; interdit le rachat des déserteurs, 381, 419-422; passeports aux Mercédaires d'Andalousie, 383. V. LOUIS (saint), LOUIS XIV.

Franchard, prieuré, 111, 510.
FRANÇOIS (Robert), Trinitaire Réformé, ministre de Pontoise, 233; vicaire général de la Réforme, 241.
FRÉAUVILLE (Nicolas de), cardinal de Saint-Eusèbe, reçoit en commende le couvent du Bourget, 210.
Frères lais, 89-91; prêtent le serment de ne jamais passer à l'état clérical.

G

GACHE (André), procureur des captifs (1770-1780), 343 et suiv.
GAGUIN (Robert), général des T. de 1473 à 1501; rédacteur d'un Cartulaire et d'un Obituaire des Mathurins, XIII-XIV; de la première partie de la chronique des ministres généraux, XV-XVI; mentionne l'origine de l'Ordre dans son *Compendium de gestis Francorum*, 1; son discours au chapitre de 1473, 62 n.; sollicite à Oxford la restitution d'une chapelle, 187; son activité, 219, 221; le chapitre général de 1651 décide de réimprimer son *De gestis Francorum*, 257; ses rédemptions, 324-325; lutte avec les Mercédaires, 361-363; statuts pour la province de Castille, P. 103; procès avec les Mercédaires, P. 105; confirme les constitutions espagnoles, P. 106; permet de quêter pour l'église de Vianden, P. 107.
GAIROARD (le P.); signe une transaction avec les Mercédaires, 370; procureur des captifs, député au chapitre de 1768, 295.
GAILLARDON (Claude), curé de Chage, ne croit pas que les T. soient chanoines réguliers, 124, 288.
Gand (Saint-Nicolas de), confrérie, 353.
GANTEAUME (Athanase), vicaire général des T. Réformés, P. 195.
GARIN, marchand lyonnais, bienfaiteur des T., P. 117.
GAYANGOS (Diego de), provincial de Castille, érige des confréries, 349; obtient des privilèges pour les étudiants, 611.
Gembloux (abbaye de Saint-Pierre-de-), P. 8.

GEOFFROY LE MEINGRE dit Boucicaut; donations aux T. d'Arles, 596. *Voy.* SAINT ROCH (reliques de).
GERVASIO (le P.), O. T., réside à Alger jusqu'à 1830, 441.
GIANOLA (Joseph), vicaire apostolique intérimaire et rédempteur, 431.
Gibraltar; passage des rédempteurs, 396.
GIL (Jean), Trinitaire, opère le rachat de Cervantès, 327.
GIL GONZALEZ DE AVILA, auteur d'une *Vie* fabuleuse de saint Jean de Matha, 3-5; détails sur les couvents espagnols, 188-189.
GIRAUD (Paul), provincial de Provence; son journal de la peste de Marseille, 615; lettre que lui écrit Mgr de Belzunce, P. 259; lettre de Claude de Massac, P. 266; *Modus recipiendi captivos,* P. 269.
Gisors ou N.-D. de Liesse, couvent réformé, 512; curieux incident de cette fondation, 513.
Gloire-Dieu; suppression, 297; le Père Chauvier en est profès, 513.
GORY (le P.), Réformé, 481; son livre sur *Notre-Dame-de-Santé,* 588.
Gorze (abbaye de), P. 125.
GOSSART (Mathieu), vicaire général de la Réforme, signe un concordat avec Pierre Mercier, 260-261.
Gradués; admis dans le chapitre provincial de Languedoc, P. 231.
Grande-Bretagne; énumération de ses couvents, 186-187; erreurs relevées par le P. Antonin de l'Assomption, 634.
Grand-ministre ou ministre général; ses fonctions, 36-48; la règle ne dit pas qui l'élit, 36; province d'origine, 37; conditions d'éligibilité, 38; lieu de résidence, 39; son droit de visite, 40-42; lève une contribution sur les ministres, 43; droit de correction, 44; nomme le ministre d'un nouveau couvent, 45; puis tous les ministres des provinces anciennes, 46; liste des plus anciens, 203-207; procès-verbaux de leur élection, P. 230.
Grandpré (Aisne); prieuré, 514, P. 284.
GRATIEN (Jérôme), visiteur des captifs, 425.

GRÉGOIRE XV essaie de propager la règle primitive, P. 170, 172.
GRÉGOIRE DE JÉSUS ET MARIE (le P.), général actuel des T., 609.
Grenade; rédemptions opérées par des Français, 322; procureur au royaume de —, P. 108.
GUILLAUME D'AUVERGNE, évêque de Paris, fonde le couvent des Mathurins, 201, P. 6; ménage une transaction avec le curé de Drancy, P. 9.
GUIRAMAND (Antoine), évêque de Digne, fonde un couvent de T., 499.
GUY, comte de Saint-Pol, confirme des donations de Robert d'Arras aux T. d'Arras, 28.
GUY, comte de Flandre; libéralité envers le couvent d'Hondschoote, P. 48.
Guyenne; les Mercédaires de — ne veulent pas payer leur quote-part d'un rachat, 412.

H

HAEDO (Diego de), auteur de la *Topographie d'Alger,* 402.
Hainaut; présence des hommes de fief aux donations, P. 4 et 45.
HARLAY (de), conseiller d'État, impose aux T. de nouvelles constitutions, P. 260.
HÉLIE (Jérôme), dit Jérôme du Saint-Sacrement, négocie à Rome l'union des Réformés et des Déchaussés, P. 164; introduit les Déchaussés en France; mission confiée par le cardinal Bandini, P. 167.
HENRI, comte de Bar; donations aux T. de Lamarche, P. 13, 14.
HENRI, comte de Vianden (Luxembourg); donations aux T., P. 21.
HÉRAULT (P. Lucien); traité conclu à Alger (1643), 391; récit détaillé, 403-405; demande de quête à Anne d'Autriche, P. 190; sa vie écrite par M. l'abbé Bornet (1902).
HERBERT, abbé de Sainte-Geneviève, consent à la fondation des Mathurins de Paris, P. 6.
HÉRON (Jean), provincial de Normandie, ministre d'Étampes, puis de Chateaubriant; récit de sa rédemption (1659), P. 205.

Hollandais; confient des fonds aux confréries de la Rédemption, 353.
Hondschoote (en Flandre), couvent, 97, 107, 515-516, P. 48, 140; ordre d'arrêter le ministre (*Archives de la marine*, B², 184).
L'Honneur-Dieu. V. Chelles.
Honorius III introduit des modifications dans la règle, 27.
Hôpitaux; le prélèvement du tiers des captifs n'y est pas toujours fait, 29, 113, 123; rattachés un instant à l'ordre de Saint-Lazare, 120. *V. Alger.*
Horreo (Guillaume de), ministre d'Arles; conflit avec l'archevêque Jean Ferrier, P. 109; reliques de saint Roch, P. 108.
Hospice, nom des petits couvents dans la Congrégation réformée, 475.
Hôtes du couvent, 91-92.
Hue (François), secrétaire du P. Chauvier, 306.
Huet (Nicolas); fonde le couvent de Gisors (1610), 512.
Huy ou *Saint-Nicolas-sur-Sarte*, couvent ancien, 516.

I

Ignace de Saint-Antoine, Trinitaire Déchaussé; sa collaboration avec Baron, xxi, xxii; *Continuatio Annalium*, xxiii; correspondance, xxv; s'appelait d'abord Antoine Laugier, 89; parle des couvents d'Italie, 193; son Nécrologe, 245; ministre de Faucon, 505; sa curiosité scientifique, 624; recettes médicales, P. 249; copies faites par lui, P. 170, 248.
Incendie de couvents; Lisieux, 109; Vianden, P. 107; Châlons, P. 131; Toulouse, P. 241.
Indulgences; bulle, P. 104.
Innocent III; résista-t-il aux premières instances de Jean de Matha? 14; recommande les premiers Rédempteurs au roi de Maroc, 16; confère le couvent de Saint-Thomas *de Formis* à Jean de Matha; préside à ses obsèques, 18.
Innocent IV confirme le patronage de la cure de Lamarche, P. 17; confirme les couvents de l'ordre, P. 20.

Innocent VIII confirme l'exemption et l'étend aux serviteurs; bulle d'indulgences, P. 104.
Innocent XI; casse l'élection du P. Teissier, 270; ordonne aux Espagnols de se choisir un général, 271.
Innocent XII lègue 40,000 écus pour les captifs, 340.
Innocent XIII accorde un bref de réductions de fondations, 285.
Inondations. *V. Cerfroid, Châlons.*
Interpositae personae; visitent les captifs, 410.
Investitus, nom du curé en Brabant, P. 18.
Irlande; couvent à Atdare, 187; exagérations de Figueras, 634.
Italie, province de fondation récente, 193; couvents autour de Rome, 608.

J

Jean, grand-ministre de 1324 à 1336, 206.
Jean d'Estourmel; se plaint de l'abandon du couvent de Convorde, P. 142, 143.
Jean li Blas, bienfaiteur des T. de Douai, P. 29, 32, 33.
Jean de Matha (saint), fondateur des T.; sources de sa vie, 1-8; sa vie, 9-18; date de sa canonisation, 18, 622, 628; rapt de son corps, 627; identité, *ibid.*; ses portraits, 144, 145; fait cesser une épidémie de peste à Ubeda, 189; prétendue lettre à saint Pierre Nolasque, P. 3; donations à Arles, P. 2. (Voir aux gravures.)
Jean de Troyes, grand-ministre; publie des Statuts en 1429, 32, 218; gouverne l'ordre provisoirement, puis à titre définitif, 215, 217; ses distractions scientifiques, P. 93.
Jean-Baptiste de la Conception (saint), fondateur des T. Déchaussés en 1599, 227; Massac ignore son nom, xvii.
Jeanne de Navarre, femme de Philippe le Bel, P. 54.
Jehannot (le P.), ministre de Beauvoir; rédempteur, 406, 407; procession, 398; précautions pour son passage, P. 279; son retour, P. 280.

TABLE ALPHABÉTIQUE. 501

Jeux prohibés, 85-86.
JOSEPH DE TOLÈDE; Ruiz supplie Charles II, roi d'Espagne, de le faire reconnaître aux Pays-Bas, P. 247.
JOSEPH II supprime les T. aux Pays-Bas, 303-304; et leurs confréries, 351-354.
Journal du voyage de rédemption (1540), P. 117.
Juifs influents au Maroc, 384-385.
JULIEN DE LA ROVÈRE, vice-légat d'Avignon (plus tard Jules II); ses décisions sur l'hôpital, 115.
JULIEN DE NANTONVILLE, fondateur des Réformés, 226; procureur des T. de Pontoise, P. 141.

K

KERCY (de), consul à Alger, chargé du rachat de 1785, P. 341.

L

LA CHAISE (le P.) requiert la punition de Nicolas Campaigne, P. 231; veut faire surveiller son frère, ministre de Toulouse; permet au provincial d'approuver le chapitre, P. 232.
LA FAYE (P. Jean de), procureur général des captifs, 284, 319; voyage à Alger, P. 273; à Tripoli, 405.
LA FORGE (Grégoire de), général de 1696 à 1708; rédempteur, 405; provincial de la Congrégation réformée, 269; biographie, 271 n.; essaie d'implanter son autorité aux Pays-Bas, 276; sa situation à Rome avant 1703, P. 252; liquidation de son œuvre, P. 254; son portrait, n° XIII.
LA GRANGE (Jean de), nommé prieur de Convorde par Louis Petit; repoussé par Jean Thiéry, P. 154, 155, 156; l'affaire portée à Rome, P. 159.
LALANCE (Gaspard), religieux; sa profession et son retour de Metz, P. 286.
LALOÉ (Jean), provincial de Picardie et ministre de Douai (1559), 501; chargé d'une enquête sur Convorde, P. 129; réclame le droit d'asile, P. 132.
Lamarche (Vosges), 97; cure, 125, 516-517, P. 17 et 19; les Réformés s'y introduisent, 256; ils en sont chassés, puis y sont rétablis, 517; donations des comtes Henri et Thibaut de Bar, P. 13, 14, 17, 19, 23; frais d'enterrement, P. 57; permission d'avoir une bergerie, P. 61; chapelle au château, P. 66; garde à la forteresse, P. 79; le ministre cité devant le promoteur, P. 171.
LAMARCHE (Jean de), ministre de Meaux, puis grand-ministre, transige avec les Mathurins pour le Bourget, P. 81.
LAMARCHE (Renaud de), grand-ministre, 207; ministre intérimaire de Clermont, P. 88.
Lambesc (Bouch.-du-Rhône); embrasse la Réforme, 518; sa bibliothèque, *ibid.*
LAMBRANA (Jean de), procureur des T. espagnols, 273-274.
LA MOTTE (Philémon de), ministre réformé de Lyon, puis de Rouen, assiste au chapitre de 1686, 269; rédempteur, 400; mémoire contre les Pénitents de Marseille, P. 268.
Languedoc; ne forme qu'une province avec la Provence, P. 46, 89; visite de Pierre Mercier, 265.
LA ROCHEFOUCAULD (François, cardinal de), réformateur de l'ordre de la Trinité; Massac ne le nomme pas, XVII, 238-251; chargé par le Pape de réformer l'ordre, 243; fait faire une enquête dans tous les couvents, 246; publie une sentence en 1638, 248; abonde trop dans le sens de la Réforme, 250; meurt sans avoir vu la fin de la crise, 251; sa sentence annulée, 253-254; chargé d'introduire les Réformés à Cerfroid, P. 172; désire que la Congrégation subsiste avec ses privilèges, P. 184.
LAUNAY (Mathieu de), provincial de France, 268; secrétaire de Pierre Mercier, P. 219; ministre des Mathurins de Paris, démissionnaire, 281; ministre de La Veuve, P. 272; passe à tort pour avoir réédité les Lettres de Gaguin (*Bibliogr. universelle*).
LAURENS (Henry-Joseph), Trinitaire de Douai; sa vie scandaleuse, 305.

502 TABLE ALPHABÉTIQUE.

Lauson, teinturier, commissaire des quêtes pour les captifs à Agen, 344-345.

Lavardin, ambassadeur à Rome en 1687, défend au P. Monier de produire des justifications, 270.

Lebel (Pierre), ministre de Fontainebleau, établi quelque temps à Cerfroid, 259; raconte le meurtre de Monaldeschi, auquel il a assisté, 169; envoyé en disgrâce à Verberie; provincial de France, 266.

Le Clerc (Bruno), procureur des captifs, demande à l'archevêque de Vienne d'ériger des confréries, P. 226.

Lécuyer (Louis), ministre d'Étampes et Rédempteur, P. 117.

Lefebvre (le P. Gabriel), ministre de Meaux, de Fontainebleau, puis général, 285; procès qu'il soutient, P. 312; nomme un vice-procureur en cour de Rome, P. 308.

Legs; souvent destinés aux captifs locaux, 339.

Le Luc (Var), couvent de Déchaussés, 527.

Le Marié (le P.), vicaire du couvent de Pontoise, P. 374.

Lemolt (P.), supérieur du collège de Bourmont, 473.

Lens (en Hainaut); cartulaire, passim; couvent, 519-521; maison de refuge, 106; ornements, 140; enquête, 521; donation, P. 4; franchise, P. 45; dot à un religieux, P. 201; rente de 100 livres, P. 207; pertes pendant la guerre, P. 218; liste des ministres, P. 236; dot d'un religieux, P. 250.

Le Paige revendique les T. comme chanoines réguliers, 288.

Léon X; lettre aux maîtres de l'ordre de la Trinité, 632.

Lépante; dispute entre Dominicains des Pays-Bas et Trinitaires au sujet de cette bataille. P. 212.

Lérinnes (Brabant); cour de justice, 106, 523; cartulaire, 522; donations de Tourinnes, P. 11, 15, 16, 18; pancarte de Grégoire X, P. 43; patronage de Saint-Lambert, P. 51; pénalités de la haute cour, P. 310.

Le Tellier, S. J., confesseur de Louis XIV; nouveaux statuts pour les T., P. 260.

Lettres de quête valables pour trois ans en Lorraine. P. 115.

Liégeois captifs rachetés grâce à la chambre de commerce de Marseille, P. 324, 325.

Limon (Notre-Dame de), prieuré, 111; droit de provision du général, 523; mention du ministre (1540), P. 117 (II, 184) et 251.

Limoux (Aude); droits seigneuriaux de ce couvent, 106; détails recueillis par le P. Ignace, 524; fondation, P. 10; profès de —, malade, autorisé à sortir du couvent, P. 267.

Lisieux; hôpital, 525-526; incendié, 109; cures annexées, 128; conflits avec les habitants, 525.

Livourne; captifs y rachetés (1410), P. 90.

Logement; les T. de Metz chargés d'en trouver un, P. 343. V. Hôtes.

Lombards; le ministre de Fontainebleau leur emprunte, P. 47.

Loquet (Thomas), aumônier de Gaucher-de-Châtillon, 206, 210; puis grand-ministre. V. Verberie.

Lorgues (Var); collation, 526-527; le général en confirme le ministre, 261; collège, 527; visite, P. 187.

Lorraine; les T. peuvent y quêter, P. 115.

Lorraine (cardinal de); apprécie beaucoup Bernard Dominici, P. 133.

Louis (saint); favorise les couvents trinitaires, 196-197; provoque les largesses de ses familiers en faveur des Mathurins, P. 31; le général des T., Nicolas, captif avec lui; dépôt de l'archidiacre de Liège, P. 40. V. Clermont, Compiègne, Mathurins de Paris, Saint-Quentin, etc.

Louis XIV; mécontent des religieux de Fontainebleau, 169; écrit contre le P. Campaigne, provincial de Languedoc, ibid.; défend aux T. de se rendre à Rome pour le chapitre de 1656; supprime le couvent des Déchaussés de Marseille, 170; écrit au Pape en faveur de la canonisation de

TABLE ALPHABÉTIQUE.

saint Jean de Matha, 267; décide que la Réforme ne sera introduite dans les anciennes maisons qu'avec son autorisation, 262; défend aux T. de se rendre aux chapitres généraux convoqués à Rome, 267; ordonne l'élection du général en 1687; envoie Grégoire de la Forge en ambassade en Espagne (1705), 277.

Louis II, roi de Sicile, fait racheter deux Marseillais (1410), P. 90.

Luc de Saint-Jean, procureur des Déchaussés de France, seconde Grégoire de La Forge, 273.

Lune; redevance à Alger, 428.

Lyon; petit couvent, 108, n. 5, 528; aventure des rédempteurs, P. 117 (péage); Alexis Roque chargé par Athanase Ganteaume d'y fonder un couvent, P. 195.

M

Maillet (Daniel), ministre de Taillebourg, prieur claustral des Mathurins et secrétaire du général, P. 152, 171 (1618).

Maistre (Joseph de); regrette les Religieux Rédempteurs (1816), 441.

Malachiane, député de la Provence réformée au chapitre de 1768, 295; procureur en cour de Rome (1769), 634; cadeau au couvent de La Cadière, 475.

Maladies contagieuses; cause de départ de religieux, P. 267.

Malte; chevaliers rachetés. V. Castellane (Louis de), P. 264, 266.

Mandavy, Mercédaire; signe la transaction de 1757 avec les T., 372.

Mankoury, famille de ministres trinitaires, 223.

Marchands français intermédiaires au Maroc avec les Musulmans, 410; leurs déclarations sur l'échange des captifs, P. 245.

Marguerite, comtesse de Flandre, bienfaitrice des T., P. 24.

Marguilliers quêteurs pour les captifs, P. 192; Arnaud Frechpuech demande cette charge au P. Dupuy, P. 224.

Marie, reine de France, veuve de Philippe III; fondation chez les Mathurins, P. 49.

Marie de Médicis appelle les Mercédaires à Paris, 365; requête des consuls de Marseille, P. 150.

Maroc; rédemptions, 408-416 et P. 257 (1708-1712); esclaves à l'intérieur des terres, 409); la France veut y fonder des comptoirs; traité de paix, P. 322 (1766), *voy*. Rey, Salva, *Salé*; traitement des esclaves, P. 347.

Marseille; couvent des Grands-T. à —, 78, 80, 84, 85, 175, 528-533; hôpital Saint-Eutrope, 121, 114; hôpital Saint-Martin, 529; peste à —, 122; religieux qui y succombent, *ibid.*; autel, 140; confréries, 141; réformé en 1608, 231, 530-531; polémique avec les Déchaussés, 531; chambres du couvent 532; définition de l'hôpital, P. 42; dépenses du ministre, P. 73; affermage des quêtes, P. 75; ministre résignant, P. 120; chapelle particulière, P. 131; relique de Saint-Roch, *voy*. ce nom; requête à Marie de Médicis, P. 150; réformé par trois religieux de Pontoise, P. 151; plainte des Déchaussés d'Aix contre eux, P. 173; protégés par Bandini, P. 174; honoraires des médecins, P. 199; rachat de Nicolas Giraud, P. 200, *voy*. Pénitents-Blancs; punition du sacristain, P. 204; bâtisse du clocher de —, P. 237 (n.); amende encourue, P. 263; prix fait de la chaire à prêcher, P. 288; autel de marbre, P. 294.

— Bureau de rédemption à —; transactions avec les T., 533-537; accord au sujet d'un rachat, P. 200; augment de charité, P. 221; élections des prieurs, P. 222.

— Chambre de commerce à —; le P. Poinsignon la remercie de ses avances, P. 313; donne 2,400 livres pour la quête des captifs, P. 318; s'occupe du rachat d'un esclave liégeois, P. 324, 325; avances aux Pères de la Merci, P. 338; prêt aux T., *ibid.*

— Couvent dit La Palud, 587-589; le premier couvent y est transféré, 539.

— Hôpital de Saint-Eutrope à —; création annuelle de deux recteurs, P. 209; payement des cierges, P. 225; fixation de la date de la fête, P. 239;

l'évêque entend les comptes de la rédemption, II, 372; *voy.* aussi BELZUNCE.

MARTIN (Claude), official de Saint-Germain-des-Prés, annule la sentence du cardinal de La Rochefoucauld, 253-254.

MASSAC (Claude de), général des T. de 1716 à 1748; auteur du grand Cartulaire des Mathurins de Paris, XIII; de la troisième partie de la Chronique des ministres généraux, XVIII; fait rédiger de nouveaux Statuts, 34 et P. 260 (2), 261; annonce son départ pour la Flandre, P. 266; invite les ministres à payer la quote-part pour le procureur en cour de Rome, P. 277; tient fort mal la maison de Paris, P. 291; son éloge, P. 296.

MASSON (le P. Alexis), ministre de Lens, très négligent, 520-521.

MATHILDE DE MARLY, fondatrice de Châteaufort, P. 30.

Mathurins, couvent fondé en 1228; sens originaire de ce mot, 24; mentions du couvent de Paris, 105, 106, 107, 108, 109, 110, 114 (hôpital), 140, 168, 183; favorisés par saint Louis, P. 31, etc.; leurs débuts, 208-216; refusent communication à Bourgeois de la bulle relative au Bourget, 212; règlement de Louis Petit pour eux, 245; déclarations en 1790, 305, 306; procès en 1570, *voy.* MOREL (Jean); donation de six muids sur les moulins de Verberie, P. 55; deux Mathurins à Dinard, P. 63; procès contre Grégoire de la Forge, P. 254; rentrée d'un ancien profès, P. 321.

MAUDUIT (capitaine); son rachat, P. 289, 290.

MAUREL (Philippe), ministre de Marseille, 368, 369; transactions avec les Pères de la Merci; sa chambre, 532.

MAY (Jean de), Trinitaire apostat, P. 114 et 116.

MAXIMI (le cardinal), convoque Pierre Mercier au chapitre de Rome, P. 214.

Meaux, hôpital, 114, 116-118, 167; les T. gardent la cure de Saint-Remy, 118, 540; nouveau couvent, 549-542; périls courus sous la Ligue, 541; processions de captifs, 542; confirmation des droits de pêche dans les fossés, P. 76; Hôtel-Dieu de Meaux dispensé de droits sur ses vignes, P. 86; déposition du ministre à l'enquête de 1638, P. 183; réformé en 1642. *V.* SÉGUIER (Dominique).

Médecins des T. de Marseille, P. 199; des T. de Montpellier, P. 267; des T. de Pontoise, P. 282.

MÉDÉRIC DE LAUGE ou DE L'INCARNATION, 236 et suiv.; ministre des T. Déchaussés d'Aix, P. 177.

MÉDINA CÉLI (duc de), ambassadeur d'Espagne à Rome (1688), 277.

Méquinez, résidence de Mouley Ismaïl, empereur de Maroc; malheureux sort des esclaves, P. 243.

Merci (Pères de la); conflit avec les T., 164, 357-373; fondation, 357; le quatrième vœu, 358; privilèges royaux, 359; tentative d'union au temps de Charles-Quint, 360; établissements à Marseille, 361, 367 et suiv.; à Avignon, 361; lutte avec Gaguin, 361-363; soutenus par le Parlement de Toulouse, 364, 369; chargés du rachat des captifs de Salé, 243, 365; partagent la quête avec les T., 366; conflits à Alger, 367; rachats en commun, 370; transactions au sujet des quêtes lors des processions de captifs, 371; conflits au sujet de la rédemption de 1765, 372; tentative d'union infructueuse, 373; couvents supprimés en Guyenne et rédemption de 1785, P. 336, 337.

MERCIER (Pierre), général de 1655 à 1685, ministre de Soudé, 257; prononce le discours au chapitre de 1652, *ibid.*; Claude Ralle résigne la ministrerie de Paris en sa faveur, 263; persécute les Réformés, puis se réconcilie avec eux, 259-261; visite le Languedoc, 265; l'Espagne, 266; tient un chapitre au couvent des Mathurins, *ibid.*

Messine (ministre de), subdélégué de François Bouchet, commissaire général en Italie, P. 183.

Metz, hôpital, 113; église, 133, 544; couvent, 542-545, *voy.* Dominici (Bernard), P. 125, 126, 133; transfert du couvent, 543; consécration de l'église, P. 102; don de la Cour dorée, P. 125; François Gérard, ministre, P. 188; Godefroy, ministre et rédempteur, 544; profession de Gaspard La Lance, P. 286; commission au ministre de Metz, P. 343; pensions payées aux religieux, P. 352.

Michel de Moriez, archevêque d'Arles; donation d'un couvent à saint Jean de Matha, P. 2.

Michel de Saint-Joseph, procureur des T. Déchaussés, recommande l'œuvre du P. Ignace de Saint-Antoine (nov. 1705) [Bibl. de Marseille, ms. 1217, f° 569]; sur sa proposition, l'identité du corps de saint Jean de Matha est reconnue, 626.

Michelin, ministre de Troyes; son voyage de rédemption, 386; chaînes des captifs suspendues dans l'église, P. 300; notice sur lui. (Bibl. de Rouen, coll. Monbret, n° 265, f° 260 v°.)

Mignard (Pierre); tableau de lui à Saint-Charles-aux-Quatre-Fontaines, à Rome, 608.

Ministériat; ce terme désigne, soit un couvent, soit la charge de ministre, 70, 71.

Ministre; nom des supérieurs du couvent, 24; droits du général sur lui, 44-47; ses fonctions, 71-78; par qui était-il élu? 72-74; d'abord élu à vie, il devient triennal dans le Midi et dans les couvents réformés, 74-75; pénalités, 75, 76; permutation, 77.

Mireloup (le P.), provincial et ministre de Toulouse, 581; excommunication du Jeudi Saint, P. 215; conflit avec le marquis de Terraube au sujet du ministre de ce couvent, P. 217.

Mirepoix, 98, 144, 545-546; ministre à la nomination du seigneur de Lévis; l'ermite Bernard de Bonast y entre. P. 180.

Mitry (couvent de), P. 69. *V. La Villette-aux-Anes.*

Modèle d'une construction de couvent, P. 145.

Mogador, port du Maroc; remise des captifs en 1765, 413-414.

Moisset (Jean), ministre de Cordes, prend place au chapitre général en 1501 et 1508, P. 280.

Mondolot (Denis), ministre de Tours, *promoteur* du chapitre de 1635, 242; fait opposition à Louis Petit, 257.

Monier (Joseph), procureur des T. de France à Rome en 1687, 160; ses instances aux quatre provinces, II, 317; Lavardin lui interdit de produire les défenses des T., 270; devient ministre de Lorgues, de Digne, 276; provincial de Provence, 279; son Mémoire, P. 227.

Monnaies; équivalence, 349 et n.; argenterie envoyée à Aix pour être fondue, sur l'injonction de l'évêque de Marseille, P. 237.

Monroy (le P. de), captif quinze ans à Alger, fonde l'hôpital, 403, 425, 426.

Mons; confrérie, 352.

Montespan (Roger de), chambellan du roi, prévôt de Toulouse, P. 89, 3.

Montfort (Olivier et Geoffroy de), fondateurs du prieuré de Dinard, P. 63.

Montmasson (le P.), vicaire apostolique, confie son argent à l'administrateur de l'hôpital d'Espagne, 430.

Montmorency; hôpital des Réformés, 546-548; rapports avec les princes de Condé, 119; collation par le duc Henri de —, P. 144.

Montpellier, 548-552; procession de captifs, 400, n. 5; archives détruites en 1562, 549; établissement à Saint-Paul, *ibid.*; passage des Déchaussés, P. 168; rétablis en 1621, 550; chapellenies, 551; acte des consuls en leur faveur, P. 180; Jean Claurian, ministre, P. 186; legs de François Pastourel, P. 253; de Philippe Bertrand, P. 265; médecin, P. 267; histoire du couvent, P. 320; lettres du P. Tournefort, P. 349, 351. *V.* Saint Roch.

Morel (Jean); prétend à la ministrerie des Mathurins, P. 127.

Mortagne (Saint-Éloi de), prieuré, 108, 109, 553; supérieurs illustres, *ibid.*

TABLE ALPHABÉTIQUE.

Motte du Caire (La), Hautes-Alpes, 554.
Mouley Idris, vice-roi de Mogador en 1765, 414.
Municipalités consultées au dix-septième siècle pour l'érection de nouveaux couvents, P. 208.
Musnier (Guy), général (1502-1508); son élection, 37, 221.
Musnier (Nicolas), général de 1510 à 1514; fonde un nouveau couvent à Meaux, *voy. Meaux*; édite un nouveau bréviaire, 221, P. 110; résignation en faveur de son neveu, non admise par l'ordre, 222, *voy.* Musnier (Thibaut); fixe les taxes des captifs, 330; sa visite à Taillebourg, P. 113.
Musnier (Philippe); résignation de son oncle Nicolas en sa faveur, 222.
Musnier (Thibaut), demande un passeport pour visiter l'Espagne, 42; rattache à son autorité directe le couvent de Naples, 223; ministre de Taillebourg, P. 113; de Paris, P. 119; annonce son élection comme général aux ministres de Burgos et de Séville, P. 121; reproche à son frère sa démission irrégulière, *ibid*.
Muy (Le), Var; conflits avec le seigneur, 554.

N

Namur, confrérie, 352, 354.
Nancy (Parlement de); enregistra difficilement les commissions des quêteurs, 345-346.
Naples (couvent de), 81-82, 223, 302; des conférences y sont tenues pour la cessation du schisme trinitaire, 277; François Bouchet y permet l'érection de confréries, P. 138.
Narbonne, 555; réformé en 1621, P. 169.
Nationalité des religieux, 81-82.
Naumas (le P.), provincial de Provence; sa visite de Lorgues, P. 187; sollicite l'admission de la Provence au chapitre général, P. 202; confirmé par Pierre Mercier, P. 203.
Navires chrétiens à Alger; voiles enlevées pendant la relâche, 386; visités au départ par les Algériens, 392.
Nicolas, sixième grand-ministre, 204; va à la première croisade de saint Louis; prétendue transaction avec Constance d'Aragon, 631.
Niel (le P.), provincial de la Merci de Guyenne (1785), 422.
Noailles (cardinal de); nouveaux statuts des T., P. 260.
Nombre de religieux par couvent, 79-80; de captifs rachetés, 436-437.
Nonce du pape en Espagne; organise la Congrégation Déchaussée, 165; garde le corps de saint Jean de Matha, 627.
Notre-Dame du Bon-Remède (ou *de Santé*), honorée par les T., 143; une chapelle encore subsistante lui est dédiée, à Marseille, 152.
Novices, 86-89; changent souvent de prénom; lieu du noviciat, P. 286.

O

Obituaires des Mathurins, de Châteaubriant, XIV.
Oblations de l'autel, 94.
Œuvre des captifs de Paris; déclaration, P. 348.
Official; garantit un contrat d'affermage, P. 75.
Oran; les T. ne peuvent y fonder un hôpital, 434.
Orateur aux chapitres généraux de 1673 et de 1704, 279 n., P. 214.
Orival (Brabant), 303, 555, *voy.* Paradis (le P. Bernard), Pépin (le P.); confréries de la rédemption, P. 329; rapport au sujet de la possession de la ministrerie, P. 252.
Orthez; le P. Vignaux désire en être ministre, 556; le P. Campagne peut y prêcher, P. 233.

P

Pallas (Raymond de), vicaire général de la Congrégation Réformée, ami de Louis Petit, 245, 247, etc.; érige une confrérie à Salon, P. 193; écrit un livre de la *Confrérie*, 815.
Palud (La), près Marseille, 556-557; étudiée par M. l'abbé Ollivier.
Pape; rapports de discipline avec les T., 157-165; édicte ses bulles d'après l'exposé des parties, *ibid.;* n'a pas

le droit de nommer le général, 214; voy. au Bullaire ALEXANDRE VI et VII, BENOIT XIV, CLÉMENT IV, V et VIII, HONORIUS III, CLÉMENT IV, VIII, IX, XI et XII, JULES II, LÉON X, PAUL V, PIE II et V, URBAIN IV et VIII.

PARADIS (le P. Bernard) érige des confréries de la rédemption; compte rendu, P. 329.

Pareatis, P. 112.

Paris, voy. Mathurins; un arrêt interdit aux Réformés d'y fonder un couvent, 234; indivis entre T. et Pères de la Merci pour les quêtes (arrêt de 1638), 366.

PARRON (Bertrand de), évêque de Pamiers; remise d'une dette aux T. de Toulouse, P. 148.

Passeport; le roi d'Espagne le refuse parfois aux ministres de Picardie, 179; en confère à Thibaut Musnier pour la visite de l'Espagne, P. 121.

PATRU; plaide pour les Mathurins, 339.

PAUL V, pape, permet aux Réformés d'accepter les couvents des religieux anciens, 234.

PAYEBIEN (Noël), Mathurin, mort au retour d'un voyage de rédemption, 328.

PAYS (le P. Christophe), Mercédaire, rédempteur en 1765, 411 et suiv.

Pays-Bas (confréries des); enquête sur leur fonctionnement (1771), 351-354. *V.* DAUMERIE, P. 329.

PEGUEROLES (Antoine), provincial de Castille, général des T. espagnols, 271, 278.

PELLEGRIN (capitaine); se plaint de n'avoir pas été racheté au Maroc (1766), P. 317.

Pénitents. *V. Marseille.*

PÉPIN (le P.), nommé par Grégoire de La Forge ministre d'Orival, P. 252; puis ministre de Douai et provincial de Picardie, P. 287.

Péronne; dépend du couvent de Templeux, 109, 558; collège, 557; démêlés avec le chapitre de Saint-Fursy, 558.

PERRIN (André), ou André de la Croix; un des principaux parmi les Déchaussés (1765), 298-299; ministre de Marseille, 539; opinion de l'évêque de Sisteron sur lui, P. 328.

Perrine (La), Manche; son histoire, 104, 559; cure du Désert, 125; libéralités des évêques, 202.

Peste; remède contre toute sorte de —, voy. PUILLE (Barthélemy de), IGNACE DE SAINT-ANTOINE, GIRAUD (Paul); à Saint-Rémy, P. 198.

PETIT (François), général de 1598 à 1612; procès avec Jean Morel pour la ministrerie des Mathurins, P. 127; relations avec Henri IV, 229; empêche une sédition à Paris; ses constitutions pour l'Espagne (1601), *ibid.*; décide les Réformés à observer la règle mitigée, P. 152; députe Pierre Dagneaux à Marseille, 231; protège les mitigés de Tarascon, 232; obtient un arrêt au Conseil d'État contre les Mercédaires, 364; conflit avec Jean Thiéry au sujet du prieuré de Convorde, voy. ces noms; réglemente la construction des couvents, P. 145; le tiers des captifs, P. 146.

PETIT (Louis), général de 1612 à 1652, 232-257; étudie la théologie à Saragosse, 190; se rend à Rome, 232; se plaint de l'intrusion des Réformés à Paris, 234; sa lutte contre les Réformés; griefs contre le cardinal de La Rochefoucauld, 250; propose un concordat aux Réformés, P. 194, 276-278; arrêt rendu en sa faveur; sa mort, 257; sa visite en Flandre, P. 160; son élection attaquée par Claude Vattière, P. 163; défend d'aliéner les reliques, P. 165; cite le ministre de La Marche, 171; interdit le chapitre des Réformés, P. 176; s'oppose à la Réforme du Languedoc, P. 178; se plaint de l'intrusion des Réformés à Cerfroid, P. 181.

PHILIPPE LE BEL; donation de 100 livres tournois, P. 56.

PHILIPPE II, roi d'Espagne; propose de réformer l'ordre de la Trinité, 164; confirme les privilèges des T., P. 123; adjoint un notaire aux rédempteurs portugais, P. 136; permet d'introduire la Réforme en Picardie, P. 137.

PHILIPPE V, roi d'Espagne, pacifie l'ordre de la Trinité, 302.
Piastre sévillane; ses variations, 390 (n. 3).
PICHAULT (Maurice), général de 1765 à 1780; son mémoire à la Commission des Réguliers, 184, 293 et P. 323; accuse le P. Forest d'abus de confiance, 415; mémoire de Delarue contre lui, 301; circulaire pour demander des renseignements aux ministres, P. 319.
PIE II confirme l'exemption de l'ordre, 173.
PIE V prescrit de rendre aux T. Saint-Thomas *de Formis*, 605.
PIERRE (dit de Cuisy), grand-ministre, 205-206.
PIERRE DE ABERDEEN; sa légende, 185.
PIERRE DE BOURRY, grand-ministre, 206, 211.
PIERRE DE LA CONCEPTION, du tiers ordre trinitaire; son martyre, 426.
PIERRE NOLASQUE (saint); fondateur de l'ordre de la Merci, 357-358; prétendue lettre à lui adressée, P. 3; son panégyrique prononcé par Bossuet, 440.
PIERRE PASCAL (saint), disputé entre T. et Mercédaires, 621.
POCHART, ministre d'Étampes, dissipé (1672), 503-504.
Poésies. *V.* RASCAS (Bernard), YVON (Robert), JEAN DE SAINT-BONAVENTURE, P. 248.
POINSIGNON (Nicolas), profès de Metz et vicaire général, 544, P. 313.
POMME (le P.), ministre de Toulouse; argent qui lui est volé. P. 215.
Pontarmé (Saint-Nicolas de); le ministre n'y demeure plus au dix-septième siècle, 111; monographie de M. Dupuis, 559.
Pontoise (Saint-Michel de), berceau des Réformés, 88, 89, 226-227, 560-562; embarras financiers, 105; chapelles annexées, 129; un religieux apostat, 170; Julien de Nantonville, procureur, P. 141; obédience à Pierre Dagneaux, P. 150; autorisation de François Petit, P. 151; ornements de la sacristie, P. 274; pension à l'ancien domestique, P. 276; honoraires du médecin, 20 livres, P. 282.
PORCHIER (le P. François), Trinitaire d'Arles, rejette l'acte de 1178, 454; son jugement sur Guillaume de Horreo, P. 109.
Portugal; province trinitaire, 192-193; s'oppose en 1665 au séparatisme des Espagnols, 267; *ibid.*, en 1688, P. 211; le roi de — ordonne au provincial de reconnaître le général de France, 275.
Poultière (La); couvent presque inconnu, 562.
PRASLIN (duc de), ministre de la marine; reçoit des plaintes contre les T. en 1765, P. 317.
Préavin, près la forêt de Nieppe, 562; Gaguin y est élevé, 563; date précise de sa fondation, *ibid.;* confrérie de Notre-Dame de Pitié, *ibid.*
Présenté, grade en théologie, 192.
Présents apportés par les rédempteurs, 384-385; offerts au sultan de Maroc par le P. Toéry, P. 258.
Président du convent (dans le Midi) en l'absence du ministre; titre porté à Cerfroid par le P. Calixte.
Prêt de livres. *V. Clermont, Lambesc.*
Preuve par témoins, P. 74.
Prieur; nom du supérieur de Cerfroid et de quelques petits couvents, 71, 72, 211.
Prix des captifs; très variable selon le pays, l'époque, et les services rendus par les esclaves, 390-391.
Processions; à Arles, *voy.* SAINT ROCH, P. 195; les T. n'y assistent pas à Marseille, 175, 477.
Processions de captifs, 394-400; décrites en 1817 par Bérenger, 394; leur itinéraire, 395; existaient aussi à l'étranger, 395; les captifs y paraissaient enchaînés, *ibid.;* l'assistance y était obligatoire, 396 et P. 200; récits de la procession de 1723, 397; passage salué par des poèmes, 398; décrites en vers par Subligny, 399, 400 n.; présentation des captifs au roi, 400; frais à Paris (1785), 421.
Procureurs des captifs : RALLE, 633; DUPRON, 633; LA FAYE (J.-B. de),

ibid.; GAIROARD, 634 ; GACHE, AUDIBERT, BRUNEL, *ibid.*
Procureur général en cour de Rome, 159, 160, 635.
Profès; ancien — redevenant Mathurin, P. 321; d'un autre ordre non admis en principe. *V.* PALLAS (R. de), 248.
Promoteur de l'ordre; Jean Bachelier, P. 142 et 171.
Propriété; la — cachée seule est interdite, 84-85.
Protestants ; leurs dévastations, 225.
Provence, une des six provinces trinitaires de France; elle est réunie au Languedoc, 50, 64, 181 ; elle ne joue aucun rôle avant sa Réforme. *V.* VINCENT DE FONTAINET, CAUDATI (Jean), P. 154, 202.
Provinces de l'ordre; sens de l'expression : « les quatre provinces », 181.
Provinces étrangères, 185-194 ; Alexandre VII décide de les convoquer au chapitre général, 258. *V. Espagne, Italie.*
Provincial, 64-68; son mode d'élection en Espagne, 65; est-il différent du visiteur? 66 ; peut être jugé par un visiteur apostolique, 67; en Italie, son district est déterminé par les divisions politiques, P. 188 ; confirme les décisions du chapitre *provincial*, P. 282; l'ex-provincial s'appelle dans le Midi : « Père de province »; élection du provincial, P. 44, 203.
Provincial de Castille; demande sa confirmation à Gaguin, P. 106; vicariat confié par Thibaut Musnier, P. 121.
Provision du général (droit annuel de); était de 3 livres, P. 73, 135.
Prudhomme ou recteur laïque; dessert l'hôpital de Cordes, P. 50.
PUILLE (Barthélemy de), ministre de Douai, historien, 502; biographe de saint Roch, 611; remèdes contre la peste, *ibid.*

Q

Quatre provinces; raisons de leur suprématie, 181.
QUERALT (Joseph), Trinitaire, règle avec le dey Chaban le temporel de l'hôpital d'Espagne, 427-428.

Quêtes (tournées de) autorisées par le roi, le Parlement et l'ordinaire, 335 ; interdites dans les villes pour la subsistance des religieux, P. 206.
Quêteurs trinitaires; faux —, 333; privilèges en Espagne, 334; en France, 343-346.

R

RALLE (Claude), général de l'ordre (1652-1654); auteur d'un livret d'indulgences, XVIII ; secrétaire de Louis Petit; du chapitre de 1635, 242; procureur des captifs; écrit des factums en faveur de Louis Petit, 245, 331; revise les statuts de 1429, 256; élu général, propose un concordat aux Réformés, 258-259; *ses Privilèges e indulgences*, 267.
RAOUL, grand ministre; d'abord coadjuteur de Jean Thibaut, confie des missions à Gaguin, 219.
Rascas (Bernard), fondateur de l'hôpital d'Avignon, 462-463; poésie, 463 n.
RAUGUIN, esclave racheté à Alger, à incarcérer, P. 307.
RAYMOND BÉRENGER III, comte de Provence; donations à un prieuré de la Trinité, P. 1.
RAYNAL (l'abbé); extraits de ses mémoires sur la Barbarie, P. 345 à 347.
Réception des captifs, P. 269.
Récit de la fondation des T. ; en prose P. 95: en vers, P. 96; par J. Bourgeois, P. 118.
Réclamation des vœux, P. 262, 267.
Recteurs laïques dans les hôpitaux du Midi, 115. *V. Avignon, Cordes.*
Rédempteur; quel ministre peut l'être? 382 ; un simple religieux peut être rédempteur par occasion, 383.
Rédempteurs (Ordres); premiers essais de fondation en Espagne au douzième siècle, 319. *V. Merci.*
Rédemption des captifs; les T. ne souhaitent pas la fin de cette pieuse œuvre, 422, P. 40, 59, 90, 92, 112, 115, 117, 124 (Turcs), 136, 146, 190, 205, 219, 245, 257, 258, 264; — rédemption de 1540 ; journal tenu par par Louis Lécuyer, P. 117; — de 1750 ; départ des religieux, P. 303; ne pas inquiéter les déserteurs, 304;

demande d'une liste plus détaillée de ceux-ci, 305; — de 1785; change, P. 335; total des sommes, 336; P. de la Merci, 337, 338; départ du vaisseau, 339; son retour, 341; — rédemption générale; ses avantages sur le rachat particulier, P. 268; — rédemptions particulières, 417 et suiv. P. 219.

Réformés (Trinitaires), 226 à 275 et *passim;* en Provence, 232; points où ils se séparent des mitigés, 233; en conflit avec les Déchaussés d'Aix, 236 et suiv.; leurs brefs confirmés, P. 176; se réconcilient avec le général, 260-261; rappelés au chapitre général, 275; leur réunion avec les anciens, en gardant la triennalité, 296-298; veulent changer leurs statuts, P. 285; bien déchus en 1766, d'après le P. Pichault, P. 323.

Règle des T.; analyse, 21-23; ses modifications, 27 à 30, P. 36; son état définitif (1599), 227.

REGNARD racheté par les T., 438.

Regniowez (Ardennes); petit couvent, 564.

Religieuses; location du couvent d'Arles à des Clarisses, P. 71; — trinitaires, 632; la prétendue fondation de 1236, 631.

Reliques dans l'église de Metz, P. 102; *voy.* SAINT ROCH; défense de les aliéner sans la permission du général, P. 165.

RENÉ (le roi); donations aux T. d'Arles, 455; requête des religieux, P. 100; il les fait payer d'une pension à Maillane, P. 101.

Résignation de la charge de ministre défendue par les Statuts, P. 120.

Rétention d'urine; remède, P. 249.

RETZ (cardinal de), évêque, puis archevêque de Paris; juge ordinaire des procès des Réformés, 234, 240.

Révolution française; religieux qui lui survivent, 309-310.

REY, négociateur de la paix entre la France et le Maroc (1765), 411.

REYNÈS (Grégoire), auteur du Cartulaire de Toulouse, XIII; avis au lecteur, P. 240; histoire du couvent, P. 241; tenue des archives, P. 242.

REYNÈS (Laurent), secrétaire du P. Lefebvre (1758), 686.

RICHARD DE CORNOUAILLES, bienfaiteur des T., 200-201.

Rieux (Morbihan); couvent fondé par Jean de Rieux, 73, 80, 90, 564-565; le seigneur concourt à nommer le ministre, 98; plaintes du recteur Abhamon, 176, 565. *V.* YVON (Robert).

ROBERT d'Arras, chevalier, P. 12, 28.

ROBERT, comte d'Artois (1237), P. 12.

ROBERT d'Artois (1340); a un T. pour chapelain, 201.

ROBERT, évêque de Liège (1241), protège les T. de Lérines, P. 15, 16.

ROBERT, abbé de Saint-Victor, participe à la modification de la règle, P. 36.

ROBERT, roi de Sicile; s'occupe des Marseillais captifs à Bougie, P. 59.

ROBERT, ministre des Mathurins, P. 64.

ROCH DU SAINT-ESPRIT conclut une transaction avec le roi de Portugal au sujet de la Rédemption, 375.

ROGER LE LÉPREUX, sa légende, 204 (c'est sans doute un nom de famille).

Rome : Saint-Charles-aux-Quatre-Fontaines; aumônes pour le rachat des captifs, 350; tableau de Mignard, 608; autorité sur les religieux de Saint-Denis, P. 170; — couvent de Saint-Denis; le P. Ignace de Saint-Antoine y travaille, 607; — couvent de Saint-Etienne *in Trullo,* 605; détient le trésor de la Rédemption, P. 138; — couvent de Sainte-Françoise-Romaine, fondé par le cardinal Bandini, 606; un chapitre s'y tient en 1688, 271; — couvent de Saint-Thomas *de Formis;* sa fondation, 16; mosaïque sur le portail, 17, 145; saint Jean de Matha y est enterré, 18; confiscation, 603, 604; réclamé en vain, 604-606; Pie V ordonne sa restitution, 605; discours de François Bouchet, 605; corps de saint Jean de Matha enlevé, 606; — *S. Trinità, via Condotti,* légué aux Dominicains, 607; — confrérie du Gonfalon, 338; la tête de saint Roch est portée à Rome, 595;

TABLE ALPHABÉTIQUE. 511

centre actuel des T., 608; — Congrégation des Réguliers; impose silence à Claude Vattière, P. 163; casse l'élection d'Eustache Teissier, P. 230.

Romée de Llivia, prieur provincial des Dominicains, P. 10.

Roncevaux (religieux de); échanges avec les T., P. 54.

Roubaud (le P.), ministre de Châlons, par échange avec le P. Fadois, P. 251; définiteur en 1706, P. 255.

Rouen, couvent tardif, 100, 565, P. 206. *V*. La Motte (Philémon de), Busnot.

Rouvray (*Saint-Vincent-de-*), *Roboretum*, prieuré, 109; cure, 125, 566.

Rovira (Emmanuel), provincial d'Aragon, chronographe de l'ordre, 302.

Ruiz (François), procureur des provinces d'Espagne à Rome, 160; adversaire de Grégoire de la Forge, P. 252; puis assiste au chapitre de 1704, 279 n.

Ruteboeuf; mentionne les T. avec éloges, 329 n.

S

Sacrements à donner à un sorcier, P. 259.

Sacristain puni pour enterrement clandestin, P. 204.

Sainte Agnès (octave de) célébrée comme le jour de l'institution de l'ordre, 141.

Saint-Aubin-le-Guichard (Eure), confrérie de la rédemption des captifs, 351.

Saint Augustin; les Trinitaires sont-ils rattachés à sa règle? 287-291; bulles de papes qui l'affirment, 289; manuscrits de statuts, *ibid*.; honoré dans l'ordre, 142. *V*. gravure XIV.

Saint Dominique; rapports présumés avec saint Jean de Matha, 617.

Saint-Étienne, au comté de Nice, 567.

Saint-Gaudens; réforme, visites, 568, P. 178.

Sainte-Geneviève de Paris (abbés de), P. 6, 36.

Saint-Gilles, hôpital éphémère, 568.

Saint Hubert; reliques conservées à Tervueren, puis données à Lens, P. 196.

Saint-Laurent-de-Médoc, 568; le P. Vignaux en fut ministre (1704).

Saint-Omer; l'évêque de — consacre l'église des T. d'Estaires, P. 191.

Saint-Quentin, hôpital, 116, 569.

Saint-Quinis, près Brignoles, 569; supprimé en 1777.

Saint-Remy, 570; dévouement des religieux, P. 198.

Saint Roch honoré par les T., 142; ses reliques conservées au couvent d'Arles, 598-601, P. 108; divers couvents qui en ont reçu, 598, 600; son bâton de pèlerin, 600; vœu de la ville d'Arles, P. 111; visite de ses reliques par Louis Petit, P. 165; relique portée en procession, P. 175; mort de l'orfèvre, P. 179; relique envoyée à Marie Leczinska, P. 315.

Saint Thomas d'Aquin; ses idées sur la tolérance à l'égard des musulmans, 321.

Saint-Victor de Marseille (abbaye); donne l'emplacement pour le couvent de Castres, 477.

Saint-Victor de Paris; articles de la règle des T. qui en dérivent, 23, 30; bons rapports avec les T.; captifs qui y font une station, 325, 399.

Salé (Maroc), repaire de corsaires; Estelle y est consul, P. 243; témoignage des marchands sur le rachat des esclaves, P. 245.

Salon (Bouches-du-Rhône); Raymond de Pallas y érige une confrérie, P. 193.

Salva, négociant au Maroc, auxiliaire des T., 412, P. 322.

Sanche, infant d'Aragon, Trinitaire ou Mercédaire, 620.

« Sangs », dans le sens de blessure sanglante, P. 310.

Sarzeau (Morbihan), 571.

Saurin, esclave racheté; prendre information sur lui, P. 275.

Savoie (duc de); protège le couvent de Faucon, 504, 505.

Sceaux des Trinitaires Déchaussés, P. 298. *V*. les planches.

Scorpion; baume qui guérit de sa morsure, P. 249. *V*. Ignace de Saint-Antoine.

Secrétaire du général ; rédige les actes de visite, P. 113 ; depuis 1704, il y en a un Français et un Espagnol, 191 ; Laurent Reynès, l'un d'eux, en 1758, fait des travaux d'érudition, 636. *V.* MAILLET, RALLE, DE LAUNAY, etc.

Secrets de l'ordre ; il est interdit de les révéler, P. 127 ; avis de Grégoire Reynès, P. 242.

SÉGUIER (Dominique), évêque de Meaux, protecteur des Religieux Réformés, les introduit à Cerfroid, puis à Meaux, 240 ; médiateur entre eux et Pierre Mercier, 260.

Séminaire dans le couvent de Douai, P. 137.

Seyne (Basses-Alpes), patrie du P. Ignace de Saint-Antoine, 572 ; couvent de Déchaussés.

Silence perpétuel imposé aux Religieux en conflit, P. 163 et 212.

Silvelle, couvent aliéné, 110, 573.

SIMON, ministre des Mathurins de Paris ; mission que lui confie Henri III d'Angleterre, 200 ; rang éminent dans l'ordre, 209.

SIMON DE ROJAS OU DE ROXAS, provincial de Castille, 66, 67 n. ; ses funérailles à Madrid, 613, 618.

Simple Frère ; ne peut assister au chapitre que s'il a une procuration, 60.

Socius, ou assistant du provincial, délégué au chapitre général, 265.

SOMBEL, juif marocain, s'entremet en faveur des T., 414.

Sommeil ; moyen de le trouver, P. 249.

Soudé (Marne), petit couvent, 573. *V.* MERCIER (Pierre).

SOUMEIRE (Jacques), provincial de Provence, 296, 301.

Stabilité, c'est-à-dire séjour des religieux dans le même couvent, 83 ; Louis Petit l'abolit pour les Réformés. *V.* P. 183, n° 2.

Statuts ; leur énumération, 31-35 ; anonymes, P. 37 (II, 53-58) ; de 1319, P. 60 (II, 86-89) ; de 1429 (fragment), P. 91 ; de 1576, *voy.* BOURGEOIS ; de 1719, *voy.* MASSAC ; ne peuvent être modifiés sans la permission du roi, P. 285 ; nouvelle règle des chanoines réguliers confirmée par le Pape, 296.

SUFFREN (Jérôme de), évêque de Sisteron, commissaire au chapitre des Déchaussés à Aix (1770), 299.

Surplis tolérés dans la maison de Toulouse (1745), P. 292.

T

Tabac ; interdit en principe aux religieux ; saisi à Faucon (1782), P. 333.

Tabarka (île de) ; il est conseillé aux T. de s'y établir, 425.

Tableaux relatifs aux T., 144, 147, 513 n., 514. *V. Dôle, Grandpré, Rouen, Tournay, Vianden,* etc.

Taillebourg (*Saint-James*, près), hôpital, P. 113 ; visite de ce couvent, 114 ; redevances, 98 ; émoluments de la foire, 575, *voy.* BACHELIER (Jean) et MAILLET (Daniel).

Tarascon (Bouches-du-Rhône) ; embrasse la Réforme, 231-232, 576 ; procureur pour les captifs, P. 92 ; profession de Pierre Quinion, P. 97 ; François Petit s'oppose à la Réforme, P. 154 ; déclarations des religieux en 1790, P. 350.

Taxes ; remplacent le tiers des captifs ; leur variabilité, 331, 332.

TEISSIER (Eustache), ministre d'Avignon, puis de Fontainebleau, enfin *custos* et général, 268-271 ; un arrêt du Parlement enjoint à tous les T. de le reconnaître, quoique son élection ait été cassée à Rome, 271 ; choisit comme vicaire général Grégoire de La Forge, 272 ; le pape Clément XI ne le cite pas dans son bref de 1703, 278 ; permet au P. Campaigne de prêcher à Orthez, P. 233.

Templeux-La-Fosse (Somme), 577. *V. Péronne* (collège de).

Terraube (Gers) ; le seigneur de Galard-Terraube en nomme le ministre, 577-579, P. 217 ; massacre des protestants, 578 n. ; suppression du couvent en 1789, P. 344.

TÉTUAN (vices-rois de) ; retiennent à tort les T., 409.

THÉAUD (plus tard Grégoire X) ; son dépôt chez Louis IX, P. 40.

THIBAUT V de Champagne; sauvegarde à Cerfroid, P. 34; trois messes pour lui au chapitre, P. 39; donations à Jean Boileau, P. 41.

THIÉRY (Jean), ministre de Douai et provincial, délivre des captifs en 1602, 328; ses démêlés avec François Petit au sujet du prieuré de Convorde; proteste contre la révocation de Guillaume Watten, P. 156; requêtes aux archiducs, P. 157, 160.

Tiers des captifs; legs dans ce but dès le treizième siècle, 322; prescrit en 1319 et en 1429; règlement en 1601, P. 146; remplacé par des taxes, 331, etc.

TINIER, esclave à Alger (1690), P. 235, II.

TOÉRY (le P.); fait une rédemption au Maroc avec le P. Busnot (1709), P. 258; ministre de Fontainebleau et conseiller de l'ordre, 282.

Toulon (forçats de); lettres d'esclaves turcs pour être mieux traités, P. 298; demande de la grâce d'un forçat chrétien, P. 301, 302; projet d'échange, P. 297.

Toulouse; embarras financiers, 102, 104; fermes, 106, 129, 582; offices, 144; lutte avec les Mercédaires, 364, 369; églises successives, 580; réforme du couvent, *ibid.*, projet d'acquérir la cure de Saint-Michel, 583-4; syndic déchargé d'une cotisation, P. 139; requête d'Honoré Arnaud pour réformer Saint-Gaudens, P. 178; le P. Bouzigues battu, P. 192; mauvais traitements à un novice, P. 197; excommunication du Jeudi-Saint, P. 215; engagements du P. Pomarède rétractés, P. 238; Reynès (Grégoire), P. 240 à 242; un religieux réclame d'être libéré de ses vœux, P. 262; les T. supplient l'archevêque de pouvoir quêter; refus du Parlement, P. 281; les surplis y sont tolérés, P. 292; pension à l'ancien domestique, P. 327; l'archevêque s'intéresse au rachat d'un captif, P. 219.

Tournay (Belgique); confrérie de la rédemption; tableaux de Gaspard de Crayer, 146.

TOURNEFORT (le P.), ministre de Montpellier, décapité à Orange, P. 349 et 351.

Tours (Saint-Sauveur de), 584. V. BOUCHET (François), MONDOLOT.

Travestissement des Rédempteurs en marchands; ses inconvénients, 404.

TRESMES (duc de); introduit les Réformés à Cerfroid, P. 181.

Trèves (diocèse de); procureurs de Gaguin, P. 107; l'archevêque Lothaire de Metternich unit deux cures aux T., P. 166.

Triennalité des fonctions du provincial en Espagne, 65; du ministre, dans le Midi de la France, chez les Congrégations Réformée et Déchaussée, 238; attaquée au chapitre de 1768, 295-296.

Trinité (Sainte), vocable de l'ordre rédempteur, 23, 142; représentation symbolique, 145. *V.* gravures V-VI.

TRIPOLI; le P. de La Faye s'y rend en 1700, 405; détails sur le dey, 406.

TROSSIER, ministre de Marseille, puis provincial, reçoit Grégoire de La Forge, 40; meurt de la peste, 122.

Troyes, 98, 127; église, 147, P. 300; libéralités de Thibaut V, 199; translation au prieuré de Saint-Jacques, 585. [Bibliothèque de Rouen, ms. 265, fonds Monbret, f° 259.]

Tunis (hôpital), 434-435; rédemptions nombreuses, *voy.* CALIXTE DE LA PROVIDENCE (le P.); condition des esclaves dans cette Régence, P. 346.

TURCS; esclaves baptisés, 328; rapatriés, P. 124; projet d'échange, P. 297.

U

URBAIN IV fait modifier la règle des T., 23.

URBAIN VIII ordonne qu'on ne fonde de nouveau couvent que pour douze religieux au moins, 81.

UZEDA (duc d'), ambassadeur d'Espagne à Rome, contribue à faire cesser le schisme trinitaire, 277.

V

VACCHINI (Franç.), ministre de Sainte-Françoise-Romaine, vice-procureur en cour de Rome, P. 308.

Valenciennes, confrérie de la Rédemption, P. 311.
VALERAND (Thierry), ministre d'Hondschoote, puis grand-ministre, 212.
VASCONCELLOS, Trinitaire de Valladolid, porte le titre de grand-ministre, 215.
VATTIÈRE (Claude); proteste contre l'élection de Louis Petit, P. 163.
VELEZ (Jérôme), visiteur apostolique en Espagne, 67-68; procureur des Espagnols en cour de Rome, 160.
VELLO (Jean), Trinitaire; négocie une alliance hispano-algérienne, 432 n.
Venise; revendique la possession du corps de saint Roch, 594, 595.
Verberie, 586; cures annexées, *ibid.*; les T. de Compiègne y sont transférés, P. 53; trente muids sont perçus sur les moulins royaux, P. 56.
Verdière (La) [Var], 587; dévotion à Notre-Dame de Santé, 588, P. 185.
Veuve (La); dégâts dans ce couvent, 104; dépend de Châlons, 109; le ministre est chapelain de Juvigny, 126, 588; de Launay, ministre, P. 272.
Vianden, couvent, 97; collation de la cure, 127; église, 133, 588-589; tableau, 147; accord avec les Templiers de Rodes, P. 21; biens aliénés, P. 58; cure de Nosbaum, P. 87; cure de Couston, P. 94; quête pour l'église, P. 107; union des églises de Fouhren et Mont-Saint-Marc, P. 166; requête pour se faire payer d'une rente, P. 220.
Vicaire général; étendue de son district et limites de son pouvoir, 48-50; souvent le coadjuteur du général, 49; un — autonome sollicité pour l'Espagne, en 1765, 293.
Vice-légat d'Avignon, 165, 271; Paul V le nomme juge ordinaire des Réformés de Provence, 235. V. *Arles*.
Vienne (Autriche); les dames de la noblesse quêtent pour les T., 338.
VIERGE (la sainte), 142, 143. V. *Notre-Dame du Bon Remède*; apparition légendaire à Saint-Félix de Valois.

Villejuif, près Paris; reliques de saint Roch, 601.
VILLENEUVE (marquis de), ambassadeur à Constantinople; services rendus au P. Jehannot, P. 280.
Villers-sur-Mer (Calvados); cure annexée à l'hôpital de Lisieux, 128 supprimée, P. 342.
Villette (La) ou *Mitry*, prieuré, 589.
VINCENT DE FONTAINET, ministre de Marseille, provincial de Provence et de Languedoc, P. 44 et 46.
VITRY (Jacques de) dit que le centre de l'ordre de la Trinité est à Marseille, 179.
Vitry-en-Perthois, 590; les Bénédictins attaquent l'exemption de la dîme, P. 312.
Vivae vocis oraculum; valeur de cette parole papale, P. 159.
Vocable des églises, 136.
Vocaux, religieux ayant trois ans de profession, P. 251.
Vol au préjudice d'un novice, P. 198.
VOLTAIRE avoue que les Rédempteurs sont héroïques, 438.

W

WATTEN (Guillaume), prieur de Convorde, puis ministre de Lens, 495-496; étudie en Espagne; envoie un morceau de sculpture aux Mathurins de Paris, P. 236 (II, 339 n. 1 à 4); François Petit lui mande de se retirer à Arras, P. 156; Jean Thiéry demande son expulsion, P. 162.

Y

YVON (Robert), ministre de Rieux et rédacteur de l'*Obituaire*, P. 149 (II, 223-228).
YVON (Jean), religieux; ses tribulations, P. 183, n° 2.

Toulouse, Imp. DOULADOURE-PRIVAT, rue St-Rome, 39. — 726

www.ingramcontent.com/pod-product-compliance
Lightning Source LLC
Chambersburg PA
CBHW051407230426
43669CB00011B/1795